# PRATIQUE CRIMINELLE

DES

# COURS ET TRIBUNAUX

## DEUXIÈME PARTIE.

POUR PARAITRE PROCHAINEMENT :

# LE DROIT PÉNAL

**Étude des principes du Droit pénal et de leur application dans nos Codes.**

PAR

**M. FAUSTIN HELIE**
Membre de l'Institut,
Président honoraire à la Cour de cassation.

2 volumes in-8°

Paris. — Imprimerie J. DUMAINE, rue Christine, 2.

# PRATIQUE CRIMINELLE

DES

# COURS ET TRIBUNAUX

## RÉSUMÉ DE LA JURISPRUDENCE

SUR LES

## CODES D'INSTRUCTION CRIMINELLE ET PÉNAL

PAR

**M. FAUSTIN HÉLIE**
Président honoraire à la Cour de cassation,
Membre de l'Institut.

---

DEUXIÈME PARTIE

**CODE PÉNAL**

PARIS
IMPRIMERIE ET LIBRAIRIE GÉNÉRALE DE JURISPRUDENCE
MARCHAL, BILLARD ET Cᵉ, IMPRIMEURS-ÉDITEURS
LIBRAIRES DE LA COUR DE CASSATION
**Place Dauphine, 27**

1877

# PRATIQUE CRIMINELLE

## CODE PÉNAL

### DISPOSITIONS PRÉLIMINAIRES.

#### ARTICLE 1er.

*Division des infractions.*

1. Division des crimes, délits et contraventions.
2. A côté des délits et contraventions, il faut placer les contraventions correctionnelles ou délits contraventions qui participent du caractère de ces deux classes d'infractions.
3. C'est la peine infligée par la condamnation qui détermine le caractère du fait.

**1.** La division édictée par l'art. 1er est une mesure d'ordre : elle a pour principal objet d'indiquer la compétence d'après la nature de la peine à laquelle la prévention peut donner lieu. Aux termes des art. 139, 179 et 231 du C. d'inst. cr., les contraventions de police sont jugées par les tribunaux de police, les délits par les tribunaux correctionnels et les crimes par les Cour d'assises. En classant les infractions d'après la peine qui leur est applicable, l'art. 1er n'a voulu déterminer ni leur vrai caractère ni leur valeur morale.

**2.** Ainsi, les contraventions sont en général punissables lorsque le fait matériel qui les constitue est constaté, lors même qu'elles n'ont été commises sans aucune intention criminelle. Les délits et les crimes, au contraire, ne sont punissables que lorsqu'au fait matériel se joint une intention criminelle. Mais, à côté de ces deux classes d'infractions, il faut placer une troisième catégorie de faits que la jurisprudence désigne sous le nom de *contraventions correctionnelles* ou de *délits contraventions*, qui participent des délits en ce que les peines et la compétence correctionnelles leur sont appliquées, et des contraventions en ce que le seul fait matériel les constitue, abstraction faite de toute intention. Telles sont les infractions aux lois fiscales, aux lois forestières, aux lois de la pêche et de la chasse, à la police de la presse, à la police rurale, aux lois réglementaires de certaines industries (Cass. 17 juill. 1857, 11 août 1859).

**3.** Il résulte néanmoins de cet article une règle générale qui est que le caractère légal des faits est déterminé par la peine qui leur est infligée. De là il suit : 1° que les faits poursuivis prennent leur véritable caractère dans la condamnation dont ils sont l'objet ; 2° qu'aucune action ne peut être poursuivie si elle n'a pas les caractères d'un crime, d'un délit ou d'une contravention.

## *De la tentative.*

### ART. 2 et 3.

4. Définition de la tentative de crime.
5. De la tentative de faits non punissables.
6. Quels actes sont préparatoires ou d'exécution.
7. De la suspension involontaire ou de l'effet manqué.
8. Application générale des règles de la tentative en matière de crime. Nécessité de constater dans les arrêts ou dans les questions au jury les caractères légaux de la tentative.
9. Exceptions à la règle de l'art. 2 ; tentatives punissables lorsqu'elles ne réunissent pas les conditions légales.
10. Application aux complices des règles de la tentative.
11. Tentative de délit. Application de l'art. 2 aux tentatives de simples délits.
12. Indication des cas où les tentatives de délit sont punies. En dehors des cas prévus par la loi, aucune tentative de délit n'est punissable.

**4.** *Définition.* On peut distinguer dans une action criminelle les actes internes, les actes externes simplement préparatoires et les actes d'exécution. Les actes internes sont la pensée, le projet, la résolution même arrêtée de commettre un crime. Ces actes ne sont pas du ressort de la justice humaine qui ne peut les constater ni par conséquent les punir : *cogitationis pœnam nemo patitur*. Les actes purement préparatoires ont pour objet de faciliter l'accomplissement de la pensée criminelle, mais ils précèdent l'exécution du crime ; ils ne le commencent pas ; ils ne s'y rattachent pas nécessairement, ils ne peuvent donc servir de base à une poursuite. Les actes d'exécution révèlent seuls l'intention de commettre un crime, seuls ils causent un trouble extérieur et peuvent être saisis par la justice. La tentative est le commencement d'exécution : il y a présomption que l'agent eût achevé son action, si quelque circonstance accidentelle ne l'avait empêché.

**5.** La tentative n'est punissable que si elle est le commencement d'un fait qui puisse constituer un crime ou un délit. Si l'agent, qui a conçu la pensée d'un acte criminel, n'emploie que des moyens impropres à son exécution, le crime ou le délit ne pouvant s'accomplir, la tentative échappe à toute incrimination. Ainsi, celui qui, avec l'intention de tuer, se sert d'un fusil qui n'est pas chargé, ou qui tire un coup de fusil dans un lieu où doit se trouver, mais où ne se trouve pas la personne qu'il veut atteindre, ou qui administre des substances qu'il croit mortifères et qui sont inoffensives, est coupable dans le for intérieur, mais ne l'est pas au point de vue juridique, parce que ce n'est pas assez de la volonté pour constituer un crime ou un délit, il faut un élément matériel qui manque ici. Ce sont là des tentatives de faits non punissables et qui dès lors ne peuvent elles-mêmes être punies.

**6.** *Actes d'exécution.* L'art. 2 pose en principe qu'il n'y a de tentative punissable que celle qui se manifeste par un commencement d'exécution. Mais la loi n'a défini ni les actes préparatoires ni les actes d'exécution ; elle en a laissé l'appréciation aux juges et aux jurés, et cette appréciation est souveraine (Cass. 23 sept. 1825, 4 oct. 1827, 18 avril 1834). Ce n'est que dans quelques matières et notamment en matière de faux, que la Cour de cassation a cru pouvoir rectifier, dans quelques arrêts des chambres d'accusation, la qualification erronée donnée à des faits d'exécution qu'ils constataient (Cass. 14 oct.

1854). On peut tenir qu'il y a commencement d'exécution : — en matière de meurtre, lorsque l'agent a tiré un coup de fusil (Cass. 22 août 1811 et 18 août 1871) ; en matière d'avortement lorsque des violences ont été exercées sur la femme dont l'avortement était provoqué (Cass. 14 oct. 1817); en matière de vol, lorsque le prévenu s'est introduit, à l'aide d'escalade ou d'effraction dans une maison habitée, pour y commettre un vol (Cass. 29 oct. 1813, 23 sept. 1823, 4 oct. 1827, 10 déc. 1842) ; en matière de faux, lorsque le prévenu a apposé une signature fausse sur un acte notarié resté imparfait (Cass. 10 juill. 1845).

**7.** *Suspension involontaire.* La tentative d'un crime n'est considérée comme le crime même qu'autant : 1° qu'elle a été manifestée par un commencement d'exécution ; 2° qu'elle n'a été suspendue ou n'a manqué son effet que par des circonstances indépendantes de la volonté de son auteur. La réunion de ces deux conditions est indispensable ; mais la seconde renferme une alternative dont il suffit que l'une des deux branches concoure avec le commencement d'exécution (Cass. 10 juill. 1845, 28 août 1845). Toutefois il faut ajouter qu'il ne suffirait pas de déclarer que la tentative *a été* suspendue ou *a* manqué son effet par des circonstances indépendantes de la volonté de l'agent ; il est nécessaire d'énoncer qu'elle *n'a été* suspendue ou *n'a* manqué son effet que par ces circonstances (Cass. 1er sept. 1853), car il importe de constater que l'inexécution n'est due qu'à cette intervention fortuite.

**8.** Les circonstances caractéristiques de la tentative doivent être exprimées soit dans l'arrêt de renvoi, soit dans les questions posées au jury, car les peines ne s'appliquent qu'à la tentative spécialement prévue et définie par l'art. 2. Il a été décidé par application de cette règle que la réponse du jury qui n'a porté que sur deux caractères de la tentative et a omis de statuer sur le commencement d'exécution est incomplète (Cass. 30 mai 1816, 10 déc. 1818) ; et que la déclaration portant qu'il y a tentative de crime, mais que cette tentative ne réunit pas les caractères énoncés dans l'art. 2, équivaut à une déclaration négative (Cass. 9 juill. 1829). Les deux circonstances élémentaires du commencement d'exécution et de la suspension involontaire ne peuvent, d'ailleurs, être remplacées par aucuns termes équivalents, car il se peut que ces termes n'aient pas identiquement la valeur des expressions légales, et on ne doit pas asseoir une peine sur une interprétation. C'est ainsi qu'il a été décidé que la déclaration affirmative du jury sur la question de guet-apens ne peut suppléer à une déclaration sur la tentative, bien que le guet-apens semble supposer la tentative (Cass. 17 déc. 1835).

**9.** *Exceptions.* La disposition de l'art. 2 admet quelques exceptions qui résultent explicitement ou implicitement des textes du Code. Ainsi, les conditions légales de la tentative ne s'appliquent pas en matière de complot (art. 89 et 90), de faux (art. 132 et suiv.), de corruption (art. 179, § 2), d'avortement (art. 317, § 2 et 3), d'attentat à la pudeur (art. 331) et de subornation de témoins (art. 365). En dehors de ces exceptions, la règle générale et absolue de l'art. 2 s'applique à tous les faits qualifiés crimes, elle s'étend même aux faits qui ne sont déclarés crimes que par une loi spéciale (Cass. 29 juill. 1826, 7 juill. 1847, 20 janv. 1853, 24 juin 1858). On doit peut-être ajouter qu'on ne pourrait considérer comme constituant une exception le fait que l'agent, surpris dans l'exécution du crime, aurait réparé le dommage qu'il a causé. La réparation pécuniaire peut effacer le dommage matériel, elle n'efface pas le délit (Cass. 10 juin 1812).

**10.** *Complicité.* Les complices d'une tentative caractérisée sont punis comme les complices d'un crime consommé (art. 2 et 60). De là il suit : 1° que si les caractères légaux de la tentative ne sont pas constatés, le complice, quel que soit le degré de sa participation, n'est pas punissable. Tel serait l'agent qui aurait donné l'ordre de commettre un crime, lequel n'aurait pas été exécuté ; 2° que si la tentative réunit les conditions qui la constituent, le complice peut être saisi, lors même qu'il n'aurait participé qu'à des actes préparatoires, car l'art. 60, C. pén. considère comme complices ceux qui ont assisté les auteurs de l'action dans les faits qui l'ont préparée (Voy. art. 60).

**11.** *Tentative de délit.* L'art. 3 n'assimile les tentatives de délits aux délits consommés que dans les cas prévus par une disposition formelle de la loi. Mais ces tentatives, ainsi circonscrites à quelques délits, sont soumises aux règles que l'art. 2 étend à tous les crimes : il faut qu'il y ait commencement d'exécution et suspension involontaire de l'action. Les tribunaux correctionnels, lorsqu'ils reconnaissent, dans les cas où la tentative de délit est incriminée, l'existence de cette tentative, ne doivent pas se borner à faire cette déclaration, ils doivent constater que cette tentative, manifestée par un commencement d'exécution, n'a été suspendue ou n'a manqué son effet que par des circonstances indépendantes de la volonté de son auteur. Il est nécessaire, en effet, que le jugement qui applique la peine constate les faits qui seuls justifient cette application. Ce sont là les motifs indispensables de sa décision.

**12.** Le Code pénal n'a incriminé la tentative de délit que dans les cas prévus par les art. 179, 241, 245, 388, 400, 401, 405, 414 et 415. La loi du 13 mai 1863 a ajouté la tentative des délits prévus par les art. 142, 174, 251, 279, 387, 389 et 418, relatifs à des faits qui étaient qualifiés crimes avant cette loi, et qu'elle a correctionnalisés pour les transférer de la juridiction des assises à la juridiction correctionnelle. En dehors de ces articles, aucune tentative de délit n'est punissable. Quelques arrêts qui avaient incriminé la simple tentative des délits de coalition ayant pour but d'opérer la hausse ou la baisse d'une marchandise (Cass. 1er fév. 1834), de corruption (Cass. 10 nov. 1853), de contrefaçon (Cass. 9 juill. 1852), ont été cassés parce que ces délits ne sont point au nombre de ceux dont la tentative peut être punie. C'est par le même motif que les tentatives de contraventions échappent à toute répression, car aucune disposition de la loi ne les a assimilées aux contraventions.

### *De l'application de la loi pénale.*

#### Art. 4.

13. La loi pénale n'a pas d'effet rétroactif; nulle infraction ne peut être punie de peines non prononcées au moment de la perpétration. Conséquences de cette règle.
14. Il n'est pas permis : 1° de suppléer aux termes de la loi ou de les étendre par voie d'interprétation ; 2° de substituer une qualification à une autre même moins rigoureuse pour changer la compétence.
15. Exceptions au principe de la non-rétroactivité : 1° quand à une loi rigoureuse succède une loi plus douce.
16. 2° Quand la loi nouvelle règle les formes de procédure, la constitution des tribunaux et la compétence. Restriction dans ce dernier cas.

**13.** La loi ne dispose que pour l'avenir, elle n'a point d'effet rétroactif. Elle n'est obligatoire que du jour où sa promulgation est réputée connue (C. civ. 1 et 2). De là le principe que « nulle contravention, nul délit, nul crime ne peuvent être punis de peines qui n'étaient pas prononcées par la loi avant qu'ils fussent commis » (C. pén. 4), et de ce principe on doit induire cette double conséquence : 1° qu'aucun fait, quelque répréhensible qu'il soit, ne peut être qualifié crime, délit ou contravention s'il n'était pas expressément prévu par une loi en vigueur au moment où il a été commis ; 2° qu'aucune condamnation ne peut être prononcée, aucune peine infligée si elle ne s'appuie sur un texte précis de la loi (Cass. 23 oct. 1812, 10 fév. 1813, 25 janv. 1816, 20 sept. 1832, 17 déc. 1836, 3 juin et 15 juill. 1864).

**14.** L'application de la loi pénale impose donc au juge des règles qu'il doit rigoureusement observer : 1° Il n'est pas permis de suppléer aux textes de la loi ou de les étendre à l'aide de l'analogie ou de l'induction ; en matière pénale, tout est de droit strict ; si la prohibition n'est pas nettement exprimée, si le fait n'est pas explicitement défendu, on ne peut, par une interprétation que le prévenu n'a pu faire, lui imputer un délit qu'il n'a pu prévoir. 2° Il n'est pas permis, en deuxième lieu, de substituer à la qualification légale une autre qualification, même moins rigoureuse, si elle a pour but de changer la compétence; le juge d'instruction qui dissimule une circonstance aggravante pour correctionnaliser un fait qualifié crime, pour renvoyer au tribunal correctionnel un prévenu que la loi défère au jury, commet à la fois une violation de la loi et une violation des droits de la défense (*Th. Code pén.* n°·26).

**15.** Le principe qui prohibe tout effet rétroactif de la loi pénale admet deux exceptions. La première a lieu lorsque la loi nouvelle porte des peines plus douces que l'ancienne; elle est appliquée aux faits commis antérieurement à sa promulgation, car on ne doit plus appliquer une peine jugée excessive ou inutile. Cette exception, favorable aux prévenus, a été consacrée par l'art. 6 du décret du 23 juill. 1810 sur la mise en activité du Code criminel qui porte : « Si la nature de la peine prononcée par le nouveau Code est moins forte que celle prononcée par le Code actuel, les cours et tribunaux appliqueront les peines du nouveau Code. » Cette disposition a été reproduite dans l'article 276 du Code de justice militaire du 4 août 1857 et l'article 376 du Code de justice maritime du 4 juin 1858. Ainsi, lorsque les crimes et délits commis sous l'empire d'une loi pénale sont jugés sous l'empire d'une loi nouvelle, les juges doivent combiner les dispositions des deux lois pour n'appliquer que les peines les plus douces. Lorsque le concours existe entre deux peines d'une nature différente, leur gravité se détermine par leur nature même; entre peines de même nature par leur durée (Cass. 26 juill. 1811, 1er oct. 1813, 13 fév. 1814, 18 janv. et 1er fév. 1833). La même solution serait applicable soit en ce qui concerne l'appréciation des cas de récidive (Cass. 3 juill. 1863), soit en ce qui concerne la prescription : il faudrait, dans ce dernier cas, appliquer la prescription la plus favorable au prévenu (Cass. 17 avr. 1863).

**16.** La deuxième exception a pour objet l'application des lois relatives aux formes de la procédure, à la composition des tribunaux et à la compétence. Il est reconnu par la jurisprudence : 1° que les formes nouvelles de procédure sont applicables au moment même où elles sont promulguées (Arr. du 5 fruct. an IX ; Cass. 13 nov. 1835, 6 oct. 1837, 15 nov. 1849, 20 juill. 1853, 27 juin 1855) ; 2° que la même règle s'applique aux lois qui modifient la constitution des tribunaux (Cass. mars et 28 avr. 1831, 6 oct. 1837) ; 3° enfin, en ce qui concerne les lois de compétence, que si ces lois rétroagissent en général et saisissent les faits non encore jugés au moment de leur promulgation, il y a lieu cependant d'établir à cet égard une restriction. Les lois, en substituant une juridiction à une autre pour le jugement de certains délits, ont pris soin de déclarer plusieurs fois que ceux de ces délits *qui ne seraient pas encore jugés* seraient déférés à la nouvelle juridiction (L. 20 déc. 1815, 19 ; 26 mai 1819, 30 ; 8 oct. 1830, 8). Mais si les délits étaient déjà jugés en première instance, lors de la promulgation de ces lois, ce jugement, même frappé d'appel, maintiendrait à la juridiction saisie par l'appel sa compétence pour statuer au fond ; les choses ne sont plus entières et le nouveau juge ne peut les saisir (Cass. 25 nov. 1819, 22 sept. 1832, 12 sept. 1856, 2 juill. 1874).

## *Délits militaires.*

### Art. 5.

17. Définition des crimes et délits déférés aux tribunaux militaires.
18. Textes de la loi du 4 août 1857, qui établissent la compétence de la juridiction militaire.
19. Application à l'appelé au service et à l'engagé volontaire.
20. Dans quels cas, les militaires en congé ou hors du corps sont justiciables de la juridiction militaire.
21. Exceptions à la compétence de cette juridiction.
22. Les individus assimilés aux militaires sont soumis aux mêmes règles.
23. Compétence des conseils de guerre de l'armée de mer et des tribunaux maritimes. Loi du 4 juin 1858.

**17.** On entend en général par délits militaires tous les délits dont la loi a attribué la connaissance et le jugement aux tribunaux militaires. Le livre II du Code de justice militaire du 4 août 1857 énumère les infractions militaires proprement dites qui se rattachent à la discipline et aux devoirs spéciaux de l'armée. Les autres, qui sont des infractions de droit commun et ne sont considérées comme militaires qu'à raison de la qualité de leurs auteurs, demeurent soumis à l'application du Code pénal. L'art. 5 ne s'applique qu'aux premières. L'art. 267 du Code de justice militaire porte : « Les tribunaux militaires appliquent les peines portées par les lois pénales ordinaires à tous les crimes et délits non prévus par le présent Code. » On doit ajouter que l'art. 202 du même Code porte : « Les art. 2, 3, 59, 60, 61, 62, 64 et 65 du C. pén. ordinaire, relatifs à la tentative de crime et de délit, à la complicité et aux cas d'excuse, sont applicables devant les tribunaux militaires, sauf les dérogations prévues par le présent Code. » Cette application n'a point été étendue à l'aggravation pénale de la récidive.

**18.** Voici les textes de la loi du 4 août 1857 relatifs à la compétence : « Art. 55. Tout individu appartenant à l'armée en vertu soit de la loi de recrutement, soit d'un brevet ou d'une commission, est justiciable des conseils de guerre permanents dans les divisions territoriales en état de paix, selon les distinctions établies dans les articles suivants. — Art. 56. Sont justiciables des conseils de guerre des divisions territoriales en état de paix, pour tous crimes et délits, sauf les exceptions portées au titre IV du livre II (relatives à la complicité) : 1° les officiers de tout grade, les sous-officiers, caporaux et brigadiers, les soldats, les musiciens et les enfants de troupe ; les membres du corps de l'intendance militaire ; les médecins, les pharmaciens, les vétérinaires militaires et les officiers d'administration ; les individus assimilés aux militaires par les ordonnances ou décrets d'organisation, pendant qu'ils sont en activité de service ou portés présents sur les contrôles de l'armée ou détachés pour un service spécial ; 2° les militaires, les jeunes soldats, les remplaçants, les engagés volontaires et les individus assimilés aux militaires, placés dans les hôpitaux civils et militaires, ou voyageant sous la conduite de la force publique, ou détenus dans les établissements, prisons et pénitenciers militaires ; 3° les officiers de tous grades et les sous-officiers, caporaux et soldats inscrits sur les contrôles de l'hôtel des Invalides ; 4° les jeunes soldats laissés dans leurs foyers et les militaires envoyés en congés illimités, lorsqu'ils sont réunis pour les revues ou exercices prévus par l'art. 30 de la loi du 21 mars 1832. — Art. 57. Sont également justiciables des conseils de guerre des divisions territoriales en temps de paix, non-seulement pour les crimes et délits prévus par le titre II du livre IV (crimes et délits contre le devoir militaire), les militaires de tous grades, les membres de l'intendance militaire, et tous individus assimilés aux militaires : 1° lorsque, sans être employés, ils reçoivent un traitement et restent à la disposition du gouvernement ; 2° lorsqu'ils sont en congé ou en permission. »

**19.** L'application de ces textes peut soulever quelques questions : le jeune soldat n'est justiciable de la juridiction militaire que lorsque, désigné par le sort et déclaré apte au service, il a reçu l'ordre de rejoindre son corps. Cette juridiction le saisit : 1° pour les faits d'insoumission (L. 4 août 1857, 58) ; 2° lorsqu'il fait partie d'un détachement, qu'il est placé dans un hôpital ou détenu dans un établissement militaire (même loi, 56, n° 2) ; 3° lorsqu'il figure aux revues et exercices prévus par la loi du 21 mars 1832. Hors de ces cas, il n'est justiciable que des juges ordinaires à raison des crimes et délits qu'il commet, même après avoir reçu l'ordre de rejoindre et en se rendant au corps dont il doit faire partie (Cass. 2 juill. 1825, 26 fév. et 9 juill. 1863). La même règle s'applique à l'engagé volontaire : l'acte d'engagement devant le maire, de même que la désignation par le sort, ne suffit pas pour lui donner la qualité de militaire ; cette qualité ne s'acquiert pour l'engagé que par l'inscription sur le registre matricule du régiment, à moins qu'il ne fasse partie d'un détachement ou qu'il ne commette des actes d'insoumission (Cass. 12 déc. 1817, 10 janv. 1822, 7 janv. et 11 mars 1826, 22 nov. 1861). L'appelé au service ou l'engagé demeure soumis aux conseils de guerre pendant toute la durée de l'incorporation, lors même que l'engagement ou le temps de service serait expiré, tant qu'il est présent au corps et sujet à la discipline (Cass. 3 janv. 1842, 20 sept. 1843).

**20.** Les militaires en congé ou hors de leur corps ne sont justiciables de la juridiction militaire que pour les délits relatifs au devoir militaire (Arr. Cons. d'Etat, 7 fruct. an XII, L. 4 août 1857, 57) ; ils demeurent justiciables des tribunaux ordinaires à raison des délits communs. Les délits au devoir militaire sont énumérés dans le titre II du livre IV de la loi du 4 août 1857. Les mots *en congé* et *hors du corps* signifient en général une absence régulière et autorisée. La jurisprudence les a appliqués aux militaires en état de libération provisoire (Cass. 3 juill. 1829), et même en état de désertion (Cass. 22 nov. 1861); mais elle ne les a pas étendus à ceux qui, ayant momentanément quitté un corps en marche, ont commis un délit commun (Cass. 5 janv. 1809). Il a été également décidé que le militaire en congé qui se rend coupable par recélé de la vente d'effets de petit équipement pris par un militaire, appartient à la juridiction militaire (Cass. 11 juin 1863).

**21.** Lorsque les militaires sont sous les drapeaux, il est de règle générale que tous les délits soit spéciaux, soit communs qu'ils commettent, sont déférés aux conseils de guerre. Mais cette règle, si absolue qu'elle soit, admet deux exceptions : 1° en ce qui concerne certains délits spécialement déférés aux tribunaux correctionnels ; ces délits sont indiqués par l'art. 273 de la loi militaire, portant : « Ne sont pas soumises à la juridiction des conseils de guerre les infractions commises par des militaires aux lois sur la chasse, la pêche, les douanes, les contributions indirectes, les octrois, les forêts et la grande voirie. » Cette restriction n'est pas étendue aux contraventions de police (art. 271). 2° Lorsque les prévenus militaires ont des complices qui n'ont pas cette qualité. L'indivisibilité des procédures entraîne dans ce cas tous les prévenus, militaires et autres, devant les juges ordinaires (L. 22 mess. an IV, 2; L. 4 août 1857, 76). Il est nécessaire que l'existence des faits de complicité ne soit pas douteuse (Cass. 23 juill. 1823). Mais si les complices non militaires ont été définitivement jugés, s'ils sont, quoique militaires, non justiciables des conseils de guerre, s'ils sont étrangers, tous les prévenus sont traduits devant les tribunaux militaires (L. 4 août 1857, 77; Cass. 6 sept. 1811, 2 mai 1817, 12 oct. 1838, 11 avr. 1867).

**22.** Il importe d'ajouter pour résumer complétement cette matière : 1° que la juridiction militaire s'étend non-seulement aux militaires proprement dits, mais aussi aux individus qui appartiennent à l'administration de l'armée, qui y sont employés à des titres et des services divers. L'art. 26 de la loi se borne à déclarer justiciables des conseils de guerre « les individus assimilés aux militaires par les ordonnances et décrets d'organisation » dont l'exposé des motifs donne l'énumération et dont la jurisprudence a dû quelquefois constater le caractère (Cass. 25 mars 1818, 4 avr. 1833, 23 déc. 1853, 24 fév. 1860, 12 avr. 1864); 2° que les tribunaux militaires ne statuent que sur l'action publique; ils n'ont pas le droit de prononcer des réparations civiles et les parties lésées par des délits militaires doivent s'adresser aux tribunaux civils. Ils peuvent seulement ordonner la restitution des objets saisis (L. 4 août 1857, 53, 54; Cass. 23 oct. 1817).

**23.** La plupart des règles qui viennent d'être rappelées et qui sont appliquées à l'armée par la loi du 4 août 1857 ont été étendues à la marine par celle du 4 juin 1858. La justice militaire maritime est rendue : 1° à terre, par des conseils de guerre et des conseils de révision permanents, par des tribunaux maritimes et des tribunaux de révision permanents; 2° à bord, par des conseils de guerre et des conseils de justice (L. 4 juin

1858, 1). Les délits maritimes comprennent toutes les infractions que la loi du 4 juin 1858 a déférées à ces tribunaux. Sont justiciables des conseils de guerre permanents des arrondissements maritimes à raison de tous les crimes et délits commis : 1° les marins ou militaires de l'armée de mer ou assimilés pendant qu'ils sont en activité de service ou portés présents sur les contrôles ou rôles d'équipage; 2° les mêmes individus placés dans les hôpitaux civils ou militaires, voyageant sous la conduite de la force publique ou détenus dans les établissements, prisons ou pénitenciers maritimes; 3° les prisonniers de guerre placés sous l'autorité maritime; 4° tous individus portés présents à quelque titre que ce soit sur les rôles de l'équipage des bâtiments de l'Etat, quand ces bâtiments se trouvent dans l'enceinte d'un arsenal maritime, ou quand ces individus ont quitté le bâtiment sur lequel ils étaient embarqués et à bord duquel le fait a été commis; 5° les marins, les militaires et les assimilés en congé, ou en permission ou en disponibilité, mais à raison seulement des crimes et délits militaires (art. 77-80), Sont justiciables des tribunaux maritimes: 1° tous individus, encore qu'ils ne soient ni marins, ni militaires, auteurs ou complices de crimes et délits commis dans l'intérieur des ponts, arsenaux et établissements de la marine, lorsque ces crimes et délits sont de nature à compromettre soit la police ou la sûreté de ces établissements, soit le service maritime; 2° les condamnés aux travaux forcés à raison de tous crimes et délits; 3° les accusés de faits de piraterie (L. 10 avr. 1825). Sont justiciables des conseils de guerre à bord des bâtiments de l'Etat: 1° à raison de tous crimes et délits commis soit à bord, soit à terre, tous individus portés présents à quelque titre que ce soit sur les rôles d'équipage des bâtiments de l'Etat; 2° à raison de certains crimes seulement, tous individus embarqués sur des navires convoyés ou sur des navires de commerce, les pilotes et autres gens de mer (art. 94, 95, 96, 97). Sont justiciables des conseils de justice, à raison des délits passibles d'une peine d'emprisonnement n'excédant pas deux ans, tous individus, non officiers portés présents, à quelque titre que ce soit, sur les rôles d'équipage des bâtiments de l'Etat (art. 102). Les questions qui s'élèvent sur l'application de cette compétence sont résolues dans les mêmes termes qu'elles l'ont été en ce qui concerne l'armée territoriale.

# LIVRE PREMIER

## DES PEINES ET DE LEURS EFFETS

---

### § 1er. — *Indication des peines.*

ART. 6, 7, 8, 9, 10, 11.

24. Le Code pénal édicte trois classes de peines ; afflictives et infamantes, infamantes seulement et correctionnelles.
25. Les peines sont appliquées sans préjudice des restitutions et dommages-intérêts.
26. Peines accessoires de la surveillance, de l'amende et de la confiscation spéciale.
27. La confiscation spéciale est une peine ; conséquence de cette règle.
28. La confiscation spéciale ne frappe ni la personne, ni la fortune du condamné, mais un objet déterminé. Application de cette règle.

**24.** Le Code édicte trois classes de peines : les peines afflictives et infamantes, les peines simplement infamantes et les peines correctionnelles. Les peines afflictives frappent directement la personne du condamné ; les peines infamantes, sans l'atteindre directement, ont pour effet de lui enlever ses droits civiques et civils en le notant d'infamie ; les peines correctionnelles n'infligent, comme leur qualification l'indique, qu'une correction temporaire qui ne laisse après elle aucune trace infamante. Les peines afflictives et infamantes sont la mort, les travaux forcés à perpétuité, la déportation dans une enceinte fortifiée, la déportation simple, les travaux forcés à temps, la détention et la réclusion. Les peines simplement infamantes sont le bannissement et la dégradation civique. Les peines correctionnelles sont l'emprisonnement temporaire, l'interdiction à temps de certains droits civiques, civils ou de famille, l'amende. On expliquera plus loin, sous les articles qui les ont définis, les caractères et le mode d'application de chacune de ces peines qui forment dans leur ensemble ce qu'on appelle l'échelle pénale.

**25.** L'art. 10 déclare que « la condamnation aux peines établies par la loi est toujours prononcée sans préjudice des restitutions et dommages-intérêts qui peuvent être dus aux parties ». Ainsi la loi réserve aux personnes lésées par un crime ou délit le droit d'obtenir la réparation de ce dommage. C'est l'application du principe consacré par les art. 1382 et 1383 du C. civ. On a indiqué précédemment (tom. Ier, n° 897) les caractères distincts des restitutions et des dommages-intérêts. Les règles qui s'appliquent à l'estimation de ces indemnités sont exposées sous l'art. 51.

**26.** L'art. 11 dispose que « le renvoi sous la surveillance spéciale de la haute police, l'amende et la confiscation spéciale sont des peines communes aux matières criminelle et correctionnelles. Nous parlerons de la surveillance sous les art. 44 et 45, et de l'amende sous l'art. 52. Mais c'est ici le lieu d'examiner la peine de la confiscation spéciale. Cette confiscation, à laquelle l'art. 11 imprime formellement le caractère d'une peine, est strictement limitée « soit au corps du délit, quand la propriété en appartient au condamné, soit aux choses produites par le délit, soit à celles qui ont servi ou qui ont été destinées à le commettre ». On appelle « corps du délit » l'objet qui en constitue l'élément matériel. La confiscation peut en être prononcée lors même que la propriété n'en appartient pas au condamné, lorsque cet objet, trouvé en sa possession, est prohibé ou peut intéresser la sûreté ou la salubrité publique. » (Cass. 26 mars 1833). Les choses produites par le délit, qui ne sont le plus souvent que le corps du délit lui-même, ne doivent pas être confondues avec les choses qui ont été acquises par le délit et qui doivent être restituées aux propriétaires à qui elles ont été prises (Cass. 12 juin 1856). Enfin les choses qui ont servi à commettre le délit sont tous les instruments qui ont été ou ont dû être employés à sa perpétration.

**27.** De ce que la confiscation spéciale a le caractère d'une véritable peine, il résulte : 1° qu'elle ne peut être prononcée que dans les cas où elle est formellement prescrite par la loi (Cass. 10 fév. 1854); 2° qu'il ne suffit pas qu'il y ait crime ou délit pour ordonner la confiscation des instruments qui ont servi à le commettre, si la loi n'a pas spécialement autorisé cette mesure accessoire (Cass. 1er juil. 1814, 21 avril 1826, 18 mai 1844); 3° qu'il n'est pas permis d'en altérer le caractère en ordonnant la confiscation, non de l'objet même, mais de sa valeur; ce n'est que dans quelques matières spéciales, et par exemple en matière forestière, que le prévenu peut être condamné, si l'objet ne peut être représenté, au paiement de sa valeur présumée (Cod. for., 45; Cass. 23 mai 1823); 4° enfin, que le prévenu renvoyé des fins de la plainte ne peut être condamné en même temps à la confiscation des objets saisis, car une peine ne peut être prononcée qu'à la suite d'une déclaration de culpabilité (Cass. 15 mars 1828, 1er avril 1854). Cette dernière règle admet une exception dans les matières de douanes, de contributions indirectes et de garantie d'or et d'argent, dans lesquelles les objets prohibés ou marqués de faux poinçons sont confisqués, lors même qu'aucune condamnation ne frappe les prévenus (L. 22 août 1791, tit. X, 39; 19 brum. an VI, 109; 1er germ. an XIII, 31).

**28.** Mais à ce caractère pénal la confiscation spéciale joint un caractère particulier, en ce qu'elle frappe, non la personne du condamné, non pas même sa fortune, mais un objet déterminé. La loi a voulu surtout ôter du commerce certaines choses dangereuses. De là il suit : 1° Que les tribunaux ne peuvent s'abstenir de la prononcer lorsqu'elle est prescrite par la loi, lors même qu'elle n'aurait pas été requise (Cass. 8 janv. 1857); 2° qu'ils ne peuvent en faire remise par application de l'art. 463 (Cass. 14 déc. 1832, 14 oct. 1839); 3° qu'elle peut être cumulée avec les autres peines, sans que ce cumul tombe sous la prohibition de l'art. 365, C. inst. cr. (Cass. 2 juin 1838, 6 et 13 mars 1856).

## II. — *Des peines en matière criminelle.*

### Art. 12, 13, 14, 15, 16, 17, 18, 19, 20, 21, 22, 25, 26, 27, 29, 30, 31, 32, 33, 34, 35, 36.

29. La première des peines, dans l'échelle pénale, est la peine de mort, Règles relatives à son application.
30. Règles relatives aux exécutions les jours de fête, au lieu des exécutions et aux femmes condamnées qui se déclarent enceintes.
31. La peine de mort a cessé d'être appliquée en matière politique.
32. Peine des travaux forcés. Mode de son exécution. Loi du 30 mai 1854.
33. Peine de la déportation simple ou aggravée. Mode d'exécution.
34. Peine de la détention. Mode de son exécution.
35. Application des peines de la déportation et de la détention en matière politique. Ce qu'il faut entendre par crimes et délits politiques.
36. Distinction des crimes politiques et des crimes mixtes et des crimes contre la chose publique.
37. Peine de la reclusion. Mode de son exécution.
38. Peine du bannissement. Mode de son exécution.
39. Peine de la dégradation civique. Ses effets.
40. De l'interdiction légale et de ses effets.
41. Son application aux peines temporaires et perpétuelles.
42. De quel jour les peines commencent à courir.
43. Impression et publication des arrêts de condamnation à des peines criminelles.

**29.** *Peine de mort.* Au premier degré de l'échelle pénale on trouve la peine de mort. Nous n'avons à examiner ici ni la légitimité, ni la nécessité de cette peine, ni les cas où elle est appliquée (Voy. *Th. du C. pén.*, nos 57 et suiv.). Nous avons seulement à exposer les formes de son application. Elle consiste dans la simple privation de la vie, sans qu'il puisse être jamais exercé aucune torture contre les condamnés (L. 25 sept.-6 oct. 1791, tit. I, art. 2). L'art. 13 a cependant conservé, en ce qui concerne les condamnés à mort pour parricide, et après avoir rejeté la mutilation maintenue par le Code de 1810, l'aggravation d'un appareil cruel et inutile qui aurait dû disparaître avec la mutilation. L'art. 14 dispose que « les corps des suppliciés seront délivrés à leurs familles, si elles les réclament, à la charge par elles de les faire inhumer *sans aucun appareil* ». On ne doit pas induire de ces derniers termes qu'il soit interdit de faire dire des prières sur le corps des condamnés ; c'est la pompe des funérailles que la loi a voulu prévenir, et non les cérémonies religieuses.

**30.** Les art. 25, 26 et 27 complètent ces actes d'exécution. Aux termes de l'art. 25, « aucune condamnation ne peut être exécutée les jours de fêtes nationales ou religieuses, ni les dimanches ». Cette disposition est une exception à l'art. 375, C. d'inst. crim., qui ordonne l'exécution dans les vingt-quatre heures qui suivent les délais du pourvoi ou la réception de l'arrêt de rejet. Aux termes de l'art. 26, « l'exécution se fera sur l'une des places publiques du lieu qui sera indiqué par l'arrêt de condamnation ». Ce lieu ne peut être que celui du jugement ou une des communes de l'arrondissement où le crime a été commis. Si cette désignation a été omise dans l'arrêt, l'exécution doit être faite au chef-lieu de la Cour d'assises. L'arrêt doit d'ailleurs se borner à désigner la ville, le bourg ou le village où la peine doit être subie ; il n'appartient qu'à l'autorité administrative de déterminer *la place publique* de ce lieu où l'exécution sera faite. Enfin, aux termes de l'art. 27, « si une femme condamnée à mort se déclare et s'il est vérifié qu'elle est enceinte, elle ne subira la peine qu'après la délivrance ». Lors même que la femme n'a fait aucune déclaration, si elle paraît enceinte, il y a lieu de vérifier son état ». (Ord. 1670, tit. XXV, art. 12).

**31.** Les cas d'application de la peine de mort seront indiqués plus loin. Mais on doit noter dès à présent qu'elle a cessé d'être appliquée *en matière politique* (Déc. 26 fév. 1848, const. 4 nov. 1848, 5), et qu'elle a été remplacée par la déportation dans une enceinte fortifiée (L. 6 juin 1850, 1). Nous examinerons, à l'occasion de cette dernière peine, ce qu'il faut entendre par ces mots « matière politique ».

**32.** *Travaux forcés.* La peine des travaux forcés est appliquée soit à perpétuité, soit à temps. Les travaux forcés à temps sont prononcés pour cinq ans au moins et vingt ans au plus (art. 7 et 19). La loi du 30 mai 1854 a modifié l'exécution de cette peine. Cette exécution est réglée par les articles suivants de cette loi : « 1. La peine des travaux forcés sera subie à l'avenir dans les établissements créés par décrets sur le territoire d'une ou de plusieurs possessions françaises autres que l'Algérie. — 2. Les condamnés seront employés aux travaux les plus pénibles de la colonisation et à tous autres travaux d'utilité publique. — 6. Tout individu condamné à moins de huit années de travaux forcés sera tenu, à l'expiration de sa peine, de résider dans la colonie pendant un temps égal à la durée de sa condamnation. Si la peine est de huit années, il sera tenu d'y résider pendant toute sa vie... — 8. Tout libéré coupable d'avoir, contrairement à l'art. 6, quitté la colonie sans autorisation, ou d'avoir dépassé le terme fixé par l'autorisation, sera puni d'un an à trois ans de travaux forcés. » Les art. 11 et 12 autorisent le gouvernement à accorder aux condamnés libérés qui ont une bonne conduite des concessions de terrains et la restitution de leurs droits civils. L'art. 16 du Code qui porte que les femmes et les filles condamnées aux travaux forcés n'y seront employées que dans l'intérieur d'une maison de force, a été complété par l'art. 4 de la loi du 30 mai 1854, portant que « les femmes condamnées aux travaux forcés pourront être conduites dans un des établissements créés aux colonies ; elles seront séparées des hommes et employées à des travaux en rapport avec leur âge et avec leur sexe. »

**33.** *Déportation et détention.* Ces deux peines ont un caractère commun en ce qu'elles sont réservées l'une et l'autre aux faits politiques. « La peine de la déportation consiste, aux termes de l'art. 17, à être transporté et à demeurer à perpétuité dans un lieu déterminé par la loi, hors du territoire continental de la République. » La loi du 8 juin 1850, en substituant cette peine à la peine de mort en matière politique, en a modifié l'exécution. L'art. 1er de cette loi dispose que, « dans tous les cas où la peine de mort est abolie par l'art. 5 de la Constitution, cette peine est remplacée par celle de la déportation dans une enceinte fortifiée désignée par la loi hors du territoire continental de la République. — Les déportés y jouiront de toute la liberté compatible avec la nécessité d'assurer la garde de leurs personnes. — Ils seront soumis à un régime de police et de surveillance déterminé par un règlement d'administration publique ». L'art. 2 ajoute que, en cas de circonstances atténuantes, les juges appliqueront la déportation simple ou la détention. Les art. 4 et 5 désignent les lieux (les îles Marquises) où doit être subie la déportation simple ou aggravée. La loi du 23 mars 1872 est venue modifier encore une fois ces dispositions. Elle porte, art. 1er : « Les § 2 et 3 de l'art. 1er et les art. 4 et 5 de la loi du 8 juin 1850 sont abrogés. — 2. La presqu'île Ducos, dans la Nouvelle-Calédonie, est déclarée lieu de déportation dans une enceinte fortifiée. — 3. L'île des Pins, et en cas d'insuffisance l'île Maré, dépendances de la Nouvelle-Calédonie, sont déclarées lieux de déportation simple, pour l'exécution de l'art. 17 du C. pén. — L'art. 4 reproduit les § 2 et 3 de l'art. 1er de la loi du 8 juin 1850, et les applique aux déportés dans une enceinte fortifiée. L'art. 5 ajoute que « les condamnés à la déportation simple jouiront, dans l'île des Pins et dans l'île Maré, d'une liberté qui n'aura pour limite que les précautions indispensables pour empêcher les évasions et assurer la sécurité et le bon ordre ». Un règlement d'administration publique du 31 mai 1872, prescrit par l'art. 1er de la loi du 8 juin 1850, et par l'article 4 de la loi du 23 mars 1872, a réglé le régime et le mode de surveillance des condamnés à la déportation dans une enceinte fortifiée. Une loi du 25 mars 1873 soumet à un régime moins rigoureux les condamnés à la déportation simple.

**34.** La peine de la détention, introduite dans notre Code par la loi du 28 avril 1832, est affectée, comme la déportation, aux crimes politiques; cette peine étant temporaire et ne pouvant être prononcée que de cinq à vingt ans, forme dans l'échelle pénale le degré inférieur auquel le juge doit descendre en cas de circonstances atténuantes, lorsque la peine portée par la loi est celle de la déportation (art. 20 ; L. 8 juin 1850, 2). Elle diffère de la reclusion en ce que le mode d'exécution et le régime sont tout autres : les condamnés jouissent d'une sorte de liberté sans travail dans la forteresse où ils sont détenus. Cette forteresse, qui avait été d'abord le mont Saint-Michel et Doullens, est aujourd'hui celle de Belle-Isle-en-Mer (Ord. 5 mai 1833, 12 janv. 1835, 23 juil. 1850).

**35.** On a vu que les peines de la déportation et de la détention ne s'appliquent qu'en matière politique. Que doit-on entendre par *matière politique?* La loi n'en a donné aucune définition. La loi du 8 octobre 1830, qui avait pour objet de désigner les délits qui, à raison de leur caractère politique, devaient être déférés au jury, portait, art. 7 : « Sont réputés politiques les délits prévus : 1° par les chap. 1 et 2 du tit. I du livre III du Code pénal ; 2° par les § 2 et 4 de la sect. 3 et par la sect. 7 du chap. III des mêmes titre et livre ; 3° par l'art. 9 de la loi du 25 mars 1822. » Tels étaient les seuls crimes et délits que le législateur de 1830 réputait politiques. Mais cette énumération restrictive a été modifiée par les lois subséquentes. On doit y ajouter, en effet : 1° Les crimes prévus par les art. 5, 8 et 9 de la loi du 24 mai 1834 et les délits prévus par la même loi ; 2° les crimes et délits prévus par la loi du 15 mars 1849 et le décret du 2 fév. 1852 relatifs à la police et à la liberté des élections, et maintenus par l'art. 22 de la loi du 30 nov. 1875 ; 3° les infractions à l'art. 13 de la loi du 28 juillet 1848 et à l'art. 2 du décret du 25 mars 1852, sur les sociétés secrètes et les clubs ; 4° les crimes et délits prévus par la loi du 7 juin 1848 sur les attroupements ; 5° les crimes et délits commis par la voie de la presse autres que ceux prévus par l'art. 2 de la loi du 29 déc. 1875.

**36.** Ces textes indiquent ce qu'on doit entendre en général par *matière politique;* mais il n'en résulte pas l'indication précise des cas où la déportation doit remplacer la peine capitale. Il semble qu'on doit considérer comme commis en matière politique les crimes dont la politique est le mobile et le but. Mais la jurisprudence n'a point admis que cet élément caractéristique de ces sortes de crimes suffise à les constituer; il faut qu'ils soient exclusivement politiques. Toutes les fois que le crime contient, à côté de l'élément politique, un élément commun, et que, bien que commis dans un but politique, il a les caractères intrinsèques d'un crime ordinaire, il est considéré et apprécié comme un crime commun. Le caractère de tous les faits complexes ou mixtes se trouve donc ainsi déterminé par l'élément commun, parce qu'il a paru que le but politique ne pouvait en atténuer la criminalité. On doit également distinguer les crimes politiques et les crimes contre la chose publique. Tous les crimes politiques rentrent dans la territoire de la République. La durée est de cinq à dix ans (art. 32). S'il rentre sur le territoire avant l'expiration de sa peine, il est condamné à la détention pour un temps au moins égal au temps restant de cette peine, et qui ne peut en excéder le double (art. 33). La détention prononcée dans ce cas est essentiellement variable; elle peut se réduire à un seul jour et se prolonger jusqu'à dix ans. L'infraction de ban, contravention purement matérielle, résulte du seul fait de la présence du banni sur le territoire; l'art. 33 porte, en conséquence, que la peine doit lui être appliquée sur la seule preuve de son identité. Cette identité est appréciée dans la forme prescrite par les art. 518 et 519, C. inst. cr. Mais il est nécessaire que le banni accusé d'avoir rompu son ban soit repris et présent aux débats; la poursuite ne peut avoir lieu par contumace; la Cour d'assises, si l'accusé n'est pas présent, ne peut que déclarer qu'il n'y a lieu de statuer (Cass. 6 mars 1817).

**39**. *Dégradation civique*. Cette peine, également infamante, consiste dans un ensemble d'incapacités qui frappent le condamné et s'attachent à lui perpétuellement jusqu'à sa réhabilitation (Cass. 24 mars et 21 avril 1836, 31 mars et 9 avril 1842). Elle est l'accessoire nécessaire des peines des travaux forcés, de la déportation, de la détention, de la reclusion et du bannissement (art. 34). Elle peut aussi être appliquée comme peine principale, et dans ce cas elle peut être accompagnée d'un emprisonnement dont le maximum est de cinq ans, et dont la loi n'a pas fixé le minimum, qui peut dès lors descendre jusqu'à six jours (art. 40). Si le coupable est un étranger ou un Français ayant perdu la qualité de citoyen, la peine d'emprisonnement, qui devient alors la peine principale, est toujours prononcée (art. 35). Peine principale ou accessoire, avec ou sans emprisonnement, elle inflige au condamné la plus grave flétrissure : elle prononce son exclusion de toutes fonctions, emplois ou offices publics; elle le prive du droit de vote, d'élection, d'éligibilité, et en général de tous les droits civiques et politiques et du droit de porter aucune décoration; elle le déclare incapable d'être juré, expert, témoin dans les actes, de déposer en justice autrement que pour y donner de simples renseignements; de faire partie d'un conseil de famille, d'être tuteur, curateur, subrogé-tuteur ou conseil judiciaire, si ce n'est de ses propres enfants et sur l'avis conforme de la famille; enfin elle le prive du droit de port d'armes, du droit de faire partie de la garde nationale, de servir dans les armées, de tenir école ou d'enseigner et d'être employé dans aucun établissement d'instruction à titre de professeur, maître ou surveillant.

**40.** *Interdiction légale.* Les condamnés aux peines des travaux forcés à temps, de la détention et de la reclusion, sont frappés, outre la dégradation civique, de l'interdiction légale. La loi du 31 mai 1864, en abolissant la mort civile, a soumis les condamnés à des peines perpétuelles à la même interdiction. Cette mesure, qui diffère essentiellement de l'interdiction civile établie par les art. 489 et suiv. du C. civ., est une véritable suspension du droit de propriété, et ajoute cette déchéance aux déchéances de la dégradation civique (art. 29, 30 et 31). Elle est perpétuelle ou temporaire, suivant qu'elle est l'accessoire d'une peine perpétuelle ou temporaire. Elle ne s'applique qu'aux condamnations contradictoires : les biens des condamnés par contumace sont régis comme biens d'absents (C. inst. cr., 471).

**41.** Les effets de l'interdiction légale ne sont pas les mêmes à l'égard de tous les condamnés. Les art. 29, 30 et 31, qui s'appliquent aux condamnations temporaires, prescrivent qu'il soit nommé aux condamnés un tuteur et un subrogé-tuteur pour gérer et administrer leurs biens, que ces biens ne leur soient remis qu'après qu'ils auront subi leur peine, et que, pendant sa durée, il ne leur soit remis aucune somme, aucune provision, aucune portion de leurs revenus. La loi du 31 mai 1854, après avoir étendu cette déchéance aux condamnés à des peines perpétuelles, ajoute, dans son art. 3, que tout condamné à ces peines « ne peut disposer de ses biens en tout ou en partie, soit par donation entre-vifs, soit par testament, ni recevoir à ce titre, si ce n'est pour cause d'aliments. Tout testament par lui fait antérieurement à sa condamnation contradictoire devenue définitive est nul». Mais l'art. 4 de la même loi qui se réfère au nouveau mode d'exécution des travaux forcés, dispose que « le gouvernement peut relever le condamné à une peine afflictive perpétuelle de tout ou partie des incapacités prononcées par l'article précédent. Il peut lui concéder l'exercice, dans le lieu d'exécution de la peine, des droits civils ou de quelques-uns de ces droits dont il a été privé par suite de son état d'interdiction légale ». Ces mesures n'étaient pas applicables aux condamnés à la déportation ; mais l'art. 16 de la loi du 25 mars 1873 déclare que « les dispositions de la loi du 31 mai 1854 continueront à recevoir leur exécution en ce qui concerne les condamnés à la déportation. Toutefois, les condamnés à la déportation simple auront de plein droit l'exercice des droits civils dans le lieu de la déportation. Il pourra leur être remis, avec l'autorisation du gouvernement, tout ou partie de leurs biens. » Le gouvernement peut en outre leur faire remise de tout ou partie des droits dont l'art. 34 les a privés.

**42.** La dégradation civique est encourue du jour où la condamnation est devenue irrévocable (art. 23 et 28 ; Cass. 13 oct. 1842). Une condamnation ne devient irrévocable que du jour où il n'existe plus aucun moyen légal d'en obtenir la réformation. Si le condamné n'a formé aucun pourvoi, la peine commence à courir, non du jour de l'arrêt qui n'est point encore irrévocable, mais du jour où les délais du pourvoi sont expirés; ainsi, la durée de cette peine ne doit donc compter que du cinquième jour de la date de l'arrêt, puisque les *trois jours francs* de l'art. 373, C. inst. cr., ne comprennent ni le jour où l'arrêt est rendu, ni le dernier des trois jours qui ont suivi. S'il y a eu pourvoi soit du condamné, soit du ministère public, et qu'un arrêt de rejet soit intervenu, c'est du jour de cet arrêt que la peine doit être comptée. Les mêmes règles s'appliquent à l'interdiction légale. Quant aux condamnés par contumace, ils encourent la dégradation civique du jour de l'affiche de l'extrait de l'arrêt qui a remplacé l'exécution par effigie (Voy. Tome 1er, n° 1017; C. d'inst. cr., 372; L. 2 janv. 1850).

**43.** *Affiche des arrêts.* Une mesure commune à toutes les peines afflictives ou infamantes est l'impression par extrait des arrêts qui les prononcent. Cette mesure a un véritable caractère pénal et elle diffère sous ce rapport de l'affiche que les tribunaux correctionnels et de police peuvent ordonner à titre de réparation civile, en vertu de l'art. 1036, C. pr. civ. (Cass. 3 juin 1858, 21 juill. 1859, 25 avr. 1862, 17 mai 1872, 14 fév. 1873, 22 août 1874); elle ne peut donc être appliquée qu'accessoirement à l'une des peines énumérées dans l'art. 35 (Cass. 16 août 1868); elle ne peut, en conséquence, être prononcée si la peine appliquée n'est qu'un emprisonnement. Cependant quelques lois spéciales, les lois du 26 mai 1819, sur la presse, du 27 mars 1851, sur la fraude dans la vente des denrées, du 19 déc. 1850, sur l'usure, ont autorisé les tribunaux correctionnels à prononcer dans ces matières, comme accessoires de la condamnation, l'impression et l'affiche des jugements ou arrêts.

## § III. — *Des peines en matière correctionnelle.*

### Art. 24, 40, 41, 42, 43.

44. Enumération des peines correctionnelles.
45. De la peine d'emprisonnement. Mode de son exécution. Loi du 5 juin 1875.
46. De quel jour cette peine commence à courir. Du cas où il y a appel ou pourvoi (art. 23 et 24).
47. La peine d'emprisonnement a un minimum et un maximum. Dans quels lieux elle doit être subie, quand elle est au-dessus ou au-dessous d'un an et un jour.
48. Du cumul des peines. Application de l'art. 365 du Code d'instruction criminelle aux condamnations à l'emprisonnement.
49. Peine accessoire de l'interdiction des droits civils, civiques et de famille.

**44.** Les peines en matière correctionnelle sont: 1° l'emprisonnement à temps dans un lieu de correction; 2° l'interdiction à temps de certains droits civiques, civils ou de famille; 3° l'amende (art. 9). L'examen de la peine de l'amende et des questions qu'elle peut soulever sera placé sous les art. 52 et suiv.; nous nous occuperons dans ce paragraphe des peines de l'emprisonnement et de l'interdiction temporaire des droits civils.

**45.** *Emprisonnement.* L'emprisonnement, dont la reclusion, la détention et même les travaux forcés ne sont que les formes les plus rigoureuses, est la base principale de notre système pénal. Les systèmes pénitentiaires ne sont que des modes divers de son application. Après quelques mesures utiles introduites dans les maisons centrales, telles que les quartiers de préservation et d'amendement, après quelques essais de pénitenciers agricoles, la loi du 5 juin 1875, qui a été précédée d'une enquête très-approfondie, a apporté deux dispositions nouvelles qui sont ainsi conçues : « 1. Les inculpés, prévenus et accusés seront à l'avenir individuellement séparés pendant le jour et la nuit. — 2. Seront soumis à l'emprisonnement individuel les condamnés à un emprisonnement d'un an et un jour et au-dessous. » L'art. 4 ajoute que « la durée des peines (de plus de trois mois), subies sous le régime de l'emprisonnement individuel, sera de plein droit réduite d'un quart ».

**46.** On a vu (n° 42) qu'en principe la durée des peines temporaires compte du jour où la condamnation est devenue irrévocable (art. 23); mais ce principe admet une exception en faveur des condamnés à l'emprisonnement qui étaient, avant la condamnation, en état de détention préalable; la durée de la peine compte du jour du jugement ou de l'arrêt : 1° Si le condamné ne s'est pas pourvu, et nonobstant l'appel ou le pourvoi du ministère public et quel qu'en soit le résultat; 2° si le condamné s'est pourvu et que la peine ait été réduite sur son appel ou son pourvoi (art. 24). Cette disposition s'applique à tous les condamnés à l'emprisonnement, quelle que soit la juridiction qui a prononcé cette peine; mais elle ne s'applique qu'à ceux qui étaient *en état de détention préalable*, et s'ils ont formé un appel ou un pourvoi, qu'à ceux dont la peine a été réduite sur leur recours. Ainsi, dans le système de la loi, s'il y a eu recours du ministère public seul, la peine remonte au jour de la condamnation, quel que soit le résultat de ce recours. S'il y a eu recours du condamné, c'est le résultat de ce recours qui fixe le point de départ de la peine. Si le prévenu, après avoir formé un appel ou un pourvoi (ces deux voies de recours sont placées ici sur la même ligne), s'est désisté, la peine court, en cas d'appel, du jour du donné acte du désistement, et en cas de pourvoi, du jour de l'arrêt attaqué, parce que dans ce dernier cas le pourvoi est réputé non avenu (Cass. 12 nov. 1829, 13 fév. 1833, 4 fév. 1848, 2 juill. 1852, 26 mai 1853, 12 nov. 1855).

**47.** La peine d'emprisonnement a un minimum qui est de six jours et un maximum qui est de cinq ans. Les peines d'emprisonnement d'un an et un jour et au-dessous doivent être exécutées dans les maisons de correction départementales (L. 5 juin 1875, 2). Dans les départements où il n'en existe pas, cette exécution a lieu, malgré le vœu formel de la loi, dans les maisons d'arrêt et de justice (art. 40, C. pén., 601, C. d'inst. cr.). Les condamnés à plus d'un an sont enfermés dans les maisons centrales de détention (Ord. 2 avr. 1817, 6 juin 1830). On a vu, sous les art. 611 et 613 du C. d'inst. cr., que les maisons d'arrêt et de justice sont soumises, en ce qui concerne l'instruction, à l'autorité du juge d'instruction et du président d'assises; il appartient également aux magistrats du ministère public de surveiller l'exécution des ordres de la justice; ils doivent en outre statuer sur les incidents que peut soulever l'exécution des jugements et arrêts, sauf à en référer, en cas de difficulté contentieuse, aux juges qui ont rendu la sentence (Voy. *Inst. cr.*, n° 921).

**48.** Il peut s'élever notamment quelques difficultés lorsque plusieurs condamnations pèsent à la fois sur le même individu.

Ces peines doivent être successivement subies ou la plus forte doit elle seule, suivant la règle de l'art. 365 du C. d'inst. cr., être exécutée? Il résulte de la jurisprudence que si les diverses peines encourues en matière criminelle par le même condamné, sont d'une nature différente, par exemple, cinq ans de travaux forcés et cinq ans de reclusion, la plus forte de ces deux peines, celle des travaux forcés, doit seule être exécutée (Cass. 29 juin 1821, 15 oct. 1825, 29 juill. 1826, 6 avr. 1827, etc.), mais si les peines sont de la même nature par exemple, huit ans et douze ans de travaux forcés, elles doivent être subies cumulativement jusqu'à concurrence du maximum de la peine (Cass. 12 oct. 1845, 15 juin 1850, 10 mai 1855, etc.). En matière correctionnelle, la même jurisprudence décide que les diverses condamnations à l'emprisonnement, pour délits antérieurs à la première, ne peuvent, quelque graves et nombreux qu'ils soient, excéder le maximum de cette peine qui est de cinq ans ; mais que si ces délits ne sont passibles que d'un emprisonnement inférieur à cinq ans, s'ils ne sont punissables, par exemple, que de six mois, un an ou deux ans, c'est cette dernière peine, c'est-à-dire le maximum de la peine la plus forte, qui devient la limite de la répression (*Th. du C. pén.*, n° 181 ; Cass. 18 oct. 1845, 5 nov. 1846, 8 juin 1855). Ces propositions résument les arrêts intervenus sur ce point. On doit ajouter toutefois que le prévenu qui a encouru une condamnation à l'emprisonnement moindre de cinq ans, peut être poursuivi pour un délit antérieur, et que les juges ont alors la faculté ou d'aggraver la peine jusqu'à cinq ans, pourvu que l'un des délits soit passible de ce maximum, ou de se référer simplement à la première condamnation sans aucune aggravation (Cass. 29 avr. 1832).

**49.** *Interdiction des droits civils.* L'interdiction des droits civiques, civils et de famille est la suspension partielle de certains droits qui sont énumérés dans l'art. 42. Elle diffère de la dégradation civique : 1° en ce que cette dernière peine est infamante et peut être prononcée comme peine principale, tandis que l'interdiction est correctionnelle et accessoire ; 2° en ce que les incapacités portées par l'art. 34, quoiqu'elles reproduisent celles de l'art. 42, sont plus étendues et plus complètes ; 3° en ce que ces incapacités constituent dans l'art. 34 un ensemble compacte et indivisible, tandis que l'art. 42 permet de les diviser pour les approprier au caractère de chaque délit. Ainsi cet article se borne à indiquer les déchéances qui peuvent être appliquées aux condamnés correctionnels ; le juge peut y puiser pour chaque espèce et choisir celle qui lui semble le plus en rapport avec le délit qu'il constate. Mais cette interdiction temporaire et partielle ne peut être prononcée que *dans certains cas* formellement prévus par la loi ; il faut qu'elle soit autorisée ou ordonnée par une disposition spéciale (art. 43). Elle court du jour où le condamné a subi sa peine lorsque la loi l'a prescrit ainsi (art. 86, 197, 388, 400, 401, 405, 406, 410), et du même jour ou du jour où la condamnation est devenue définitive, suivant que le juge aura statué à cet égard, lorsque la loi ne s'est point expliquée (art. 89, 91, 109, 112, 171, 176, 185, 187, 335). Enfin, l'interdiction étant en général temporaire, le juge doit en fixer la durée dans les termes de la loi ; elle est cependant perpétuelle dans les cas prévus par les art. 171 et 175 ; dans deux autres cas (art. 89 et 91), la loi n'en a pas fixé le terme, et en a laissé l'indication aux tribunaux.

## § IV. — *De la peine accessoire de la surveillance de la haute police.*

### Art. 44, 45, 46, 47, 48, 49, 50.

50. De la surveillance. Indication des lois dont elle a été successivement l'objet.
51. Exposé des systèmes de surveillance du Code pénal de 1810, de la loi du 28 avril 1832 et du décret du 8 déc. 1851.
52. Système de la loi du 23 janvier 1874.
53. Durée de la surveillance. Faculté attribuée aux juges de l'abréger ou d'en exempter les condamnés.

54. Comment les arrêts doivent constater leur délibération sur la surveillance.

55. La surveillance ne peut être appliquée qu'en vertu d'un texte formel. De quel jour elle commence à courir.

**50.** On a vu sur l'art. 11 que le renvoi sous la surveillance spéciale de la haute police est une peine commune aux matières criminelle et correctionnelle. Cette peine accessoire, qui succède à la peine principale et saisit le condamné au moment où cette peine s'achève, a été successivement soumise à quatre modes d'exécution par le Code pénal de 1810, par la loi du 28 avr. 1832, par le décret du 8 déc. 1851 et enfin par la loi du 23 janv. 1874, qui a apporté une nouvelle rédaction des art. 44, 46, 47 et 48 du C. pén.

**51.** Sous le Code pénal de 1810, tout condamné à une peine emportant la surveillance pouvait, après avoir subi sa peine, fournir caution de bonne conduite en versant la somme indiquée par l'arrêt, et reprenait par ce cautionnement le plein exercice de sa liberté. Mais s'il ne pouvait le fournir, il restait à la disposition du gouvernement qui lui fixait une résidence d'où il ne pouvait sortir, et en cas de rupture de ban, le gouvernement pouvait, sans jugement, le faire détenir pendant cinq ans. La loi du 28 avril 1832 a abrogé ces dispositions et les a remplacées par un système qui se résume en ces termes : 1° faculté pour le condamné de choisir, en le déclarant à l'avance, le lieu de sa résidence et de changer ensuite ce lieu, en avertissant trois jours à l'avance le maire de la commune et en désignant la nouvelle résidence où il veut se fixer ; 2° faculté pour le gouvernement de lui interdire l'accès de tels ou tels lieux expressément déterminés. En cas d'infraction de ban, le condamné est traduit devant les tribunaux correctionnels, qui peuvent lui appliquer un emprisonnement qui ne peut excéder cinq ans. Ce second système de surveillance fut abrogé par le décret du 8 déc. 1851 qui armait le gouvernement : 1° du droit de déterminer le lieu de résidence de chaque condamné ; 2° du droit d'ordonner sans jugement, en cas de rupture de ban, sa transportation pour cinq ans à Cayenne ou en Algérie.

**52.** La loi du 23 janvier 1874 a établi un quatrième mode de surveillance qui est actuellement en vigueur, et qui se rapproche en quelques points du système de la loi du 28 avril 1832. L'effet du renvoi sous la surveillance est d'attribuer : 1° au gouvernement le droit de déterminer certains lieux dans lesquels il est interdit au condamné de paraître ; 2° au condamné le droit de désigner, au moins quinze jours avant sa mise en liberté, le lieu où il veut fixer sa résidence. A défaut de cette déclaration, le gouvernement la lui fixe lui-même. Il peut quitter la résidence qu'il a choisie ou qui lui a été assignée, mais seulement après un délai de six mois, à moins d'autorisation, et à la charge de prévenir le maire huit jours à l'avance. Le séjour de six mois est obligatoire pour le condamné dans chacune des résidences qu'il choisira successivement pendant tout le temps de la surveillance, à moins d'autorisation spéciale. Il ne peut voyager qu'avec une feuille de route qui lui trace son itinéraire et doit se présenter dans les 24 heures de son arrivée devant le maire de la commune qu'il doit habiter. Telles sont les dispositions du nouvel art. 44 de notre Code.

**53.** Mais, à côté de ces mesures administratives, la loi du 23 janvier 1874 a édicté quelques dispositions qui apportent et permettent aux tribunaux et à l'administration d'apporter quelque adoucissement dans son application : 1° La surveillance n'est pas perpétuelle, l'art. 46 dispose que « en aucun cas sa durée ne pourra excéder vingt années ». 2° Elle est une peine accessoire non plus nécessaire, mais seulement facultative des peines afflictives. Si le deuxième paragraphe de l'art. 46 porte que « les coupables condamnés aux travaux forcés à temps, à la détention et à la reclusion seront de plein droit sous la surveillance », le troisième paragraphe ajoute : « Néanmoins l'arrêt ou le jugement de condamnation pourra réduire la durée de la surveillance ou même déclarer que les condamnés n'y seront pas soumis ». 3° Elle peut être remise ou réduite par voie de grâce (art. 47) ; elle peut être suspendue par mesure administrative (art. 47) et les condamnés à des peines perpétuelles qui ont obtenu une commutation n'y sont assujettis qu'autant qu'il n'en a pas été autrement disposé par la décision gracieuse (art. 46); 4° enfin les juges qui prononcent une condamnation à une peine afflictive temporaire, sont tenus de délibérer sur le point de savoir s'il y a lieu de maintenir, d'abréger ou de supprimer la surveillance, et « si l'arrêt ou le jugement ne contient pas dispense ou réduction, mention sera faite à peine de nullité qu'il en a été délibéré. » (Art. 47, § 2).

**54.** Cette dernière disposition a appelé l'attention de la chambre criminelle de la Cour de cassation sur le dispositif des arrêts portant des peines afflictives temporaires. Ces arrêts, s'ils ne contiennent ni dispense, ni réduction, doivent constater qu'il en a été spécialement délibéré et que le maintien de la surveillance est le résultat d'une décision expresse. Il ne suffirait pas de déclarer que l'arrêt a été délibéré conformément à la loi, surtout s'il ne vise en même temps ni l'art. 46 ni l'art. 47, car cette mention n'indique point qu'il ait été statué sur la surveillance (Cass. 4 avr. et 11 juin 1874); mais cette constatation à laquelle aucune formule n'a été imposée, peut résulter des termes de l'arrêt, par exemple, s'il a été précédé de conclusions du ministère public requérant le maintien de la surveillance (Cass. 3 sept. 1874) ou du texte du nouvel article 46 (Cass. 19 mars et 16 juill. 1874).

**55.** La surveillance commence du jour où le condamné achève de subir sa peine; de là il suit : 1° qu'il n'y a pas lieu de prononcer la surveillance comme accessoire d'une peine perpétuelle; 2° qu'en cas de prescription, la surveillance, qui ne se prescrit pas, ne produit son effet que du jour où la prescription est accomplie (art. 48). Les questions relatives à la remise de la surveillance par l'application de l'art. 463, même dans les cas où elle est impérativement prescrite par la loi et, par exemple, dans les cas des art. 271 et 282, se trouvent implicitement résolues par la loi du 23 janv. 1874. Le troisième paragraphe de l'art. 47 qui autorise les juges à réduire et même à supprimer la surveillance dans les cas même où elle existe de plein droit, est une disposition générale qui s'applique à plus forte raison dans les cas où il est nécessaire de la prononcer; c'est ce qui a lieu dans les hypothèses des art. 47 et 49 à l'égard des condamnés au bannissement et des condamnés à des crimes contre la sûreté de l'État. Mais la loi n'a ni modifié ni restreint l'art. 50, qui veut que « les condamnés ne soient placés sous la surveillance de la police que dans les cas où une disposition particulière de la loi l'a permis. » Ainsi cette peine accessoire ne peut jamais être suppléée; elle ne peut être appliquée qu'en vertu d'un texte formel qui indique les cas où elle peut être prononcée, en laissant toujours au juge la faculté d'apprécier si elle doit être maintenue.

## § IV. — *Des peines pécuniaires.*

### Art. 51, 52, 53, 54, 55.

56. *Amendes.* Règles relatives à la peine de l'amende. Fixation de sa quotité.
57. L'amende est une peine. Elle ne peut être appliquée qu'aux coupables de faits punissables. Exceptions dans quelques matières spéciales.
58. L'amende est individuelle; il doit être prononcé autant d'amendes qu'il y a de coupables. Exceptions dans les cas de délit collectif et d'amende basée sur le dommage.
59. Effets du décès du condamné sur le paiement de l'amende.
60. Application aux amendes de l'article 365, C. inst. crim., sur le cumul des peines.
61. *Restitutions.* De la restitution des effets pris. Compétence des Cours d'assises et des tribunaux correctionnels pour l'ordonner.
62. *Dommages-intérêts.* Règles relatives à l'application des dommages-intérêts.
63. Application à une œuvre quelconque.
64. Compétence des Cours et tribunaux.
65. *Frais.* De la condamnation aux frais.
66. Dans quels cas elle est prononcée.
67. *Solidarité.* De la solidarité appliquée aux condamnations pécuniaires.
68. *Contrainte par corps.* Application de la contrainte par corps aux condamnations pécuniaires.
69. A quelles condamnations s'applique la contrainte par corps.
70. Durée de la contrainte et dans quels cas elle est suspendue.
71. Cas où la contrainte ne doit pas être prononcée.
72. Privilége du trésor pour les frais.

**56.** *Amendes.* La peine de l'amende, qui consiste dans la condamnation au paiement d'une somme pécuniaire, a une double base : elle est égale à l'égard de tous les prévenus, et la fixation de son taux ne dépend que de la gravité du délit ou du bénéfice illégitime qu'il devait procurer à ses auteurs. La loi a laissé en général aux tribunaux une grande latitude pour en fixer la quotité : ils doivent faire la part du temps, des situations, des ressources pécuniaires et de toutes les circonstances particulières aux prévenus. Cependant, pour les guider dans cette appréciation, la loi a posé quelques limites : tantôt elle détermine le minimum et le maximum de l'amende, tantôt elle se borne à fixer le minimum en faisant dépendre le maximum de la somme du bénéfice illégitime ou du dommage, tantôt enfin le minimum et le maximum sont également variables. Lorsque le taux de l'amende a pour base la quotité du bénéfice illégitime ou du dommage, lorsqu'elle peut s'élever par exemple, comme dans les art. 164 et 172, au quart du bénéfice illégitime, des restitutions ou des dommages-intérêts, les juges doivent constater ces éléments de la peine et les consigner dans le dispositif des arrêts (Cass. 10 avr. 1841, 4 nov. 1854, 24 mars et 27 juill. 1857, 7 déc. 1860).

**57.** L'amende est une véritable peine : cette règle est nettement établie par les art. 9, 11 et 464 du Code pénal. Elle est prononcée tantôt seule, tantôt accessoirement à une peine corporelle ; elle est commune aux matières criminelle, correctionnelle et de police. De cette règle découlent plusieurs conséquences. En premier lieu, l'amende, puisque toute peine est personnelle, ne peut atteindre que les personnes déclarées personnellement coupables de faits punissables, et ne peut être étendue à des tiers étrangers à ces faits, lesquels ne peuvent être que civilement responsables des dommages qu'ils ont causés. Cette distinction a été notamment appliquée en matière de délits ruraux (Cass. 8 août 1823, 19 nov. 1824, 21 avr. et 15 déc. 1827), de loteries illicites (Cass. 24 mars 1855), d'injures (Cass. 13 mai 1813, 19 nov. 1824), de contraventions imputées aux préposés d'un entrepreneur de messageries ou d'un fermier de la pêche (Cass. 18 nov. 1825, 18 oct. 1827). Mais quelques exceptions ont été admises par des lois spéciales : l'art. 20, tit. XIII, de la loi du 6-22 avr. 1791 déclare que « les propriétaires des marchandises (introduites en contrebande) seront responsables civilement du fait de leurs agents, en ce qui concerne les droits, confiscations, *amendes* et dépens ». L'art. 8 du titre III de la loi du 4 germ. an II porte que les régisseurs des voitures publiques seront condamnés aux amendes solidairement avec les conducteurs. L'art. 9 du décret du 27 prair. an IX et l'art. 35 du décret du 1er germ. an XIII reproduisent la même disposition en matière de transport de lettres et de contributions indirectes. Enfin les art. 45 et 46 du C. for. déclarent les adjudicataires de coupes de bois responsables des amendes encourues pour délits commis dans les ventes. On doit ajouter que, dans les matières fiscales, et notamment en matière de douanes et de contributions indirectes, la jurisprudence a admis que l'amende doit être considérée moins comme une peine que comme une réparation civile, et par conséquent peut être mise à la charge des personnes responsables (Cass. 17 déc. 1831, 5 oct. 1832, 11 oct. 1834, 14 mai 1842, 13 mars 1844). On doit ajouter encore que plusieurs arrêts ont décidé — que les entrepreneurs de vidanges sont responsables des amendes encourues par leurs préposés (Cass. 4 juin 1842) ; — que les propriétaires de maisons urbaines sont passibles des amendes encourues par leurs locataires pour défaut de balayage (Cass. 4 mai 1848, 15 juill. 1859), — que les riverains d'un cours d'eau sont passibles des amendes prononcées contre leurs préposés pour infraction aux règlements (Cass. 5 juin 1856, 3 avr. 1857). Mais dans ces espèces les propriétaires ou entrepreneurs ont été considérés comme coauteurs, par le fait de leur négligence, des contraventions. On ne doit pas, au surplus, perdre de vue que, lorsque la responsabilité est étendue jusqu'à l'amende, il n'y a qu'une seule infraction, un seul délinquant, et par conséquent il n'y a lieu qu'à une seule amende.

**58.** Du caractère pénal de l'amende, il suit, en deuxième lieu, qu'elle est individuelle, c'est-à-dire qu'il doit être prononcé autant d'amendes qu'il y a d'individus déclarés coupables du fait (Cass. 22 avr. 1813, 8 oct. 1822, 25 mars 1825, 7 déc. 1826, 15 fév. 1828, 10 nov. 1853). Cette règle toutefois admet deux exceptions : 1° lorsque l'infraction a été commise par une collection d'individus, par une personne civile, par une société, il y a lieu de distinguer si elle a été commise par l'être moral de la société et dans son seul intérêt, ou par plusieurs membres de cette société, quoiqueagissant dans un intérêt commun : dans le premier cas, une seule amende doit être prononcée, mais dans le second il y a autant d'amendes que de contrevenants (Cass. 14 déc. 1838, 6 août 1839) ; 2° lorsque l'amende a pour base la quotité du dommage causé (C. for., 144, 192, 194 : Cass. 24 avr. 1828).

**59.** Du caractère pénal de l'amende il résulte, en troisième lieu, que si elle n'a pas été prononcée avant le décès du prévenu, elle ne peut l'être contre ses héritiers. L'action publique est éteinte par ce décès (C. inst. cr., 2) ; ainsi, dans le cas même où les héritiers en seraient responsables à titre de réparation civile, ils ne pourraient être poursuivis devant la juridiction correctionnelle, qui n'a compétence que pour juger les délits, et ne seraient passibles que d'un procès civil (Cass. 28 messid. an VIII, 9 déc. 1813). Mais si l'amende a été prononcée contre le prévenu avant son décès et si le jugement a acquis force de chose jugée, le recouvrement de cette amende, qui est devenue une dette de la succession, peut être poursuivi contre les héritiers (Cass. 9 déc. 1848).

**60.** Enfin du caractère pénal de l'amende il suit, en quatrième lieu, que la règle prohibitive du cumul des peines doit s'y appliquer comme à toute autre peine. L'art. 365, C. d'inst. cr., qui a posé cette règle, s'applique, en effet, à la matière correctionnelle aussi bien qu'à la matière criminelle, et sa disposition embrasse toutes les peines (Cass. 3 oct. 1835, 2 juin

1838, 28 fév. 1857). Il est donc interdit soit de cumuler l'amende avec une peine corporelle (Cass. 29 déc. 1826, 6 avr. 1827, 16 fév. 1860), soit de cumuler entre elles deux ou plusieurs amendes (Cass. 20 janv. 1837, 28 fév. 1857, 13 juill. 1860). Mais cette règle cesse d'être appliquée : 1° en matière de contravention (Cass. 7 janv. 1842, 15 mars 1845, 22 mars 1851, 22 juill. 1852) ; 2° dans les cas où la loi permet formellement le cumul, par exemple, dans le cas prévu par l'art. 4 de la loi du 10 déc. 1850, où le délit d'usure est lié au délit d'escroquerie; 3° dans le cas où l'amende est considérée comme une réparation civile (Cass. 11 oct. 1827, 3 oct. 1835, 29 mai 1843, 6 mars 1856, 28 fév. 1857, 4 fév. 1860).

**61.** *Restitutions.* Nous avons indiqué (Tome 1er, nos 897 et 898) ce qu'on doit entendre par restitutions, à quels objets elles s'appliquent, et la compétence de la Cour d'assises pour les prononcer. On doit remarquer ici que la compétence de la juridiction correctionnelle n'est pas aussi étendue. Il résulte de l'art. 366, C. inst. cr., que la restitution des effets peut être ordonnée d'office au propriétaire, lors même que l'accusé a été acquitté ou absous (Cass. 30 mars 1843, 21 fév. 1852). Il résulte au contraire des art. 161 et 189 du même Code que les tribunaux correctionnels ne sont autorisés à statuer sur les demandes en restitution que dans le cas de condamnation du prévenu (Cass. 7 sept. 1820).

**62.** *Dommages-intérêts.* L'art. 10 déclare que « la condamnation aux peines établies par la loi est toujours prononcée sans préjudice des restitutions et dommages-intérêts qui peuvent être dus aux parties. » On a vu qu'il ne faut pas confondre les restitutions et les dommages-intérêts, que les premières ont pour objet les choses mêmes dont le plaignant a été dépouillé, et que les autres sont la réparation du préjudice qu'il a souffert ; d'où il suit que la restitution d'un objet volé n'est point un obstacle à la demande de dommages-intérêts à raison du vol. L'art. 51 pose en principe que « le coupable pourra être condamné envers la partie lésée, si elle le requiert, à des indemnités dont la détermination est laissée à la justice de la Cour ou du tribunal. De là il suit : 1° que l'adjudication des dommages-intérêts est purement facultative ; il faut que la partie justifie d'une lésion résultant directement du délit et du droit d'en poursuivre personnellement la réparation ; 2° que les dommages-intérêts ne peuvent être accordés que sur la réquisition des parties et dans les limites de cette réquisition ; 3° que les cours et tribunaux sont investis d'un pouvoir discrétionnaire pour apprécier les dommages éprouvés et distribuer les réparations civiles ; il leur appartient de peser la situation des parties, les fautes commises, la responsabilité qui peut en résulter et le préjudice qu'elles ont directement et immédiatement causé. La loi les a érigés en arbitres et leurs évaluations échappent à la censure de la Cour de cassation (Cass. 17 sept. 1846, 15 juin 1872) ; c'est ainsi qu'il a été reconnu qu'ils ne sont point enchaînés par les règles du Code civil sur les dommages-intérêts (Cass. 19 mars 1825, 29 mars et 8 juin 1849, 18 mars 1853), et qu'ils peuvent, à titre de réparation civile, ordonner l'impression, l'affiche et la publication de leurs décisions (Cass. 22 oct. 1812, 1er fév. 1828, 28 juill. 1844).

**63.** L'art. 51 défend l'application des dommages-intérêts, même avec le consentement de la partie, à une œuvre quelconque. Cette application, si elle avait lieu, serait frappée de nullité (Cass. 7 déc. 1821) ; mais il ne suit pas de là : 1° que la partie lésée ne puisse disposer comme il lui plaît des dommages qu'elle a obtenus ; 2° qu'elle ne puisse même annoncer à l'avance qu'elle en fera telle ou telle application. Cette déclaration est non écrite aux yeux des juges, mais elle ne vicie pas la demande (Cass. 25 juill. 1830). Il ne suit pas non plus de la même prohibition que les tribunaux ne puissent, en adjugeant des dommages-intérêts, en régler la distribution entre les parties et en faire une équitable répartition (Cass. 12 juin 1841).

**64.** On a déjà indiqué (Tome 1er, nos 499 et 902) la compétence des tribunaux correctionnels et des Cours d'assises pour statuer sur les dommages-intérêts des parties. En général, les tribunaux criminels sont compétents pour statuer sur l'action civile dans le cas où ils déclarent l'accusé ou le prévenu coupable du fait qui est l'objet de la poursuite (Cass. 15 nov. 1861) mais dans le cas d'acquittement ou d'absolution, la compétence des tribunaux correctionnels est plus restreinte que celle des Cours d'assises. Il résulte des art. 191 et 212, C. d'inst. crim., que les tribunaux correctionnels, dessaisis de l'action publique lorsqu'ils déclarent que le fait ne constitue ni délit ni contravention, sont incompétents pour statuer sur les dommages-intérêts réclamés par la partie civile, car aucune disposition de la loi ne leur a attribué l'action civile séparément de l'action publique; mais ils peuvent statuer sur les dommages-intérêts réclamés par le prévenu, car l'art. 212 leur confère expressément cette attribution (Cass. 30 avr. 1813, 22 oct. 1818, 12 mai 1827, 8 sept. 1843, 2 mai 1851, 3 août 1855). La Cour d'assises, au contraire, aux termes des art. 358 et 366, C. inst. cr., est compétente pour prononcer, en cas d'acquittement ou d'absolution sur des dommages-intérêts respectivement prétendus par la partie civile et par l'accusé. La Cour d'assises peut donc, même après la déclaration du jury que l'accusé n'est pas coupable, accorder des dommages-intérêts à la partie civile; les art. 358, 359 et 366, C. inst. cr., lui ont attribué le pouvoir de statuer sur l'action civile après l'extinction de l'action publique. La demande en dommages-intérêts est alors fondée sur le fait dommageable, sur la faute qui survit à la culpabilité. Mais, en appréciant ce quasi-délit, la Cour d'assises doit respecter et maintenir la déclaration du jury revêtue de l'autorité de la chose jugée et qui ne peut être l'objet, non-seulement d'aucun recours mais d'aucune critique même indirecte de la part de la Cour (voy. tome I^er^, n° 903). On doit néanmoins ajouter, en ce qui touche les tribunaux correctionnels, qu'il n'est pas nécessaire, pour établir leur compétence civile, qu'ils appliquent une peine, il suffit qu'ils déclarent que le prévenu est l'auteur d'un fait qualifié délit ou contravention. Ainsi, dans le cas prévu par l'art. 202, C. inst. cr., la Cour d'appel, saisie par le seul appel de la partie civile, statue sur les dommages-intérêts sans prononcer aucune peine (tome Ier, n° 535). Il en serait encore ainsi dans le cas où le maximum de la peine se trouverait atteint par une autre condamnation (Cass. 18 juin 1841).

**65.** *Frais.* La condamnation aux frais, déjà établie par les art. 162, 194 et 368 du C. d'inst. crim., est consacrée par l'art. 52 du C. pén. Il résulte de ces textes que cette condamnation est prononcée contre les parties au procès qui ont succombé et dans tous les cas, en matière correctionnelle, contre la partie civile, qu'elle ait ou non succombé. Elle ne peut être prononcée : 1° contre le plaignant qui ne s'est pas porté partie civile (Cass. 20 juin 1828, 2 mai 1840) ; 2° contre les officiers de police judiciaire rédacteurs des procès-verbaux qui servent de base aux poursuites (Cass. 27 juin 1812, 17 sept. 1819, 8 mars 1825, 29 fév. 1828) ; 3° contre le ministère public qui, agissant dans un intérêt général, n'est jamais responsable des frais, et dont les actes, s'ils étaient iniques et vexatoires, ne pourraient donner lieu qu'à la prise à partie (C. proc. civ., 505-516).

**66.** La condamnation aux dépens n'est pas une conséquence virtuelle et de plein droit de la condamnation principale ; elle doit être prononcée pour que le recouvrement puisse en être opéré, et si le jugement ou l'arrêt l'ont omise, cette omission doit être réparée par l'appel ou le pourvoi du ministère public (Cass. 31 juill. 1830, 28 juin 1839, 17 sept. 1846, 20 sept. 1855). Dans quels cas ou contre quelles personnes cette condamnation doit-elle être prononcée? Elle ne doit jamais l'être contre les accusés ou prévenus acquittés (Cass. 15 mars 1828, 16 nov. 1832, 16 fév. et 3 mars 1854), lors même que, en matière criminelle, ils auraient encouru, après leur acquittement, des dommages-intérêts, car ils n'ont pas succombé sur l'action publique (Cass. 10 janv. 1851). Mais si, avant d'arriver à l'audience où ils ont été acquittés, ils ont été condamnés par contumace ou par défaut, les frais de la contumace ou du défaut demeurent à leur charge (C. inst. cr., 187, 478; Cass. 4 juin et 2 déc. 1830, 21 août 1852). Ne sont point également passibles des frais, les prévenus ou accusés absous : 1° parce que le fait incriminé ne constitue ni crime, ni délit, ni contravention (Cass. 14 déc. 1809, 7 nov. 1844); 2° parce que les juges, en constatant le fait, en ont écarté l'élément intentionnel (Cass. 22 déc. 1831, 29 nov. 1844, 23 mars 1848) ; 3° parce que les prévenus ou accusés étaient en état de démence au moment de la perpétration de l'action (Cass. 29 avr. 1837), car si la démence ne s'est déclarée que postérieurement, les frais peuvent être mis à leur charge (Cass. 2 juin 1831); 4° parce que la prescription leur est acquise, pourvu qu'elle soit accomplie au moment des poursuites et qu'elle ne résulte pas d'un fait postérieur, par exemple, de ce que le fait incriminé, qualifié crime, n'a été frappé que d'une peine correctionnelle (Cass. 21 août 1845, 17 déc. 1846, 9 fév. 1854). Mais la condamnation aux dépens doit être prononcée contre tous les accusés ou prévenus qui succombent, et par conséquent elle doit être appliquée : 1° aux prévenus ou accusés condamnés même pour un fait moins grave que celui qui leur était imputé (Cass. 25 avr. 1833); 2° à ceux qui, mis en prévention à raison de deux délits, n'ont été condamnés que pour un seul, pourvu qu'il y ait connexité, car l'acquittement sur un délit non connexe emporte la remise des frais relatifs à ce délit (Cass. 3 fév. 1855); 3° aux prévenus qui ont obtenu une réduction de peine sur leur appel (Cass. 22 août 1828, 15 déc. 1830) ; mais si le jugement a été confirmé sur le seul appel du ministère public, les frais de cet appel ne peuvent être mis à leur charge (Cass. 22 nov. 1828) ; 4° aux individus qui, quoique reconnus coupables, ne sont passibles d'aucune application pénale, soit parce que, dans certains cas, ils ont procuré l'arrestation de leurs complices (art. 108 et

138; Cass. 24 juill. 1840); soit parce qu'une peine plus forte ayant déjà été prononcée, il n'y a lieu d'en infliger aucune; 5° aux mineurs de 16 ans qui sont renvoyés des poursuites comme ayant agi sans discernement (Cass. 6 août 1813, 27 mars 1823, 13 avr. 1832, 18 fév. 1841, 16 janv. 1846, 19 déc. 1856, 26 mai 1858). On doit enfin ajouter sur ce sujet: 1° que les prévenus qui succombent dans une poursuite correctionnelle doivent être condamnés aux dépens, lors même qu'il y a une partie civile que la même condamnation doit frapper en même temps (C. inst. cr., 194; Déc. 18 juin 1811, 157); 2° que les personnes, civilement responsables, lorsqu'elles ont été parties au procès, sont tenues des frais comme des réparations civiles et doivent y être condamnées (C. inst. cr., 194; Déc. 18 juin 1811, 156; Cass. 28 fév. 1823, 28 avr. 1828, 18 août 1842, 7 mars 1845); 3° enfin, que les parties civiles encourent la même condamnation, en matière correctionnelle, soit qu'elles succombent ou non (Déc. 18 juin 1811, 157), en matière criminelle seulement quand elles ont succombé (C. inst. cr., 368), et elles sont réputées avoir succombé toutes les fois qu'aucune condamnation pénale n'atteint les accusés (Cass. 1er déc. 1855).

**67.** *Solidarité.* L'art. 55 déclare que « tous les individus condamnés pour un même crime ou pour un même délit seront tenus solidairement des amendes, des restitutions, des dommages-intérêts et des frais. » Il ne suffit pas que plusieurs individus soient condamnés par le même jugement pour crime ou délit, pour qu'ils soient tenus solidairement des suites pécuniaires de cette condamnation, il faut qu'ils soient condamnés pour le même crime ou pour le même délit (Cass. 22 avr. 1813, 24 nov. 1820, 3 avr. 1852, 19 mai 1853, 11 avr. 1856). Mais que faut-il entendre par le même crime ou le même délit? La jurisprudence a admis: 1° que cette expression comprend les crimes ou délits connexes qui, enchaînés les uns aux autres, ne forment que les parties d'un même tout (Cass. 7 janv. 1843, 28 sept. 1849), et même les faits non connexes mais identiques, commis dans un même intérêt et un même but (Cass. 23 avr. 1841, 12 août 1859) ; 2° que la même règle s'applique au cas où les faits, poursuivis comme crimes ou délits, ne constituent en définitive que des quasi-délits, au cas où les accusés acquittés sont condamnés à des dommages-intérêts envers la partie civile : il a été décidé dans ce cas « que l'art. 55 est une disposition générale et consacre un principe de droit et d'équité d'après lequel la volonté commune de causer un préjudice entraîne l'obligation de le réparer solidairement » (Cass. 29 juill. 1844, 10 avr. 1852) : le quasi-délit conserve ainsi le caractère d'indivisibilité du délit et l'art. 55 y est étendu ; 3° que cet article s'applique, non-seulement en matière de crime ou de délit, mais aussi en matière de contravention, parce qu'il y a même raison d'application (Cass. 7 juill. 1827, 7 janv. 1830). La solidarité est considérée comme un mode d'exécution qui s'applique de plein droit aux individus condamnés pour le même crime ou le même délit (Cass. 26 août 1813, 18 oct. 1821) ; il est néanmoins nécessaire qu'elle soit prononcée quand elle est étendue en dehors du texte précis de l'art. 55 aux quasi-délits. Elle a pour effet : 1° en ce qui concerne l'amende, que le condamné est personnellement tenu de l'amende qui lui a été directement infligée, et solidairement responsable des autres amendes prononcées contre ses coprévenus (Cass. 5 mai 1838, 25 sept. et 10 oct. 1856) ; 2° en ce qui concerne les restitutions, dommages-intérêts et frais, que chacun des condamnés, quelle que soit la répartition faite entre eux, est tenu solidairement de la totalité de ces condamnations pécuniaires (Cass. 13 juill. 1857).

**68.** *Contrainte par corps.* L'art. 53 a été modifié et remplacé d'abord par la loi du 17 avr. 1832, ensuite par le décret du 13 déc. 1848, enfin par la loi du 22 juill. 1867, qui a supprimé la contrainte par corps en matière commerciale, civile et contre les étrangers, et qui l'a maintenue en matière criminelle, correctionnelle et de police. Les cas où cette voie de recouvrement est applicable aujourd'hui sont indiqués par les art. 3 et

4 de la loi du 22 juill. 1867 : « Art. 3. Les arrêts, jugements et exécutoires portant condamnation au profit de l'Etat à des amendes, restitutions et dommages-intérêts en matière criminelle, correctionnelle et de police, ne peuvent être exécutés par la voie de la contrainte par corps que cinq jours après le commandement qui en est fait aux condamnés à la requête du receveur de l'enregistrement. — Art. 4. Les arrêts et jugements contenant des condamnations en faveur des particuliers pour réparation de crimes, délits ou contraventions commis à leur préjudice, sont à leur diligence signifiés et exécutés suivant les mêmes formes et voies de contrainte que les jugements portant des condamnations au profit de l'État. « Ainsi la contrainte par corps demeure un moyen d'exécution lorsqu'il y a condamnation pénale en matière criminelle, correctionnelle et de police. Si la condamnation pécuniaire est prononcée par un tribunal civil au profit d'une partie lésée, il est nécessaire, suivant l'art. 5 : 1° que cette condamnation soit prononcée pour réparation d'un crime, d'un délit ou d'une contravention; 2° que ce crime, ce délit ou cette contravention ait été constaté par la juridiction répressive. De là il suit que, lorsque l'accusé a été acquitté ou absous, il n'y a pas lieu à la contrainte pour le recouvrement des dommages-intérêts qu'il peut encourir en même temps (Cass. 10 janv. 1851, 1er déc. 1855).

**69.** Les condamnations recouvrables par la voie de la contrainte par corps sont : les amendes, les restitutions, les dommages-intérêts et les frais. Le deuxième paragraphe de l'art. 3 de la loi du 22 juill. 1867, portait : « La contrainte par corps n'aura jamais lieu pour le paiement des frais au profit de l'Etat », mais cette disposition a été abrogée par la loi du 19 déc. 1871. La contrainte s'applique même aux frais avancés par la partie civile (L. 22 juill. 1867, 5). Le décime et le double décime de guerre, ajoutés aux amendes par l'art. 5 de la loi du 14 juill. 1855, font partie intégrante de ces amendes, sont recouvrables par la même voie et il doit en être tenu compte pour le calcul de la durée de la contrainte (Cass. 27 août 1868, 16 janv. 1872).

**70.** La durée de la contrainte est fixée par l'art. 9 de la loi du 22 juill. 1867 : « La durée de la contrainte par corps est réglée ainsi qu'il suit : — de 2 à 20 jours lorsque l'amende et les autres condamnations pécuniaires n'excèdent pas 50 fr. ; — de 20 à 40 jours, lorsqu'elles sont supérieures à 50 fr. et qu'elles n'excèdent pas 100 fr. ; — de 40 à 60 jours, lorsqu'elles sont supérieures à 100 fr. et qu'elles n'excèdent pas 200 fr. ; — de 2 à 4 mois lorsqu'elles sont supérieures à 200 fr. et qu'elles n'excèdent pas 500 fr. ; — de 4 à 8 mois, lorsqu'elles sont supérieures à 500 fr. et qu'elles n'excèdent pas 2,000 fr. ; — d'un an à deux ans, lorsqu'elles s'élèvent à plus de 2,000 fr. — En matière de police, la durée de la contrainte par corps ne pourra excéder cinq jours. » Il est nécessaire que le juge détermine dans tous les cas sa durée précise, puisque la loi se borne à en indiquer le minimum et le maximum et que, même en cas de solvabilité, les insolvables doivent, aux termes de l'art. 10, subir la moitié de la durée fixée par le jugement. Si la fixation de cette durée était omise, le jugement ou l'arrêt devrait être annulé *parte in quâ* (Cass. 19 déc. 1867, 26 mars 1868). Il a cependant été admis que cette omission peut être réparée par le juge qui a rendu la décision en statuant sur le réquisitoire du ministère public ou sur une requête de la partie civile (Cass. 22 juill. 1855, 1er déc. 1855, 12 juin 1857). La contrainte cesse : 1° lorsque le débiteur justifie de son insolvabilité, il est mis en liberté, ainsi qu'on l'a vu, après avoir subi la moitié de la durée qui a été déterminée (art. 10) ; 2° lorsqu'il fournit caution reconnue bonne et valable. « La caution, porte l'art. 11 de la loi, est admise pour l'Etat par le receveur des domaines ; pour les particuliers, par la partie intéressée. En cas de contestation, elle est déclarée, s'il y a lieu, bonne et valable par le tribunal civil de l'arrondissement. La caution doit s'exécuter dans le mois, à peine de poursuites. »

**71.** Il y a plusieurs cas où la contrainte ne doit pas être mise à exécution : 1° elle ne doit pas être prononcée « contre les individus âgés de moins de 16 ans accomplis à l'époque des faits qui ont motivé la poursuite » (art. 13 de la loi) ; 2° elle est réduite, si le débiteur a commencé sa soixantième année, à la moitié de la durée fixée par le jugement, et, s'il est insolvable, à la moitié de cette moitié (art. 14) : cette réduction s'opère de droit au moment de l'exécution ; 3° elle ne peut être exécutée contre le débiteur par son conjoint, par ses ascendants, descendants, frère et sœur et parents au troisième degré, ni contre le mari et la femme simultanément (art. 15 et 16) ; 4° une disposition, dictée par un sentiment d'humanité et qui forme l'article 17 de la loi du 22 juill. 1867, porte ; « Les tribunaux peuvent, dans l'intérêt des enfants mineurs du débiteur et par le jugement de condamnation, surseoir pendant une année au plus à l'exécution de la contrainte par corps » ; ce sursis peut être prononcé d'office et sans qu'aucune conclusion l'ait requis ; 5° enfin, la contrainte n'étant qu'une voie d'exécution, un moyen de recouvrement (avis du Cons. d'État, 15 nov. 1832), il s'ensuit que la contrainte ne doit être appliquée que dans l'intérêt du recouvrement, qu'elle ne constitue point une disposition pénale et n'a qu'un objet, c'est d'assurer la rentrée des sommes dues par le condamné ; elle ne doit donc être mise à exécution que lorsqu'elle peut conduire au recouvrement (*Th. du C. pén.*, n° 192) ; et même en cas d'insolvabilité, la détention, qui n'est qu'une épreuve de la sincérité du débiteur, peut être abrégée si elle est inutile.

**72.** L'art. 54 dispose que « en cas de concurrence de l'amende avec les restitutions et les dommages-intérêts, sur les biens insuffisants du condamné, ces dernières condamnations obtiendront la préférence ». Le privilége du trésor public pour le remboursement des condamnations prononcées à son profit en matière criminelle, correctionnelle et de police, établi par l'art. 2098 du C. civ., a été organisé par la loi du 5 sept. 1807.

Ce privilége sur les biens meubles et immeubles du condamné ne s'applique qu'aux frais, et l'Etat se trouve, quant aux amendes, dans la même situation que la partie civile. L'art. 54 n'a nullement restreint le privilége : les frais sont préférés à la créance de la partie civile. Il ne règle que le cas de concurrence de cette créance avec l'amende sur les biens insuffisants du condamné. La préférence attribuée aux dommages-intérêts et restitutions doit comprendre également les frais personnellement avancés par la partie civile.

---

## CHAP. IV. — De la récidive des crimes et délits.

### Art. 56, 57, 58.



**73.** *Éléments de la récidive.* La récidive, en matière criminelle et correctionnelle, se compose de deux éléments : 1° une première condamnation ; 2° un crime ou délit commis postérieurement à cette condamnation. Il est nécessaire que la première condamnation ait été prononcée avant la perpétration du fait objet de la deuxième poursuite, car c'est cette condamnation qui aggrave sa culpabilité (Cass. 20 janv. et 11 avr. 1844).

Il est également nécessaire qu'elle soit devenue définitive, c'est-à-dire qu'elle ait acquis force de chose jugée avant la perpétration de ce nouveau fait. Ainsi ne peuvent servir de base à la récidive : 1° les condamnations par contumace tant que la peine n'est pas prescrite, puisque jusque-là elles peuvent être effacées par la représentation des condamnés (Cass. 22 vendém. an v, 10 mai 1861); 2° les condamnations par défaut tant qu'elles sont susceptibles d'opposition (Cass. 6 mai 1826, 10 avr. 1829, 22 juin 1844, 7 fév. 1862) ; 3° les condamnations encore susceptibles d'appel ; 4° les condamnations encore susceptibles du recours en cassation (Cass. 2 août 1856, 13 juin 1867, 19 nov. 1868, 18 fév. 1869). Il n'y a donc pas de récidive légale si le deuxième fait a été commis lorsque la condamnation était encore susceptible d'un recours quelconque.

**74.** Mais la récidive est légalement constituée : 1° lors même que le fait objet de la première condamnation, et le fait objet de la deuxième poursuite ne sont ni identiques ni analogues (Cass. 26 avr. 1822, 13 mai 1830, 20 déc. 1839, 6 mars 1857, 29 avr. 1869) ; 2° lors même que les deux faits n'ont pas été commis dans un bref intervalle l'un de l'autre, et quel que soit le délai écoulé entre l'un et l'autre (Cass. 4 juill. 1808, 4 oct. 1821) ; 3° lors même que la peine prononcée par la première condamnation est couverte par la prescription ; la prescription efface la peine, mais n'efface pas la condamnation (Cass. 20 juin 1812, 10 fév. 1820, 4 juill. 1828) ; 4° lors même enfin que le prévenu ou l'accusé aurait obtenu, depuis sa première condamnation, soit des lettres de grâce (Cass. 5 juill. 1821, 4 juill. 1828), soit sa réhabilitation (Cass. 6 fév. 1823). Mais la récidive ne pourrait prendre pour base une condamnation effacée par une amnistie, car l'amnistie anéantit non-seulement la condamnation, mais le fait qui en était l'objet (Cass. 11 juin 1825, 25 nov. 1853).

**75.** *Constatation de la récidive.* En matière criminelle, c'est à la Cour d'assises et non au jury qu'il appartient de déclarer l'existence de la première condamnation (Cass. 11 juin 1812). En matière correctionnelle, c'est au juge qui statue sur la nouvelle prévention, qu'il appartient de faire cette constatation. La justification de la première condamnation est un motif suffisant de l'application de l'aggravation pénale. En général, cette justification se fait par la production d'un extrait en forme qui reste joint au dossier (Cass. 11 sept. 1828, 1er fév. 1846). C'est là la preuve légale de la récidive, mais il résulte de la jurisprudence que cette preuve, à défaut de l'extrait, est suffisamment faite, soit par l'affirmation du juge qu'une première condamnation existe (Cass. 26 mars 1868), soit par la production d'un extrait du casier judiciaire (Cass. 4 fév. 1860, 14 août 1870, 19 sept. 1872), soit même par le simple visa dans l'arrêt de condamnation des articles de la loi qui autorisent l'aggravation (Cass. 1er déc. 1859, 6 mars 1874). Mais le simple aveu du prévenu ne suffirait pas (Cass. 11 sept. 1828, 28 fév. 1846, 18 août 1853), à moins qu'il ne fût accompagné de quelque document, tel qu'un extrait du casier judiciaire (Cass. 4 fév. 1860). Si la déclaration du juge était fondée sur une erreur de droit, il y aurait lieu à cassation, lors même que la peine appliquée pût être justifiée abstraction faite de la récidive, car cette circonstance, à tort admise, a pu motiver l'élévation de la peine (Cass. 21 déc. 1871, 6 mars 1874).

**76.** *Deuxième fait.* Le deuxième élément de la récidive est, comme on l'a vu, le fait qui motive la nouvelle poursuite. Il importe peu que ce fait soit incriminé par le Code pénal ou par une loi spéciale, pourvu qu'il constitue un crime ou un délit (Cass. 21 déc. 1827, 20 nov. 1828, 22 janv. 1824, 26 fév. 1835). Il résulte des art. 56, 57 et 58 qu'il y a récidive : 1° lorsqu'un individu est déclaré coupable d'un crime commis après une condamnation à une peine afflictive ou infamante ; 2° lorsqu'un individu est déclaré coupable d'un crime puni d'une peine correctionnelle après une condamnation pour crime ou pour délit à plus d'une année d'emprisonnement ; 3° lorsqu'un individu est déclaré coupable d'un délit commis après la même condamnation ; 4° lorsqu'un individu est déclaré coupable d'un délit commis après une condamnation à un emprisonnement de plus d'une année. Il faut examiner ces quatre hypothèses, en dehors desquelles il peut y avoir réitération d'infractions punissables, mais il n'y a pas de récidive légale.

**77.** *Application de l'art.* 56. La première condition de l'application de cet article est, que l'accusé a déjà été condamné à une peine afflictive ou infamante. De là il suit que si l'accusé n'a été précédemment condamné pour délit ou même pour crime qu'à un emprisonnement correctionnel, il n'y a pas lieu de lui appliquer l'aggravation pénale portée par cet article (Cass. 20 oct. 1818, 23 juin 1852, 7 juill. 1853, 6 fév. 1858, 3 juill. 1868, 21 déc. 1871). Il n'y a pas de récidive légale de délit à crime quand ce crime est passible d'une peine afflictive et infamante, parce que la peine applicable au crime permet d'en tenir compte. On n'a pas d'ailleurs à se préoccuper de ce que le fait qui a motivé la première condamnation aurait été depuis correctionnalisé : le fait d'une peine afflictive ou infamante, prononcée par un arrêt ayant force de chose jugée, est l'élément nécessaire mais suffisant de la récidive criminelle (Cass. 4 juill. 1828). Il en serait autrement si cette peine avait pour base une erreur de droit, car la loi n'a pu vouloir qu'une aggravation aussi grave reposât sur une erreur (Cass. 30 déc. 1825, 16 sept. 1830, 21 déc. 1871, 6 mars 1874). Lorsque le caractère de la première peine est établi, il faut, pour l'application de l'art. 56, que le fait nouveau constitue un crime. Il suffit d'ailleurs que cette qualification résulte de la déclaration du jury, lors même que les circonstances atténuantes reconnues pourraient entraîner une peine correctionnelle, puisque cette atténuation pénale ne modifie pas le caractère du fait.

**78.** Lorsque le jury n'a pas reconnu l'existence de circonstances atténuantes, l'art. 56 prescrit ce qui suit : — si le deuxième crime emporte la dégradation civique, l'accusé est condamné au bannissement ; — si le condamné emporte la peine de bannissement, il est condamné à la détention ; — si le deuxième crime emporte la peine de la reclusion, il est condamné aux travaux forcés à temps ; — si le deuxième crime emporte la peine de la détention, il sera condamné au maximum qui pourra être élevé au double ; — si le deuxième crime emporte la peine des travaux forcés à temps, il est condamné au maximum de la même peine, qui peut être élevée jusqu'au double ; — si le deuxième crime emporte la peine de la déportation, il est condamné aux travaux forcés à perpétuité : cette disposition n'a pas été modifiée par la loi du 8 juin 1850 ; — si le deuxième crime emporte la peine des travaux forcés à perpétuité, l'accusé, s'il avait déjà été condamné à cette peine perpétuelle, est condamné à la peine de mort. — Mais lorsque le jury, en déclarant l'accusé coupable du crime qui lui est imputé, reconnaît en sa faveur l'existence de circonstances atténuantes, la Cour d'assises doit, pour l'application de la peine, procéder comme il suit : elle détermine en premier lieu la peine applicable aux faits déclarés constants, elle ajoute ensuite à cette peine l'aggravation résultant de la récidive ; elle applique enfin à la peine ainsi aggravée l'atténuation d'un ou de deux deux degrés motivée, aux termes de l'art. 463, par les circonstances atténuantes (Cass. 31 janv. 1845, 8 janv. et 4 mars 1848, 7 fév. 1852, 24 mars 1854, 24 janv. 1867, 4 juin 1869, 18 sept. 1873).

**79.** Le dernier paragraphe de l'art. 56 apporté par la loi du 28 avril 1832 pour résoudre une question longtemps agitée, déclare que : « l'individu condamné par un tribunal militaire ou maritime, ne sera, en cas de crime ou délit postérieur, passible des peines de la récidive qu'autant que la première condamnation aura été prononcée pour des crimes ou délits punissables d'après les lois pénales ordinaires. » Il faut nécessairement ajouter, pour l'application de l'art. 56, que le crime sera punissable de peines afflictives ou infamantes (Cass. 6 janv.

1837). Il y a lieu de remarquer d'ailleurs que ce paragraphe s'applique aux cas de récidive prévus par les art. 57 et 58 ; il est donc nécessaire dans ces cas que le premier fait ait été punissable de la peine stipulée par ces articles comme premier élément de la récidive.

**80.** *Application des art.* 57 *et* 58. Ces articles, modifiés par la loi du 13 mai 1863, ont généralisé la règle déjà établie dans l'art. 56, qui fait dépendre l'aggravation, non du caractère du premier fait, mais de la nature de la peine qui lui a été appliquée. On doit donc considérer comme une règle générale que la récidive se fonde, non sur la qualification du premier fait, mais sur la condamnation qu'il a subie. La modification a consisté à introduire dans les art. 57 et 58, à la suite du mot *délit*, formant le second terme de la récidive, ces mots, « ou un crime qui devra n'être puni que de peines correctionnelles ». Ainsi se trouvent assimilés le fait qualifié délit par la poursuite et le fait qualifié crime par cette poursuite, mais auquel la condamnation n'inflige qu'une peine correctionnelle. Il importe peu, par conséquent, que le premier fait conserve ou non sa qualification de crime, pourvu que la peine encourue soit supérieure à une année d'emprisonnement ou que le deuxième fait ait été qualifié par la poursuite crime ou délit, pourvu s'il a été qualifié crime, qu'il ne soit passible que de peines correctionnelles. L'art. 57 prévoit donc : 1° une récidive de crime à crime, quand le premier fait conserve sa qualification et que le second n'est passible que de peines correctionnelles ; 2° une récidive de crime à délit quand le premier fait est qualifié crime et le second délit. L'art. 58 prévoit également de son côté : 1° une récidive de délit à délit ; 2° une récidive de délit à crime, quand le crime n'est passible que de peines correctionnelles. On a vu, dans cette dernière hypothèse, que la récidive de délit à crime, jusque-là non prévue par la loi, ne motive aucune aggravation lorsque le crime, conservant son caractère, est passible d'une peine afflictive et infamante.

**81.** L'application de ces deux articles donne lieu à quelques difficultés. Il ne s'en élève aucune lorsque le fait, objet de la nouvelle poursuite, est qualifié de simple délit. La juridiction correctionnelle, après avoir vérifié l'existence de la première condamnation à plus d'une année ou à une peine supérieure à une année d'emprisonnement, peut prononcer le maximum de la peine portée par la loi et même porter le maximum au double. Elle peut aussi, si elle reconnaît des circonstances atténuantes, réduire l'emprisonnement dans les limites du dernier paragraphe de l'art. 463, et dans le cas où le minimum de la peine légale est inférieur à une année, substituer même à l'emprisonnement une simple peine de police. La récidive, en matière correctionnelle, ne donne lieu qu'à une aggravation facultative (*Th. du C. pén.*, n° 223).

**82.** Mais lorsque le fait qualifié crime par la poursuite ne prend son atténuation que dans la déclaration du jury, il y a lieu de distinguer : s'il est transformé en simple délit, soit parce qu'une excuse légale a été admise, soit parce que les circonstances aggravantes ont été écartées, la Cour d'assises se trouve investie, comme la juridiction correctionnelle, s'il y a des circonstances atténuantes, du droit de réduire la peine dans les termes de l'art. 463. Mais si le crime conserve sa qualification, s'il ne doit être puni de peines correctionnelles qu'à raison des circonstances atténuantes déclarées par le jury, cette situation amène dans quelques hypothèses une solution très-rigoureuse.

**83.** Lorsque le crime est passible de la reclusion, de la détention, du bannissement ou de la dégradation civique, l'admission des circonstances atténuantes par le jury a pour conséquence que ce crime « ne devra être puni que de peines correctionnelles », des peines portées par l'art. 401. Or, l'effet de la récidive étant de porter la peine au maximum et non d'en changer la nature, la Cour d'assises peut, soit prononcer ce maximum, soit, si elle s'associe à la déclaration des circonstances atténuantes, la réduire à son minimum légal, qui est dans ce cas d'une année d'emprisonnement. Si le nouveau crime reconnu constant est passible de la peine des travaux forcés à temps, si le jury a déclaré l'existence de circonstances atténuantes et que la Cour d'assises, par un double degré d'atténuation, se trouve amenée à faire l'application d'une peine correctionnelle, cette peine, à raison de la récidive, ne peut descendre au-dessous du niveau déterminé par l'art. 58. En effet, cette limite est fixée pour tous les cas où l'emprisonnement est prononcé pour un crime commis en récidive d'un délit et puni de peines correctionnelles, et le juge, en descendant la peine de deux degrés, a épuisé son pouvoir d'atténuation (*Th. du C. pén.*, n° 228; Cass. 26 mars 1864, 15 sept. 1864).

**84.** Il n'y a lieu à aucune aggravation lorsque le nouveau fait, puni d'une peine déterminée, suppose l'état de récidive; tels sont les faits de rupture de ban et d'évasion (art. 45 et 245) qui sont commis par des individus déjà frappés de condamnations. Mais si l'infraction au ban de la surveillance et l'évasion ne peuvent se combiner avec la première condamnation pour produire l'état de récidive, il n'en est plus ainsi lorsque cette double infraction est suivie d'une infraction de même nature (Cass. 22 fév. 1828, 29 avr. 1833, 15 juin 1837, 14 avr. 1864), et à plus forte raison, lorsqu'elle est suivie d'une condamnation postérieure ayant une cause distincte (Cass. 14 nov. 1856). On trouve une autre exception aux art. 57 et 58 dans quelques dispositions qui prévoient le cas de récidive d'un délit et en tiennent compte en graduant la peine; on en voit un exemple dans l'art. 200 du C. pén.

**85.** La règle qui soumet la récidive à une aggravation pénale domine toute la législation. Les art. 57 et 58 s'appliquent donc à toutes les matières spéciales, à moins que ces matières ne renferment des dispositions particulières sur ce sujet; telles sont les dispositions des art. 15 de la loi du 5 mai 1844, sur la police de la chasse, sur l'art. 43 de la loi du 5 juill. 1844, sur les contrefaçons industrielles, et de l'art. 4 de la loi du 27 mars 1851, sur les fraudes dans la vente des marchandises. Il est donc important de déterminer, à raison de son application générale, le sens de la disposition des art. 57 et 59 portant que l'accusé sera « condamné au maximum de la peine portée par la loi et que cette peine pourra être portée jusqu'au double » quelle est cette peine? Lorsque la loi prononce à la fois une peine principale et des peines accessoires facultatives, les juges ne sont tenus d'appliquer que le maximum de la peine principale (Cass. 10 fév. 1827, 14 fév. 1829, 19 avr. 1832). Lorsque la loi a prononcé plusieurs peines principales, par exemple, l'emprisonnement et l'amende prescrits dans les art. 410 et 411, la récidive les élève à la fois au maximum. Lorsque la loi prononce deux peines, en laissant aux tribunaux la faculté de n'en appliquer qu'une seule, comme on le voit dans l'art. 311, les juges conservent la faculté de n'appliquer qu'une peine en l'élevant au maximum; s'ils les appliquent à la fois, ils ne sont tenus d'élever au maximum que l'une d'elles. Enfin, si la loi déclare l'aggravation facultative, comme le déclare en matière de presse l'art. 25 de la loi du 17 mai 1819, les juges peuvent faire complétement abstraction de la récidive, pourvu que les deux délits soient deux délits de presse, car si la première condamnation a pour base un fait commun, il y a obligation d'appliquer l'art. 58 (Cass. 12 sept. 1822, 13 sept. 1832). Mais on ne doit, au reste, jamais perdre de vue que dans tous les cas où les peines correctionnelles sont appliquées, les tribunaux sont autorisés, même en cas de récidive, à réduire ces peines au minimum fixé par le dernier paragraphe de l'art. 463.

# LIVRE II

## DES PERSONNES PUNISSABLES, EXCUSABLES ET RESPONSABLES

### § I^er^. — *De la complicité.*

**Art. 59, 60, 61, 62, 63.**



**86.** *Définition.* Les personnes punissables pour crimes ou pour délits sont, non-seulement celles qui ont directement exécuté ces crimes ou délits, mais encore celles qui se sont rendues complices de ces faits. Notre Code n'a pas défini la complicité, mais il a énuméré dans l'art. 60 les différents actes qui la constituent. Les complices sont ceux qui, avec une intention criminelle, s'associent aux auteurs principaux des crimes ou des délits en commettant l'un des actes prévus par cet article. L'art. 59, sans distinguer les degrés de culpabilité qui peuvent séparer les uns et les autres, applique la même peine à tous ceux qui ont coopéré à l'action criminelle, quelle que soit la part de chacun d'eux et soit qu'ils l'aient provoquée, préparée ou consommée. Cependant la loi ajoute : « sauf les cas où la loi en aurait disposé autrement. » Le Code, en effet, n'a pas frappé d'une même peine les auteurs et les complices dans les cas qui font l'objet des art. 63, 67, 100, 102, 107, 108, 111, 116, 138, 144, 190, 213, 267, 268, 284, 285, 288, 293, 415, 438 et 441. Mais en dehors de ces cas, la règle est générale et on en trouvera plus loin l'application ; il importe de préciser d'abord les caractères de chacun des actes de complicité.

**87.** *Règles générales.* Une première règle est que les termes de l'art. 60 qui détermine les circonstances constitutives de la complicité, sont essentiellement limitatifs. Cet article trace le cercle dans lequel il restreint les conditions de l'incrimination, et nulle analogie n'est admise en matière pénale. Il a été reconnu par la jurisprudence « que la complicité est un fait moral qui ne peut se constituer que par les faits positifs et matériels que le Code pénal a déterminés » (Cass. 2 juill. 1813, 28 juin 1816, 5 fév. 1824). Ainsi ne sont point réputés complices : — celui qui a conseillé de commettre un crime : les conseils ne sont point des actes de complicité (Cass. 24 nov. 1809) ; — celui qui a provoqué à le commettre, lorsque cette provocation n'a point été faite par dons, promesses, menaces ou abus d'autorité (Cass. 3 sept. 1812) ; — celui qui, sans participer à l'action, a facilité la fuite du coupable (Cass. 20 prair. an V) ; — celui qui, présent à l'action sans y prendre part, ne l'a point empêchée (Cass. 29 janv. 1807, 30 nov. 1810, 12 mars 1812), ou ne l'a point dénoncée (Cass. 14 déc. 1809), ou a offert d'acheter la chose volée (Cass. 11 fruct. an XIII).

**88.** Une deuxième règle, qui n'est qu'une conséquence de la première, est qu'il est nécessaire que les conditions constitutives de la complicité, telles que l'art. 60 les a déterminées, soient déclarées par le jury ou par le jugement. Il y a nullité si l'accusé est déclaré seulement coupable de complicité du fait énoncé dans telle question (Cass. 24 janv. 1818, 5 fév. 1824, 14 oct. 1825) ; si la question relative à la complicité se borne à se référer à la question relative à l'auteur principal (Cass. 13 fév. 1851, 13 janv. 1854) ; si les éléments du mode de complicité ne sont pas nettement et clairement énoncés et constatés (Cass. 1er mars et 1er mai 1855). Mais il n'est plus nécessaire que les faits élémentaires soient déterminés, lorsque les accusés sont déclarés, non point complices, mais coauteurs du crime, car l'art. 60 ne s'applique pas à la coopération des auteurs, mais seulement aux faits qui tendent soit à préparer la perpétration du crime, soit à la faciliter. Ainsi, lorsque deux accusés sont déclarés coupables d'avoir, ensemble et de complicité, commis un crime, ils sont par là même reconnus coauteurs du crime, et il n'est plus besoin de constater les faits caractéristiques de la complicité (Cass. 24 mars et 30 déc. 1853 ; *Th. du C. pén.*, nº 294). Ce n'est d'ailleurs que lorsque le complice, par aide ou assistance, a coopéré aux actes d'exécution, qu'il peut être considéré comme coauteur, et la distinction entre les coauteurs et les complices n'a d'importance qu'en ce qui concerne quelques cas d'application de la peine.

**89.** *Provocation.* La règle qui veut que les éléments de la complicité soient précisés et constatés, s'applique à tous les actes de complicité. Elle s'applique d'abord à la provocation ; l'art. 60 n'admet la complicité par provocation que lorsqu'elle se manifeste « par dons, promesses, menaces, abus d'autorité ou de pouvoir, machinations ou artifices coupables ; » si elle n'est pas accompagnée de ces circonstances, elle échappe à l'application de la loi (Cass. 16 nov. 1844). De là la nécessité de les constater (Cass. 14 oct. 1825, 16 mars 1826, 5 oct. 1857). Il suffit en général que les arrêts ou les questions au jury reproduisent, pour qualifier cette provocation, les termes de l'art. 60 (Cass. 3 oct. 1857). La provocation *par promesses* peut résulter du fait d'une personne qui, sous forme de pari, s'engage à donner à un tiers une somme d'argent dans le cas où celui-ci commettrait une action qualifiée délit (Cass. 28 nov. 1856). La provocation *par abus d'autorité et de pouvoir* comprend aussi bien l'abus d'une autorité légale (Cass. 9 sept. 1839); mais elle suppose en général une supériorité d'intelligence ou de position qui explique l'influence exercée sur l'agent. La provocation *par machinations ou artifices coupables* a donné lieu à une distinction ; la provocation par artifices n'est punissable qu'autant que la qualification énonce *par artifices coupables* (Cass. 13 mars 1816, 19 oct. 1832). La provocation par machinations est, au contraire, légalement qualifiée par cette seule expression, sans qu'il soit nécessaire d'ajouter le mot *coupables* (Cass. 19 oct. 1832).

**90.** *Instructions*. Le deuxième mode de complicité prévu par l'art. 60 consiste dans les instructions données pour la perpétration du crime ou du délit. Il est utile d'ajouter, pour qualifier plus nettement cet acte de complicité, que l'accusé savait que les instructions devaient servir au crime. Mais cette addition n'est pas indispensable à la régularité de la qualification. Il est admis par la jurisprudence que les instructions constituent par elles-mêmes un fait de complicité, qu'il n'est pas nécessaire qu'elles soient accompagnées, comme la provocation, de circonstances qui les aggravent, et qu'il suffit qu'il soit déclaré qu'elles ont été données pour commettre l'action (Cass. 27 oct. 1815, 27 mars 1846, 27 déc. 1872). Il n'est pas même nécessaire d'énoncer à qui les instructions ont été données, pourvu qu'elles l'aient été pour l'exécution du crime ou du délit (Cass. 3 mars 1870). Cette complicité existe d'ailleurs, soit qu'on ait donné soi-même, soit qu'on ait fait donner par un tiers les instructions incriminées (Cass. 23 mai 1844).

**91.** *Armes ou instruments fournis*. Le troisième mode de complicité consiste dans le fait d'avoir procuré des armes, des instruments ou tout autre moyen qui aura servi à l'action, mais avec la connaissance qu'ils devaient y servir. Il faut donc constater ici le fait et l'intention, le fait d'avoir fourni les instruments, l'intention résultant de la connaissance de l'emploi qui devait en être fait. Les termes de la loi ne sont pas sacramentels, mais ils ne peuvent être remplacés que par des termes équivalents. Il ne suffit pas de déclarer l'accusé coupable d'avoir fourni des instruments pour commettre le crime ; il a été reconnu « que le deuxième paragraphe de l'art. 60 exige que les moyens soient fournis en sachant qu'ils doivent servir à l'action qualifiée délit, et qu'il ne suffit pas de savoir qu'ils peuvent servir à une action ainsi qualifiée. » (Cass. 18 mai 1844).

**92.** *Aide ou assistance.* Le dernier acte de complicité prévu par l'art. 60 consiste dans le fait d'avoir avec connaissance aidé ou assisté l'auteur ou les auteurs de l'action dans les faits qui l'auront préparée ou facilitée ou dans ceux qui l'auront consommée. La condition essentielle de cette complicité est que le prévenu ait agi *avec connaissance.* Si le jugement ou si la question au jury n'énoncent pas cette circonstance, l'assistance, quels que soient les faits matériels qui la caractérisent, ne constitue ni crime ni délit (Cass. 10 oct. 1816, 4 janv. 1839, 12 juill. 1843, 24 juill. 1847, 18 août 1871, 12 avr. 1873). Il ne suffit donc pas que le prévenu soit déclaré complice d'un crime ou délit en assistant ou aidant l'auteur de ce crime ou délit dans les faits qui l'ont préparé ou consommé ; il faut constater, soit par les mots *avec connaissance*, soit par des termes équivalents, qu'il a connu le but que se proposait l'auteur principal (Cass. 13 août 1835). Il n'a été fait d'exception à cette règle qu'en matière de viol (Cass. 18 mai 1815). Il n'est pas nécessaire d'ailleurs que la question ou le jugement énumère les faits particuliers d'assistance.

**93.** Il n'y a point de complices sans un fait principal qualifié crime ou délit, auquel ils ont pris part. Si ce fait est couvert par l'amnistie ou s'il n'est pas punissable, la participation cesse d'être criminelle (Cass. 29 sept. 1820, 16 nov. 1827), mais si l'existence du fait principal est nécessaire pour la poursuite des complices, il importe peu que l'auteur de ce fait soit inconnu ou absent; la fuite de cet agent ou même son décès ne sont point un obtacle au jugement des complices (Cass. 15 oct. 1825, 13 sept. 1827, 24 sept. 1834, 24 sept. 1852). Ainsi, lorsque l'auteur du crime n'est pas poursuivi, soit à raison de sa bonne foi, soit à raison de quelque privilége personnel, l'action publique peut saisir les complices: tel serait le cas où l'auteur principal serait le fils de celui au préjudice duquel un vol a été commis (Cass. 12 avr. 1844, 25 mars 1845); tel serait encore en matière de faux, le cas où le notaire qui a reçu les fausses déclarations ne serait pas mis en cause (Cass. 27 juin 1846, 3 nov. 1853, 19 sept. 1856). Lors même que l'auteur principal mis en cause avec les complices serait déclaré non coupable, cette déclaration ne fait point obstacle à la condamnation de ceux-ci, car la non-culpabilité de l'auteur principal n'écarte pas l'existence matérielle du crime (Cass. 24 avr. 1818, 3 sept. 1863, 14 janv. 1864); mais si l'acquittement est motivé sur ce que le crime n'existe pas, sur ce que l'accusation est dénuée de fondement, il serait contradictoire de condamner les complices (Cass. 12 sept. 1812, 14 oct. 1839).

**94**. *Application de la peine*. Aux termes de l'art. 59, les complices sont punis de la même peine que les auteurs principaux. On avait pensé que ces mots : *la même peine que les auteurs*, signifiaient la même peine *que s'ils en étaient les auteurs*, mais cette interprétation n'a pas été admise. Toutefois, l'art. 59, qui n'imposait pas *la même durée* dans les peines prononcées, n'entraîne plus *le même genre* de peines depuis que l'art. 463 a permis de les graduer suivant le degré de culpabilité de chaque agent (Cass. 19 sept. 1839, 17 fév. 1841); mais lorsque cet article n'est pas appliqué, lorsqu'il n'y a pas de circonstances atténuantes, l'art. 59 doit recevoir son application, et il a même été admis que la même peine doit frapper l'auteur et les complices, lors même que ceux-ci n'auraient pas participé aux circonstances aggravantes (Cass. 17 juill. et 21 déc. 1812, 12 août 1813, 4 mai 1827). Ainsi, que les complices aient connu ou ignoré les circonstances aggravantes, il suffit qu'ils aient préparé le crime pour qu'ils en supportent la responsabilité, quel que soit le mode de perpétration (Cass. 9 janv. 1849, 14 sept. 1854). Cependant, dans le cas où l'aggravation a pour base la qualité personnelle de l'auteur principal, il peut y avoir lieu à une distinction : la jurisprudence maintient en général que l'aggravation qui résulte de la qualité de l'auteur doit s'étendre aux complices ; ainsi, les complices d'un vol commis par un domestique sont passibles de la peine du vol domestique (Cass. 24 août 1827) ; les complices d'un faux commis par un un fonctionnaire sont passibles de la peine dont la loi frappe celui-ci (Cass. 25 oct. 1813, 22 janv. 1835), les complices du fils qui a commis un parricide (Cass. 3 déc. 1812, 23 mars 1843, 9 juin 1848, 11 sept. 1851, 30 sept. 1853), de l'employé des postes qui a violé le secret des lettres (Cass. 9 janv. 1863), de la mère qui a provoqué la débauche de sa fille (Cass. 22 nov. 1818), du crime d'avortement commis par un officier de santé (Cass. 16 juin 1855), sont passibles des peines aggravées édictées contre les auteurs. Mais lorsque les complices, ayant participé aux actes qui ont consommé le crime, sont réputés coauteurs de ce crime, il ne paraît pas que la qualité de l'un d'eux puisse déterminer l'aggravation à l'égard des autres, car l'art. 59 ne s'applique qu'aux complices qui sont censés s'être associés à une même action et non aux coauteurs qui se sont bornés à agir ensemble (*Th. du C. pén.*, n° 305). Mais cette distinction n'a pas été adoptée par la jurisprudence, qui a considéré que le crime ou le délit, qui n'est plus le fait d'un seul, s'aggrave par le nombre et aussi par la qualité de ses auteurs, et que cette aggravation, résultant de la qualité d'un seul, s'incorpore au fait lui-même et pèse par conséquent sur tous les auteurs de ce fait (Cass. 24 mars 1827, 9 juin 1848, 11 sept. 1851, 24 mars 1854, 3 juill. 1854).

**95.** Il y a lieu de remarquer cependant : 1° que si l'auteur ou l'un des auteurs est en état de récidive, l'aggravation motivée par cette circonstance, ne tenant point au fait mais à la personne, n'atteint ni les coauteurs ni les complices (Cass. 3 juill. 1806) ; 2° que les peines dont un militaire est passible à raison d'un délit commis sous les drapeaux ne sont point étendues à ses complices non militaires (Cass. 19 janv. 1856) ; 3° que l'aggravation qui descend de l'auteur principal aux complices ne remonte pas des complices à l'auteur : ainsi, lorsque le complice est fonctionnaire, lorsqu'il est domestique de la victime, lorsqu'il est son ascendant ou son descendant, cette qualité n'exerce aucune influence sur la peine qui lui est appliquée ; il ne peut subir d'autre peine que celle encourue par l'auteur (Cass. 27 avr. 1815, 16 avril 1818, 20 mars 1827, 21 mars 1844, 2 oct. 1856) ; 4° que si cet auteur, dont la qualité de notaire, d'officier ministériel, de commis, eût motivé une aggravation, est acquitté d'une accusation de faux en écritures publiques, le complice est affranchi de cette aggravation (Cass. 21 juill. 1814, 24 avr. 1818, 23 déc. 1825, 22 juill. 1830, 10 juill. 1851) ; 5° enfin, que l'art. 59 est inapplicable aux simples tentatives de complicité, car l'art. 60 ne s'applique qu'aux actes de complicité caractérisés (Cass. 28 vendém. an VIII) ; mais la complicité peut s'appliquer aux tentatives de crimes et délits réunissant les conditions déterminées par la loi (Cass. 6 fév. 1812).

**96.** *Contraventions.* L'art. 59 ne s'applique pas, et cela résulte de son texte même, aux simples contraventions. Les contraventions admettent les coauteurs (art. 479, n° 8), elles n'admettent pas de complices, car la complicité suppose une entente préalable et par conséquent un élément intentionnel que les contraventions excluent généralement (Cass. 21 avr. 1826, 16 oct. 1840, 13 avr. 1861, 6 mars 1862). Quant aux contraventions passibles de peines correctionnelles, il y a lieu de distinguer celles qui sont purement réglementaires et celles qui sont qualifiées délits : les premières n'admettent pas de complices (Cass. 11 sept. 1846); les autres, au contraire, sont sujettes aux règles de la complicité; telles sont, par exemple, les contraventions en matière de chasse (Cass. 6 déc. 1830).

**97.** *Exceptions.* Les règles de la complicité s'appliquent, non-seulement à tous les crimes et délits prévus par le Code pénal, mais encore à tous ceux qui sont prévus par des lois spéciales, soit antérieures, soit postérieures au Code (Cass. 14 oct. 1826, 15 avr. 1844, 10 janv. 1845, 18 août 1849), à moins que la loi n'en ait autrement disposé. Nous avons énuméré les articles du Code qui ont dérogé au principe de l'art. 59: on ne doit pas admettre d'autres exceptions que celles qui résultent implicitement ou explicitement des termes de la loi. C'est dans ce sens qu'il a été successivement décidé qu'il n'y avait nulle exception : 1° dans l'art. 400 qui punit la coopération du conjoint, des ascendants et descendants du saisi, parce que cette indication n'est nullement restrictive (Cass. 17 fév. 1844); 2° dans l'art. 179, qui ne s'applique qu'au corrupteur et non aux complices du fonctionnaire qui s'est laissé corrompre (Cass. 16 nov. 1844); 3° dans l'art. 412, qui, en punissant ceux qui, par dons ou promesses, écartent d'une adjudication un enchérisseur, n'exclut nullement celui qui, en acceptant ces dons ou promesses, s'est rendu complice de cette manœuvre (Cass. 12 mars 1841, 16 oct. 1844, 8 janv. 1863); 4° enfin, dans l'art. 187 qui, parce qu'il ne punit que le fait du fonctionnaire qui commet ou facilite la suppression ou l'ouverture des lettres confiées à la poste, n'exclut pas les personnes qui se rendent complices de cet abus d'autorité (Cass. 9 janv. 1863).

**98.** *Recélé des personnes.* La complicité par recélé se manifeste par le recélé des personnes ou le recélé des choses provenant du délit. Trois conditions sont nécessaires, suivant l'art. 61, pour que le recélé des personnes soit réputé acte de complicité : il faut que les personnes recélées soient des malfaiteurs, que les prévenus aient connu la conduite criminelle de ces malfaiteurs, qu'ils leur aient fourni volontairement logement, lieu de retraite ou réunion; enfin que ces secours aient été, non pas accidentels, mais habituels. C'est l'habitude de donner asile aux malfaiteurs qui constitue l'élément essentiel du délit; mais cette habitude peut résulter de l'asile donné soit à des malfaiteurs isolés, soit à des malfaiteurs organisés en bande. Cette sorte de complicité peut être imputée à la femme conjointement avec son mari (Cass. 23 mars 1854). Elle s'applique aux faits que l'asile a pu faciliter ou favoriser et qui ont été commis pendant le temps de sa durée (*Th. du C. pén.*, n° 307).

**99.** *Recélé des choses du délit.* La connaissance que la chose recélée provenait d'un crime ou d'un délit, est la condition constitutive de la complicité par recélé. Il ne suffit pas qu'un accusé soit déclaré coupable de ce recélé, il faut, pour caractériser la complicité, ajouter que le recélé a été fait sciemment (Cass. 12 sept. 1812, 28 sept. 1817, 14 sept. 1832, 12 janv. 1833, 8 mars 1866). La loi n'exige pas que le recéleur ait profité de la chose qu'il a reçue : le recélé est imputable, lors même que la chose volée a été reçue en simple dépôt, lors même que le recéleur l'a achetée et en a payé le prix, pourvu qu'il ait agi avec la connaissance de son origine (Cass. 27 pluv. an IX, 11 sept. 1818). En matière de banqueroute frauduleuse, il suffit même que les biens meubles du failli aient été soustraits et recélés dans son intérêt, pour que l'auteur de ce recélé soit passible des peines de la banqueroute frauduleuse (L. 28 mai 1838, C. comm. 597; Cass. 2 mai 1840).

**100.** Les recéleurs sont réputés complices du crime, ils encourent donc la peine dont ce crime est passible, quelle que soit sa qualification; s'il a été commis à l'aide d'un faux, s'il a été commis avec des circonstances aggravantes, ils deviennent passibles des peines que motivent ces circonstances, lors même qu'ils ne les auraient pas connues au moment du recélé (Cass. 25 juin 1812, 22 mai 1817, 22 août 1819, 22 juin 1827, 16 mai 1828, 7 fév. 1834, 6 oct. et 21 déc. 1854, 9 fév. 1855). Mais cette règle a deux exceptions : 1° la peine de mort, lorsqu'elle est applicable aux auteurs du crime, est remplacée, à l'égard des recéleurs, par celle des travaux forcés à perpétuité (art. 63); 2° la peine des travaux forcés à perpétuité et celle de la déportation ne peuvent, dans tous les cas, et par conséquent dans le cas où cette dernière peine a été substituée à la peine de mort, être appliquées aux recéleurs, qu'autant qu'ils sont convaincus d'avoir eu, au temps du recélé, connaissance des circonstances qui les ont motivées; sinon, ils ne sont passibles que de la peine des travaux forcés à temps (art. 62, 2e §). Il est donc nécessaire, dans l'une et l'autre hypothèse, que le jury s'explique sur cette connaissance des circonstances au temps du recélé ; il ne suffirait plus de déclarer que le recélé a été fait sciemment.

**101.** Quelques questions s'élèvent encore sur cette matière. — La femme qui recèle les effets volés par son mari doit-elle être réputée complice? La jurisprudence a jugé l'affirmative (Cass. 13 mars 1821, 14 oct. 1826), mais on doit du moins remarquer que, dans ce cas, il ne suffit pas, pour constituer la complicité de la femme, que les effets aient été déposés dans la maison conjugale; il faut qu'ils aient été recélés par elle-même, sciemment et volontairement. — Le recélé fait par un domestique d'objets volés à son maître par un tiers, est-il passible de la peine du vol domestique? Non, car le recélé postérieur au vol ne peut en changer le caractère, et on a vu que la qualité du complice n'a nulle influence sur l'auteur (Cass. 15 avr. 1818, 22 juin 1832). — La complicité du recéleur peut-elle faire considérer le vol comme commis par plusieurs personnes? Nullement, puisque le recélé, indépendant du vol, ne peut être assimilé à un fait d'assistance ou de coopération (Cass. 11 sept. 1828). — Enfin, le recéleur, acquitté sur une prévention de recel d'effets volés, peut-il être repris à raison d'un autre fait de recélé des mêmes effets? Oui, parce que le fait matériel du recélé peut se manifester par différents actes; il peut se produire postérieurement à l'acquittement; c'est un fait nouveau, quoiqu'il se rattache au même vol (Cass. 29 déc. 1814).

## II. — *Causes justificatives des crimes et délits.*

### Art. 64.

### § Ier. — *De la démence.*



**102.** Les causes de justification ont pour effet, non pas seulement d'atténuer le crime ou le délit comme les excuses, mais de le faire disparaître et d'exclure toute criminalité dans l'agent. Elles sont générales ou spéciales : générales, lorsqu'elles s'appliquent à tous les crimes et délits ; telles sont la démence et la contrainte ; spéciales, quand elles ne s'appliquent qu'à une classe d'infractions ; telles sont la défense légitime de soi-même ou d'autrui (art. 328) ; l'exécution des ordres donnés au nom de la loi par l'autorité légitime (art. 327) ; l'obéissance hiérarchique qui peut couvrir certains actes des fonctionnaires (art. 114 et 190) ; tels sont enfin les motifs légitimes que les officiers publics, accusés de violences, peuvent invoquer pour justifier leurs actes (art. 186). Nous n'aurons à nous occuper ici que des faits justificatifs énoncés dans l'art. 64. Le premier de ces faits est la *démence.*

**103.** *Définition.* La règle commune à tous les prévenus soit du fait principal, soit de complicité, est qu'on ne peut déclarer coupable celui qui était en état de démence au temps de l'action. Mais cette règle, qui ne donne lieu en elle-même à aucune difficulté, soulève plusieurs questions dans son application. La démence est le trouble de l'intelligence causé par une maladie mentale. Nous disons le trouble et non l'abolition complète de l'intelligence ; car on ne doit pas rejeter hors des termes de la loi les aliénés qui ont conservé quelques rayons de leur intelligence et auxquels la maladie laisse encore quelques intervalles lucides. Ce que la loi exige pour dégager l'agent de la responsabilité, c'est qu'il soit atteint d'une maladie mentale, c'est que cette maladie ait été assez grave pour suspendre ou détruire sa volonté ; mais il importe peu que l'aliénation soit absolue ou incomplète ; il suffit, d'après le texte même de l'art. 64, que le prévenu n'ait pas joui de ses facultés mentales au temps de l'action (*Th. du C. pén.*, n° 351). Ainsi, toutes les fois que le fait a été commis dans un moment de démence même accidentelle, dans un accès de monomanie caractérisée, sous l'influence d'une aliénation partielle, mais avec les signes qui révèlent la maladie, il n'y a pas de culpabilité et par conséquent il n'y a lieu à aucune peine.

**104**. Mais l'exception justificative de la démence ne peut s'étendre ni à l'impétuosité d'une colère violente, ni aux émotions d'une juste douleur, ni aux fureurs des passions. Peut-on l'étendre soit à l'état de somnambulisme, soit à l'état d'ivresse complète, lorsque ces deux états sont non prémédités, involontaires et dûment constatés? La loi ne l'admet pas (Cass. 15 oct. 1807, 18 mai 1815, 3 avr. 1824), et les questions qui peuvent s'élever à cet égard rentrent dans la question de culpabilité. Notre Code n'a voulu donner qu'à la démence le caractère et les effets d'un fait justificatif : la démence comprend toutes les maladies de l'intelligence, l'idiotisme et la folie proprement dite, la manie délirante et la manie sans délire même partielle, toutes les variétés de l'affection mentale, quelles que soient les dénominations et les classifications scientifiques qui leur sont appliquées ; mais la justification n'est fondée que sur la présomption de l'influence de la maladie sur la perpétration du fait ; il faut donc, et c'est là la condition de son application, que son existence au temps de l'action soit certaine.

**105.** *Constatation.* Lorsque la démence d'un inculpé est alléguée ou présumée, le premier soin de l'instruction est de vérifier si elle est réelle ou feinte. Les visites, les interrogatoires, les rapports des hommes de l'art sont les plus sûrs moyens d'apprécier la situation morale de l'inculpé. Il appartient au juge d'instruction de le décharger de la prévention, s'il est convaincu d'idiotisme ou de folie, ou si la maladie n'offre que des signes incertains, d'en laisser l'appréciation aux tribunaux correctionnels et aux Cours d'assises ; le droit de décider s'il y a crime ou délit lui donne celui de déclarer si l'état mental de l'inculpé doit écarter toute présomption de culpabilité. Ce n'est point là, en effet, une question préjudicielle dont il puisse renvoyer l'examen aux tribunaux civils (Cass. 9 déc. 1814). La question d'interdiction et la question de responsabilité pénale ont des éléments différents, et le juge n'est point obligé de tenir compte du jugement qui aurait prononcé l'interdiction avant la perpétration du fait incriminé (Cass. 13 oct. 1853).

**106.** La chambre d'accusation, lorsqu'elle est saisie de la prévention, a le même droit que le juge d'instruction pour examiner si le prévenu est en état de démence, avant de prononcer sa mise en accusation. La décision du juge d'instruction ou de cette chambre n'enchaîne nullement d'ailleurs le pouvoir des juges qui statuent définitivement sur la prévention ou l'accusation. Les tribunaux correctionnels et le jury doivent rechercher, en dernier ressort, quel était l'état mental du prévenu ou de l'accusé au temps de l'action. Il n'est point posé sur ce fait de question spéciale au jury, parce que la démence étant exclusive à la volonté et par conséquent de la culpabilité, elle se trouve implicitement comprise dans la question principale (Cass. 11 mars 1813, 26 oct. 1815, 9 sept. 1825, 1er mars 1855). Toutefois aucun texte de la loi ne s'oppose à la position d'une question spéciale sur ce fait, lorsqu'elle est requise; et cette question ne peut que faciliter la délibération du jury. Dans une espèce où cette question n'avait pas été posée, le jury, en déclarant l'accusé coupable, avait ajouté : « mais il était en démence » ; cette déclaration, exclusive de toute culpabilité, entraînait nécessairement l'acquittement (Cass. 4 janv. 1817, 29 août 1829).

**107.** *Démence postérieure à l'action.* Lorsque la démence n'est survenue que depuis l'action, il y a lieu de distinguer si elle s'est manifestée avant l'instruction, dans le cours de cette instruction ou après la condamnation. Dans le premier cas, et bien que la démence ne soit justificative que lorsqu'elle est concomitante au fait, il y a lieu de suspendre l'instruction, car la défense est impossible, et l'on peut présumer que la maladie, quoiqu'elle ne se révélât pas encore, existait déjà à l'époque de la perpétration de l'action. La poursuite peut d'ailleurs être reprise si l'aliénation n'est qu'accidentelle et temporaire. Dans le deuxième cas, si la démence ne se manifeste qu'à la veille du jugement, au moment de l'ouverture des débats, le président des assises peut, ou renvoyer l'affaire à la session suivante, ou faire délibérer la Cour sur la question de savoir s'il y a lieu de suspendre le jugement jusqu'à la guérison de la maladie (Cass. 15 fév. 1816). Enfin, si cette maladie ne se révèle qu'après le pourvoi de l'accusé contre l'arrêt qui l'a condamné, la Cour de cassation sursoit à statuer sur le pourvoi jusqu'à ce qu'il soit régulièrement constaté que le demandeur peut exercer les droits de sa défense (Cass. 25 janv. 1839, 23 déc. 1859). Dans ce troisième cas, lorsque la démence n'est survenue qu'après une condamnation définitive, son effet ne s'applique qu'à l'exécution des peines. Les peines corporelles doivent être suspendues, lors même que le condamné conserverait des intervalles lucides. Mais les peines pécuniaires doivent être exécutées.

**108.** *Prescription.* La prescription doit courir pendant tout le temps de la suspension des poursuites causées par la démence du prévenu. La maxime *Contrà non valentem agere non currit* *præscriptio* n'a jamais été appliquée en matière criminelle. L'art. 2251 du C. civ. dispose que « la prescription court contre toute personne, à moins qu'elle ne soit dans quelque exception établie par une loi ». Or l'art. 637 du C. d'inst. cr. édicte une disposition générale et n'admet aucune exception. Nous avons dû citer (tom. Ier, n° 1072) un arrêt du 8 juill. 1858, qui déclare que le ministère public n'ayant pu agir pendant l'état de démence d'un accusé, la prescription avait dû être suspendue. Mais cet arrêt ne doit pas être suivi ; il est contraire à un premier arrêt du 22 avril 1813, et contraire surtout au principe de la prescription criminelle qui se fonde sur ce que, après un certain laps de temps, les preuves se sont affaiblies ou ont été détruites, que la justice n'a plus les mêmes moyens de connaître la vérité, et la société le même intérêt à la répression (*Th. du C. pén.*, n° 368).

**109**. *Mesures administratives.* Lorsque la justice se déclare incompétente à raison de l'état de démence d'un inculpé, il appartient à l'autorité administrative de prendre les mesures de précaution que la sûreté publique peut exiger. Ces mesures sont autorisées par l'art. 3, § 6, du tit. XI de la loi des 16-24 août 1790, l'art. 375 n° 7 du C. pén., et par les art. 5, 8, 11, 12, 13, 15, 17, 21 et 29 de la loi du 30 juin 1838. L'art. 41 de cette loi ajoute que « les contraventions aux articles qui viennent d'être cités et aux règlements rendus en vertu de l'art. 6, qui seront commises par les chefs, directeurs ou préposés responsables des établissements publics ou privés d'aliénés, et par les médecins employés dans ces établissements, seront punis d'un emprisonnement de cinq jours à un an et d'une amende de 50 à 3,000 fr., ou de l'une ou l'autre de ces peines ».

## § II. — *De la contrainte.*

110. Définition. Il n'y pas lieu de distinguer la contrainte physique ou morale.

111. Dans quels cas la contrainte est une cause de justification.

112. Si l'ordre d'un supérieur a l'effet

d'une contrainte morale à l'égard des militaires.
113. L'exécution des lois et des actes judiciaires contre les agents. Mais l'obéissance hiérarchique aux ordres des fonctionnaires ne les justifie pas dans tous les cas.
114. La crainte révérencielle envers les ascendants n'est pas une cause de justification. Il en est de même de la femme, des ouvriers et des domestiques qui obéissent au mari, au patron ou aux maîtres.
115. La contrainte n'est pas l'objet d'une question spéciale du jury.
116. La contrainte de force majeure est un fait justificatif de contraventions.

**110.** La contrainte est la seconde cause de justification prévue par l'art. 64. Elle produit cet effet toutes les fois que l'inculpé n'a fait que céder à une force à laquelle il n'a pu résister. La loi n'a fait aucune distinction entre la contrainte matérielle et la contrainte morale. La première résulte de l'emploi direct de la force physique, la seconde de l'emploi de menaces et de violences ou du commandement d'une personne ayant autorité sur l'agent. On doit, dans l'une ou l'autre hypothèse, tenir compte de l'âge, du sexe, de la situation des personnes.

**111.** La contrainte qui résulte de menaces ou de violences n'est une cause de justification que lorsqu'elle atteint le degré indiqué par la loi. Il ne suffit pas, comme l'énonce l'art. 1112, C. civ., qu'elle soit de nature à faire impression sur une personne raisonnable et qu'elle puisse lui inspirer la crainte d'exposer à quelque péril sa personne ou sa fortune; il faut, suivant l'art. 64, que cette contrainte soit telle qu'il n'ait pas été possible d'y résister. On distingue diverses sortes de menaces: celles qui s'attaquent à la personne, à la vie, et celles qui n'ont en vue que les biens et la fortune. Les premières seules sont considérées comme faits justificatifs. La crainte d'une perte purement pécuniaire n'est nullement regardée comme une force à laquelle on n'a pu résister. Il n'y a que la crainte de la mort ou d'un mal physique grave qui puisse subjuguer la volonté. L'homme qui consent à coopérer à un crime pour sauver sa fortune est responsable. Sa faute peut être excusée, sa peine atténuée, mais il n'est pas justifié (*Th. du C. pén.*, 374). Il faut également que le péril soit imminent, c'est-à-dire que les menaces soient de nature à intimider par la possibilité d'une immédiate exécution.

Il faut enfin que la contrainte résulte d'une impulsion étrangère, d'une cause extérieure; l'impulsion de la passion, de la colère, de la vengeance ne peut jamais être considérée comme une force irrésistible. L'extrême misère et même la faim, qui atténuent et excusent les délits qui ont pour objet de satisfaire un besoin urgent, ne les justifient pas complétement: l'art 64 exige une force majeure provenant d'un fait extérieur.

**112.** La contrainte peut résulter encore de l'ordre ou du commandement du supérieur sur l'inférieur. L'ordre de commettre un crime peut être donné par un commandant aux militaires qui sont sous ses ordres, par un fonctionnaire à ses subordonnés, par un père à ses enfants, par un mari à sa femme, par un maître ou un patron à ses domestiques ou préposés. En ce qui touche les militaires, on admet en général que, sous les armes, ils sont à l'abri de l'imputabilité; en effet, la discipline leur fait un devoir de l'obéissance et la présomption de légitimité couvre l'ordre du supérieur. Cependant cette cause de justification n'est point absolue et peut cesser lorsque l'ordre ne rentre pas dans les devoirs ordinaires du militaire, lorsque sa criminalité est évidente et que l'agent en a connu le caractère (*Th. du C. pén.*, nº 373).

**113.** La même distinction s'applique aux fonctionnaires de l'ordre civil. Le fonctionnaire qui n'a fait qu'exécuter le commandement direct de la loi est en dehors de toute imputabilité. Il en est encore ainsi pour celui qui exécute les jugements et arrêts de la justice, pourvu qu'il ait mission légale de procéder à cette exécution et qu'il se conforme aux formes prescrites. Ainsi l'arrestation d'un citoyen sur l'ordre d'un magistrat incompétent, ou lorsque cet ordre n'est pas un mandat légal et hors les cas de flagrant délit, est un acte coupable de la part de l'huissier qui l'a opéré et du concierge de la prison qui a formulé l'écrou. Quant aux actes que les fonctionnaires publics ordonnent à leurs subordonnés, ceux-ci, étant soumis à l'obéissance hiérarchique, n'en sont pas responsables, pourvu que ces actes rentrent dans les attributions de leurs supérieurs. La présomption est que l'ordre qu'ils donnent est un acte légitime de leurs fonctions ; mais si cet ordre constituait ouvertement une infraction punissable, les employés civils en encourraient la responsabilité et même plus aisément que les militaires, parce que la discipline administrative est moins étroite que la discipline militaire et que la désobéissance a de moins graves conséquences.

**114.** La crainte révérencielle des enfants envers leur père ne suffit pas pour justifier un crime ou un délit. L'ordre du père ne peut être qu'un motif d'atténuation (Cass. 8 nov. 1811, 25 sept. 1818, 15 mai 1837, 10 déc. 1842). Si les enfants ont moins de 16 ans, la difficulté se réduit en une question de discernement. La même règle s'applique au pupille qui a suivi les ordres de son tuteur, à la femme qui invoque pour l'excuse l'ordre de son mari, aux ouvriers qui se conforment aux instructions de leurs patrons, aux domestiques qui obéissent aux commandements de leurs maîtres. Dans toutes ces hypothèses, l'ordre peut être un fait d'atténuation ou d'excuse, mais non un fait justificatif. A l'égard des domestiques cependant, et relativement à certains délits qui n'ont point un caractère moral, l'ordre du maître doit dans quelques circonstances couvrir le délinquant (Cass. 14 août 1807, 8 nov. 1811).

**115.** La contrainte étant, comme la démence, destructive de toute culpabilité, se trouve implicitement comprise dans la question de savoir si l'accusé est coupable. La Cour de cassation a donc jugé qu'il n'y a pas lieu de poser une question spéciale sur ce fait au jury. Cependant, dans une espèce où cette question avait été posée, il a été reconnu « qu'en ordonnant l'exposition d'une question tendant à demander aux jurés si l'accusé avait été contraint à commettre le crime par une force à laquelle il n'avait pu résister, la Cour d'assises n'avait violé aucune loi » (Cass. 10 janv. 1834). De là il suit, qu'en matière de contrainte et de démence, la position d'une question, si elle n'est pas nécessaire, est du moins permise, et que les présidents des assises doivent la poser toutes les fois qu'elle peut être utile à la manifestation de la vérité (*Th. du C. pén.*, n° 382).

**116.** La contrainte, comme la démence, est justificative, non-seulement des crimes et délits, mais des simples contraventions ; car le contrevenant ne peut être responsable d'un fait qu'il a été contraint d'exécuter (Cass. 7 juill. 1827, 1er et 10 mars 1855, 15 nov. 1856). Mais si, en général, il appartient aux juges des faits d'apprécier l'existence du fait justificatif, la Cour de cassation a été amenée en matière de contravention, en vérifiant les faits d'où les tribunaux de police faisaient résulter la force majeure, à apprécier elle-même si les circonstances constatées par les jugements présentent les caractères de ce moyen péremptoire de défense (Cass. 15 nov. 1856, 28 février 1861).

## § III. — *Des excuses légales.*

### Art. 65.

117. Distinction des faits justificatifs, des excuses légales et des circonstances atténuantes.
118. Les excuses ne sont appréciées ni par le juge d'instruction, ni par la chambre d'accusation, mais seulement par les juges du fond. Exceptions à cette règle.
119. Comment il est statué, en matière correctionnelle ou criminelle, sur les excuses.
120. Ne peuvent être admis comme excuses les faits auxquels la loi ne donne pas ce caractère ou qui n'entraînent pas une réduction de la peine tels que l'ivresse, la surdi-mutité, la provocation verbale, etc.
121. Application de l'art. 65 aux contraventions.

**117.** Les excuses n'effacent pas la criminalité du fait comme le font les faits justificatifs, elles se bornent à l'atténuer. L'article 65, en consacrant les faits d'excuse et l'atténuation pénale qu'ils produisent, les enferme dans le cercle qu'il trace : « Nul crime ou délit ne peut être excusé, ni la peine mitigée, que dans les cas et dans les circonstances où la loi déclare le fait excusable ou permet de lui appliquer une peine moins rigoureuse ». On distingue les faits d'excuse, qui sont définis par la loi et s'appliquent à des cas déterminés, et les circonstances atténuantes qui sont indéfinies, comprennent tous les motifs qui peuvent diminuer la culpabilité des agents ou la criminalité des actes et s'étendent à toutes les dispositions de la loi pénale. Les excuses proprement dites sont établies dans les art. 66, 67, 68, 70, 100, 108, 114, 116, 135, 138, 141, 190, 213, 217, 248, 284, 285, 288, 321, 322, 324, 325, 343, 348, 357, 380, 441, 471, n° 11 du C. pén.; les circonstances atténuantes sont réglées par les art. 463 et 483 du même Code; elles seront examinées sous ces articles.

**118.** Les excuses ne sont appréciées que par la juridiction qui statue définitivement sur les faits incriminés, par le tribunal correctionnel ou la Cour d'assises : il n'appartient donc ni au juge d'instruction, ni à la chambre d'accusation d'en tenir compte, parce qu'elles laissent aux faits leur caractère intrinsèque et ne modifient que les peines (Cass. 6 août 1812, 25 fév. 1813, 21 fév. 1828, 30 avr. 1829, 8 juill. 1831). Cette règle admet cependant quelques exceptions dans les cas où les excuses peuvent changer la compétence, comme dans l'art. 68, ou suspendent la poursuite, comme dans les art. 116, 247, 248, 357 et 380. Le juge d'instruction et la chambre d'accusation ont alors compétence pour les apprécier et reconnaître leur influence sur l'action.

**119.** Lorsque le fait d'excuse est proposé devant le tribunal correctionnel, il doit y être statué, car le principe posé par l'art. 339 du C. d'inst. cr. est général et s'applique à la matière correctionnelle aussi bien qu'à la matière criminelle. Lorsqu'il est proposé devant la Cour d'assises, cette Cour (ainsi qu'on l'a vu tome 1er, nos 819, 820 et 821) a l'obligation de le poser au jury, lorsqu'il est formulé dans les termes de la loi ou lorsqu'il peut en résulter une mitigation de la peine; mais elle doit l'écarter lorsqu'il n'a pas les caractères d'une excuse ou qu'il ne peut en résulter aucune modification de la pénalité (Cass. 30 août 1855, 30 juin 1859, 2 oct. 1862). Ainsi lorsque l'accusé, sans articuler un fait précis, se borne à invoquer des motifs d'atténuation, il n'y a pas lieu d'en faire l'objet d'une question. La question s'est élevée de savoir si le ministère public a le droit de demander la position d'une question d'excuse. Le doute vient de ce que l'art. 339, édicté dans l'intérêt de la défense, n'accorde ce droit qu'à l'accusé. On doit décider qu'en général le ministère public, défenseur de tous les intérêts, peut comme l'accusé et dans le silence de celui-ci, requérir qu'une question d'excuse soit posée, surtout lorsque le défenseur adhère à cette réquisition (Cass. 6 juill. 1826, 27 juin 1839); mais lorsque l'accusé, loin d'y adhérer, s'oppose formellement à ce qu'il y soit fait droit, la question ne doit pas être posée, car ce serait faire tourner contre la défense l'arme qui lui a été donnée (Cass. 16 mars 1844); mais le président conserve son droit de poser d'office la question si elle lui paraît résulter des débats. La juridiction correctionnelle peut également relever d'office les faits d'excuse.

**120.** De ce que la loi n'admet comme excuses des crimes et délits que les faits auxquels elle attribue ce caractère ou qui emportent une mitigation de la peine, il s'ensuit que toutes les autres causes d'excuse doivent être écartées. Tels sont l'état d'ivresse de l'agent au moment de la perpétration du fait (Cass. 7 prair. an IX, 20 oct. 1812, 18 mai 1815, 23 avr. 1824, 1er juin 1843); la surdi-mutité des prévenus (Cass. 25 juin 1827); l'impunité accordée à un coprévenu (Cass. 12 mai 1837); le consentement de la victime dans une prévention d'homicide (Cass. 16 nov. 1827, 23 juin 1838, 21 avr. 1851); la provocation verbale dans les préventions de voies de fait et violences. Toutes ces circonstances sont des causes d'atténuation, mais non des excuses légales.

**121.** Le principe de l'art. 65 peut, quoique son texte semble le restreindre aux crimes et délits, être étendu aux contraventions. Ce n'est que dans les cas et dans les circonstances où la loi l'a permis, qu'il est permis de déclarer les faits excusables. Cette règle a été appliquée dans des cas très-nombreux et principalement lorsque les juges de police avaient prononcé l'acquittement des prévenus pour absence d'intention ou de préjudice, bonne foi des inculpés, difficulté d'exécution des règlements, ignorance de ces règlements, insuffisance ou irrégularité de leur publication, tolérance et usage habituel, etc.

## § IV. — *De l'âge des prévenus ou accusés.*

### Art. 66, 67, 68, 69, 70, 71, 72.

### I. — *Mineurs de 16 ans.*

122. De l'excuse de la minorité en faveur des mineurs de 16 ans.
123. Effets de l'excuse sur la compétence ; compétence des tribunaux correctionnels.
124. Question de discernement. Cette question ne doit être examinée qu'après la question de culpabilité.
125. Effets de la déclaration que le mineur a agi avec discernement. Effets des circonstances atténuantes.
126. Cas où le mineur a commis un simple délit avec discernement.
127. Effets de la déclaration que le mineur a agi sans discernement.
128. Mesures dont sont passibles les mineurs qui ont agi sans discernement.
129. Condamnations civiles que les mineurs peuvent encourir ; dommages-intérêts et frais ; ils ne sont pas passibles de la contrainte par corps.
130. Application des art. 66 et suiv. aux matières spéciales.
131. Application des art. 66 et suiv. aux contraventions.

**122.** La minorité de 16 ans constitue une excuse légale. L'art. 66 établit une présomption de non-culpabilité en faveur des prévenus qui n'ont pas encore atteint cet âge. Cette présomption les protége tant que la seizième année n'est pas accomplie. Il suffit d'ailleurs, pour que l'excuse soit admise, qu'ils aient eu moins de 16 ans au temps de l'action. Il importe peu qu'ils aient accompli leur seizième année à l'époque du jugement (Cass. 17 sept. 1818, 10 avr. 1821). L'âge se prouve par la production de l'acte de naissance : le ministère public doit le demander et le joindre aux pièces. Si cet acte ne peut être produit, le juge doit y suppléer par tous les moyens de preuve, et, s'il y a doute, résoudre la question en faveur du prévenu.

**123.** *Compétence.* La minorité de 16 ans exerce un premier effet sur la compétence : les mineurs de 16 ans qui n'ont pas de complices au-dessus de cet âge et qui sont prévenus de crimes autres que ceux que la loi punit de la mort, des travaux forcés à perpétuité, de la déporlation ou de la détention, sont renvoyés devant la juridiction correctionnelle (art. 68). Il appartient, dans ce cas, au juge d'instruction et à la chambre d'accusation, chargés de régler la compétence, d'apprécier si le prévenu est ou non mineur de 16 ans. Le juge d'instruction doit dans ce cas, quoique le fait soit qualifié crime, saisir le tribunal correctionnel, sans que sa décision soit soumise à la chambre d'accusation (Cass. 20 avr. 1850). Cette décision d'ailleurs ne lie pas le tribunal correctionnel, qui peut se déclarer incompétent.

**124.** *Question de discernement.* Cette question, qui n'est qu'une question d'excuse, ne doit être examinée qu'après la question de culpabilité. Si le mineur est déclaré non coupable, l'affaire est terminée, et aucune mesure ne peut être prescrite contre lui. Ce n'est que lorsqu'il est reconnu l'auteur du fait, qu'il y a lieu de poser la question de discernement. Lorsque la prévention est portée devant les tribunaux correctionnels, ces tribunaux, juges du fait et du droit, prononcent sur les deux questions d'âge et de discernement, en n'arrivant toutefois à celle-ci qu'après avoir résolu la question de culpabilité. Lorsque la prévention est portée devant la Cour d'assises, le président doit poser au jury ces deux questions à la suite de la question principale : « L'accusé était-il âgé de moins de 16 ans au moment du crime ci-dessus spécifié ? A-t-il agi avec discernement ? » (Cass. 5 mai 1870).

**125.** Lorsqu'il est déclaré que le mineur de 16 ans a agi avec discernement, la peine subsiste, elle est seulement atténuée ; aux termes de l'art. 67, les peines de mort, des travaux forcés à perpétuité et de la déportation sont remplacées par la peine correctionnelle d'un emprisonnement de dix à vingt ans ;

les peines des travaux forcés à temps, de la détention et la reclusion sont remplacées par un emprisonnement dont le maximum ne peut excéder la moitié de celui de la peine à laquelle il est substitué, et dont le minimum peut descendre au tiers du minimum de cette peine ; enfin, les peines du bannissement et de la dégradation civique sont remplacées par un emprisonnement de un à cinq ans. Cette atténuation s'applique non-seulement à la nature de la peine, mais encore à sa durée. Elle substitue la détention correctionnelle aux peines portées par la loi et elle réduit en même temps ces peines à une durée du tiers à la moitié, non du maximum seulement, mais de la pénalité prise dans son ensemble ; ainsi, lorsqu'il s'agit des travaux forcés à temps ou de la reclusion, dont la durée peut n'être que de cinq ans, la détention correctionnelle du mineur peut être réduite au tiers de cinq ans, c'est-à-dire à 20 mois (Cass. 15 janv. et 11 févr. 1825). Cette peine, ainsi réduite à raison de l'âge du prévenu, peut, en outre, s'il existe des circonstances atténuantes, recevoir l'application de l'art. 463 (Cass. 28 fév. 1867). Voici comment on doit tenir compte de ces deux éléments dans le calcul de la peine : on établit d'abord la peine dont le fait est passible et la modification que cette peine doit subir conformément à l'art. 463 ; l'art. 67 pose en effet, pour base de l'atténuation dérivant de la minorité, la détermination préalable de la peine encourue ; et c'est sur cette peine modifiée applicable au fait que s'opère l'atténuation prescrite en vue de la minorité (Cass. 27 mai 1852, 24 mars 1853, 10 août 1866).

**126.** Dans le cas prévu par l'art. 69, lorsque le mineur de 16 ans n'a commis qu'un simple délit, mais avec discernement, l'emprisonnement ou l'amende qui lui sont appliqués ne peuvent s'élever au-dessus de la moitié de la peine qu'il aurait encourue s'il avait eu 16 ans. Quant au minimum de cette peine, la loi ne l'a pas indiqué. On doit en conclure qu'il est permis de l'abaisser à la dernière limite des peines correctionnelles, à 6 jours d'emprisonnement et 16 fr. d'amende (Cass. 11 janv. 1856).

Et s'il existe des circonstances atténuantes, ce minimum peut être abaissé jusqu'au taux des peines de police.

**127.** Lorsque le mineur de 16 ans réunit à sa minorité le fait qu'il a agi *sans discernement*, il n'est plus excusé seulement, il est acquitté. Cette règle s'applique en matière correctionnelle comme en matière criminelle (Cass. 8 oct. 1813, 16 août 1822). Elle est générale et s'applique même au cas où l'art. 271 dispense les vagabonds de moins de 16 ans de la peine d'emprisonnement et se borne à les renvoyer sous la surveillance de la police, car cette surveillance étant une peine, ne peut être appliquée aux mineurs acquittés, mais seulement à ceux qui ont agi avec discernement (Cass. 12 août 1843, 28 fév. 1852).

**128.** L'art. 66 dispose que le mineur de 16 ans, acquitté comme ayant agi sans discernement, sera, selon les circonstances, remis à ses parents ou conduit dans une maison de correction pour y être élevé et détenu pendant tel nombre d'années que le jugement déterminera et qui toutefois ne pourra excéder l'époque où il aura accompli sa vingtième année. En autorisant la remise des enfants à leurs parents, la loi a entendu, par cette expression générale, autoriser cette remise non-seulement aux pères et mères et autres membres de la famille, mais encore, dans l'intérêt des enfants, à leurs maîtres ou patrons, et aux personnes honorables qui consentent à prendre la charge de les élever. Il appartient aux juges d'apprécier et d'ordonner les mesures les plus utiles à ces enfants. S'ils décident qu'il y a lieu de les élever dans une maison de correction, ils fixent le temps de cette détention ; l'art. 66, en l'étendant « à tel nombre d'années que le jugement déterminera » jusqu'à leur vingtième année, n'en a pas fixé le minimum ; et il a été décidé qu'elle peut être réduite à une année (Cass. 10 oct. 1811), et même à six mois (Cass. 8 fév. 1833).

**129.** Les mineurs de 16 ans peuvent être condamnés soit aux frais de la procédure, soit à des dommages-intérêts envers la partie civile, sans qu'il y ait lieu d'appeler en cause les pères et mères, tuteurs ou curateurs ; on a pensé qu'ils trouvaient des garanties suffisantes dans les formes que le Code d'instruction criminelle a établies dans l'intérêt de la défense (Cass. 15 janv. 1846) ; mais ils ne sont pas passibles de la contrainte par corps, lors même qu'il auraient agi avec discernement : l'art. 13 de la loi du 22 juillet 1867 les exempte dans tous les cas de cette voie d'exécution.

**130**. Les art. 66 et suiv. s'appliquent aux matières spéciales aussi bien qu'aux matières du Code pénal. Ils s'appliquent aux délits de chasse (Cass. 3 janv. 1845, 18 juin 1846, 3 fév. 1849), en matière d'eaux et forêts (Cass. 21 mars 1846), en matière de douanes (Cass. 20 mars 1841, 18 mars 1842, 11 janv. 1856). Mais cette application n'a pas lieu dans les cas où l'amende encourue à raison des délits commis par le mineur de 16 ans, est considérée par la jurisprudence comme une réparation civile plutôt que comme une peine, parce que son âge et son défaut de discernement ne l'exemptent pas de la responsabilité civile du dommage qu'il peut avoir causé (Cass. 14 mai 1842, 13 mars 1844).

**131**. Ils s'appliquent également aux contraventions de police, bien que ces contraventions résultent en général de faits purement matériels ; mais ici l'excuse comprend, non-seulement le défaut d'intention, mais la faiblesse de l'âge et de l'intelligence (Cass. 10 juin et 8 déc. 1842, 13 avr. 1844, 7 mars 1845, 24 mai 1855, 21 mars 1868). Si le mineur de 16 ans a commis la contravention avec discernement, la peine devra lui être appliquée suivant la règle posée par l'art. 69 : elle ne pourra s'élever au-dessus de la moitié de celle qu'il aurait encourue s'il avait eu 16 ans. Il paraît évident que, lorsque le fait n'est passible que de peines de police, le juge doit s'abstenir d'user de la faculté de renvoyer le mineur dans une maison de correction.

## II. — *Accusés âgés de plus de* 60 *ans.*

132. L'âge de 70 ans ne constitue pas une excuse, mais confère une simple atténuation de la peine. La loi du 30 mai 1854 applique cette atténuation aux condamnés aux travaux forcés âgés de 60 ans.
133. Cette atténuation ne change pas le caractère de la peine, mais seulement son mode d'exécution.
134. Règles relatives à l'application de cette atténuation pénale.

**132.** Les art. 70, 71 et 72 édictent moins une excuse qu'une simple atténuation de la peine encourue, quand l'âge ne permet plus d'en supporter la rigueur. En ce qui concerne la peine des travaux forcés, l'art. 72 a été remplacé par l'art. 5 de la loi du 30 mai 1854, qui a appliqué à cette peine un nouveau mode d'exécution. Cet article porte : « Les peines des travaux forcés à perpétuité et à temps ne seront prononcées contre aucun individu âgé de soixante ans accomplis au moment du jugement ; elles seront remplacées par celle de la reclusion soit à perpétuité, soit à temps, selon la durée de la peine qu'elle remplacera. L'art. 72 du C. pén. est abrogé ». Cette substitution n'a pas lieu de plein droit, elle doit être prononcée par le juge, et la Cour de cassation a jugé en conséquence qu'il y a lieu d'annuler, en ce qui concerne l'application de la peine seulement, les arrêts qui ont prononcé la peine des travaux forcés lorsque les condamnés constatent qu'ils étaient âgés de plus de 60 ans au moment du jugement (Cass. 13 oct. 1854, 16 juill. 1857, 30 sept. 1858, 27 janv. 1859, etc.).

**133.** La loi du 30 mai 1854 a changé le mode d'exécution de la peine, mais non son caractère. Ainsi l'accusé âgé de 60 ans en faveur duquel des circonstances atténuantes ont été déclarées, doit être condamné, si le fait était passible des travaux forcés à perpétuité, non point à la peine de l'emprisonnement, mais à celle de la reclusion (Cass. 18 déc. 1850, 7 janv. 1858). La reclusion prend alors le caractère et la durée de la peine qu'elle remplace. Il en est de même de la détention, qui devient une peine perpétuelle lorsqu'elle remplace la déportation. Les incapacités qui en résultent sont celles des peines des travaux forcés ou de la déportation.

**134.** Il y a lieu de remarquer : 1° que cette atténuation pénale s'applique aux femmes aussi bien qu'aux hommes (Cass. 20 août 1827, 14 août 1856) ; 2° que la réduction à 60 ans de l'âge de 70 ans fixé par le Code, ne concerne que les condamnés aux travaux forcés ; les condamnés à la déportation continuent à ne profiter de l'atténuation qu'à 70 ans ; 3° que c'est à la Cour d'assises et non au jury qu'il appartient de déterminer l'âge du condamné, puisqu'il ne s'agit pas d'un fait d'excuse, mais d'un mode d'exécution (Cass. 13 oct. et 21 déc. 1854).

## *De la responsabilité civile.*

### Art. 73 et 74.

135. Caractère de la responsabilité civile qui naît du préjudice causé par les crimes et délits.
136. De la responsabilité civile dont sont passibles les aubergistes et hôteliers à raison du dommage causé par les crimes et délits des personnes qu'ils logent. Conditions de cette responsabilité (art. 73).
137. La responsabilité civile ne s'étend pas aux amendes. Exceptions à cette règle.
138. Cas de responsabilité prévus par l'art. 1384, C. civ. ; responsabilité des pères et mères, maîtres et commettants, instituteurs.
139. Cas de responsabilité dans les matières spéciales.
140. Compétence des tribunaux répressifs en matière de responsabilité civile.

**135.** La loi pénale ne s'occupe de la responsabilité civile qui pèse sur certaines personnes qu'à raison du préjudice causé par les crimes et délits des individus qui sont placés sous leur dépendance. Cette responsabilité prend sa source dans la négligence de ces personnes qui, chargées de surveiller leurs enfants ou leurs préposés, n'ont pas rempli leur obligation. Cette matière appartient naturellement au droit civil, et ce n'est qu'accessoirement que le Code pénal s'en est occupé. Le principe qui la domine est qu'on ne peut répondre du fait d'autrui qu'en vertu d'une disposition expresse et formelle de la loi ; on ne peut ni étendre au delà de leurs termes les cas de responsabilité, ni en créer d'autres par voie d'analogie. Ces cas sont prévus par les art. 1383 et 1384 du C. civ., auxquels renvoie l'art. 74. L'art. 73 ajoute à ces dispositions un nouveau cas de responsabilité.

**136.** L'art. 73 déclare les aubergistes et hôteliers civilement responsables des restitutions, indemnités et frais encourus à raison d'un crime ou d'un délit commis par les personnes qu'ils ont logées plus de 24 heures, sans avoir inscrit le nom de ces personnes sur leurs registres. L'omission de cette inscription n'est qu'une contravention prévue par l'art. 475, n° 2, du C. pén., et la responsabilité des suites du délit commis par les hôtes de l'auberge ou de l'hôtellerie a un caractère tout exceptionnel, puisque ces hôtes ne sont point sous la dépendance ni même sous la surveillance de l'hôtelier ou de l'aubergiste. Cette responsabilité n'est d'ailleurs applicable qu'autant que les personnes non inscrites sur les registres ont commis le crime ou le délit *pendant leur séjour* dans la maison et que ce séjour a duré *plus de 24 heures*. L'art. 73 ajoute : « sans préjudice de leur responsabilité dans les cas des art. 1952 et 1953 du C. civ. » Ces deux articles disposent que les aubergistes et hôteliers sont responsables du vol ou du dommage des effets apportés par le voyageur, soit que le vol ait été fait ou le dommage causé par les domestiques ou préposés de l'auberge ou par les étrangers allant et venant dans la maison.

**137.** L'art. 74 ajoute ensuite que, « dans les autres cas de responsabilité civile qui pourront se présenter dans les affaires criminelles, correctionnelles ou de police, les Cours et tribunaux se conformeront aux dispositions du Code civil ». Ces dispositions sont les art. 1383 et 1384, desquels il résulte qu'on est responsable du dommage causé par le fait des personnes dont on doit répondre. Cette responsabilité spéciale, dont la poursuite est accessoire à l'action criminelle, ne comprend que les dommages-intérêts, les restitutions et les frais ; elle ne s'étend pas aux amendes. Cette règle fondamentale admet cependant plusieurs limites: 1° en matière de douanes et de contributions indirectes, parce que les amendes sont considérées comme des réparations civiles (Cass. 14 mai 1842, 11 fév. 1843) ; 2° en matière de délits forestiers commis dans l'étendue d'une vente ; les adjudicataires qui ne les ont pas constatés sont responsables des amendes (C. for. 45; Cass. 10 janv. 1852, 8 juill. 1853); 3° en matière de police du roulage: les propriétaires des voitures sont responsables des amendes encourues par les conducteurs (L. 31 mai 1851, 2 et 13 ; Cass. 21 janv. 1853); 4° en matière de navigation maritime: les armateurs sont passibles des amendes prononcées contre les maîtres et patrons (Cass. 10 août 1855); 5° en matière de police, lorsque les règlements, notamment en ce qui touche le balayage de la voie publique, imposent aux propriétaires une charge personnelle (Cass. 4 mai 1848, 31 août 1854, 10 fév. 1858) ; 6° en matière de cours d'eau : les propriétaires des fonds riverains sont responsables des amendes encourues par leurs préposés, lorsque les règlements leur imposent des mesures de conservation (Cass. 5 juin 1856, 3 avril 1857, 13 nov. 1858); 7° enfin, en ce qui concerne les contraventions commises par les ouvriers des industries réglementées, la responsabilité des entrepreneurs s'étend, dans certains cas prévus par les règlements, jusqu'aux amendes (Cass. 23 janv., 26 août et 26 nov. 1859, 21 juin 1866).

**138.** Les cas de responsabilité énumérés dans l'art. 1384, C. civ., se rapportent aux pères et mères, aux maris, aux maîtres et commettants, enfin aux instituteurs et artisans. Le premier cas est celui du père, et de la mère après le décès du mari ; leur responsabilité s'étend aux dommages causés par leurs enfants mineurs habitant avec eux ; elle s'étend donc à toutes les actions dommageables de ces mineurs, qu'ils aient agi avec ou sans discernement : toutefois ce n'est que quand leurs enfants habitent avec eux, et qu'ils ont pu empêcher les faits dommageables, qu'ils en sont responsables (Cass. 10 nov. 1871). L'impossibilité matérielle de la surveillance ne suffirait pas pour affranchir les pères et mères de la responsabilité, si les écarts des enfants sont le résultat d'une éducation vicieuse (Cass. 29 mars 1827). Il appartient au juge, puisque cette responsabilité n'est pas absolue, d'apprécier dans quels cas les parents doivent s'imputer soit des actes de négligence, soit un défaut de surveillance (Cass. 30 août 1866).

**139.** La responsabilité des maîtres et commettants, à raison du dommage causé par leurs domestiques ou préposés, ne comprend que les faits commis par ceux-ci dans l'exercice et pendant la durée de leurs fonctions (Art. 1384, § 3). Ils ne répondent en aucun cas du dommage causé par les délits que les domestiques ou préposés ont commis en dehors de leur service habituel (Cass. 20 août 1847). C'est à raison de cette distinction que cette responsabilité est personnelle et principale (Cass. 11 juin 1808), car les actes commis dans les fonctions sont considérés comme l'exécution des ordres reçus et comme le propre fait des maîtres et commettants (Cass. 13 déc. 1856, 14 juin 1861). Ainsi, il n'y a pas d'exemption à la responsabilité dans le cas même où ils prouveraient qu'ils n'ont pu empêcher le fait qui la produit (Cass. 25 nov. 1813, 11 juin 1836), ou dans le cas où ils allégueraient, par exemple, en cas de mauvais traitements sur leurs animaux par leurs domestiques, que le fait n'a causé aucun dommage à autrui (Cass. 6 juill. 1872). La faute de leurs préposés est regardée comme leur propre faute (Cass. 25 nov. 1813, 13 janv. 1814, 18 juill. 1826, 24 juill. 1852, 13 déc. 1856, 17 fév. 1866). Toutefois, les rixes, les voies de fait, les injures verbales dont les domestiques et préposés peuvent se rendre coupables, sont évidemment étrangers à leur service, et il a été reconnu que la responsabilité ne pouvait en remonter jusqu'à leurs maîtres (Cass. 17 sept. 1806, 1er oct. 1842). Toutes ces règles s'appliquent aux administrations publiques, qui sont responsables, comme les autres commettants, du fait de leurs préposés (Cass. 30 janv. 1833, 16 avr. 1858, 14 juin 1872).

**140**. La responsabilité des instituteurs et des artisans, à raison des délits commis par les enfants mineurs ou apprentis qui leur sont confiés, s'étend à tous les faits dommageables commis par ces mineurs pendant qu'ils sont sous leur surveillance (Art. 1384, § 4). Ils exercent la même surveillance que les parents qui les leur ont confiés, et leur responsabilité, de même que celle des parents, cesse lorsque l'instituteur ou le patron peut établir qu'il n'a pu empêcher le fait (Art. 1384, § 5).

**141**. Les maris ne sont pas responsables des délits commis par leurs femmes. Cette règle, qui résulte du texte même de l'art. 1384, a été consacrée en matière d'injures, de diffamation et de calomnie (Cass. 6 juin, 16 août 1811, 20 janv. 1825). Toutefois, si le mari a pu empêcher le délit et ne l'a pas fait, ou si le délit a été commis dans des fonctions auxquelles il avait préposé sa femme, sa responsabilité peut être invoquée en prouvant cette circonstance (Cass. 23 déc. 1818, 27 fév. 1827). En matière de police rurale, la responsabilité du mari est établie par l'art. 7, tit. II, de la loi du 25 sept.-6 oct. 1791.

**142**. Quelques lois spéciales ont apporté plusieurs exceptions aux règles de la responsabilité civile. L'art. 6 de la loi du 30 avr. 1790 déclare les pères et mères responsables des délits de chasse de leurs enfants *mineurs de vingt ans*. L'art. 7, tit. II, de la loi du 25 sept.-6 oct. 1791 déclare « les maris, pères, mères, tuteurs, maîtres, entrepreneurs de toute espèce, civilement responsables des délits de police rurale commis par leurs femmes et enfants, pupilles, mineurs, n'ayant pas plus de vingt ans et non mariés, domestiques, ouvriers, voituriers et autres subordonnés ». La loi du 16 vendém. an IV déclare es habitants d'une commune responsables des attentats commis sur le territoire de cette commune. L'arrêté du 7 niv. an VI déclare les employés des arsenaux responsables du vol des armes qui y sont déposées. Les arrêtés des 7 fruct. an VI et prair. an VII déclarent les maîtres de poste responsables des contraventions de leurs postillons et conducteurs ; enfin les décrets du 1er germinal an XIII, des 6 juillet et 18 août 1810 renferment des dispositions analogues, en ce qui concerne la surveillance des propriétaires de marchandises, des greffiers sur leurs commis et proposés, etc. Il est de principe que toutes ces dispositions ne doivent en aucun cas être étendues au delà de leurs termes, car ce n'est que par exception qu'on peut répondre du fait d'autrui.

**143.** Il reste à noter sur cette matière : 1° que les tribunaux répressifs ne sont compétents pour statuer sur la responsabilité civile qu'autant qu'ils sont saisis de l'action publique (Cass. 11 sept. 1818, 9 juin 1832) ; 2° que les personnes civilement responsables peuvent être condamnées aux dépens, lors même qu'aucune condamnation en dommages-intérêts ne serait prononcée (Cass. 4 juill. 1830, 31 janv. 1833, 11 juin 1836, 2 sept. 1837, 9 janv. 1845) ; 3° enfin, que l'action en responsabilité, étant purement civile, peut être exercée contre les héritiers, lors même qu'elle ne l'a pas été contre le responsable ; mais elle se prescrit par le délai de prescription applicable au délit (*Th. du C. pén.*, n° 396).

# LIVRE III

## TITRE Ier.

CRIMES ET DÉLITS CONTRE LA CHOSE PUBLIQUE.

### CHAPITRE PREMIER. — CRIMES ET DÉLITS CONTRE LA SURETÉ DE L'ÉTAT.

#### SECT. Ire. — CRIMES ET DÉLITS CONTRE LA SURETÉ EXTÉRIEURE DE L'ÉTAT.

ART. 75, 76, 77, 78, 79, 80, 81, 82, 83, 84 et 85.

144. Port d'armes contre la France. Explication de l'art. 75.
145. Double condition de ce crime ; la qualité de Français et le port d'armes contre la France.
146. Intelligences avec les puissances étrangères ; conditions d'application de l'art. 76.
147. Intelligences avec les ennemis de l'Etat ; éléments du crime prévu par l'art 77. Décret du 19 nov. 1870.
148. Correspondances avec les sujets d'une puissance ennemie. Application de l'art. 78.
149. Machinations et manœuvres contre les alliés de la France (art. 79).
150. Révélation des secrets d'une négociation ou d'une expédition. Application de l'art. 80.
151. Livraison des places, des fortifications et places. Application des art. 81 et 82.
152. Recélé d'espions. Application de l'art. 8.
153. Actes hostiles envers une puissance étrangère exposant l'Etat à la guerre ou les Français à des représailles. Application des art. 84 et 85.

**144**. *Port d'armes contre la France.* Le crime prévu par l'article 75 a deux éléments : il faut que celui qui a porté les armes, ait la qualité de Français, et qu'il ait porté les armes contre la France. Il faut qu'il ait la qualité de Français, car c'est cette qualité qui, en lui imposant des devoirs envers sa patrie, constitue sa criminalité. Si, en outre, il faisait partie de l'armée, l'art. 238 du Code de justice militaire lui devient applicable (Cass. 5 fév. 1824). Mais s'il a perdu la qualité de Français par la naturalisation en pays étranger, par l'acceptation non autorisée de fonctions publiques conférées par un gouvernement étranger ou par tout établissement fait en pays étranger sans esprit de retour, il ne peut plus être l'objet d'une poursuite (Const. 22 frim. an VIII, 4 ; C. civ. 17). L'art. 3 du décret du 6 avril 1809 et l'art. 13 du décret du 20 août 1811 avaient étendu la loi pénale « même à ceux qui auraient obtenu des lettres de naturalisation d'un pays étranger ». Mais ces décrets, qui ne pouvaient d'ailleurs modifier une loi pénale, ont cessé d'exister : au surplus, la preuve du fait qui a fait perdre la qualité de Français doit être faite par celui qui l'allègue pour sa défense ; c'est une exception, un fait justificatif qu'il doit établir.

**145.** Le deuxième élément du crime est d'avoir porté les armes contre la France. Cette condition a été singulièrement interprétée par quelques actes du pouvoir exécutif. L'art. 2 du décret du 6 avril 1809 porte : « Seront considérés comme ayant porté les armes contre nous, tous ceux qui auront servi dans les armées d'une nation qui était en guerre avec la France ; ceux qui seront pris sur les frontières ou en pays ennemi porteurs de congés des commandants militaires ennemis ; ceux qui, se trouvant au service militaire d'une puissance étrangère, ne l'ont pas quitté ou ne le quitteront pas pour rentrer en France aux premières hostilités survenues entre la France et la puissance qu'ils ont servie ou qu'ils servent ; ceux enfin qui, ayant pris du service militaire à l'étranger, rappelés en France, ne rentreront pas dans le cas où la guerre aurait éclaté entre les deux puissances. » Le décret du 26 août 1811 reproduit ces dispositions et ajoute : « Art. 27. Ils seront considérés comme ayant porté les armes contre nous, par cela seul qu'ils auront continué à faire partie d'un corps militaire destiné à agir contre l'empire français ou ses alliés. » Enfin, l'ordonnance du 10 avril 1823 porte : « Tout Français qui continuerait, après le commencement des hostilités, à faire partie des corps militaires destinés à agir en Espagne contre les troupes françaises ou leurs alliés, sera poursuivi conformément à l'art. 2 du décret du 6 avril 1809, à l'art. 27 du décret du 26 août 1811 et à l'art. 75 du Code pénal. » Toutes ces interprétations n'ont aucune force légale; le texte de l'art. 75 est précis et formel : le fait matériel du port d'armes contre la France est une condition essentielle de l'application de la peine, et cette condition ne peut être supprimée ni par un décret, ni par une ordonnance. Il ne suffirait pas que le Français servît dans les armées d'une nation en guerre avec la France; il ne suffirait même pas qu'il fît partie d'un corps militaire destiné à agir contre les alliés de la France; il faut qu'il ait directement porté les armes contre la France pour que l'art. 75 lui soit appliqué. Il a été fait application de cet article dans les art. 3 et 7 de la loi du 10 avril 1825, sur la piraterie.

**146.** *Intelligences avec les puissances étrangères.* Les articles 76 et suivants incriminent différents actes de trahison envers l'Etat. Les *intelligences* et *machinations* incriminées dans l'art. 76 ne sont qu'une spécification du crime de conspiration, un acte spécial et détaché, formant en lui-même un élément de ce crime principal, et qui, par le péril qu'il peut entraîner et la volonté de l'agent, constitue une menace contre l'existence de l'Etat. Les machinations ou intelligences ne sont coupables qu'autant qu'elles ont pour objet d'engager les puissances étrangères à commettre des hostilités ou de leur en procurer les moyens. Ainsi, c'est la provocation à commettre des hostilités qui est le caractère distinctif du crime. Il est indifférent que la puissance étrangère soit ennemie ou alliée de la France, pourvu que les agents qui ont servi d'intermédiaires soient avoués par cette puissance. Il importe peu également que la provocation ait été ou non suivie d'effet : c'est une dérogation à l'art. 2, qui ne punit la tentative que lorsqu'elle a été suivie d'un commencement d'exécution ; et, d'une autre part, l'identité de la peine dans l'un et l'autre cas est une autre dérogation à la règle posée par l'art. 2 de la loi du 17 mai 1819. Néanmoins, si l'auteur des machinations s'est volontairement désisté avant tout acte d'exécution et tout acte de poursuite, et s'il en apporte la preuve, il semble difficile de lui appliquer l'art. 76 (*Th. du C. pénal*, n° 424).

**147.** *Intelligences avec les ennemis de l'Etat.* Les *manœuvres* et *intelligences* dont il est question dans l'art. 77 ont le même caractère que dans l'art. 76; il faut seulement ajouter que l'art. 77 ne les incrimine que lorsqu'elles ont été pratiquées avec les *ennemis de l'Etat.* Cet article, en se servant de ce mot *ennemis*, suppose un état de guerre, non une guerre sourde ou présumée, mais une guerre ouverte et déclarée avec une autre puissance (Cass. 28 nov. 1834). Les manœuvres et intelligences avec les ennemis de l'Etat sont incriminées dans quatre hypothèses : lorsqu'elles ont pour but de faciliter l'entrée des ennemis sur le territoire; de leur livrer les places, forteresses, magasins, arsenaux ; de leur fournir des secours en soldats, hommes, argent, vivres, armes ou munitions ; enfin, de seconder les progrès de leurs armes, soit en ébranlant la fidélité des soldats, soit de toute autre manière. Dans toutes ces hypothèses, la loi exige que les actes aient été consommés ou, du moins, qu'ils se soient manifestés par un commencement d'exécution, et la seule provocation, incriminée isolément dans l'art. 76, ne suffirait pas dans l'art. 77 pour constituer le crime. Tous ces actes, s'ils étaient commis par des militaires, tomberaient sous l'application du Code de justice militaire (art. 208) : l'art. 77 ne s'applique donc qu'aux individus non militaires. Les actes incriminés ne sont pas suffisamment précisés et définis : la pensée du législateur a été d'envelopper tous les faits du même genre dans la généralité de ces expressions. Ainsi, le fait de fournir des vivres doit comprendre tous les envois de vivres quelle qu'en soit la quantité. On doit rapprocher ces dispositions de l'art. 2 de la loi du

27 juillet 1849, et de l'art. 298 du Code de justice militaire. Un décret du gouvernement de la Défense nationale, du 19 novembre 1870, qui a eu pour but de compléter cet article, porte : « Art. 1er. Lorsque des décrets et arrêtés locaux, légalement pris, auront interdit les transports de denrées ou de bestiaux sur des points occupés par l'ennemi ou dans des lieux ou des places où il se ravitaille par des agents ou par des intermédiaires, le fait d'expédier ou vendre, ou conduire, ou recevoir les denrées ou bestiaux est un délit justiciable des tribunaux correctionnels ; ce délit sera puni d'un emprisonnement d'un mois à six mois et d'une amende de 100 à 1,000 fr. — Art. 2. Les expéditeurs, vendeurs, conducteurs, destinataires, condamnés pour avoir sciemment commis le délit, ou pour y avoir sciemment coopéré, seront solidairement responsables des amendes. — Art. 3. S'il résulte, soit de l'instruction, soit des débats, des présomptions suffisantes du crime prévu par l'article 77, et si le prévenu n'établit pas l'excuse de la force majeure, il est renvoyé devant les tribunaux compétents. — Art. 4. Dans tous les cas, et quel que soit le propriétaire, la confiscation des denrées et bestiaux sera prononcée. »

**147.** *Correspondances avec les sujets d'une puissance ennemie.* L'art. 78 ne s'applique qu'aux correspondances qui, bien que criminelles, ne constituent pas le crime de trahison ; car, si elles avaient l'un des objets indiqués dans les art. 76 et 77, elles rentreraient dans les termes de ces articles. Il faut, pour constituer le crime prévu par l'art. 78, que la correspondance, animée d'une intention criminelle, ait eu un résultat matériel, celui de fournir aux ennemis des instructions nuisibles à la situation militaire ou politique de la France ; il est donc nécessaire de constater l'effet des indications fournies. La correspondance peut être incriminée lors même que les instructions nuisibles qu'elle a données ne s'appliquent qu'à la situation politique ou militaire des *alliés* de la France. Il faut entendre ici cette expression d'*alliés* dans le même sens que l'art. 79, c'est-à-dire « les alliés de la France agissant de concert avec elle dans un but commun. »

**148.** *Machinations envers les alliés.* L'art. 79 étend la protection des dispositions des art. 76 et 77 aux alliés de la France. Cet article suppose l'état de guerre de la France avec une autre nation et ses alliés combattant avec elle dans un intérêt commun. Les actes de trahison commis dans ce cas envers eux la frappent en même temps, et elle a intérêt à les réprimer. L'art. 79 n'est donc applicable qu'en cas de guerre ouverte et déclarée (Cass. 3 juin 1812 et 28 nov. 1834), et dès lors se rattache surtout à l'art. 77. Les conditions de son application sont que les machinations ou manœuvres aient eu lieu contre un allié de la France et que cet allié agisse avec elle contre l'ennemi commun.

**149.** *Révélation des secrets d'Etat.* Pour constituer le crime prévu par l'art. 80, trois éléments sont exigés : 1° que la révélation ait eu pour objet le secret d'une négociation ou d'une expédition : si le renseignement n'est pas un secret ou si ce secret s'applique à toute autre chose, ce crime tout spécial n'existe plus ; 2° que cette révélation ait été faite par une personne chargée ou instruite officiellement, à raison de son état, de ce secret : toutes autres personnes sont en dehors des termes de la loi ; 3° que la révélation ait *livré* ce secret aux agents d'une puissance étrangère ou de l'ennemi, par conséquent ait agi avec une intention frauduleuse et criminelle.

**150.** *Livraison des plans des fortifications.* L'art. 81 énonce deux conditions constitutives du crime : il est nécessaire que le fonctionnaire, agent ou préposé ait été chargé par ses fonctions du dépôt des plans ; il faut ensuite qu'il les ait livrés, c'est-à-dire frauduleusement remis à une puissance ennemie ou alliée. Si ce n'est pas le dépositaire qui a livré les plans, le fait sort des termes de l'art. 81 et se trouve compris dans l'article suivant. L'art. 82, qui prévoit la même livraison des plans par toute autre personne que les fonctionnaires, agents ou préposés chargés de leur dépôt, distingue si cette livraison a été précédée d'une soustraction par corruption, fraude ou violence, ou si ces plans se trouvaient, sans le préalable emploi de mauvaises voies, entre les mains de la personne qui les a livrés : la peine, dans le premier cas, est la déportation ; et, dans le deuxième, un emprisonnement de 2 à 5 ans. Mais, dans ce deuxième cas même, il est nécessaire de constater que l'inculpé a agi sciemment, c'est-à-dire qu'il a connu le préjudice qu'il causait à l'Etat. Les art. 81 et 82 distinguent également entre la livraison des plans faite à l'ennemi ou à une puissance neutre ou alliée: cette distinction, qu'on ne trouve pas dans l'art. 80, doit motiver des chefs différents dans les questions au jury.

**151.** *Recélé d'espions.* L'espionnage est puni de la peine de mort par l'art. 1er de la loi du 16 juin 1793, l'art. 2, titre IV, de la loi du 21 brumaire an v, et par l'art. 206 du Code de justice militaire. Il ne s'agit point, dans l'art. 83, de ce crime exclusivement militaire, mais du recélé des *espions ennemis* étrangers ou français, car la loi ne distingue pas. Les soldats ennemis *envoyés à la découverte* sont assimilés aux espions, parce que leur mission est un acte d'espionnage: c'est la réunion de cette mission et du recélé qui forme, dans ce cas, l'élément de la trahison. Il est d'ailleurs nécessaire de constater que le recélé a été commis pour favoriser l'espionnage et par une coupable connivence. Il importe peu que le prévenu ait recélé les espions dans son propre domicile ou leur ait procuré un autre asile. Mais la question au jury doit énoncer qu'il les connaissait pour espions.

**152.** *Actes hostiles envers une puissance étrangère.* Les art. 84 et 85 ne s'appliquent pas, comme les précédents, à des actes de trahison, mais seulement à des actes imprudents et téméraires qui peuvent exposer l'Etat à la guerre, et les citoyens à des représailles. La loi n'a point défini les *actions hostiles* qui peuvent avoir un pareil résultat. Il appartient à la Chambre d'accusation, avec le contrôle de la Cour de cassation, et au jury d'apprécier quels actes matériels peuvent avoir cet effet. Il ne suffirait pas, dans l'espèce de l'art. 84, que les actes hostiles eussent exposé à de simples hostilités, il faut le péril et l'alarme d'une déclaration de guerre (Cass. 28 nov. 1834). Il importe peu que les agressions soient le fait d'un agent du gouvernement ou de toute autre personne. L'art. 84, en employant le mot *quiconque*, ne laisse aucun doute sur sa généralité. (*Th. du C. pén.*, n° 436). Quant aux *actes non approuvés par le gouvernement*, qui font l'objet de l'art. 85, il faut entendre les voies de fait et les déprédations qui peuvent s'exercer aux frontières sur un territoire ami ; et par les représailles que ces actes peuvent attirer sur les Français, il faut entendre les violences que pourrait ordonner l'autorité étrangère. Au reste, ces deux articles ne s'appliquent nullement aux actes hostiles ou imprudents, aux violences ou déprédations ; ils n'ont en vue que le fait d'avoir, par ces actes, exposé l'Etat à la guerre ou les Français à des représailles. C'est la paix, ce sont les intérêts nationaux qu'ils protégent ; c'est le préjudice éventuel que ces actes peuvent produire qui est la base de la peine. (Cass. 18 juin 1821, 25 avr. 1831, 10 août 1838).

## SECT. II. — Crimes contre contre la sureté intérieure de l'état.

### § Ier. — *Du complot et de l'attentat.*

### Art. 86, 87, 88, 89, 90.

153. Définition du complot et de l'attentat.
154. De la proposition faite et non agréée de former un complot.
155. Du complot non suivi d'un acte préparatoire ou d'exécution.
156. Du complot suivi d'un acte commis ou commencé pour en préparer l'exécution.
157. La loi du 24 mai 1834 a incriminé isolément plusieurs des actes préparatoires qui suivent le complot.
158. De la résolution d'agir individuelle prévue par l'art. 90.
159. De l'attentat et de ses diverses espèces. Abrogation implicite de l'art. 86 et d'une partie de l'art. 87.
160. L'attentat qui a pour but de

**153.** La forme sociale du pays, ses lois et ses institutions doivent être à l'abri de toutes les atteintes. De là les dispositions répressives des crimes contre la sûreté intérieure de l'Etat. La loi pénale qui, en cette matière, a cru devoir redoubler ses prévoyances, a suivi les progrès de la résolution criminelle et saisi chacune des phases de l'action qu'elle prépare et qu'elle veut accomplir. Elle incrimine, en conséquence, la proposition faite et non agréée de former un complot pour détruire le gouvernement, le complot qui n'a été suivi d'aucun acte pour en préparer l'exécution, le complot suivi d'un commencement d'exécution, et enfin l'attentat qui est l'exécution même ou la tentative d'exécution du crime.

**154.** *Proposition non agréée.* La simple résolution de renverser la constitution n'entraîne aucune responsabilité tant qu'elle demeure isolée et qu'elle ne se manifeste par aucun acte extérieur. Mais lorsqu'elle se produit au dehors, l'acte qui la révèle, s'il constitue un acte préparatoire du crime ou un commencement d'exécution, est saisi par la loi pénale. Le premier acte extérieur qu'elle prévoit est la proposition faite et non agréée de former un complot (Art. 89, 4e §). La proposition dont il s'agit suppose un objet déterminé, un projet arrêté à l'avance : les propos vagues, les désirs des passions politiques, les menaces même ne suffiraient pas pour la caractériser. Elle doit être précise, formelle, directe, chercher des adhérents et des complices, contenir des plans, indiquer des moyens d'exécution. Il faut enfin, pour constituer le délit, qu'on puisse constater une proposition nettement exprimée de former un complot pour arriver aux crimes mentionnés par la loi.

**155.** *Complot.* Le complot, qui est l'objet de l'art. 89, a deux degrés, suivant qu'il est ou qu'il n'est pas suivi d'un acte commis ou commencé pour en préparer l'exécution. Le complot qui n'est suivi d'aucun acte préparatoire, existe par cela seul qu'il y a résolution d'agir, arrêtée et concertée entre plusieurs personnes. C'est une exception à l'art. 2, qui ne punit la tentative que lorsqu'elle se manifeste par un commencement d'exécution. Mais, tout en écartant ce commencement d'exécution, la loi exige plusieurs conditions pour l'existence du complot : il faut, en premier lieu, qu'il y ait résolution d'agir, c'est-à-dire volonté positive, arrêtée, d'exécuter l'attentat ; il faut ensuite que cette résolution soit concertée entre deux ou plusieurs personnes, c'est-à-dire qu'il y ait association de ces personnes pour l'exécution ; il faut enfin que ce pacte d'association soit formé en vue et pour la consommation de l'attentat.

**156.** Lorsque le complot a été suivi « d'un acte commis ou commencé pour en préparer l'exécution », il est nécessaire de distinguer les actes *préparatoires* et les actes *d'exécution.* Si l'acte commis ou commencé est un acte d'exécution, le fait n'est plus seulement un complot, il devient un attentat. Si l'acte est purement préparatoire, le complot ne change pas de caractère, mais la peine est aggravée. Les actes préparatoires sont ceux qui précèdent l'action, mais qui n'en sont pas une partie intrinsèque, actes matériels cependant, car les discours et les écrits ne suffiraient pas (Cass. 26 mars 1817), mais qui ne commencent pas l'exécution ; les actes d'exécution sont ceux dont la série et l'ensemble constituent le crime même. Ainsi, l'achat de munitions, les locations de lieux pour les déposer, la réunion des conjurés, la préparation des armes, sont des actes préparatoires, car l'action n'est pas encore commencée. Mais, si les conjurés se réunissent et se mettent en marche pour commencer une attaque, c'est là un acte d'exécution, une tentative de crime, qui, si elle n'est pas arrêtée par un désistement volontaire, est assimilée au crime (*Th. du C. pén.*, n° 455).

**157.** Le système du Code relatif aux actes préparatoires a été modifié par la loi du 24 mai 1834, qui a considéré plusieurs de ces actes, non plus comme des circonstances aggravantes du complot, mais comme des délits distincts qu'elle a incriminés à part, abstraction faite de leur relation avec un complot. D'où il suit que les mêmes faits peuvent être poursuivis comme préparatifs d'un complot et comme infractions *sui generis* à une loi de police. La loi du 24 mai 1834 incrimine successivement, comme délits distincts du complot, la fabrication, le débit, la distribution et la détention des armes prohibées (art. 1er); des poudres (art. 2); des armes de guerre, des munitions et des cartouches (art. 3). Chacun de ces faits peut être poursuivi suivant les circonstances, soit en vertu de l'art. 89, soit en vertu des art. 1, 2 et 3 de la loi. Les deux poursuites peuvent se succéder à raison du même fait. Ainsi, un dépôt d'armes, poursuivi d'abord comme acte préparatoire d'un complot, peut, à défaut de preuve, être repris comme infraction à la loi qui punit un tel dépôt.

**158.** *Résolution d'agir individuelle.* L'art. 90 incrimine la résolution d'agir individuelle quand elle se révèle par un acte préparatoire de l'exécution de l'attentat. Mais comme cet article ne s'applique qu'à la résolution ayant pour but l'un des crimes prévus par l'art. 86, et que cet art. 86 se trouve désormais sans application, il n'y a pas lieu de s'arrêter à son examen.

**159.** *Attentat.* Les art. 86 et 87, rectifiés par la loi du 10 juin 1853, énumèrent quatre espèces d'attentat : 1° contre la vie ou la personne du chef de l'État et des membres de sa famille; 2° ayant pour but de détruire ou de changer le gouvernement; 3° ayant pour but de détruire ou de changer l'ordre de successibilité au trône; 4° ayant pour but d'exciter les citoyens à s'armer contre l'autorité impériale. De ces quatre espèces d'attentats, il en est trois que les événements politiques ont effacés et qui n'ont plus aucun intérêt pratique, car nous ne croyons pas que les art. 86 et 87 puissent s'appliquer au chef du pouvoir exécutif, au président de la République, et remplir la nouvelle mission de protéger la vie et la personne de ce magistrat. Les textes de la loi se plieraient difficilement à cette application, et le droit commun suffit d'ailleurs à le sauvegarder, sans qu'il soit nécessaire d'y joindre une pénalité privilégiée.

**160.** Un cas d'attentat prévu par le Code, et qui peut s'appliquer encore, est celui qui a pour but de détruire ou de changer le gouvernement, c'est-à-dire de substituer toute autre forme de gouvernement à celui que la constitution a établi, et, par exemple, de substituer la forme monarchique à la forme républicaine. C'est à ce cas d'attentat que s'applique l'art. 88, portant que « l'exécution ou la tentative constituent seuls l'attentat ». La tentative dont il s'agit ici est celle qui est caractérisée par l'art. 2 (Cass. 13 oct. 1832). De là il suit : 1° qu'il n'y a pas crime d'attentat lorsqu'il y a eu désistement volontaire même après commencement d'exécution, puisque, aux termes de l'art. 2, il n'y a pas de tentative légale ; 2° que l'attentat n'existe qu'autant que les actes de son exécution ont été commencés ; 3° qu'enfin l'exécution, d'après l'art. 88, c'est la consommation même de l'attentat. Cette exécution suppose donc une agression violente, un acte de la force brutale, et cette attaque constitue l'attentat, lors même qu'elle n'a pas réussi, lors même qu'elle a été comprimée et que ses auteurs ont été dispersés.

**161.** *Complicité.* Lorsqu'il s'agit d'un simple complot, les agents qui y participent sont réputés non pas complices de l'un d'eux, mais coauteurs, puisque le complot n'est qu'une résolution concertée entre plusieurs. Mais, quand le complot est suivi d'un acte extérieur, il peut y avoir lieu de distinguer : les agents qui ont prêté leur assistance aux actes préparatoires avec la connaissance du complot sont réputés complices ; mais s'ils n'ont pas connu le complot, s'ils n'ont pas participé à la résolution criminelle, ils ne sont plus complices, ils ne sont responsables qu'à raison de l'acte matériel auquel ils ont coopéré. Ainsi se trouvent en dehors des poursuites les agents secondaires et inférieurs que les conjurés emploient pour préparer leur entreprise, mais sans les initier au secret de la conjuration (*Th. du C. pén.*, n° 469). Mais doivent être réputés complices ceux qui, après avoir concerté et arrêté le complot, n'ont participé à aucun des actes d'exécution, puisque le complot n'est qu'un fait préparatoire de l'attentat et que l'art. 60 range parmi les complices ceux qui ont donné des instructions pour commettre le crime et ceux qui ont assisté l'auteur dans les faits qui l'ont préparé. L'application de l'art. 60 en cette matière ne rencontre aucun obstacle dans le dernier paragraphe de cet article, qui, après avoir énuméré les faits constitutifs de la complicité, ajoute : « sans préjudice des peines qui seront spécialement portées par le présent Code contre les auteurs de complots ou de provocations attentatoires à la sûreté intérieure ou extérieure de l'Etat, même dans le cas où le crime qui était l'objet des conspirateurs ou des provocateurs n'aurait pas été commis. » Cette disposition n'a pour objet que de réserver le droit d'incriminer la seule résolution criminelle, c'est-à-dire le complot, indépendamment de son exécution.

**162.** *Loi du* 24 *mai* 1834. La preuve de l'attentat comme celle du complot est souvent difficile à édifier. La loi, en effet, caractérise l'attentat par le but qu'il veut atteindre, la destruction ou le changement de gouvernement. Les actes les plus flagrants d'insurrection ne constituent pas un attentat, si la relation entre ces actes et l'attentat, entre les moyens et le but n'est pas établie. La loi du 24 mai 1834, dont le système a déjà été exposé au sujet du complot, a eu pour objet de détacher du fait essentiellement complexe de l'attentat comme elle l'a fait pour le complot, divers actes d'exécution qu'elle incrimine séparément. Ces actes sont prévus par les art. 5, 6, 7, 8 et 9 de cette loi.

**163.** Deux règles dominent toutes les incriminations de la loi du 24 mai 1834 ; il est nécessaire que les faits, quels qu'ils soient, qu'elle prévoit, soient commis *dans un mouvement insurrectionnel ;* c'est là ce qui fait leur péril ; il est nécessaire que ces faits soient commis avec une intention coupable. C'est sous l'influence de ces deux règles qu'on doit appliquer chacune de ses dispositions. L'art. 5 punit de la détention « les individus qui, dans un mouvement insurrectionnel, auront porté soit des armes apparentes ou cachées ou des munitions, soit un uniforme ou costume ou autres insignes civils ou militaires ». Il ne suffit pas que l'accusation prouve la présence d'un individu dans le mouvement, il faut qu'elle établisse qu'il s'y trouvait avec l'intention d'y prendre part. Mais il n'est pas nécessaire que l'inculpé soit arrêté porteur d'armes au milieu de l'insurrection ; il suffit qu'il s'y soit trouvé. L'art. 5 ajoute deux circonstances aggravantes : « Si les individus porteurs d'armes apparentes ou cachées ou de munitions étaient revêtus d'un uniforme, d'un costume ou d'autres insignes civils ou militaires, ils seront punis de la déportation. Les individus qui auront fait usage de leurs armes seront punis de mort. » On ne doit considérer comme insignes que les objets qui caractérisent les autorités civile et militaire : tels seraient l'uniforme même partiel de la garde nationale et de l'armée, l'écharpe municipale, la ceinture des commissaires de police. Quant à l'usage des armes, c'est-à-dire l'usage à dessein de tuer, la loi a considéré que dans ce crime complexe, l'élément politique ne pouvait absorber l'élément commun. Ainsi, la peine de la déportation dans une enceinte fortifiée, que l'art. 87 prononce contre l'attentat, cesse d'être applicable lorsque cet attentat, quoique essentiellement politique, fait usage d'armes pour son exécution.

**164.** L'art. 6 de la même loi punit des travaux forcés à temps « les individus qui, dans un mouvement insurrectionnel, se seront emparés d'armes ou de munitions de toute espèce, soit à l'aide de violences ou de menaces, soit par le pillage des boutiques, postes, magasins, arsenaux et autres établissements publics, soit par le désarmement des agents de la force publique : chacun des coupables sera de plus condamné à une amende de 200 à 500 fr. » Il résulte de ce texte, qui suppose à côté du fait politique un fait commun, celui de vol ou de pillage, qu'il est nécessaire, pour l'existence du crime, que les inculpés se soient trouvés dans un mouvement insurrectionnel, et qu'ils se soient emparés d'armes ou de munitions par l'un de ces trois moyens, les violences ou menaces, le pillage ou le désarmement de la force publique.

**165.** Les art. 7 et 8 présentent les deux espèces d'un même acte d'exécution, l'envahissement de maisons privées ou publiques : la peine est celle des travaux forcés à temps lorsqu'une maison habitée ou servant à l'habitation a été envahie à l'aide de violences ou menaces ; elle est celle de la détention lorsque les insurgés, pour faire attaque ou résistance envers la force armée, ont envahi ou occupé des édifices, postes ou autres établissements publics, ou lorsque les maisons privées, habitées ou non habitées, auront été occupées avec le consentement des propriétaires ou locataires. Il faut distinguer dans ces deux articles trois incriminations : l'envahissement d'une maison habitée, l'envahissement d'un édifice public, et l'occupation d'une maison habitée avec le consentement du propriétaire ou locataire qui est alors réputé complice. Il a paru que, dans le premier cas, la violence personnelle aggrave et domine le fait de rébellion, mais que, dans les deux autres, où il n'y a plus lésion envers des tiers, le fait est exclusivement politique. Les éléments de ces trois incriminations ne sont pas les mêmes : la première n'existe que par les violences ou menaces qui accompagnent l'envahissement ; les autres n'exigent qu'une simple occupation, même sans violences, pour faire attaque ou résistance à la force armée. Mais, de la part des habitants, il y a complicité par le seul fait de procurer aux insurgés l'entrée de leur maison, avec la pleine connaissance de leur but.

**166.** L'art. 9 prévoit l'aide et les secours apportés aux actes d'exécution ; il frappe de la détention « les individus qui, dans un mouvement insurrectionnel, auront fait ou aidé à faire des barricades, des retranchements ou tous autres travaux ayant pour objet d'entraver ou d'arrêter l'exercice de la force publique ; ceux qui auront empêché, à l'aide de violences ou de menaces, la convocation ou la réunion de la force publique, ou qui auront provoqué ou facilité le rassemblement des insurgés, soit par la distribution d'ordres ou de proclamations, soit par le port de drapeaux ou autres signaux de ralliement, soit par tous autres moyens d'appel ; ceux qui auront brisé ou détruit un ou plusieurs télégraphes, ou qui auront envahi, à l'aide de violences ou de menaces, un ou plusieurs postes télégraphiques ou qui auront intercepté par tout autre moyen, avec violences ou menaces, les communications ou correspondances avec les divers dépositaires de l'autorité publique. » Les art. 10 et 11 ont pour objet de soumettre l'application des peines portées par la loi aux règles du droit commun, notamment à l'art. 463, et de remplacer la surveillance obligatoire et perpétuelle, édictée par l'ancien 49 du Code pénal, par une surveillance *facultative* et *limitée* à la durée de la peine prononcée par la loi.

**167.** *Provocation à l'attentat.* On doit, pour compléter cette matière, mentionner ici les lois qui ont prévu la provocation par voie de publication aux attentats qui étaient l'objet des art. 86 et 87. L'art. 1er de la loi du 9 septembre 1835 portait : « Toute provocation, par l'un des moyens énoncés en l'art. 1er de la loi du 17 mai 1819, aux crimes prévus par les art. 86 et 87 du Code pénal, soit qu'elle ait été ou non suivie d'effet, est un attentat à la sûreté de l'Etat. » Cette loi a été abrogée par le décret du 6 mars 1848. Mais elle a été partiellement reprise par l'art. 1er de la loi du 27 février 1858, qui punissait d'un emprisonnement de 2 à 5 ans et d'une amende de 500 à 10,000 fr. « tout individu qui a provoqué publiquement, d'une manière quelconque, aux crimes prévus par les art. 86 et 87, lorsque cette provocation n'a pas été suivie d'effet. » Cette nouvelle loi a été, à son tour, abrogée par le décret du 24 octobre 1870. Mais une loi du 11 août 1848 avait déjà édicté une incrimination qui ne se rattachait qu'à l'art. 87, et ainsi conçue : « Toute attaque, par l'un des moyens énoncés en l'art. 1er de la loi du 17 mai 1819, contre les droits et l'autorité de l'Assemblée nationale, contre les droits et l'autorité que les membres du Pouvoir exécutif tiennent des décrets de l'Assemblée, contre les institutions républicaines et la Constitution, contre le principe de la souveraineté du peuple et du suffrage universel, sera punie d'un emprisonnement de 3 à 5 ans et d'une amende de 100 à 5,000 fr. » Et l'art. 1er de la loi du 27 juill. 1849 disposait que « l'art. 1er du décret du 11 août 1848 est applicable aux attaques contre les droits et l'autorité que le Président de la République tient de la Constitution et aux offenses envers sa personne ». Enfin, l'article 1er de la loi du 20 décembre 1875 est venu confirmer ces dispositions en ces termes : « Toute attaque, par l'un des moyens énoncés en l'art. 1er de la loi du 17 mai 1819, soit contre les lois constitutionnelles, soit contre les droits et les pouvoirs du gouvernement de la République qu'elles ont établi, sera punie des peines édictées par l'art. 1er du décret du 11 août 1848. »

## § II. — *Crimes tendant à troubler l'Etat par la guerre civile.*

### Art. 91, 92, 93, 94, 95, 96, 97, 98, 99, 100, 101, 102, 107, 108.

aux bandes armées qui ont exécuté ou tenté l'un des crimes prévus par les art. 86, 87 et 91 (art. 97).
176. Dispositions appliquées aux bandes qui ont eu pour but les crimes par l'art. 96 (art. 98).
177. Complicité des recéleurs des bandes armées et organisées (art. 99).
178. Exemption de peine pour les individus qui se sont retirés des bandes. Caractère et conditions de cette excuse (art. 100).
179. Cette exemption ne s'applique pas aux crimes personnellement commis par les séditieux.
180. Définition des armes. Des instruments réputés armes par leur nature ou seulement par leur usage (art. 101).
181. Abrogation de l'art. 102, C. pén. Excitation aux crimes d'attentat.
182. Excuse résultant de la révélation. ditions de cette excuse.

**168.** *Complot et attentat tendant à exciter la guerre civile.* L'art. 91 prévoit une nouvelle espèce de complot et d'attentat. Ce sont les cas où ils ont pour objet soit d'exciter la guerre civile en armant ou en portant les citoyens à s'armer les uns contre les autres, soit de porter la dévastation, le massacre et le pillage dans une ou plusieurs communes. Nous n'avons plus à définir l'attentat et le complot qui conservent ici les caractères qui leur ont été imprimés dans les art. 87, 88 et 89 : il reste seulement à analyser les faits auxquels ces qualifications sont imposées. L'art. 91 réunit deux incriminations. Dans la première, il est nécessaire, pour l'existence du crime, qu'il ait eu pour but d'exciter à la guerre civile. Or, il n'y a guerre civile que lorsque les membres d'une même nation s'arment les uns contre les autres dans le but de vider leurs querelles par la force. On ne peut donc considérer comme des guerres civiles les rixes isolées, les attaques accidentelles, les séditions même, quand elles sont locales ; il faut que les citoyens soient les uns contre les autres en état de guerre, et que le motif du différend, quel qu'il soit, soit assez puissant pour en soulever un grand nombre, et que la rixe devienne une guerre. L'art. 91 porte « les citoyens ou habitants », ce qui comprend, avec les nationaux, les étrangers qui résident sur le territoire et peuvent devenir des instruments de troubles. Quant à la deuxième incrimination, il faut, pour la constituer, que l'attentat ait eu, non pour résultat, mais pour but, la dévastation, le massacre ou le pillage ; c'est la réunion de ce triple fait de guerre qui caractérise le crime. La peine est là déportation dans une enceinte fortifiée (L. 8 juin 1850).

**169.** *Levée de troupes.* L'art. 92 punit de la déportation dans une enceinte fortifiée ceux qui auront levé ou fait lever des troupes armées, engagé ou enrôlé, fait engager ou enrôler des soldats, ou leur auront fourni ou procuré des armes ou munitions, sans ordre ou autorisation du pouvoir légitime. Il s'agit, quoique l'article ne le dise pas, d'un armement dirigé contre le gouvernement et ayant pour but de troubler l'État par la guerre civile. C'est ce qui résulte de l'ensemble des textes de la section où cet article est placé. Il n'y aurait pas de crime si les troupes avaient été levées pour défendre le territoire envahi par l'ennemi ou pour soutenir le gouvernement contre une rébellion. On ne doit pas non plus confondre l'enrôlement illégal avec le crime d'embauchage puni par l'art. 2 de la loi du 4 nivôse an IV et par l'art. 208 du Code de justice militaire de 1857. L'embauchage provoque des militaires à passer à l'ennemi ou aux rebelles; l'enrôlement illicite ne s'adresse qu'à de simples citoyens, et ne prend son caractère criminel que dans le but qu'il se propose. La tentative de ce crime est punissable lorsqu'elle présente les circonstances élémentaires exigées par l'art. 2 (Cass. 16 fév. 1823).

**170.** *Commandement illégal.* L'art. 93, qui est en partie reproduit dans l'art. 228 du Code de justice militaire, prévoit trois faits distincts d'usurpation d'un commandement militaire. Il n'y a de crime, dans ces trois hypothèses, qu'autant que l'usurpation a un but criminel qui est l'usage que l'agent prétend faire du commandement usurpé. La peine de mort a été remplacée par celle de la déportation dans une enceinte fortifiée; elle a été maintenue par la loi militaire.

**171.** *Opposition à la levée des gens de guerre.* Le crime prévu par l'art. 94 se constitue par la réunion de trois circonstances; il faut: 1° que l'agent ait pu disposer de la force publique à raison de ses fonctions ou de sa qualité; 2° qu'il en ait requis ou ordonné, fait requérir ou ordonner l'action ou l'emploi ; 3° que cette action ait été dirigée contre la levée des gens de guerre légalement établie. Le 2e § prévoit une circonstance aggravante : si la réquisition a été suivie d'effet, la peine de la déportation simple est remplacée par la déportation dans une enceinte fortifiée. L'effet dont il s'agit est le fait que la force publique aurait été employée à l'exécution de l'ordre, quel que soit le résultat de cet emploi.

**172.** *Destruction par l'explosion d'une mine des édifices de l'Etat.* L'art. 95 doit être rapproché de l'art. 435 qui punit, avec les distinctions faites dans l'art. 434, ceux qui ont détruit par l'effet d'une mine des édifices, navires, bateaux, magasins et chantiers. L'art. 95, placé dans la section qui punit les faits de guerre civile, contient à la fois un crime d'incendie et un crime de trahison ; il suppose que l'explosion de la mine a lieu en présence de l'ennemi ou des rebelles ou pour les servir. Si cette intention n'a pas présidé au crime, ou si l'édifice était habité ou servait à l'habitation, il ne s'agit plus que d'un fait commun passible de l'application des art. 434 et 435. C'est précisément à raison de ce caractère politique que la peine de la déportation, dans une enceinte fortifiée, a été substituée à la peine de mort dans l'art. 95. Si l'explosion de la mine n'a pas opéré la destruction, le fait peut constituer une tentative légale.

**173.** *Bandes armées.* L'art. 96 prévoit deux faits : le fait principal de ceux qui, pour envahir les propriétés de l'Etat, pour les piller, ou pour résister à la force publique agissant contre eux, se mettent à la tête de bandes armées et y exercent une fonction et un commandement ; et le fait de complicité de ceux qui facilitent la levée et l'organisation de ces bandes et leur fournissent des armes, des munitions ou des subsistances. La première condition du crime est qu'il y ait eu une bande armée. Les bandes dont il s'agit ici diffèrent : 1° des réunions séditieuses prévues par l'art. 210, lesquelles sont fortuites et accidentelles ; 2° des bandes de malfaiteurs qui font l'objet de l'art. 265, lesquelles ont pour but des crimes contre les personnes ou les propriétés ; 3° des réunions ou bandes mentionnées en l'art. 440, lesquelles n'ont en vue qu'un seul crime, le pillage des propriétés mobilières. Ce qui caractérise les bandes dont s'occupe l'art. 96, c'est leur organisation et leur but. Cette organisation, que la loi n'a pas décrite, suppose une association préalable, une direction, des commandements, des fonctions subalternes ; elle suppose l'armement des hommes, des munitions, des convois de subsistances. Il s'agit donc d'un corps qui doit être composé d'un certain nombre d'hommes, et par analogie avec l'espèce prévue par l'art. 211, de vingt individus au moins. Au reste, ce sont là des questions de fait qu'il appartient aux juges et au jury d'apprécier. Le deuxième élément du crime est le but que les bandes poursuivent : l'envahissement des domaines, propriétés ou deniers publics, places, villes, forteresses, postes, magasins, arsenaux, ports, vaisseaux ou bâtiments appartenant à l'État, le pillage ou le partage des propriétés publiques ou nationales, ou d'une généralité de citoyens, l'attaque ou la résistance à la force publique agissant contre les auteurs de ces crimes, enfin l'exécution des crimes prévus par les art. 87 et 91. Il est nécessaire qu'il soit établi que l'un de ces crimes a été le but de l'organisation et de la prise d'armes. Mais lorsqu'une bande est constituée, il n'est pas indispensable que les crimes qui viennent d'être énumérés aient été exécutés ou même tentés : le seul fait du commandement d'une bande armée ou d'une fonction exercée dans cette bande, avec le but d'exécuter l'un de ces crimes, suffit à l'application du premier paragraphe de l'art. 96.

**174.** Le 2e § de cet article punit de la même peine (de la déportation dans une enceinte fortifiée) les complices du crime prévu par le § 1er. Cette disposition s'écarte des principes des art. 59 et 60 en trois points différents : 1° tandis que l'art. 60 ne saisit comme complices que les individus qui ont pris part aux préparatifs d'un crime commis ou tenté, l'art. 96 inculpe la seule assistance à un acte préparatoire, l'organisation des bandes, indépendamment de l'exécution et même de la tentative du crime ; 2° La complicité s'établit, non-seulement par les modes de participation énumérés par l'art. 60, mais par le seul fait d'avoir « de toute autre manière pratiqué des intelligences avec les directeurs et commandants des bandes ; » 3° enfin, la peine appliquée aux complices est, comme l'a établi en principe l'art. 59, non celle applicable à ceux qui ont fait partie des bandes, mais celle applicable à ceux qui y ont exercé un commandement ou une fonction.

**175.** L'art. 97 prévoit le cas où la bande armée s'est livrée à l'exécution ou à la tentative de l'un des crimes énoncés aux art. 86, 87 et 91 ; il applique la peine de la déportation dans une enceinte fortifiée à tous les individus sans distinction de grades qui ont fait partie de la bande et ont été saisis sur le lieu de la réunion séditieuse. Les circonstances caractéristiques du crime sont : 1° que les inculpés aient fait partie d'une bande organisée et armée suivant les termes de l'art. 96 ; 2° que cette bande ait exécuté ou tenté l'un des crimes qui y sont mentionnés ; d'où il suit que l'art. 97 punit, non plus l'acte préparatoire de l'organisation de la bande, mais l'exécution ou le commencement d'exécution de ces crimes ; 3° enfin qu'ils aient été saisis armés ou non armés sur le lieu même de la réunion séditieuse, après avoir été mis à même par un avertissement préalable de profiter du bénéfice de l'art 100. Ces trois conditions, indispensables à l'application de l'art. 97, doivent être spécifiées dans les arrêts de mise en accusation et les questions au jury. Cependant la circonstance de l'arrestation sur le lieu n'est pas exigée à l'égard de « quiconque aura dirigé la sédition, ou aura exercé dans la bande un emploi ou commandement quelconque » (Cass. 9 fév. et 31 août 1832).

**176.** L'art. 98 punit de la déportation simple les individus qui, sans exercer aucun commandement ni emploi, ont fait partie des bandes armées qui font l'objet de l'art. 96 et ont été saisis sur les lieux. L'application de cet article exige : 1° que les inculpés aient fait partie d'une bande armée et organisée comme l'a prévu l'art. 96 ; 2° que cette bande ait eu pour but, non les crimes prévus par les art. 86, 81 et 91, mais ceux prévus par l'art. 96 ; 3° enfin que, de même que dans l'art. 97, ils aient été saisis sur les lieux (Cass. 29 mars 1833). En ce qui concerne le crime qui est le but de la bande, il a été reconnu qu'il existe une corrélation nécessaire entre l'art. 98 et les articles qui le précèdent, et par suite que dans une accusation basée sur les art. 87 et 91, une question relative au crime prévu par l'art. 98 peut régulièrement être posée (Cass. 20 janv. 1832).

**177.** L'art. 99, comme les art. 61 et 268, prévoit un fait de complicité par recélé ; ce fait résulte des lieux de retraite ou de réunion fournis aux bandes. Il est nécessaire, pour que cette complicité soit établie, que les bandes aient été organisées suivant les prévisions de l'art 96, que les inculpés aient connu le but et le caractère de ces bandes, et qu'ils leur aient volontairement et sans contrainte fourni des logements, lieux de retraite ou de réunion. L'article n'énonce pas, comme l'art. 61, la circonstance d'un recélé habituel; mais il paraît difficile d'admettre, quand on considère la peine qui est celle des travaux forcés à temps, et les termes de l'incrimination qui suppose plusieurs actes de recélé, qu'un seul fait accidentel suffise pour constituer le crime (*Th. du C. pén.*, n° 506).

**178.** L'exemption de peine prononcée par l'art. 100 a les caractères et les effets d'une excuse. Le fait prévu par cet article n'exclut pas la criminalité, il l'atténue et réduit les peines à ses moindres termes, à la surveillance. De là il suit, d'abord, que l'existence du fait qui motive l'exemption ne s'oppose nullement à la mise en accusation, ensuite que ce fait peut être proposé comme excuse à la Cour d'assises par l'accusé des crimes prévus par les art. 97 et 98 (Cass. 2 mai et 5 oct. 1833, 15 nov. 1855). L'exemption est limitée à « ceux qui, ayant fait partie de ces bandes, n'y ont exercé aucun commandement et rempli aucun emploi ni fonctions. » Ainsi point d'excuse pour ceux qui ont rempli dans les bandes un emploi quelconque. Les conditions de l'exemption sont : 1° que les individus faisant partie de la bande se soient retirés au *premier avertissement* des autorités civiles ou militaires, *ou même depuis* ; cet avertissement doit être la sommation prescrite par les lois des 10 avril 1831 et 9 juin 1848 ; il suffit que la retraite soit volontaire : si elle n'a lieu qu'après la dispersion de la bande par la force, l'excuse ne pourrait plus être invoquée ; 2° que les rebelles aient été « saisis hors des lieux de la réunion séditieuse, sans opposer de résistance et sans armes ». Il faut entendre ces derniers mots en ce sens : « sans armes employées à faire résistance, » car peu importe qu'ils aient gardé leurs armes, s'ils n'en font pas usage (Cass. 9 fév. 1832).

**179.** L'exemption pénale ne s'applique qu'au fait de la sédition : Le 2e § de l'art. 100 porte que les rebelles seront dans tous les cas punis « des crimes particuliers qu'ils auraient personnellement commis ». Ces crimes sont ceux mêmes commis par la bande, auxquels il serait établi qu'ils ont personnellement coopéré. Il a même été décidé que l'art. 100 cesse d'être applicable toutes les fois que la bande a eu pour objet les crimes prévus par les art. 86, 87 et 91, et toutes les fois que l'un de ses membres s'est rendu personnellement coupable de l'un des faits prévus par la loi du 24 mai 1834 (Cass. 15 nov. 1855). On peut admettre que l'art. 100 a eu principalement en vue les individus qui ont fait partie des bandes incriminées par les art. 97 et 98 ; mais il résulte en même temps de cet article et de l'art. 213 une règle générale qu'il paraît difficile d'écarter lorsqu'on fait application de la loi du 24 mai 1834 (*Th. du C. pén.*, n. 505).

**180.** *Définition des armes.* L'art. 101, quoiqu'il semble se référer aux seuls crimes politiques, pose une règle qui est considérée comme générale et dont l'application s'étend à toute la législation. Il définit d'abord les armes ; il attribue ce caractère à « toutes machines, tous instruments ou ustensiles tranchants, perçants ou contondants ». Il restreint ensuite cette définition en ce qui concerne les couteaux, ciseaux de poche et cannes simples, et ne les considère comme armes « qu'autant qu'il en aura été fait usage pour tuer, blesser ou frapper ». La seule possession des armes de la première espèce, concomitante avec le délit, peut en constituer une circonstance aggravante ; les autres, étant d'un usage journalier, ne sont réputées armes qu'à raison de l'emploi qui en est fait. La même qualification s'appliquerait aux autres objets qui seraient également employés comme armes. La question s'est élevée en ce qui concerne les bâtons et les pierres. Les cannes ordinaires ne sont considérées comme des armes que lorsqu'on s'en est servi pour frapper ; mais il a été jugé « qu'un énorme bâton étant une arme qui peut donner la mort, doit être réputé arme » (Cass. 13 août 1807, 7 oct. 1808); « qu'un gros bâton, étant un instrument contondant, doit être réputé arme » (Cass. 3 oct. 1817); enfin, « que les bâtons sont compris dans le mot *armes* dans l'art. 101 » (Cass. 16 fév. 1832). Quant aux pierres, elles ont été considérées comme des instruments contondants et assimilées aux armes ; et il a été décidé en conséquence « que leur jet contre la force publique constitue une rébellion armée » (Cass. 30 nov. 1810, 9 avr. 1812, 30 avr. 1824, 20 oct. 1831). Il faut toutefois prendre garde que les objets qui peuvent devenir accidentellement des armes ne prennent ce caractère que lorsqu'il en a été fait usage « pour tuer, blesser ou frapper ». Il ne suffirait pas de constater que le prévenu *s'en est servi* (*Th. du C. pén.*, n° 513).

**181**. L'art. 102, qui punissait comme complices ceux qui avaient excité les citoyens à commettre les crimes mentionnés dans la présente section, a été abrogé par l'art. 26 de la loi du 17 mai 1819, et remplacé par les dispositions plus générales des art. 1 et 2 de cette loi.

**182.** *Excuse de la révélation.* Les art. 103, 104, 105, 106 et 107, qui punissaient la non-révélation des crimes contre la sûreté de l'Etat, ont été abrogés par l'art. 12 de la loi du 28 avril 1832, mais l'art. 108, qui se borne à exempter de la peine ceux qui, avant toutes poursuites, ont donné avis des complots, a été maintenu. Cet article constitue une excuse légale en faveur : 1° des coupables de crimes attentatoires à la sûreté intérieure ou extérieure de l'Etat, qui, avant toute exécution ou tentative de ces crimes, et avant toutes poursuites commencées, auront les premiers donné connaissance aux autorités de ces crimes et de leurs auteurs ; 2° des mêmes individus qui, même depuis les poursuites commencées, auront procuré l'arrestation desdits auteurs ou complices. L'accusé a le droit de provoquer la position d'une question sur l'un ou l'autre de ces deux faits d'excuse, et il n'appartient qu'au jury d'en apprécier l'existence (Cass. 20 avril 1819, 17 oct. 1820). L'accusé qui se trouve déjà en état d'arrestation, ne peut invoquer le bénéfice de la première hypothèse, puisque sa révélation n'a pas précédé les poursuites, et il ne suffit pas, pour être placé dans la seconde, qu'il ait indiqué les auteurs ou complices ; il faut qu'il ait procuré l'arrestation de quelques-uns ou au moins d'un de ces auteurs ou complices.

---

## CHAP. II. — Crimes et délits contre la constitution.

### SECT. Ire. — Crimes et délits relatifs a l'exercice des droits civiques.

### Art. 109, 110, 111, 112, 113.

183. Répression des actes qui peuvent entraver la liberté des élections. Lois des 15 mars 1849 et 2 fév. 1852.
184. Empêchements à l'exercice des droits civiques (art. 109 et 110).
185. Dispositions complémentaires des art. 109 et 110. Art. 41, 42, 43 et 44 du décret du 2 fév. 1852.
186. Falsification des scrutins ; additions ou soustraction des bulletins de vote (art. 111 et 112, C. pén., 35 et 36 du décret du 2 fév. 1852).

187. Tous les faits frauduleux ayant pour résultat d'altérer la sincérité des élections rentrent dans les termes de la loi, bien qu'ils n'y soient pas littéralement énoncés.
188. Achat ou vente de suffrages (art. 113, C. pén., art. 38 du décret du 2 fév. 1852).
189. Actes d'inscription illégale sur les listes, de vote illégal, d'intimidation envers les électeurs et d'entraves violentes aux opérations électorales (D. 2 fév. 1852).

**183.** Les droits civiques ou politiques que les citoyens exercent en vertu de la souveraineté nationale doivent être protégés dans leur liberté : tout acte qui tend à enchaîner ou détruire cette liberté est un acte d'oppression contre la nation elle-même. La loi pénale doit réprimer cet attentat ; tel a été l'objet des art. 111 et suiv. de notre Code ; mais ces articles très-incomplets et très-imprévoyants n'avaient apporté qu'une répression insuffisante de tous les actes qui peuvent compromettre la liberté des élections. Ces lacunes ont été remplies par les art. 98 et suiv. de la loi du 15 mars 1849. Cette loi a été remplacée par le décret du 2 février 1852, dont les art. 31 et suiv. ont reproduit les dispositions pénales. Un décret du 6 octobre 1870 avait abrogé ce décret, mais cette abrogation n'ayant pas été légalement promulguée, il a été reconnu que le décret du 2 février 1852 était encore applicable (Cass. 1er sept. 1871), et cette interprétation se trouve implicitement confirmée par l'art. 22 de la loi du 30 novembre 1875 sur l'élection des députés, lequel maintient les lois et décrets sur cette matière, auxquels il n'est pas dérogé.

**184.** *Empêchement à l'exercice des droits civiques.* L'art. 109 prévoit l'empêchement apporté au vote des citoyens par attroupement, voies de faits ou menaces. Le délit n'existe qu'autant qu'un ou plusieurs citoyens ont été empêchés d'exercer leurs droits civiques, et que cet empêchement a été produit par un attroupement, des voies de fait ou des menaces. La simple tentative ne rentre pas dans les termes de l'art. 109 ; il faut que les citoyens aient été empêchés et qu'ils l'aient été par l'un des moyens indiqués. L'art. 110 ajoute une circonstance aggravante : c'est l'existence d'un plan concerté pour réaliser l'empêchement; ce concert préalable, cette préméditation imprime au fait le caractère de crime. C'est le même acte qui est qualifié délit ou crime suivant qu'il est le résultat d'un mouvement spontané ou d'une sorte de complot entre plusieurs personnes.

**185.** Ces deux articles ont été complétés par les art. 108, 109, 110 et 111 de la loi du 15 mars 1849, reproduits par les art. 41, 42, 43 et 44 du décret du 2 février 1852.— « Art. 41. Lorsque par attroupement, clameurs ou démonstrations menaçantes on aura troublé les opérations d'un collége électoral, porté atteinte à l'exercice du droit électoral ou à la liberté du vote, les coupables seront punis d'un emprisonnement de 3 mois à 2 ans et d'une amende de 100 à 2,000 fr. Art. 42. Toute irruption dans un collége électoral, commencée ou tentée avec violence, en vue d'empêcher un choix, sera punie d'un emprisonnement de 1 à 5 ans et d'une amende de 1,000 à 5,000 fr. Art. 43. Si les coupables étaient porteurs d'armes ou si le scrutin a été violé, la peine sera la reclusion. Art. 44. Elle sera des travaux forcés à temps si le crime a été commis par suite d'un plan concerté pour être exécuté soit dans toute la République, soit dans un ou plusieurs départements, soit dans un ou plusieurs arrondissements. » — Il a été jugé, sous l'empire du Code pénal, « que des prévenus qui ont contraint par violence le maire à livrer la clef du scrutin électoral, qui ont brisé les scellés et brûlé les bulletins restants et les feuilles de dépouillement des bulletins recensés, se sont rendus passibles des peines prononcées par l'art. 109, parce qu'ils ont, en annulant un scrutin, empêché l'élection, et conséquemment empêché les citoyens d'exercer leurs droits civiques. » (Cass. 18 juin 1840). Ce fait rentrerait aujourd'hui dans les termes des art. 108 et 109 de la loi du 15 mars 1849, et 41 et 42 du décret du 2 février 1852.

**186.** *Falsification des bulletins de vote.* Les art. 111 et 112 de notre Code ont pour objet les falsifications, additions ou soustractions de bulletins de vote dans un scrutin. Si cette fraude est commise par l'une des personnes chargées de dépouiller le scrutin, le fait est qualifié crime et puni de la dégradation civique; commis par toute autre personne, il est qualifié délit et puni d'un emprisonnement de 6 mois à 2 ans, et de l'interdiction des droits de vote et d'éligibilité pendant 5 à 10 ans. Ces deux articles ont été complétés par les art. 102 et 103 de la loi du 15 mars 1849, reproduits par les art. 35 et 36 du décret du 2 février 1852, ainsi conçus : — « Art. 35. Quiconque étant chargé, dans un scrutin, de recevoir, compter ou dépouiller les bulletins contenant les suffrages des citoyens, aura soustrait, altéré ou ajouté des bulletins, ou lu un nom autre que celui inscrit, sera puni d'un emprisonnement de 1 an à 5 ans et d'une amende de 500 à 5,000 fr. Art. 36. La même peine sera appliquée à tout individu qui, chargé par un électeur d'écrire son suffrage, aura inscrit sur le bulletin un nom autre que celui qui lui était désigné. » — L'art. 111 exigeait pour son application que le coupable eût été « surpris falsifiant des billets ou en soustrayant de la masse, ou y en ajoutant », c'est-à-dire qu'il y eût flagrant délit. Cette exception au droit commun n'a pas été reproduite par les lois nouvelles.

**187.** La fraude prévue par l'art. 111 du Code pénal, l'art. 102 de la loi du 15 mars 1849 et l'art. 35 du décret du 2 février 1852, comprend tous les faits, même non énoncés dans ces articles, qui ont pour objet de la réaliser. Ainsi, le fait d'ajouter, sur une feuille employée au recensement des votes, un nombre de suffrages non exprimés, de manière à élever les votes obtenus par un candidat à un chiffre supérieur à celui qui lui appartient, est un acte équivalent à celui que produirait l'addition de bulletins fabriqués ; c'est réaliser également la fraude en augmentant le nombre des bulletins par les chiffres qui les représentent (Cass. 15 juin 1848). On aurait pu également considérer ce fait comme une falsification d'écriture destinée à constater un fait. Les mêmes articles s'appliqueraient encore à l'admission faite sciemment d'électeurs rayés de la liste : l'admission de ces faux électeurs a pour résultat l'addition de leurs bulletins au scrutin et par conséquent l'altération de la sincérité de l'opération ; c'est la fraude constitutive du délit (Cass. 22 déc. 1871).

**188.** *Achat ou vente de suffrages.* L'art. 113 punit « tout citoyen qui aura, dans une élection, acheté ou vendu un suffrage à un prix quelconque. » Cette disposition, qui n'appliquait à un fait aussi grave qu'une amende et l'interdiction des droits civiques, a été complétée ou plutôt remplacée par l'art. 105 de la loi du 15 mars 1849 et l'art. 38 du décret du 2 février 1852, ainsi conçu : « Quiconque aura donné, promis ou reçu des deniers, effets ou valeurs quelconques, sous les conditions soit de donner ou de procurer un suffrage, soit de s'abstenir de voter, sera puni d'un emprisonnement de 3 mois à 2 ans et d'une amende de 500 à 5,000 fr. Seront punis des mêmes peines ceux qui, sous les mêmes conditions, auront fait ou accepté l'offre ou la promesse d'emplois publics ou privés. Si le coupable est fonctionnaire public, la peine sera du double. » La condition du délit est que l'électeur ait fait trafic de son droit de suffrage.

**189.** La loi du 15 mars 1849 et le décret du 2 février 1852 ont en outre prévu plusieurs faits de fraude ou de violence que notre Code avait complétement omis : 1° les inscriptions illégales sur les listes électorales ; les art. 31, 32, 33 et 34 du décret sont ainsi conçus : — « Art. 31. Toute personne qui se sera fait inscrire sur la liste électorale sous de faux noms ou de fausses qualités, ou aura, en se faisant inscrire, dissimulé une incapacité prévue par la loi, ou aura réclamé et obtenu une inscription sur deux ou plusieurs listes, sera punie d'un emprisonnement d'un mois à un an et d'une amende de 100 à 1,000 fr. — Art. 32. Celui qui, déchu du droit de voter, soit par suite d'une condamnation judiciaire, soit par suite d'une faillite non suivie de réhabilitation, aura voté, soit en vertu d'une inscription sur les listes antérieures à sa déchéance, soit en vertu d'une inscription postérieure, mais opérée sans sa participation, sera puni d'un emprisonnement de 15 jours à 3 mois et d'une amende de 20 à 500 fr. — Art. 33. Quiconque aura voté dans une assemblée électorale, soit en vertu d'une inscription obtenue dans les deux premiers cas prévus par l'art. 31, soit en prenant faussement les noms et qualités d'un électeur inscrit, sera puni d'un emprisonnement de 6 mois à 2 ans et d'une amende de 200 à 2,000 fr. — Art. 34. Sera puni de la même peine tout citoyen qui aura profité d'une inscription multiple pour voter plus d'une fois. » 2° Les actes d'intimidation sur les électeurs; les art. 37, 39 et 40 portent : « Art. 37. L'entrée dans l'assemblée électorale avec armes apparentes est interdite. En cas d'infraction, le contrevenant sera puni d'une amende de 16 à 100 fr. La peine sera d'un emprisonnement de 15 jours à 3 mois et d'une amende de 50 à 300 fr., si les armes étaient cachées. — Art. 39. Ceux qui, par voies de fait, violences ou menaces contre un électeur, soit en lui faisant craindre de perdre son emploi ou d'exposer à un dommage sa personne, sa famille ou sa fortune, l'auront déterminé à s'abstenir de voter, ou auront influencé un vote, seront punis d'un emprisonnement d'un mois à un an et d'une amende de 100 à 1,000 fr. La peine sera du double si le coupable est fonctionnaire public. — Art. 40. Ceux qui, à l'aide de fausses nouvelles, bruits calomnieux ou autres manœuvres frauduleuses, auront surpris ou détourné des suffrages, déterminé un ou plusieurs électeurs à s'abstenir de voter, seront punis d'un emprisonnement d'un mois à un an et d'une amende de 100 à 2,000 fr. » 3° Les actes de violence tendant à entraver ou violer les scrutins ; les art. 45, 46 et 47 sont ainsi conçus : « Art. 45. Les membres d'un collége électoral qui, pendant la réunion, se seront rendus coupables d'outrages ou de violences, soit envers le bureau, soit envers un de ses membres, ou qui, par voies de fait ou menaces, auront retardé ou empêché les opérations électorales, seront punis d'un emprisonnement d'un mois à un an et d'une amende de 100 à 2,000 fr. Si le scrutin a été violé, l'emprisonnement sera de 1 an à 5 ans et l'amende de 1,000 à 5,000 fr. — Art. 46. L'enlèvement de l'urne contenant les suffrages émis et non encore dépouillés sera puni d'un emprisonnement de 1 an à 5 ans et d'une amende de 1,000 à 5,000 fr. Si cet enlèvement a été effectué en réunion ou avec violences, la peine sera la reclusion. — Art. 47. La violation du scrutin faite, soit par les membres du bureau, soit par les agents de l'autorité préposés à la garde des bulletins non encore dépouillés, sera punie de la reclusion. » Les art. 48 et 49 du décret prescrivent l'application de l'art. 365 du Code d'instruction criminelle et de l'art. 463 du Code penal, aux crimes et délits qui y sont énoncés. L'art. 50 réduit à trois mois le délai de la prescription de l'action publique et de l'action civile, à partir du jour de la proclamation du résultat de l'élection.

### SECT. II. — Attentats a la liberté.

## Art. 114, 115, 116, 117, 118, 119, 120, 121 et 122.

190. Toute arrestation ne peut être opérée que suivant les règles prescrites par la loi.
191. Droit d'arrestation conféré aux juges d'instruction, aux officiers du ministère public et de police judiciaire. Droit des préfets.
192. L'autorité administrative ne peu ordonner aucune arrestation. Exceptions à cette règle.
193. Quels sont les agents qui peuvent être chargés d'opérer une arrestation. Cas de flagrant délit.
194. Dans quels cas l'arrestation est réputée arbitraire et peut constituer un délit.
195. De l'excuse fondée sur l'ordre du supérieur. Conditions et effets de cette excuse.
196. Du cas où l'attentat est l'exécution de l'ordre d'un ministre. Fait justificatif résultant de ce que la signature aurait été surprise.
197. Dommages-intérêts résultant de l'attentat. Comment ils sont évalués.
198. Obligation pour les officiers publics de donner suite aux dénonciations des détentions illégales.
199. Délits du gardien qui reçoit un détenu sans mandat ni jugement, et qui refuse, soit de représenter un détenu, soit d'exhiber ses registres.
200. Délit de détention hors des lieux affectés à la garde des détenus.
201. Délit de poursuite et d'arrestation sans autorisation, hors le cas de flagrant délit, des ministres, sénateurs, députés et membres du Conseil d'Etat.

**190.** *Droit d'arrestation.* La déclaration des droits du 3 sept. 1791 proclame que « personne ne peut être arrêté que dans les cas prévus par la loi et dans la forme qu'elle a prescrite ». Toute arrestation en dehors des cas prévus par la loi et sous les formes qu'elle a prescrites, est un attentat à la liberté. Cet attentat peut exister lorsqu'un fonctionnaire ordonne une arrestation sans en avoir le droit, lorsque, bien qu'investi du droit d'arrestation, il l'exerce en dehors des limites légales ; enfin, lorsque des agents de la force publique ou des officiers de justice effectuent une arrestation sans en avoir le pouvoir ou sans être munis d'un ordre légal. Il y a lieu de remarquer qu'il ne s'agit ici que des attentats à la liberté par abus d'autorité ; les attentats de cette nature commis par des particuliers sont prévus par les art. 341 et suiv. du C. pén. Mais, parmi ces abus d'autorité, la difficulté est de désigner ceux qui sont passibles de l'application de l'art. 114.

**191.** Les fonctionnaires qui sont investis du droit d'ordonner une arrestation sont, avec une mesure très-inégale de pouvoir, les juges d'instruction, les procureurs de la République, les juges de paix, les officiers de gendarmerie, les maires, les commissaires de police et les préfets. Les juges d'instruction ont le droit d'ordonner l'arrestation des inculpés de crimes ou de délits graves, contre lesquels il existe des indices suffisants de culpabilité. Les procureurs de la République ne peuvent l'ordonner que dans trois cas : 1° dans le cas de flagrant délit, lorsque le fait est de nature à entraîner une peine afflictive ou infamante (C. d'inst. cr., 40) ; 2° dans le cas de crime ou délit, même non flagrant, commis dans l'intérieur d'une maison, lorsqu'il y a réquisition du chef de cette maison (C. inst. cr., 46) ; 3° dans le cas où l'inculpé, arrêté en flagrant délit pour un fait puni de peines correctionnelles, doit être traduit sur le champ à l'audience (L. 20 mai 1863, art. 1er). Les juges de paix, les officiers de gendarmerie, les maires et leurs adjoints et les commissaires de police ne peuvent ordonner l'arrestation des inculpés que dans les deux cas prévus par les art. 40 et 46 du C. d'inst. cr. Enfin, on peut induire de l'art. 10 du même Code, que le préfet de police à Paris et les préfets dans les départements ont la faculté d'ordonner la même mesure à l'égard des inculpés de crimes flagrants qui intéressent la sûreté publique et qu'il est urgent de saisir (*Th. du C. pén.*, n° 533, et *Tr. de l'inst. cr.*, n° 1202).

**192.** Le droit d'ordonner une arrestation est encore exercé dans quelques cas par des fonctionnaires de l'ordre administratif. La règle générale est que l'autorité administrative n'a aucun droit sur la liberté des citoyens : ce droit n'appartient qu'à l'autorité judiciaire, dans les cas et suivant les limites fixées par la loi. C'est par suite de cette règle que l'art. 609, C. instr. crim., déclare que « nul gardien ne pourra, à peine d'être poursuivi et puni comme coupable de détention arbitraire, recevoir ni retenir aucune personne qu'en vertu, soit d'un mandat de dépôt, soit d'un mandat d'arrêt décerné selon les formes prescrites par la loi, soit d'un arrêt de renvoi devant une Cour d'assises, d'un décret d'accusation ou d'un arrêt ou jugement de condamnation à une peine afflictive, ou à l'emprisonnement. » Il résulte de ce texte qu'une détention en vertu d'un ordre administratif serait une détention arbitraire. Cependant, l'art. 120 du C. pén., qui apporte une sanction à l'art. 609, y fait en même temps une addition, en autorisant les gardiens à recevoir des prisonniers avec « ordre provisoire du gouvernement. » Le gouvernement était, en effet, investi, à l'époque de la rédaction du Code, d'un droit d'arrestation par mesure de police (L. 22 frim. an VIII, 46 ; S.C., 28 flor. an XII, 60 ; déc. 3 mars 1810, 29 mars 1815, 26 mars 1820) qui n'existe plus aujourd'hui. Cette faculté avait été continuée à l'égard des condamnés à la surveillance par l'art. 45 du C. pén. et le décret du 8 déc. 1851. Ces deux dispositions ont été abrogées par la loi du 28 avril 1832 et le décret du 24 octobre 1870. L'autorité administrative peut faire arrêter les condamnés évadés, les déserteurs, les mendiants ; mais l'arrestation des évadés et des déserteurs n'est que l'exécution d'un jugement ou d'un cas de flagrant délit, et celle des mendiants n'est que la conduite d'un inculpé de délit devant le tribunal ou dans la maison qui lui a été assignée par le jugement. L'autorité administrative peut encore mettre en arrestation, s'il y a lieu, c'est-à-dire si l'intérêt de la sûreté publique l'exige, les individus qui voyagent sans passe-port (L. 10 vendém. an IV, 9 et 10 ; av. Cons. d'Etat, 14 août 1823; déc. 3 mars 1854, 271) et les étrangers voyageant dans l'intérieur de la France (L. 28 vendém. an VI, 8 ; C. 1er mai 1834, 2; 3 déc. 1849).

**193.** Lorsqu'une arrestation a été légalement ordonnée, les agents publics qui ont le droit de l'opérer sont les huissiers, les gendarmes, les gardes champêtres et forestiers, enfin, dans quelques cas spéciaux, les officiers de paix. Les huissiers et les gendarmes sont chargés de l'exécution des ordonnances de justice; ils effectuent les arrestations dans les cas où elles sont autorisées par la loi et suivant les formes prescrites. Leur responsabilité se borne à n'agir que sur les réquisitions d'une autorité compétente, et en vertu d'un mandat ou d'un jugement régulier. Les gardes forestiers et champêtres peuvent concourir à ce service. Lorsqu'aucune réquisition légale n'a été faite, il n'est permis, soit aux gendarmes, soit aux gardes forestiers et champêtres d'arrêter un citoyen que s'il est surpris en flagrant délit ou dénoncé par la clameur publique, à raison d'un fait passible de l'emprisonnement ou d'une peine plus grave (C. d'inst. cr., 16; déc. 1er mars 1854, 271 ; L. 20 mai 1863, 1). Le droit d'arrestation peut même, dans ce dernier cas, être exercé par les simples particuliers (C. inst. cr. 106), mais avec cette restriction qu'ils ne peuvent, comme les agents de la force publique, requérir assistance. L'art. 3 de la loi du 23 flor. an IV confère aux officiers de paix institués à Paris le droit « d'arrêter les délinquants », d'où l'on a induit celui d'exécuter les mandats et jugements. Ce droit n'appartient nullement d'ailleurs aux agents de police.

**194.** De ce qui précède il résulte que, lorsqu'une arrestation est opérée, soit sur l'ordre d'un officier incompétent, soit hors des cas déterminés par la loi, soit sans le concours des formes légales, cet acte arbitraire peut rentrer dans les termes de l'art. 114. Il faut toutefois qu'il soit accompagné d'une intention dolosive ou oppressive qui caractérise le crime, et l'on ne doit pas confondre l'abus qu'un magistrat peut faire d'un pouvoir régulier avec l'irrégularité d'une arrestation : l'acte arbitraire suppose un défaut de pouvoir ou un pouvoir exercé en dehors de ses limites légales. On doit ranger parmi les faits prévus par l'art. 114 tout acte arbitraire ou inconstitutionnel portant préjudice à un tiers, et tout empêchement apporté, d'une manière quelconque, par un fonctionnaire public ou un préposé, à l'exercice des droits civiques d'un citoyen. (*Th. du C. pén.* nº 540).

**195.** Le 2e paragraphe de l'art. 114 pose un cas d'excuse en faveur du fonctionnaire coupable d'un acte arbitraire : cette excuse ou plutôt cette cause de justification est l'ordre d'un supérieur. Il est poursuivi dans tous les cas, mais il est exempt de toute peine s'il rapporte l'ordre en vertu duquel il a agi. Il faut que cet ordre émane de ses supérieurs, auxquels il devait obéissance hiérarchique, et qu'il se rattache à ses fonctions légales. Ainsi l'agent n'est point excusé lorsque l'acte ne rentre pas dans les attributions du supérieur ou lorsque celui-ci n'a pas une autorité hiérarchique et directe sur l'agent. Tel serait l'ordre d'arrestation donné à un commissaire de police soit par un sous-préfet, soit par un commandant militaire. L'ordre doit précéder l'acte : une approbation ultérieure ne suffirait pas.

**196.** Les attentats prévus par l'art. 114 peuvent n'être que l'exécution de l'ordre d'un ministre ; les art. 115, 116 et 118 déterminent la poursuite dont le ministre devient passible. Les art. 63 et 67 du Sén.-Cons. du 28 flor. an XII, rappelés par l'art. 115, supposaient l'institution, aujourd'hui abolie, d'une commission sénatoriale de la liberté individuelle ; la désobéissance aux invitations émanées du Sénat a donc cessé d'être un élément du crime ; il suffirait maintenant, l'acte arbitraire dûment constaté, que le ministre saisi d'une réclamation ait refusé d'y faire droit, pour que l'art. 115 devienne applicable. L'art. 116 introduit un fait d'excuse que peuvent invoquer non-seulement les ministres, mais tous les fonctionnaires inculpés, c'est que la signature à eux imputée leur aurait été surprise. L'art. 118 prévoit un crime spécial, le cas où l'acte arbitraire est commis à l'aide de la fausse signature du ministre ou d'un fonctionnaire public; ce crime n'existe qu'autant que les prévenus ont contrefait ou falsifié la signature du fonctionnaire public ou qu'ils en ont fait sciemment usage, et qu'à l'aide de cette fausse signature ils ont procédé à un acte contraire à la constitution, ce qui comprend les divers attentats prévus par l'art. 114. L'art. 118 s'applique à tous les auteurs, ou fonctionnaires ou simples particuliers, et la pénalité spéciale qu'il a édictée s'oppose à ce que sa disposition puisse se combiner avec l'art. 198.

**197.** *Dommages-intérêts.* L'art. 117 a pour objet de régler les dommages-intérêts qui peuvent être accordés aux victimes des actes arbitraires. Ces dommages-intérêts sont arbitrés « eu égard aux personnes, aux circonstances et au préjudice souffert, sans qu'en aucun cas, et quel que soit l'individu lésé, ils puissent être au-dessus de 25 fr. pour chaque jour de détention arbitraire et pour chaque individu. » Ces dommages-intérêts n'ont d'autre base que l'acte arbitraire, et ne peuvent être appréciés que par la Cour d'assises, puisque la matière est criminelle, à moins que l'action ne soit intentée par la voie civile.

**198.** *Dénonciation d'une détention illégale.* L'art. 119 punit de la dégradation civique et de dommages-intérêts fixés suivant la règle établie dans l'art. 117 : « les fonctionnaires de la police administrative ou judiciaire qui auront refusé ou négligé de déférer à une réclamation légale, tendant à constater les détentions illégales et arbitraires, soit dans les maisons destinées à la garde des détenus, soit partout ailleurs, et qui ne justifieraient pas les avoir dénoncées à l'autorité supérieure ». Ainsi cet article ne punit pas le refus ou la négligence de constater une détention illégale et de la dénoncer : les fonctionnaires auxquels incombe cette obligation limitée ne sont pas tenus de la faire cesser : l'incrimination s'arrête à la seule abstention de l'officier. Les art. 615 et 616 du C. d'inst. cr. qui prescrivent aux juges d'instruction, juges de paix et officiers du ministère public, de faire mettre en liberté les personnes illégalement détenues, ne s'appliquent qu'aux détentions dans des maisons non destinées à la garde des détenus. L'art. 119 exige, pour la mise en demeure du fonctionnaire, qu'il y ait une réclamation légale ; il suffit, pour avoir ce caractère, qu'une réclamation dénonçant l'acte arbitraire soit parvenue à la connaissance de l'officier public. Quant à l'autorité supérieure, à laquelle la dénonciation doit être faite, elle doit la transmettre au magistrat compétent pour l'apprécier ; mais le premier officier saisi de la réclamation est seul responsable.

**199.** *Violation des formes légales.* L'art. 120 prévoit trois faits distincts : la détention d'un individu sans mandat ou jugement, le refus du gardien de représenter un détenu à l'officier de police, le refus d'exhiber les registres de la prison. La première de ces dispositions se rapporte, comme on l'a déjà dit n° 190, à l'art. 609 C. d'inst. cr. L'irrégularité du mandat ou du jugement ne suffirait pas pour constituer le délit : les gardiens ou concierges des prisons ne peuvent apprécier la régularité de ces actes ; mais ils doivent constater qu'ils émanent d'un fonctionnaire public compétent pour les décerner. Les mandats de dépôt et d'arrêt sont les seuls qui puissent légitimer une détention ; le mandat d'amener n'est qu'un ordre provisoire d'arrestation qui ne motive pas la détention (Cass. 4 avril 1840). La 2e disposition de l'art. 120 est la sanction des art. 79 et 80 de la Const. du 22 frim. an VIII et 618 C. inst. cr. Ces articles prescrivent au gardien de représenter la personne du détenu à l'officier de police ou à ses parents ou amis porteurs de l'ordre de cet officier. Cette obligation n'est suspendue que lorsqu'il y a interdiction de communiquer légalement prescrite (*Voy.* t. 1, n° 1057). La 3e disposition prescrit l'exhibition des registres de la prison. Ces registres, établis par l'art. 78 de la Const. du 22 frim. an VIII, doivent recevoir l'inscription des jugements ou mandats ordonnant l'arrestation : le 3e § de l'art. 120 a pour objet de les soumettre au contrôle de l'officier compétent ; il ne punit que le refus de la représentation des registres ; leur tenue défectueuse n'est passible que d'une mesure disciplinaire.

**200.** L'art. 122 prévoit encore une double violation des formes légales : l'incarcération ordonnée par un officier public hors des lieux affectés à la garde des détenus, et le renvoi devant la Cour d'assises d'un citoyen qui n'a pas été légalement mis en accusation. Les lieux de détention sont les maisons de détention et de correction, les maisons d'arrêt et de justice, les établissements et colonies pénitentiaires, les maisons de police municipale, les chambres de sûreté de la gendarmerie ; toute détention en dehors de ces lieux peut être incriminée, à moins qu'elle ne soit justifiée par la nécessité. Quant à la 2e disposition, qui n'est qu'une sanction de l'article 271 du C. d'inst. crim., elle est demeurée jusqu'à présent inappliquée. Elle trouve une sorte d'exception dans le droit de citation directe devant la Cour d'assises en matière de délits de presse que les lois des 27 juillet 1849 et 15 avril 1871 accordent au ministère public.

**201.** *Autorisation de poursuivre.* La Constitution du 22 frimaire an VIII, après avoir déclaré dans son art. 69 que les fonctions des membres du Sénat, du Corps législatif et du Conseil d'État ne donnent lieu à aucune responsabilité, ajoute, art. 70, que « les délits personnels emportant peine afflictive ou infamante commis par un membre soit du Sénat, soit du Corps législatif, soit du Conseil d'État, sont poursuivis devant les tribunaux ordinaires après qu'une délibération du corps auquel le prévenu appartient, a autorisé cette poursuite », et dans l'art. 71, que « les ministres prévenus de délits privés emportant peine afflictive ou infamante, sont considérés comme membres du Conseil d'État ». L'art. 121 apporte une sanction pénale à ces dispositions. Il importe de remarquer : 1° que cet article se borne à interdire la recherche de la personne avant que l'autorisation soit accordée, il n'interdit nullement la recherche des preuves du corps du délit ; 2° que l'article fait une exception pour les cas de flagrant délit ou de clameur publique : l'arrestation peut alors être ordonnée sans attendre les autorisations prescrites par les lois ; 3° enfin, que cette disposition ne concerne que les faits privés et personnels des personnes qui y sont désignées, et non les faits relatifs à leurs fonctions, puisque c'est à ces faits privés que les art. 70 et 71 de la loi du 22 frimaire an VIII ont étendu leur protection.

### SECT. III. — Coalition des fonctionnaires.

### Art. 123, 124, 125, 126.



**202.** Les art. 123, 124, 125 et 126, qui n'ont jamais été appliqués, prévoient une coalition de fonctionnaires ayant pour objet de concerter des mesures contraires aux lois. L'art. 123, qui saisit le délit, indépendamment de toute circonstance aggravante, se borne à incriminer « tout concert de mesures contraires aux lois ». On doit entendre par *concert* un plan concerté entre plusieurs personnes pour parvenir à un but commun, qui consiste à prendre des mesures illégales. Ce plan, formé entre les coalisés, suppose des réunions ou des correspondances : il ne suffirait pas que les mesures eussent été prises spontanément dans diverses localités, à l'exemple les unes des autres : c'est le concert, c'est-à-dire la coalition criminelle que la loi a voulu atteindre.

**203.** A ce délit de coalition peuvent se joindre trois circonstances aggravantes qui lui impriment la qualification de crime. La première circonstance consiste en ce que le concert aurait eu pour objet « des mesures contre l'exécution des lois ou contre les ordres du gouvernement (Art. 124) ». On doit entendre ici par ces *ordres*, qui sont opposés aux lois, les ordres donnés par un ministre au nom du Pouvoir exécutif. La deuxième circonstance résulte de ce que le concert se serait formé « entre les autorités civiles et les corps militaires ou leurs chefs »; enfin, la troisième, de ce que « le concert aurait eu pour objet ou pour résultat un complot attentatoire à la sûreté intérieure de l'État (Art. 125) ». Cette dernière circonstance, dont les termes vagues peuvent se traduire dans la résolution concertée de former un complot ou dans un concert de mesures prises pour arriver à une résolution d'agir, serait d'une difficile application. Les art. 124 et 125, après avoir appliqué à la première aggravation la peine du bannissement, à la seconde celle de la déportation, avaient infligé à la troisième la peine de mort, transformée aujourd'hui en celle de la déportation dans une enceinte fortifiée. Ces dispositions inutiles ne sont propres qu'à témoigner de l'esprit qui animait notre Code.

**204**. L'art. 126 présente une dernière espèce du même crime, le fait de fonctionnaires publics qui auraient arrêté, par délibération, de donner des démissions ayant pour effet d'empêcher ou de suspendre soit l'administration de la justice, soit l'accomplissement d'un service public. Le crime se consomme par la simple délibération prise de donner des démissions; c'est, comme dans les articles précédents, l'incrimination d'une simple résolution indépendamment de tout acte matériel. Il faut cependant que les démissions puissent avoir l'effet indiqué par la loi.

## SECT. IV. — EMPIÉTEMENTS DES AUTORITÉS ADMINISTRATIVES ET JUDICIAIRES.

### ART. 127, 128, 129, 130, 131.

205. Empiétements de l'autorité judiciaire sur le pouvoir législatif (art. 127, § 1er).
206. Empiétements de l'autorité judiciaire sur l'autorité administrative (art. 127, § 2).
207. Dans quels cas il peut y avoir lieu d'élever le conflit (Ord. du 1er juin 1828).
208. Comment il doit être procédé quand le conflit est irrégulier ou pris en dehors des cas prévus par la loi.
209. L'art. 129, qui apportait une sanction à l'art. 75 de la Constitution du 22 frimaire an VIII, aujourd'hui abrogé, n'a pas d'application.
210. Abrogation des lois et règlements qui subordonnaient les poursuites à une autorisation administrative.
211. Empiétements de l'autorité administrative sur le pouvoir judiciaire (art. 130 et 131).

**205.** *Empiétements de l'autorité judiciaire.* Les art. 127, 128 et 129 ont pour objet de déterminer et de réprimer les faits d'immixtion de l'autorité judiciaire dans l'exercice du pouvoir législatif ou dans les matières attribuées aux autorités administratives. Le 1er paragraphe de l'art. 127 prévoit la première de ces usurpations : il déclare coupables de forfaiture et passibles de la dégradation civique « les juges, les membres du ministère public, les officiers de police qui se seront immiscés dans l'exercice du pouvoir législatif, soit par des règlements contenant des dispositions législatives, soit en arrêtant ou en suspendant l'exécution d'une ou de plusieurs lois, soit en délibérant sur le point de savoir si les lois seront publiées ou exécutées ». Cette disposition, inspirée par le souvenir des entreprises des anciens Parlements, n'a et ne devait avoir aucune utilité dans nos institutions actuelles.

**206.** Le 2e paragraphe de l'art. 127 a pour objet les empiétements sur l'autorité administrative. Le principe qui sépare l'autorité judiciaire et l'autorité administrative a été posé par la loi des 16-24 août 1790, qui porte (tit. II, art. 13) : « Les fonctions judiciaires sont distinctes et demeureront toujours séparées des fonctions administratives. Les juges ne pourront, à peine de forfaiture, troubler en quelque manière que ce soit les opérations des corps administratifs. » C'est ce principe, reproduit dans toutes les Constitutions (Const. 3 sept. 1791, chap. IV, sect. 2, art. 3; 5 fruct. an III, art. 189; 22 frim. an VIII, art. 52), que l'art. 127 a voulu maintenir. Le pouvoir judiciaire se rend coupable de forfaiture, lorsqu'il fait un règlement sur les matières administratives, lorsqu'il défend d'exécuter les ordres de l'administration, lorsqu'il permet ou ordonne de citer des administrateurs pour raison de l'exercice de leurs fonctions, lorsqu'il passe outre à l'exécution des jugements ou ordonnances, nonobstant l'annulation qui en aurait été prononcée ou le conflit qui aurait été notifié. Les premiers modes d'empiétement sont nettement indiqués et ne donnent lieu à aucune difficulté. Mais il importe de préciser dans quels cas les juges doivent s'arrêter devant un conflit.

**207.** Le principe qui domine cette matière est que la juridiction des tribunaux est pleine et entière pour toutes choses contentieuses qui sont régies par le droit commun et que la juridiction administrative n'est et ne peut être qu'une exception et que s'il importe à l'ordre public de respecter cette exception, il n'importe pas moins de la restreindre dans ses justes limites. Tel est le principe qui a dicté l'ordonnance du 1er juin 1828, ainsi conçue : « Art. 1er. A l'avenir, le conflit d'attribution entre les tribunaux et l'autorité administrative ne sera jamais élevé en matière criminelle. — 2. Il ne pourra être élevé de conflit en matière de police correctionnelle que dans les deux cas suivants : 1° lorsque la répression du délit est attribuée par une disposition législative à l'autorité administrative ; 2° lorsque le jugement à rendre par le tribunal dépendra d'une question préjudicielle dont la connaissance appartiendrait à l'autorité administrative en vertu d'une disposition législative. Dans ce dernier cas, le conflit ne pourra être élevé que sur la question préjudicielle. » Les délits attribués à l'autorité administrative et qui sont jugés par les conseils de préfecture sont les infractions de grande voirie prévues par la loi du 29 floréal an x, les contraventions en matière de police de roulage, les usurpations sur les chemins vicinaux, etc. Les questions préjudicielles sont celles qui subordonnent l'application de la loi pénale à un fait qui ne peut être apprécié que par l'autorité administrative, comme, par exemple, dans la poursuite des délits de pêche ou de délits forestiers, les questions de navigabilité des rivières ou de défensabilité des bois. Il résulte de ces dispositions que l'incrimination de l'art. 127 se trouve restreinte aux seuls cas où le conflit est autorisé.

**208**. Cette restriction ne doit pas être perdue de vue dans l'application de l'art. 128. Si le conflit est régulier, c'est-à-dire s'il a été élevé dans les cas réservés par l'ordonnance du 1er juin 1828, et dans les délais et suivant les formes qu'elle a fixés par ses art. 6 et 15, les juges ne peuvent le déclarer mal fondé; mais si le conflit est irrégulier ou tardif, s'il est pris en dehors des cas et des délais déterminés, les juges peuvent passer outre et statuer au fond. L'art. 128 n'est applicable qu'autant que les juges, régulièrement saisis d'un conflit légalement introduit, refusent d'y avoir égard et statuent au fond.

**209**. L'art. 129 a eu pour objet d'apporter une sanction pénale à l'art. 75 de la Constitution du 22 frimaire an VIII. Aux termes de cet article, les agents du gouvernement ne pouvaient être cités ou poursuivis devant les tribunaux, soit à fins civiles, soit à fins criminelles, qu'en vertu d'une décision du Conseil d'État. Toutefois, cette autorisation n'était nécessaire, en matière civile, qu'autant que les préposés étaient cités *à raison de leurs fonctions*, et en matière criminelle, qu'autant que les délits étaient *relatifs à leurs fonctions ou commis dans leur exercice*. La jurisprudence avait pendant longtemps autorisé à élever le conflit dans tous les cas de poursuites sans autorisation. Mais l'art. 3 de l'ordonnance du 1er juin 1828 avait déclaré que ce défaut d'autorisation ne donnait plus lieu d'élever le conflit et qu'il n'en résultait qu'une exception personnelle que le prévenu pouvait faire valoir. L'art. 129 ne semble plus avoir d'application depuis le décret du 19 sept. 1870. Ce décret porte, art. 1er : « L'art. 75 de la Constitution de l'an VIII est abrogé. » Les agents et préposés rentrent donc dans les termes du droit commun et peuvent être mis en jugement même pour des faits relatifs à leurs fonctions.

**210.** Le décret du 19 sept. 1870 ajoute dans un 2e § : « Sont également abrogées toutes autres dispositions des lois générales ou spéciales ayant pour but d'entraver les poursuites dirigées contre des fonctionnaires publics de tout ordre. » Cette disposition s'applique : 1° aux lois qui, même avant la constitution du 22 frimaire an VIII, défendaient aux juges de citer les administrateurs à raison de leurs fonctions (L. 16-24 août 1790, tit. 2, art. 13; Déc. 16 fruct. an XI) ; 2° aux arrêtés des 9 pluv. an X, 28 pluv. et 29 therm. an XI, à l'ord. du 1er août 1827, qui déléguaient à diverses administrations publiques le pouvoir d'autoriser la mise en jugement de leurs préposés. Elle ne s'applique nullement aux art. 479 et suiv. du C. inst. crim. et à l'art. 20 de la loi du 20 avril 1810, qui ont réglé les formes de la poursuite des magistrats et hauts fonctionnaires : ces formes spéciales de procédure, qui règlent le mode de cette poursuite sans l'entraver, demeurent en vigueur (Cass. 14 sept. 1871, 9 fév. 1872).

**211.** Les art. 130 et 131 prévoient les empiétements de l'autorité administrative sur le pouvoir législatif et sur l'autorité judiciaire. Ces deux articles, corrélatifs des art. 127 et 128, sont conçus en des termes tels que leur application eût été bien difficile, si elle avait été requise, ce qui n'a jamais eu lieu.

## CHAP. III. — CRIMES ET DÉLITS CONTRE LA PAIX PUBLIQUE.

### SECT. Ire. — DU FAUX.

### § Ier. — *Fausse monnaie.*

### ART. 132, 133, 134, 135, 136, 137, 138.



**212.** La contrefaçon des monnaies est un vol commis à l'aide d'un faux; leur altération n'est qu'un vol simple, leur coloration n'est qu'une escroquerie. Tels sont les vrais caractères d'une fraude dont la législation a longtemps exagéré la gravité et qui a été sainement appréciée par les lois du 28 avril 1832 et 13 mai 1863. Le Code pénal, rectifié par ces deux lois, distingue et frappe de peines différentes la contrefaçon des monnaies d'or et d'argent, celle des monnaies de cuivre et de billon, celle des monnaies étrangères, l'introduction en France et l'émission de monnaies contrefaites, le fait de colorer les monnaies de cuivre ou d'argent, et l'émission faite sciemment de pièces fausses reçues pour bonnes.

**213.** *Contrefaçon des monnaies.* Le premier fait punit par le § 1er de l'art. 132 est la contrefaçon des monnaies d'or ou d'argent ayant cours légal en France. La contrefaçon est l'imitation de la monnaie légale exécutée dans une pensée frauduleuse. Trois circonstances sont nécessaires pour caractériser le crime : il faut que le contrefacteur ait agi dans un but criminel, que la monnaie fausse soit l'imitation de la monnaie véritable, et que la monnaie imitée ait cours légal en France.

**214.** *Intention frauduleuse.* Cette intention est un élément essentiel de tous les crimes. Mais elle peut avoir ici un caractère particulier. Il est clair d'abord que celui qui imiterait une monnaie sans aucune idée de l'émettre, et dans un but purement artistique, n'encourrait aucune peine. L'intention se révèle en général par l'émission de la monnaie contrefaite ou par la preuve que cette émission était le but de la contrefaçon. Mais il n'est pas indispensable qu'elle ait eu pour effet de porter préjudice au public : il y a intention criminelle dans le sens de la loi, non-seulement quand le fabricant a voulu surprendre la bonne foi des tiers, mais encore quand il s'est borné, en fabricant une monnaie aux mêmes titre et poids que la monnaie nationale, a usurper le droit de battre monnaie et à frustrer le trésor des bénéfices du monnayage.

**215.** *Imitation matérielle.* Il faut que la pièce fausse soit l'imitation de la monnaie, imitation plus ou moins habile, mais qui doit réunir une somme d'apparences assez fortes pour que le commerce de la circulation en soit affecté. L'imperfection de l'imitation atténue seulement et n'efface pas la criminalité; mais si cette imitation se borne à une ébauche grossière, il n'y a plus de crime, car il n'y a plus de dommage possible (Cass. 12 août 1835, 25 mars 1837). L'appréciation du degré de ressemblance de la pièce imitée appartient au jury ; il n'est plus permis de plaider en cassation l'imperfection de l'ébauche lorsque le jury a admis l'accusation (Cass. 2 juin 1853).

**216.** *Cours légal.* La 3ᵉ condition du crime est que la monnaie contrefaite ait cours légal en France. Le cours légal n'est autre que le cours forcé ; il faut que la monnaie imitée fasse partie de la monnaie nationale. De là il suit que la contrefaçon d'une monnaie adoptée par l'usage et non par la loi, ou de pièces démonétisées, ne constitue ni crime ni délit. Ainsi la loi du 14 juin 1829 ayant déclaré que les anciennes pièces de monnaie cesseraient d'avoir cours forcé pour leur valeur nominale actuelle, ces pièces ont cessé d'avoir cours légal et leur contrefaçon ne pourrait motiver l'application de l'art. 132. Il en est encore ainsi des pièces altérées ou rognées qui ne sont reçues au change que d'après leur poids (L. 14 germ. an XI ; Cass. 6 fruct. an XI ; Bruxelles, 28 nov. 1817). Au reste, le cours légal doit nécessairement être constaté et déclaré par le jury (Cass. 10 août 1826, 10 août 1839, 30 août 1844, 11 janv. 1850, 4 sept. 1862). Tels sont les trois éléments dont le concours est nécessaire pour qu'il y ait crime de contrefaçon des monnaies et pour l'application de l'art. 132.

**217**. *Altération des monnaies.* La loi place à côté de la contrefaçon l'altération des monnaies. Altérer des pièces de monnaie, c'est diminuer leur valeur intrinsèque, et modifier leur substance ou leur poids. Cette altération peut se faire soit à l'aide de la lime, soit par l'emploi d'un agent chimique, ou par tout autre procédé. Il ne suffit pas, pour l'existence du crime, que l'altération de la pièce soit constatée, il faut que cette pièce ait cours légal et que le prévenu ait agi avec une intention frauduleuse : l'altération ne serait pas punissable, si la pièce altérée ne devait pas être remise en circulation au taux de sa valeur primitive.

**218**. *Emission.* L'émission, l'exposition et l'introduction sur le territoire de monnaies fausses, sont des actes qui consomment le crime, quand ils sont commis par le fabricateur lui-même; mais ce sont des actes de complicité quand ils sont commis par un tiers agissant de connivence avec l'auteur. L'émission, qui est un fait distinct de la contrefaçon (Cass. 22 mai 1856), suppose la mise en circulation d'une monnaie contrefaite ou altérée, car il n'y a pas de complicité sans un crime principal ; cette circonstance est un élément essentiel de la criminalité de l'émission (Cass. 5 oct. 1821, 8 avril 1825).

**219.** Mais l'émission d'une monnaie fausse peut être, soit excusable, soit même justifiable dans deux cas : elle est justifiable : 1° lorsque le distributeur ignore les vices des pièces de monnaie qu'il émet (art. 163) ; 2° lorsque ayant reçu ces pièces pour bonnes, il les remet en circulation après en avoir reconnu les vices, mais sans les avoir vérifiés (art. 135, § 1er). Elle est excusable lorsque le distributeur, qui a reçu les pièces pour bonnes, ne les remet en circulation qu'après en avoir vérifié ou fait vérifier les vices (2e § de l'art. 135). Ces exceptions constituent soit un fait justificatif, soit un fait d'excuse légale. De là il suit : 1° qu'il appartient à l'accusé de les proposer et d'en fournir la preuve (Cass. 3 mai 1832, 5 juil. 1867) ; 2° que la Cour d'assises ne peut se refuser à poser ces questions au jury, quand elles sont régulièrement proposées (Cass. 14 déc. 1833, 12 nov. 1835, 31 mars 1842, 17 avril 1846, 27 mai 1853, 1er oct. 1867). Elles doivent être posées dans les termes de la loi (Cass. 23 nov. 1872). Il avait été jugé que lorsque la question d'excuse est proposée dans les termes mêmes du 1er § de l'art. 135, il n'y a pas lieu de la poser, parce qu'elle constitue alors un fait justicatif virtuellement compris dans la question principale (Cass. 20 av. 1860, 8 janv. 1841, 11 avr. 1845, 5 juill. 1867, 2 avr. 1868). Mais cette jurisprudence a été récemment modifiée (Cass. 18 fév. et 18 nov. 1875). Il y a lieu, d'après ces arrêts, de poser dans toutes les accusations d'usage de faux, la question de savoir si l'accusé avait connaissance de la fausseté de la pièce, ou du moins d'énoncer cette circonstance dans la question principale. La simple tentative d'émission de pièces qu'on sait être fausses, mais qu'on a reçues pour bonnes, n'est pas punissable (Cass. 15 avr. 1836), puisqu'elle n'est pas incriminée et que ce fait n'est qu'un délit. On doit remarquer ici que le 2e § de l'art. 135, en édictant le mode d'évaluation de l'amende qu'il applique à ce délit, n'a nullement exclu l'atténuation de l'art. 463.

**220.** *Exposition.* L'exposition des monnaies contrefaites est un 2e fait de complicité de la contrefaçon. La loi suppose que celui qui expose ces monnaies pour les vendre les a reçues du faux monnayeur et participe à son crime. C'est cette connivence, jointe à une exposition destinée à faciliter l'émission, qui constitue la complicité. Il est clair que l'exposant peut, aussi bien que le distributeur, exciper de ce qu'il a reçu les pièces fausses pour bonnes et qu'il les a exposées soit avant, soit après avoir vérifié leurs vices. S'il les a reçues comme fausses, même de tout autre que du fabricateur, il y a présomption de complicité, et il lui incombe de prouver qu'elle n'est pas fondée (*Th. du C. pén.*, n° 593, Cass. 23 fév. 1860, 5 juill. 1867).

**221.** *Introduction.* L'introduction sur le territoire français de monnaie contrefaites ou altérées est également considérée par l'art. 132 comme un fait de complicité. Ce fait n'étant en lui-même qu'un acte préparatoire de l'émission, il est nécessaire de constater, pour constituer le crime, une sorte d'association entre le fabricateur et l'introducteur. Il faut au moins que celui-ci connaisse que la monnaie est fausse et qu'il l'ait introduite en vue de l'émission. Il a d'ailleurs été reconnu que l'excuse établie par le 2e § de l'art. 135 doit s'appliquer aussi bien à l'introduction et à l'exposition de la fausse monnaie qu'à son émission; il serait difficile, en effet, d'admettre que l'accusé d'introduction ou d'exposition de la fausse monnaie, qui prétendrait l'avoir reçue pour bonne, ne pourrait proposer l'excuse qu'il aurait le droit de faire valoir en cas d'émission (Cass. 23 fév. 1860, 6 juin 1867).

**222.** Ces différents modes de perpétration du crime de fausse monnaie s'appliquent non-seulement aux monnaies d'or et d'argent, mais aux monnaies de cuivre et de billon; mais il importe de les distinguer et d'expliquer les éléments de leur composition, parce que la peine dont la contrefaçon des unes et des autres est passible n'est pas la même. La contrefaçon de la monnaie d'or et d'argent est punie de la peine des travaux forcés à perpétuité. La monnaie d'or est celle dont le titre est de 9/10es de fin et d'un 10$^{e}$ d'alliage (L. 7 germ. an XI, 7). La monnaie d'argent est celle dont le titre est de 9/10$^{es}$ de fin et d'un 10$^{e}$ d'alliage (même loi). Les lois des 25 mai 1864 et 14 juill. 1866 ont réduit ce titre à 835 millièmes de fin pour les pièces de 2 fr., de 1 fr. et de 20 et 50 cent. La contrefaçon des monnaies de cuivre et de billon est punie des travaux forcés à temps. La monnaie de cuivre est celle dont le cuivre forme la plus grande partie; elle se compose de 95 centièmes de cuivre, quatre d'étain et un de zinc (L. 6 mai 1852, 3). La monnaie de billon est celle où le cuivre s'allie à un peu d'argent. La question de savoir si les pièces de 15 et de 30 sous, démonétisées par la loi du 10 juillet 1845, étaient une monnaie d'argent ou de billon, a été agitée, et il avait été décidé qu'elles constituaient une monnaie d'argent, parce qu'elles contenaient huit deniers d'argent fin avec quatre deniers de cuivre (L. 11 janv. et 11 juill. 1791) et parce qu'on ne doit réputer monnaie de billon que celle où le cuivre prédomine (Cass. 28 nov. 1812, 22 sept. 1831).

**223.** *Monnaies étrangères*. La contrefaçon des monnaies étrangères est complétement assimilée à celle des monnaies nationales, quant à ses modes de perpétration et ses éléments de criminalité. Elle n'en diffère qu'à raison du préjudice qu'elle peut causer soit à la nation dont la monnaie est contrefaite, soit aux autres pays où la circulation de cette monnaie est, non forcée, mais tolérée. On doit entendre par monnaies étrangères non-seulement les monnaies métalliques, mais les billets *papier monnaie* ayant cours forcé dans un pays étranger (Cass. 17 janv. et 25 avr. 1828, 20 juin 1829, 22 juill. 1858). Cette interprétation se fonde sur ce que l'art. 133 se réfère généralement à toutes les monnaies de quelque espèce qu'elles soient, et sur l'art. 139, qui prévoit la contrefaçon des billets de banque et n'a pas été étendu aux billets étrangers (Voy. *Th. du C. pén.* n° 598). Mais on ne doit pas considérer comme monnaies étrangères les monnaies qui, bien que fabriquées en pays étranger, sont assimilées aux monnaies nationales; telles ont été les monnaies du royaume d'Italie (Déc. 24 janv. 1807 ; Cass. 10 août 1826), et celles des pays annexés à la France (Cass. 21 mai 1813). On doit faire remarquer encore que l'art. 133, qui ne punit la contrefaçon des monnaies étrangères qu'autant que le crime a été commis en France, a été modifié par la loi du 27 juin 1866, qui déclare, dans un paragraphe ajouté à l'art. 5 du C. d'instr. crim., que tout Français qui, hors le territoire de la France, s'est rendu coupable d'un crime puni par la loi française, et par conséquent de contrefaçon ou altération de monnaies étrangères, ou d'émission ou introduction de ces monnaies contrefaites ou altérées, peut être poursuivi et jugé en France lorsqu'il y est revenu (Voy. t. 1, n° 36). L'étranger, depuis comme avant la loi du 27 juin 1866, ne peut être poursuivi à raison de ce crime que s'il l'a commis en France.

**224.** *Coloration des monnaies.* La loi du 13 mai 1863 a introduit dans notre Code une disposition nouvelle qui a pour objet d'atteindre ceux qui colorent les monnaies dans le but de tromper sur la nature du métal. La jurisprudence avait, dans le silence du Code, considéré ce fait comme une filouterie. Cette opinion se trouve aujourd'hui consacrée par l'art. 134. Ainsi, le fait de blanchir ou de dorer les monnaies de cuivre ou d'argent, sans leur faire subir aucune altération dans leur essence, ne constitue point le crime de fausse monnaie, mais un simple délit. Il ne suffit pas d'ailleurs d'avoir coloré des pièces de monnaie pour devenir passible de l'application de l'article : il faut les avoir colorées dans le but et avec l'intention de les mettre en circulation, ou les avoir effectivement émises en trompant les tiers.

**225.** *Complicité.* La loi considère d'abord comme complices ceux qui ont participé soit à l'émission, à l'exposition ou à l'introduction en France des monnaies contrefaites, soit à l'émission ou à l'introduction des monnaies frauduleusement colorées. Mais cette complicité en matière de fausse monnaie s'établit non-seulement par le concours aux actes d'exécution, mais aussi suivant les règles de l'art. 60, par le concours aux actes préparatoires. Ainsi, non-seulement le fabricateur, mais encore ceux qui l'ont aidé et assisté dans sa fabrication sont enveloppés dans l'incrimination, pourvu qu'ils aient connu la destination des objets qu'ils préparaient. Une loi du 17 brum. an II, relative à la fabrication de faux assignats, avait fait des crimes distincts des actes préparatoires et des actes d'exécution; notre Code n'a point admis cette distinction. Il n'y a de complices, parmi ceux qui ont coopéré aux actes préparatoires, que ceux dont la coopération a eu pour but l'émission. Les actes préparatoires ne doivent point être séparés de la consommation du crime; s'ils n'ont été suivis d'aucun commencement d'exécution, ils ne sont passibles d'aucune peine.

**226**. *Révélateurs*. L'art. 138 déclare exempts de peines les coupables de fabrication de fausse monnaie qui, avant toutes poursuites, en auront donné connaissance aux autorités. On a vu le même principe appliqué dans l'art. 108. Il y a toutefois cette différence que, dans l'art. 108, le révélateur ne peut invoquer le bénéfice de la loi qu'autant que sa révélation a précédé toute *exécution*, tandis que, dans l'art. 138, ce bénéfice est acquis lorsque la révélation a précédé la *consommation* du crime, c'est-à-dire l'émission de la monnaie contrefaite ou sa fabrication en vue de l'émission, ou une tentative caractérisée du crime (Cass. 17 août 1820). Lorsqu'un accusé réclame cette exemption comme ayant procuré l'arrestation d'un de ses coaccusés, cette demande constitue une question d'excuse qui doit, à peine de nullité, être soumise au jury (Cass. 24 sept. 1857). Il est sans doute inutile de rappeler que la surveillance qui peut être prononcée dans ce cas contre le révélateur, ne peut plus l'être *à vie*, comme le porte l'art. 138, mais seulement à temps et suivant les règles de la loi du 23 janv. 1874.

**227**. *Amende*. Les individus condamnés pour le crime de fausse monnaie doivent, en outre de la peine principale, encourir l'amende portée par l'art. 164. Une longue et invariable jurisprudence a maintenu l'application de cet article à tous les individus condamnés pour crime ou délit de fausse monnaie (Cass. 20 juin 1832, 17 août 1839, 11 janv. 1849, 26 sept. 1851, 14 juin 1855, 31 janv. et 24 sept. 1857).

### § II. — *Contrefaçon des sceaux de l'Etat, des billets de banque, des effets publics et des poinçons, timbres et marques.*

ART. 139, 140, 141, 142, 143, 144.



**228.** *Contrefaçon du sceau de l'État.* L'art. 139 prévoit trois faits distincts : Le premier de ces faits est la contrefaçon du sceau de l'Etat et l'usage du sceau contrefait. Il ne faut pas confondre le sceau de l'Etat et celui des autorités prévu par les art. 140 et 142. Le sceau de l'Etat a été décrit par le décret du 25 sept. 1870 ainsi conçu : « A l'avenir, le sceau de l'Etat portera d'un côté, pour type, la figure de la Liberté et pour légende : *Au nom du peuple français*; de l'autre côté, une couronne de chêne et d'olivier, liés par une gerbe de blé ; au milieu de la couronne : *République française; démocratique, une et indivisible*, et pour légende : *Liberté, égalité, fraternité* ». On distingue le grand sceau, qui n'est appliqué qu'aux lois et aux traités internationaux, et le petit sceau, qui n'est qu'une empreinte sèche, et qui est appliqué à certains actes. L'art. 139 s'applique à la contrefaçon de l'un et de l'autre. La contrefaçon et l'usage du sceau contrefait forment, comme en toute la matière du faux, deux crimes distincts qui n'existent toutefois, l'un et l'autre, que par la présence de l'intention frauduleuse.

**229.** *Contrefaçon des effets publics.* Le 2e fait prévu par l'art. 139 est la contrefaçon ou falsification des effets émis par le trésor public, avec son timbre, l'usage ou l'introduction en France de ces effets contrefaits ou falsifiés. Cette disposition ne s'étend qu'aux papiers revêtus du timbre du trésor public à l'effet de les monétiser. Elle ne s'applique donc qu'à la contrefaçon des effets émis par le Trésor et portant ce timbre.

**230.** *Contrefaçon des billets de banque.* Le 3e fait prévu par l'art. 139 est la contrefaçon ou falsification des billets des banques autorisées par la loi, l'usage ou l'introduction en France de ces billets contrefaits ou altérés. Il ne s'agit ici que des billets des banques autorisées par la loi ; les billets des autres banques ne forment que des écritures de commerce ou de banque dont la contrefaçon rentre dans les termes de l'art. 147. La question s'est élevée de savoir si celui qui, pour faire revivre des billets de banque retirés de la circulation et frappés d'un timbre indiquant qu'ils sont annulés, fait disparaître ce timbre par des procédés chimiques, commet le crime prévu par l'art. 139 ; et la Cour de cassation a jugé que ce fait était une altération des billets annulés qui constituait, non le crime de contrefaçon, mais le crime de faux en écritures à dessein de nuire à autrui (Cass. 19 déc. 1807 ; *Th. du C. pén.*, n° 607).

**231.** Il y a quelques règles communes aux trois incriminations énoncées dans l'art. 139 : 1° ces incriminations ne s'appliquent qu'à la contrefaçon, à l'usage et à l'introduction des effets contrefaits, elles ne s'étendent pas à leur *exposition :* cette exposition, qui n'est ni l'usage ni l'émission, se trouve donc en dehors des termes de la loi ; 2° l'art. 163 qui écarte l'application de la peine, toutes les fois que celui qui a fait usage de la pièce fausse en a ignoré la fausseté, s'applique à ces trois cas ;

3° l'amende portée par l'art. 164 s'y applique également ; 4° l'art. 135, qui excuse ceux qui ont mis en circulation les monnaies fausses qu'ils ont reçues pour bonnes, n'ayant point été reproduit en ce qui touche ces crimes, ne s'y applique pas; il suffit qu'ils aient connu le faux au moment de l'usage ; 5° les art. 5 et 7 du C. d'inst. crim., qui prévoient la contrefaçon hors du territoire de France « du sceau de l'État, de *papiers nationaux* et de billets des banques autorisées par la loi », se réfèrent à l'art. 139 pour la définition de ces papiers ; 6° enfin l'art. 144 rend également commune aux mêmes crimes la disposition de l'art. 138, qui exempte les révélateurs de l'application des peines légales.

**232.** *Contrefaçon des timbres, marteaux et poinçons de l'État.* L'art. 140 prévoit la contrefaçon ou falsification des timbres nationaux, des marteaux de l'État servant aux marques forestières, des poinçons servant à marquer les matières d'or et d'argent, et l'usage des timbres, marteaux et poinçons contrefaits. L'art. 2 du décret du 25 sept. 1870 a décrit les timbres dont doivent se servir les autorités judiciaires : « les sceaux, timbres et cachets des Cours, tribunaux, justices de paix et notaires porteront pour type la figure de la Liberté telle qu'elle est déterminée pour le sceau de l'État; pour exergue *République française*, et pour légende le titre des autorités et officiers publics par lesquels ils seront appliqués ». Ce type est également employé par les autorités administratives et doit être considéré comme le timbre national. Il est nécessaire pour l'application de l'art. 140 : 1° qu'il y ait eu contrefaçon du timbre national ou usage du timbre national contrefait ; 2° que ce timbre ait été employé au nom d'une administration ou d'une autorité publique représentant l'État ; la contrefaçon des autres timbres rentre dans les termes de l'art. 142. La jurisprudence a appliqué l'art. 140 à la contrefaçon des timbres apposés sur les papiers soumis aux droits du timbre (Cass. 13 oct. 1843), aux timbres imprimés sur les cartes à jouer (Cass. 26 déc. 1807).

Elle n'a pas étendu cette application aux cachets apposés par l'administration des postes sur les lettres (Cass. 28 nov. 1812).

**233.** L'art. 140 prévoit en second lieu la contrefaçon des marteaux de l'État servant aux marques forestières. L'art. 7 Cod. for. distingue le marteau de l'Etat employé aux opérations de balivage et de martelage (Ord. 1er août 1827, 36) et les marteaux particuliers aux gardes et agents forestiers, et dont ils se servent pour marquer les bois de délit et les chablis (même ord. 37). Il a été reconnu que l'art. 140 s'applique à la contrefaçon de ces deux sortes de marteaux qui sont employés pour la conservation des intérêts forestiers de l'Etat, et qui sont dès lors compris dans l'expression générale de la loi (Cass. 16 mars 1844). Il a été également admis, mais non sans que cette jurisprudence ait été contestée (*Th. du C. pén.*, nº 614), que l'imitation d'une marque forestière, sans emploi d'un marteau contrefait, doit être considérée comme une contrefaçon ou une falsification du marteau lui-même, parce que cette falsification doit s'entendre de l'apposition de fausses marques imitant celles dont l'empreinte se fait à l'aide de ce marteau (Cass. 21 oct. 1813, 5 déc. 1814, 22 nov. 1851). Toutefois, si les fausses marques ne représentaient pas le marteau de l'Etat et n'en étaient qu'une imitation trop imparfaite pour produire une erreur, l'application pénale ne serait plus possible (Cass. 22 nov. 1861).

**234.** L'art. 140 prévoit en 3e lieu la contrefaçon des poinçons servant à marquer les matières d'or et d'argent. Ces deux métaux n'étant employés qu'en les unissant dans diverses proportions à d'autres métaux, la loi a pris soin de déterminer les quantités d'or et d'argent qui peuvent entrer dans les ouvrages d'orfévrerie : « Ce sont là les titres divers indiqués par la loi du 19 brum. an VI. L'ord. du 7 avril 1838 a réuni le double poinçon du titre et du bureau de garantie en un poinçon unique portant un signe particulier pour chaque bureau de garantie. C'est à ce poinçon et à son usage que s'applique l'art. 140. Cet article ne prévoit ici, comme dans les deux espèces précédentes, que la contrefaçon des instruments et l'usage des instruments contrefaits ou falsifiés. Le poinçon calqué sur celui qu'emploie le bureau de garantie est un faux poinçon, aussi bien que celui qui est marqué d'un faux titre (Cass. 10 mai 1808). Mais le fait d'appliquer sur un ouvrage d'or à bas titre une marque apposée par le bureau de garantie sur une matière d'un titre plus élevé, ne pourrait être considéré ni comme la contrefaçon d'un poinçon, ni comme l'abus d'un poinçon faux (*Th. du C. pén.*, n° 616). Il est inutile de faire remarquer que les art. 163 et 164 s'appliquent aux faits qui sont l'objet de l'art. 160.

**235.** *Usage frauduleux des vrais timbres.* L'art. 141 prévoit, non plus la contrefaçon, mais l'usage frauduleux des vrais timbres, marteaux et poinçons. Il est nécessaire, pour son application, que l'agent se soit procuré ces objets, qu'il en ait fait un usage abusif, enfin que cet usage ait préjudicié aux intérêts de l'Etat. La question s'est élevée de savoir si le fait d'enlever par des procédés chimiques les écritures de vieux papiers timbrés pour utiliser ces papiers, était un usage illicite d'un timbre vrai. Il a été jugé que ce fait ne rentre pas dans les termes de l'art. 141, qui ne s'applique qu'à l'apposition de timbres détournés par des moyens illicites (Cass. 11 juill. 1834). Une autre question avait pour objet l'application de cet article au fait d'avoir enlevé l'empreinte du marteau de l'Etat apposée sur un arbre, et de l'avoir incrustée sur un arbre réservé pour s'approprier cet arbre au préjudice de l'Etat. La Cour de cassation a déclaré l'article applicable, parce que ce n'est pas seulement l'indue détention du marteau qu'il punit, mais l'usage frauduleux de son empreinte (Cass. 4 janv. 1834, 12 août 1865, et *Th. du C. pén.*, n° 620).

**236.** *Contrefaçon des marques de l'autorité.* L'art. 142, modifié par la loi du 13 mai 1863, prévoit la contrefaçon des marques apposées au nom du gouvernement sur les diverses espèces de denrées et de marchandises et l'usage de ces fausses marques, la contrefaçon des sceaux, timbres et marques d'une autorité quelconque et l'usage de ces objets contrefaits, enfin la contrefaçon des timbres-poste et l'usage des timbres-poste contrefaits. La loi du 13 mai 1863 a changé la qualification de ces faits en substituant à la peine de la reclusion celle de 2 à 5 ans d'emprisonnement; elle a aussi, ainsi qu'on le verra plus loin, modifié les termes de l'incrimination en ce qui concerne les marques de commerce. Les marques dont il s'agit dans la première partie de l'article sont celles que les diverses administrations, telles que les douanes, les contributions indirectes, les vérificateurs des poids et mesures apposent sur les denrées et marchandises; l'article ne s'applique plus seulement à la contrefaçon des instruments, mais à celle des marques elles-mêmes. Il a été jugé que le fait d'avoir marqué des bouteilles d'un litre avec un poinçon différent de celui établi par l'administration, rentrait dans les termes de cet article (Cass. 20 janv. 1825). La 2e disposition comprend, par sceaux, timbres ou marques d'une autorité quelconque, les différents cachets que les fonctionnaires placent sur les actes qu'ils délivrent, comme un symbole de leur autorité; on y doit comprendre aussi les marques diverses qu'ils sont tenus d'apposer dans l'exercice de leurs fonctions; tels sont les cachets empreints sur les scellés, les cachets de la poste. La 3e disposition assimile les timbres-poste aux timbres des autorités: la loi en punit la contrefaçon et l'usage fait *sciemment* des timbres contrefaits. L'addition du mot *sciemment* ne fait qu'affirmer inutilement la règle écrite dans l'art. 163. Une loi du 14 juill. 1860, sur la fabrication et le commerce des armes de guerre, contient des dispositions spéciales sur la contrefaçon des poinçons d'épreuve et d'exportation, et l'usage des poinçons contrefaits. Il en résulte une exception à l'art. 142.

**237.** *Contrefaçon des marques de fabrique et de commerce.* Plusieurs lois sont intervenues sur cette matière. La loi du 23 germ. an XI, remplaçant les anciennes ordonnances de juillet 1681 et du 18 oct. 1720, portait : «Art. 16, la contrefaçon des marques particulières que tout manufacturier ou artisan a le droit d'appliquer sur des objets de sa fabrication, donnera lieu : 1° à des dommages-intérêts à celui dont la marque a été contrefaite ; 2° à l'application des peines prononcées contre le faux en écriture privée. » L'art. 142, recueillant cette disposition, punissait de la reclusion la contrefaçon des marques d'un établissement particulier de fabrique ou de commerce. La loi du 28 juill. 1824 a apporté une addition à cet article : elle ne touche ni à la contrefaçon de la marque ni à l'usage de la marque contrefaite ; sur ces deux points, l'art. 142 conserve son autorité ; mais elle détache de l'incrimination l'imitation ou l'altération du nom ou de la raison sociale d'un autre établissement. L'art. 1er de cette loi porte : « Quiconque aura soit apposé, soit fait apparaître, par addition, retranchement, ou par une altération quelconque, sur des objets fabriqués, le nom d'un fabricant autre que celui qui en est l'auteur, ou la raison commerciale d'une fabrique autre que celle de la fabrication, sera puni des peines portées en l'art. 423, C. pén., sans préjudice des dommages-intérêts s'il y a lieu. Tout marchand, commissionnaire ou débitant quelconque sera passible des effets de la poursuite lorsqu'il aura sciemment exposé en vente ou mis en circulation des objets marqués de noms supposés ou altérés. » Une nouvelle loi du 23 juin 1857 est intervenue sur cette matière. Cette loi, après avoir défini dans ses premiers articles les marques de fabrique et de commerce, et réglé les formes de leur constatation, ajoute ce qui suit :

Art. 7. Sont punis d'une amende de 50 à 3,000 francs et d'un emprisonnement de 3 mois à 3 ans, ou de l'une de ces peines seulement : 1° ceux qui ont contrefait une marque ou fait usage d'une marque contrefaite ; 2° ceux qui ont frauduleusement apposé sur leurs produits ou les objets de leur commerce une marque appartenant à autrui ; 3° ceux qui ont vendu ou mis en vente un ou plusieurs produits revêtus d'une marque contrefaite ou frauduleusement apposée. — Art. 8. Sont punis d'une amende de 50 à 2,000 francs et d'un emprisonnement d'un mois à un an ou de l'une de ces peines seulement : 1° ceux qui, sans contrefaire une marque, en ont fait une imitation frauduleuse de nature à tromper l'acheteur ou ont fait usage d'une marque frauduleusement imitée; 2° ceux qui ont fait usage d'une marque portant des indications propres à tromper l'acheteur sur la nature du produit; 3° ceux qui ont sciemment vendu ou mis en vente un ou plusieurs produits revêtus d'une marque frauduleusement imitée ou portant des indications propres à tromper l'acheteur sur la nature du produit. — Art. 9. Sont punis d'une amende de 50 à 1000 francs et d'un emprisonnement de 15 jours à 6 mois : 1° ceux qui n'ont pas apposé sur leurs produits une marque déclarée obligatoire; 2° ceux qui ont vendu ou mis en vente un ou plusieurs produits ne portant pas la marque obligatoire pour cette espèce de produits; 3° ceux qui ont contrevenu aux dispositions des décrets rendus en exécution de l'art. 1er pour déclarer la marque de fabrique obligatoire pour certains produits. « Les art. 10, 11 et 12, empruntés à la loi du 5 juillet 1844 sur les brevets d'invention, autorisent l'application de l'art. 365 du C. d'inst. cr., de l'art. 463 du C. pén. et la faculté d'élever les peines au double en cas de récidive résultant d'une condamnation dans les cinq années précédentes. »

La loi du 13 mai 1863, se fondant sur ce que la loi du 23 juin 1857 avait réglé cette matière, a effacé, dans l'art. 142, ces mots : « ou d'un établissement particulier de fabrique ou de commerce », et dans l'art. 143, ces mots analogues qui le terminaient : « ou même d'un établissement particulier ». Les art. 142 et 143 ont donc cessé de régler les fraudes relatives aux marques de fabrique ou de commerce. Enfin la loi du 26 nov. 1873 accorde à tout propriétaire d'une marque la faculté de faire apposer par l'Etat sur les étiquettes, enveloppes ou estampilles de ses produits, un timbre ou poinçon spécial destiné à affirmer l'authenticité de cette marque; et l'art. 6 ajoute : « Ceux qui auront contrefait ou falsifié les timbres ou poinçons établis par la présente loi, ceux qui auront fait usage des timbres ou poinçons falsifiés ou contrefaits, seront punis des peines portées en l'art. 140 C. pén., sans préjudice des réparations civiles. Tout autre usage frauduleux de ces timbres ou poinçons, et des étiquettes, bandes, enveloppes et estampilles qui en seraient revêtus, sera puni des peines portées en l'art 142. » Telle est la législation de la matière.

**238.** La loi du 23 juin 1857 ne touche pas à la loi du 28 juill. 1824, qui ne prévoit que l'usurpation, non de la marque, mais du nom du fabricant et de la raison sociale d'une fabrique. Elle ne touche pas non plus aux lois et ordonnances qui, dans un intérêt fiscal ou de police, ont exigé l'application d'une marque de fabrique sur certains produits : telles sont la loi du 28 avr. 1816, art. 59, sur les tissus, la loi du 21 oct. 1814, sur les imprimés, le décret du 9 fév. 1810, sur les cartes à jouer, l'ord. du 29 oct. 1846, sur les substances vénéneuses délivrées par les pharmaciens. Enfin, elle ne touche à l'art. 142 que pour en distraire l'un des faits prévus par cet article, la contrefaçon et l'usage des marques contrefaites d'un établissement particulier de commerce opérés dans le but de susciter une concurrence déloyale ; elle maintient cet article en ce qui concerne les autres contrefaçons (Cass. 8 janv. 1859, 12 juin 1863). La loi du 13 mai 1863, en effaçant de l'art. 142 les marques de fabrique et de commerce, donne donc lieu à une difficulté, car il en résulte que les faits de contrefaçon de marques commerciales auxquels s'appliquait encore l'art. 142, même depuis la loi du 23 juin 1857, n'ont plus de répression. On pourrait peut-être faire rentrer ces faits dans les termes de l'art. 7, § 1er de cette dernière loi, qui punit en général « ceux qui ont contrefait une marque ou fait usage d'une marque contrefaite. » L'objection est que ces termes se trouvent restreints par l'objet spécial que la loi avait en vue, la répression d'une déloyale concurrence. Il faudrait admettre, pour y répondre, que la loi du 13 mai 1863 a généralisé la disposition de l'art. 7.

**239.** Il a été décidé, par application de cette législation : 1° que la propriété d'une marque, quand elle est régulièrement établie, est absolue et entièrement indépendante de l'application abusive qui en a été faite à des produits prohibés (Cass. 8 mai 1868) ; 2° que la marque, pour être susceptible de cette propriété, doit se manifester par des signes distinctifs (Cass. 30 déc. 1866, 19 mars 1869), et que la seule apposition du nom d'un fabricant sur un produit qu'il n'a pas fabriqué, constitue, non une contrefaçon de la marque, mais une usurpation du nom commercial (Cass. 19 mars 1869) ; 3° que l'art. 7 de la loi du 23 juin 1857 doit être appliqué au fait d'introduire des produits falsifiés dans des sacs revêtus de la marque d'autrui (Cass. 1er août 1867) ; mais que l'art. 8, n° 2, qui punit l'usage d'une marque portant des indications propres à tromper *sur la nature* du produit, ne peut être appliqué à l'usage d'une marque dont les indications peuvent seulement tromper *sur la qualité* de ce produit (Cass. 30 déc. 1859) ; 4° que le prévenu poursuivi pour *contrefaçon* de marques, peut être condamné pour *imitation* de ces marques, et que celui qui est poursuivi pour usurpation d'un nom commercial, peut être condamné pour contrefaçon d'une marque : ce ne sont pas là des faits nouveaux, mais seulement de nouvelles qualifications données aux mêmes faits (Cass. 5 mai 1867, 19 mars 1869) ; mais le prévenu, poursuivi pour contrefaçon, ne peut être condamné pour tromperie sur la nature de la marchandise vendue : car ce serait alors substituer un délit à un autre délit (Cass. 26 juill. 1873) ; 5° que toute usurpation ou imitation de la marque d'autrui suppose nécessairement la fraude ; d'où il suit que si l'emploi de cette marque se dégage de toute intention frauduleuse, s'il a été fait avec l'adhésion et le consentement du propriétaire ; l'élément essentiel du délit disparaît et la loi n'est plus applicable (Cass. 8 mai 1864) ; 6° enfin, il importe de noter que les art. 5 et 6 de la loi du 23 juin 1857 ayant étendu le bénéfice de la loi aux étrangers qui possèdent en France des établissements industriels, et à ceux dont les établissements sont hors de France quand la réciprocité pour les marques françaises est établie dans ces pays, cette réciprocité a été déclarée entre la France et l'Angleterre par l'art. 12 du traité du 12 mars 1860 (Cass. 12 août 1865, 10 mars 1869, 27 mai 1870).

**240.** *Application illicite des timbres vrais.* L'art. 143, corollaire de l'art. 141, prévoit l'emploi frauduleux des timbres et marques vrais. Cet article a été modifié, comme l'art. 142, par la loi du 28 juill. 1824, en ce qui concerne l'usage abusif des marques portant les vrais noms des fabricants, des raisons commerciales et du lieu de fabrication ; par la loi du 13 mai 1863 en ce qui concerne la pénalité et la suppression des mots « ou même d'un établissement particulier » ; par la loi du 23 juin 1857, qui punit l'usurpation des marques de fabrique et de commerce. La condition essentielle de l'application de l'art. 143 est que l'agent se soit procuré par un moyen illicite les sceaux, timbres ou marques, qu'il en ait fait usage et que cet usage soit préjudiciable aux intérêts de l'État, d'une autorité ou d'un particulier. Il avait été décidé par un décret du 13 oct. 1810 que l'usage préjudiciable aux intérêts du trésor fait par un employé des contributions indirectes d'une pince destinée à la marque des marchandises, constituait un faux en écritures publiques. Ce fait rentrerait aujourd'hui dans les termes de l'art 143, puisque l'instrument employé n'avait pas été contrefait, qu'il ne s'agissait que d'une application frauduleuse d'une marque vraie.

## § III. — *Du faux en écritures.*

### Art. 145, 152.

### I. — *Caractère général du faux en écritures.*

**241.** *Définition.* Le faux en écritures peut être défini l'altération de la vérité dans un écrit de nature à porter préjudice à autrui et commise dans une intention criminelle. Il résulte de cette définition, que la jurisprudence a consacrée (Cass. 17 juill. et 19 déc. 1835, 8 avr. 1843), que les trois éléments du faux sont l'altération de la vérité dans une écriture, l'intention de nuire et la possibilité d'un préjudice. Il faut établir ces trois éléments, qui forment les trois règles de cette matière.

**242.** *Altération matérielle de la vérité.* L'altération de la vérité dans une écriture est une condition essentielle du crime de faux, car il ne peut y avoir de faux sans une altération quelconque d'un acte ou d'un fait. Mais toutes les altérations de la vérité dans un écrit ne présentent pas le même degré de gravité. Il en est qui ne présentent que le caractère d'un délit, tels sont les abus de blanc seing et les faux certificats, ou d'une infraction purement matérielle, ou même qui ne constituent aucun acte répréhensible. Les altérations qui sont punissables sont celles qui sont spécifiées par les art. 145, 146, 147 et 148, et qui consistent soit dans la contrefaçon ou la falsification d'écritures ou de signatures, soit dans la fabrication de conventions, dispositions, obligations ou décharges, ou leur insertion après coup dans les actes, soit dans l'addition ou l'altération de clauses, de déclarations ou de faits que les actes avaient pour objet de recevoir ou constater. Cette indication des différents modes de perpétration du faux est essentiellement limitative : toute altération qui se manifesterait par d'autres modes ne pourrait devenir la base d'une incrimination (*Th. du C. pén.*, n° 644).

**243.** C'est par application de cette règle que la jurisprudence a refusé d'attribuer le caractère de faux en écritures aux faits suivants : lorsque l'altération a été faite, non dans une minute ou une expédition d'acte, mais dans la copie écrite en tête d'un exploit, parce que cette copie ne pouvait être le principe de l'exercice d'aucun droit (Cass. 2 sept. 1813); lorsque l'altération ne s'est produite que dans des qualités de jugement qui n'ont pour objet que d'établir le fait tel qu'il est entendu par la partie (Cass. 3 mai 1856) ; lorsque les fausses énonciations ne peuvent être le fondement d'aucun droit (Cass. 21 avr. 1809, 7 sept. 1810, 23 sept. 1842, 4 nov. 1847, 31 mai 1855) ; lorsque l'acte n'est souscrit d'aucune signature et par conséquent ne peut engendrer aucun droit (Cass. 1er juin 1827) ; lorsque l'écrit fabriqué ne fait preuve que contre celui qui l'a souscrit et n'établit pas contre les tiers la vérité des mentions qu'il contient (Cass. 19 fév. 1825, 8 juill. 1850, 22 juill. 1858); lorsque la fausse déclaration n'est pas de celles que l'acte avait pour objet de recevoir et de constater (Cass. 30 avr. 1841, 24 mai 1845) ; tel serait par exemple le cas où, dans un acte de naissance, l'enfant serait faussement déclaré comme issu du mariage de ses père et mère (Cass. 24 fév. 1870), enfin lorsque l'acte incriminé n'est pas, en le supposant vrai, émané de l'autorité compétente (Cass. 23 avr. et 13 oct. 1809). Il résulte de ces arrêts que les altérations de la vérité qui ne revêtent pas l'une des formes indiquées par les art. 145, 146 et 147 du Code pénal, ne peuvent constituer un faux en écritures.

**244.** Mais l'application de cette règle a soulevé quelques difficultés. Doit-on, en premier lieu, considérer comme élément suffisant d'une poursuite en faux le faux nom pris et signé par un prévenu dans un interrogatoire devant le juge d'instruction? Le prévenu est libre dans sa défense ; il peut impunément y énoncer les dénégations ou les déclarations vraies ou mensongères qui sont ses moyens de défense; le procès-verbal, qui reproduit ses réponses, n'a pas pour objet d'en constater la vérité. Mais, en ce qui concerne la déclaration d'un faux nom, la jurisprudence a admis une distinction : cette allégation, quand elle n'a pour but que de cacher le vrai nom du prévenu et d'égarer la justice sur son identité, se confond avec les autres moyens de défense ; mais lorsque le nom usurpé s'applique à un individu déterminé, connu du prévenu, et qu'il est résulté ou qu'il a pu résulter de cette fraude un préjudice pour ce tiers, il peut y avoir une poursuite pour faux (Cass. 13 mai 1855, 2 juill. 1857, 1er juill. 1858, 8 déc. 1870, 4 déc. 1873).

**245.** L'usurpation d'un nom imaginaire ou d'un simple prénom, ou la reproduction, sans imitation, de la signature d'un tiers, constituent-elles des altérations susceptibles d'être incriminées ? Non, si ces actes ne peuvent être le fondement d'aucune obligation et s'il n'en peut résulter aucun préjudice ; oui, s'il peut en résulter un droit, s'ils peuvent causer une lésion. C'est dans ce dernier sens qu'il a été jugé « qu'il y a faux toutes les fois qu'un individu a signé un autre nom que le sien, soit que la signature ait été imitée plus ou moins habilement, soit qu'elle ait été écrite sans imitation, soit que le nom n'appartienne à aucune personne connue» (Cass. 18 fév. 1813); et par un autre arrêt, « que les art. 149 et 150 ne contenant point de distinction, sont applicables toutes les fois que la signature est fausse, sans distinction du cas où elle porterait sur un nom idéal, de celui où il y aurait eu contrefaçon et imitation de la signature d'une personne réellement existante et connue» (Cass. 16 juill. et 31 déc. 1813, 5 nov. 1831, 28 mars 1839, 25 juin 1840). Il a été déclaré, en ce qui concerne l'emploi d'un homonyme, « qu'une signature n'est vraie qu'autant que l'individu qui l'a tracée est bien celui dont elle offre le nom et dont elle établit la présence dans l'acte qui la renferme ; que l'imitation plus ou moins exacte de la véritable signature est une circonstance inutile ; que celui qui oppose dans un acte son propre nom pour simuler la présence d'un autre individu portant le même nom, qui seul avait le droit d'y figurer, constitue, si l'intention est frauduleuse, le crime de faux (Cass. 30 juill. et

13 oct. 1836). Enfin il a encore été reconnu que la simple biffure d'un acquit apposé au dos d'un effet de commerce (Cass. 20 juin 1844) et l'apposition d'une signature illisible au bas d'un acte frauduleusement fabriqué (Cass. 18 nov. 1850) peuvent, suivant les circonstances, devenir la base d'une poursuite ; et qu'il n'y a pas lieu d'établir une exception en ce qui concerne les fausses signatures apposées à des lettres missives, et que la fabrication d'une lettre missive supposée et revêtue d'une signature fausse, dans l'intention de nuire soit à la fortune, soit à l'honneur ou à la réputation d'autrui, peut constituer le crime de faux (Cass. 27 sept. 1816, 24 mars 1838, 12 nov. 1852).

**246**. L'altération de la vérité dans des registres et papiers domestiques peut-elle devenir l'un des éléments du crime de faux ? Il y a lieu, d'après la jurisprudence, de distinguer : l'altération des registres domestiques ne peut être incriminée tant qu'ils restent entre les mains de leur détenteur légitime, et lorsque cette altération ne porte pas sur les énonciations qui, suivant l'art. 1331 du C. civ., peuvent renfermer le principe d'une action. Mais si la falsification a eu lieu en vue d'une production préjudiciable à autrui, et qui a été effectuée, si cette falsification, qui ne peut former un titre pour celui qui l'a faite, est de nature à faire naître des présomptions ou des indices qui peuvent lui servir ; enfin, s'il est certain qu'il peut en résulter un préjudice, l'incrimination peut être fondée (Cass. 27 janv. 1827, 28 avr. 1838, 24 juill. 1847, 7 oct. 1858).

**247**. Il y a lieu de distinguer aussi et de séparer l'altération constitutive du faux et les fausses allégations constitutives de l'escroquerie. Il y a faux si les actes frauduleux employés par l'agent rentrent dans les cas énoncés par les art. 146 et 147, s'ils émanent d'un officier compétent pour constater les faits qui y sont faussement consignés, ou si l'escroquerie a été commise à l'aide d'une écriture ou d'une signature contrefaite qui puisse fonder une obligation (Cass. 27 sept. 1816, 9 sept. 1830, 18 août 1831). Mais si les actes ne sont pas de nature à porter lésion à des tiers, ou s'ils n'ont pas pour objet de constater les faits faux qui y sont énoncés, ils ne sont plus considérés que comme des déclarations mensongères et frauduleuses qui rentrent dans les termes de l'art. 405. Ainsi, celui qui, pour tromper sur sa situation et usurper un crédit illusoire, produit des actes simulés, des actes de prêt par lui consentis, des actes de cession signés de lui seul, des attestations, des lettres, des écrits qui ne peuvent créer aucun droit ni former aucun titre, ne peut-être poursuivi que pour escroquerie (Cass. 12 therm. an XIII, 8 juill. 1859).

**248.** Enfin l'altération de la vérité dans un écrit, même frauduleuse, peut n'être pas incriminée à titre de faux dans les cas suivants : 1° dans les cas de simulation, lorsqu'un acte, en énonçant ce que les parties ont voulu y écrire, déguise les faits qu'elles ont voulu dissimuler. Un tel acte, quoiqu'il renferme des énonciations mensongères et qu'il soit empreint de fraude, ne constitue ni un faux matériel, puisque les écritures et signatures émanent des parties qui ont contracté, ni un faux intellectuel, puisque les conventions simulées sont celles que les parties ont tracées ou dictées (Cass. 12 flor. an XIII, 25 nov. 1825) ; 2° lorsque la partie lésée a connu l'existence du fait par lequel le faux a été opéré et qu'elle doit s'imputer l'imprévoyance qui l'a facilité ; ainsi l'abus de blanc seing ne constitue qu'un délit quand il a été commis par la personne à qui le blanc seing a été confié ; il reprend le caractère d'un faux quand il est commis par toute autre personne (art. 407) ; l'abus de la signature sociale par l'un des associés n'est qu'un abus de confiance pendant l'existence de la société ; elle devient un faux après sa dissolution (Cass. 16 oct. 1806, 26 mars 1813) ; 3° lorsque les fausses déclarations sont faites en matière fiscale pour frauder l'impôt : quand elles n'ont pas pour effet la falsification des registres de l'administration, elles sont considérées comme des moyens de fraude qu'une simple vérification peut déjouer et qui ne sont frappés que de peines pécuniaires : l'application de cette distinction a été faite en matière d'enregistrement par les art. 39 et 46 de la loi du 22 frim. an VII, et en matière de contributions indirectes, en ce qui concerne les déclarations des expéditeurs constatées dans les acquits-à-caution (Cass. 31 mai 1839, 12 oct. et 30 déc. 1854, 19 avr. 1860) ; 4° lorsque les altérations sont relevées dans des comptes, sur des chiffres ou des calculs. La raison est que tous les comptes, tous les mémoires sont sujets à vérification : les suppositions de chiffres, les exagérations, les fausses énonciations, les taxes abusives contenues dans ces actes ne sont que des allégations mensongères, qui peuvent constituer une escroquerie, mais ne constituent point un faux. Il en serait autrement s'il était produit des pièces fausses à l'appui des chiffres altérés (Cass. 31 mai 1855).

**249.** *Intention frauduleuse.* Le 2e élément du crime de faux est l'intention frauduleuse. Il ne suffit pas que l'altération ait été commise sciemment et volontairement ; il faut qu'elle ait été commise avec fraude, c'est-à-dire dans le dessein de nuire à autrui. Il n'y a point de faux punissable quand l'altération a été faite sans intention de nuire. Cette règle a été consacrée par un grand nombre d'arrêts, qui ont décidé dans des espèces diverses « que le crime de faux ne peut exister là où il ne se rencontre aucune idée ni intention de porter un dommage à autrui. » Ainsi il n'y a pas de faux dans le fait d'inscrire au bas d'une pétition les noms d'individus non présents (Cass. 16 mars 1806), dans le fait d'un médecin qui a ajouté à sa consultation la signature d'un confrère (Cass. 15 flor. an XII), dans l'insertion faite après coup dans un acte par un clerc des mots : *lu aux parties*, omis par erreur (Cass. 18 juin 1852), enfin, dans les fausses énonciations d'un procès-verbal d'un préposé du fisc, lorsqu'elles n'ont eu pour objet ni de soustraire des marchandises aux droits, ni d'établir une contravention qui n'aurait pas existé (Cass. 20 fév. 1806, 25 nov. 1819).

**250.** L'intention de nuire suppose en général l'intention de nuire à la fortune d'autrui. C'est par ce motif que l'art. 164 prononce contre les faussaires une amende « qui pourra être portée jusqu'au quart du bénéfice illégitime que le faux était destiné à procurer ». Mais de cette disposition qui n'est nullement restrictive, on ne doit point induire que la loi n'a entendu s'appliquer qu'aux faux produits par la cupidité. L'altération de la vérité peut constituer le crime de faux quand elle a eu pour but de nuire non-seulement à la fortune, mais à l'honneur, à la réputation d'autrui. C'est ce que décide la jurisprudence en déclarant « qu'il y a dessein criminel dans tout faux qui a pour objet de nuire à l'intérêt public et à l'intérêt particulier, et que l'intérêt particulier se compose non-seulement des moyens d'aisance ou de fortune, mais aussi de la réputation et de l'honneur » (Cass. 26 juill. 1832). Il y a lieu toutefois de distinguer les éléments du faux et ceux de la calomnie et de la diffamation ; il n'y a crime de faux que lorsque, à l'appui des fausses imputations constitutives de ces délits, on produit soit un faux certificat, soit une pièce fabriquée pour les soutenir, soit des lettres revêtues de fausses signatures (Cass. 3 août 1810, 12 nov. 1813, 18 nov. 1852, 3 déc. 1859). Il importe peu d'ailleurs que le faux ait été commis pour le profit personnel de son auteur ou pour servir l'intérêt d'un tiers ; il suffit qu'il ait été commis avec l'intention de nuire à autrui (Cass. 6 avril 1809).

**251.** Enfin l'intention de nuire peut exister, non-seulement quand le faux menace la propriété, l'honneur ou la réputation des citoyens, mais encore quand il s'attaque à des intérêts publics, soit pour enlever à la société des garanties que sa sûreté exige, soit pour exempter des charges imposées à ses membres, soit pour usurper des droits qu'elle confère. L'intention de nuire est indépendante de la quotité et de l'éventualité du préjudice qu'elle veut produire ; mais il faut que cette intention soit la cause impulsive du crime. C'est par application de ces règles qu'il a été reconnu que l'officier public qui, sans aucune intention criminelle, altère dans un acte des circonstances accidentelles et même dans certains cas des faits substantiels à l'acte, commettra une faute, mais non un faux punissable (Cass. 29 déc. 1806, 18 fév. 1813). C'est ce qui a été jugé relativement à l'apposition tardive dans un acte de la date d'une vente et de l'énonciation d'un prix moindre que le prix réel (Cass. 31 mai 1839). La décision doit-elle être différente si la faute est très-grave et s'il a pu en résulter un préjudice pour autrui ? Cette question s'est élevée au sujet d'un huissier qui avait fait faire une signification par un clerc en mentionnant dans l'exploit qu'il l'avait faite lui-même, et d'un notaire qui avait faussement énoncé avoir reçu dans son étude un acte qu'il était allé recevoir hors de son ressort. La Cour de cassation avait d'abord jugé que cette double prévarication avait les caractères d'un faux (Cass. 22 juin 1810, 15 juill. 1819, 16 nov. 1832). Mais elle a depuis reconnu que quand l'officier public n'a l'intention ni de nuire aux parties, ni de commettre aucune fraude, il n'est passible que d'une peine disciplinaire et non de la peine du faux (Cass. 4 mars 1825, 17 juill. 1835, *Th. du C. pén.*, n° 669). Cependant si la falsification faite par un notaire, par exemple, la mention après coup de la présence des témoins dans un acte, avait pour but d'effacer la responsabilité qui pesait sur lui, cette circonstance peut constituer une intention criminelle (Cass. 7 juill. 1848) qui n'existerait pas autrement (Cass. 15 juin 1843). Enfin il est admis que le fait habituel de chaque notaire d'insérer dans les actes la mention mensongère qu'ils ont été passés devant lui et *son collègue*, ne constituant qu'une altération matérielle dénuée de toute fraude, ne peut être considérée comme un faux (Cass. 6 août 1833).

**252**. *Préjudice.* Le 3e élément du crime de faux est que l'altération puisse porter quelque préjudice à autrui. Il n'y a lieu, ainsi qu'on l'a déjà remarqué, à faire aucune distinction entre le préjudice matériel et le préjudice moral (Cass. 13 nov. 1852, 3 déc. 1859). Cette règle a été appliquée au cas même où l'écrit, une pétition revêtue de fausses signatures, ne préjudicierait qu'à un intérêt d'ordre général et public (Cass. 19 sept. 1850). Il n'est pas d'ailleurs nécessaire que le faux produise un préjudice actuel, il suffit qu'il puisse le produire, il faut qu'il soit ou qu'il devienne la cause d'une lésion quelconque; mais cette condition peut résulter d'une simple éventualité ou possibilité de préjudice (Cass. 8 avr. 1843, 28 nov. 1845, 7 juill. 1848, 13 nov. 1857). Cette possibilité n'existe pas lorsque l'acte entaché de faux ne peut, même en le supposant vrai, produire aucune lésion, par exemple, l'altération dans la copie d'un acte, la fabrication d'une convention signée d'une seule partie, la falsification d'un mémoire de frais, d'une note des vacations d'un expert, tous ces actes ne peuvent devenir le principe d'un droit ou d'une action, et par conséquent leur altération ne peut fonder une poursuite en faux (Cass. 2 avr. 1807, 11 fév. 1808, 2 sept. 1813, 1er juin 1827, 23 sept. 1842, 24 nov. 1847, 8 juill. 1859). Quant aux actes qui peuvent porter préjudice, il y a lieu de distinguer entre ceux dont le préjudice n'est qu'accidentel, comme les simples écrits ou lettres missives, et ceux qui peuvent nécessairement préjudicier par eux-mêmes, comme les obligations, ventes, quittances. Le préjudice actuel ou possible causé par les premiers doit être explicitement reconnu et déclaré (Cass. 20 janv. 1837, 11 janv. 1838, 5 oct. 1865). Mais il a été admis, à l'égard des autres, qu'il n'est pas strictement nécessaire de constater un préjudice qui ressort de leur nature même (Cass. 22 sept. 1859, 17 avr. 1863, 14 sept. 1855).

**253.** Si les actes entachés de faux sont frappés de nullité, soit par suite d'un vice de forme, soit par l'incapacité de la personne dont la signature est apposée, l'agent pourra-t-il invoquer le défaut de préjudice ? La jurisprudence a en général résolu cette question par la négative : pour juger s'il y a faux dans un acte, c'est au moment de sa rédaction que l'on doit se fixer, et les éléments postérieurs ne peuvent ni créer après coup dans cet acte un taux qui n'existe pas, ni en effacer le taux qui y existe. C'est pour cela qu'il a été jugé que le défaut d'affirmation d'un procès-verbal ne peut pallier la falsification qu'il contient (Cass. 20 nov. 1807) ; que la fausse signature d'un mineur sur une lettre de change doit être appréciée, abstraction faite de l'effet éventuel du faux (Cass. 21 mai 1812) ; que la fabrication d'un faux acte sous signature privée peut être incriminée lors même que l'acte n'a pas été fait en double (Cass. 4 sept. 1807). Cependant il y a peut-être lieu de distinguer les actes qui sont atteints d'une nullité radicale, et ceux qui, valides au moment de leur rédaction, ne prennent une cause de nullité que dans l'omission des formes dont la loi les a revêtus. Les premiers, s'ils ne peuvent dans aucun cas produire de préjudice, ne peuvent, quand ils ont été altérés, devenir la base d'une poursuite ; tel serait le cas où l'acte sous seing privé fabriqué ne porterait pas de signature (Cass. 7 juill. 1827). Mais lorsque la nullité provient des formes postérieures à la rédaction de l'acte, et lorsque cette nullité n'est pas le fait même du faussaire qui aurait pu par là annuler lui-même son œuvre (Cass. 14 août 1817), cet acte, même frappé de nullité, peut être incriminé comme la jurisprudence l'a décidé, soit à raison d'un faux consommé, si par exemple il a été commis dans un procès-verbal non suivi d'affirmation, soit au moins à raison d'une tentative qui n'a manqué son effet que par une nullité accidentelle et imprévue : tel serait le cas où un individu, prenant un faux nom, aurait signé de ce nom un prêt hypothécaire, demeuré imparfait par une cause indépendante de sa volonté (Cass. 14 oct. 1854). Tel serait encore le cas où un notaire, supposant une quittance d'une somme déposée entre ses mains, aurait signé lui-même en sa qualité de notaire cette quittance non signée des créanciers (Cass. 13 nov. 1857, *Th. du Cod. pén.*, n° 679).

**254.** Si le faux n'a été commis que pour se faire payer à l'aide d'un titre fabriqué d'une dette légitime, il semble que le préjudice s'efface. La loi n'incrimine l'altération d'un acte que lorsqu'elle est nuisible. Si elle n'a pas cet effet, si elle n'a pour objet que de contraindre le débiteur au paiement de sa dette, il manque au crime un de ses éléments que la fraude seule ne remplace pas. Mais la Cour de cassation, après avoir rendu un premier arrêt en ce sens (Cass. 3 août 1809), a décidé « que l'emploi d'une pièce fausse même dans la seule intention de se procurer le paiement d'une dette réelle, contre le gré du débiteur, contient essentiellement le crime de faux » (Cass. 6 oct. 1853). Il n'y aurait au reste aucune espèce de doute si le faussaire ne s'était pas borné au paiement du montant de sa créance, si cette créance n'était pas liquide ou exigible, si le débiteur n'en avait retardé le paiement qu'en opposant quelque exception, si, à quelque titre que ce soit, elle était litigieuse; car, dans toutes ces hypothèses, la fraude a pour objet de léser un droit.

**255.** *Résumé.* Reprenons les trois règles qui viennent d'être exposées. Il ne peut exister de crime de faux sans une altération matérielle de la vérité, sans une intention de nuire, sans l'existence ou la possibilité d'un préjudice. Chacun de ces trois éléments est également essentiel à la constitution du crime, mais chacun d'eux a son caractère spécial et défini. Ce n'est pas assez pour l'existence du faux qu'une altération matérielle subsiste et soit constatée, il faut qu'elle rentre dans l'un des cas spécifiés par les art. 145, 146 et 147; ce n'est pas assez que l'agent ait préparé le faux avec la connaissance de l'immoralité de son action, il faut qu'il ait eu le dessein de nuire à autrui; enfin ce n'est pas assez que l'altération soit frauduleuse, il faut qu'elle opère ou qu'elle puisse opérer un préjudice, une lésion quelconque. Tels sont les éléments constitutifs du crime de faux; ils s'appliquent à tous les genres d'altération, et c'est en les invoquant dans toutes les espèces que l'on peut discerner si les faits si nombreux qui présentent les apparences de ce crime ont en réalité les caractères qui le constituent (*Th. du C. pén.*, n° 681).

## II. — *Faux commis par des officiers publics dans l'exercice de leurs fonctions.*

### Art. 145 et 146.



**256.** *Division.* Le Code pénal distingue trois espèces de faux en écritures, suivant qu'il est commis en écritures publiques, commerciales ou privées. Le faux en écritures publiques se subdivise en deux classes, suivant qu'il est commis par des officiers publics dans l'exercice de leurs fonctions ou par de simples particuliers ou par des officiers publics en dehors de leurs fonctions.

**257.** *Ecritures publiques.* Quelles écritures sont réputées authentiques ou publiques? Ce sont, en général, et suivant les termes de l'art. 1317 du C. civ., celles qui sont reçues par des officiers publics ayant le droit d'instrumenter dans le lieu où l'acte a été rédigé et avec les solennités requises. On distingue quatre sortes d'actes authentiques : les actes législatifs et ceux qui émanent du pouvoir exécutif, les actes judiciaires, les actes administratifs et les actes notariés. La jurisprudence a rangé parmi les écritures publiques tous les actes émanés des officiers publics pour l'exercice de leurs fonctions ; — les actes de l'état civil (Cass. 9 sept. 1810, 26 juin 1812, 14 juill. 1870); les diplômes des diverses facultés (Cass. 26 août 1825, 28 fév. 1833) ; les registres des administrations publiques (Cass. 7 juill.

1829, 7 déc. 1833); les registres d'écrou des prisons (Cass. 14 juin 1821), les registres de comptabilité intéressant le Trésor public (Cass. 2 juin 1825) ; les expéditions de la régie des contributions indirectes (Cass. 10 nov. 1808, 9 janv. 1873); les actes délivrés par l'officier chargé de percevoir les droits d'essai des matières d'or et d'argent (Cass. 19 mai 1826) ; les certificats délivrés par les conducteurs des ponts et chaussées pour constater les livraisons des matériaux (Cass. 22 avr. 1837); les bulletins que les préposés du poids public délivrent aux parties intéressées (Cass. 16 déc. 1837), les écritures de l'administration des postes certifiant des remises de fonds (Cass. 22 mai 1841, 22 avr. 1842) ; les dépêches télégraphiques certifiées par les fausses signatures des employés de l'administration (Cass. 6 juill. 1867); les livrets d'une caisse d'épargne (Cass. 20 mai 1853); les registres d'un facteur à la halle (Cass. 25 fév. 1854); les rapports des experts ayant caractère et mission pour recevoir les déclarations des parties (Cass. 3 mai 1856); les certificats donnés en vertu d'une disposition spéciale de la loi pour obtenir l'exemption du service militaire (Cass. 23 avr. 1859), etc. L'écriture peut être réputée authentique dans le cas même où l'acte serait nul comme acte public pour vice de forme. La raison en est que cet acte, même nul, présente les caractères d'une tentative de faux en écriture publique, pourvu que sa forme permette de le considérer comme tel (Cass. 13 fév. 1813).

**258.** Il ne suffit pas cependant qu'un acte faux soit supposé émané d'un officier public pour que l'écriture soit réputée authentique, il faut que cet officier soit compétent pour le recevoir ou le rédiger. Ainsi, l'acte de décès ou le certificat de mariage revêtus de la fausse signature d'un ecclésiastique, le certificat fabriqué sous le nom d'un fonctionnaire sans qualité pour le délivrer, ne sont pas des écritures publiques (Cass. 17 août 1815). Mais il n'est pas nécessaire que l'officier public soit réellement intervenu ; il suffit que l'acte lui soit faussement attribué, qu'il ait la forme extérieure d'un acte public, car la contrefaçon de la signature de l'officier caractérise, aussi bien que l'abus qui serait fait de son concours, l'usurpation de la garantie légale qui y est attachée (Cass. 2 mai 1833).

**259.** *Modes de perpétration.* Après avoir indiqué quelles écritures sont réputées publiques, on doit examiner quels sont les différents modes d'altération prévus par l'art. 145 dont les officiers publics peuvent se rendre coupables. La première condition de l'application de cet article est que le faux ait été commis *dans l'exercice des fonctions*. Les faux commis par un fonctionnaire public, même dans des écritures publiques, ne rentrent pas dans les termes de cet article, si ces actes ne constituent pas un acte de ses fonctions (Cass. 9 mai 1813, 14 août 1830). Les actes commis dans l'exercice des fonctions sont les actes du ministère même du fonctionnaire, les actes qui sont une conséquence et une suite de ses fonctions. La fausse quittance des droits d'enregistrement écrite sur un acte par un notaire n'est point un acte de son ministère (Cass. 26 janv. 1815), mais le faux rentrerait dans les termes de l'art. 145 si le notaire avait délivré des expéditions de cet acte avec la fausse mention de l'enregistrement (Cass. 14 juin 1821). Il est évident que l'acte ne serait pas réputé commis dans l'exercice des fonctions, si l'officier n'avait pas encore prêté serment (Cass. 21 sept. 1837), ou s'il n'a rédigé l'acte en l'antidatant que depuis qu'il a cessé ses fonctions (Cass. 29 juin 1808, *Th. du C. pén.*, n° 692).

**260.** *Fausses signatures.* Le premier mode de perpétration du faux prévu par l'art. 145 est celui qui a lieu par de *fausses signatures*. Il faut distinguer l'emploi d'un faux nom et d'une fausse signature. L'emploi d'un faux nom, même pris par écrit, ne constitue pas nécessairement le crime de faux, mais peut le constituer. La fausse signature, qu'elle soit l'imitation d'une signature réelle ou qu'elle porte sur un nom idéal, peut, dans l'un et l'autre cas, donner lieu à l'incrimination. Il suffit, pour l'établir, que le faussaire ait donné le nom dont il s'est servi comme sa vraie signature.

**261.** *Altération des actes.* Le deuxième mode de perpétration du faux prévu par l'art. 145 est l'*altération des actes, écritures ou signatures.* Cette disposition comprend les altérations commises par les fonctionnaires publics dans les actes de leur ministère et par lesquelles ils détruisent ou modifient les conventions ou les faits que ces actes ont pour objet de constater. Il n'est pas inutile de remarquer que ces altérations n'entraînent pas plus que les autres une présomption de crime, et qu'elles ne peuvent être incriminées que lorsqu'il y a intention de nuire et possibilité de préjudice. Ainsi l'altération faite après coup dans un acte pour rectifier une énonciation inexacte, une mention omise, une date erronée, ne peut motiver une poursuite. Mais il en est autrement si la mention n'est pas étrangère à la substance de l'acte et le modifie, si l'altération de la date peut porter quelque préjudice à des tiers (Cass. 24 prair. et 11 fruct. an XIII, 26 août 1853). Sont également compris dans l'incrimination le notaire qui altère des signatures aussi bien que s'il les supposait, celui qui fait signer après coup et après le décès du testateur un testatement par les témoins instrumentaires (Cass. 7 nov. 1812); les comptables des deniers publics qui altèrent les écritures des registres ou des pièces de comptabilité, pour s'approprier les fonds dont ils sont dépositaires, soit au préjudice du Trésor, soit des particuliers (Cass. 29 janv. et 5 juin 1807).

**262.** *Supposition de personnes.* Le 3e § de l'art. 145 prévoit les faux par *supposition de personnes* commis par les officiers publics, lorsqu'ils supposent dans un acte de leur ministère la comparution d'une personne, tandis qu'une autre a comparu. La loi considère que l'auteur de la fausse désignation a agi sciemment et frauduleusement, car s'il avait été lui-même trompé, il n'y aurait qu'erreur. Le notaire qui a négligé de se faire attester l'individualité des parties peut être passible d'une peine disciplinaire (L. 25 vent. an XI, 11) et des dommages-intérêts des parties, mais il ne peut encourir les peines du faux qu'autant qu'il a connu la non-identité et agi avec l'intention de nuire.

**263.** *Écritures intercalées dans les actes.* Le dernier paragraphe de l'art. 145 prévoit le faux commis « par des écritures faites ou intercalées sur des registres ou d'autres actes publics depuis leur confection ou clôture ». Les art. 15 et 16 de la loi du 25 ventôse an XI déterminent les formes des renvois, additions ou surcharges dans les actes notariés. Ces additions ou surcharges, quand les formes n'ont pas été observées, mais qu'elles ne constituent qu'un acte de négligence, ne sont qu'une contravention passible d'une amende; mais elles prennent un caractère criminel quand elles se produisent après la clôture des actes, qu'elles sont faites frauduleusement et peuvent occasionner un préjudice. Il est nécessaire de constater qu'elles ont été faites postérieurement à la rédaction des actes, car si elles avaient précédé la signature des parties, celles-ci en auraient pris connaissance (Cass. 15 juin 1843) et ce ne serait plus un faux par intercalation. Il est nécessaire de constater la fraude, car toutes les rectifications de dates après leur signature sont licites dès qu'elles sont exemptes de fraude (Cass. 7 nov. 1808). Enfin, il est nécessaire de constater la possibilité d'un préjudice, car les additions ou renvois faits après coup ne peuvent être incriminés lorsque, faits sans aucun intérêt, ils ne portent aucun préjudice (Cass. 18 fruct. an XIII). Mais la simple altération d'une date et même les changements opérés dans la ponctuation d'un acte, s'ils peuvent nuire, tombent dans les termes de la loi (Cass. 22 fév. 1809).

**264.** *Faux intellectuel.* L'espèce d'altération que prévoit l'art. 146 ne se reconnaît à aucun signe extérieur et apparent: elle consiste dans l'insertion dans un acte de clauses que les parties n'ont pas entendu souscrire ou de circonstances contraires à la vérité. Dans cette espèce de faux comme dans toutes les autres, l'intention frauduleuse est un élément essentiel du crime; mais l'art. 146 a cru devoir l'énoncer plus spécialement, parce que les erreurs et méprises dans l'expression de la volonté des parties sont plus faciles. Mais lorsqu'il est constant que l'officier public a agi frauduleusement, soit dans son intérêt, soit dans celui de l'une des parties, l'altération d'une seule clause dans un acte suffit pour constituer le crime (Cass. 7 janv. 1808). Les termes de l'art. 146 s'appliquent, non-seulement au notaire qui ferait signer un acte de vente à la partie qui croit signer un mandat ou un prêt, mais à celui qui introduit dans un acte de prêt ou de vente des conventions mensongères qui n'ont point été acceptées par les parties; au notaire qui dénature la substance ou les circonstances d'un acte à l'aide de moyens matériels, tels que des intercalations ou substitutions de feuillets (Cass. 10 nov. 1843) ; — à celui qui énonce faussement l'enregistrement des actes sur les expéditions qu'il en délivre (Cass. 17 mars 1815, 14 juin 1821); — au greffier qui, dans des expéditions rédigées, signées et délivrées par lui, atteste faussement le concours du juge dans cet acte et sa signature sur la minute (Cass. 22 août 1807); — à l'huissier qui énonce sur l'original d'un commandement en expropriation, après sa signification et son enregistrement, que le nouveau domicile de l'exproprié serait connu de la partie poursuivante (Cass. 29 juin 1819), enfin aux officiers de police judiciaire, aux gardes forestiers, gendarmes et préposés des administrations publiques qui dans les procès-verbaux par lesquels ils constatent les délits et contraventions, attestent comme vrais des faits faux ou énoncent à côté de faits vrais des circonstances mensongères de nature à aggraver la position des inculpés. La jurisprudence admet en outre que toute altération ou falsification introduite dans un acte authentique par l'officier qui l'a rédigé, emporte virtuellement avec elle un préjudice résultant de l'atteinte portée à la foi que sa fonction assurait aux transactions (Cass. 22 sept. 1859, 5 oct. 1865).

**265.** *Pénalité.* Les art. 145 et 146 portent la peine des travaux forcés à perpétuité contre tout fonctionnaire ou officier public qui commet dans l'exercice de ses fonctions l'une des falsifications qu'ils ont prévues. Cette peine, motivée par la confiance obligée dont l'officier est investi, doit-elle atteindre les particuliers qui se sont rendus complices du faux? On a vu, sous les art. 59 et 60, qu'en principe général les complices sont frappés des mêmes peines dont les auteurs principaux étaient passibles lors même que ceux-ci sont acquittés. Mais ici il y a lieu de faire une distinction : lorsque l'officier public a connu le crime dont il s'est fait l'instrument, lorsque, de connivence avec une partie, il a certifié comme vrais des faits faux ou introduit dans un acte des conventions mensongères, la même peine frappe la partie complice du faux et l'officier qui l'a commis (Cass. 22 juill. 1830); mais lorsque cet officier n'a été qu'un instrument inerte et matériel du crime, qu'il a été trompé par une supposition d'actes ou de personnes, il n'y a plus qu'un faux en écritures publiques commis sans la participation de l'officier et passible seulement des travaux forcés à temps conformément à l'art. 147 (Cass. 7 et 20 juill. 1814).

## III. — *Faux en écritures publiques commis par des particuliers.*



**266.** L'art. 147 prévoit les faux en écritures publiques commis par de simples particuliers ou par des officiers publics en dehors de leurs fonctions. Cet article indique, en reproduisant les art. 145 et 146, trois modes de perpétration du faux :

la contrefaçon ou altération d'écritures ou de signatures, la fabrication de conventions, dispositions, obligations ou décharges ou leur insertion après coup dans ces actes, et l'addition ou altération de clauses, de déclarations ou de faits que ces actes avaient pour objet de recevoir ou de constater. L'application de ces modes de perpétration, communs à tous les faux en écritures, entraîne, en ce qui touche le faux en écritures publiques, quelques solutions particulières.

**267.** *Contrefaçon ou altération d'écritures.* Il n'y a contrefaçon d'écritures, dans le sens de l'art. 147, que lorsque l'écriture contrefaite forme un acte quelconque susceptible d'engendrer une obligation, car les conditions élémentaires du crime, qui ont été exposées précédemment, s'appliquent à toutes les espèces de faux. Ainsi la contrefaçon d'un acte dépourvu de signature ou signé d'une simple croix, n'est pas punissable (Cass. 11 déc. 1806, 1er mai 1812). Il y a contrefaçon de signatures toutes les fois que l'on souscrit un acte du nom d'une personne à laquelle on l'attribue. Il importe peu que l'imitation de la signature soit plus ou moins exacte, ou même qu'elle soit plus ou moins lisible. Il importe peu même, bien que l'art. 147 ne punisse que la *contrefaçon* et l'*altération* des signatures, que la fausse signature soit d'un nom inconnu, car ce nom est une altération de la signature de l'agent. Il y a altération de signature — lorsque l'acquéreur d'un immeuble ajoute à son nom dans l'acte de vente un faux prénom pour soustraire le bien à ses créanciers (Cass. 3 oct. 1806) ; — lorsqu'un frère, dans un acte de remplacement militaire, usurpe le prénom de son frère et contrefait sa signature (Cass. 7 août 1812). Mais il n'y aurait aucune altération dans le fait d'une femme mariée qui, même avec fraude, signerait un acte de son nom de fille, car ce nom lui appartient (*Th. du C. pén.*, n° 704).

**268.** *Fabrication de conventions.* La fabrication de fausses conventions, prévue en deuxième lieu par l'art. 147, s'opère dans la rédaction même des actes par supposition d'écrits ou de personnes. Il y a supposition d'écrits authentiques lorsque l'agent fabrique, par exemple, une expédition fausse d'un acte notarié qui n'existe pas. Il est nécessaire que l'acte soit parfait et revêtu de ses formes légales ou du moins qu'il ait les apparences d'un acte régulier (Cass. 16 nov. 1850, 8 août 1851), car s'il était imparfait, la qualification serait modifiée (Cass. 14 oct. 1854, 15 nov. 1857) ou détruite. Mais il n'est pas nécessaire de scinder, dans la position des questions au jury, la fabrication de l'acte et la contrefaçon des signatures; il suffit que la question énonce la fabrication d'une fausse convention (Cass. 7 juill. 1827). Le faux par supposition d'écrits comprend nécessairement la fabrication d'un diplôme de docteur en médecine ou licencié en droit (Cass. 5 sept. 1833), d'un faux acte de décès ou de mariage destiné à soustraire un individu au recensement (Cass. 24 mars 1806, 10 août 1843). Le faux par supposition de personnes commis par des particuliers a les mêmes caractères que lorsqu'il est commis par des officiers publics (Cass. 7 et 24 juin 1814, 11 fév. 1815, 24 mars 1818, 5 sept. 1844). Ainsi les faux commis par des parties, lors de la rédaction d'un acte, au préjudice d'un tiers faussement supposé présent, la fabrication d'une quittance au nom d'une personne supposée sur les registres de la poste aux lettres, rentrent dans les termes de la loi (Cass. 14 sept. 1821, 17 juill. 1829, 2 janv. 1852, 15 juin 1854). Il n'est pas nécessaire que la personne supposée ait fait quelque écriture et signé l'acte; il suffit que sa comparution ait motivé de fausses écritures pour constater ses déclarations (Cass. 7 mars 1835), mais il est indispensable que la supposition ait donné lieu à de fausses écritures (Cass. 17 déc. 1831). La supposition, si la fraude se révèle avant la perfection de l'acte, peut être incriminée à titre de tentative, lorsqu'elle réunit les éléments d'une tentative légale (Cass. 9 juill. 1807).

**269.** *Insertion après coup dans les actes.* Cette disposition de l'art. 147 que nous avons déjà trouvée dans l'art. 145, comprend toute intercalation de dispositions dans les actes après leur clôture. Toutes les clauses insérées dans les actes après qu'ils ont été rédigés, à l'insu de l'une des parties et avec l'intention de lui porter préjudice, rentrent dans cette incrimination. Telles sont — l'addition frauduleuse dans un contrat de vente de la quittance du prix après sa signature; — l'insertion dans un acte de vente, à l'insu des acquéreurs, d'une clause qui restreint la garantie du vendeur en cas d'éviction (Cass. 21 mai 1839); — l'insertion dans une lettre de change d'une obligation au moyen d'endossements inscrits au-dessus du nom du tireur (Cass. 23 oct. 1840); — l'insertion frauduleuse dans un carnet ou livre de banque de la fausse mention d'un paiement effectué (Cass. 27 juill. 1849); — l'intercalation dans un billet, après qu'il a été endossé par un tiers, de la ratification d'une convention étrangère au billet (Cass. 22 juill. 1858); — l'insertion dans des polices d'assurances à l'insu des assurés, de conventions autres que celles qui avaient été arrêtées entre les parties et d'évaluations exagérées des objets assurés (Cass. 12 mai 1859).

**270.** *Altération des faits que les actes ont pour objet de constater.* La première règle résultant du 3e § de l'art. 147 est que le crime n'existe qu'autant que l'altération porte sur des déclarations ou des faits que l'acte avait pour objet de recevoir ou de constater. Cette règle a été appliquée dans les espèces suivantes : 1° un individu porteur d'un certificat de libération militaire en marge duquel se trouvait cette annotation : « refusé pour vice de conformation », avait effacé cette mention par des moyens chimiques; poursuivi pour faux, il a été décidé « que cette mention, qui contenait un simple renseignement administratif, était extrinsèque à l'acte produit, que l'altération, ne portant donc pas sur les déclarations que l'acte avait pour objet de constater, ne pouvait tomber sous l'application de l'art. 147 » (Cass. 25 fév. 1836, 1er déc. 1842, 29 mai 1845, 19 juin 1851); 2° une femme avait pris dans un acte de vente la fausse qualité de femme mariée ; il a été décidé que l'usurpation de cette qualité, qui n'appartenait pas à la substance de l'acte et que cet acte n'avait pas pour objet de constater, ne pouvait devenir l'élément d'un faux criminel » (Cass. 30 avr. 1841) ; 3° enfin, la fausse déclaration dans un acte de naissance que la mère de l'enfant est la femme légitime du déclarant, ne constitue point un faux, parce que cette déclaration ne rentre point dans la substance de l'acte de naissance qui n'a point pour objet de constater si le père et la mère de l'enfant sont unis par mariage (Cass. 24 fév. 1870). Il se peut toutefois que l'annotation mise en marge d'un acte ou la déclaration qui y est insérée, bien qu'étrangère à sa substance, forme un acte particulier et distinct opérant obligation ou décharge ; dans ce cas il y aurait faux, non à raison de la falsification de l'acte principal, mais à raison de la falsification de cet acte accessoire : telle serait l'altération de la quittance du prix placé en marge d'un contrat de vente ou celle des notes ou états de service énoncés à la suite d'un congé militaire (Cass. 29 avr. 1826), mais cette restriction ne s'applique pas à la mention du paiement des droits d'enregistrement qui, bien que placés à la suite ou en marge de l'expédition d'un acte, fait corps avec cet acte et en forme une partie (Cass. 5 avr. et 28 juin 1855).

**271.** L'altération des déclarations et des faits dans les actes destinés à les constater, a lieu soit par l'altération des écritures soit par de fausses déclarations devant les officiers qui les rédigent, soit par supposition de personnes. Il y a altération matérielle de ces actes — lorsqu'une date est substituée à une autre date dans un acte de naissance (Cass. 25 juin 1812) ; — lorsque, dans un diplôme, de faux noms sont substitués aux noms qui y étaient inscrits (Cass. 8 juill. 1813, 26 août 1825) ; — lorsque, pour soustraire des marchandises aux droits de douanes, des falsifications sont faites sur un passavant (Cass. 19 mai 1826, 2 juill. 1829, 4 oct. 1849) ; — lorsque dans un acte notarié on ajoute la signature de l'un des témoins instrumentaires dont l'omission entraînait la nullité de l'acte (Cass. 7 nov. 1812), ou la mention de la présence des témoins omise dans l'acte (Cass. 7 juill. 1848), ou les mots : *lu aux parties*, qui avaient été également omis (Cass. 18 juin 1852), ou, dans un billet à ordre, la mention du lieu du paiement qui n'avait pas été indiqué (Cass. 7 avr. 1853), pourvu dans toutes ces hypothèses que l'addition ait été frauduleuse et préjudiciable. Il y a faux par fausses déclarations dans les actes destinés à les recevoir, lorsqu'une personne altère les faits devant un officier public chargé de rédiger l'acte qui doit les constater, par exemple lorsqu'un enfant est inscrit sous le nom d'un père supposé (Cass. 5 fév. 1808, 28 déc. 1809, 1er juill. et 6 août 1837, 10 juin 1851); — lorsqu'on déclare le décès d'un enfant qui n'a jamais existé (Cass. 19 fév. 1831); lorsqu'on usurpe une fausse qualité qui sert de base à l'exercice d'un droit, mais seulement dans le cas où le droit dérive uniquement de la fausse qualité (Cass. 16 vent. an XIII, 6 août 1807, 3 mars 1809).

**272.** Enfin il y a faux par supposition de personnes, dans le sens de l'art. 147 aussi bien que de l'art. 145, lorsqu'une personne comparaît sous le nom d'un tiers devant un officier public et donne lieu, sous ce faux nom, à des écritures dans un acte public. Sont coupables de cette supposition, — l'individu qui se présente devant l'officier de l'état civil comme le père de l'un des fiancés pour donner son consentement à leur mariage (Cass. 6 août 1827) ; — l'individu qui se présente à l'huissier signifiant une copie d'exploit comme celui auquel elle est signifiée, pour détourner cette copie (Cass. 27 juin 1811) ; — l'individu qui se présente devant le conseil de révision sous le nom d'un jeune soldat pour obtenir son exemption à l'aide des infirmités qu'il peut alléguer (Cass. 12 avr. et 23 mai 1833); — l'individu qui se présente au concierge d'une prison sous le nom d'un tiers condamné à l'emprisonnement et se fait écrouer à sa place (Cass. 10 fév. 1827, *Th. du C. pén.*, n° 717).

## IV. — *Du faux en écritures de commerce et de banque.*

273. Application aux faux en écritures commerciales des règles générales sur le crime de faux.
274. Quelles écritures sont réputées de commerce ou de banque. Application des règles du Code de commerce.
275. Les livres et registres de commerce sont d'écritures de commerce, qu'ils soient obligatoires ou facultatifs.
276. Enumération des divers écrits qui doivent être réputés écritures commerciales.
277. Les lettres de change sont actes de commerce, à moins qu'elles ne soient que de simples promesses.
278. Les billets à ordre et même les billets à domicile ne sont un acte de commerce que lorsqu'ils émanent d'un commerçant et ont pour cause un fait commercial.
279. Cas où le faux dans un billet à ordre est un faux en écritures de commerce.
280. De la peine applicable au faux en écritures de commerce.

**273.** L'art. 147 confond dans les mêmes termes les faux commis en écritures publiques et en écritures de commerce. Les mêmes modes de perpétration applicables à la première catégorie de ces crimes s'appliquent à la seconde : ce sont les mêmes règles et les mêmes restrictions. Il reste à déterminer les caractères du faux commercial : ces caractères se déterminent, non par la qualité de la personne qui l'a commis, mais par la nature intrinsèque de l'acte ou de l'écriture fabriqués ou falsifiés. Ce qu'il faut donc examiner, pour savoir si le faux est en écriture de commerce, c'est la nature intrinsèque de l'écriture arguée de faux.

**274.** *Écritures de commerce ou de banque.* Les art. 632 et 633 du C. de commerce énumèrent les actes qui sont réputés actes de commerce. Les écritures commerciales sont celles qui ont ces actes pour objet et qui sont relatives à une opération quelconque de banque, de commerce ou de courtage. Les livres de commerce, qu'ils soient obligatoires ou facultatifs, sont des écritures de commerce (C. comm. 8 et suiv.); il en est de même des lettres de change, des billets à ordre se rattachant à un acte de commerce et de toutes les correspondances, tous les écrits et tous les comptes entre commerçants et relatifs aux opérations de leur négoce (C. comm. 189 et 636). L'art. 147, en frappant d'une aggravation pénale les faux en écritures de commerce et de banque, n'a fait aucune distinction entre celles dont la circulation rapide appelle une protection plus efficace et celles qui demeurent entre les mains des commerçants : toutes les écritures, quelles qu'elles soient, qui se rattachent aux actes de commerce et que le Code de commerce déclare commerciales, rentrent dans les termes de l'article.

**275.** *Livres de commerce.* Les faux commis dans les livres obligatoires, dans le livre-journal, le livre copie de lettres et le livre des inventaires, sont évidemment en écritures de commerce (Cass. 25 août 1853, 26 juin 1857, 22 mars 1862, 7 mai 1863), et la même solution s'étend même aux livres auxiliaires qui, pour être facultatifs, n'en sont pas moins destinés à constater des opérations commerciales (Cass. 27 juill. 1849, 13 mars 1851, 2 janv. et 27 août 1874). On doit considérer comme livres de commerce : — les registres des commissionnaires de marchandises (Cass. 23 déc. 1853); — les registres des facteurs de la halle (Cass. 25 fév. 1854) ; — les livres et registres des compagnies de chemins de fer (Cass. 29 avr. 1853) ; — les registres des commissionnaires du Mont-de-piété (Cass. 25 déc. 1853).

**276.** *Ecrits relatifs au commerce.* L'altération de la vérité dans toute écriture relative au commerce emportant obligation ou décharge, est constitutive du crime prévu par l'art. 147. Ainsi rentrent dans l'application de cet article — la falsification d'un écrit dans lequel un banquier reconnaît avoir reçu un à-compte sur un billet à ordre (Cass. 28 mai 1825); — l'altération dans une quittance donnée par un commerçant à un commerçant pour opérations de commerce (Cass. 19 août 1830); — la fabrication d'un compte entre associés arrêté en vue d'une spéculation commerciale (Cass. 24 janv. 1856); — l'apposition de fausses signatures de commerçants au bas de lettres ayant pour objet d'obtenir la livraison d'objets de leur commerce (Cass. 15 juin 1827, 2 avr. 1831, 13 juin 1846, 4 sept. 1835); — les fausses lettres missives ayant pour objet de faciliter la négociation d'un billet présenté à l'escompte (Cass. 12 sept. 1839); — les obligations communales du Crédit foncier considérées comme titres négociables (Cass. 5 mai 1870); — les chèques tirés par un commerçant sur une maison de banque et signés de la fausse signature du commerçant (Cass. 24 juill. 1873). Il faut prendre garde toutefois que tous ces écrits ne peuvent être considérés comme écritures commerciales par cela seul qu'ils portent la signature d'un commerçant; la présomption de l'art. 638 du C. comm. ne s'applique pas aux écrits qui ne constituent ni un titre ni une obligation et qui ne se rattachent pas à la profession du commerçant. Il faut prendre garde aussi que certaines conventions, telles que les assurances faites par les compagnies à primes, sont commerciales pour l'une des parties, la compagnie d'assurances, et civiles pour l'autre, l'assuré non commerçant (Cass. 8 fév. 1860, 24 janv. 1865), et lors même que celui-ci serait commerçant (Cass. 10 mars 1855).

**277.** *Lettres de change.* Les lettres de change entre toutes personnes sont réputées constituer virtuellement et par elles-mêmes des actes de commerce (C. comm. 632). Il n'est donc pas nécessaire d'établir que la lettre de change émane d'un commerçant ou qu'elle a pour objet un acte de commerce; il suffit que le fait de la lettre de change soit constaté pour que le faux dont elle est entachée soit un faux en écriture de commerce (Cass. 3 janv. 1828, 14 juin 1832, 23 oct. 1840). Il n'y a d'exception que dans le cas où la lettre de change n'est qu'une simple promesse par l'effet des irrégularités énoncées aux art. 112 et 113 du C. de comm. (Cass. 5 sept. 1828, 27 août 1832, 10 oct. 1856).

**278.** *Billets à ordre.* Le billet à ordre ne constitue point en lui-même un acte de commerce; il ne prend ce caractère que lorsqu'il est souscrit par un commerçant ou qu'il a pour cause une opération commerciale. Le doute ne s'est élevé qu'en ce qui concerne les billets à domicile qui sont payables au domicile d'un tiers dans un lieu autre que celui où les billets ont été souscrits. Mais il est aujourd'hui admis par la jurisprudence que ces billets, bien qu'ils opèrent une remise d'argent dans une autre place, ne constituent pas virtuellement et par eux-mêmes une écriture de commerce et qu'ils ne prennent ce caractère que lorsqu'ils sont souscrits par un commerçant ou pour fait de commerce (Cass. 30 janv. 1852, 10 oct. et 20 nov. 1856, 8 mai 1857, 28 nov. 1858, 27 août 1863). Ainsi la fausse signature apposée au bas d'un billet à ordre causé *valeur en marchandises*, ne constitue qu'un faux en écriture privée, si la signature n'est pas celle d'un commerçant ou si le billet ne se rapporte pas à une opération de commerce (Cass. 2 avr. 1835, 27 août 1863, 5 avr. 1867, 27 nov. 1868). La transmission par endossement d'un tel billet n'en change pas la nature (Cass. 26 janv. 1827, 2 août 1838, 10 déc. 1847). Mais chaque endossement, s'il est falsifié, constitue un crime distinct, et s'il a un caractère commercial, peut être incriminé séparément comme faux en écriture de commerce (Cass. 14 janv. 1866). Et si le billet à ordre est à la fois souscrit et endossé par des individus non commerçants et des individus commerçants, la jurisprudence le considère comme écriture commerciale à raison de l'indivisibilité de l'acte (Cass. 26 janv. 1846, 29 janv. 1847).

**279.** Il résulte du dernier état de la jurisprudence qu'il y a faux en écritures de commerce par suite de la falsification d'un billet à ordre : — lorsque le billet, causé valeur en marchandises, est souscrit par un commerçant (Cass. 28 janv. 1853, 12 fév. 1857) ; — lorsqu'il est souscrit par un commerçant au profit d'un autre commerçant (Cass. 3 juill. 1856, 23 janv. 1868) ; — lorsqu'il emporte une remise d'argent de place en place et est tiré par un individu qualifié négociant (Cass. 8 mai 1857) ; — lorsque par l'addition frauduleuse des mots *à l'ordre de* sur une obligation civile, le billet ainsi transformé a été transmis par voie d'endossement (Cass. 13 mars 1850) ; — lorsque les remises d'argent de place en place se font par chèques tirés par un commerçant sur une maison de commerce (Cass. 24 juill. 1873). Il résulte au contraire de la même jurisprudence que le billet à ordre n'est pas réputé écriture commerciale — lorsqu'il ne constitue pas une opération de change, quoiqu'il emporte remise d'argent dans un autre lieu, et n'est pas souscrit par un commerçant (Cass. 30 janv. 1852, 5 avr. 1869) ; — lorsqu'il n'est pas établi que le billet se rattache à un acte de commerce et que le signataire soit commerçant (Cass. 10 oct. et 20 nov. 1856) ; — lorsque le billet, même stipulé payable dans un autre lieu que celui de la souscription, n'est réputé commercial que s'il constitue un acte de commerce ou porte la signature d'un commerçant (Cass. 27 nov. 1858, 27 août 1863).

**280.** Il n'appartient point au jury d'apprécier si les écritures dans lesquelles le faux a été commis sont des écritures publiques et commerciales : c'est une question de droit qui sort des limites de sa compétence (Cass. 7 oct. 1825, 1er avr. 1826, 24 janv. 1827, 5 janv. 1833). Mais il doit, à peine de nullité, déclarer toutes les circonstances constitutives de l'écriture soit publique, soit commerciale. Ainsi, en matière commerciale, si le faux a été commis dans une lettre de change, le jury doit déclarer l'existence de cette lettre de change ; s'il a été commis dans un billet à ordre, il doit déclarer qu'il a été souscrit par un commerçant ou qu'il se rattachait à un acte de commerce (Cass. 16 nov. 1839, 23 juill. 1864, 16 juin 1855). Il ne suffirait donc pas qu'un accusé fût déclaré coupable d'avoir fabriqué un faux billet à ordre pour appliquer la peine du faux en écriture de commerce ; il faut qu'il soit déclaré si le billet est l'œuvre d'un commerçant ou le résultat d'une opération de commerce (Cass. 18 juin 1831, 27 août 1863, 23 janv. 1864). Si l'écrit n'émane pas d'un commerçant, il est nécessaire que le jury examine si l'opération était commerciale, car toutes les circonstances du fait lui appartiennent; mais, pour éviter le caractère juridique de cette question, on peut demander si tel achat de marchandises a été fait pour les revendre, si tel acte a eu pour objet une entreprise commerciale (*Th. du C. pén.*, n° 726).

## V. — *Du faux en écriture privée.*

### ART. 150.

281. Caractères du faux en écriture privée.
282. Faux en écriture privée par contrefaçon ou fabrication de conventions.
283. Faux en écriture privée par altération ou addition de clauses, de déclarations ou de faits dans les actes.

**281.** Le faux en écriture privée est le faux simple, c'est-à-dire dégagé des circonstances aggravantes de l'écriture publique ou commerciale. L'art. 150 n'a d'autre objet que d'appliquer la peine de la reclusion au lieu de celle des travaux forcés ; il maintient le caractère général du crime, qu'il ne punit que lorsqu'il est commis « de l'une des manières exprimées par l'art. 147 ». Ainsi, de même que le faux en écriture publique et de commerce, le faux en écriture privée doit se manifester soit par contrefaçon d'écritures, soit par fabrication de conventions, dispositions ou décharges, soit par altération de clauses ou de faits dans des actes destinés à les constater.

**282.** La jurisprudence a reconnu qu'il y avait faux en écriture privée par contrefaçon d'écritures ou fabrication de conventions — dans le fait d'avoir fabriqué une ordonnance de médecin ayant pour objet d'obtenir chez un pharmacien de l'arsenic qui avait servi à une tentative d'empoisonnement (Cass. 5 mars 1819, 26 juill. 1832) ; — dans le fait de vendre ou d'acheter sous le nom d'un tiers pris dans l'acte même (Cass. 25 mai 1838) ; — dans le fait d'avoir fait souscrire à un emprunteur, qui ne savait pas lire, une obligation pour une somme supérieure à la somme prêtée (Cass. 15 fév. 1850) ; — dans la fausse signature d'un assuré même commerçant, sur une police d'assurances pour incendie (Cass. 10 déc. 1852, 10 mars 1855) ; — dans la fabrication de lettres missives fausses ayant pour objet de faciliter un détournement de mineur (Cass. 24 mars 1838, 17 avr. 1863) ; — dans le fait de substituer frauduleusement une convention à une autre convention, par exemple un acte de vente au mandat que la partie croit signer (Cass. 26 août 1824, 13 fév. 1835, 30 mai 1850, 20 sept. 1855); — dans toutes les lettres fausses qui sont produites pour faciliter et consommer les escroqueries (Cass. 11 avr. 1828, 10 janv. 1832, 17 janv. 1835, 12 sept. 1839); — dans l'abus d'un blanc-seing fait par un tiers auquel il n'avait pas été confié, lors même qu'il l'aurait tenu de celui auquel il avait été confié, et qui dans ce cas devient complice du faux (Cass. 31 janv. 1835; *Contr.* 8 avr. 1830).

**283.** Le faux en écriture privée se commet également par addition ou altération de clauses, déclarations et faits, lorsqu'il porte sur des circonstances substantielles de l'acte. Tels sont les faux certificats d'où peut résulter une lésion envers les tiers, par exemple le faux certificat d'un médecin constatant l'entrée d'un enfant dans un hospice (Cass. 8 sept. 1826). Il est essentiel, à l'égard des faux de cette espèce, que la lésion que les certificats ont pu produire soit constatée et que la question posée au jury s'explique sur ce point; il ne suffit pas de la déclaration de culpabilité qui peut établir l'intention de nuire, mais qui ne préjuge nullement le préjudice causé par l'acte (Cass. 8 sept. 1826).

## VI. — *De l'usage du faux.*

### Art. 148 et 151.



**284.** La fabrication d'une pièce fausse et l'usage de cette pièce qui sont les deux éléments d'un même crime, ont été séparés et incriminés isolément l'un de l'autre et forment deux crimes distincts. Cette division est consacrée par les art. 148 et 150, qui appliquent les peines des travaux forcés ou de la reclusion à ceux qui ont fait usage des fausses écritures soit publiques, soit privées. Il résulte de ces deux articles que l'usage d'une pièce fausse est un crime principal entièrement indépendant de la fabrication même de la pièce. Ces deux crimes sont complets, abstraction faite l'un de l'autre : la fabrication, alors même que l'acte fabriqué n'a pas servi ; l'usage, alors même qu'il est étranger à la fabrication.

**285.** Il résulte de cette division des deux crimes : 1° que l'accusation de fabrication et d'usage d'une pièce fausse peut être scindée et que l'accusé peut être déclaré coupable seulement de l'un ou de l'autre de ces deux faits (Cass. 7 juin 1821, 23 avr. 1825, 5 sept. 1833, 2 déc. 1853); 2° que celui qui a produit une pièce fausse dans le cours d'une procédure, ne peut se mettre à l'abri de la poursuite et de la peine en déclarant qu'il renonce à s'en servir (C. inst. cr. 458 ; Cass. 28 oct. 1813, 20 juin 1817, 18 juill. 1868); 3° que la poursuite du faux n'est point subordonnée à la production de la pièce falsifiée et que sa lacération, surtout après l'usage, ne met pas obstacle à la poursuite; mais, faite avant l'usage, cette lacération peut manifester un désistement volontaire (Cass. 10 fév. et 28 juin 1835).

**286.** Le crime d'usage d'une pièce fausse se compose de trois éléments : il faut qu'il y ait usage de la pièce, que cette pièce renferme les caractères d'un faux criminel, et que l'usage ait été fait avec la connaissance de la fausseté. La loi n'a pas défini les faits qui constituent l'usage : il consiste, en général, dans l'application de l'acte à l'emploi auquel il est destiné, dans l'accomplissement du but qu'il se propose dans son exécution. La présentation d'un billet faux à l'acceptation, la production d'une fausse procuration pour réaliser un bénéfice ultérieur, la délivrance de l'acte pour en faire une application déterminée, sont des faits d'usage (Cass. 24 juill. 1851, 13 mars 1853). Il est nécessaire de préciser les circonstances qui, dans chaque espèce, sont considérées comme constituant cet usage. On a considéré comme fait d'usage le fait d'avoir intercalé une pièce fausse dans des archives et d'en avoir demandé expédition et le fait d'un notaire qui, après avoir donné une fausse date à un procès-verbal d'adjudication, le soumet à la formalité de l'enregistrement (Cass. 8 août 1851, 26 août 1853, 17 avr. 1863).

**287.** Il est nécessaire, en 2ᵉ lieu, que la pièce falsifiée renferme les éléments d'un faux punissable, puisque c'est l'usage d'un *acte faux* que la loi incrimine. Ainsi l'usage de la copie altérée d'un acte public, copie non revêtue d'authenticité, ne constitue pas le crime prévu par les art. 148 et 151 (Cass. 2 sept. 1813, 21 fév. 1824). Il en est ainsi de l'usage frauduleux d'un mémoire de travaux ou de fournitures altéré dans plusieurs de ses énonciations (Cass. 20 janv. 1848). Il est également nécessaire de décider, pour l'application de l'un ou l'autre article, si l'écriture dont il a été fait usage est publique, commerciale ou privée (Cass. 23 mars 1827, 12 avr. 1849, 10 fév. 1857).

**288.** Il faut, en 3ᵉ lieu, que l'usage ait été fait sciemment, car il n'y a pas de crime si l'agent, qui a fait usage d'un acte faux, n'en a pas connu la fausseté (art. 163). Il y a nullité si, dans un procès d'usage de faux, le jury n'est pas interrogé sur le point de savoir si le prévenu avait connaissance de la fausseté de la pièce (Cass. 5 oct. 1815, 26 juin 1834, 18 fév. et 18 nov. 1875).

**289.** Tels sont les éléments du crime d'usage du faux. Quant à la pénalité, il est d'abord constant que celui qui a fait usage d'une pièce fausse ne peut encourir une peine plus grave que celle qui frappe le faussaire (Cass. 6 avr. 1827, 22 juin 1832). C'est ce qui résulte des art. 148 et 151, qui établissent une relation formelle entre l'usage et la nature du faux, mais cette égalité n'est pas absolue. L'art. 148 ne punit l'usage des actes faux soit publics, soit commerciaux, que des travaux forcés à temps, tandis que les art. 145 et 146 prononcent les travaux forcés à perpétuité. Ainsi le fonctionnaire qui a fait sciemment usage d'un acte faux n'est passible que des travaux forcés à temps, encore bien que le faux soit commis en écritures publiques (Cass. 15 oct. 1813).

## § IV.—*Du faux commis dans les passe-ports, permis de chasse, feuilles de route et certificats.*

### I. — *Du faux dans les passe-ports et permis de chasse.*

ART. 153, 154, 155.

290. Caractère général des faux commis dans les passe-ports, permis de chasse, feuilles de route et certificats.
291. La loi du 13 mai 1863 a étendu l'art. 153 aux faux dans les permis de chasse.
292. Eléments du faux dans les passe-ports et les permis. Appréciation de l'intention et du préjudice.
293. Quels faits constituent l'usage des passe-ports et permis.
294. De la supposition du nom dans un passe-port ou dans un permis ; la loi ne s'étend pas aux prénoms et aux qualités.
295. De l'inscription sous des noms supposés des voyageurs dans les auberges et hôtelleries (art. 154).
296. L'officier public qui délivre un passe-port sous un nom supposé est coupable ou de négligence ou de prévarication. L'art. 155 s'applique aux officiers qui ont concouru à la délivrance.

**290.** Après les faux commis dans les écritures publiques, commerciales et privées, le Code place sur un plan secondaire les faux commis dans les passe-ports, permis de chasse, feuilles de route et certificats. Cette classe de faux ne présente ni les mêmes résultats, ni les mêmes dangers ; ils sont rangés dans la catégorie des délits, et la loi du 13 mai 1863 a effacé, sauf dans l'art. 158, la qualification de crime que quelques circonstances aggravantes apportaient dans certains cas à ces délits. Il y a lieu de remarquer, en ce qui concerne tous ces délits de faux, que les règles qui établissent les conditions constitutives du faux criminel s'appliquent nécessairement ici ; il n'y a point de délit dans la supposition d'un passe-port ou d'un certificat, si ce fait ne présente une altération matérielle de la vérité qui, faite dans une intention frauduleuse, est de nature à nuire. Il y a lieu de remarquer encore que la simple tentative des délits de faux n'est nullement incriminée ; la raison qui s'applique à toutes les espèces de faux en est que le délit ne se consomme réellement que par l'usage et que tous les modes de fabrication ne sont que des actes préparatoires qui constituent une sorte de tentative spéciale.

**291.** La loi du 13 mai 1863 a fait à l'art. 153 une addition et une modification : elle l'a étendu aux faux commis dans les permis de chasse, qu'elle a assimilés aux faux commis dans les passe-ports, et elle a réduit l'emprisonnement, qui était d'un an à cinq ans, à une durée de six mois à trois ans.

**292.** La fabrication d'un faux passe-port ou d'un faux permis de chasse ou la falsification de ces actes ne constitue le délit de l'art. 153 que lorsque, à l'altération matérielle, se joignent l'intention frauduleuse et la possibilité d'un préjudice quelconque. L'intention frauduleuse, en matière de faux passe-port et de faux permis de chasse, est, suivant les termes de l'art. 156, « de tromper la surveillance de l'autorité publique » ; le préjudice est de se dérober à cette surveillance ou le dommage apporté à la propriété. Ainsi, il ne suffirait pas, pour constituer le délit, d'une altération dans les déclarations constatées dans l'acte, si cette altération n'a pas eu pour but d'égarer la surveillance ou d'usurper un droit ; si donc elle a été faite sans aucune intention de fraude, il n'y a plus de délit (Cass. 11 oct. 1834, 11 nov. 1839). Il est nécessaire ensuite que le passe-port ou le permis soit revêtu des formes essentielles sans lesquelles il ne produirait aucun effet : s'il ne portait pas la signature du fonctionnaire compétent pour le délivrer, si le nom du porteur était omis, si la date était en blanc, l'acte étant sans valeur cesserait d'être nuisible. Mais toutes les altérations de formes substantielles de l'acte, et, par exemple, la lacération du *visa* qui y est apposé ou la fabrication de ce *visa*, peuvent constituer le délit (Cass. 31 mai 1850).

**293**. L'art. 153 place, à côté de la fabrication ou de la falsification, « l'usage d'un passe-port ou d'un permis de chasse fabriqué ou falsifié ». L'usage d'un passe-port ou d'un permis consiste dans son application à l'objet auquel il est destiné, et par exemple, dans son exhibition lorsqu'elle est légalement requise. Le seul port d'un faux passe-port ou d'un faux permis ne constitue pas un fait d'usage, si le porteur, étranger à sa fabrication ou à sa falsification, ne l'exhibe pas quand il est requis, car il n'en a pas fait usage. L'art. 281 du Code a paru faire une exception à cette règle en déclarant que les *porteurs* de faux certificats, faux passe-ports et fausses feuilles de route seront punis du maximum de la peine quand ils seront reconnus pour mendiants ou vagabonds. Mais cette référence aux art. 153 et 154 ne peut modifier leurs dépositions, qui ne s'appliquent qu'à l'usage et non au seul port de ces actes (*Th. du C. pén.*, n° 744).

**294**. L'art. 154 punit la supposition de noms dans les passe-ports et permis de chasse et les témoins qui concourent à la délivrance de ces actes. La loi n'incrimine que le fait d'avoir pris *un nom supposé;* elle ne s'occupe ni de la supposition des *prénoms*, ni des *fausses qualités*. L'usurpation d'une fausse qualité dans l'un de ces actes ne constitue aucun délit, à moins qu'elle n'ait servi d'instrument à une escroquerie. Il en serait ainsi de l'usurpation de titres, à moins qu'elle n'ait constitué le délit prévu par l'art. 259. Il en serait encore de même de la fausse qualification d'épouse qu'un homme donnerait dans son passe-port à la femme avec laquelle il voyage. La loi du 13 mai 1863 a ajouté à l'art. 154 un 2e § qui étend son application à ceux qui font usage d'un passe-port ou d'un permis délivré sous un autre nom. Cette sorte de fraude n'était pas punie jusque-là (Cass. 9 juill. 1849).

**295**. Le 3e § de l'art. 154 a pour objet de prévenir l'inscription sous des noms faux ou supposés des voyageurs dans les auberges. La responsabilité des hôteliers ou aubergistes est établie par les art. 73, 154 et 475, n° 2 de notre Code. L'art. 475, n° 2, punit l'omission de l'inscription des noms sur leurs registres; l'art. 73 les déclare responsables des crimes et délits des personnes qu'ils ont omis d'inscrire; enfin l'art. 154 punit l'inscription faite sciemment sous des noms faux ou supposés. Il ne s'agit plus, dans ce dernier cas, d'une simple négligence comme dans les art. 73 et 475, mais d'un délit qui suppose la connaissance du faux nom et la connivence de l'hôtelier. Le jugement doit constater qu'il a agi sciemment. La loi du 13 mai 1863 a fait une addition à cette incrimination : elle y a ajouté l'omission volontaire de l'inscription de connivence avec les personnes qui viennent loger dans l'auberge. Cette omission a les mêmes effets que la fausse inscription, elle suppose une même fraude.

**296.** L'art. 155, emprunté, ainsi que quelques-unes des dispositions qui précèdent, à la loi du 17 ventôse an IV, relative à la délivrance des passe-ports, prévoit deux faits distincts : le fait de l'officier public qui néglige de se faire attester l'individualité de la personne à laquelle il délivre ou fait délivrer le passe-port, et la prévarication du même officier qui, instruit de la supposition de nom, délivre le passe-port sous le nom supposé. Le premier de ces faits n'est qu'une contravention matérielle; l'omission de l'attestation, mais cette infraction s'applique non-seulement à l'attestation du nom, mais contrairement à l'art. 154 à celle des qualités. D'où suit cette contradiction que l'omission de l'attestation des qualités est punie dans l'officier, tandis que la fausse déclaration de ces qualités n'est punie ni dans le requérant, ni dans les témoins. La loi du 13 mai 1863 a ajouté dans cet article, après les mots : « les officiers publics qui délivreront... », ceux-ci : « ou feront délivrer ». Cette addition a été motivée par un arrêt qui avait décidé avec raison que l'art. 155 ne s'appliquait pas au maire qui avait émis un avis favorable à la délivrance du passe-port, mais ne l'avait pas délivré lui-même (Cass. 14 oct. 1853). La lacune que signalait cet arrêt a été remplie par cette addition. Le 2e § de l'article ne s'applique qu'à la seule supposition du nom; il ne s'étend pas à celle des qualités.

## II. — *Du faux dans les feuilles de route.*

### Art. 156, 157, 158.

297. Caractère des faux commis dans les feuilles de route.
298. Le délit s'aggrave lorsque le faux a pour objet la perception de frais de route. Faux commis dans les mandats joints aux feuilles.
299. Cas où la feuille de route a été délivrée sous un nom supposé, où elle appartient à une autre personne.
300. Application à ces deux cas des deux degrés de la peine suivant que le faux a trompé la surveillance ou frustré le Trésor.
301. Complicité de l'officier public.

**297.** Les feuilles de route, qui servent de passe-ports à certaines catégories de personnes, ont le double objet d'assurer la surveillance de l'autorité publique et le paiement de frais de route aux porteurs. Le 1er § de l'art. 156, qui punit la fabrication d'une fausse feuille de route, la falsification d'une feuille de route véritable et l'usage de cette feuille ainsi fabriquée ou altérée, est conçu dans les mêmes termes que l'art. 153 et assimile ce délit au délit de faux passe-ports, pourvu qu'il ait le même but, qui est de tromper la surveillance de l'autorité publique. Dans cette hypothèse, les mêmes règles doivent s'y appliquer : il faut donc, pour le constituer, la triple condition d'une altération matérielle de la feuille, d'une intention frauduleuse et de la possibilité d'égarer la surveillance. La jurisprudence a appliqué l'art. 156, comme elle l'avait fait de l'art. 153 pour les passe-ports, au fait de lacérer un fragment de la feuille de route où se trouvait la lettre C, indicative de la situation du porteur (Cass. 16 déc. 1849).

**298.** Le délit s'aggrave lorsque la falsification de la feuille de route a pour objet, non plus seulement de tromper la surveillance, mais de percevoir des frais de route au préjudice du Trésor. La peine de l'emprisonnement, qui n'était dans le premier cas que de 6 mois à 3 ans, s'élève de 1 an à 4 ans, si les frais indûment payés n'atteignent pas 100 fr., et de 2 à 5 ans s'ils excèdent cette somme. Mais il y a lieu de remarquer ici une exception aux règles constitutives du faux; il ne suffit plus que la fausse feuille de route ait pu occasionner un préjudice au Trésor, il faut que ce préjudice ait été effectivement causé, que les frais de route aient été payés; c'est l'application textuelle du 3e § de l'art. 156 (Cass. 8 nov. 1816). Si, au lieu d'être exécutées sur la feuille de route, les falsifications sont opérées sur des mandats de paiement remis par les intendants militaires aux sous-officiers et soldats voyageant isolément, l'article s'y applique également, parce que ces mandats ne sont que la conséquence de la feuille de route (Cass. 9 août 1832).

**299**. L'art. 157, corrélatif à l'art. 154, applique l'art. 153 « selon les distinctions qui y sont établies », à toute personne qui se sera fait délivrer par l'officier public une feuille de route sous un nom supposé, ou qui aura fait usage d'une feuille de route délivrée sous un autre nom que le sien ». Il faut, pour l'application de cet article : 1° dans la première hypothèse, que la feuille ait été délivrée par l'officier chargé de cette délivrance et qu'elle l'ait été sous un nom supposé; 2° dans la deuxième hypothèse, introduite par la loi du 13 mai 1863, que le prévenu ait fait usage d'une feuille de route qui ne lui appartenait pas.

**300**. Dans l'un et l'autre cas, il y a lieu d'examiner, suivant les distinctions de l'art. 156, si le fait a eu pour objet de tromper la surveillance ou de frustrer le Trésor public et d'appliquer, d'après le résultat de cet examen, l'une des deux pénalités portées par cet article. Il y a lieu aussi de remarquer que l'art. 157 ne prévoit que la supposition du nom et non des qualités; d'où l'on doit conclure que la seule supposition de fausses qualités sur une feuille de route ne peut motiver une poursuite, si cette supposition n'a pour but que de détourner la surveillance. Mais si elle a servi de base à l'exercice d'un droit, ou à la perception de frais de route indus ou plus élevés, il paraît difficile de ne pas appliquer les § 3 et 4 de l'art. 156 (Cass. 21 avr. 1808).

**301.** L'art. 158 prévoit la complicité de l'officier public. Cette complicité, par une exception notable à l'art. 59, n'aggrave nullement la position du porteur de la feuille de route ; l'art. 158 restreint son application à l'officier. La culpabilité de celui-ci est soumise à deux conditions : il faut qu'il soit compétent pour la délivrance de la feuille et qu'il ait été instruit de la supposition du nom lorsqu'il l'a délivrée. Ce n'est plus une simple négligence de vérification, il faut qu'il ait agi sciemment. La peine a différents degrés, suivant les effets divers que la falsification peut produire : si elle n'a pour but que de tromper une surveillance, la peine est un emprisonnement de 1 à 4 ans; si elle a eu pour effet le paiement d'une somme de moins de 100 fr., l'emprisonnement est de 2 à 5 ans; si enfin le préjudice excède cette somme, la peine est la reclusion.

### III. — *Du faux commis dans les certificats.*

Art. 159, 160, 161, 162.

302. Caractère général des faux commis dans les certificats.
303. Certificats de maladies ou d'infirmités. Caractères de cette classe de certificats.
304. Délit de l'homme de l'art qui, par complaisance, délivre un faux certificat. Le délit s'aggrave s'il a été mû par dons ou promesses.
305. Certificats de bonne conduite et d'indigence ; conditions du faux commis dans ces certificats.
306. Dans quels cas les falsifications commises dans les certificats de cette nature doivent revêtir la qualification de crime.
307. Certificats de bonne conduite ou d'indigence fabriqués sous le nom d'un particulier.
308. Falsification d'un certificat vrai pour l'approprier à une autre personne.
309. Faux certificats produisant une lésion à des tiers ou un préjudice à l'Etat (art. 362). Conditions de l'incrimination.
310. Conséquences de la fabrication des certificats irréguliers ou attestant des faits vrais.

**302.** Les altérations commises dans les certificats ont en général les mêmes caractères que les altérations commises dans les autres actes : suivant que ces certificats constituent des écritures publiques ou privées, et lorsque d'ailleurs ils renferment soit obligation ou décharge, soit de fausses déclarations pouvant causer un préjudice, ils rentrent dans la classe des faux qui font l'objet de l'art. 147. Mais à cette règle générale, la loi pénale a fait deux exceptions : elle a classé à part et considéré comme de simples délits les faux certificats de maladie et d'infirmité destinés à affranchir d'un service public, et les faux certificats de bonne conduite ou d'indigence propres à appeler la bienveillance sur une personne. Il faut examiner les caractères et les limites de ces deux catégories de certificats pour indiquer ensuite ceux qui sont soumis aux règles répressives du crime de faux.

**303.** *Certificats de maladies ou d'infirmités.* Ces certificats sont considérés sous deux rapports qui font l'objet des art. 159 et 160, suivant qu'ils sont fabriqués sous le nom d'un homme de l'art, ou qu'émanant de ce praticien lui-même, ils attestent des maladies ou des infirmités qui n'existent pas. Le premier de ces délits repose sur une triple condition : il est nécessaire que le certificat atteste une maladie ou infirmité qui n'existe pas, qu'il soit fabriqué sous le nom d'un médecin, chirurgien ou officier de santé (Cass. 6 août 1807), enfin qu'il ait pour but l'exemption d'un service public, par exemple du jury ou du service militaire. Cette dernière condition constitue l'espèce de préjudice que l'art. 159 a prévu : le certificat qui aurait pour objet la translation d'un condamné dans une maison de santé ne rentrerait pas dans ses termes (Cass. 22 mai 1807).

**304.** L'art. 160 prévoit le cas où le certificat émane de l'homme de l'art lui-même. Il faut, pour appliquer cet article, 1° que le certificat soit délivré par un médecin, chirurgien ou officier de santé (Cass. 6 mai 1836); 2° qu'il atteste faussement des maladies ou infirmités ; 3° que ces maladies soient propres à dispenser d'un service public (Cass. 8 sept. 1826). Si l'auteur du certificat, au lieu de céder à des sentiments de faiblesse ou de complaisance, a été mû par dons ou promesses, le délit s'aggrave; mais la loi du 13 mai 1863, après avoir effacé la peine du bannissement qui emportait la qualification de crime, s'est bornée à élever dans ce cas le maximum de l'emprisonnement de 3 à 4 ans. Il ne suffit pas d'établir, pour appliquer ce 2e §, que l'officier de santé a reçu un salaire : ce salaire peut n'être que le prix de la visite et du certificat ; c'est l'exagération du salaire qui seule peut faire présumer la corruption. Il ne suffit pas, en outre, qu'il y ait eu des dons offerts et non acceptés, des promesses faites et non agréées ; la loi ne punit pas ici la tentative comme dans l'art. 179 ; il faut que l'officier de santé ait accepté les dons et que le certificat ait été délivré.

**305.** *Certificats de bonne conduite et indigence.* L'application de l'art. 161 suppose une double condition : il faut que le certificat faux soit uniquement propre à appeler la bienveillance sur les personnes qu'il désigne et à leur procurer places, crédit ou secours ; il faut ensuite qu'il soit fabriqué sous le nom d'un fonctionnaire ou officier public. L'énumération faite par l'article n'est pas limitative : tous les actes dressés dans le même but et ayant les mêmes effets, y sont nécessairement compris, pourvu qu'ils ne renferment aucune disposition pouvant léser des tiers, et que le préjudice qu'ils peuvent causer ne soit qu'indirect et médiat (*Th. du C. pén.*, n° 766 ; Cass. 23 nov. 1815, 11 mars 1826). Les certificats dont il s'agit sont principalement les recommandations purement officieuses qui sont délivrées spontanément à la personne qui les sollicite par l'officier public, et qui ont pour objet d'appeler sur cette personne des témoignages également spontanés d'intérêt et de bienveillance.

**306.** Mais lorsque le certificat argué de faux présente le caractère d'un acte émané de fonctionnaires procédant en vertu d'un mandat de la loi, exerçant un droit ou accomplissant une obligation inhérente à leur qualité, et que la production de cette pièce est la condition légale et nécessaire de l'admission à un service public ou de son aptitude à une fonction, un tel certificat, à raison de la garantie qu'il apporte et des conséquences qui en résultent, rentre dans la classe des actes qui font l'objet des art. 147 et 148 : tels sont les certificats destinés à établir une aptitude légale au brevet de capacité pour l'instruction primaire (Cass. 23 et 31 déc. 1841), ou des titres à l'admission dans l'ordre de la Légion d'honneur (Cass. 1er oct. 1824). Sont également exceptés de l'application de l'art. 161 les certificats de bonne conduite fabriqués au nom des membres d'un conseil d'administration d'un régiment pour obtenir l'admission dans le corps de la gendarmerie (Cass. 19 mai et 15 déc. 1836); les certificats de bonne vie et mœurs signés par les maires et qui étaient destinés à procurer l'admission des remplaçants militaires (Cass. 17 juill. 1823, 27 juin 1835, 7 juill. 1857); les certificats exigés des militaires pour obtenir des congés illimités (Cass. 31 mai 1851, 8 fév. et 24 août 1855, 23 avr. 1859); les certificats d'indigence que les maires sont appelés à délivrer pour procurer l'exemption de formalités onéreuses.

**307.** Le deuxième élément du délit est que le certificat ait été fabriqué « sous le nom d'un fonctionnaire ou officier public »; s'il était l'œuvre de l'officier lui-même, il ne pourrait être incriminé; s'il réunissait les éléments du faux, que comme faux criminel (Cass. 16 juill. 1829); s'il a été fabriqué sous le nom d'un simple particulier, le délit, qui dans ce cas n'existait pas avant la loi du 13 mai 1863, s'atténue et la peine d'emprisonnement de 6 mois à 2 ans descend de 15 jours à 6 mois. Fabriqués sous le nom d'un officier public ou d'un particulier, les certificats doivent dans l'un et l'autre cas présenter les mêmes caractères. Mais, dans le premier cas, il importe peu que l'officier ait compétence pour les rédiger et exerce ses fonctions au moment de sa rédaction; il suffit que le certificat se soit prévalu de l'autorité attachée à la fonction (Cass. 20 fév. 1806, 22 oct. 1825).

**308.** Le 2e § de l'art. 161 prévoit la falsification d'un certificat originairement véritable pour l'approprier à une personne autre que celle à laquelle il a été primitivement délivré. Cette disposition s'applique-t-elle à celui qui a falsifié dans son intérêt un certificat qui lui avait été délivré, en intercalant dans ce certificat une nouvelle mention? Si cette mention ainsi intercalée est étrangère à l'acte primitif, si elle constitue par là l'attestation d'un fait rentrant dans les termes de l'art. 161, l'application de cet article, bien que son texte semble y résister, peut avoir lieu (Cass. 11 mars et 9 juin 1826).

**309.** *Certificats d'une autre nature.* L'art. 162 range parmi les faux criminels les faux certificats de *toute autre nature* que ceux qui font l'objet des art. 159, 160 et 161. Ainsi les faux certificats de maladie ou d'infirmité, qu'ils soient fabriqués sous le nom d'un médecin ou par le médecin lui-même, ne constituent qu'un délit, tant qu'ils n'ont pour objet que l'affranchissement d'un service public; et les faux certificats de bonne conduite ou d'indigence, les fausses attestations de faits ou de services rendus, ne constituent également qu'un simple délit, tant que leur but unique est d'appeler la bienveillance sur les personnes qu'ils désignent. C'est ce double but qui constitue leur caractère propre, leur nature. De là il suit, d'abord, que tous les certificats qui sont de la *même nature* que ceux énumérés par les art. 159, 160 et 161, prennent la même qualification, pourvu qu'ils renferment les caractères spéciaux indiqués par ces articles; ensuite, que les faux certificats de *toute autre nature* ne peuvent être incriminés qu'en vertu des art. 145, 146 et 147, et lorsqu'ils renferment les éléments essentiels du crime de faux.

**310.** Les conditions de l'application de l'art. 162 sont: 1° que le faux certificat renferme les éléments constitutifs du crime de faux (Cass. 3 déc. 1847); 2° que le faux certificat puisse causer un préjudice soit à des tiers, soit au trésor public. Cette dernière condition, qui n'est qu'un des éléments du crime de faux, signale particulièrement la ligne qui sépare le délit et le crime de faux dans les certificats. Que faut-il entendre par ces mots de l'art. 162 : *préjudice envers le Trésor?* Il faut entendre un préjudice non-seulement envers les intérêts pécuniaires et matériels de l'Etat, mais à ses intérêts généraux.

Ainsi tous les certificats relatifs au recrutement de l'armée et qui ont pour objet de créer de faux motifs d'exemption ou de libération du service, rentrent dans les termes de l'art. 162 (Cass. 24 janv. 1811, 4 et 27 juin 1835, 16 déc. 1836, 4 mars 1837, 3 janv. 1857). Il importe peu d'ailleurs que l'agent ait ajouté au faux certificat un faux timbre de l'autorité ; cet accessoire n'en change pas et par conséquent n'en aggrave pas le caractère (Cass. 25 janv. 1828). Il importe peu également que l'altération soit commise sur l'original ou sur la traduction du certificat, puisque le caractère de l'acte et son effet sont identiques. Enfin les irrégularités du certificat n'effacent pas la criminalité de l'altération si elles n'emportent pas sa nullité et ne détruisent pas son efficacité (Cass. 4 juin 1835).

### *Dispositions communes aux diverses espèces de faux.*

### ART. 163, 164, 165.

311. L'usage d'une pièce fausse n'est punissable qu'autant que l'agent en connaissait la fausseté (art. 163).
312. Modifications apportées à l'art. 164 par la loi du 13 mai 1863.
313. Règles relatives à l'application de l'amende prescrite par l'art. 164.
314. Dans quels cas cette amende doit être appliquée.
315. Abrogation de l'art. 165.

**311.** L'art. 163 contient une règle générale dont nous avons constaté l'application à toutes les espèces de faux : c'est que l'usage d'une pièce fausse n'est punissable qu'autant que la personne qui en fait usage connaît le faux dont la pièce est entachée. Cette règle, qui consacre l'un des éléments constitutifs de la criminalité, s'applique à tous les cas d'usage, qu'ils soient qualifiés crimes ou délits, compris dans la section du Code qui commence à l'art. 132 jusqu'à l'art. 162.

**312.** L'art. 164 a été modifié par la loi du 13 mai 1863. Il résulte de cette modification : 1° que l'amende, dans les limites de 100 à 3,000 fr., doit être prononcée contre tous les coupables de faux, lors même qu'il n'est résulté du faux aucun bénéfice illégitime, lors même qu'il n'a causé qu'un préjudice moral ;

2° que lorsque le faux a produit ou pu produire un bénéfice, l'amende peut être proportionnée au taux de ce bénéfice, sans s'élever au-dessus du quart ni descendre au-dessous de 1000 fr.; 3° enfin que l'application de cette amende n'est plus restreinte au cas où le faux est qualifié crime ; elle s'étend au cas où il est qualifié délit.

**313.** L'amende prononcée par l'art. 164 n'est pas facultative : elle doit être appliquée, sauf quelques restrictions qui vont être mentionnées, à tous les individus déclarés coupables de faux. Ce point a été consacré par de nombreux arrêts (Cass. 1er juill. 1824, 20 avr. 1827, 2 sept. 1841, 12 avr. 1849, etc.). Elle doit être prononcée dans le cas où les circonstances atténuantes sont déclarées en faveur de l'accusé, puisque l'atténuation de la peine n'enlève pas au fait reconnu constant le caractère de faux. Mais si le faux ne constitue qu'un délit, il y a lieu de distinguer. Si la peine encourue est un emprisonnement dont le minimum n'est pas inférieur à un an ou une amende dont le maximum n'est pas inférieur à 500 fr., l'amende de même que l'emprisonnement peut être réduite jusqu'au taux fixé par le 9e § de l'art. 463. Si les peines ont un minimum inférieur, l'amende peut être réduite même au-dessous de 16 fr. et même, conformément au dernier paragraphe de cet article, tout à fait supprimée.

**314.** L'amende s'applique à l'usage ainsi qu'à la fabrication de la pièce fausse (Cass. 17 mars 1853, 1er sept. 1854) ; — à la fabrication et à l'émission de la fausse monnaie (Cass. 14 nov. 1856, 31 janv. 1857) ; — aux contrefaçons qui sont l'objet de l'art. 140 (Cass. 14 déc. 1827) ; — à la tentative d'un faux par supposition de personnes comme au faux même (Cass. 20 mai 1824, 20 avr. 1827) ; — aux complices du crime ou du délit aussi bien qu'aux auteurs (Cass. 17 janv. 1828). Il doit être prononcé autant d'amendes qu'il y a d'individus reconnus coupables (Cass. 25 sept. et 10 oct. 1856, 29 août 1861); mais, dans le cas où la peine du faux concourt avec une peine plus rigoureuse, cette dernière peine devant être seule appliquée, aux termes de l'art. 365 du C. d'inst. cr., l'amende n'est pas prononcée (Cass. 7 juill. 1854, 18 mai 1855, 9 mars et 5 juin 1856). Lorsque l'amende est portée à plus de 3,000 fr., il est nécessaire de constater le chiffre du bénéfice illégitime qui lui sert de base, pour que sa légalité puisse être vérifiée.

**315.** L'art. 165 a été abrogé par le décret du 12 avr. 1848, qui a aboli la peine de l'exportation publique.

## SECT. II. — De la forfaiture et des crimes et délits des fonctionnaires publics dans l'exercice de leurs fonctions.

### § Ier. — *Des soustractions commises par les fonctionnaires publics.*

### Art. 166, 167, 168, 169, 170, 171, 172, 173.

316. Crime de forfaiture. Définition et éléments de ce crime.
317. Distinction des fonctionnaires et des officiers publics.
318. Caractère général du crime de soustraction ou de détournement de deniers publics. Application différente des art. 169, 173 et 254.
319. Eléments du crime de soustraction; la qualité de l'agent et le fait de la soustraction.
320. Exemples des agents auxquels la jurisprudence a appliqué l'art. 169.
321. La constatation du déficit dans la caisse du comptable est, s'il y a constatation, une question préjudicielle.
322. Peines applicables aux faits de soustraction ou de détournement; elles sont graduées selon la quotité du dommage.
323. Application de l'art. 173, non-seulement à la soustraction, mais à la destruction ou suppression d'actes et de titres.
324. Eléments du crime et conditions légales de l'application de cet article.

**316.** *Forfaiture.* Les art. 166, 167 et 168, placés en tête de la section relative aux crimes et délits des fonctionnaires publics, n'ont aucune application pratique. Ils se bornent à déclarer, en reproduisant non le texte, mais le sens des art. 641, 642, 643, 644 et 645 du Code du 3 brum. an IV, que tout crime commis par un fonctionnaire public dans ses fonctions est une forfaiture, que toute forfaiture est punie de la dégradation civique, et que les simples délits ne constituent point une forfaiture. Or cette définition, toute théorique, n'apporte aucune modification aux articles qui vont suivre et qui prévoient les crimes des fonctionnaires dans l'exercice de leurs fonctions. Elle est donc complétement inutile. Tout ce qu'il faut en induire, c'est que, pour constituer le crime de forfaiture considéré dans son caractère générique, il faut un fait qualifié crime, que ce fait soit commis par un fonctionnaire public, et que sa perpétration ait eu lieu dans l'exercice même des fonctions.

**317.** *Fonctionnaires publics.* Il n'est peut-être pas inutile de distinguer, en entrant dans cette matière, les fonctionnaires, les officiers ministériels et les officiers publics. Les fonctionnaires publics sont les agents qui exercent au nom de l'Etat une portion de l'autorité publique; tels sont les juges, les officiers du ministère public et de la police judiciaire, les préfets, les commissaires de police. Les officiers ministériels, quoiqu'ils aient un caractère public, n'exercent aucune portion de la puissance publique ; tels sont les notaires, les avoués, les huissiers, les commissaires-priseurs. Les officiers publics sont les agents secondaires du Gouvernement qui reçoivent une délégation spéciale pour exercer une portion quelconque de son autorité. Les agents de la force publique sont ceux qui sont chargés de l'exécution des ordres et des mandements autorisés par les lois. Tous ces fonctionnaires, officiers et agents sont énumérés dans le *Traité de l'instr. crim.*, nos 898 et suiv., 1216 et suiv.

**318.** *Application de l'art.* 169. Cet article s'applique à « tout percepteur, tout commis à une perception, dépositaire ou comptable public qui aura détourné ou soustrait des deniers publics ou privés ou effets actifs en tenant lieu, ou des pièces, titres, actes, effets mobiliers qui étaient entre ses mains en vertu de ses fonctions ». Si la soustraction ou le détournement a pour objet des actes et titres que le fonctionnaire public a reçus en dépôt ou en communication à raison de ses fonctions, ce fait rentre dans les termes, non plus de l'art. 169, mais de l'art. 173. S'il s'agit de pièces, procédures criminelles ou autres papiers, registres, actes et effets contenus dans des archives, greffes ou dépôts publics, les art. 169 et 173 ne sont plus applicables : le fait est prévu par les art. 254 et 255. Cette distinction, sur laquelle on insistera plus loin, est importante parce que la peine n'est pas la même dans tous les cas.

**319.** Le premier élément du crime est la qualité de comptable ou de dépositaire public : si cette qualité n'est pas établie, le détournement peut constituer un délit d'abus de confiance, mais ne constitue pas le crime de soustraction. Le deuxième élément est qu'il y ait un acte de détournement ou de soustraction. Le seul déficit ne suffit pas, il faut que les deniers reçus ou déposés aient été détournés de la caisse ou soustraits du dépôt ; en d'autres termes, il faut que le déficit constaté ait été effectué avec une intention coupable, et cette intention, ici comme en matière d'abus de confiance, se présume lorsque le comptable est mis en demeure de rétablir les deniers, et que cette restitution est ou déniée ou impossible (Cass. 28 mars 1856 ; *Th. du C. pén.*, n° 792).

**320.** La jurisprudence a appliqué l'art. 169 : — aux percepteurs des contributions directes, qui y sont textuellement compris (Cass. 22 vendém. an VIII, 3 brum. an IX) ; — aux piqueurs des ponts et chaussées (Cass. 20 avr. 1825) ; — aux préposés à la surveillance des ateliers des salaisons de la marine (Cass. 17 avr. 1847) ; — aux économes des lycées (Cass. 4 sept. 1835) ; — aux régisseurs des octrois des communes (Cass. 21 janv. 1813) ; — aux receveurs des hospices (Cass. 18 juill. 1837, 30 juin 1842) ; — aux employés des postes commis à une perception (Cass. 23 nov. 1840) ; — aux greffiers qui détournent les sommes à eux remises pour l'acquit des droits d'enregistrement (Cass. 14 fév. 1846) ; — à l'huissier qui détourne les deniers provenant d'une vente de meubles (Cass. 18 déc. 1812).

**321.** *Question préjudicielle.* S'il s'agit d'un détournement de deniers publics, et qu'il y ait contestation sur l'existence du déficit, cette contestation forme une question préjudicielle qui doit être examinée et décidée par l'autorité administrative compétente pour apprécier la comptabilité du prévenu. Il n'appartient point, en effet, à l'autorité judiciaire de s'immiscer dans la vérification de cette comptabilité; elle ne doit statuer qu'après cette décision (Cass. 24 sept. 1846, 17 avr. 1847, 9 janv. 1852, 5 août 1855, 19 juin 1863). S'il s'agit d'un détournement de deniers privés et que le comptable nie que ces deniers aient été déposés entre ses mains, le fait du dépôt doit être établi suivant les règles de la loi civile : les art. 1341 et 1347 C. civ. dominent tous les procès et toutes les juridictions. La partie est donc astreinte, s'il y a lieu, à fournir la preuve écrite ou le commencement de preuve par écrit du dépôt, et si cette preuve n'est pas administrée, il en résulte une fin de non-recevoir qui écarte quant à présent la plainte (Cass. 11 fév. 1812, 25 mai 1816; *Th. du C. pén.*, n° 795).

**322.** *Pénalité.* L'art. 169 porte la peine des travaux forcés à temps, « si les choses détournées ou soustraites sont d'une valeur au-dessus de 3,000 fr. » L'art. 170 prononce également cette peine, « quelle que soit la valeur des deniers ou des effets détournés ou soustraits, si cette valeur égale ou excède soit le tiers de la recette ou du dépôt, s'il s'agit de deniers ou effets une fois reçus ou déposés, soit le cautionnement, s'il s'agit d'une recette ou d'un dépôt attaché à une place sujette à cautionnement, soit enfin le tiers du produit commun de la recette pendant un mois, s'il s'agit d'une recette composée de rentrées successives et non sujette à cautionnement; « si les valeurs sont au-dessous de 3,000 fr. et inférieures aux mesures exprimées en l'art. 170, le détournement n'est plus qu'un simple délit et l'art. 171 dispose que « la peine sera un emprisonnement de 2 à 5 ans et que le condamné sera déclaré incapable d'exercer aucune fonction publique. » L'art. 172 ajoute que dans tous les cas il sera prononcé une amende « dont le maximum sera le 1/4 des restitutions et indemnités et le minimum le 1/12$^e$. Il résulte de ces textes : 1° que le même fait subit la double qualification de délit et de crime, selon la quotité du dommage causé ; 2° que la circonstance que ce dommage excède 3,000 fr. est une circonstance aggravante du délit (Cass. 15 juin 1860). La qualité de fonctionnaire et le fait d'un dépôt ou d'une détention de deniers, qui a sa cause dans le titre même de la fonction, sont les éléments constitutifs du délit et du crime ; la valeur des sommes détournées, quand elle dépasse un certain taux, est la seule base de l'aggravation pénale.

**323.** *Application de l'art.* 173. Cet article prévoit une espèce de soustraction analogue à celle de l'art. 169 et complète en quelque sorte ce dernier article. Ces deux articles diffèrent en plusieurs points : l'art. 169 s'applique spécialement aux comptables publics, l'art. 173 aux fonctionnaires et officiers publics ; le premier ne s'attache qu'au détournement de deniers, et s'il mentionne la soustraction des « pièces, titres, actes, effets mobiliers », c'est en supposant à ces pièces et actes une valeur pécuniaire, puisque la peine est graduée sur cette valeur ; le deuxième ne parle au contraire que de la soustraction des « actes et titres » qui, quelle que soit leur importance, n'ont point une valeur déterminée ; aussi cette valeur n'entre plus dans l'établissement de la peine. L'art. 169 ne s'occupe que de la soustraction ou du détournement des pièces et actes ; l'art. 173 prévoit en outre leur *destruction* et leur *suppression*, et dans ce cas la preuve testimoniale du dépôt serait admissible. Enfin l'art. 169 ne s'applique qu'aux « commis à une perception », c'est-à-dire aux comptables et à leurs préposés, l'art. 173 s'applique, non-seulement aux fonctionnaires et officiers publics, mais à « tous agents, préposés ou commis soit du Gouvernement, soit des dépositaires publics ».

**324.** De là plusieurs règles particulières à l'art. 173 : 1° si les *actes et titres* dont il fait mention n'ont pas une valeur pécuniaire, il faut du moins qu'ils contiennent une disposition, une obligation quelconque, de sorte que leur soustraction puisse produire une lésion et nuire à des tiers ; 2° il est nécessaire de constater l'intention coupable de l'agent, car la perte de la pièce peut être le résultat d'une simple négligence, et il ne suffit plus, comme dans le cas de l'art. 169, de constater le refus ou l'impossibilité de restituer; 3° il faut enfin que le fonctionnaire ou l'officier public ait reçu le dépôt des actes et titres en sa qualité et à raison de ses fonctions. Lorsque les conditions du crime sont constatées, la peine est celle des travaux forcés à temps, soit que les coupables soient fonctionnaires ou officiers publics, ou simples préposés et commis, et cette peine n'admet point l'atténuation de l'art. 171; elle demeure invariable, quelle que soit l'importance des actes et titres soustraits, détruits ou supprimés.

## II.— *Des concussions commises par des fonctionnaires publics.*

### Art. 174.

325. Caractère général du crime de concussion.
326. Il faut que les agents aient la qualité de fonctionnaire.
327. A quels agents la jurisprudence a appliqué l'art. 174.
328. Application de l'art. 174 aux greffiers et officiers ministériels.
329. Les percepteurs de droits et taxes ne sont compris dans l'art. 174 qu'autant qu'ils sont fonctionnaires ou officiers publics.
330. Ce qu'on doit entendre par les commis ou préposés des fonctionnaires et officiers publics.
331. L'illégalité de la perception est l'élément essentiel de la concussion.
332. Il n'y a pas de crime si l'agent n'a pas connu l'illégalité de la perception.
333. La concussion est qualifiée crime ou délit et punie de peines différentes suivant l'importance des sommes indûment perçues.

**325.** Le crime de concussion se commet, suivant les termes de l'art. 174, « en ordonnant de percevoir ou en exigeant ou en recevant ce qu'on savait n'être pas dû ou excéder ce qui était dû pour droits, taxes, contributions, deniers ou revenus, salaires ou traitements ». Il résulte de ce texte que trois conditions sont nécessaires pour l'existence du crime: l'abus de la puissance publique, l'illégalité de la perception, la connaissance de cette illégalité de la part de l'agent.

**326.** Le premier élément du crime est l'excès de pouvoir, l'abus de la puissance publique; il ne peut être commis que par ceux qui exercent cette puissance. C'est d'après cette règle que la Cour de cassation a décidé que le directeur d'un établissement de prêt sur gages autorisé par l'autorité municipale, que le fermier des droits d'étalage dans les halles d'une commune, qu'un gendarme procédant à une perception illicite, qu'un employé d'un chemin de fer, qui commettent des exactions, ne se rendent pas coupables de concussion, parce que ce n'est pas comme fonctionnaires ou officiers publics qu'ils reçoivent ou exigent ce qu'ils savent ne pas être dû (Cass. 4 juin 1812, 2 janv. 1817, 7 avr. 1837, 9 oct. 1845, 12 juin 1857, 6 nov. 1857).

**327.** *Fonctionnaires et officiers publics.* Les agents auxquels s'applique l'art. 174 se divisent d'abord en deux classes, dont nous avons noté les différences n° 317 : les fonctionnaires et les officiers publics. La jurisprudence a reconnu la qualité de fonctionnaire, en ce qui concerne la concussion, aux maires (Cass. 17 juin 1836), aux officiers de police judiciaire (Cass. 23 avr. 1813, 16 sept. 1820), aux employés des douanes (Cass. 21 avr. 1821), aux concierges et gardiens des prisons (Cass. 2 janv. 1817, 26 juin 1852), aux fermiers des droits de pesage, mesurage et jaugeage (Cass. 7 avr. 1837, 9 oct. 1845), aux porteurs de contraintes chargés des fonctions d'huissier en matière de contributions directes (Cass. 6 oct. 1837), aux sergents-majors qui se font remettre par les soldats de leurs compagnies des sommes qui ne leur sont pas dues (Cass. 14 août 1857), aux entreposeurs de tabacs qui exigent des débutants des prix excessifs (Cass. 18 juill. 1873).

**328.** Les officiers publics, mentionnés dans le 1er § de l'art. 174, comprenaient en général tous les officiers ministériels qui avaient reçu des taxes supérieures aux allocations des tarifs. Une distinction avait été proposée (*Th. du C. pén.*, n° 810), cependant entre ceux de ces officiers qui sont chargés, à raison de leur qualité, d'une recette publique, et ceux qui se bornent à présenter des mémoires de frais qui peuvent toujours être vérifiés (Déc. 16 fév. 1807, 66 et 151 ; Déc. 18 juin 1811, 61 et 86).

Cette distinction a été consacrée par la loi du 13 mai 1863, qui a ajouté à l'art. 174 un paragraphe ainsi conçu : « Les dispositions du présent article sont applicables aux greffiers et officiers ministériels, lorsque le fait a été commis à l'occasion des recettes dont ils sont chargés par la loi. » Il résulte de ce texte que si l'officier ministériel, notaire, avoué, greffier ou huissier, exige un salaire supérieur à celui qui lui est alloué par la loi, il ne commet qu'une contravention disciplinaire punissable d'après les lois et règlements qui ont prévu ces sortes d'infraction. Si, au contraire, il est chargé par la loi d'opérer une recette, soit pour le compte du Trésor, comme les greffiers en ce qui concerne les droits qu'ils perçoivent pour l'Etat, soit pour le compte des particuliers, comme les commissaires-priseurs et les huissiers dans les cas d'adjudication dont ils doivent recevoir le prix, la perception de toute somme excédant ce qui leur est dû légitimement est une concussion.

**329.** L'art. 174 place à la suite des fonctionnaires et officiers publics, « tous percepteurs des droits, taxes, contributions, deniers, revenus publics ou communaux ». De là, on pourrait induire que tous ces percepteurs peuvent être inculpés de concussion, lors même qu'ils ne seraient ni fonctionnaires ni officiers publics. Tel ne peut être le sens de l'article, car en énonçant dans ses 1er et 2e paragraphes les deux degrés de la peine, il les applique « aux fonctionnaires ou officiers publics ci-dessus désignés », ce qui indique que ces percepteurs ne sont compris dans cette disposition qu'en la qualité de fonctionnaires ou d'officiers publics; et par conséquent l'article ne leur est applicable que lorsqu'ils sont réputés avoir cette qualité.

**330.** La deuxième catégorie des agents auxquels s'applique l'art. 174 sont les *commis* et *préposés* des fonctionnaires et officiers publics ; cette qualification appartient aux individus qui n'ont pas personnellement de caractère public et qui n'agissent pas dans les actes de leurs fonctions en leur propre nom. Tels sont les commis des percepteurs, les clercs des notaires ou avoués, les employés du service intérieur des administrations. Mais les préposés du service actif de ces administrations et les officiers, même d'un ordre inférieur, comme les concierges des prisons, sont, ainsi qu'on l'a déjà vu, des officiers publics, car ils ne sont les préposés d'aucun fonctionnaire et ils exercent, sous la surveillance de leurs supérieurs, une portion de l'autorité publique (Cass. 21 avr. 1821, 26 août 1824).

**331**. *Illégalité de la perception*. La deuxième condition du crime est l'illégalité de la perception. La perception est illégale lorsqu'elle n'est pas régulièrement autorisée par la loi ou les règlements; lorsque, même autorisée en principe, elle s'applique à une dette déjà payée ou éteinte; lorsqu'elle excède les droits, taxes ou salaires que l'officier public doit recevoir. Lorsqu'il s'agit de la perception d'une contribution publique, elle est illégale lorsqu'elle n'est pas formellement établie par la loi. L'art. 28 de la loi du 5 août 1874, qui reproduit une disposition insérée dans toutes les lois de finances, porte: « Toutes contributions directes ou indirectes autres que celles autorisées par la présente loi, à quelque titre et sous quelque dénomination qu'elles se perçoivent, sont formellement interdites, à peine contre les autorités qui les ordonneraient, contre les employés qui confectionneraient les rôles et tarifs et ceux qui en feraient le recouvrement, d'être poursuivis comme concussionnaires, sans préjudice de l'action en répétition pendant trois années contre tous receveurs, percepteurs ou individus qui auraient fait la perception. » S'il s'agit d'une taxe, d'un salaire, d'une rétribution quelconque, il est nécessaire, pour être réputés légitimes, qu'ils soient autorisés, sinon par une loi, au moins par un règlement pris par l'administration dans le cercle de ses attributions.

**332**. *Connaissance de l'illégalité*. Le 3e élément du crime est la connaissance que le fonctionnaire a dû avoir de l'illégalité de la perception : il faut qu'il soit constaté qu'il a exigé un reçu ce qu'*il savait* n'être pas dû. Il n'y a point de concussion, si la perception, bien qu'illégale, se fonde sur une interprétation erronée de la loi ; si le fonctionnaire a pu se croire autorisé à la faire ; si, en un mot, s'il s'est trompé de bonne foi (Cass. 28 mai an XIII). Mais une perception illégale peut constituer le crime, encore bien que l'agent n'en ait pas personnellement profité : la loi ne distingue pas si l'exaction a été faite à son profit ou au profit de l'Etat. Si les préposés ou commis qui ont fait la perception invoquent l'ordre d'un supérieur, il y aura lieu d'examiner s'ils dépendent de l'ordonnateur dans leur service ou si le lien de dépendance n'existe pas, ensuite s'ils ont agi de complicité ; cette cause de justification ne peut leur être appliquée qu'autant qu'ils ont été liés par l'ordre et qu'ils n'ont pas profité de l'exaction (*Th. du C. pén.*, n° 819).

**333.** *Pénalité.* La peine portée par l'art. 174 est graduée suivant la qualité du coupable et l'importance des sommes indûment perçues. Il y a lieu de distinguer si la perception illégale a été supérieure ou inférieure à 300 fr. : dans le premier cas, si le prévenu est fonctionnaire ou officier public, le fait est qualifié crime et la peine est la réclusion ; s'il n'est que commis ou préposé, le fait n'est plus qu'un délit et la peine un emprisonnement de 2 à 5 ans. Dans le deuxième cas, si le prévenu est fonctionnaire ou officier public, la peine est un emprisonnement de 2 à 5 ans ; s'il n'est que commis ou préposé, la peine est un emprisonnement de 1 an à 4 ans. Les coupables sont en outre et dans tous les cas condamnés à une amende qui peut s'élever du 12ᵉ au quart des restitutions et dommages-intérêts. Il n'est pas nécessaire, pour l'application de cette amende, qu'il y ait partie civile en cause (Cass. 9 sept. 1842), mais il faut qu'il y ait lieu à restitution ou à dommages-intérêts, c'est-à-dire que des perceptions aient été faites et que le chiffre de ces perceptions soit indiqué, puisque, ce chiffre servant de base à l'amende (Cass. 26 août 1824, 9 sept. 1842), est indispensable pour en contrôler la régularité (Cass. 7 avr. 1842).

## III. — *Délits des fonctionnaires qui se sont ingérés dans des affaires ou commerces incompatibles avec leur qualité.*

### ART. 175 ET 176.



**334.** L'art. 175, qui prévoit l'immixtion des fonctionnaires dans les affaires dont ils ont l'administration ou la surveillance, n'a pas voulu punir la simple infraction à la prohibition qu'il prononce; ce qu'il a frappé, c'est l'abus de confiance de la part du fonctionnaire qui s'ingère dans l'entreprise qu'il doit surveiller, c'est la cupidité servie par l'abus de pouvoir. Les éléments du délit sont donc : 1° l'intention frauduleuse du fonctionnaire : la seule participation faite de bonne foi à une entreprise qui ressortit des fonctions ne suffirait pas, il faut un abus de pouvoir servant un intérêt personnel ; 2° la qualité de fonctionnaire, officier public ou agent du gouvernement, puisque le délit ne consiste que dans un abus de la fonction ; 3° l'intérêt pris même dans une convention non encore exécutée (Cass. 15 avr. 1848) dans une affaire ou dans une entreprise : la désignation faite par la loi n'est qu'une indication des actes prohibés; l'interposition de personnes s'apprécie d'après les faits et non d'après l'art. 911 du C. civ., qui ne s'applique pas ici; enfin le dernier paragraphe de l'article ajoute à l'intérêt dans les entreprises « un intérêt quelconque dans une affaire dont l'agent était chargé d'ordonnancer le paiement ou de faire la liquidation » ; 4° la surveillance, la gestion ou l'administration de l'affaire dans laquelle l'intérêt a été pris ; c'est cette circonstance qui imprime au fait le caractère du devoir trahi, d'un abus de pouvoir ; 5° enfin un préjudice quelconque, puisque l'amende est proportionnée aux restitutions et dommages-intérêts.

**335.** Cet article a été appliqué — à des maires qui avaient pris intérêt sous un nom supposé à des adjudications d'objets appartenant aux communes et dont ils avaient l'administration (Cass. 28 nov. 1840, 15 avr. 1848); — à l'appréciateur d'un mont-de-piété qui s'adjuge les objets dont il détermine la valeur ou qui évalue au-dessus de leur valeur les objets qu'il fait déposer par personnes interposées (Cass. 4 fév. 1832); — au notaire qui, par personne interposée, prend intérêt dans l'adjudication d'un immeuble qu'il a été chargé par jugement de faire (Cass. 28 déc. 1816). Mais il n'en a pas été fait application; — au receveur municipal d'une commune qui se rend adjudicataire des travaux à faire à un chemin vicinal de cette commune (Cass. 15 avr. 1848); — au notaire qui, par supposition de personnes, mais à la connaissance du cédant, prend intérêt dans une cession de créance dont il reçoit l'acte (Cass. 18 avr. 1817). Il résulte de ce dernier arrêt, rapproché de l'arrêt du 28 déc. 1816, que, lorsque le notaire agit en vertu de la délégation du tribunal, l'intérêt qu'il prend dans l'opération dont il est chargé le rend passible de la peine de l'art. 175, mais que, quand il ne fait que rédiger les conventions des parties, il n'exerce sur ces actes aucune influence et que dès lors la part d'intérêt qu'il y prend ne peut constituer le délit.

**336.** L'art. 176 a pour objet de défendre aux commandants militaires, aux préfets et sous-préfets le commerce des grains et des boissons dont ils pourraient abuser en créant un monopole qui ferait enchérir ces denrées. Cet article ne prohibe pas tout commerce, mais seulement celui des substances farineuses et des vins et boissons; ce qu'il veut prévenir surtout, ce sont les spéculations qui ne seraient que l'abus de l'autorité attachée à la fonction. Il faut du reste, pour l'application de l'article, que la prévention impute le délit à l'un des fonctionnaires qu'il désigne, que le commerce ait été exercé dans les lieux soumis à son autorité, que ce commerce ait porté sur les denrées qui sont indiquées, et enfin qu'il y ait eu abus de la fonction.

## IV. — *De la corruption des fonctionnaires publics.*

### Art. 177, 178, 179, 180, 181, 182, 183.

337. Définition du crime de corruption.
338. Eléments constitutifs du crime.
339. Enumération des agents auxquels la jurisprudence a fait application de l'art. 177.
340. Il est nécessaire de constater que les dons ou promesses ont été agréés soit directement, soit indirectement.
341. Il est nécessaire de constater que les dons ou promesses ont eu pour but d'obtenir un acte de la fonction ou l'abstention de cet acte.
342. Le crime existe lors même que l'acte est juste, mais non sujet à salaire.
343. Du cas où l'agent, après avoir agréés les dons ou promesses, n'exécute pas l'acte.
344. Peines applicables au crime de corruption.
345. Application de ces peines aux arbitres et aux experts.
346. Circonstances aggravantes du crime de corruption; corruption des juges et jurés.
347. Application de l'art. 179; les circonstances de l'agent et du corrupteur sont distinctes.
348. Eléments du crime de provocation à la corruption.
349. De la tentative de la corruption.
350. Forfaiture du juge ou de l'administrateur qui prend une décision par faveur ou par inimitié (art. 183).

**337.** *Définition.* La corruption est en général le crime du fonctionnaire qui trafique de son autorité pour faire ou pour ne pas faire un acte de ses fonctions. Ce crime diffère de la concussion en ce que l'agent prévenu de concussion a reçu ce qui n'était pas dû comme une chose à laquelle la loi ou les règlements lui donnaient droit, tandis que le prévenu de corruption n'a reçu qu'à titre de dons ou présents ce qu'on était libre de lui donner ou de ne pas lui donner (Cass. 16 sept. 1820, 5 mai 1837). La corruption renferme deux faits distincts : celui du fonctionnaire qui se laisse corrompre et celui du corrupteur. On doit examiner d'abord l'acte du fonctionnaire que la loi a considéré comme auteur principal.

**338.** *Éléments du crime.* L'art. 177 établit nettement les trois éléments constitutifs du crime du fonctionnaire. Il faut : 1° que ce crime ait été commis par un fonctionnaire public de l'ordre administratif ou judiciaire, un agent ou préposé d'une administration publique, un arbitre ou un expert; 2° que l'une de ces personnes ait agréé des offres ou promesses ou reçu des dons ou présents; 3° que ces dons ou promesses aient eu pour objet de faire un acte de sa fonction ou de son emploi, même juste, mais non sujet à salaire, ou de s'abstenir de faire un acte qui entrait dans l'ordre de ses fonctions.

**339.** La jurisprudence a compris parmi les fonctionnaires et agents désignés par l'art. 177 : — les employés des préfectures et sous-préfectures (Cass. 30 sept. 1836, 7 janv. 1843) ; — les commis principaux au bureau des affaires civiles de l'Algérie (Cass. 30 sept. 1852) ; — les secrétaires des mairies (Cass. 6 sept. 1811, 17 juill. 1828) ; — les gardes forestiers (Cass. 16 janv. et 2 nov. 1812) ; — les gardes champêtres (Cass. 14 juin 1813, 16 sept. 1820, 5 mai 1827) ; — les gardes particuliers (Cass. 19 août 1826) ; — les brigadiers cantonniers (Cass. 10 juill. 1855) ; — les essayeurs et aides-essayeurs de la Monnaie (Cass. 9 nov. 1843) ; — les sergents chargés du toisé des jeunes soldats (Cass. 14 déc. 1837) ou chargés par les officiers d'armement de faire fabriquer des cartouches (Cass. 15 oct. 1851) ; — les adjudicataires des entreprises de pesage des bois de la marine (Cass. 4 oct. 1856) ; — les huissiers (Cass. 8 juill. 1813). Il avait été jugé que les médecins et chirurgiens appelés près les conseils de révision rentraient également dans les termes de l'art. 177 ; mais l'art. 45 de la loi du 21 mars 1832 ayant puni d'un emprisonnement de 2 mois à 2 ans les hommes de l'art qui reçoivent des dons ou promesses pour donner un avis favorable aux jeunes gens, l'art. 177 a cessé d'être applicable à ce cas spécial (Cass. 14 juin 1851, 10 nov. 1853).

**340.** Pour constituer l'acceptation des dons ou promesses qui forme la matérialité et le deuxième élément du crime, il faut d'abord qu'il y ait eu, en effet, des dons ou promesses, car si l'agent n'a cédé qu'à des sollicitations et à des prières, ce n'est plus un acte de corruption. Il faut ensuite qu'il les ait agréés soit directement, soit indirectement par l'intermédiaire de ses préposés ou des membres de sa famille, mais il est nécessaire dans ce dernier cas d'établir son adhésion formelle.

**341.** Le troisième élément du crime est dans le caractère de l'acte qui est l'objet des promesses et des dons : la loi veut que le fonctionnaire les ait agréés « pour faire un acte de sa fonction ou de son emploi » ou pour s'abstenir « de faire un acte qui rentrait dans l'ordre de ses devoirs ». Il faut entendre par un acte de la fonction ou de l'emploi, un acte qui fait partie des attributions légales du fonctionnaire, qui est commis dans l'exercice de ses fonctions, qui est de sa compétence, *ex officio suo*, qui est l'un des devoirs qui lui sont imposés ; c'est cet acte seul que la loi a voulu protéger contre un trafic illicite ; l'art. 177 ne s'applique qu'à la transgression des devoirs spéciaux de la fonction. Tels sont l'acte du garde forestier qui a reçu plusieurs cordes de bois pour s'abstenir de constater un délit de coupe d'arbres commis sur le territoire confié à sa surveillance (Cass. 16 janv. et 12 nov. 1812) ; — l'acte du membre d'un conseil de révision qui reçoit des dons pour exempter du service militaire les jeunes gens appelés pour le recrutement (Cass. 26 déc. 1829) ; — l'acte du secrétaire de mairie chargé de la délivrance des passe-ports qui accepte une rétribution pour accomplir cet acte d'administration (Cass. 17 juill. 1828) ; — l'acte de l'officier de police judiciaire qui s'abstient, moyennant argent, de dresser procès-verbal d'un délit ou d'une contravention (Cass. 7 mai 1837). Mais si l'acte ne rentre pas dans l'ordre des devoirs du fonctionnaire, s'il n'est pas un acte de sa fonction, il peut constituer un autre délit, le délit d'escroquerie, il ne constitue plus le crime de corruption ; ainsi le garde champêtre qui, saisissant un délit de chasse *hors de son territoire*, menace de dresser un procès-verbal et s'abstient moyennant argent, commet une escroquerie, mais non un crime de corruption, parce qu'il n'avait pas droit de dresser procès-verbal et que cet acte ne rentrait pas dans l'ordre de ses devoirs (Cass. 31 mars 1827, 15 oct. 1851).

**342.** Le crime existe lors même que l'acte est « juste mais non sujet à salaire »; peu importe, dans le système du Code, que cet acte soit juste ou injuste. Le fonctionnaire qui reçoit des présents pour accélérer la marche d'une affaire commet une prévarication pour faire une chose juste en elle-même. Mais si l'acte est juste, il est nécessaire qu'il ne soit pas sujet à salaire, car le salaire légitimerait la rétribution. Toutefois, si l'acte est sujet à une rétribution fixe, il est clair que les dons et promesses agréés au delà de cette rétribution peuvent constituer le crime de corruption, car il faut distinguer la rétribution légale qui est le prix du travail, des dons et promesses qui sont le prix de la corruption.

**343.** Si le fonctionnaire, après avoir agréé les dons et promesses, n'exécute pas l'acte qu'il était convenu d'accomplir, il y a lieu de distinguer les degrés de sa responsabilité. S'il s'est abstenu par un libre mouvement de sa volonté, s'il a rendu les dons reçus ou répudié les offres faites, quelle que soit l'immoralité de la convention qu'il avait consentie, il n'y a ni crime ni délit. S'il a persisté dans le pacte et n'a été empêché de l'accomplir que par des circonstances indépendantes de sa volonté, il y a tentative légale du crime. Enfin, s'il a reçu ou agréé les dons ou promesses sans avoir la volonté ou le pouvoir d'exécuter l'acte, il ne commet point une tentative de corruption parce qu'il n'a pas trahi sa fonction ou parce que l'acte ne rentrait pas dans ses devoirs; mais il s'est rendu coupable d'escroquerie ou d'abus de confiance.

**344.** *Pénalité.* L'art. 177 porte une double peine: la dégradation civique et l'amende. L'amende peut s'élever au double des sommes agréées ou reçues; elle ne peut être inférieure à 200 fr. La seule question à laquelle donne lieu cette fixation est de savoir comment on doit la calculer quand l'agent aura agréé la promesse d'une place, d'une distinction honorifique, ou de toute chose dont la valeur n'est pas appréciable. On doit, dans ce cas, s'abstenir d'une évaluation arbitraire et se borner à prononcer le minimum.

**345.** *Arbitres et experts.* Le dernier paragraphe de l'art. 177, introduit par la loi du 13 mai 1863, étend ces peines à « tout arbitre ou expert nommé soit par le tribunal, soit par les parties, qui auront agréé des offres ou promesses ou reçu des dons ou présents, pour rendre une décision ou donner une opinion favorable à l'une des parties ». Cette disposition remplit une véritable lacune de la loi, car les arbitres et experts, n'étant pas fonctionnaires publics, ne rentraient pas dans les termes de l'art. 177, et la corruption pratiquée auprès d'eux n'est pas moins dangereuse que celle pratiquée auprès des fonctionnaires.

**346.** *Circonstances aggravantes.* Le crime de corruption admet deux circonstances aggravantes : 1° quand il a pour objet un fait criminel emportant une peine plus forte que la dégradation civique (art. 178) ; 2° quand il a pour objet un jugement rendu en matière criminelle (art. 181). La première de ces circonstances a pour objet de réserver au fonctionnaire une peine plus grave que la dégradation civique, si l'acte qu'il a commis est passible de cette peine, par exemple, si cet acte est un faux, une soustraction de pièces; cette disposition, qui résultait déjà des règles légales, est générale et s'applique à tous les fonctionnaires. La deuxième circonstance aggravante se fonde à la fois sur la qualité du coupable et la matière qui est l'objet de la corruption. La peine, outre l'amende, s'élève jusqu'à la reclusion, « si c'est un juge prononçant en matière criminelle ou un juré qui s'est laissé corrompre soit en faveur, soit au préjudice de l'accusé ». Cette aggravation ne s'applique qu'en matière de grand criminel et aux juges et aux jurés seulement; les éléments du crime sont les mêmes que ceux indiqués dans l'art. 177. Mais l'aggravation s'élève jusqu'à la peine du talion si la corruption a eu pour effet d'appliquer une peine supérieure à la reclusion. L'art. 183 déclare en effet que « si, par l'effet de la corruption, il y a eu condamnation à une peine supérieure de la reclusion » ; cette peine, quelle qu'elle soit, sera appliquée au juge ou au juré coupable de corruption ». Cette disposition, qui est un legs de notre ancienne législation, n'a jamais été appliquée.

**347.** *Application de l'art.* 179. L'acte du corrupteur qui fait l'objet de cet article n'est pas considéré comme un acte de complicité du fonctionnaire qui s'est laissé corrompre ; la loi a vu, dans le concours des deux agents, deux actes distincts qu'elle a soumis à des règles différentes. Le corrupteur et le fonctionnaire public peuvent avoir l'un et l'autre des complices du fait individuel qu'ils exécutent (Cass. 16 nov. 1841), mais, quoique associés pour la perpétration du même fait, ils y coopèrent par des actes différents, ils commettent deux crimes séparément qualifiés. Les éléments constitutifs du crime de provocation à la corruption sont : 1° que l'agent ait employé soit les voies de fait ou menaces, soit les promesses, offres, dons ou présents ; 2° que les moyens de contrainte ou de corruption aient été employés sur l'une des personnes de la qualité exprimée en l'art. 177 ; 3° enfin que leur but ait été d'obtenir soit l'accomplissement soit l'abstention d'un acte qui rentrerait dans l'ordre de ses devoirs. L'application de l'article aux faits d'abstention longtemps agitée dans la jurisprudence, a été consacrée par la loi du 13 mai 1863.

**348.** L'art. 179 frappe le fait du corrupteur d'une peine criminelle ou d'une peine correctionnelle suivant que la contrainte ou la corruption ont eu ou n'ont pas eu d'effet. Dans le premier cas, le corrupteur est puni des mêmes peines que le fonctionnaire, c'est-à-dire suivant les espèces des peines portées par les art. 178, 181 et 182. Dans le deuxième cas, la provocation n'ayant pas eu d'effet, cette tentative, aux termes du 2e § de l'art. 179, ne forme qu'un délit passible d'un emprisonnement de 3 à 6 mois. Elle se compose, du reste, des mêmes éléments que le crime. Il faut que la corruption ou la contrainte s'opère par les mêmes moyens, qu'elle s'exerce sur les mêmes personnes, et qu'elle ait le même but, un acte rentrant dans les devoirs du fonctionnaire. L'action conserve le même caractère, la peine n'est atténuée qu'à raison de l'atténuation du péril (*Th. du C. pénal*, n° 855).

**349.** L'art. 180 ajoute aux peines qui frappent le corrupteur la confiscation spéciale des choses livrées comme prix de la corruption. Cette confiscation n'atteint que les choses qui ont été *livrées ;* les choses *promises* même par écrit ne peuvent en être l'objet. Mais, si elles avaient été déposées, la confiscation pourrait s'y appliquer, car le corrupteur s'en serait dessaisi; tel serait le cas où la chose a été livrée à un tiers, à un complice (Cass. 20 mai 1844) ; si la chose livrée est un immeuble, la confiscation doit en être prononcée, et la Cour d'assises est compétente pour décider les questions contentieuses qui peuvent s'élever à ce sujet (Cass. 10 août 1854).

**350.** *Application de l'art.* 183. Cet article, placé à la suite des dispositions relatives à la compétence, prévoit un fait qui, quoiqu'il puisse avoir avec la corruption quelque analogie, en est tout à fait distinct : c'est le fait du juge ou de l'administrateur qui se décide par faveur pour une partie ou par inimitié contre elle. Un tel acte serait en effet un véritable crime, mais il paraît difficile de faire la preuve de la faveur ou de la haine. Il faut pour l'application de cette disposition : 1° que la faveur ou l'inimitié se soit trahie par des faits extérieurs qui permettent de la constater ; 2° il faut ensuite que l'inculpé ait la qualité de juge ou d'administrateur. La qualité de juge exclut les jurés et tous les officiers de l'ordre judiciaire qui ne sont pas des juges proprement dits. La qualité d'administrateur s'applique principalement aux préfets, sous-préfets, maires, directeurs des administrations publiques ; elle exclut les préposés et même les fonctionnaires publics qui n'exercent aucune portion du pouvoir administratif ; 3° enfin, il faut qu'il y ait une décision du juge ou de l'administrateur et que cette décision soit susceptible d'effet.

## § V. — *Des abus d'autorité envers les particuliers.*

### Art. 184, 185, 186, 187.

### I. — *Violation du domicile.*

351. Il est de principe que le domicile de chaque citoyen est un asile inviolable.
352. Dans quels cas la loi permet aux officiers publics d'entrer dans le domicile des citoyens pendant la nuit.
353. Dans quels cas la loi permet d'y entrer pendant le jour.
354. Eléments constitutifs du délit de violation de domicile.
355. Délit de violation de domicile commis par un particulier. Eléments de ce délit.

**351.** L'inviolabilité du domicile des citoyens a été solennellement proclamée par l'art. 1er de la loi du 19-22 juill. 1791, l'art. 359 de la Const. du 5 fruct. an III et par l'art. 76 de la Const. du 22 frim. an VIII, portant que « le domicile de chaque citoyen est un asile inviolable ». L'art. 184 a pour objet d'apporter à ce principe une sanction, mais cet article ne punit l'introduction dans le domicile d'un citoyen, contre le gré de celui-ci, que lorsqu'elle a lieu « hors les cas prévus par la loi et sans les formalités qu'elle a prescrites ». On doit donc rechercher quels sont ces cas et ces formalités.

**352.** *Pendant la nuit* nul n'a le droit d'entrer dans la maison d'un citoyen, si ce n'est *dans les cas d'incendie, d'inondation ou de réclamation venant de l'intérieur de la maison* (L. 5 fruct. an III, 359; 28 germ. an VI, 131 ; 22 frim. an VIII, 76). Mais ce principe admet une exception à l'égard des maisons ouvertes au public. Les art. 9 et 10 du titre Ier de la loi du 19-22 juill. 1791 portent : « A l'égard des lieux où tout le monde est admis indistinctement, tels que cafés, cabarets, boutiques et autres, les officiers de police pourront *toujours* y entrer, soit pour prendre connaissance des désordres ou contraventions aux règlements, soit pour vérifier les poids et mesures, le titre des matières d'or et d'argent, la salubrité des comestibles et médicaments. Ils pourront aussi entrer *en tout temps* dans les maisons où l'on donne habituellement à jouer des jeux de hasard et dans les lieux livrés notoirement à la débauche ». Quelques doutes s'étant élevés sur le sens des mots *toujours* et *en tout temps*, un décret du 24 sept. 1792 déclarait que ces termes attribuaient aux officiers de police l'entrée *même pendant la nuit* dans les maisons ouvertes au public. Que faut-il entendre par la nuit? Un décret du 4 août 1806 porte : « Le temps de nuit sera réglé par les dispositions de l'art. 1037 du C. proc. civ. » Ainsi la prohibition d'entrer dans les maisons particulières, si ce n'est pour y porter secours, existe du 1er oct. au 31 mars, de 6 heures du soir à 6 heures du matin, et du 1er avril au 30 septembre, de 9 heures du soir à 4 heures du matin. Mais, en ce qui concerne les maisons ouvertes au public, les officiers de police peuvent y entrer *en tout temps*, c'est-à-dire même pendant les heures de nuit, mais seulement tant qu'elles sont ouvertes ; ils ne peuvent s'y introduire que pendant le temps où elles sont accessibles au public (Cass. 11 nov. 1829, 13 nov. 1841, 17 nov. 1860). Mais, lorsque après les heures où ces établissements doivent être fermés, ils continuent à admettre le public, ils demeurent également ouverts aux officiers de police. Les employés des contributions indirectes peuvent aussi entrer la nuit dans les brasseries et distilleries, lorsqu'elles sont en activité et dans les débits de boissons pendant tout le temps qu'ils sont ouverts (L. 28 avr. 1816, 225; Cass. 12 nov. 1830).

**353**. *Pendant le jour*, le principe de l'inviolabilité du domicile admet des exceptions plus étendues. Les lois déjà citées ajoutent que pendant le jour « on peut entrer dans le domicile d'un citoyen pour un objet spécial, déterminé par une loi ou par un ordre émané d'une autorité publique ». Les lois qui autorisent l'introduction dans les maisons des citoyens sont, outre celles déjà mentionnées qui permettent l'entrée *en tout temps*,

—la loi du 28 avril 1816, qui permet les visites des employés des contributions indirectes, les visites chez les redevables (art.235) et chez les particuliers non sujets à l'exercice, mais dans ce cas avec l'ordre d'un employé et l'assistance du juge de paix, du maire ou du commissaire de police (art. 237; Cass. 16 avr. 1818, 13 fév. 1819, 10 avr. 1823, 5 sept. 1834); — l'art. 60 de la même loi du 28 avril 1816, qui autorise les préposés des douanes à rechercher les marchandises prohibées; — la loi du 13 fruct. an v, qui prescrit les perquisitions des salpêtres; — l'art. 161 du C. for., qui permet aux gardes forestiers de procéder à des investigations dans les maisons et bâtiments avec l'assistance du juge de paix, du maire ou du commissaire (Cass. 29 janv. et 12 juin 1829); — enfin, les lois relatives aux poids et mesures, à la salubrité des comestibles ou des habitations, à la vérification des matières d'or et d'argent, et les art. 36, 37, 87, 88 du C. d'inst. crim., qui autorisent les visites domiciliaires pour la constatation des crimes, des délits et des contraventions. Les ordres émanés de l'autorité publique sont ceux qui sont donnés pour l'exécution des mandats d'amener, des mandats d'arrêt, des ordonnances de prise de corps et des jugements ou arrêts de condamnation.

**354.** La violation du domicile est le premier acte d'abus d'autorité. Lorsqu'un fonctionnaire de l'ordre administratif ou judiciaire, un officier de justice ou de police, un commandant ou agent de la force publique, s'est introduit dans le domicile d'un citoyen, il commet le délit et encourt les peines d'emprisonnement et d'amende que prévoit le § 1er de l'art. 184, pourvu que cet acte réunisse les conditions suivantes : Il faut, en premier lieu, que le fonctionnaire ait agi en sa qualité, car s'il n'a pas agi en vertu de sa fonction, s'il n'a pas abusé de son autorité, la violation du domicile qu'il peut avoir commise rentrerait dans les termes du 2e § de l'art. 184. Il faut, en deuxième lieu, qu'il se soit introduit en dehors des termes qui viennent d'être déterminés et sans les formalités légales, car le délit n'est que l'abus de la fonction, un acte arbitraire et oppressif. Enfin il faut, en troisième lieu, que l'introduction ait eu lieu *contre le gré* du citoyen, ce qui doit être interprété en ce sens qu'il n'est pas nécessaire, pour l'existence du délit, qu'il y ait opposition ou résistance, il suffit qu'il n'y ait pas eu consentement à la mesure, qu'elle n'ait pas été subie volontairement (*Th. du C. pén.*, n° 873 ; Cass. 17 juill. 1858). Au surplus, si le fonctionnaire justifie qu'il a agi par l'ordre d'un supérieur auquel il devait obéissance, la responsabilité retombe sur celui-ci; c'est ce qui résulte de ces mots : « sans préjudice de l'application du 2e § de l'art. 114 » qui terminent le 1er § de l'art. 184.

**355.** La loi du 28 avril 1832 a ajouté à cet article une disposition qui punit d'un emprisonnement de 6 jours à 3 mois et d'une amende de 16 à 200 fr., « tout individu qui se sera introduit à l'aide de menaces ou de violences dans le domicile d'un citoyen ». Le délit prévu par ce 2e § est le même que celui qui est l'objet du premier, c'est-à-dire la violation du domicile. Mais il y a cette différence, qu'il faut, pour former le délit d'un simple particulier, qu'il y ait non plus abus d'autorité, mais emploi de menaces ou de violences. Il est peut-être utile d'ajouter que cette introduction violente, si elle a pour but la perpétration d'un crime ou d'un délit, n'est plus considérée comme un délit principal, mais comme un acte préparatoire ou un commencement d'exécution du crime ou du délit.

## II. — *Déni de justice.*

### Art. 185.

356. Définition du déni de justice. Dans quels cas il peut se produire.

357. Eléments constitutifs du délit prévu par l'art. 185.

**356.** Le deuxième cas d'abus d'autorité est le déni de justice. L'art. 185 ne fait qu'apporter une sanction à l'art. 4 du C. civ. et à l'art. 506 du C. de proc. civ. Il y a déni de justice quand les juges refusent de répondre les requêtes et de juger les affaires en état et en tour d'être jugées. L'article n'est pas limitatif, il punit le refus des juges, non-seulement quand il se fonde sur le silence ou l'obscurité de la loi, mais « sur quelque prétexte que ce soit ». La jurisprudence a reconnu ce délit dans le renvoi d'une affaire à une époque indéterminée (Cass. 31 janv. 1811), dans l'omission de statuer sur un chef d'un procès (Cass. 11 juill. 1823), et dans le refus de prononcer sur le fond d'une affaire après renvoi de la Cour de cassation (Cass. 16 vend. an VIII). La même disposition s'étend à « tout administrateur ou autorité administrative » dans les cas où il y a lieu à statuer sur les intérêts des citoyens. Il faut qu'il y ait litige ou réclamation pendante devant le fonctionnaire et que celui-ci, compétent pour l'apprécier, refuse de prendre une décision.

**357.** Pour que le refus de statuer, qui ne donne lieu en matière judiciaire qu'à la prise à partie, prenne le caractère d'un délit, il faut que le juge ou l'administrateur ait été requis de prononcer ou qu'il ait été averti par l'autorité supérieure, en un mot, que son refus résulte des circonstances et soit formellement constaté. Il ne faut confondre avec le refus de statuer, ni les renvois et les lenteurs de la décision, ni les excès de pouvoir ou la violation des règles légales. La loi ne punit pas les retards, mais les refus de juger ; elle ne punit pas les excès de pouvoir, elle en fait prononcer l'annulation.

### III. — *Violences sans motifs légitimes dans l'exercice des fonctions.*

### Art. 186.

358. Conditions de l'application de l'art. 186 relatif aux violences des fonctionnaires publics.
359. Dans quels cas il peut y avoir motif légitime des violences.
360. La question relative au fait justificatif du motif légitime ne fait pas obstacle à la position des questions d'excuse.
361. Application des peines graduées portées par l'art. 186.

**358.** Le troisième abus d'autorité privée par le Code est le délit ou le crime de violences sans motif légitime sur les personnes dans l'exercice des fonctions. L'art. 186 donne à cette incrimination les conditions suivantes : 1° Il faut que l'agent soit « un fonctionnaire ou officier public, un administrateur, un agent ou un préposé du gouvernement ou de la police, un exécuteur des mandats de justice, ou un commandant en chef ou en sous-ordre de la force publique » ; la loi a enveloppé tous les agents du pouvoir exécutif, elle est même descendue jusqu'aux préposés les plus infimes, qui peuvent se rendre coupables de mauvais traitements dans leurs fonctions (Cass. 20 janv. et 14 oct. 1825). 2° Il faut, en deuxième lieu, que des violences aient été commises envers les personnes : la loi atteint toutes les violences, depuis les coups et blessures jusqu'à l'homicide (Cass. 5 déc. 1822). 3° Il faut, en troisième lieu, que l'acte ait été commis dans l'exercice ou à l'occasion de l'exercice des fonctions, car ce n'est que la nécessité de cet exercice qui peut justifier les violences : en dehors des fonctions, les règles du droit commun leur sont applicables. 4° Enfin, il faut qu'elles aient été exercées *sans motifs légitimes*.

**359.** Le motif légitime, dans le sens de la loi, est l'accomplissement d'un acte qui entre dans l'ordre des devoirs du fonctionnaire. Lorsqu'il ne fait que mettre à exécution les actes que ses fonctions lui imposent, les moyens qu'il emploie, s'ils sont nécessaires, sont légitimes. Ainsi l'agent qui opère une arrestation en vertu d'un mandat régulier, ou qui met à exécution un jugement, ou qui saisit des malfaiteurs en flagrant délit, ou qui disperse un attroupement séditieux, peut être forcé de se livrer à des actes de violence pour l'accomplissement de sa mission légale. L'art. 185 établit en faveur de cet agent une cause de justification : il est couvert par la présomption qu'il n'a fait, en exerçant ces violences, qu'accomplir un devoir, et c'est à l'accusation à établir qu'il a agi *sans motifs légitimes*, c'est-à-dire sans qu'il y eût nécessité absolue d'exercer les violences, car cette nécessité seule peut les justifier. Il appartient d'ailleurs aux juges ou aux jurés d'apprécier s'il y a eu motif légitime de recourir aux voies de fait.

**360.** De là il suit que tout fonctionnaire, agent ou préposé, accusé de violences dans l'exercice de ses fonctions, n'est passible d'une peine qu'autant que ces violences ont été exercées *sans motifs légitimes :* cette circonstance est essentielle pour qu'il y ait crime ou délit (Cass. 15 mars 1821, 5 déc. 1822). Mais la position de ce fait justificatif ne fait pas obstacle à ce que les questions d'excuse, telles que la provocation, soient posées, quand elles sont réclamées par la défense, puisqu'elles ne sont pas comprises dans la question de la légitimité des motifs (Cass. 30 janv. 1835). Cette question de l'existence des motifs légitimes doit constituer une question distincte, non comprise dans la question de culpabilité, et par conséquent il n'y a point de contradiction, lors même qu'il serait déclaré que l'agent avait un motif légitime, dans la solution également affirmative de la question de provocation (Cass. 18 juin 1857).

**361.** L'art. 186 se termine en déclarant que l'agent « sera puni suivant la nature et la gravité des violences et en élevant la peine suivant la règle passée par l'art. 198. » Nous examinerons dans ce dernier article les divers degrés que cette peine variable peut parcourir et les aggravations qu'elle peut recevoir.

## IV. — *Violation du secret des lettres.*

### Art. 187.

362. Il est de règle générale que le secret des lettres est inviolable.
363. Eléments du délit de violation du secret des lettres.
364. Le juge d'instruction a le droit de saisir les lettres émanant des prévenus ou qui leur sont adressées.

**362.** Le quatrième abus d'autorité prévu par notre Code est *la violation du secret des lettres* qui fait l'objet de l'art. 187. Les lois du 10-24 août 1790 et 10-20 juil. 1871 déclarent que « le secret des lettres est inviolable », et la loi du 26-27 août

1790 impose aux préposés des postes le serment « de garder et observer fidèlement la foi due au secret des lettres » ; la sanction de cette règle est dans l'art. 187, qui punit « toute suppression, toute ouverture de lettres confiées à la poste, commise ou facilitée par un fonctionnaire ou un agent du gouvernement ou de l'administration des postes » ; ce n'est que lorsqu'elle est commise par l'un de ces agents que cette violation rentre dans les termes de l'article : le même fait commis par les particuliers échappe à toute répression. Mais l'article s'applique aux employés des postes lors même qu'ils n'ont pas l'âge réglementaire (Cass. 12 oct. 1849) ou qu'ils ne remplissent qu'un emploi intérimaire (Cass. 25 avril 1856).

**363**. Il n'y a pas lieu de distinguer si le fonctionnaire a agi dans l'exercice ou hors l'exercice de ses fonctions, dans un intérêt public ou dans un intérêt privé, car la loi ne fait aucune distinction (Cass. 6 août 1841, 23 nov. 1849); mais le délit n'existe qu'autant que la suppression ou l'ouverture a été commise sciemment et avec une intention frauduleuse. La perte d'une lettre ou son ouverture accidentelle ne rentrerait pas dans les termes de la loi, et, d'une autre part, si ce fait avait pour but la soustraction des valeurs qui y seraient enfermées, la peine de l'art 173 deviendrait applicable (Cass. 14 juin 1850, 15 oct. 1853, 19 janv. 1855).

**364**. L'art. 187 n'apporte d'ailleurs aucun obstacle à l'exercice du pouvoir attribué au juge d'instruction par les art. 35, 87, 88, 90 du Code d'instr. cr. d'ordonner les perquisitions et saisies de papiers et effets utiles à la constatation des délits et crimes. Soit qu'une lettre révèle un crime, soit qu'elle le constitue comme en matière de faux, la justice a le droit de s'en saisir et de procéder à son ouverture (Cass. 23 juil. 1853, 21 nov. 1853). Il importe toutefois de restreindre ce droit dans de certaines limites, et par exemple de ne l'appliquer qu'aux lettres qui seraient adressées aux prévenus ou qui en émaneraient (Pr. de l'instr. cr., nos 202 et suiv.).

## § VI. — *Abus d'autorité contre la chose publique.*

### Art. 188, 189, 190, 191.



**365.** Les art. 188 et suiv. prévoient le délit des fonctionnaires publics qui requièrent ou ordonnent l'emploi de la force publique pour empêcher l'exécution d'une loi, la perception d'une contribution, l'application d'un ordre de l'autorité compétente : ce délit diffère de celui prévu par les art. 123, 124 et 125, en ce que ceux-ci ne s'appliquent qu'à des mesures concertées entre les fonctionnaires, tandis qu'il ne s'agit ici que d'une réquisition isolée de la force publique contre les actes de l'autorité légitime. La loi prévoit trois cas : la réquisition illégale n'a eu aucun effet et la peine est la reclusion ; elle a été suivie d'effet et la peine est le maximum de la reclusion ; elle a donné lieu à des crimes punissables de peines plus fortes, et ces peines sont appliquées au fonctionnaire.

**366.** L'art. 188, qui prévoit le premier degré du crime, ne punit qu'un seul fait, l'ordre ou la réquisition illégale, indépendamment de son effet et de toute exécution. Il est nécessaire seulement que la réquisition soit émanée d'un fonctionnaire, préposé ou agent du gouvernement ; qu'elle soit prise dans les limites de sa compétence, et qu'elle ait pour objet l'emploi de la force publique pour arrêter l'exécution d'une loi, la perception d'une contribution légale, l'application d'une ordonnance de justice ou de tout ordre d'une autorité agissant dans le cercle de ses attributions.

**367.** L'art. 189 prévoit quatre cas où la réquisition a été suivie de son effet. Cet effet est d'abord la réunion de la force publique, ensuite l'emploi de cette force à la résistance illégale. L'art. 191 prévoit la troisième hypothèse, celle où la réquisition a été suivie de crimes passibles de peines plus fortes que la reclusion. Ces crimes ayant été provoqués par l'ordre illégal, l'auteur de cet ordre en est réputé complice. Cependant, si ces crimes n'étaient pas la conséquence immédiate de l'ordre, la présomption de complicité devrait cesser.

**368.** L'art. 190 reproduit la cause de justification déjà exprimée dans le 2e § de l'art. 114 et puisée dans le principe posé par l'art. 64. Il faut, pour son application, que l'ordre ait été donné par un supérieur auquel l'agent devait obéissance et qu'il ait pour objet des mesures du ressort de ce supérieur.

## § VI. — *De quelques délits relatifs à la tenue des actes de l'état civil.*

### ART. 192, 193, 194, 195.

369. Délit de l'officier de l'état civil qui a inscrit les actes sur des feuilles volantes. Les officiers de l'état civil sont les officiers municipaux.
370. Omission des formes essentielles à la validité des actes de mariage.
371. Le délit n'est pas couvert par la nullité des actes; il prend le caractère d'un crime s'il y a collusion avec les parties.

**369.** Les articles 192, 193 et 194 prévoient trois faits de négligence et d'inobservation des règles légales; ces faits, graves par leurs conséquences, ne constituent par eux-mêmes que des contraventions matérielles. Lorsqu'il y a fraude, lorsque le fonctionnaire a colladé avec les parties, les mêmes faits prennent le caractère de crimes et rentrent dans les termes de l'art. 195. L'art. 192 punit donc l'inscription des actes sur des feuilles volantes, abstraction faite de toute intention frauduleuse. La loi n'inculpe, toutefois, que les seuls *officiers de l'état civil*, c'est-à-dire les *officiers municipaux* (L. 19 vend. an IV, 12); les employés de la mairie ne sont que des instruments que les officiers municipaux doivent surveiller et dont ils répondent: la loi pénale ne les atteint pas.

**370.** L'art. 193 a pour objet de garantir l'une des formes essentielles du mariage, le consentement des parents. Il faut rapprocher cet article des art. 156 et 157 du C. civ., qui punissent le défaut d'énonciation dans l'acte de mariage de ce consentement ou des actes respectueux qui ont dû le précéder. L'art. 193 punit un fait distinct, la négligence de l'officier de l'état civil qui ne s'est pas assuré de l'existence du consentement par la production des actes. Ces deux contraventions peuvent être poursuivies simultanément et motiver deux peines distinctes. L'art. 194 prévoit la troisième infraction, qui consiste à procéder au mariage d'une femme qui a déjà été mariée, avant l'expiration du délai fixé par l'art. 228 du C. civ. Cette infraction, comme les deux autres, ne suppose qu'une simple négligence.

**371.** Il résulte de l'art. 195 : 1° que la nullité des actes que l'officier de l'état civil a reçus sans avoir observé les formes légales ne couvre pas la contravention, qui est indépendante de la validité des ces actes ; 2° que cet officier encourt des peines plus fortes en cas de collusion ; il y a collusion lorsqu'il y a fraude, lorsque l'officier agit sciemment pour favoriser un tiers ; 3° que les dispositions des art. 192, 193 et 194 ne font pas obtacle à l'application des dispositions portées par le Code civil contre les officiers de l'état civil (C. civ., art. 52 et suiv., 156 et suiv.).

## § VII. — *De l'exercice de l'autorité publique illégalement anticipé ou prolongé.*

### Art. 196, 197.

372. Délit du fonctionnaire qui exerce ses fonctions avant d'avoir prêté serment.

373. Délit du fonctionnaire qui continue d'exercer ses fonctions après révocation, suspension ou remplacement.

**372.** Les art. 196 et 197 prévoient la double infraction des fonctionnaires qui ont commencé d'exercer leurs fonctions avant d'avoir prêté serment ou qui s'y sont maintenus après avoir été révoqués ou remplacés. La première de ces infractions suppose, outre le défaut de prestation de serment, une négligence, une faute imputable au fonctionnaire : la disposition facultative de l'art. 196 atteste que l'inculpé peut exciper de la nécessité, qui lui a été imposée par les circonstances, de pourvoir au service avant de prêter serment. C'est pour cela qu'il a été jugé qu'un fonctionnaire ne peut être impunément outragé dans l'exercice de son office, ni réclamer l'impunité de ses méfaits, parce qu'il ne serait pas régulièrement installé (Cass. 12 oct. 1849, 26 janv. 1851, 25 avr. 1856). Le serment que les fonctionnaires doivent prêter était de deux espèces : le serment politique et le serment spécial ou professionnel. Le serment politique a été aboli. Le serment spécial, qui a pour but d'assurer le loyal accomplissement des fonctions, est prescrit à certaines classes de fonctionnaires par des lois particulières.

**373.** Le délit prévu par l'art. 197 consiste dans la continuation des fonctions, après que l'acte de révocation ou de suspension a été officiellement notifié au fonctionnaire, ou après son remplacement, si les fonctions sont électives ou temporaires. Ce que la loi punit, ce n'est pas la simple infraction à une règle administrative, c'est l'usurpation de pouvoir, l'attentat à l'autorité. Il faut donc qu'au fait matériel se réunissent la désobéissance, une sorte de rébellion. Ainsi, il ne suffit pas, pour appliquer la peine, de déclarer un individu coupable d'avoir continué des fonctions de maire, après avoir été révoqué, il faut spécifier les faits qui ont constitué l'exercice illégal de la fonction (Cass. 12 oct. 1849). Mais la peine serait applicable au maire qui, après notification de sa révocation, continuerait ses fonctions en alléguant la nullité du décret, lequel aurait omis de fixer l'époque de la réélection du conseil municipal (Cass. 26 fév. 1842).

## § VIII. — *Des peines applicables aux fonctionnaires qui ont participé aux délits dont la surveillance leur est confiée.*

### Art. 198.

374. Système de l'art. 198 : il ne s'applique qu'aux cas où la loi n'a pas réglé les peines encourues par les officiers publics.
375. Il ne s'applique qu'aux crimes et délits que le fonctionnaire était chargé de surveiller ou réprimer.
376. La loi s'applique non-seulement aux crimes et délits auxquels le fonctionnaire a participé, mais aussi à ceux qu'il a commis isolément.
377. Application de la peine.

**374.** L'art. 198 établit une aggravation pénale contre les fonctionnaires qui s'associent aux crimes ou délits que leurs fonctions leur font un devoir de prévenir ou de réprimer. Il y a lieu de remarquer d'abord que cet article n'est applicable que « hors les cas où la loi règle spécialement les peines encourues pour crimes ou délits commis par les fonctionnaires ou officiers publics ». Il faut entendre par ces mots que toutes les fois qu'en s'occupant d'un crime ou d'un délit, la loi en a prévu la perpétration par les fonctionnaires ou officiers publics, cette disposition spéciale doit seule être appliquée, et ce n'est qu'au seul cas où la loi a posé une règle générale de répression, sans s'occuper de la qualité de l'agent, qu'à raison de cette qualité l'art. 198 peut être invoqué. Ainsi le garde particulier qui commet un délit de chasse sur les terrains confiés à sa surveillance est passible de l'application, non de l'art. 198, mais de l'art. 12, § 8 de la loi du 3 mai 1844 (Cass. 17 août 1860).

**375.** Si la peine n'a pas été spécialement réglée par la loi, il y a lieu de distinguer si les crimes ou délits étaient soumis à la surveillance du fonctionnaire, ou s'il n'était pas chargé de les surveiller. Dans ce dernier cas, il n'encourt que les peines du droit commun. Dans le premier, au contraire, il subit l'aggravation pénale. Il est donc nécessaire d'établir la mission légale du fonctionnaire et sa compétence pour surveiller les faits auxquels il s'est associé. Cette règle se réduit à une double appréciation des devoirs spéciaux du fonctionnaire et du caractère particulier des faits.

**376.** Le crime ou le délit consiste en ce que le fonctionnaire ou l'officier public a participé aux faits qu'il était chargé de surveiller. Il n'est pas nécessaire qu'il y ait participé dans l'exercice de ses fonctions (Cass. 24 juin 1813, 2 mai 1816, 2 sept. 1853), mais il faut qu'il y ait *participé* d'une manière quelconque, et cette expression a fait naître une difficulté; c'est de savoir si la loi n'a prévu qu'une coopération aux crimes ou délits commis par des tiers, ou si elle doit s'appliquer également au cas où le fonctionnaire, au lieu de participer au fait, l'accomplit seul et sans coopération. La Cour de cassation a décidé que cette exception enveloppait les deux cas. Les objections qui étaient prises non-seulement du texte très-restrictif de l'art. 198, mais aussi de la difficulté de le concilier dans ce sens avec l'art. 462, n'ont pas prévalu (*Th. du C. pén.*, nos 909 et 910).

**377.** L'échelle pénale établie par l'art. 198 peut être modifiée à tous ses degrés par l'application de l'art. 463. Quelques doutes s'étaient élevés au sujet du 2e §, portant que « s'il s'agit d'un délit, les fonctionnaires subiront *toujours* le maximum de la peine applicable »; mais ce qui résulte du mot *toujours*, c'est que les tribunaux doivent prononcer le maximum de la peine, à moins qu'il n'y ait des circonstances atténuantes, car l'art. 463 domine toutes les dispositions du Code, et on ne peut supposer que les délits spécifiés au § 2 de l'art. 198 ne présentent jamais de circonstances atténuantes.

## SECT. III. — Des troubles apportés a l'ordre par les ministres des cultes dans l'exercice de leurs fonctions.

### Art. 199, 200, 201, 202, 203, 204, 205, 206, 207, 208.

378. Le Code a incriminé séparément les délits des ministres des cultes dans l'exercice de leurs fonctions.
379. Il est interdit aux ministres des cultes de procéder à une bénédiction nuptiale sans qu'il soit justifié du mariage civil.
380. Critiques, censures ou provocations contre l'autorité publique dans les discours des ministres des cultes.

**378.** Cette section est consacrée aux délits que les ministres des cultes peuvent commettre dans l'exercice de leurs fonctions. Le Code n'a point confondu ces délits avec ceux des fonctionnaires publics, parce que les ministres des cultes ne sont point fonctionnaires, ils ne sont revêtus d'aucun caractère civil, ils n'exercent aucune portion de l'autorité publique. De là il suit qu'ils pouvaient être poursuivis sans autorisation du Conseil d'État avant que l'art. 75 de la loi du 22 frim. an VIII fût abrogé (Cass. 23 juin et 9 sept. 1831). Ce n'est que dans les cas d'abus prévus par les art. 6 et 8 de la loi du 18 germ. an X et quand il y a plainte d'une partie lésée, qu'il peut être nécessaire de former un recours au Conseil d'État (Cass. 18 fév. 1836). Mais, s'il y a délit, aucune entrave ne doit arrêter l'application de la loi pénale.

**379.** *Contraventions relatives à l'état civil.* Le concordat du 18 germ. an X fait défense aux ecclésiastiques de donner la bénédiction nuptiale aux personnes qui ne justifient pas avoir contracté le mariage civil. Cette interdiction a été étendue aux ministres des cultes dissidents et du culte israélite. Les art. 199 et 200 sont la sanction de ces dispositions. Le seul fait de n'avoir pas exigé la justification du mariage civil ne suffirait pas pour constituer la contravention, si ce mariage a été en effet contracté : la loi n'a puni la négligence qu'autant qu'elle a été dommageable, qu'autant que la bénédiction a précédé le mariage civil. Mais cette bénédiction nuptiale avant le mariage civil, prend un caractère plus grave quand elle se reproduit : la première fois, la loi ne la répute qu'un acte de négligence, une simple contravention; en cas de récidive, elle devient un délit ; en cas de double récidive, un crime. La peine qui est d'abord une amende, ensuite un emprisonnement de 2 à 5 ans, s'élève jusqu'à la détention.

**380.** *Critiques, censures ou provocations contre l'autorité publique.* Il est utile de constater que les art. 201, 202 et 203 sont toujours en vigueur. Ils n'ont été modifiés par aucune des lois qui depuis 1810 ont pour objet de réglementer la presse et les autres moyens de publication. L'art. 26 de la loi du 17 mai 1819 a prononcé l'abrogation des art. 102, 217, 367, 377 du C. pén. et maintient expressément toutes les autres dispositions du Code. Cet état de la législation n'a été modifié, ni par la loi du 25 mars 1822, ni par la loi du 27 juill. 1849, ni par le décret du 17 fév. 1852, ni par les lois subséquentes. Ces articles n'ont donc rien perdu de leur autorité, et devraient, le cas échéant, être appliqués. Si, en dehors des cas qu'ils ont prévus, les ministres des cultes, soit par la voie de la presse, soit par d'autres moyens de publication, commettent un délit, ils sont régis par la loi commune comme les autres citoyens.

**381.** Les art. 201, 202 et 203 ont le même objet, les discours prononcés par les ministres des cultes dans l'exercice de leurs fonctions et en assemblée publique. La loi distingue, pour graduer la peine, si les discours ne renferment qu'une simple censure des actes du gouvernement, s'ils contiennent une provocation directe à la désobéissance, ou si cette provocation a été suivie d'une sédition. L'art. 201 prévoit le premier terme de cette incrimination. Il faut, pour motiver son application, qu'un discours ait été prononcé par un ministre du culte dans l'exercice de son ministère et en assemblée publique, et que ce discours contienne la critique ou censure du gouvernement, d'une loi, d'un décret ou de tout autre acte de l'autorité publique. Par discours il faut entendre, non-seulement les prônes, instructions ou sermons, mais toutes les paroles prononcées en assemblée publique dans l'exercice du ministère du culte. Si le discours contient une provocation directe à la désobéissance aux lois ou aux autres actes de l'autorité publique, ou s'il tend à soulever ou armer une partie des citoyens contre les autres, il y a lieu de distinguer s'il a été ou non suivi d'effet ; dans le premier cas, la peine est un emprisonnement de 2 à 5 ans, quelle que soit la nature ou la gravité de la provocation ; dans le deuxième cas, s'il y a eu désobéissance, la peine est le bannissement ; s'il y a eu sédition ou révolte, la peine encourue par les séditieux, si elle est plus forte que le bannissement, est appliquée au ministre coupable de la provocation.

**382.** *Critiques, censures ou provocations dans un écrit pastoral.* Les art. 204, 205 et 206 punissent les mêmes censures, les mêmes critiques, les mêmes provocations que les articles précédents, avec cette seule différence que ces actes sont commis, non plus dans des discours, mais dans des *instructions pastorales.* L'autorité attachée à ces instructions explique la qualification de crime et la gravité des peines prononcées par la loi. Il faut, pour l'application de l'art. 304, 1° que l'écrit soit une instruction pastorale, quelle qu'en soit d'ailleurs la forme, 2° que cette instruction ait été publique, et que cette publication soit le fait du ministre du culte auteur de l'instruction ; 3° que l'écrit contienne une critique ou censure du gouvernement ou de ses actes.

**383.** *Correspondance avec une puissance étrangère.* Les ministres des cultes, sujets de l'Etat, doivent la même obéissance aux lois que les autres citoyens ; ils ne doivent donc pas, sans autorisation du gouvernement, entretenir avec une cour étrangère une correspondance sur les questions ou matières religieuses dans laquelle ils puiseraient des règles de conduite qui pourraient jeter le trouble dans les esprits. L'art. 207, qui se borne à édicter une prohibition, punit toute infraction matérielle à cette défense, quels que soient l'objet de la correspondance et l'intention qui l'a dirigée : la contravention est tout entière dans le fait d'une correspondance sans autorisation, la correspondance est libre dès que l'autorisation est obtenue. La publication ou l'exécution d'une bulle, d'un bref, ou autres expéditions de la cour de Rome, dont l'exécution n'aurait pas été autorisée, est un cas d'abus, mais ne rentre pas dans les termes de l'art. 207 (L. 18 germ. an x, art. 1 ; déc. 23 janv. 1811). L'infraction prend un caractère plus grave et revêt la qualification de crime, si la correspondance « a été accompagnée ou suivie d'autres faits contraires aux dispositions formelles d'une loi ou d'un décret ». Il est nécessaire dans ce cas que les faits concomittants révèlent l'intention criminelle du ministre du culte et que les faits constituent une violation formelle d'une loi ou d'un décret.

## SECT. IV. — RÉSISTANCE CONTRE L'AUTORITÉ PUBLIQUE.

### § Ier. — *Rébellion.*

### ART. 209.

384. Définitions et caractères du délit de rébellion.
385. Ce qu'il faut entendre par l'attaque ou la résistance constitutives de la rébellion.
386. Enumération des officiers et préposés chargés de l'exécution des lois ou des ordres des autorités.
387. Il n'y a délit que lorsque les violences ou voies de fait sont dirigées contre l'exécution des lois ou des ordres des autorités.
388. Peines graduées applicables et la rébellion suivant qu'elle est qualifiée crime ou délit.
389. Circonstances aggravantes résultant du port d'armes et du nombre de personnes.
390. Peines facultatives de l'amende et de la surveillance. Excuse résultant de la dispersion des rebelles.
391. Répression des crimes étrangers à la rébellion.
392. Répression des rébellions spéciales qui ont lieu dans les ateliers publics, les hospices et les prisons.

**384**. *Définition.* Notre code distingue deux sortes de rébellion : celle qui s'attaque aux pouvoirs mêmes de l'Etat et qui fait l'objet des art. 91 et suiv., et celle qui n'est dirigée que contre des actes isolés des agents de l'autorité et qui fait l'objet des art. 209 et suiv. La rébellion, aux termes de la loi, est toute attaque ou résistance avec violences et voies de fait envers les agents de l'autorité publique agissant pour l'exécution des lois et des ordonnances de l'autorité publique ou de la justice. Les circonstances constitutives du délit sont les suivantes : il faut qu'il y ait attaque ou résistance avec violences, ou voies de fait ; que cette attaque ou cette résistance ait lieu envers les agents que la loi énumère ; enfin, qu'elle se manifeste au moment où ces agents agissent pour l'exécution des lois ou ordonnances de l'autorité ou de la justice.

**385.** *Attaque ou résistance.* Ce premier élément du délit doit être exactement déterminé. L'attaque et la résistance s'exécutent, suivant les termes de l'art. 209, avec violence ou voie de fait. Il ne suffit pas que les agents soient outragés ou menacés, il ne suffit même pas qu'ils soient empêchés d'exécuter les mandements dont ils sont chargés, il faut qu'ils soient arrêtés par les actes matériels d'une force active. Il n'est pas nécessaire toutefois que des coups aient été portés : les violences et voies de fait peuvent résulter, soit de ce que les agents ont été couchés en joue par des rebelles armés de fusils (Cass. 28 juil. 1808, 16 mai 1817, 3 avr. 1847, 30 août 1849), soit de ce qu'ils ont été poursuivis par des individus armés et qui les menaçaient de les frapper de leurs armes (Cass. 28 mai 1807), soit de toute résistance violente à l'exécution d'un mandement de justice (Cass. 26 déc. 1839, 27 déc. 1851). On ne doit pas attacher un sens différent aux violences et aux voies de fait : les unes et les autres s'entendent d'excès envers les personnes (Cass. 23 fév. 1843). Mais il y a lieu de distinguer l'attaque de la résistance : l'attaque suppose les violences constitutives de la rébellion, la résistance ne fait pas naître les mêmes présomptions ; de là il suit que, s'il est nécessaire de constater ces violences dans l'un et l'autre cas, elles doivent être relevées avec plus de précision dans le cas de résistance (Cass. 2 juill. 1835, 3 avr. 1847). Les expressions de violences ou voies de fait ne sont pas sacramentelles (Cass. 15 oct. 1824).

**386.** *Officiers et préposés.* L'art. 209 ne comprend dans son énumération que les officiers, agents ou préposés qui sont chargés de l'exécution des ordres et mandements des autorités publiques : c'est à ceux-là que la rébellion peut s'attaquer. Pour qu'il y ait rébellion, il faut que l'attaque ou la résistance s'adresse à l'une des personnes expressément désignées. La jurisprudence a compris les notaires parmi les officiers ministériels (Cass. 22 juin 1809, 13 mars 1812), les gardes des parculiers parmi les gardes champêtres (Cass. 19 juin 1818, 8 avr. 1826, 2 juil. 1846), les employés des octrois parmi les préposés à la perception des taxes (Cass. 14 mai 1842), les vérificateurs de l'enregistrement parmi les préposés des contributions (Cass. 25 janv. 1844), les gardiens parmi les séquestres (C. civ. 1961 ; C. pr. civ. 600), enfin les simples ouvriers, employés à des travaux ordonnés par l'administration parmi les agents de la police administrative (Cass. 29 mars 1855). On doit ajouter encore les agents des chemins de fer (L. 15 juil. 1845, art. 25). Il faut d'ailleurs que les violences et voies de fait soient exercées sur la personne de ces agents ; il ne suffirait pas qu'elles fusent commises sur les choses confiées à leur surveillance (Cass. 30 oct. 1812).

**387**. *Exécution des lois ou des ordres de l'autorité.* Ce n'est pas assez, pour qu'il y ait rébellion, que les violences soient exercées sur les agents qui viennent d'être énumérés, il faut qu'elles soient exercées au moment même où ils agissent pour l'exécution des lois, des ordres ou ordonnances de l'autorité publique, des mandats de justice ou des jugements. La loi suppose évidemment ici la légalité des actes que les agents sont chargés d'exécuter ; mais si ces actes sont entachés soit d'illégalité, soit d'irrégularité, la résistance qui s'oppose à leur exécution constitue-t-elle encore le délit ? Le principe général est l'obéissance aux ordres des pouvoirs publics, la soumission aux actes des agents de la force publique. Toute résistance effective, toutes violences ou voies de fait opposées à ces agents sont réputées constituer un délit. La Cour de cassation a établi comme une règle que la présomption de légalité est en faveur des agents, que l'obéissance est due à leurs actes et que l'irrégularité de ces actes ne saurait autoriser à résister avec violences et voies de fait à des mesures qui sont toujours supposées émaner d'une autorité légale et compétente (Cass. 16 avr. 1812, 14 avr. 1820, 6 janv. 1821, 3 sept. 1824, 15 juil. 1826,

26 déc. 1839, 17 août 1849, 22 août 1866, 22 août 1867). Il est certain que toutes les fois que l'officier public agit dans l'exercice de ses fonctions et qu'il est porteur d'un titre exécutoire, l'irrégularité de ses actes ou de ce titre ne peut excuser une résistance active. Si l'officier agit irrégulièrement, il agit du moins dans le cercle de ses attributions ; s'il lèse un droit, il en est responsable, et le citoyen lésé peut en demander la réparation par les voies légales. Mais la présomption de légalité doit-elle couvrir tous les abus, tous les excès de pouvoir ? Supposons qu'un agent de la force publique prétende, hors le cas de flagrant délit et sans mandat, opérer une arrestation, qu'un huissier procède à une saisie sans qu'il y ait jugement, qu'un officier de police s'introduise la nuit dans une maison particulière pour y faire une perquisition, est-ce que la résistance à ces actes arbitraires rentrerait dans les termes de l'art. 209 ? On ne prétend pas justifier les violences ou les voies de fait qui seraient employées pour les repousser : une résistance passive, une protestation suffisent à la protection du droit. Mais la résistance, renfermée dans les actes d'une stricte nécessité, pourrait difficilement rentrer dans les termes de l'article qui suppose deux conditions : l'une, que l'agent agisse dans le cercle de sa compétence ; l'autre, qu'il agisse pour l'exécution des lois ou des ordres qu'il a reçus et par conséquent dans les limites de la mission qui lui a été donnée (*Th. du C. pén.* n° 944). Il est inutile d'ajouter que l'absence des insignes de la fonction ne peut seule justifier la résistance.

**888.** *Pénalité.* La rébellion est plus ou moins grave suivant les faits matériels qui l'ont constituée, et suivant ses résultats. Les faits matériels qui peuvent l'aggraver sont le nombre des coupables et les armes qu'ils portaient. Si la rébellion a été commise par une ou deux personnes seulement et sans armes, elle ne constitue qu'un délit et la peine est un emprisonnement de six jours à six mois et une amende de 16 à 200 francs (art. 217 et 218). Si elle a été commise par ces deux personnes avec armes, ou par une réunion de 3 jusqu'à 20 personnes, la rébellion est encore un simple délit, et la peine est, avec la même amende, un emprisonnement de six mois à deux ans (art. 211). Elle prend le caractère de crime et la peine est la reclusion lorsqu'elle a été commise par une réunion armée de 3 à 20 personnes ou par une réunion même de plus de 20 personnes, mais sans armes. Enfin la peine s'élève aux travaux forcés à temps lorsque la réunion est composée de plus de vingt personnes armées (art. 210).

**389.** Une réunion est réputée *armée* lorsque plus de deux personnes portent des armes ostensibles (art. 214). Cette règle s'applique aux divers cas prévus par les art. 210 et 211 (Cass. 8 nov. 1832, 14 déc. 1850). Les pierres ne sont dans ce cas réputées armes que lorsqu'on en a fait usage, et les armes portées *ostensiblement* peuvent seules communiquer à la réunion le caractère de réunion armée. Si elles sont restées cachées, les individus qui en ont été trouvés porteurs sont seuls responsables de cette circonstance (art. 215) ; si deux personnes seulement sont armées, la réunion n'est plus réputée armée, et si elles les portent ostensiblement, elles ne sont pas passibles de l'aggravation qui ne frappe que les porteurs d'armes cachées (art. 215). Le nombre des personnes, si ce nombre est de plus de 20, est une autre cause d'aggravation. Le rassemblement de plus de 20 personnes n'est plus une réunion, mais un attroupement, qu'il ne faut pas confondre toutefois avec les attroupements qui font l'objet des lois des 2 oct. 1789, 3 août 1791, 10 avr. 1831, 7 juin 1848 et 25 fév. 1852. Ces lois, essentiellement politiques, ont pour but un autre ordre de faits et de circonstances.

**390.** L'amende portée par l'art. 218 ne s'applique qu'aux seuls cas où une peine d'emprisonnement a été prononcée, et elle est, même dans ces cas, purement facultative. Une autre peine, également accessoire, est celle de la surveillance que l'art. 221 prononce contre les chefs et les provocateurs de la rébellion : le jugement doit alors formellement constater la qualité de chef de la réunion ou la circonstance de la provocation. Enfin, l'art. 213 appliquant à la rébellion avec bande ou attroupement la disposition de l'art. 100, étend l'excuse édictée par cet article aux rebelles qui se sont retirés au premier avertissement de l'autorité publique. Cette excuse, qui ne s'applique qu'aux réunions de plus de 20 personnes, ne peut être invoquée que par les individus qui se sont retirés de la réunion et qui ont été saisis sans résistance hors du lieu de cette réunion.

**391.** Une cause d'aggravation peut résulter des faits concomitants à la rébellion : les crimes et délits qui, étrangers au but de la rébellion, ont été commis à son occasion et pendant son cours, conservent leur caractère commun et les peines qui leur sont propres, mais si ces peines sont plus fortes que celles de la rébellion, elles sont substituées à celles-ci (art. 216). Cette disposition ne s'applique qu'aux seuls auteurs de ces crimes et délits et non aux autres membres de la réunion.

**392.** L'art. 319 assimile aux réunions de rebelles celles qui ont été formées : 1° par les ouvriers ou journaliers dans les ateliers publics ou manufactures ; 2° par les individus admis dans les hospices ; 3° par les prisonniers. Ces rébellions spéciales sont soumises aux conditions constitutives du délit ; ces conditions se modifient cependant en quelques points. L'art. 219 place à côté des violences les simples menaces ; il suffit que ces menaces soient dirigées contre l'autorité administrative, les officiers et les agents de police et la force publique ; enfin que les violences ou menaces soient faites au moment où ces agents exercent leurs fonctions dans les ateliers publics, les hospices ou les lieux de détention. La peine appliquée aux prisonniers pour fait de rébellion est réglée par l'art. 220, qui a eu pour objet de formuler une exception à la règle prescrite par l'art. 365 du C. d'inst. cr., qui veut que, par l'application de la peine la plus forte, le coupable expie tous les délits qu'il a pu commettre.

## § II. — *Outrages et violences envers les dépositaires de l'autorité et de la force publique.*

### Art. 222, 223.

### I. — *Outrages envers les magistrats.*



**393**. *Définition*. L'injure qui est passible d'une peine, quelle que soit la personne contre laquelle elle est dirigée, s'aggrave lorsqu'elle s'adresse à un fonctionnaire public dans l'exercice ou à l'occasion de l'exercice de ses fonctions. Elle est dans ce cas qualifiée d'outrage et est rangée parmi les délits qui blessent l'ordre public. Les conditions constitutives du délit prévu par l'art. 222, sont : 1° que la personne injuriée soit revêtue de la qualité indiquée par la loi ; 2° que l'injure ait été reçue dans l'exercice des fonctions ou à l'occasion de cet exercice ; 3° que cette injure ait été adressée directement au fonctionnaire par paroles, par écrit ou dessins ; 4° enfin qu'elle soit de nature à inculper l'honneur ou la délicatesse du fonctionnaire. Il faut expliquer ces quatre éléments du délit en indiquant les modifications que la loi du 13 mai 1863, en prévision d'autres cas d'outrages, y a apportées.

**394**. *Magistrats*. Les art. 222 et 223 ne prévoient que l'outrage fait aux magistrats de l'ordre administratif ou judiciaire et aux jurés : c'est cette qualité de la personne outragée qui est le premier élément du délit. Les magistrats de l'ordre judiciaire sont les juges et les membres du ministère public près toutes les juridictions : les officiers de police judiciaire, qui ne sont ni juges, ni officiers du ministère public, n'y sont pas compris. Les magistrats de l'ordre administratif sont les préfets, les sous-préfets, les maires et leurs adjoints. La jurisprudence a étendu cette qualité aux commissaires de police (Cass. 30 juill. 1812, 9 mars 1837), aux présidents des conseils municipaux (Cass. 17 mai 1845); aux présidents des assemblées électorales (Cass. 10 août 1837). Elle l'a refusée aux députés (Cass. 20 oct. 1820), aux percepteurs des contributions (Cass. 25 juill. 1821), aux présidents des sociétés de secours mutuels (Cass. 13 mai 1859).

**395.** *Exercice des fonctions.* Il faut, suivant le texte des art. 222 et 223, que l'outrage ait été reçu dans l'exercice des fonctions ou à l'occasion de cet exercice, ce qui veut dire qu'il doit se rapporter à un acte de ces fonctions, car la loi ne protége d'une peine plus sévère que les seuls actes des fonctions. L'outrage qui s'attaque, non à la fonction elle-même, mais à l'aptitude du fonctionnaire à la remplir, est réputé commis à l'occasion de son exercice (Cass. 10 mai 1845) ; et les faits même étrangers à la fonction peuvent constituer l'outrage, si le fonctionnaire se trouvait à ce moment dans l'exercice de cette fonction (Cass. 27 août 1858). Il est du reste indifférent que l'outrage soit public ou non public : la publicité peut aggraver le délit, mais n'est pas essentielle à son existence, il est également punissable qu'il soit commis à huis clos ou sur la place publique (Cass. 2 avr. 1825, 3 juin 1837, 2 juin 1838, 17 août 1865, 20 juill. 1866, 20 déc. 1867).

**396.** *Éléments de l'outrage.* Le troisième élément du délit est le fait matériel de l'outrage adressé au magistrat. La question de savoir s'il est nécessaire que l'outrage verbal soit commis en présence de celui qui en est l'objet, a été pendant longtemps controversée : la jurisprudence avait décidé qu'il n'était pas nécessaire qu'il eût lieu en présence de cette personne, qu'il fût parvenu à sa connaissance et même qu'il fût proféré avec l'intention qu'il lui fût rapporté (Cass. 18 juill. 1828, 24 déc. 1836, 8 déc. 1842, 20 déc. 1850, 11 mai 1861, 30 nov. 1861). Mais il résulte des modifications apportées par la loi du 13 mai 1863 que les art. 222 et 223 ne concernent que les outrages proférés en présence de la personne injuriée, ou ceux qui, proférés en son absence, l'ont été avec l'intention qu'ils lui fussent répétés. C'est ainsi qu'il faut entendre ces mots : « celui qui leur aura adressé cet outrage », introduits dans l'art. 222 (Cass. 15 déc. 1865, 17 mars 1866). La règle posée par les arrêts est « que l'outrage, quand il n'est pas public, doit être direct, en ce sens que les paroles outrageantes doivent être prononcées en présence du magistrat ou tout au moins de personnes placées vis-à-vis de lui dans un état de relations tel que le prévenu, en les prononçant, ait entendu les faire arriver par ces intermédiaires jusqu'au magistrat outragé ».

**397.** *Outrage par écrit.* L'outrage peut être fait *par écrit.* L'art. 222 n'avait mentionné que l'outrage par paroles. La jurisprudence, après avoir étendu d'abord ce texte aux *paroles écrites* (Cass. 8 sept. 1837, 2 juin et 21 sept. 1838), avait reconnu plus tard que cette interprétation était abusive et que l'expression légale ne comprenait pas les injures adressées par écrit à un magistrat (Cass. ch. réun. 11 fév. 1839, 8 mai 1856). On a pensé que cette dernière jurisprudence révélait une lacune dans la législation, et la loi du 13 mai 1863 l'a remplie en ajoutant dans l'art. 222 les mots « par écrit ou dessin non rendus publics ». L'outrage par écrit doit être, aussi bien que l'outrage verbal, directement adressé au magistrat ; il faut donc établir, à l'appui de la prévention, non-seulement que le prévenu est l'auteur de l'écrit, mais que, par une espèce de voie de fait qui remplace la parole, et par exemple par une lettre missive, il l'a adressé à la personne outragée.

**398.** *Caractères de l'outrage.* Enfin l'outrage, pour l'application de l'art. 222, doit être de nature à inculper l'honneur ou la délicatesse du magistrat. Ainsi, dans le sens de cet article, l'outrage n'est pas toute injure faite d'une manière quelconque, mais seulement celle qui, par son caractère, tend à affaiblir l'autorité et la considération du magistrat. La jurisprudence a appliqué ce texte à « toute expression de mépris de nature à diminuer le respect des citoyens pour l'autorité morale du fonctionnaire et pour le caractère dont il est revêtu » (Cass. 13 mars 1823). Le caractère de l'outrage se trouvant ainsi défini, il appartient à la Cour de cassation d'en contrôler l'application aux faits incriminés et sa jurisprudence offre plusieurs exemples d'appréciations des juges du fait qu'elle a déclarées inexactes (Cass. 22 déc. 1814, 10 mai 1845, 19 mai 1850, 22 fév. 1851, 13 avr. 1853, 25 juin 1855, 28 mars et 7 nov. 1856, 17 août 1855).

**399.** *Outrage à l'audience.* L'outrage, quand il réunit les éléments qui viennent d'être indiqués, constitue un délit que l'art. 222 punit d'un emprisonnement de 15 jours à 2 ans. Mais ce délit se modifie dans deux cas : 1° lorsqu'il a lieu à l'audience d'une Cour ou d'un tribunal ; 2° lorsqu'il se produit avec gestes ou menaces. Le 2<sup>e</sup> § de l'art. 222 élève la peine de 2 à 5 ans si l'outrage a lieu à une audience. Cette disposition, qui s'applique à toutes les juridictions, doit être rapprochée des art. 11 et 91 du C. de pr. civ. L'art. 11 prévoit « le cas d'insulte et d'irrévérences graves envers le juge » ; l'art. 91 punit « ceux qui outrageraient ou menaceraient les juges ». Il est un grand nombre de faits plus ou moins graves, de paroles injurieuses qui portent atteinte à la dignité de l'audience et au respect dû aux magistrats ; c'est à ces actes divers et indéfinis que ces deux articles s'appliquent. Les art. 222 et 223 sont réservés aux outrages plus graves qui s'attaquent à la personne des juges pendant l'audience et inculpant leur honneur et leur délicatesse : tels sont les cas où le prévenu déclare à haute voix « que le magistrat a menti » (Cass. 8 déc. 1849), ou « qu'il est condamné à l'avance » (Cass. 15 avr. 1853). L'outrage peut être commis dans des conclusions écrites lues à l'audience (Cass. 11 janv. 1851), mais il est dans tous les cas nécessaire pour qu'il y ait délit, que les paroles injurieuses ou les gestes outrageants aient frappé l'oreille ou les yeux du juge (Cass. 21 déc. 1836; *Th. du C. pén.*, n° 973).

**400.** La deuxième modification prévue par l'art. 223 résulte de ce que l'outrage aurait été fait avec *gestes ou menaces.* Cet outrage par gestes ou menaces n'est point défini par la loi; mais les art. 222 et 223 prévoient le même délit, ils ne diffèrent qu'en ce qu'ils énoncent un mode distinct d'exécution de ce délit : l'outrage conserve son caractère dans l'une et l'autre forme; il faut que son but soit d'inculper l'honneur ou la délicatesse du magistrat. Cependant la difficulté d'apprécier l'intention que peut manifester un geste ou une vague menace, a conduit la jurisprudence à ne pas exiger, dans l'application de l'art. 223, la constatation du caractère de gravité prévu par l'art. 222 (Cass. 7 mai 1853). Cette distinction s'appuie d'ailleurs sur l'atténuation des deux peines portées par l'art. 223.

**401.** Il est indispensable, pour présenter un exposé complet de cette matière, de noter ici les modifications que la législation y a apportées. Les art. 16 et 19 de la loi du 17 mai 1819 avaient déjà modifié l'art. 222, en en détachant les cas où l'outrage prendrait les caractères d'une diffamation ou d'une injure publique. Mais ces dispositions ayant paru insuffisantes, l'art. 6 de la loi du 25 mars 1822 a formulé une nouvelle incrimination qui a pour objet « l'outrage fait publiquement à raison de leurs fonctions ou de leur qualité, soit à un ou plusieurs membres de l'une des deux chambres, soit à un fonctionnaire public ». Et cette disposition a été étendue à l'outrage « envers un juré à raison de ses fonctions, ou envers un témoin à raison de sa déposition ». Cet article, quoiqu'il punisse le délit d'outrage comme l'art. 222, prévoit évidemment un délit différent : l'art. 222 ne prévoit qu'une espèce d'outrage, celui qui peut inculper l'honneur ou la délicatesse de la personne offensée; l'art. 6 de la loi du 25 mars 1822 punit l'outrage sans le définir, et par conséquent toutes les sortes d'outrages. L'art. 222 ne s'étend qu'aux outrages faits aux magistrats et aux jurés, l'art. 6 s'applique aux outrages commis, non-seulement envers les membres des chambres législatives, mais envers tout fonctionnaire public, sans restriction et en outre envers les jurés et les témoins. L'art. 222 ne s'applique qu'aux outrages par paroles, par écrit et dessin ou par gestes, l'art. 6 comprend les outrages commis *d'une manière quelconque*. L'art. 222 ne prévoit que les outrages commis *dans l'exercice ou à l'occasion de l'exercice des fonctions*, l'art. 6 prévoit tous ceux qui ont été commis *à raison des fonctions*. Enfin l'art. 222 saisit les actes, qu'ils soient ou non accompagnés de publicité ; l'art. 6 n'atteint que les outrages qui se sont manifestés *publiquement*. De là il suit que l'art. 222 n'a pas cessé d'être applicable : 1° aux outrages faits dans l'exercice des fonctions, qu'ils soient ou non publics ; 2° aux outrages faits à l'occasion de cet exercice, mais sans publicité (Cass. 28 août 1823, 27 fév. 1832, 22 fév. 1844, 22 fév. 1854, 18 juill. 1861).

## II. — *Outrages envers les officiers et agents dépositaires de la force publique.*

### Art. 224, 225, 226, 227.

402. Caractère des outrages envers les officiers et agents de la force publique. De l'outrage par gestes.
403. Ce qu'on doit attendre par les officiers ministériels, les dépositaires de la force publique et les citoyens chargés d'un service public.
404. Le délit n'existe que lorsque l'outrage est commis dans l'exercice ou à raison de l'exercice des fonctions.
405. Du cas où l'outrage est dirigé contre un commandant de la force publique.
406. Peine spéciale de la réparation faite à la personne offensée. Caractère et formes de cette peine.

**402.** Les art. 224 et 225 punissent l'outrage fait par paroles, gestes ou menaces à tout officier ministériel ou agent dépositaire de la force publique. Les peines portées par ces articles sont moins graves que celles portées par les art. 222 et 223, à raison de la situation plus humble des personnes outragées. La définition et les règles établies par l'art. 222 s'appliquent en général à cette nouvelle classe d'outrages. Il y a cependant quelques différences. Les art. 224 et 225 ne punissent pas l'outrage par écrit ou par dessin. Ils frappent d'une peine égale l'outrage par paroles ou par gestes ou menaces. Ils n'exigent pas que l'outrage par paroles tende à inculper l'honneur ou la délicatesse de l'agent injurié (Cass. 23 janv. 1829, 7 mai 1853), mais ils s'appliquent, comme les art. 222 et 223, aux outrages reçus sans publicité aussi bien qu'à ceux qui ont été reçus publiquement (Cass. 13 mars 1812, 23 janv. 1829), et s'ils n'ont pas été faits en présence de la personne, ils doivent l'être avec l'intention qu'ils lui soient rapportés. Il y a outrage par gestes dans le fait de cracher à la figure d'un officier ministériel dans l'exercice de ses fonctions (Cass. 29 mars 1845, 5 janv. 1855). Il y a outrage par paroles, lorsque l'officier est dans l'exercice de ses fonctions, lors même que les paroles ne s'adresseraient qu'à l'homme privé (Cass. 22 août 1840, 23 août 1858), mais il n'y a plus d'outrage si le fait privé n'a reproché qu'à l'occasion de l'exercice des fonctions. Il n'y a pas non plus d'outrage dans le seul fait d'avoir dénoncé un délit imaginaire (Cass. 9 déc. 1808; *Th. du C. pén.*, n° 978).

**403.** L'art. 224 protége contre les outrages les officiers ministériels, les agents dépositaires de la force publique et les citoyens chargés d'un ministère de service public. Les officiers ministériels, qui ont été déjà énumérés, sont les notaires (Cass. 2 juin 1805, 13 mars 1812), les avoués (Cass. 23 mars 1845), les huissiers (Cass. 19 mai 1827), les commissaires-priseurs, les porteurs de contraintes et garnisaires des contributions directes (Cass. 20 fév. 1830, 30 juin 1832). Les agents dépositaires de la force publique sont tous les agents qui composent cette force, tels que les gendarmes (Cass. 27 août 1858), les gardes champêtres et forestiers de l'Etat, des communes et des particuliers (Cass. 19 juin 1818, 9 sept. 1819, 8 avr. 1826, 6 déc. 1841, 2 juill. 1846), les agents de police, lorsqu'ils procèdent à l'exécution des mandements de justice (Cass. 28 août

1829, 27 mai 1837, 17 déc. 1841, 2 oct. 1847), les préposés des douanes (Cass. 23 avr. 1807). Les citoyens chargés d'un ministère de service public sont toutes les personnes qui, sans être officiers ministériels ou agents dépositaires de la force publique, sont chargées d'un service public quelconque. Tels sont les appariteurs de police chargés d'un service de surveillance (Cass. 6 oct. 1831), les gardes champêtres lorsqu'ils recherchaient les contraventions urbaines avant l'art. 20 de la loi du 24 juill. 1867 (Cass. 2 mai 1839), les gardiens non assermentés d'une prison (Cass. 11 fév. 1842), les surveillants jurés de la de la pêche (Cass. 12 mars 1842).

**404.** Les outrages prévus par les art. 224 et 225 ne sont punis, comme ceux prévus par les art. 222 et 223, que lorsqu'ils ont été reçus dans l'exercice ou à l'occasion de l'exercice des fonctions. Nous avons vu que l'outrage a lieu dans l'exercice des fonctions lorsqu'il est adressé à l'officier au moment où il agit en sa qualité (Cass. 2 juin 1809, 20 fév. 1830, 12 juin 1834, 8 mars 1851), et qu'il a lieu à raison des fonctions ou à l'occasion de leur exercice lorsqu'il est déterminé par ces fonctions elles-mêmes ou par un acte de l'officier. L'irrégularité de cet acte n'est pas en général considérée comme pouvant justifier les outrages, mais si l'acte, par sa flagrante illégalité, se trouvait en dehors de l'exercice régulier des fonctions, l'outrage ne rentrerait plus dans les termes de la loi. Ainsi, les injures adressées à un garde forestier pendant une visite domiciliaire que celui-ci n'avait pas le droit de faire, ne s'adressent pas au garde dans l'exercice de ses fonctions et ne tombent pas sous les termes de l'art. 224 (Cass. 25 mars 1852), mais la provocation, même par injures, de l'agent de la force publique, ne constituerait pas une excuse (Cass. 28 août 1841, 10 août 1842).

**405.** Si l'outrage est dirigé contre un commandant de la force publique, la peine d'emprisonnement, qui n'est dans l'art. 224 que de 6 jours à 1 mois, est, dans l'art. 225, de

15 jours à 3 mois, et l'amende s'élève de 200 fr. au maximum de 500 fr. Que faut-il entendre par un commandant de la force publique ? La Cour de cassation a jugé qu'un brigadier de gendarmerie est un commandant dans le sens de la loi, dans l'étendue du territoire assigné à sa brigade, lors même que dans le service il n'est accompagné que d'un seul homme (Cass. 14 janv. 1826). Cette décision serait évidemment étendue aux grades les plus infimes de la force publique (Voy. *Th. du C. pén.*, n° 980).

**406**. *Réparation.* Les art. 226 et 227 ajoutent aux peines d'emprisonnement et d'amende une peine spéciale : le prévenu peut être condamné à faire réparation à l'offensé à l'audience ou par écrit. Cette mesure, débris de notre ancienne législation, est une véritable peine, une aggravation pénale. De là il suit : 1° qu'elle ne peut être prononcée que sur les faits et dans les cas expressément prévus par la loi, c'est-à-dire aux seuls cas d'outrage envers les officiers dénommés aux art. 222, 224 et 225 ; ainsi, elle ne peut être appliquée aux injures contre les particuliers et même aux outrages prévus par l'art. 6 de la loi du 25 mars 1822 ; 2° que la personne outragée, qui ne peut en demander l'application, ne peut y renoncer (Cass. 28 mars 1812, 8 juill. 1813, 24 avr. 1828, 3 sept. 1837, 25 juill. 1839). Au reste, cette peine n'est jamais appliquée, soit à raison des difficultés de son exécution, soit parce qu'elle répugne à nos mœurs.

## III. — *Violences envers les fonctionnaires publics.*

### Art. 228, 229, 230, 231, 232, 233.

407. Distinction des voies de fait légères ou graves. L'art. 228 s'applique à toutes les voies de fait légères envers un magistrat.
408. Aggravation pénale si la voie de fait est commise à l'audience.
409. Peines accessoires de la prévention des droits civils et de la surveillance.
410. Du cas où les voies de fait sont commises envers un agent inférieur.
411. Du cas où les voies de fait ont été cause d'effusion de sang, de blessures ou de maladie.

412. Du cas où les coups ont été portés avec préméditation ou guet-apens.
413. La provocation même par violences du fonctionnaire n'est pas nécessairement une cause d'excuse pour l'auteur des violences sur ce fonctionnaire.

**407.** *Voies de fait et violences légères.* Les art. 228, 229 et 230 s'appliquent aux voies de fait et violences non préméditées et qui n'ont occasionné aucune blessure. L'art. 228 a reçu de la loi du 13 mai 1863 une double modification : 1° par l'addition dans son contexte des mots : « ou aura commis toute autre violence ou voie de fait »; 2° par la substitution du maximum de l'emprisonnement à la peine de la dégradation civique. La première de ces modifications a eu pour motif l'interprétation qui avait, avec raison, restreint l'application du mot *frappé* aux coups portés (Cass. 3 janv. 1855); la deuxième a eu pour objet de transporter la compétence du jury à la police correctionnelle. Aujourd'hui, l'art. 228 s'applique, non-seulement à celui qui a frappé un magistrat, mais à toute violence ou voie de fait résultant d'une mainmise physique sur la personne. Il faut d'ailleurs que ces voies de fait aient été commises sur un des magistrats désignés par l'art. 222, et qu'elles aient eu lieu dans l'exercice ou à l'occasion de l'exercice de ses fonctions.

**408.** Le 2ᵉ § de l'art. 228 déclare que « le maximum de la peine (d'emprisonnement) sera toujours prononcé si la voie de fait a eu lieu à l'audience d'une Cour ou d'un tribunal ». Ce paragraphe se réfère nécessairement, quant à la nature de la voie de fait, à la première partie de l'article.

**409.** A la peine d'emprisonnement, la loi ajoute, dans l'un et l'autre cas, trois peines accessoires : la privation des droits civils, la surveillance et l'interdiction du lieu. La privation des droits et la surveillance, enfermées dans la limite de 5 à 10 ans, sont purement facultatives. L'interdiction du lieu où siége le magistrat est une peine également facultative qui est analogue aux mesures prescrites par l'art. 635 du C. d'inst. cr. et par l'art. 44 du C. pén. Elle ne s'applique qu'au seul cas de violences exercées sur la personne d'un magistrat, sans qu'il en soit résulté de blessures. Son infraction emporte la peine du bannissement.

**410.** Le délit prévu par l'art. 230 est le même que celui prévu par l'art. 228 : la qualité des personnes atteintes par les violences a seule changé. Ces violences sont exercées, non plus sur un magistrat, mais sur des agents d'un ordre inférieur ; de là l'atténuation de la peine. Mais les violences sont de la même espèce et le délit doit également être commis dans l'exercice ou à l'occasion de l'exercice des fonctions de l'agent. Les personnes auxquelles s'applique l'art. 230 sont d'ailleurs les mêmes que celles qui sont désignées dans l'art. 224.

**411.** *Violences graves.* Si les violences ont été la cause d'effusion de sang, blessures ou maladie, l'art. 231 prononce la reclusion. Il y a lieu de remarquer d'abord que l'article confond dans une protection commune les magistrats et officiers publics que les art. 228 et 230 ont séparés : ce n'est plus la qualité de la personne, c'est le résultat des violences qui fonde l'incrimination. Toutes les violences qui peuvent être la cause d'effusion de sang, blessures ou maladie sont confondues dans cette disposition ; nulle distinction n'a été faite entre ces diverses voies de fait. Il faut, pour l'application de la loi, que des violences suivies d'effusion de sang, de blessures ou de maladie aient été exercées sur la personne d'un des magistrats ou agents désignés par la loi, que ces violences aient été faites volontairement et avec la connaissance de la qualité de la personne, et enfin qu'elles aient été exercées pendant que l'officier remplissait ses fonctions ou à cette occasion.

**412.** La peine est encore la reclusion, lors même que les violences n'ont causé ni effusion de sang, ni blessures, ni maladie, « si les coups ont été portés avec préméditation ou de guet-apens » (art. 232). L'art. 232 se réfère évidemment à l'art. 231 : il est donc nécessaire que les coups portés aient été de nature à produire les effets énoncés dans cet article. La peine s'élève jusqu'aux travaux forcés à perpétuité, si les violences ont été suivies de mort dans les quarante jours. Il faut, dans ce cas, qu'il soit constaté, non-seulement que la mort a suivi les violences dans les quarante jours, mais encore qu'elle a été la suite et le résultat nécessaire de ces violences (Cass. 6 avr. 1820). Enfin, si les coups ou blessures, qu'ils aient ou non causé la mort, ont été portés avec l'intention de la donner, l'art. 233 prononce la peine de mort. Il est essentiel, pour l'existence de ce dernier crime, qu'il soit déclaré que les coups ou blessures, lors même qu'ils auraient donné la mort, ont été portés avec le dessein de tuer (Cass. 13 juill. 1813).

**413.** *Provocation par violence.* La jurisprudence qui a décidé, ainsi qu'on l'a vu, que l'outrage ne peut être excusé ni par l'irrégularité des actes de l'agent, ni même par sa provocation (Cass. 28 août 1841), a également admis que le meurtre commis sur un agent de la force publique n'est pas excusable, quoiqu'il ait été provoqué par des violences graves (Cass. 13 mars 1817, 8 avr. 1826). Les motifs de cette décision sont que l'art. 321, placé dans le titre des crimes contre les particuliers, ne s'applique qu'à ces crimes et que les dépositaires de la force publique soient toujours présumés avoir agi légalement. On peut objecter que l'art. 321 prévoit un fait modificatif de la criminalité applicable aux violences commises sur les fonctionnaires aussi bien qu'à celles commises sur toute autre personne, et que la présomption favorable qui entoure les actes du fonctionnaire doit cesser comme toutes les présomptions, quand le prévenu apporte la preuve des violences exercées sur sa personne (Voy. dans ce sens, *Th. du C. pén.*, n° 998).

## § III. — *Refus d'un service dû légalement.*

### Art. 234, 235, 236.

414. Refus d'un commandant de la force publique d'obéir à une réquisition légale.

415. Dans quels cas les réquisitions sont régulières et quels cas les fonctionnaires investis du pouvoir de requérir.

416. Refus des jurés et des témoins

de remplir les devoirs que la loi leur impose. Conditions du délit consistant dans l'allégation d'une fausse excuse.

417. Abrogation de l'art. 235 relatif aux lois sur le recrutement de l'armée.

**414.** *Refus de prêter main-forte.* Le Code, malgré la généralité du titre de ce paragraphe, ne prévoit que deux refus de service : le refus d'un commandant de la force armée d'obéir à une réquisition légale, et le refus des jurés et des témoins de remplir les obligations que la loi leur impose. Dans le premier cas prévu par l'art. 234, il ne s'agit plus d'une résistance séditieuse ou d'une rébellion, mais d'un simple refus d'obéir à une réquisition, d'où résulte une entrave au service public. Il est de principe que la force armée, requise au nom de la loi par une autorité compétente, doit obtempérer sans délibération aux réquisitions qui lui sont faites (L. 14 oct. 1791). Il n'y a toutefois délit qu'autant que le prévenu est revêtu de la qualité de commandant, officier ou sous-officier de la force armée, et que la réquisition émane d'une autorité légale. La peine ne peut atteindre que le chef, quel qu'il soit, qui dispose de la force publique. Cette force se compose en général de la gendarmerie, des gardes champêtres et forestiers, des gardes et employés du service extérieur des administrations publiques et des différents corps de l'armée (Cass. 12 juill. 1840).

**415.** Les réquisitions ne sont légales que lorsqu'elles sont faites dans les formes prescrites par la loi par un fonctionnaire investi du droit de les faire. Les autorités civiles qui ont le droit de requérir l'action de la force publique sont les préfets, les sous-préfets, les maires et leurs adjoints et les officiers de police judiciaire chacun dans le cercle de ses attributions. Les préposés des douanes et des contributions directes, les agents forestiers, les huissiers et autres exécuteurs des mandements de justice peuvent aussi, lorsqu'ils rencontrent de la résistance dans leur service, requérir main-forte. Les réquisitions doivent être écrites, elles doivent énoncer la loi qui les autorise, le jugement ou l'ordre qui les motive. La formule en est indiquée par la loi du 26 juill.-3 août 1791, par l'arrêté du 13 flor. an VII, par l'art. 58 de l'ord. du 29 oct. 1820, et les art. 93 et suiv. du décret du 1er mars 1854. Dans les cas d'urgence, ces formes ne sont plus strictement exigées. L'art. 93 du décr. du 1er mars 1854 pose en règle que « la main-forte est accordée toutes les fois qu'elle est requise par ceux à qui la loi donne le droit de requérir ». La responsabilité du commandant à qui la réquisition est faite peut donner lieu, non-seulement à un emprisonnement de 1 à 3 mois, mais aux dommages-intérêts résultant des pertes éprouvées pour le refus de la main-forte.

**416.** *Refus des jurés et des témoins.* La loi distingue le défaut de comparution qui n'est qu'une contravention passible d'une amende (art. 80, 304, 345 et 396 du C. d'instr. cr.), l'allégation d'une fausse excuse qui fait l'objet de l'art. 236, et la production d'un certificat que le Code a prévu dans son art. 159. L'art. 236 punit, outre la désobéissance, le moyen frauduleux employé pour l'appuyer. Les fausses allégations, qui ne sont point en général incriminées, le sont ici à raison de l'intérêt social qui s'attache à l'accomplissement des devoirs des jurés et des témoins. Les conditions du délit sont que l'excuse soit reconnue fausse et que le juré ou le témoin ait agi sciemment avec l'intention de surprendre la religion des juges. La peine de l'emprisonnement se cumule ici avec les amendes ; c'est une exception à l'art. 365 du C. d'instr. cr.

**417.** L'art. 235, qui maintient les lois relatives à la conscription militaire, a cessé d'exister. Les lois relatives au recrutement de l'armée sont celles des 18 mars 1818, 21 mars 1832, 26 avril 1855 et 27 juillet 1872.

## § IV. — *Evasion de détenus. Recèlement de criminels.*

ART. 237, 238, 239, 240, 241, 242, 243, 244, 245, 246, 247, 248.

418. Caractères du délit d'évasion en ce qui concerne le détenu ; la loi ne punit que le bris de prison et les violences.

**418.** *Caractères du délit.* L'évasion, en ce qui concerne le détenu, quand elle est dégagée de toute circonstance aggravante, ne constitue aucun délit. L'art. 245 ne l'incrimine que lorsqu'elle a lieu « par bris de prison ou par violence ». L'incrimination comprend dans ce cas tous les *détenus*, c'est-à-dire toutes les personnes qui sont renfermées dans les prisons, les prévenus et les accusés, les condamnés pour délits et pour crimes; mais elle ne s'étend pas aux détenus pour dettes (Cass. 20 août 1824, 30 juin 1837). Il est nécessaire, pour l'application de la peine, qu'il y ait eu évasion ou tentative d'évasion et que cette évasion ou cette tentative ait été exécutée par bris de prison ou par violence. Lorsqu'il n'y a que tentative, cette tentative doit réunir les caractères prescrits par l'art. 2 du Code. Le véritable délit consiste dans le bris de prison ou les violences. Le bris de prison existe quand le détenu a arraché les barreaux des fenêtres, enfoncé les portes, commis une effraction propre à faciliter sa sortie. Les violences sont toutes les voies de fait et les menaces qui ont pour objet de paralyser la garde et la surveillance de la prison ou de la force armée qui escorte les détenus. Il est clair que l'évasion qui se pratiquerait par adresse, par supercherie ou même par corruption des gardiens, ne rentrerait pas dans les termes de l'art. 245.

**419.** *Pénalité.* La peine de six mois à un an d'emprisonnement qui frappe le délit d'évasion est soumise, dans son exécution, à deux règles spéciales. Elle se cumule, par une dérogation à l'art. 365 du C. d'instr. cr., avec la peine principale : c'est ce qui résulte du texte même de l'art. 245 (Cass. 17 juin 1831, 5 avr. 1832, 9 mars 1837, 9 juill. 1859, 31 juill. 1874). Elle n'est pas passible de l'aggravation pénale que motive l'état de récidive, puisque l'évasion suppose déjà par elle-même cet état (Cass. 14 avr. 1864).

**420.** *Responsabilité des agents.* Les préposés à la garde des détenus sont responsables de leur évasion. Il importe peu, en ce qui les concerne, que l'évasion se soit opérée avec bris de prison ou violence ou sans ces circonstances ; car la loi ne punit que leur négligence ou leur connivence. Les peines qu'ils encourent sont graduées suivant la gravité des actes qui leur sont imputés (art. 237) ; mais ces actes ne sont punissables qu'autant qu'ils réunissent les caractères spécifiés dans chacune des hypothèses prévues par les art. 238 et suiv. Une observation générale est que l'incrimination ne s'applique qu'à l'évasion des individus détenus légalement à raison d'un délit ou d'un crime prévu par la loi pénale : elle ne s'applique pas à l'évasion d'un individu détenu en vertu d'une demande d'extradition d'un gouvernement étranger ; il faut que la personne évadée soit passible de certaines peines déterminées (Cass. 30 juin 1827). Elle s'applique à l'individu arrêté en flagrant délit et mis provisoirement sous la garde d'un agent de police (Cass. 3 mai 1855).

**421.** Les agents responsables de l'évasion sont les huissiers, les commandants en chef ou en sous-ordre de la force armée, les concierges, gardiens, geôliers, et tous autres préposés à la conduite, au transport ou à la garde des détenus. Les militaires qui ne sont ni officiers ni sous-officiers sont étrangers à la garde des détenus et ne sont responsables de l'évasion que s'ils l'ont procurée ou facilitée. L'art. 216 du Code de just. milit. du 4 août 1857 a appliqué les dispositions du Code pénal aux militaires qui laissent échapper des prisonniers de guerre ou d'autres individus arrêtés, détenus ou confiés à leur garde, ou qui favorisent ou procurent l'évasion de ces individus ». Ce texte, qui ne concerne d'ailleurs que les tribunaux militaires, supprime la restriction de la responsabilité des commandants en chef ou en sous-ordre.

**422.** La loi distingue, dans les art. 238, 239 et 240, si l'évasion est le résultat de la négligence ou de la connivence des préposés. La négligence n'est qu'une faute, une simple contravention matérielle, l'infraction du devoir de surveillance imposé aux préposés. La connivence est l'infraction intentionnelle du devoir, l'abus de la fonction employée à faciliter l'évasion, la violation de la mission confiée à sa foi. La négligence est présumée dans toute évasion de détenus : c'est le sens de ces termes de l'art. 237 : « Toutes les fois qu'une évasion de détenus aura lieu, les préposés seront punis ainsi qu'il suit. » La connivence ne se présume pas. Il faut qu'il soit établi non-seulement que l'évasion est le résultat de la faute du préposé, mais qu'il l'a sciemment procurée ; qu'elle ne peut être imputée ni à sa négligence, ni à son impéritie, mais à sa volonté, à une intention coupable. Le prévenu de connivence peut demander que la question de négligence soit posée comme une sorte d'excuse, puisqu'elle modifie et atténue le délit (*Th. du C. pén.*, n° 1027).

**423.** Les peines sont plus ou moins graves suivant la gravité des délits ou des crimes sous le poids desquels l'évadé était détenu. S'il était prévenu « de délit de police ou de crimes simplement infamants, ou condamné pour l'un de ces crimes, ou prisonnier de guerre », la peine est un emprisonnement de 6 jours à 2 mois en cas de négligence, et de 6 mois à 2 ans en cas de connivence (art. 238). On doit entendre par *délits de police* les délits correctionnels, et par *crimes simplement infamants* les crimes passibles de la dégradation civique ou du bannissement. Si l'évadé est prévenu d'un crime de nature à entraîner une peine afflictive à temps ou condamné pour l'un de ces crimes, la peine est un emprisonnement de 2 mois à 6 mois en cas de négligence, et la reclusion en cas de connivence (art. 239). Enfin, si l'évadé est prévenu de crime de nature à entraîner la peine de mort ou une peine perpétuelle, ou condamné pour l'un de ces crimes, la peine est un emprisonnement d'un an à deux ans en cas de négligence, et les travaux forcés à temps en cas de connivence (art. 240). Il y a lieu de remarquer que ces trois articles ne s'appliquent qu'au cas d'une évasion consommée.

**424.** Les art. 241 et 243 prévoient deux faits qui aggravent l'acte des gardiens et les peines qui leur sont applicables. Le premier, qui est l'objet de l'art. 241, est le fait de favoriser l'évasion en fournissant des instruments propres à l'opérer, lorsqu'elle a lieu avec violence ou bris de prison. Il y a lieu de remarquer que dans ce cas la tentative est assimilée à l'évasion consommée, et qu'il ne s'agit plus de l'évasion procurée par négligence ou connivence, mais de celle qui est opérée par bris ou violence. Le deuxième fait, prévu par l'art. 243, est la participation à l'évasion violente par transmission d'armes. La peine s'élève jusqu'aux travaux forcés à perpétuité. Mais cette peine n'est applicable que s'il est établi, non-seulement que les armes ont été remises, mais qu'elles ont servi ou devaient servir à favoriser la fuite du détenu.

**425.** Les peines prononcées par les art. 238, 239, 240 et 241 peuvent être aggravées encore ou atténuées : elles sont aggravées par la condamnation accessoire soit à la surveillance facultativement prescrite par l'art. 246, soit à des dommages-intérêts envers les parties civiles lésées par l'évasion suivant l'art. 244. Elles peuvent être atténuées, mais dans un seul cas, celui où la peine a été encourue par négligence, « lorsque les évadés sont repris ou représentés, pourvu que ce soit dans les quatre mois de l'évasion, et qu'ils ne soient pas arrêtés pour d'autres crimes ou délits commis postérieurement (art. 247) ». Si l'évadé, quoiqu'il ait commis de nouveaux délits depuis son évasion, a été arrêté, non à raison de ces faits, mais à raison de son évasion, il y a lieu d'appliquer l'art. 247 au gardien (Cass. 30 déc. 1843).

**426.** *Responsabilité des tiers.* Lorsque l'évasion est favorisée par des personnes étrangères à la garde des détenus, ces personnes sont poursuivies, non plus pour négligence, mais pour avoir procuré ou facilité l'évasion. Les peines qui leur sont applicables suivent les mêmes distinctions que celles qui sont appliquées aux gardiens (2e § des art. 238, 239 et 240). Ces peines s'aggravent dans trois cas qui sont la remise faite sciemment d'instruments propres à opérer une évasion violente, la transmission d'armes, enfin la corruption exercée sur les gardiens. Les deux premières circonstances sont communes aux gardiens et aux tiers étrangers à la garde; mais la troisième concerne spécialement ceux-ci. L'art. 242 prévoit deux faits distincts : la corruption exercée sur les gardiens pour favoriser l'évasion, et la connivence de ceux-ci. Mais, en appliquant les mêmes peines au corrupteur et au gardien, il suppose que l'évasion a été procurée ; s'il n'y a eu qu'une tentative qui n'a pas été suivie d'effet, il y a lieu de se reporter, dans ce cas, au 2e § de l'art. 179, qui n'applique qu'une peine d'emprisonnement. Les deux condamnations accessoires prévues par les art. 244 et 246 s'appliquent aux tiers étrangers à la garde des détenus, aussi bien qu'aux gardiens. L'application des dommages-intérêts, qui sont prononcés subsidiairement contre les uns et les autres, donne lieu à quelques questions. La partie civile qui ne s'est pas constituée peut-elle, lorsque l'évadé n'est encore que prévenu ou accusé, réclamer ces dommages-intérêts ? Oui, puisqu'elle est encore dans les délais : le complice s'est rendu la caution de celui qui a fait évader, il répond de sa dette vis-à-vis de la partie civile, tant que cette partie conserve son action. Les créanciers ont-ils le même droit ? Non, car l'art. 242 ne s'applique qu'à la partie civile. Si l'évadé était condamné, la partie lésée qui n'a pas figuré aux débats peut-elle réclamer ? Elle est dans la même situation que les créanciers ; elle peut agir en vertu du droit commun, mais non de cette disposition spéciale.

**427.** *Recélé de détenus criminels.* L'art. 248 ne se borne pas à prévoir le recèlement des détenus évadés, il s'applique au recèlement de tous les individus qui ont commis des faits qualifiés crimes par la loi. Il diffère de l'art. 61, qui punit l'habitude de fournir une retraite à des malfaiteurs exerçant des brigandages, en ce qu'il ne prévoit qu'un acte isolé et spécial qui s'étend à toutes personnes ayant commis des crimes. L'art. 248 exige que les individus recélés aient commis un crime passible d'une peine afflictive et que le recéleur ait formellement connu cette circonstance. De là il suit qu'il suppose une condamnation qui seule rend la culpabilité certaine (Cass. 15 oct. 1853). Le 2e §, consacrant une pensée d'humanité, fait une exception en faveur des ascendants et descendants, des mari ou femme, frère et sœur du malfaiteur recélé.

## § V. — *Bris de scellés et enlèvement de pièces dans les dépôts publics.*

### I. — *Bris de scellés.*

### Art. 249, 250, 251, 252, 253.

428. Le Code pénal ne punit que le bris des scellés apposés par ordre du Gouvernement ou de justice. Responsabilité des gardiens en cas de négligence.
429. Responsabilité des gardiens en cas de participation au bris des scellés.
430. Caractères du délit de bris de scellés commis par toutes autres personnes que les gardiens.
431. Le vol commis à l'aide du bris de scellés est réputé commis avec effraction.

**428.** Le Code pénal ne punit que le bris des scellés apposés soit par ordre du Gouvernement, soit par ordonnance de justice. Le bris de scellés est l'enlèvement ou la destruction matérielle des bandes et cachets appliqués par une autorité compétente sur la fermeture des portes ou des meubles pour assurer la conservation des objets mobiliers ou papiers existant dans les lieux sur lesquels ils sont apposés. Il y a lieu de distinguer si le délit a été commis par les gardiens ou par d'autres personnes, et lorsqu'il est imputé aux gardiens, si c'est un acte de simple négligence ou de fraude. L'art. 249 punit la négligence du gardien, abstraction faite de toute participation au bris des scellés. Il ne suffit pas toutefois, pour son application, que les scellés aient été brisés, il faut que le fait de la négligence soit établi; c'est la faute qui produit la responsabilité. Mais cette faute s'aggrave et la peine, qui s'arrêtait à six mois, peut s'élever jusqu'à deux ans, si le bris des scellés s'applique à des papiers et effets d'un individu prévenu ou accusé d'un crime comportant la peine de mort ou une peine perpétuelle ou condamné à l'une de ces peines. Le gardien des scellés est un dépositaire, et sa négligence devient plus coupable à raison de l'importance du dépôt.

**429.** Si le gardien est coupable, non plus seulement de négligence, mais de la violation du dépôt, s'il a lui-même brisé les scellés ou participé à leur bris, la peine est un emprisonnement de 2 à 5 ans (art. 251 et 252). Il trahit la mission de surveillance qui lui a été confiée et se sert de sa fonction pour commettre le délit. La peine est la même, qu'il soit auteur ou complice, et quels que soient les objets mis sous scellés, mais s'il a cédé à la corruption ou s'il a commis un vol à la suite du bris de scellés, il encourt les peines de la corruption ou du vol.

**430.** Le bris de scellés commis par toutes autres personnes que les gardiens est puni par les art. 251 et 252. L'art. 252 dispose que, « à l'égard de tous autres bris de scellés, les coupables seront punis de 6 mois à 2 ans d'emprisonnement ». Ces mots, « tous autres bris de scellés », se réfèrent à l'article qui précède et qui a pour objet une espèce spéciale de scellés : le sens de ces termes est donc uniquement de comprendre les autres espèces de scellés du même genre, c'est-à-dire apposés par ordre du Gouvernement ou par ordonnance de justice (Cass. 22 juill. 1813). La peine s'aggrave à l'égard des tiers comme à l'égard des gardiens si l'effraction a été commise sur les scellés apposés sur les objets ou papiers désignés en l'art. 251. Le délit n'existe d'ailleurs que si le bris de scellés a été commis *à dessein*, c'est-à-dire dans une intention frauduleuse. S'il a été commis avec violences contre les personnes, l'art. 256 prononce la peine des travaux forcés à temps.

**431.** L'art. 253 porte que « tout vol commis à l'aide d'un bris de scellés sera puni comme vol commis à l'aide d'effraction ». Ainsi le bris de scellés, que la définition de l'effraction semblait exclure, est assimilé à cette circonstance aggravante. Mais cette aggravation ne s'applique qu'aux scellés apposés par ordre du Gouvernement ou de justice, et non à ceux qui seraient apposés par des particuliers (Cass. 1er oct. 1817).

## II. — *Enlèvement de pièces dans les dépôts publics.*

### Art. 254, 255, 256.

432. Les art. 254 et 255 ne s'appliquent qu'aux soustractions ou enlèvements des pièces ou effets dans les dépôts publics. Responsabilité des dépositaires.

433. Ce qu'on entend par dépôts publics.

434. Quelles personnes ont la qualité de dépositaires publics.

435. Eléments du crime de soustraction ou enlèvement de pièces dans les dépôts publics. Circonstance aggravante de violence envers les personnes.

**432.** La violation des dépôts privés est prévue par l'art. 408 qui, après avoir défini cette sorte d'abus de confiance, ajoute : « le tout sans préjudice de ce qui est dit aux art. 254, 255 et 256, relativement aux soustractions et enlèvements des deniers, effets ou pièces commis dans des dépôts publics ». C'est donc la violation d'un dépôt public, la soustraction commise dans un tel dépôt, l'atteinte portée à l'autorité qui l'a institué, qui fait l'objet de ces articles. La loi distingue et punit, comme dans les articles qui précèdent, la négligence des dépositaires et la soustraction frauduleuse. Les caractères du délit sont les suivants ; il faut : 1° qu'un fait de négligence soit établi, puisque la loi ne punit que les dépositaires négligents ; 2° qu'il y ait soustraction, destruction ou enlèvement, ce qui comprend toute espèce de détournement (Cass. 3 déc. 1859); 3° que la chose soustraite soit l'un des objets énumérés par l'art. 254; 4° enfin que cette chose soit contenue dans un dépôt public ou remise au dépositaire en cette qualité.

**433.** On doit entendre par *dépôts publics*, non-seulement les archives et les greffes, mais les lieux publiquement institués pour y déposer des procédures criminelles, des papiers, registres, actes et effets. Tels sont les bureaux des diverses administrations publiques (Cass. 25 juill. 1812), les études des notaires, en ce qui concerne les actes passés devant eux, mais non en ce qui concerne les actes sous seing privé qui leur sont remis (Cass. 24 juin 1841, 2 avr. 1857); les bibliothèques publiques à l'égard des livres qui y sont déposés (Cass. 25 mars et 5 août 1819); les musées (Cass. 25 mai 1832), et même un navire soumis au séquestre à l'égard des objets et des pièces qui sont à bord (Cass. 22 déc. 1832). Enfin la loi a assimilé à un dépôt public, les mains du dépositaire qui détient une pièce en sa qualité, mais il faut que cette pièce lui ait été remise dans l'exercice de ses fonctions.

**434.** Les dépositaires publics sont les archivistes, greffiers, notaires *et autres*. Ici encore les fonctionnaires désignés doivent servir d'indication pour connaître ceux qui ne le sont pas. Tout fonctionnaire, tout officier public chargé de la garde et de la conservation d'un dépôt de la nature déterminée par l'art. 254 rentre dans les termes de cet article. Mais il n'est responsable, dans le sens de l'art. 254, qu'autant que la chose soustraite lui a été remise dans un but analogue à la destination du dépôt et pour y être conservée parmi les effets déposés (Cass. 19 janv. 1843).

**435.** L'art. 255 prévoit les soustractions, enlèvements ou destructions volontairement commis dans les dépôts publics. Les auteurs de ces soustractions sont punis de la reclusion et s'ils étaient dépositaires des travaux forcés à temps. Cet article a une analogie que nous avons déjà remarquée avec les art. 169 et 173 ; il en diffère en ce qu'il s'applique spécialement aux dépositaires et aux dépôts publics. Il faut, pour son application, qu'il y ait, outre les éléments qui ont été indiqués, une intention frauduleuse qui peut seule caractériser le crime. Si le bris a été accompagné de violences envers les personnes, l'art. 256 porte la peine des travaux forcés à temps, sans préjudice de peines plus fortes s'il y a lieu, d'après la nature des violences et des autres crimes qui y seraient joints.

## § VI. — *Dégradation de monuments.*

### Art. 257.

436. Quels sont les monuments auxquels s'applique l'art. 257.

437. Éléments du délit de dégradation ou destruction des monuments publics.

**436.** L'art. 257 protége les monuments destinés à l'utilité et à la décoration publiques. Il s'applique surtout aux œuvres des arts, qu'il défend contre les actes du vandalisme, mais ses termes s'étendent à tous les monuments utiles élevés par l'autorité publique et à ceux construits par les cultes à l'extérieur des églises et des temples. La jurisprudence a appliqué l'article 257 — à la destruction de la cloche d'une commune (Cass. 1er avr. 1826), — à la dégradation des appareils télégraphiques (Déc. 27 déc. 1851 ; Cass. 11 juin 1863), — à la dégradation des urinoirs (Cass. 5 août 1858). Mais la même jurisprudence a refusé d'en faire l'application à la dégradation d'une guérite (Cass. 22 mai 1818), et à l'enlèvement des jalons placés par un ingénieur pour le redressement d'un chemin (Cass. 4 mars 1825).

**437.** Les deux éléments du délit sont qu'il y ait destruction, mutilation ou dégradation de monuments élevés avec l'autorisation de l'autorité publique, et que cette dégradation ou destruction soit faite volontairement et à dessein. La dégradation même volontaire de monuments élevés sans autorisation par les particuliers ne rentre pas dans les termes de l'art. 257 : cette dégradation n'est passible que d'une action civile en dommages-intérêts.

## § VII. — *Usurpation des titres ou fonctions.*

### Art. 258, 259.

438. Délits d'immixtion dans les fonctions publiques et d'exercice de ces fonctions. Caractère de ces délits.
439. Dans quels cas la perpétration des actes d'une fonction peut constituer le crime de faux.
440. Du port illicite d'un costume, d'un uniforme ou d'une décoration. Eléments constitutifs du délit.
441. De l'usurpation des titres de noblesse, noms et surnoms nobiliaires.
442. Dans quels cas l'altération ou la modification du nom patronymique peut constituer le délit.
443. Conditions du délit : l'une de ces conditions est la publicité. Dans quels cas il y a publicité.

**438.** *Usurpation de fonctions.* L'art. 258 prévoit deux faits distincts : l'immixtion dans des fonctions publiques et la perpétration des actes de ces fonctions. Ces deux faits ne doivent pas être confondus, car on ne peut s'immiscer dans une fonction sans en accomplir un acte spécial et déterminé, et cette immixtion peut résulter d'un ensemble de faits qui, sans constituer des actes caractérisés, présentent des manœuvres de nature à faire croire au pouvoir du prétendu fonctionnaire (Cass. 14 juin 1861). Mais l'immixtion ne résulterait pas du seul fait d'avoir pris la qualité du fonctionnaire, il faut que le prévenu ait fait un acte de la fonction ou se soit immiscé dans son exercice (Cass. 10 janv. 1856). S'il prétendait que l'acte qu'il a fait n'appartient pas à la fonction usurpée, ce serait là une exception qu'il aurait le droit de soutenir, puisque, si elle était fondée, le délit s'effacerait. Il est nécessaire, dans tous les cas, que l'immixtion ait été faite dans des fonctions publiques, c'est-à-dire dans des fonctions qui s'exercent par suite d'une délégation de l'autorité publique : l'incrimination ne s'applique, ni à l'usurpation d'un droit (Cass. 7 mai 1824), ni à celle du service de la garde nationale (Même arrêt).

**439.** L'art. 258 se termine par ces mots : « sans préjudice de la peine du faux si l'acte porte le caractère de ce crime ». Nous avons vu qu'il n'y a crime de faux qu'autant qu'à l'altération matérielle de l'écriture se joignent l'intention frauduleuse et le préjudice réel ou possible. Ainsi les actes d'usurpation passés sous la fausse qualité du fonctionnaire, demeurent soumis à cet article tant que l'agent, en se revêtant de cette qualité, n'a pas pris un faux nom et tant que ces actes n'ont apporté ni pu apporter aucun préjudice.

**440.** Le 1er § de l'art. 259 punit le port illicite d'un costume, d'un uniforme ou d'une décoration. Il ne s'agit plus ni d'immixtion dans une fonction, ni d'usurpation de pouvoir, il s'agit de l'usurpation d'un signe extérieur que l'agent n'avait pas le droit de porter. Il faut, pour constituer le délit : 1° que le costume ou la décoration ait été porté publiquement ; 2° que l'agent ait eu l'intention de faire croire qu'il était possesseur des fonctions ou du titre que les signes extérieurs représentent. C'est cette espèce de fraude que la loi punit ; 3° enfin qu'il n'ait aucun droit au port de ces costumes et de ces décorations. L'art. 259 s'applique : 1° aux décorations illégalement conférées (Cass. 25 août 1832) ; 2° aux ordres étrangers qui ne peuvent être portés par des Français qu'avec une autorisation du Gouvernement (Ord. 26 mars 1816 ; Déc. 16 mars 1852, 31). La jurisprudence a appliqué cet article au port du costume ecclésiastique par un prêtre interdit (Cass. 24 juin 1852).

**441.** Le 2e § de l'art. 259 punit d'une amende de 500 à 10,000 fr. « quiconque, sans droit et en vue de s'attribuer une distinction honorifique, aura publiquement pris un titre, changé, altéré ou modifié le nom que lui assignent les actes de l'état civil ». Cette disposition, supprimée par la loi du 28 avril 1832, a été rétablie par celle du 28 mai 1858. Trois conditions sont exigées pour l'existence du délit ; il faut : 1° que l'agent ait, sans en avoir le droit, pris un titre, changé, altéré ou modifié le nom que lui assignent les actes de l'état civil ; c'est là le fait matériel que la loi a voulu prohiber; 2° que cette usurpation ait été faite publiquement; c'est cette publicité qui forme le préjudice; 3° qu'elle ait été faite en vue de s'attribuer une distinction honorifique; c'est cette intention qui constitue la moralité de l'acte et qui l'entache, comme dans le port d'une décoration, d'une espèce de fraude.

**442.** Toute modification des noms que constatent les actes de l'état civil peut devenir la base d'une poursuite. Telles sont 1° la seule addition d'une particule au nom, car cette addition, bien qu'elle ne soit pas une preuve de noblesse, en affecte les apparences et est dès lors un acte frauduleux (Cass. 28 sept. 1865); 2° l'addition au nom de famille d'un autre nom précédé d'une particule, comme pour désigner une terre, une ancienne propriété; 3° toutes les additions qui tendent à modifier le nom patronymique (Cass. 11 nov. 1859, 5 janv. 1861). Si le prévenu invoque, comme moyen de défense, qu'il a le droit de prendre la particule ou le surnom, il appartient au tribunal correctionnel de statuer sur cette question préjudicielle et d'apprécier d'après les règles du droit commun, sans être tenu de recourir préalablement à aucun autre mode d'instruction, les diverses preuves débattues à son audience; juge de l'action, il est en même temps juge de l'exception (Cass. 16 janv. 1864). Sa compétence ne cesserait que dans le cas où la possession du titre deviendrait une question de propriété (Cass. 27 mai 1864).

**443.** La publicité nécessaire pour constituer le délit n'a point été définie, et le mot *publiquement* comprend toutes les formes de la publicité. Ainsi, ce n'est pas seulement quand le titre ou le nom usurpé est pris dans un acte authentique, dans un acte sous seing privé ou dans un écrit public, que cette publicité existe, il suffit qu'il ait été pris publiquement d'une manière quelconque pour l'imposer, pour fonder une prétention nobiliaire. Il appartient au juge d'apprécier si l'usurpation a été ou n'a pas été publique. Quant à l'intention de s'attribuer une distinction honorifique, qui est l'élément moral du délit, elle doit résulter des faits qui doivent manifester une prétention aristocratique. Ainsi, celui qui ajoute à son nom celui du lieu de sa naissance, pour distinguer son individualité, ne commet pas le délit; mais s'il affecte de le lier à son nom d'une manière indissoluble, pour en faire une distinction, non plus individuelle, mais honorifique, il peut y avoir lieu à l'action répressive. Ce que la loi punit, c'est la mauvaise foi, c'est la fraude, c'est l'usurpation d'un nom emportant une signification nobiliaire, c'est l'intention d'imposer vaniteusement au public le mensonge de cette usurpation (*Th. du C. pén.*, n° 1702).

## § VIII. — *Entraves au libre exercice des cultes.*

### Art. 260, 261, 262, 263, 264.

444. Quels sont les faits d'entraves au libre exercice des cultes prévus par le Code.
445. Empêchements par voies de fait à l'exercice des cultes : loi du 18 novembre 1814. Eléments du délit.
446. Troubles apportés à l'exercice des cultes.
447. Outrages envers les ministres ou les objets des cultes.
448. De l'aggravation de l'outrage résultant de coups portés aux ministres des cultes.

**444.** Le Code pénal distingue quatre sortes d'entraves au libre exercice des cultes : l'empêchement par voies de fait ou menaces à l'exercice d'un culte ; l'interruption de cet exercice par des troubles ou désordres ; l'outrage par gestes ou paroles contre les ministres ou les objets d'un culte, enfin les coups portés à un ministre dans ses fonctions.

**445.** *Entraves à l'exercice des cultes.* L'art. 260 a été modifié par la loi du 18 novembre 1814, qui, dans un intérêt religieux, commande l'interruption des travaux ordinaires les dimanches et jours de fêtes. Mais si cette loi, conséquence du principe de la religion d'Etat et contraire au principe de la liberté des cultes, n'a point été expressément abrogée, et si par conséquent ses dispositions sont encore en vigueur (Cass. 21 déc. 1850, 6 déc. 1851, 10 fév. 1854, 28 juill. 1855, 20 avr. 1866), il est certain qu'en fait elles ont généralement cessé d'être exécutées. Les citoyens restent libres d'observer les fêtes ou de ne pas les observer ; nulle contrainte ne peut être exercée pour les faire célébrer certaines fêtes, garder certains jours de repos ; mais ils ne peuvent apporter aucun trouble par leurs travaux ou leurs industries à l'exercice des cultes chrétiens. Mais en sanctionnant ce principe, l'art. 260 n'a prévu que les actes de contrainte qui peuvent être exercés par les particuliers. Les éléments du délit sont : 1° l'empêchement apporté à l'exercice du culte, à l'assistance des fidèles aux offices, à la célébration des fêtes, à l'observation des jours de repos ; 2° les moyens employés pour opérer cet empêchement. Ce sont les voies de fait ou menaces; 3° enfin l'intention d'entraver ou de gêner la liberté religieuse de la personne qui en est l'objet. Il y a lieu de remarquer d'abord que cette disposition ne s'applique qu'aux cultes reconnus par l'État (L. 18 germ. an x ; 25 mars 1822), ensuite que le repos du dimanche et des fêtes conservées est obligatoire pour les fonctionnaires publics (L. 17 therm. an VI, 7 therm. an VIII ; C. proc. 63 et 1037 ; C. comm. 135 et 162). Il est de règle générale que tous les actes de justice sont suspendus les jours fériés ; les procédures criminelles sont seules exceptées (Déc. 17 therm. an VI, 2 ; *C. d'inst. cr.*, 353).

**446**. *Troubles à l'exercice des cultes.* Il faut, pour constituer le délit prévu par l'art. 261, qu'il y ait eu retard, empêchement ou interruption de l'exercice d'un culte et que cette interruption ou ce retard ait été causé par des troubles ou désordres produits dans le lieu où s'exerce le culte. Il ne suffit pas qu'il y ait trouble ou désordre, il faut que l'acte ait été la cause d'un retard ou d'un empêchement à l'exercice du culte. Il a été jugé que cet article s'appliquait — au trouble apporté dans une église lorsqu'il a eu pour effet d'interrompre la confession d'une personne (Cass. 9 oct. 1824) ; — à l'action d'un père qui, malgré le curé, enlève son enfant, dans l'église et pendant le catéchisme, d'un lieu où il avait été mis en punition (Cass.

10 mai 1827); — au fait de procéder dans une église à une cérémonie funèbre sans le concours des ministres du culte (Cass. 5 fév. 1852).

**447.** *Outrage envers les objets et les ministres des cultes.* L'art. 262 a été en partie abrogé par l'art. 6 de la loi du 25 mars 1822, qui porte : « L'outrage fait à un ministre de la religion de l'État ou de l'une des religions légalement reconnues en France dans l'exercice de ses fonctions, sera puni des peines portées par l'art. 1er de la présente loi (3 mois à 5 ans d'emprisonnement, 300 à 6,000 fr. d'amende).» L'outrage commis publiquement est seul atteint par ce dernier article. L'art. 262 comprend dans la généralité de ses termes l'outrage non public aussi bien que l'outrage public; il demeure donc en vigueur en ce qui concerne les outrages *non publics* exercés envers les ministres du culte *dans l'exercice de leurs fonctions ;* hors de cet exercice, ils ne sont considérés que comme de simples particuliers et jouissent de la même protection que les autres citoyens. Quant aux objets que protége l'art. 262, il ne faut entendre que les symboles du culte qui sont exposés pendant son exercice et qui sont employés dans son service.

**448.** *Coups portés à un ministre des cultes.* L'outrage devient un crime si l'agent a frappé le ministre du culte dans ses fonctions; l'art. 263 prononce dans ce cas la dégradation civique. Le même fait commis publiquement est puni d'une peine correctionnelle par le 4e § de l'art. 6 de la loi du 25 mars 1822. Il semble donc que, de même qu'en ce qui concerne l'art. 262, l'art. 263 n'a continué d'être applicable que relativement aux coups portés *non publiquement.* Il y a toutefois une véritable anomalie à qualifier délit le fait de porter des coups publiquement, et crime le même fait commis sans publicité, mais les textes sont précis (*Th. du C. pén.*, n° 1082).

## SECT. V. — ASSOCIATION DE MALFAITEURS, VAGABONDAGE ET MENDICITÉ.

### I. — *Association de malfaiteurs.*

### ART. 265, 266, 267, 268.

449. Caractères généraux du crime d'association de malfaiteurs.
450. Eléments constitutifs du crime d'association de malfaiteurs. Organisation des bandes.
451. Quels sont les malfaiteurs que la loi a voulu désigner.
452. L'association doit avoir pour but l'attaque des personnes ou des propriétés.
453. Peines différentes applicables aux chefs et directeurs et aux individus qui ont fait partie des bandes et à leurs complices.

**449.** L'art. 265 déclare que « toute association de malfaiteurs envers les personnes ou les propriétés est un crime contre la paix publique ». Une telle association peut être considérée comme un acte préparatoire d'autres crimes ; mais la loi fait abstraction des crimes qu'elle peut avoir pour but, elle frappe le fait seul de l'association. Deux conditions sont nécessaires pour constituer le crime ; il faut qu'il y ait une association de malfaiteurs et que cette association soit dirigée contre les personnes ou les propriétés.

**450.** L'association, qui est le premier élément du crime, n'existe que par l'organisation des bandes : tel est le texte précis de l'art. 266, qui désigne quelques-unes des circonstances qui font présumer le fait de l'organisation : la correspondance des bandes avec leurs chefs et les conventions arrêtées pour le partage du produit des méfaits. C'est l'organisation qui constitue le crime (Cass. 30 sept. 1869) ; il faut donc qu'elle soit complétement établie. La loi en a déterminé les caractères principaux. L'art. 266 suppose une association préalable, et la formation d'une ou plusieurs bandes et des chefs pour chaque bande. L'art. 267 parle de commandants en chef et en sous-ordre. Enfin l'art. 268 prévoit la séparation d'une bande en plusieurs divisions et la fourniture d'armes, de munitions et de lieux de retraite. L'indication de toutes ces circonstances, quoique purement énonciative, démontre que la loi n'a eu en vue que des associations activement organisées.

**451.** L'art. 265 ne punit qu'une association de *malfaiteurs*. Quel est le sens de cette expression? Les malfaiteurs dont il s'agit ici ne sont pas ceux qui agissent isolément ou même de concert avec d'autres pour la seule exécution d'un crime; ce sont les bandes ou associations d'individus faisant métier du vol et du pillage et qui conviennent de mettre en commun le produit de leurs déprédations. Cette qualification peut résulter non-seulement de condamnations antérieures, mais des seules circonstances de l'association, de ses conditions et de son but. Les vagabonds, les repris de justice, les gens sans aveu et les mendiants d'habitude sont les agents qui recrutent habituellement ces associations et que le terme légal peut envelopper. Quant au nombre des malfaiteurs nécessaire pour constituer l'association, la loi ne l'a point déterminé. Il faut sans doute que ce nombre soit assez grand pour qu'il y ait une bande, mais c'est là une appréciation de fait qui est abandonnée aux lumières du jury.

**452.** Le deuxième élément du crime est que l'association ait pour objet les attentats contre les personnes ou contre les propriétés. Il faut donc établir que l'association, lorsqu'elle ne s'est encore livrée à aucun méfait, se proposait de commettre tels crimes ou tels délits. Cette preuve se puisera dans l'organisation même de la bande, dans le nombre et la moralité des affiliés, dans la saisie des armes ou des instruments dont ils étaient munis.

**453.** La peine, lorsque l'association n'a été accompagnée ni suivie d'aucun autre crime, a deux degrés, suivant qu'elle frappe les chefs et directeurs ou les autres individus chargés d'un service quelconque dans les bandes ou leurs complices. La qualité de commandant en chef ou en sous-ordre ou d'auteur et de directeur, est donc une circonstance aggravante qui doit être posée séparément au jury (Cass. 2 fév. 1832, 27 avr.

1834). Il faut entendre par « tous autres individus chargés d'un service quelconque », tous ceux qui ont fait partie des bandes, qu'ils aient ou non été chargés d'un service spécial, mais sans y remplir les fonctions de directeur ou de commandant (Cass. 15 mai 1818, 2 fév. 1832). La deuxième partie de l'art. 268 s'applique à ceux qui, *sciemment* et *volontairement*, ont fourni aux bandes des armes, munitions, instruments du crime, logement, retraite ou lieu de réunion. La connaissance du but de l'association et la volonté de concourir à ses actes, sont deux éléments constitutifs du crime (Cass. 22 juill. 1824). Il ne suffirait pas de donner des vivres ou munitions à un seul individu de la bande, à moins qu'il ne fût délégué par cette bande, car l'article ne s'applique qu'aux fournitures *aux bandes ou leurs divisions.*

## II. — *Vagabondage.*

### Art. 269, 270, 271, 272, 273.



**454.** *Définition.* Le vagabondage est moins un fait criminel en lui-même qu'un genre de vie que la loi a dû réprimer à raison de ses périls. Ce qu'elle a voulu atteindre, c'est l'existence oisive, les habitudes vicieuses, la position dénuée de ressources et par là même menaçante de l'agent. Elle a considéré cette situation comme un acte préparatoire des délits et des crimes, et a puni ce seul fait, isolé de toute autre circonstance, comme un délit (art. 269). Le vagabondage est incriminé sous deux rapports : comme délit *sui generis* et comme circonstance aggravante d'un autre délit. Dans l'un et l'autre cas, il a le même caractère et il se compose des mêmes éléments. Ces éléments, établis par l'art. 270, sont : 1° que le prévenu n'ait point de domicile certain ; 2° qu'il n'ait aucuns moyens de subsistance ; 3° enfin, qu'il n'exerce habituellement ni métier, ni profession.

**455.** *Défaut de domicile.* Il ne faut pas confondre le domicile d'origine et l'habitation. Il suffit, pour l'existence du délit, que le domicile d'habitation fasse défaut ; mais si le prévenu a conservé son habitation habituelle au domicile d'origine, lors même qu'il s'en est éloigné, il n'est pas en état de vagabondage (Cass. 15 oct. 1813). La loi n'exige pas d'ailleurs que cette habitation soit fixe, il suffit qu'il en ait une (Cass. 25 pluv. an x), et cette décision s'applique surtout aux mineurs qui quittent momentanément le domicile de leurs parents (Cass. 31 mars 1866). La résidence assignée aux individus soumis à la surveillance ne constitue un domicile certain qu'autant que cette résidence devient de fait l'habitation du prévenu (Cass. 19 déc. 1849).

**456.** *Moyens de subsistance.* Le manque de toutes ressources et de tous moyens de subsistance est un élément essentiel du délit, car c'est ce dénûment qui fait présumer la nécessité d'un délit. Il semble qu'il y ait contradiction entre l'art. 270, qui oblige le prévenu à justifier de ses moyens d'existence, et l'art. 278, qui le répute coupable quand il est trouvé porteur d'une somme supérieure à 100 fr. Mais ce dernier article n'a d'autre objet que de mettre la preuve de la provenance de cette somme à la charge d'un agent qui, par son défaut d'habitation et son oisiveté, excite une juste défiance.

**457.** *Métier ou profession.* La loi ne se borne pas à exiger que l'agent ait un métier ou une profession ; elle veut qu'il l'exerce habituellement. Tout métier, quel qu'il soit, dès qu'il lui fournit des moyens suffisants, détruit la prévention, car la loi n'appelle le juge qu'à constater l'existence du métier, elle ne le charge point d'apprécier sa nature ni même sa moralité. Il y a certaines professions dont l'exercice suppose une vie sans cesse errante; tels sont les colporteurs, les marchands ambulants, les commis-voyageurs. Ces métiers, dès qu'ils sont constatés, doivent placer ceux qui les exercent à l'abri de toutes poursuites, car la vie errante et les voyages d'un citoyen ne suffisent pas pour fonder une prévention (Cass. 18 prair. an IV).

**458.** *Délit.* La réunion des trois circonstances qui viennent d'être énumérées suffit pour constituer le délit, pourvu que l'agent se soit mis volontairement dans la situation que la loi incrimine, car il s'agit d'un délit et non d'une simple infraction de police. Ces circonstances matérielles supposent en général cette volonté et la font présumer, mais cette présomption n'exclut pas la preuve contraire. Le prévenu doit donc être admis à proposer l'excuse tirée de la nécessité et de la force majeure, résultant, par exemple, d'un incendie, d'une inondation, d'un naufrage, d'une invasion de l'ennemi. Lorsque l'immoralité s'efface, que le péril disparaît, et qu'il ne reste plus qu'un fait matériel indépendant de la volonté de l'agent, le délit moral que la loi a voulu punir n'existe plus (*Th. du C. pén.*, n° 1101).

**459.** *Pénalité.* L'art. 271 prononce pour le seul fait du vagabondage, isolé de toutes circonstances accessoires et légalement déclaré, deux peines, un emprisonnement de 3 à 6 mois et la surveillance de 5 à 10 ans. L'emprisonnement n'est pas appliqué aux vagabonds âgés de moins de 16 ans, qui sont seulement, si les faits de vagabondage sont prouvés, mis en surveillance; et, même ces faits prouvés, s'ils n'ont pas agi avec discernement, ils doivent être acquittés (Cass. 12 août 1843, 28 avr. 1852). Quant à la surveillance, il est reconnu qu'en cas de circonstances atténuantes, les tribunaux ont la faculté, en matière de vagabondage comme en toute autre matière, de réduire la mise en surveillance au-dessous du minimum et même d'en dispenser entièrement le condamné (Cass. 24 nov. 1838, 26 avr.

1839, 13 sept. 1851). Ces deux peines de l'emprisonnement et de la surveillance peuvent d'ailleurs trouver un terme dans deux mesures extraordinaires qui sont spéciales à ce délit : l'une est la réclamation du vagabond par le conseil de sa commune, l'autre est le cautionnement d'un citoyen solvable (art. 273). Il n'appartient qu'à l'administration d'examiner s'il y a lieu d'accueillir les réclamations ou les offres faites par des communes ou des particuliers ; les tribunaux ne sont pas compétents pour les apprécier et les admettre (Cass. 10 janv. 1852). Si ces mesures, qui ne s'appliquent qu'aux individus condamnés pour vagabondage, sont autorisées, ils sont renvoyés dans la commune qui les a réclamés ou qui a été désignée par la caution (art. 273) ; mais, après ce renvoi, tous les effets du jugement cessent, ils reprennent tous leurs droits sous la tutelle bienveillante de la commune ou de la caution. Les étrangers déclarés vagabonds par jugement peuvent être, par les ordres du gouvernement, expulsés du territoire (art. 272).

## III. — *Mendicité.*

### Art. 274, 275, 276.

460. Caractères du délit de mendicité.
461. Eléments constitutifs du délit ; nécessité du flagrant délit dans l'article 274.
462. La conduite des condamnés au dépôt de mendicité n'est point une peine, c'est une mesure purement administrative.
463. Dans les lieux où il n'existe pas de dépôt, le délit n'existe qu'à l'égard des mendiants d'habitude valides.
464. Le délit s'aggrave quand la mendicité a lieu avec menaces, avec des infirmités feintes, avec introduction dans les habitations.

**460.** *Caractères du délit.* La mendicité ne constitue par elle-même aucun délit ; la loi pénale ne réprime que ses écarts et ses abus. Le délit ne commence que là où elle est exploitée par la fainéantise et l'oisiveté et peut devenir, comme le vagabondage, un acte préparatoire d'autres délits. De là la distinction des mendiants valides ou invalides. Ces derniers ont été l'objet de mesures administratives et peuvent être reçus dans des établissements publics (L. 30 août-13 juin 1790, 19-22 juill. 1791, tit. 2, art. 22; 24 vendém. an II, 16 vent. an II; Déc. 5 juill. 1808). Les premiers seuls sont, en général, l'objet de mesures répressives.

**461.** *Eléments du délit.* La loi distingue les lieux où un établissement public est institué pour recevoir les mendiants et les lieux où une telle institution n'existe pas. Dans les premiers, tout acte de mendicité est interdit, parce que le département prend les mendiants à sa charge; dans les autres, la mendicité des invalides est permise, le délit n'existe qu'en ce qui concerne les mendiants valides. L'art. 274 exige deux conditions pour atteindre la mendicité; il faut que l'existence du dépôt de mendicité soit établie et que l'agent ait été trouvé mendiant. Quant à la première de ces conditions, il n'est pas nécessaire que le dépôt soit placé au lieu même où le fait a été commis, il suffit, et les termes de l'article l'indiquent, qu'il fonctionne pour ce lieu, que le mendiant ait eu la faculté de s'y faire admettre, et que cet établissement soit organisé et en pleine activité. Si les indigents n'y sont pas admis sur leur simple réclamation, l'art. 274 demeure sans application (Cass. 29 fév. 1845). La deuxième condition, qui est que le prévenu *ait été trouvé mendiant*, pose en règle que le flagrant délit est seul atteint par la loi; il est nécessaire que l'agent ait été surpris au moment même des actes de mendicité. On ne doit pas confondre d'ailleurs avec ces actes les quêtes et les souscriptions, surtout quand elles sont faites, non par les indigents eux-mêmes, mais par des personnes qui s'entremettent en leur faveur. Lorsque ces quêtes ou ces souscriptions, même faites par les pauvres eux-mêmes, n'ont pour objet que d'obtenir des secours passagers à raison d'un désastre, d'un événement accidentel, elles échappent à la loi pénale; mais elles pourraient rentrer dans ses termes si elles étaient habituelles et devenaient un moyen ordinaire de subsistance (Cass. 10 nov. 1808).

**462.** L'art. 274, après avoir prononcé un emprisonnement

de 3 à 6 mois, ajoute que « le condamné sera à l'expiration de sa peine conduit au dépôt de mendicité ». Cette mesure de police, qui n'est point une peine, rentre entièrement dans les attributions de l'administration. Les tribunaux peuvent s'abstenir de la prononcer, car elle s'exécute de plein droit comme une conséquence de la condamnation ; mais ils ne peuvent déclarer qu'elle n'aura pas lieu (Cass. 1er juin 1833). Ils ne peuvent également ordonner que les individus qu'ils condamnent seront remis, après la peine subie, aux personnes qui les réclameraient. Les condamnés pour mendicité reprennent, après avoir subi leur peine, comme tous les autres condamnés, l'exercice de leurs droits. L'administration ne peut les retenir dans les dépôts, qui ne sont que des refuges ou des maisons de travail, que pour leur donner des secours ou un métier. Dès qu'ils peuvent justifier de ressources ou de moyens de travail, quels que soient les termes des règlements (Déc. 22 déc. 1808), ils ne doivent pas être retenus.

**463.** Dans les lieux où nul dépôt n'est établi, les mendiants invalides à raison de leur âge ou de leurs infirmités ont la faculté de mendier. L'art. 275 ne s'applique qu'aux mendiants *valides*, c'est-à-dire à ceux auxquels leurs forces permettent de travailler. Mais le seul fait d'être trouvé mendiant ne suffit plus pour constituer le délit; la loi ne punit que les *mendiants d'habitude valides*. Il faut donc, lorsque le mendiant a été reconnu valide, que la circonstance de l'habitude soit encore constatée, c'est-à-dire qu'il soit établi qu'il ne soutient sa vie que par la mendicité, que c'est là son métier, son mode d'existence. La peine subit une aggravation s'il est arrêté hors du canton de sa résidence; c'est une sorte de fait de vagabondage qui se joint au fait de mendicité habituelle.

**464.** *Circonstances aggravantes*. Le délit de mendicité s'aggrave et l'art. 276 prononce un emprisonnement de six mois à deux ans lorsque la mendicité a lieu soit avec menaces, soit en s'introduisant sans permission dans les habitations, soit en feignant des infirmités, soit en réunion. Il est indifférent, pour l'application de cet article, que les mendiants soient valides ou invalides et que le fait soit commis dans les lieux ou hors des lieux où sont établis les dépôts; cette double distinction que consacrent les art. 274 et 275, s'efface dans l'art. 276. Cet article n'exige même plus ni le flagrant délit, ni l'habitude de la mendicité; il suffit qu'il soit établi que le fait de mendicité a eu lieu avec l'une des circonstances qui y sont énoncées; c'est le concours de ces deux faits qui motive l'aggravation du délit. La loi n'a pas défini ces circonstances aggravantes. On peut admettre que les menaces supposent l'annonce d'un mal quelconque, les injures et les propos grossiers ne sont pas des menaces; que l'introduction dans les habitations suppose, non pas seulement une violation de domicile, mais une introduction non autorisée, sinon violente, au moins indiscrète; que les infirmités feintes doivent être simulées physiquement et par des signes ostensibles; il ne suffirait pas de les alléguer et de les affirmer verbalement; enfin, que toute réunion de mendiants est interdite, fût-elle de deux personnes, puisque les réunions exceptées ne sont que de deux personnes, mais la loi ne s'applique qu'aux personnes qui ont *mendié en réunion :* la réunion, hors du fait de mendicité, n'aurait aucune influence sur la gravité du délit (*Th. du C. pén.*, n° 1136).

## IV.—*Dispositions communes aux vagabonds et aux mendiants.*

### Art. 277, 278, 279, 281, 282.

465. Les délits de vagabondage et de mendicité prennent un caractère plus grave quand les agents sont saisis avec des armes, des travestissements ou des instruments propres à commettre des crimes.

466. Les violences sur les personnes s'aggravent quand elles sont commises par des vagabonds ou des mendiants.

467. Du cas où les vagabonds et mendiants sont trouvés porteurs d'une somme de plus de 100 fr. ou de faux passe-ports ou certificats.

468. L'art. 282 s'applique à tous les individus condamnés pour mendicité, mais la surveillance qu'il prononce peut être remise en vertu de l'article 463.

**465.** Le vagabondage et la mendicité peuvent se produire

avec des circonstances qui en changent le caractère et en aggravent le péril ; ce sont les circonstances que prévoient les art. 277 et 279, à savoir : le travestissement, la possession d'armes ou d'instruments propres à commettre des crimes et les actes de violence envers les personnes. L'application de l'art. 277 suppose deux conditions : 1° que l'agent *ait été saisi* dans l'une des circonstances qui y sont énoncées ; d'où il suit que, de même que dans l'art. 274, c'est le flagrant délit seul que la loi a voulu atteindre ; c'est la possession des armes ou instruments au moment de l'arrestation qui fait présumer qu'il les portait habituellement ; 2° que les objets saisis puissent être considérés comme préparatifs d'un crime ou d'un délit, qu'ils fassent présumer une intention criminelle et qu'aucun motif légitime ne puisse expliquer leur détention. Il a été jugé que l'art. 277 ne s'appliquait pas aux vagabonds ou mendiants trouvés nantis d'instruments divers reconnus nécessaires à leur métier (Cass. 3 juin 1836).

**466.** L'art. 279 prévoit un délit tout à fait distinct, les violences envers les personnes ; seulement, et c'est là son objet, le caractère de ce délit s'aggrave quand il est commis par des mendiants ou des vagabonds. Toutes les voies de fait, toutes les violences, quelque légères qu'elles soient, rentrent dans les termes de cet article. Il n'est pas nécessaire qu'elles aient été exercées en mendiant ; la loi n'exige pas la simultanéité des deux actes, elle exige seulement que l'agent ait la qualité de vagabond ou de mendiant. L'art. 279, comme l'art. 276, comprend tous les mendiants, sans distinguer, comme on pourrait le faire, entre les mendiants d'habitude assimilés aux vagabonds et les autres mendiants (Cass. 13 oct. 1828).

**467.** Le caractère du délit peut se modifier : 1° lorsque les vagabonds ou mendiants sont trouvés porteurs d'effets d'une valeur supérieure à 100 fr. (art. 278) ; 2° lorsqu'ils sont trouvés porteurs de faux certificats, faux passe-ports ou fausses feuilles de route (art. 281). Nous avons indiqué, n° 449, le sens et la portée de l'art. 278. Quant à l'aggravation prescrite par l'art. 281, il y a lieu de faire observer : 1° qu'elle suppose l'usage ou l'intention de faire usage des faux passe-ports ou certificats, car on ne peut admettre que le maximum des peines correctionnelles puisse s'appliquer à un fait purement matériel et à la présomption plus ou moins fondée que ce fait peut suggérer (Cass. 26 juin et 24 nov. 1838); 2° que cette aggravation, malgré sa formule impérative, n'est que facultative, puisque la règle générale et absolue de l'art. 463 s'applique à tous les cas où l'emprisonnement est prononcé par le Code pénal.

**468.** L'art. 282, qui applique une surveillance de 5 à 10 ans aux condamnés pour mendicité, a soulevé deux questions : 1° à quels mendiants s'applique-t-il? Il a été clairement expliqué, avec l'appui de son texte et de son esprit, qu'il ne peut s'appliquer qu'aux mendiants condamnés avec l'une des circonstances aggravantes prévues par les art. 277 et suiv. (voy. *Th. du C. pén.*, n° 1132). Mais la jurisprudence a maintenu que l'art. 282 était une disposition générale qui s'étendait non-seulement aux condamnés pour mendicité compris dans les dispositions communes aux vagabonds et mendiants, mais encore à ceux qui étaient l'objet des articles précédents, c'est-à-dire à tous les condamnés pour mendicité sans distinction (Cass. 2 avr. 1837, 22 janv. 1838, 24 nov. 1838, 12 avr. 1839, 25 mars 1843, 21 sept. 1849, 14 août 1852); 2° la surveillance sous laquelle les mendiants doivent être renvoyés doit-elle nécessairement être prononcée? Il a été reconnu qu'en ce qui concerne les mendiants comme pour les vagabonds, les tribunaux peuvent, en vertu de l'art. 463 et en constatant qu'il y a des circonstances atténuantes, s'abstenir de la prononcer (Cass. 26 juin 1838, 24 nov. 1838).

## SECT. VI. — Délits commis par la voie d'écrits, images ou gravures distribués sans nom d'auteur, imprimeur ou graveur.

### Art. 283, 284, 285, 286, 287, 288, 289 et 290.

469. Indication des lois répressives des délits commis par la voie de la presse. Ces lois sont étrangères au Code.
470. L'art. 283 ne s'applique qu'à la distribution des écrits anonymes; éléments constitutifs du délit.
471. Le fait de distribution de ces écrits n'est qu'une simple contravention à l'égard des distributeurs qui révèlent les noms de l'auteur ou de l'imprimeur.
472. De la complicité des distributeurs quand l'écrit provoque à des délits. Modifications apportées par la loi du 17 mai 1819.
473. La confiscation prononcée par l'art. 286 n'a point été abrogée.
474. De l'exposition d'écrits ou dessins contraires aux bonnes mœurs.
475. Le maximun de la peine appliqué à l'auteur par l'art. 289 ne s'étend pas aux cas où la loi du 17 mai 1819 a remplacé les dispositions du Code.
476. Distribution d'écrits ou imprimés sans autorisation. Abrogation de l'art. 290. Lois des 10 déc. 1830 et 16 fév. 1834, art. 6 de la loi du 27 juill. 1849. Loi du 29 déc. 1875.
477. Cas d'application de l'art. 6 de la loi du 27 juill. 1849. Etendue et limite de sa disposition.

**469.** Les délits résultant de la publication d'écrits ou de dessins ont été l'objet d'une législation spéciale; ces délits sont définis et les peines dont ils sont passibles sont prescrites par les lois des 17 mai 1819, 25 mars 1822, 11 août 1848, 27 juil. 1849, 17 février 1852, 11 mai 1868 et 25 décembre 1875. Cette législation, exclusivement relative aux délits commis par voie de publication, est étrangère au Code pénal et ne doit prendre aucune place ici. Les art. 283 à 290 avaient jeté les premiers errements de cette législation qui les a en partie modifiés, en partie abrogés. Notre tâche est de déterminer leur valeur actuelle et l'autorité qui est demeurée à chacun d'eux.

**470.** L'art. 283 a voulu interdire la publication et la distribution d'écrits anonymes. Les conditions du délit sont: 1° qu'il y ait publication ou distribution, c'est-à-dire que l'écrit ait été répandu dans le public et porté à sa connaissance par la vente ou la remise gratuite; un seul fait de distribution peut constituer la publication, mais pour constituer la publication il faut nécessairement la remise de plusieurs exemplaires à plusieurs personnes (Cass. 24 janv. et 10 mars 1851); 2° Que la publication ou distribution ait eu pour objet des ouvrages, écrits, avis, bulletins, affiches, journaux, feuilles périodiques ou autres imprimés; la loi enveloppe toutes les espèces d'écrits imprimés, même écrits en langue étrangère (Cass. 11 nov. 1825), mais seulement les imprimés et non les écrits manuscrits; 3° Que l'imprimé ne contienne pas l'indication vraie des noms, profession et demeure de l'auteur ou de l'imprimeur; l'absence de l'indication, ainsi que sa fausseté, constitue le délit, mais l'une des deux indications de l'auteur ou de l'imprimeur suffit; 4° Enfin, que l'agent ait contribué *sciemment* à la publication ou à la distribution des imprimés. Il n'est pas nécessaire que cet agent connaisse le contenu de l'écrit, mais il doit savoir, en le distribuant, que cet écrit ne porte pas la désignation vraie de l'auteur ou de l'imprimeur. On doit ajouter que l'art. 283 a été modifié, en ce qui concerne les imprimeurs et les libraires, par les art. 17 et 18 de la loi du 21 oct. 1814; ces articles établissent la rigoureuse obligation de n'imprimer ou de ne vendre aucun ouvrage où la demeure et le nom de l'imprimeur ne seraient pas indiqués. Le distributeur qui aurait la qualité d'imprimeur ou de libraire ne serait donc pas justifié par cela seul que l'imprimé porterait le nom de l'auteur. L'art. 283 se trouve donc modifié sous ce rapport seulement par ces deux dispositions.

**471.** Le délit prend, suivant l'art. 284, le caractère d'une simple contravention de police prévue par les art. 475, n° 13, et 477: « 1° à l'égard de scrieurs, afficheurs, vendeurs ou distributeurs qui auront fait connaître la personne de qui ils tiennent l'écrit imprimé; 2° à l'égard de quiconque aura fait connaître l'auteur. » Mais cet article, abrogé dans le 3e paragraphe en ce qui concerne les imprimeurs, par les art. 15 et 16 de la loi du 21 oct. 1814, et modifié dans les §§ 1 et 2 en ce qui concerne les libraires par l'art. 19 de la même loi, n'a conservé d'autorité qu'à l'égard des crieurs ou distributeurs qui ne sont ni libraires ni imprimeurs. Les lois des 10 déc. 1830 et 16 fév. 1834, qui ont réglé la profession des crieurs et des afficheurs, n'ont nullement touché aux dispositions des art. 283 et 284.

**472.** L'art. 285 suppose que l'écrit anonyme contient une provocation à des crimes ou à des délits ; les distributeurs sont dans ce cas réputés complices, à moins qu'ils ne fassent connaître ceux dont ils tiennent l'écrit. Cet article se réfère, en ce qui concerne la nature de l'écrit imprimé, aux articles qui le précèdent ; il prévoit une espèce plus grave, mais appartenant à la même hypothèse. La révélation qui fait l'objet du 2e § de l'art. 284 constitue une excuse en faveur du distributeur ; mais de ce qu'il n'aurait pas révélé, on ne devrait pas induire nécessairement la preuve de la complicité. La complicité suppose la connaissance de la provocation et l'intention de la propager; il faut, pour qu'il soit complice, qu'il ait agi avec connaissance. Cet article, en ce qui concerne les imprimés anonymes, n'a été abrogé par aucune loi et conserve son autorité. Mais, en ce qui touche l'imprimeur contre lequel il réserve les peines de la complicité, il y a lieu de rappeler qu'aux termes de l'art. 24 de la loi du 17 mai 1819, l'imprimeur ne peut être poursuivi comme complice que s'il a agi sciemment.

**473.** *Confiscation.* L'art. 286 porte que « dans tous les cas ci-dessus (prévus par les art. 283, 284 et 285), il y aura confiscation des exemplaires saisis. » Cette disposition, qui ne s'applique qu'à des libellés ou à des écrits clandestins, n'a point été abrogée ; il ne s'agit que d'une confiscation spéciale de l'instrument du délit, analogue à la mesure prescrite par l'art. 26 de la loi du 26 mai 1819.

**474.** *Exposition d'écrits ou dessins contraires aux bonnes mœurs.* L'art. 287, qui punit l'exposition ou la distribution de ces écrits ou dessins, se trouve implicitement abrogé par l'art. 8 de la loi du 17 mai 1819, qui punit l'outrage aux bonnes mœurs par les mêmes moyens de publication; mais cette abrogation ne s'est pas étendue à l'art. 288, qui accorde aux révélateurs du nom de l'auteur une atténuation pénale analogue à celle déjà édictée dans l'art. 284. Toutefois il importe de remarquer : 1° que la délation faite par les crieurs et distributeurs ne les excuse pas de la contravention à la loi du 16 février 1834 ; 2° que le n° 2 de l'art. 288 ne peut avoir d'application qu'au cas où l'imprimeur ou le graveur est inconnu ; 3° que l'imprimeur, aux termes de l'art. 24 de la loi du 17 mai 1819, ne peut être poursuivi pour fait d'impression que s'il a agi sciemment.

**475.** *Pénalité.* L'art. 289, qui, dans tous les cas où l'auteur sera connu, lui inflige le maximum de la peine attachée à l'espèce du délit, est évidemment abrogé dans les cas où la loi des 17 mai 1819 a remplacé les articles du Code, car l'art. 289 ne s'étend « qu'aux cas exprimés en la présente section » ; il circonscrit l'autorité dans les limites du Code. Mais, dans les cas où les dispositions auxquelles l'art. 289 se réfère sont encore en vigueur, l'article est encore applicable, lorsque, par exemple, il s'agit de la simple distribution d'un écrit sans nom d'auteur ou d'imprimeur.

**476.** *Distribution d'écrits sans autorisation.* Le délit prévu par l'art. 290 n'a pas cessé d'exister, mais cet article, dont la disposition a paru insuffisante, a été abrogé et remplacé par l'art. 2 de la loi du 10 déc. 1830, qui a été lui-même remplacé par la loi du 16 fév. 1834. Cette loi a reproduit la disposition de l'art. 290 en la modifiant et en la complétant; elle n'atteint pas seulement, comme le faisait l'art. 290, tout individu *qui fera le métier* de crieur, mais tout exercice même temporaire de cette profession ; elle réserve à l'autorité qui a donné l'autorisation, le droit de la retirer ; enfin elle ne s'applique pas seulement aux crieurs, mais aussi aux vendeurs et distributeurs. Enfin, une disposition plus générale est venue régler cette matière : l'art. 6 de la loi du 27 juillet 1849 dispose que « tous distributeurs de livres, écrits, brochures, gravures et lithographies doivent être porteurs d'une autorisation qui leur sera délivrée, pour le département de la Seine, par le préfet de police, et pour les autres départements, par le préfet. Ces autorisations pourront toujours être retirées par les autorités qui les auront délivrées. Les contrevenants seront condamnés, par les tribunaux correctionnels, à un emprisonnement d'un mois à six mois et à une amende de 25 à 500 fr. » Cet article, dont nous allons indiquer les cas d'application, a été restreint sur un point par l'art. 3 de la loi du 29 déc. 1875, portant : « L'interdiction de vente et de distribution sur la voie publique ne pourra plus être édictée par l'autorité administrative comme mesure particulière contre un journal déterminé. »

**477.** L'interprétation de cette législation a donné lieu à plusieurs questions. L'art. 6 de la loi du 27 juill. 1849 a été appliqué à tous ceux qui étaient convaincus d'avoir distribué ou colporté des livres, écrits, brochures, gravures et lithographies : il n'y a plus à rechercher si l'agent de distribution exerce ou non le métier de distributeur (Cass. 15 fév. et 25 avril 1850, 12 déc. 1862, 7 mars 1863). Il a été appliqué à l'agent qui distribue à son propre domicile (Cass. 25 avril 1850), et même à l'auteur qui colporte son propre écrit (Cass. 6 juin 1850, 26 avril 1862). Il a été étendu, sans exception, à tous les écrits et dessins, quelles que soient leur nature et leur forme (Cass. 25 juin 1852, 7 mars 1863) ; aux médailles considérées comme gravures (Cass. 6 sept. 1850); aux mémoires qualifiés défenses en dehors de l'instance et des besoins du procès (Cass. 25 juin 1852) ; aux listes des candidats à une élection (Cass. 28 mars 1856, 30 janv. 1857); aux circulaires relatives aux intérêts privés d'un commerçant (Cass. 26 avril 1862). Il avait même été étendu jusqu'aux circulaires électorales et aux bulletins de vote (Cass. 14 fév. 1851, 30 janv. 1857), mais l'art. 3 de la loi du 30 nov. 1875 a autorisé la distribution de ces circulaires et de ces bulletins pendant la durée de la période électorale. Cependant il a été reconnu que l'art. 6 ne s'applique pas à la simple communication d'un livre ou d'un écrit (Cass. 29 avril 1859), au fait de présenter une pétition à la signature de plusieurs personnes (Cass. 7 fév. 1851, 18 juill. et 9 août 1859), aux écrits distribués aux membres d'une association (Cass. 11 avril 1851). Enfin, il ne s'applique pas aux journaux légalement institués qui font distribuer leurs numéros dans la ville où ils sont établis (Cass. 3 juill. 1861), aux libraires, même non brevetés (Cass. 28 mars et 21 août 1851), et il a été établi que « la distribution par la voie de la poste, qui a reçu de la loi la mission de distribuer les écrits et les imprimés, ne saurait tomber sous la prohibition » (Cass. 17 août 1850, 2 avril 1853, 10 août 1867). Il y a lieu de remarquer encore sur cette matière : 1° que le fait de la distribution sans autorisation étant une simple contravention, n'admet pas de complices (Cass. 20 fév. et 11 avr. 1856); 2° que le droit de distribuer les écrits et mémoires de défense dans le cours d'une instance, consacré par l'art. 23 de la loi du 17 mai 1819, conserve toute sa force (Cass. 15 févr. 1850, 23 juin 1852, 7 mars 1861); 3° que l'art. 463 a été étendu, par l'art. 23 de la loi du 27 juill. 1849, à la disposition de l'art. 6 (Cass. 17 août 1860); 4° enfin, qu'il appartient aux juges du fait d'apprécier les éléments de la contravention et de déclarer que les faits dénoncés ne rentrent pas dans les termes de la loi (Cass. 19 avril 1859).

### SECT. VII. — Des associations et réunions illicites.

### Art. 291, 292, 293, 294.

478. Droit d'association. Objet et caractère de la prohibition des art. 291 et suiv.
479. Loi du 10 avril 1834, complémentaire des art. 291 et suiv.
480. Eléments du délit d'association illicite. Il faut qu'il y ait association.
481. Il faut que l'association soit composée de plus de 20 personnes ; l'association de 20 personnes peut exister sans autorisation.
482. L'association est illicite lorsqu'elle a pour objet de s'occuper de matières religieuses, politiques, littéraires ou autres.
483. De l'autorisation nécessaire aux contrevenants ; peines appliquées aux contraventions.
484. Prohibition des sociétés secrètes. Caractères de ces associations.
485. Provocation à des crimes ou délits dans le sein des associations.
486. De la complicité résultant du

**478.** *Droit d'association.* Le droit de s'associer et de se réunir a été garanti aux citoyens, comme un droit naturel et civil, par la Constitution de 1791, tit. Ier, et par l'art. 8 de la Constitution de 1848. Si l'exercice de ce droit peut engendrer des abus, les lois qui l'ont reconnu ont réservé la faculté pour l'Etat d'en surveiller l'application. Mais les art. 291 et suiv. ne se bornent pas à cette surveillance : ils suppriment toutes les associations en leur imposant une autorisation administrative pour exister; ils ne s'inquiètent pas si elles sont dangereuses ou immorales, ils frappent même les plus inoffensives, même les plus légitimes, dès qu'un lien en unit les membres et qu'elles dépassent un certain nombre. Ils se bornent, pour constituer le délit, à constater le fait matériel de l'association et le défaut d'autorisation. Il faut toutefois distinguer maintenant, comme l'a fait la législation, le droit d'association et le droit de réunion. Examinons d'abord ce qui concerne les associations illicites.

**479.** *Loi du* 10 *avril* 1834. Les art. 291 et suiv. ont été modifiés en plusieurs points essentiels par la loi du 10 avril 1834, dont les dispositions ne peuvent plus être séparées de ces articles, elles en forment le complément. Son art. 1er déclare que : « les dispositions de l'art. 291 sont applicables aux associations de plus de 20 personnes, alors même qu'elles seraient partagées en portions d'un nombre moindre et qu'elles ne se réuniraient pas tous les jours ou à des jours marqués : l'autorisation donnée par le gouvernement est toujours révocable ». Il importe de constater que, si cette disposition développe et étend l'art. 291, le principe est resté le même; elle n'établit aucune règle nouvelle; ce qu'elle punit, c'est l'association telle que le Code l'a définie, l'association de plus de 20 personnes ayant pour objet de s'occuper d'objets religieux, politiques ou littéraires.

**480.** *Eléments du délit.* Le premier élément du délit d'association illicite est qu'il y ait *association :* toute association suppose deux éléments : un but déterminé et un lien qui unisse les associés. Le caractère fondamental des associations est donc la permanence ; leur signe distinctif une organisation. De là il suit que toutes les associations accidentelles et temporaires et toutes les réunions qui ne sont pas l'exécution d'une association ne tombent pas sous la prohibition (Cass. 2 mai 1846).

**481.** Le deuxième élément est que l'association soit composée *de plus de* 20 *personnes.* Dans ce nombre ne sont pas comprises celles domiciliées dans la maison où l'association se réunit. L'autorisation n'est nécessaire que dans le cas où les sociétaires dépassent ce nombre. La loi du 10 avril 1834 a maintenu cette limite et a ajouté : « Alors même que les associations seraient partagées en sections d'un nombre moindre ». La loi a laissé aux juges l'appréciation des caractères auxquels ces fractions peuvent se reconnaître, du nombre de personnes nécessaires pour les constituer et de l'affiliation des fractions entre elles ou avec l'association centrale. Les réunions quotidiennes ou à des jours marqués étaient un des indices de l'association indiqué par l'art. 291 ; la loi du 10 avril 1834 l'a effacé : l'association est illicite lors même que ses membres ne se réunissent pas tous les jours ou à des jours marqués, et cette observation s'applique aux fractions elles-mêmes.

**482.** Le troisième élément est que l'association soit incriminée dans les termes de l'art. 291, c'est-à-dire qu'elle ait pour but « de s'occuper d'objets religieux, politiques, littéraires ou autres ». Ces termes sont tellement généraux que toutes les associations, quelle que soit leur destination, quels que soient leur objet et leur nom, viennent s'y confondre. La jurisprudence a appliqué cette disposition — aux associations formées pour l'exercice d'un droit constitutionnel (Cass. 4 sept. 1841, 11 fév. 1865) ; — aux associations formées en vue d'une coalition industrielle (Cass. 7 fév. 1868) ; — aux associations littéraires et scientifiques (*Th. du C. pén.*, n° 1167); — aux associations qui ont pour objet l'exercice d'un culte (Cass. 18 sept. 1830, 19 avril 1838, 20 fév. et 23 août 1851, 9 déc. 1853, *Th. du C. pén.*, n° 1169).

**483.** Lorsque les trois conditions qui viennent d'être indiquées existent et sont constatées, l'art. 291 est applicable, à moins que les prévenus ne produisent une autorisation. De quelle autorité doit émaner cette autorisation? La loi exige une autorisation du gouvernement; c'est donc, non point aux maires, mais aux préfets et sous-préfets qu'elle doit être demandée. Il ne suffit pas, d'ailleurs, qu'elle ait été demandée, il faut qu'elle ait été accordée, et l'on ne pourrait induire du silence de l'administration une tolérance équivalant à une concession. Toutes infractions relatives aux associations illicites, à la tenue des séances, à l'inexécution des conditions imposées aux réunions, sont justiciables de la juridiction correctionnelle (Cass. 12 nov. 1868). Les peines dont sont passibles les contraventions et qui, suivant l'art. 292, n'étaient que des amendes appliquées aux chefs et directeurs des associations, ont été aggravées et étendues par l'art. 2 de la loi du 10 avril 1834: « Quiconque, porte cet article, fait partie d'une association non autorisée sera puni de deux mois à un an d'emprisonnement et de 50 à 1,000 fr. d'amende; en cas de récidive, les peines pourront être portées au double. Le condamné pourra, dans le dernier cas, être placé sous la surveillance de la haute police pendant un temps qui n'excédera pas le double du maximum de la peine. L'art. 463 du C. pén. pourra être appliqué dans tous les cas. »

**484.** *Associations secrètes.* Les associations qui font l'objet de l'art. 291, que les réunions des sociétaires soient publiques ou simplement privées, doivent avoir une existence ostensible et non occulte : les associations secrètes sont interdites dans les termes les plus absolus. L'art. 13 de la loi du 28 juill. 1848, maintenu par le décret du 25 mars 1852, porte : « Les sociétés secrètes sont interdites. Ceux qui seront convaincus d'avoir fait partie d'une société secrète seront punis d'une amende de 100 à 500 fr., d'un emprisonnement de six mois à deux ans et de la privation des droits civiques de un à cinq ans.» Ainsi le seul fait de l'existence d'une société secrète est un délit, mais il faut soigneusement distinguer une telle société, non-seulement des associations qui font l'objet de l'art. 291, mais encore des clubs qui faisaient l'objet de la loi aujourd'hui abrogée du 28 juill. 1848. Si la loi frappe la société secrète, abstraction faite de son but et de ses tendances, on doit cependant constater son double caractère, qui est d'abord de se cacher dans l'ombre, ensuite de poursuivre un but illégal. Toute association secrète est réputée dangereuse par cela seul qu'elle est secrète; mais cette présomption n'exclut pas la preuve de son innocuité. Il a été reconnu qu'une association publique peut recéler une société secrète lorsque, en dehors du but écrit dans ses statuts, elle en poursuit secrètement un autre (Cass. 13 déc. 1849).

**485.** *Provocation à des délits.* L'art. 293, qui punit la provocation à des crimes ou délits commis dans le sein même des associations, n'a été abrogé par aucune loi; il doit donc continuer à être appliqué. Il ne prévoit d'ailleurs que les provocations faites par discours, lectures ou distributions, dans les assemblées des associations, par conséquent aux faits accomplis, et ne frappe que les chefs, directeurs, administrateurs et les auteurs des provocations.

**486.** *Complices.* L'art. 294 a été modifié et complété par l'art. 3 de la loi du 10 avril 1834, ainsi conçu : « Seront considérés comme complices et punis comme tels ceux qui auront prêté ou loué sciemment leur maison ou appartement pour une ou plusieurs réunions d'une association non autorisée. » Cet article additionnel prévoit une autre hypothèse que l'art. 294 : celle où la maison est prêtée, non plus à une association autorisée ou pour l'exercice d'un culte, mais à une association non autorisée, ce qui explique la prévention de complicité. L'art. 294 prévoit le fait d'un local prêté *pour l'exercice d'un culte*, et s'étend à tous les cultes. On doit le rapprocher de l'art. 17 de la loi du 7 vend. an IV, qui exige la déclaration à l'autorité municipale de toute enceinte choisie pour l'exercice d'un culte. La jurisprudence a admis que l'art. 294 cesse d'être applicable quand l'autorité publique a connu les réunions et a été mise à même de s'introduire dans le lieu où elles se tenaient (Cass. 12 sept. 1828); mais s'il s'agit d'une association non autorisée, le propriétaire de la maison ne peut invoquer comme excuse que les sociétaires lui avaient affirmé que l'association était autorisée : sa négligence à exiger la preuve de l'autorisation constitue la contravention punie par la loi du 10 avril 1834.

**487.** *Réunions publiques.* Le droit des citoyens de se réunir publiquement a été reconnu et consacré par l'art. 62 du décret du 14 déc. 1789, par le décret des 13-19 nov. 1790 et par la Constitution du 3 sept. 1791, tit. Ier; suspendu par les lois des 7 therm. et 19 fruct. an V, dans lesquelles ont été puisés les art. 291 et suiv., il a été repris, après la révolution de 1848, par la loi du 28 juill. 1848, qui en régla l'exercice. L'art. 8 de la Constitution de 1848 reproduisant les termes des lois de 1791, déclarait que « les citoyens ont le droit de s'assembler paisiblement et sans armes », mais l'exercice de ce droit fut de nouveau suspendu, d'abord temporairement par la loi du 19 juin 1849, ensuite définitivement par le décret du 25 mars 1852, qui abrogea la loi du 28 juill. 1848. L'art. 2 de ce décret ajoutait que « les art. 291, 292 et 294 du C. pén. et les art. 1, 2 et 3 de la loi du 10 avril 1834 seraient applicables aux réunions publiques de quelque nature qu'elles fussent ». Cette législation a été modifiée par la loi du 10 juin 1868. L'art. 1er de cette loi déclare que « les réunions publiques peuvent avoir lieu sans autorisation préalable », mais il ajoute que celles « qui ont pour objet de traiter de matières politiques ou religieuses » continuent à être soumises à cette autorisation, et, par conséquent, elles demeurent sous le régime du décret du 25 mars 1852. L'art. 2 indique les conditions imposées aux réunions publiques qui ne sont ni politiques ni religieuses : il faut une déclaration préalable signée de sept personnes et indiquant l'objet spécial de la réunion. L'art. 3 veut que les réunions se tiennent dans des locaux clos et couverts et ne se prolongent pas au delà de l'heure fixée pour la fermeture des lieux publics. Les art. 4, 5 et 6 ont pour objet l'ordre intérieur et la tenue des séances. L'art. 7 réserve les droits de l'autorité municipale. L'art. 8 autorise les réunions électorales. Enfin, les art. 9, 10 et 12 prévoient les infractions et formulent les pénalités :

« Art. 9. Toute infraction aux prescriptions des art. 2, 3 et 4 et des §§ 1, 2 et 4 de l'art. 8 constitue une contravention punie d'une amende de 100 à 3,000 fr. et d'un emprisonnement de 6 jours à 6 mois. Sont passibles de ces peines : 1° ceux qui ont fait une déclaration ne remplissant pas les conditions prescrites par l'art. 2, si cette déclaration a été suivie d'une réunion; 2° Ceux qui ont prêté ou loué le local pour une réunion, si la déclaration n'a pas été faite ou si le local n'est pas conforme aux prescriptions de l'art. 3; 3° Les membres du bureau, ou, si aucun bureau n'a été formé, les organisateurs de la réunion, en cas d'infraction aux art. 2, 3, 4 et 8, § 1 et 4; 4° Ceux qui se sont introduits dans une réunion électorale en contravention au deuxième paragraphe de l'art. 8 ; sans préjudice des poursuites qui peuvent être exercées pour tous crimes ou délits commis dans ces réunions publiques et de l'application des dispositions pénales relatives aux associations ou réunions non autorisées. »

Art. 10. Tout membre du bureau ou de l'assemblée qui n'obéit pas à la réquisition faite à la réunion par le représentant de l'autorité, d'avoir à se disperser, est puni d'une amende de 300 à 6,000 fr. et d'un emprisonnement de 15 jours à un an, sans préjudice des peines portées par le Code pénal pour résistance, désobéissance et autres manquements envers l'autorité publique ».

Art. 12. L'art. 463 du Code pénal est applicable aux délits et aux contraventions prévus par la présente loi ».

**488.** Cette loi n'a pour but de modifier ni les prescriptions des art. 291 et 294, ni celles de la loi du 10 avril 1834, relatives aux associations illicites. Elle ne s'applique qu'aux réunions publiques ni politiques ni religieuses qui se produisent à l'état de fait accidentel et temporaire sans les caractères de permanence et d'organisation qui constituent une association. Les sociétés de toute nature ainsi que les réunions qui, en se perpétuant et en s'affiliant à d'autres, se transformeraient en véritables associations, restent soumises aux dispositions du Code pénal. La question de savoir si une réunion a les caractères d'une réunion publique ou d'une réunion privée, si elle est par conséquent soumise aux conditions prescrites par la loi ou si elle en est exemptée, a été souvent soulevée dans la jurisprudence : sa solution dépend des circonstances de fait qu'il appartient aux juges correctionnels d'apprécier, mais dont la Cour de cassation s'est réservé le contrôle (Cass. 4 fév. 1865, 7 et 9 janv. et 26 mai 1869, 2 déc. 1870, 5 déc. 1872).

---

# TITRE II.

## CRIMES ET DÉLITS CONTRE LES PARTICULIERS.

## CHAPITRE Ier. — CRIMES ET DÉLITS CONTRE LES PERSONNES.

### SECT. Ire. — MEURTRE ET ASSASSINAT.

### ART. 295, 296, 297, 298, 302.

489. Définition du meurtre. Eléments constitutifs du crime.
490. Ce qu'on doit entendre par l'acte matériel de l'homicide.
491. Définition de la volonté de donner la mort, élément essentiel du meurtre.
492. Peine applicable au crime de meurtre.
493. Le suicide n'est pas puni par la loi. Dans quels cas les complices d'un suicide peuvent être incriminés.
494. De l'homicide commis en duel. Jurisprudence appliquant les dispositions du Code à l'homicide résultant d'un duel.
495. Application de cette jurisprudence aux blessures résultant d'un duel.
496. De la préméditation. Caractères de cette circonstance aggravante.
497. Du guet-apens. Caractères de cette circonstance aggravante.
498. Du crime d'assassinat. Ses éléments, sa pénalité.

**489.** *Définition.* La classe des crimes et délits contre les particuliers menace à la fois la personne des citoyens ou leurs propriétés. Le titre du Code pénal, qui a ces crimes et délits pour objet, se divise donc en deux chapitres : le premier relatif aux crimes et délits contre les personnes, et l'autre aux crimes et délits contre les propriétés. Le premier crime contre les personnes est l'homicide. Suivant la définition de l'art. 295 : « l'homicide commis volontairement est qualifié meurtre ». Deux conditions sont donc nécessaires pour constituer le crime de meurtre : l'homicide, c'est le fait matériel ; la volonté de tuer, c'est la criminalité spéciale de l'acte. Ces deux éléments exigent quelques explications.

**490.** *Homicide.* Il n'y a pas de meurtre quand il n'y a pas d'homicide ou de tentative d'homicide. Ainsi, d'abord, si l'attentat a été commis sur une personne qui, à ce moment, avait cessé d'exister, il n'y a pas d'homicide ; le fait matériel manque. Mais si cette personne, quoique atteinte d'une maladie ou d'une blessure mortelle, existait encore, n'eût-elle qu'une heure, un moment à vivre, l'acte qui abrége sa vie d'un seul instant est un homicide. Mais il faut que le but de l'attentat soit d'*ôter la vie à un homme.* Par l'expression d'homme, on doit comprendre tout le genre humain : quel que soit le sexe de la victime, quels que soient son âge, sa religion, sa nationalité, toute créature, fût-elle difforme ou chétive, bizarre ou misérable, lorsqu'elle est née de l'homme, est protégée par la loi qui enveloppe l'humanité entière. Il faut en outre qu'il y ait un acte matériel qui ait causé la mort ou, s'il ne l'a pas causée, ait eu la puissance de la donner. Ainsi, les sortiléges et les maléfices, les drogues inefficaces employées comme poisons ne peuvent, même avec la volonté de tuer, constituer une tentative d'homicide. Mais le crime pourrait résulter de moyens multiples et successifs, isolément impuissants, mais qui, employés pendant un temps plus ou moins long, peuvent occasionner la mort de la victime (Cass. 1er juill. 1869). Il peut résulter encore de l'omission d'un acte matériel nécessaire à la vie d'une personne, par exemple, l'omission de porter des aliments à une personne séquestrée, lorsqu'on a le devoir ou la fonction de le faire (*Th. du C. pén.*, nos 1188, 1189).

**491.** *Intention criminelle.* Le deuxième élément du crime, élément indispensable de son existence, est la *volonté de donner la mort.* Si cette volonté n'apparaît pas entière, si elle n'est pas clairement constatée, le meurtre n'existe plus : tel serait le cas où l'accusé serait seulement déclaré coupable d'avoir porté des coups réitérés qui ont été suivis de mort (Cass. 16 mai et 19 sept. 1828, 16 juill. 1840, 20 fév. 1841). Le mot *volonté* ne peut être remplacé par aucun équivalent, à moins que cet équivalent n'exprime nettement l'idée qu'il renferme (Cass. 21 nov. 1860, 14 mars 1861). La volonté n'est constitutive du meurtre qu'autant qu'elle contient l'intention de donner la mort, l'intention criminelle de nuire en la donnant. L'intention de nuire en portant des coups, en faisant des blessures, n'emporte pas l'intention de donner la mort : c'est cette intention que l'art. 295 exprime par le mot *volontairement* (Cass. 14 fév. 1812, 12 juill. 1819, 18 sept. 1828, 16 juill. 1829, 26 nov. 1857).

**492.** *Pénalité.* La peine du meurtre est celle des travaux forcés à perpétuité (art. 304). Cette peine ne peut être appliquée que lorsque les deux conditions constitutives du crime, l'acte matériel de l'homicide et la volonté de donner la mort, ont été déclarées par le jury. Mais son application, même avec l'appui de ces règles élémentaires, donne lieu à deux questions relatives à la complicité de suicide et à l'homicide commis en duel ; elle subit aussi une aggravation soit dans les cas de préméditation ou de guet-apens, soit à raison de la qualité de la victime, soit à raison de la concomitance de l'homicide avec un autre crime ou délit. Il faut examiner chacune de ces questions.

**493.** *Complicité du suicide.* La loi n'a point incriminé le suicide. Le fait de complicité de cet acte est-il punissable ? La négative est évidente, puisqu'il n'y a pas de participation criminelle à un fait qui ne constitue en lui-même ni crime ni délit (Cass. 27 avril 1815, 16 nov. 1827). L'agent qui a provoqué un tiers au suicide, qui l'a aidé dans ses préparatifs, qui lui a fourni les instruments ou les armes, commet un acte immoral, mais est à l'abri de la répression. Mais si cet agent, pour obéir à la voix de l'insensé qui veut mourir, a prêté son bras et tenu l'arme destructive, s'il a consommé l'homicide, est-ce encore là un acte de complicité, ne devient-il pas coupable d'homicide volontaire ? La jurisprudence a répondu « qu'il n'y a de suicide proprement dit que lorsqu'une personne se donne elle-même la mort ; que l'action par laquelle une personne donne volontairement la mort à autrui constitue un homicide et non un acte de complicité de suicide » (Cass. 16 nov. 1827) ; et dans une espèce où deux personnes ayant voulu se donner à la fois la mort, l'une aurait survécu : « que le consentement de la victime d'une voie de fait homicide ne saurait légitimer cet acte ; qu'il ne peut résulter une exception à ce principe, de la circonstance que l'auteur du fait consenti de meurtre a voulu en même temps attenter à sa propre vie ; que la criminalité de l'acte résulte du concours de la volonté homicide et du fait qui en a été la conséquence » (Cass. 23 juin 1838, 17 juill. et 21 août 1851). On peut, sans justifier les actes que cette jurisprudence a voulu flétrir, lui opposer que la volonté de donner la mort, sur laquelle elle s'appuie, n'est point la volonté criminelle exigée par la loi, la volonté de nuire à autrui ; le Code n'a voulu punir que l'homicide commis par fraude et par violence ; ses art. 296, 297, 309 supposent une violence quelconque exercée par le coupable. La loi ne punit que l'attentat ; elle n'a pas prévu la mort donnée sans violence à la personne qui l'invoque, elle n'a pas supposé l'ordre de la victime. Qu'un tel acte soit punissable, cela est possible ; mais faut-il y voir le crime de meurtre ? (*Th. du C. pén.*, n° 1210).

**494.** *Homicide commis dans un duel.* La jurisprudence a pendant longtemps admis et déclaré « que les art. 295 et 304 ne peuvent être appliqués à celui qui, dans les chances réciproques d'un duel, a donné la mort à son adversaire sans déloyauté ni perfidie » (Cass. 8 avril 1819, 21 mai 1819, 19 sept. 1822. 4 déc. 1824, 11 mai et 29 juin 1827, 8 août 1828). Mais cette interprétation, qui s'appuyait sur les textes du Code et l'esprit de toute la législation, a été renversée par un nouvel arrêt qui déclare, au contraire, « que les dispositions des art, 295 et 304 sont absolues et ne comportent aucune exception », qu'en conséquence elles s'appliquent à l'homicide commis dans un duel (Cass. 22 juin 1837, 13 déc. 1837). Cette nouvelle jurisprudence a soulevé une juste critique. Il a paru qu'elle apportait à la loi pénale une interprétation tout à fait extensive, qu'elle confondait la volonté immorale du duelliste avec la volonté criminelle du meurtrier, un combat blâmable mais loyal avec une agression déloyale et dolosive ; qu'elle fait complétement abstraction de la convention qui précède le duel, convention illicite et nulle assurément, mais qui est une circonstance intrinsèque du fait, et qui est essentiellement modificative de la criminalité ; enfin qu'elle fait, non plus une œuvre juridique, et une œuvre de législateur, pour arriver à atteindre le duel, qui ne doit point être assimilé aux crimes communs, mais qui doit faire l'objet d'une législation spécialement appropriée à ses divers caractères (*Th. du C. pén.*, n$^{os}$ 1246 et suiv.). La jurisprudence a néanmoins continué à marcher dans la nouvelle voie où elle était entrée, et il est aujourd'hui de règle que l'homicide ou les blessures survenus dans un duel sont passibles de l'application des art. 295 et suiv. du C. pén. (Cass. 22 déc. 1837, 6 juill. 1838, 2 févr. 1839, 11 déc. 1839, 12 nov. 1840, 25 mars 1845, 18 nov. 1847, 8 déc. 1848, 21 juill. 1849, 20 déc. 1850, 11 avril 1851, 18 fév. 1854).

**495.** De cette jurisprudence découlent les conséquences suivantes : 1° Si les duellistes, avec l'intention de se donner la mort, ne se sont fait qu'une blessure ou ne se sont pas atteints, ils doivent néanmoins être poursuivis pour tentative d'homicide volontaire (Cass. 8 déc. 1848) ; 2° les deux combattants, s'ils survivent tous les deux, l'auteur de la blessure et la victime, doivent être compris dans la même poursuite, car ils sont également coupables (Cass. 20 déc. 1850) ; 3° les témoins du duel en sont complices et dès lors passibles des mêmes peines (Cass. 22 déc. 1837, 6 juin 1839, 10 sept. 1840, 14 août 1845, 22 mars et 10 avril 1850) ; 4° si les combattants n'ont pas eu l'intention de se donner la mort, ils ne sont responsables que des blessures qu'ils ont faites ; si la blessure, faite sans intention de donner la mort, l'a pourtant occasionnée, le fait rentre dans les termes des art. 309 et 310 (Cass. 4 janv. 1845, 25 mars 1849). Si la blessure a été suivie de mutilation ou d'une maladie de plus de 20 jours, le fait est encore passible de l'application des mêmes articles ; si les blessures ne présentent pas ce caractère aggravant, le fait rentre dans les termes de l'art. 311 (Cass. 5 avril 1838, 21 fév. 1839, 6 juill. 1840) ; 5° enfin, si les combattants n'ont pas eu l'intention de se donner la mort, et si le duel n'est suivi d'aucune blessure, il n'en résulte qu'une tentative de blessure indéterminée, qui échappe à toute répression.

**496.** *Préméditation.* Les circonstances aggravantes du meurtre, prises dans le fait lui-même, sont la *préméditation* et le *guet-apens*. La préméditation diffère essentiellement de la volonté criminelle : elle ne se borne pas à vouloir le crime, elle délibère avant l'action, elle mûrit son projet, elle le prépare. Elle imprime donc au fait, ainsi médité de sang-froid, plus ou moins longtemps avant l'exécution, un plus haut degré de criminalité (art. 297). Aussi, cette distinction n'a pas seulement pour but de séparer deux nuances de la culpabilité, elle sépare deux crimes différents, le meurtre et l'assassinat. De là il suit que les jurés doivent être interrogés sur la volonté et sur la préméditation (Cass. 24 fév. 1817, 10 mars 1850). Il a cependant été admis que les déclarations du jury portant que « le meurtre a été commis avec préméditation » est suffisante pour motiver la peine de l'assassinat (Cass. 20 janv. 1814). Si l'accusation pèse sur plusieurs accusés, la préméditation doit être déclarée à l'égard de chacun d'eux (Cass. 4 janv. 1839, 16 nov. 1854, 11 juin 1868). Il est d'ailleurs de règle que nulle expression, même équivalente, ne peut remplacer l'expression de préméditation dans la question posée au jury : cette expression, consacrée par la loi, ne doit jamais être traduite dans des mots qui pourraient n'avoir ni le même sens ni la même valeur (Cass. 19 juin 1838, 18 déc. 1856).

**497.** *Guet-apens.* Le guet-apens, défini par l'art. 298, suppose la préméditation ; il n'en est qu'une espèce caractérisée par un fait extérieur. Il a été jugé, en conséquence, que la déclaration du jury portant qu'il y a eu guet-apens, mais qu'il n'y a pas eu préméditation, est contradictoire et nulle (Cass. 4 juin 1812, 26 sept. 1867). Il résulte de ce caractère d'identité qu'il suffit de poser l'une de ces deux circonstances dans laquelle l'autre se confond nécessairement ; il en résulte encore que si le fait extérieur qui constitue le guet-apens, l'attente dans un lieu d'embuscade, n'était pas suffisamment constaté, la question de préméditation pourrait être posée à sa place. Mais il ne suit pas de là qu'elles puissent être posées dans une seule question, car si le guet-apens suppose la préméditation, celle-ci peut exister sans guet-apens (Cass. 13 juill. 1845, 8 oct. 1852).

**498.** *Assassinat.* Le meurtre commis avec préméditation ou guet-apens est qualifié *assassinat* (art. 296). Et l'art. 302 porte : « Tout coupable d'assassinat sera puni de mort ». Le crime n'existe que par la réunion de ces trois éléments constitutifs : le fait matériel d'un homicide, la volonté de donner la mort et la préméditation. Ces trois conditions de la qualification subsistent-elles encore s'il y a eu erreur sur la personne de la victime, si l'agent, en déchargeant son arme, a tué une autre personne que celle qu'il voulait atteindre ? Cette question, qui a longtemps préoccupé nos anciens légistes, semble facile à résoudre. Il est certain d'abord que, dans ce cas, il y a meurtre, puisqu'on ne peut contester ni l'acte de l'homicide ni la volonté de tuer (Cass. 8 sept. 1826, 24 juin 1835, 7 avril et 8 déc. 1853). Il y a aussi préméditation, car si cette préméditation ne s'adressait pas à la victime de l'action, elle existait dans l'action elle-même. Cette hypothèse pourrait d'ailleurs donner lieu, outre l'accusation de crime consommé, à une autre accusation de crime tenté et manqué sur la personne qui en était l'objet.

## II. — *Du parricide.*

### Art. 299, 302, 323.



**499.** Le parricide est le meurtre, c'est-à-dire l'homicide volontaire des pères et mères légitimes, naturels ou adoptifs, ou de tout autre ascendant légitime. Deux éléments le constituent : l'homicide volontaire et la qualité des personnes sur lesquelles cet homicide est commis.

**500.** *Eléments.* Le parricide est un homicide volontaire. De là deux conséquences : 1° le crime est le même, qu'il ait été commis avec ou sans préméditation, avec ou sans guet-apens ; dans une accusation de parricide, les questions relatives à ces circonstances ne doivent donc pas être posées, car leur solution, quelle qu'elle soit, n'a aucun effet (Cass. 2 mars 1850, 28 mars 1861, 6 janv. 1870) ; 2° le parricide doit renfermer les mêmes éléments que le meurtre, le fait matériel de l'homicide et la volonté de donner la mort. Il faut, pour l'existence du crime, qu'il soit constant que le fils qui a tué son père avait l'intention de le tuer, car s'il avait porté les coups, non avec la volonté de donner la mort, mais seulement de nuire, il ne serait passible que de l'application de l'art. 312.

**501.** Le deuxième élément du crime est la qualité des personnes qui en sont les victimes. L'art. 299 qualifie parricide, non-seulement le meurtre des pères et mères légitimes, mais celui des ascendants légitimes. Cette extension en faveur des ascendants n'a lieu ni dans la famille naturelle ni dans la famille adoptive; et l'aggravation, dans la famille légitime même, ne s'étend pas jusqu'au meurtre des alliés (Cass. 15 déc. 1814, 16 juill. 1835). Le meurtre des pères et mères adoptifs est également qualifié parricide; mais la loi suppose que l'adoption est régulière, l'accusé peut donc contester sa validité, et la Cour d'assises est compétente pour apprécier, sinon cette validité, au moins les faits de la possession de l'état d'enfant adoptif, lesquels peuvent former la circonstance aggravante du meurtre (Cass. 27 avril 1812). Le meurtre des pères et mères naturels subit encore la même qualification, mais cette qualification ne doit s'appliquer qu'au meurtre des pères et mères qui ont légalement reconnu leurs enfants, car la paternité n'est certaine qu'à l'égard de ceux-là. Cependant, s'il s'agit d'un enfant naturel non régulièrement reconnu, mais dont la filiation est établie par une longue possession d'état, le fait pourrait dominer la cause et justifier, en quelque sorte, l'accusation de parricide.

**502.** *Complicité.* Le meurtre commis par un gendre sur son beau-père ou sur sa belle-mère n'est point un parricide (Cass. 15 déc. 1815, 16 juill. 1835). Mais lorsque ce gendre ou tout autre individu étranger à la famille a commis le meurtre de complicité avec les enfants de la victime, la peine du parricide est applicable; cette application est limitée cependant au cas où les complices ont agi conjointement et sont considérés comme coauteurs (Cass. 3 janv. 1815, 20 avril 1817). Il résulte de la jurisprudence : 1° que les complices du parricide, quand ils sont considérés comme coauteurs, soit pour imprimer au crime son caractère spécial, soit pour subir l'application de l'incrimination, sont passibles de toutes les peines édictées contre les auteurs (Cass. 23 mars 1843, 11 mai 1866); 2° qu'on objecterait vainement qu'étant considérés, non comme complices, mais comme coauteurs, c'est-à-dire comme auteurs principaux, ils ne sont pas passibles, quand ils ne sont pas les enfants de la victime, d'une aggravation que l'art. 59 ne fait peser que sur les complices, car, « lorsque le crime a été commis conjointement par deux personnes, cette coopération mutuelle, dans laquelle toutes deux se sont aidées et assistées dans les faits qui ont consommé le crime, s'assimile moralement et légalement à la complicité proprement dite, telle qu'elle est caractérisée par l'art. 60 » (Cass. 11 sept. 1851, 24 mars et 30 sept. 1855, 11 mai 1866). Tel est, sur ce point, le dernier état de la jurisprudence.

**503**. *Questions au jury*. Il résulte de ce qui précède que le parricide est un crime complexe qui suppose un homicide commis avec la volonté de donner la mort, soit sur les père et mère légitimes et non sur les alliés au même degré, soit sur les père et mère adoptifs, pourvu que l'adoption soit régulière, soit sur les père et mère naturels, pourvu qu'ils ne soient pas adultérins, soit enfin sur les ascendants légitimes seulement, et non sur les ascendants naturels et adoptifs. Ces éléments du crime ne doivent point être divisés : le parricide est, suivant la jurisprudence, un crime spécial qui doit être l'objet d'une seule question contenant l'homicide volontaire et le rapport de filiation de la victime avec l'accusé (Cass. 16 juill. 1842, 19 avr. 1844, 11 mai 1866, 8 août 1869) ; cette circonstance de la filiation est, en effet, considérée, non comme aggravante du meurtre, mais comme constitutive du crime spécial (Cass. 2 juillet 1847, 11 sept. 1851, 6 janv. 1870). Et toutefois il n'y a aucun inconvénient à détacher cette circonstance du fait principal pour en faire l'objet d'une question distincte (Cass. 24 mars 1853, 6 août 1863) ; cette séparation ne peut qu'affirmer la vérité du verdict. Elle est nécessaire lorsque le fait principal est qualifié coups et blessures ayant occasionné la mort, parce que le crime ne peut plus, dans ce cas, être considéré comme un fait spécial et un dans sa complexité (Cass. 7 août 1851).

**504.** *Pénalité.* La peine de mort n'a pas paru au législateur suffisante à l'égard du parricide : l'art. 302 y a ajouté l'aggravation prescrite par l'art. 13 (Voy. *suprà*, n° 26). Cette peine ne peut être atténuée par l'excuse de la provocation; aux termes de l'art. 323, « le parricide n'est jamais excusable ». Mais si l'accusé n'est pas admis à proposer l'excuse de la provocation, il peut faire valoir le fait justificatif de la légitime défense, en établissant que c'est pour défendre sa vie qu'il a tué son père. Il peut également faire valoir toutes les circonstances qui peuvent atténuer son crime et motiver l'application de l'art. 463. D'où il suit que si la provocation n'est pas une excuse du parricide, elle peut en être une circonstance atténuante.

## III. — *De l'infanticide.*

### Art. 300, 302.



**505.** *Définition.* L'art. 300 établit les éléments constitutifs du crime d'infanticide en le définissant, « le meurtre d'un enfant nouveau-né ». Il résulte de ces termes que le crime n'existe que par le concours de trois conditions : *la volonté de tuer*, car le meurtre est l'homicide volontaire, c'est-à-dire commis avec l'intention de donner la mort; *que l'enfait ait vécu*, car il n'y a point d'homicide si l'être auquel on a voulu ôter la vie était déjà mort; enfin *que l'enfant soit nouveau-né*, car s'il a perdu cette qualification, le crime n'est plus un infanticide, mais un simple meurtre.

**506**. *Eléments du crime.* L'infanticide est un meurtre, et la condition essentielle du meurtre est la volonté de donner la mort. Ainsi il ne suffirait pas d'une intention malveillante qui se manifesterait par un défaut de soins, par des actes imprudents et même par de mauvais traitements, il faut qu'il résulte des faits constatés, non la préméditation (elle est supposée, mais elle n'est pas nécessaire), mais l'intention formelle de donner la mort. Cette intention est souvent difficile à constater dans l'infanticide ; la dissimulation de la grossesse, les traces d'un accouchement clandestin, la découverte même du cadavre de l'enfant, ne sont que des indices du crime, mais n'en sont pas la preuve. Il est possible que la mort ait précédé l'accouchement ou qu'elle ait été le résultat accidentel d'un accouchement isolé, de l'ignorance de la mère, de la faiblesse et non de sa volonté (*Th. du C. pén.*, n° 1212).

**507**. Le deuxième élément est que l'enfant soit né vivant, mais il n'est pas nécessaire qu'il soit né viable. L'art. 725 du C. civ., qui déclare incapable de succéder l'enfant qui n'est pas né viable, n'a pour objet que la protection des intérêts et non celle des personnes. La loi pénale ne fait point de distinction et ne pose point de limite à son action : tout être humain, quelque frêle et chétif qu'il soit, a droit à sa protection pendant les heures ou les instants de vie qui lui sont donnés. Il suffit que l'enfant ait existé, pour que cette existence éphémère n'ait pu lui être ravie sans crime ; il n'est pas même nécessaire qu'il ait vécu de la vie extra-utérine, c'est-à-dire que la respiration se soit effectuée ; un mouvement, un vagissement attesteraient la vie. A plus forte raison le meurtre d'un *enfant naissant*, c'est-à-dire commis pendant l'accouchement même, *in ipso partu*, rentre dans les termes de la loi : l'enfant, au moment même où il naît, doit être considéré comme déjà né.

**508**. Le troisième élément est que l'enfant soit *nouveau-né*.

La loi, en employant cette expression, ne l'a point définie, mais la jurisprudence a donné cette définition. Il y a infanticide tant que la vie de l'enfant n'est pas entourée des garanties communes et que le crime peut effacer jusqu'aux traces de sa naissance. Il n'y a plus d'infanticide, il y a meurtre, dès que la naissance est légalement constatée ou du moins que les délais fixés par la loi pour cette constatation sont expirés. La naissance est alors censée connue, et la tutelle qui environne tous les membres de la cité veille sur l'enfant. Or, le délai de la déclaration d'accouchement est de trois jours ; l'enfant doit donc être considéré comme nouveau-né jusqu'à la déclaration, et au plus tard pendant trois jours (Cass. 20 juin 1822, 24 déc. 1835, 13 avr. 1837, 13 mars 1845, 13 mars 1856, 11 mars 1870).

**509.** Il résulte de ce qui précède que, dans l'esprit du Code pénal, l'infanticide est l'homicide volontaire commis sur un enfant né vivant, dans les trois jours de sa naissance. De cette définition découlent comme conséquences : 1° que lorsque les trois jours qui ont suivi la naissance sont expirés, ou que l'enfant a été inscrit sur les registres de l'état civil, le crime n'est plus un infanticide, mais un meurtre, s'il a été commis sans préméditation, et un assassinat, s'il a été commis avec préméditation (Cass. 13 oct. et 17 nov. 1814) ; 2° Que la qualité de nouveau-né n'étant pas aggravante, mais constitutive du crime, peut être enfermée dans la question principale (Cass. 21 août 1840, 11 mars 1870); mais elle peut aussi en être détachée, puisque le fait principal a le caractère d'un crime, et cette division est préférable lorsqu'il y a contestation sur cette circonstance (Cass. 30 août 1855); 3° Que l'accusée n'est pas admise à proposer comme excuse qu'elle aurait été victime d'un viol au moment de la conception, car la loi protége l'enfant, quelle que soit l'origine de sa naissance (Cass. 18 juill. 1856); 4° Que l'infanticide commis sur deux enfants jumeaux exige deux questions, puisqu'il en résulte deux crimes distincts (Cass. 19 avr. 1839, 17 juin 1853); 5° Que si l'accusée soutient que l'enfant est né mort, il y a lieu de poser la question s'il est né vivant (Cass. 26 janv. 1855); 6° Qu'il y a également lieu de poser, lorsqu'il est allégué, le fait d'homicide par imprudence ou par négligence (Cass. 25 nov. 1841, 18 avr. 1857); 7° Mais qu'il n'y a lieu de poser comme résultant des débats, ni le fait de suppression d'enfant, ni le fait d'avortement, puisque ces faits distincts ne sont nullement modificatifs de l'infanticide (Cass. 30 janv. 1851, 18 juill. 1856).

**510.** *Complicité.* Il n'est pas nécessaire, pour l'existence de l'infanticide, que l'auteur du crime soit le père ou la mère de l'enfant : toute personne qui commet le meurtre d'un enfant nouveau-né est coupable de ce crime. Ce n'est pas à raison de la qualité de l'agent que les art. 300 et 302 ont aggravé la peine, c'est pour entourer d'une protection plus grande un être exposé sans défense et parce que ce crime suppose la préméditation (Cass. 8 fév. 1816, 14 avr. 1837).

**511.** *Pénalité.* L'art. 302 porte la peine de mort. La loi du 25 juin 1824 avait établi la faculté de substituer à cette peine celle des travaux forcés à perpétuité. La loi du 28 avril 1832 a maintenu la peine capitale, mais elle a établi dans l'art. 463 et a remis aux mains du jury la faculté d'une atténuation dont ce crime, quand il est commis par la mère, est souvent susceptible.

## IV. — *De l'empoisonnement.*

### Art. 301, 302.



**512.** *Définition.* L'art. 301 définit l'empoisonnement : « tout attentat à la vie d'une personne par l'effet de substances qui peuvent donner la mort plus ou moins promptement, de quelque manière que ces substances aient été employées ou administrées et quelles qu'en aient été les suites ». Deux conditions sont donc exigées pour l'existence du crime : 1° qu'il y ait attentat à la vie, c'est-à-dire volonté de porter atteinte à la vie d'une personne suivie de l'exécution consommée ou seulement tentée de ce dessein ; 2° que l'attentat ait lieu au moyen d'une substance capable de donner la mort d'après la manière et sous la forme qui ont servi à l'administrer.

**513.** *Eléments du crime.* L'attentat à la vie par le poison suppose d'abord la volonté de donner la mort, ensuite la préméditation. Il est souvent difficile, mais il est nécessaire de discerner l'usage accidentel des substances vénéneuses, leur application comme médicaments, et leur emploi avec le dessein, non de causer une maladie, mais de donner la mort. Dans ce cas la volonté et la préméditation sont par la nature du fait inséparables, et il a été décidé en conséquence que la déclaration du jury portant que l'accusé est coupable d'empoisonnement volontaire sans préméditation, est nulle comme contradictoire (Cass. 26 vend. an XII). Toutefois, si l'empoisonnement suppose naturellement la préméditation, cette circonstance n'est pas de l'essence de ce crime.

**514.** Il y a lieu de distinguer les actes préparatoires, le commencement d'exécution et les actes qui constituent soit la tentative, soit la consommation de l'empoisonnement. Le fait de concerter l'empoisonnement d'une personne, l'achat du poison et la remise de ce poison à l'individu chargé de l'administrer, ne sont que des actes préparatoires, car ils précèdent l'exécution et ne la commencent pas. Le premier acte d'exécution est le mélange du poison dans les aliments destinés à la victime, et ce commencement d'exécution constitue la tentative, car il ne reste plus pour consommer le crime que l'usage qui doit être fait de ces aliments. Jusqu'à ce que le poison soit pris, l'agent qui l'a mis à la portée de celui qu'il veut empoisonner peut se désister et effacer le crime en détruisant l'instrument. Dès qu'il est avalé, dès qu'il a été volontairement administré, le crime est consommé. Quels que soient les effets du poison, l'action criminelle est accomplie, il ne reste plus rien à faire à l'agent. Les médicaments qui peuvent neutraliser l'influence de ce poison, fussent-ils administrés par l'agent lui-même, saisi de repentir après la consommation du crime, ne modifient en aucune manière la criminalité de l'acte.

**515.** Il ne suffit pas, en deuxième lieu, qu'il y ait eu volonté d'attenter à la vie, il faut que cet attentat ait eu lieu par l'effet d'une substance qui pouvait donner la mort d'après la manière dont elle a été administrée et dans la forme dans laquelle elle a été donnée. Si la substance administrée n'avait pas la puissance de donner la mort, si, même à l'insu de l'agent, elle était inoffensive, il n'y a plus de crime d'empoisonnement. Et il en serait encore ainsi lorsqu'une substance capable de déterminer la mort aurait été mélangée à une autre substance qui en a neutralisé l'effet : le fait matériel disparaît, il ne reste qu'une intention criminelle qui échappe à la répression. Si la dose de poison administrée était insuffisante pour donner la mort et n'a occasionné qu'une maladie, le fait rentre dans les termes de l'art. 317. Mais si la substance, administrée à très-petites doses, et dont chaque dose ne peut isolément donner la mort, peut la produire lorsque les prises se prolongent pendant un certain temps, cette sorte d'empoisonnement, si la mort a suivi, et s'il peut être constaté, constitue évidemment le crime.

**516.** Les substances vénéneuses qui peuvent donner la mort n'ont été ni énumérées ni déterminées par la loi. Dans le langage légal, le poison est toute substance qui peut donner la mort plus ou moins promptement. Les définitions de la science médicale ne sont point elles-mêmes suffisamment explicites : elles confondent les substances nuisibles à la santé et celles qui attaquent la vie ; et elles n'indiquent point les signes caractéristiques de ces dernières substances. La question de savoir si une substance était de nature à donner la mort est donc une question de fait qui ne doit jamais être résolue sans que les hommes spéciaux l'aient éclairée par leur examen, et qu'il n'appartient qu'au jury de résoudre, puisque ce fait est un des éléments de l'accusation (Cass. 17 juin 1810; *Th. du C. pén.*, n° 1294).

## IV. — *Des tortures et des actes de barbarie.*

### Art. 303.

517. Eléments du crime prévu par l'art. 303, relatif aux tortures et actes de barbarie.

518. Quels actes sont réputés actes de barbarie et quels individus malfaiteurs.

**517.** L'art. 303 assimile aux coupables d'assassinat « tous malfaiteurs, quelle que soit leur dénomination, qui, pour l'exécution de leurs crimes, emploient des tortures ou commettent des actes de barbarie ». Cette disposition a eu pour objet d'atteindre « les bandes féroces connues sous le nom de chauffeurs et garrotteurs et qui, enfantées dans le désordre des guerres civiles, désolaient encore quelques provinces au moment de la première rédaction du Code. Trois conditions concourent à la formation du crime : il faut que des tortures aient été employées ou des actes de barbarie commis, que ces actes aient été exécutés par des malfaiteurs, et qu'ils l'aient été pour la perpétration de leurs crimes.

**518.** Les tortures et les actes de barbarie n'ont point été définis par la loi : l'appréciation de ces actes est abandonnée à la conscience des jurés, et il n'est pas nécessaire qu'ils soient spécifiés dans leur déclaration (Cass. 9 fév. 1816). La loi, toutefois, n'a eu en vue que des faits matériels, des violences corporelles. La qualité de malfaiteur doit se puiser dans les circonstances du fait (Voy. *suprà*, n° 451) ; il n'est pas nécessaire qu'ils aient déjà été condamnés, qu'ils aient commis d'autres méfaits ou qu'ils aient fait partie d'une bande ayant commis des actes de la même nature : le fait d'une telle association est une indication, mais n'est pas la seule. Enfin, il n'est pas nécessaire que les malfaiteurs aient eu le dessein de tuer les personnes qu'ils ont torturées ; l'art. 303 ne suppose ni la perpétration d'un meurtre ni la tentative de ce meurtre; mais il faut que les actes de barbarie ou de torture aient été commis pour exécuter d'autres crimes et comme moyens d'exécution de ces crimes.

## V. — *Du meurtre précédé ou suivi d'un crime ou d'un délit.*

### ART. 304.



**519.** La peine du meurtre, qui s'aggrave à raison de la préméditation, dans les accusations d'assassinat on d'empoisonnement, et à raison de la qualité de la victime, dans les accusations de parricide ou d'infanticide, trouve une dernière cause d'aggravation dans la concomitance ou le concours d'un autre crime ou délit. L'art. 304 formule, dans deux dispositions distinctes, ces deux circonstances aggravantes. La première est la *simultanéité* du meurtre avec un autre crime. Il y a concomitance de ce crime avec le meurtre lorsqu'il l'a précédé, accompagné ou suivi, c'est-à-dire lorsque les deux crimes ont été commis dans le même trait de temps. S'ils ont été commis à quelque intervalle l'un de l'autre, ils ne sont plus liés dans une même action et l'aggravation n'est plus applicable (Cass. 9 juill. 1818, 10 avril 1854). Il n'est pas nécessaire, toutefois, qu'il y ait corrélation entre le meurtre et l'autre crime, il suffit qu'il y ait concours des deux crimes, quoiqu'il n'y ait entre eux aucune relation ou que cette relation ne soit pas établie, mais il faut que leur concours soit simultané, que le second crime soit distinct du meurtre et n'en soit pas une circonstance, et qu'il soit commis en même temps et dans le même lieu (Cass. 23 janv. 1813). Ce second crime doit être qualifié et la déclaration du jury doit en constater les caractères (Cass. 1er avril 1812, 21 sept. 1815, 27 mars 1851, 18 avril 1852).

**520.** Le deuxième paragraphe de l'art. 304, qui prévoit le concours avec le meurtre, non plus d'un autre crime, mais d'un simple délit, soumet l'aggravation à une condition plus rigoureuse. Il ne suffit plus que ce deuxième fait soit commis dans le même temps que le meurtre, il ne suffit même pas que ces deux faits soient connexes et soient nés d'une même cause; il faut, pour que le délit devienne un élément d'aggravation, qu'il y ait relation de cause et d'effet entre le meurtre et le délit, c'est-à-dire que le meurtre ait eu pour objet, soit de préparer, faciliter ou exécuter le délit, soit de favoriser la fuite et d'assurer l'impunité de ses auteurs. Ainsi, on ne pourrait plus juger, comme on l'a fait avant la modification apportée à l'art. 304 par la loi du 28 avril 1832, qu'il suffit de la possession d'une arme prohibée ou du concours d'un délit de chasse pour motiver l'aggravation (Cass. 8 août 1817, 21 mars 1822); mais le meurtre commis pour parvenir à l'exécution d'un vol, ou pour assurer l'impunité de ce vol, rentre dans les termes de la loi.

**521.** Tous les faits qualifiés délits par la loi peuvent concourir à cette aggravation; tels sont, par exemple, les délits de chasse, lorsque le meurtre a été commis pour assurer l'impunité du délinquant (Cass. 21 mars 1850, 6 mars et 5 sept. 1856, 13 janv. 1860), mais il faut que la corrélation du meurtre et du délit, qui constitue la circonstance aggravante du meurtre, soit précisée et constatée dans la question posée au jury (Cass. 18 avril 1816, 21 mars 1851). Et comme le fait de la concomitance ou de la corrélation des deux actes constitue une circonstance aggravante du meurtre, il est indispensable que cette circonstance fasse l'objet d'une question séparée (Cass. 3 juin 1852, 11 juin 1868). La peine de mort, que l'art. 304 inflige à raison de cette concomitance ou de cette corrélation, impose l'obligation d'une constatation attentive de ses éléments.

## § II. — *Menaces*.

### Art. 305, 306, 307, 308.

522. Dans quels cas les menaces verbales peuvent constituer un délit.
523. Des menaces par écrit.
524. Eléments du délit de menaces par écrit. Définition des menaces.
525. L'écrit contenant des menaces peut être anonyme ou signé.
526. Caractère de l'ordre ou de la condition qui constitue la criminalité des menaces.

**522.** *Menaces verbales.* Les menaces sont incriminées par la loi pénale, ou comme éléments d'un autre délit, ou comme constituant, considérées isolément, un délit distinct. Dans le premier cas, elles sont assimilées à une voie de fait et constituent, soit un outrage, comme dans les art. 223 et 224, soit un acte de violence, comme dans les art. 179 et 344. Dans le deuxième cas, lorsque la menace est incriminée isolément, il y a lieu, pour en apprécier le caractère, d'examiner sa forme et ce qu'elle exprime. La menace verbale, même une menace de mort, quand elle n'est accompagnée d'aucun ordre ni d'aucune condition, ne constitue aucun délit (Cass. 9 janv. 1816, 22 août 1872). Elle n'est incriminée par la loi que lorsqu'elle est faite avec ordre ou sous condition : si dans cette hypothèse elle formule l'un des attentats prévus par l'art. 305, l'art. 307 prononce un emprisonnement de six mois à deux ans et une amende de 25 à 300 fr. avec la surveillance facultative; si elle ne formule que les voies de fait ou violences prévues par l'art. 308, la peine est un emprisonnement de six jours à trois mois ou une amende de 16 à 100 fr.

**523.** *Menaces par écrit.* Les menaces par écrit, plus graves que les menaces verbales, puisqu'elles supposent la préméditation et une intention plus arrêtée, sont faites, comme celles-ci, sans ordre ni condition ou avec ordre et sous condition : dans le premier cas, l'art. 306 prononce un emprisonnement d'un an à trois ans et une amende de 100 à 600 fr. avec la surveillance facultative. Dans le second cas, il y a lieu de distinguer ce qu'exprime la menace. Si l'agent a menacé d'assassinat, d'empoisonnement ou de tout autre attentat contre les personnes punissable d'une peine perpétuelle, l'art. 305 prononce un emprisonnement de deux à cinq ans et une amende de 150 à 1,000 fr. avec faculté de suspension des droits civils et de la surveillance de cinq à dix ans. Si l'agent n'a menacé que de voies de fait ou violences non prévues par l'art. 305, la peine est un emprisonnement de six jours à trois mois ou une amende de 16 à 100 fr. (art. 308).

**524.** *Eléments du délit.* Les conditions de l'incrimination sont : 1° qu'il y ait menace d'un attentat contre les personnes ; 2° que cette menace ait été faite par écrit ; 3° qu'elle soit accompagnée d'un ordre ou d'une condition. L'art. 305 explique quels sont les attentats dont la menace motive son application ; il faut ajouter la menace d'incendier une habitation ou toute autre propriété, que l'art. 536 assimile à la menace d'assassinat ; il faut ajouter encore les menaces de voies de fait et violences, que la loi du 13 mai 1863 a prévues dans l'art. 308, en les frappant d'une peine moins grave. La loi n'exige pas que la menace soit faite dans les termes mêmes par lesquels elle a caractérisé le délit. Il appartient aux juges du fait d'en interpréter les termes et la portée (Cass. 10 déc. 1863).

**525.** Le deuxième élément du délit est que la menace ait été faite *par écrit ;* c'est cet écrit qui porte la preuve d'une résolution criminelle. Il importe peu que l'écrit soit anonyme ou porte une signature. Cette circonstance n'est au reste essentielle qu'en ce qui concerne l'application de l'art. 305, puisque, même non écrite, la menace peut rentrer dans les termes des art. 307 et 308.

**526.** Le troisième élément est que la menace ait été faite avec l'ordre de déposer une somme d'argent dans un lieu déterminé ou de remplir toute autre condition. La menace faite sous condition comprend dans la généralité de ses termes la menace sous condition de ne pas faire, de s'abstenir, aussi bien que celle de faire (Cass. 1er fév. 1834). Et il n'y a pas lieu de distinguer si l'ordre était juste ou injuste, si la condition était préjudiciable ou non, pourvu que l'intention soit coupable; c'est la violence que la loi punit indépendamment de ses motifs, c'est l'oppression exercée sur la personne menacée. Ainsi, lors même que l'auteur de la menace n'y aurait eu recours que pour la défense d'un droit légitime, son action, bien qu'atténuée par ce motif, est punissable, car elle constitue une sorte d'extorsion, elle porte atteinte à la liberté et à la sécurité des citoyens, elle révèle, même en ne prétendant que se faire justice, l'intention, dans son auteur, de recourir au crime; elle doit donc être réprimée pour la prévenir (Cass. 18 sept. 1851).

## SECT. II. — BLESSURES, COUPS VOLONTAIRES ET AUTRES DÉLITS.

### I. — *Coups et blessures volontaires.*

### ART. 309, 310, 311, 312, 313, 314, 315, 316.

527. Division des coups et blessures suivant leur résultat.
528. Des violences légères. Application de l'art. 605 du Code du 3 brum. an IV.
529. Coups et blessures non suivis de maladie ou d'incapacité de travail de plus de 20 jours.
530. Coups et blessures suivis de maladie ou d'incapacité de travail pendant plus de 20 jours.
531. Il faut, pour constituer le délit, que les coups et blessures aient été portés *volontairement*. Définition de la volonté constitutive du délit.
532. Ce qu'il faut entendre par l'incapacité personnelle de travail pendant plus de 20 jours.
533. Circonstances aggravantes du délit. De la préméditation et du guet-apens.
534. Distinction de la préméditation des coups et blessures et du dessein de tuer.
535. Des coups et blessures portés aux pères et mères et autres. Ascendants.
536. L'aggravation fondée sur la qualité de la victime s'applique à toutes les violences même légères. Conséquences de cette règle.
537. De l'aggravation pénale résultant des mutilations causées par les coups et blessures.
538. De la castration. Pénalité.
539. Du cas où les coups et blessures ont été suivis de mort.
540. Peines applicables dans le cas de coups et blessures portés dans des réunions séditieuses.
541. Délit de fabrication d'armes prohibées.

**527.** *Division.* Les violences qui rentrent dans la catégorie des coups et blessures volontaires peuvent se diviser en quatre classes : 1° les voies de fait et violences légères qui n'occasionnent aucune blessure ; 2° les coups ou blessures qui n'ont pas occasionné une maladie ou incapacité de travail de plus de 20 jours ; 3° les coups ou blessures qui ont eu pour résultat une maladie ou incapacité de travail de plus de 20 jours ou qui ont été suivis de mutilation ou privation de l'usage d'un membre ; 4° enfin les coups ou blessures qui ont causé la mort.

**528.** *Violences légères.* Le Code pénal ne s'est point occupé des voies de fait ou violences légères ; il faut remonter, pour les réprimer, aux lois antérieures. La loi des 19-22 juill. 1791, art. 10, prononce une amende qui ne peut être au-dessous de 12 livres et une détention de trois jours dans les campagnes et de huit jours dans les villes « contre les auteurs de voies de fait et violences légères » dans les assemblées et lieux publics. L'art. 605, n° 8, du Code du 3 brum. an IV atténue cette pénalité et punit seulement de peines de police « les auteurs de voies de fait et violences légères, pourvu qu'ils n'aient blessé ou frappé personne ». Ces deux dispositions peuvent encore être appliquées. La jurisprudence a décidé que ni le Code pénal (Cass. 14 avril 1821, 30 mars 1832, 13 août 1853), ni la loi du 13 mai 1863, en modifiant l'art. 311, ne les ont abrogées (Cass. 7 janv. 1865, 13 janv. 1865). Il a été jugé en conséquence que ces deux articles s'appliquaient au fait d'avoir, sur une place publique, saisi par derrière une personne avec violence, de lui avoir ensuite ouvert la bouche et de l'avoir remplie de son (Cass. 14 avril 1821). La même règle doit s'appliquer à toutes les voies de fait qui n'ont causé aucune blessure et qui n'ont point été accompagnées de coups : tel est l'acte de pousser quelqu'un lorsqu'il n'en résulte point de chute, de le tirer par ses vêtements, de lui jeter de l'eau (Cass. 12 août 1853 ; *Th. du C. pén.*, n° 1329).

**529.** *Violences non suivies de maladie de plus de 20 jours.* Trois conditions sont exigées pour l'application de l'art. 311.

Il faut : 1° que le prévenu ait fait des blessures ou porté des coups, c'est là l'élément matériel du délit ; 2° qu'il ait agi volontairement, c'est-à-dire avec l'intention de nuire, car si les violences ont été involontaires, le délit n'existe plus ou change de caractère ; 3° enfin que les coups ou blessures n'aient pas produit une incapacité de travail de plus de 20 jours, car une maladie plus longue aggraverait le délit. L'art. 311 s'applique à toutes les violences peu graves, mais qui laissent des blessures ou se manifestent par des coups (Cass. 24 janv. et 19 déc. 1863, 4 nov. 1864, 26 janv. 1866, 23 août 1867, 21 nov. 1868). Il y a lieu de remarquer que cet article, après avoir prononcé un emprisonnement de six jours à deux ans et une amende de 16 à 200 fr., ajoute, de même que l'art. 308, « ou l'une de ces deux peines seulement ». Cette addition a pour but de donner aux juges, dans une matière où les circonstances peuvent être si diverses, la faculté de réduire la peine et de la proportionner à la gravité des faits. L'art. 463 ne leur attribue le même pouvoir que lorsqu'il y a des circonstances atténuantes ; l'art. 311 ne subordonne son application à aucune condition de motifs ou de faits atténuants.

**530.** *Violences graves.* L'art. 309 prévoit dans son premier paragraphe les violences qui ont occasionné une incapacité de travail de plus de 20 jours. Le fait matériel des blessures, coups, violences ou voies de fait est le premier élément du délit. La loi n'a défini aucun de ces actes. Les blessures se constatent par les traces qu'elles laissent. Il résulte de la généralité de cette expression que toutes les lésions du corps humain produites par le rapprochement ou le choc d'un corps dur y sont comprises. Les contusions, les plaies, les ecchymoses, les excoriations, les fractures, les brûlures même sont des blessures. Les coups supposent un froissement violent du corps humain par un corps quelconque ; on range dans cette classe les soufflets et toutes les voies de fait avec des bâtons, des cannes, des lanières, des pierres ; ils sont suffisamment constatés par le jugement qui déclare que le prévenu *a frappé* (Cass. 1er août 1850). Les autres *violences ou voies de fait* sont celles qui s'exercent par d'autres moyens que les coups : tels sont les mauvais traitements exercés, non *envers* une personne, mais *sur* une personne (Cass. 10 oct. 1822), les gestes menaçants qui atteignent la personne elle-même (Cass. 20 nov. 1847), le fait de heurter quelqu'un de manière à le faire tomber (Cass. 22 août 1834). Quoique les art. 309 et 311 aient employé le pluriel, un seul coup, une seule blessure, de même qu'une seule voie de fait, suffit pour constituer le délit (Cass. 5 mars 1831).

**531**. Le deuxième élément du délit est, dans l'art. 309 comme dans l'art. 311, la *volonté*. La loi, en insérant dans cet article le mot *volontairement*, a voulu obliger particulièrement le juge à la constater ; il ne suffit pas de déclarer que le prévenu est coupable (Cass. 27 fév. 1824, 10 mars 1826, 18 juill. 1840, 26 déc. 1844, 22 juin 1850). Cette volonté consiste uniquement dans le dessein de porter des coups ou de faire des blessures, soit pour outrager, soit pour maltraiter une personne, mais sans intention de lui donner la mort. Elle peut s'induire de toutes les circonstances de l'action, des motifs qui dirigeaient l'agent, de la gravité des blessures, de la nature des armes employées; mais ce ne sont là que des indices, et l'emploi même d'une arme meurtrière ne suffirait pas pour fonder une tentative de meurtre, s'il n'est pas prouvé que cette arme a été employée avec l'intention de tuer (Cass. 14 déc. 1820). La volonté doit être explicitement déclarée ; cependant il a été admis, dans quelques espèces, que cette déclaration peut être suppléée quand elle résulte des faits eux-mêmes. Ainsi il suffit qu'il soit constaté — que le prévenu a porté des coups *à différentes reprises* (Cass. 28 déc. 1827, 11 sept. 1828) ; la réitération des coups a paru caractériser la volonté, — ou que le prévenu a porté des coups *sans y avoir été provoqué* (Cass. 5 août 1847), — ou que la blessure avait été faite dans un duel au sabre (Cass. 11 janv. 1856).

**532.** Le troisième élément du délit est qu'il soit résulté des violences une maladie ou incapacité de travail de plus de vingt jours. Cette condition renferme elle-même trois éléments : la connexion des violences et de la maladie, la nature de l'incapacité et sa durée. Il faut d'abord que la maladie ou l'incapacité de travail soit le résultat des violences : cette liaison doit être constatée. L'agent est responsable de la maladie dès que les violences l'ont déterminée et lors même qu'elle résulterait en partie de la débilité de la personne maltraitée. L'incapacité de travail *personnel*, qui caractérise la gravité des coups et blessures, doit s'entendre, non pas seulement du travail *habituel*, mais du travail *corporel* de la personne malade ; l'incapacité doit s'étendre à tous les travaux de la même nature et non à un seul de ces travaux (Cass. 14 déc. 1820). La persistance des marques ou des cicatrices après les vingt jours écoulés ne peut servir de mesure pour la durée de la maladie (Cass. 17 déc. 1819).

**533.** *Circonstances aggravantes. Préméditation.* Le délit s'aggrave : 1° lorsque les coups ou blessures ont été portés avec préméditation ou guet-apens ; 2° lorsqu'ils ont été portés par l'agent sur ses père et mère ou sur ses ascendants légitimes ; 3° lorsqu'il en est résulté une mutilation ou la mort de la victime. La préméditation est une cause d'aggravation dans les différents cas prévus par les art. 309 et 311. S'il n'y a pas eu maladie ou incapacité de travail personnel pendant plus de 20 jours, le deuxième paragraphe de l'art. 311 ajoute seulement : « S'il y a eu préméditation ou guet-apens, l'emprisonnement sera de deux ans à cinq ans et l'amende de 50 à 500 fr. » S'il y a eu incapacité de travail pendant plus de 20 jours, la peine est la reclusion ; c'est ce qui résulte du dernier paragraphe de l'art. 310, portant : « Dans le cas prévu par le premier paragraphe de l'art. 309, la peine sera celle de la reclusion ». Lorsque la mort s'en est suivie, la peine des travaux forcés à temps, portée par l'art. 309, s'élève, aux termes de l'art. 310, aux travaux forcés à perpétuité; enfin, s'il y a eu mutilation, la peine de la reclusion se change en celle des travaux forcés à temps (art. 310).

**534.** Il importe de distinguer la préméditation et le dessein de tuer. La préméditation aggrave la peine applicable au délit, mais ne change pas sa nature; le dessein de tuer le transforme au contraire en tentative de meurtre ou d'assassinat. Ainsi, il n'y a nulle contradiction dans une réponse du jury, négative quant à l'intention de donner la mort et affirmative quant à la préméditation de la volonté de porter des coups ou blessures, « puisque le Code pénal, par ses art. 297 et 310, a formellement admis ces deux espèces de préméditation » (Cass. 14 janv. 1841). Cette circonstance ne constitue pas un fait distinct et indépendant des coups et blessures, elle s'y rattache intimement et devient, lorsqu'elle est établie, l'un de ses éléments. De là on a pu induire que le juge d'appel peut la relever, lors même que ni la prévention ni le premier jugement n'en font mention, sans porter atteinte au principe du double degré de juridiction (Cass. 29 juin 1855).

**535.** *Coups ou blessures aux ascendants.* La deuxième circonstance aggravante est prévue par l'art. 312, qui aggrave chacune des peines portées par les art. 309, 310 et 311 lorsque « l'individu aura volontairement fait des blessures ou porté des coups à ses père ou mère légitimes, naturels ou adoptifs ou autres ascendants légitimes ». Cette aggravation ne s'applique qu'aux violences exercées par les descendants sur les ascendants; elle ne s'étend pas à celles qui sont exercées par les pères et mères sur leurs enfants ou par le mari sur sa femme. De là il ne faut pas induire que la loi ait voulu attribuer aux uns et aux autres un certain droit de correction qui mettrait à l'abri de toutes poursuites les voies de fait qu'ils peuvent exercer sur leurs enfants ou leurs femmes. Une distinction doit d'abord être faite en ce qui concerne les enfants : les parents, les tuteurs, les maîtres ne sont point poursuivis à raison des châtiments qu'ils infligent aux enfants, pourvu qu'ils n'excèdent pas les bornes de la modération et ne deviennent pas de mauvais traitements. Cette limite a été consacrée par la jurisprudence qui a déclaré « que si la nature et la loi civile donnent aux pères, sur leurs enfants, une autorité de correction, elles ne leur confèrent pas le droit d'exercer sur eux des violences ou mauvais traitements qui mettent leur vie ou leur santé en péril » (Cass. 17 déc. 1819). Mais cette distinction n'est plus admise en ce qui concerne les violences de l'un des époux sur l'autre : la loi n'admet, dans ce cas, aucune restriction, et si la justice ne doit interposer son autorité entre époux qu'avec réserve et discrétion, il n'est pas douteux que les art. 309 et 311 s'appliquent aux coups portés par un mari à sa femme (Cass. 2 fév. 1827). Il est de jurisprudence « que les art. 272, 273 et 274, C. civ., ne s'appliquent qu'aux sévices et voies de fait qui peuvent servir de base aux demandes en séparation de corps et qui peuvent être effacés par la réconciliation des époux ; mais que ces articles ne peuvent mettre obstacle à l'action publique fondée sur les délits prévus par l'art. 311 » (Cass. 7 mai 1851). Les coups qui seraient infligés par mesure de correction aux détenus dans les prisons rentrent également dans les termes de la loi ; le droit de frapper les détenus dans les maisons de correction et de détention, et, à plus forte raison, dans les maisons de justice, n'existe pas ; le gardien qui se livre à des voies de fait ne peut trouver aucune cause d'excuse dans sa fonction, il est responsable de ses excès et doit subir l'application de la loi pénale (Cass. 7 juin 1861 ; *Th. du C. pén.*, n° 1356).

**536**. L'art. 312 ne parle, dans son premier paragraphe, que de « l'individu qui aura volontairement *fait des blessures* ou *porté des coups* à ses ascendants. De là on pourrait induire que les autres *violences et voies de fait*, que mentionne l'art. 309, ne motivent aucune aggravation quand elles sont exercées sur les ascendants. Telle n'est pas l'interprétation admise par la jurisprudence. Il a été décidé « que l'art. 312 ne fait que prévoir une circonstance aggravante du délit prévu par les art. 309 et 311 auxquels il se réfère, et qu'il ne peut exister aucun motif d'appliquer cette aggravation aux coups et blessures et de ne pas l'appliquer aux autres violences » (Cass. 7 déc. 1866). Il est donc de règle que l'art. 312 se réfère, dans ses dispositions, aux art. 309 et 311, et il en résulte : 1° que les coups portés à un père, à un ascendant, quelque légers qu'ils soient, constituent un crime et sont, par la seule qualité de la victime, justiciables du jury (Cass. 28 avril 1824, 27 juin 1845) ; 2° que la simple tentative de ces violences doit être portée devant la même juridiction (Cass. 3 févr. 1821) ; 3° que la qualité de la personne à laquelle les coups ont été portés forme, dans ce cas, une circonstance aggravante qui doit faire l'objet d'une question distincte (Cass. 27 juin 1845, 5 mars 1848, 17 fév. 1849).

**537.** *Mutilations.* L'aggravation pénale qui résulte de ce que les coups et blessures ont occasionné une incapacité de travail pendant plus de 20 jours a été étendue aux cas où les coups et blessures ont eu pour résultat la mutilation d'un membre. Le troisième paragraphe de l'art. 309 porte la peine de la reclusion « quand les violences ci-dessus exprimées auront été suivies de mutilations, amputations ou privation de l'usage d'un membre, cécité, perte d'un œil ou autres infirmités permanentes ». Ainsi le fait d'une mutilation quelconque, quelles que soient ses suites, et lors même qu'il n'en est résulté aucune incapacité de travail, est une circonstance aggravante qui imprime à l'action le caractère d'un crime. Les mutilations que les jeunes soldats peuvent commettre sur eux-mêmes pour se rendre impropres au service militaire sont punies d'un emprisonnement d'un mois à un an par l'art. 41 de la loi du 21 mars 1832. Les complices sont punis de la même peine, mais si ces complices sont médecins, chirurgiens, officiers de santé ou pharmaciens, l'emprisonnement peut s'élever à deux ans, indépendamment d'une amende de 200 à 1,000 fr., « le tout sans préjudice de peines plus graves dans les cas prévus par le Code pénal ».

**538.** *Castration.* La plus grave des mutilations est la castration : l'art. 316, l'assimilant à l'homicide volontaire, punit ce crime, indépendamment de la maladie qui peut en résulter, de la peine des travaux forcés à perpétuité. La jurisprudence l'a défini « l'amputation d'un membre nécessaire à la génération » (Cass. 1er sept. 1814). Deux conditions sont nécessaires pour le constituer : le fait matériel de l'ablation de l'organe, l'intention d'anéantir la faculté procréatrice. La durée de la maladie ou de l'incapacité de travail occasionnée par la blessure ne change ni le caractère du fait ni la nature de la peine. Le deuxième paragraphe de l'art. 316 porte la peine de mort « si la mort en est résultée avant l'expiration des 40 jours qui ont suivi le crime ». L'art. 325 le déclare excusable s'il a été provoqué par un violent attentat à la pudeur.

**539.** *Coups et blessures suivis de mort.* Lorsque les violences ont occasionné la mort, il y a lieu d'examiner quelle a été la volonté de l'agent : il est coupable de meurtre s'il a eu le dessein de tuer ; mais si telle n'a pas été sa volonté, on ne peut lui imputer que les violences qu'il a commises et non l'homicide qu'il n'a pas voulu commettre. Tel est le sens du quatrième paragraphe de l'art. 309 : « Si les coups portés ou les blessures faites volontairement, mais sans intention de donner la mort, l'ont pourtant occasionnée, le coupable sera puni de la peine des travaux forcés à temps. » L'application de cette peine est subordonnée à cette condition que la mort a été occasionnée par les violences ; c'est cette relation qui prouve leur gravité par leur résultat. Si le décès a pour cause une maladie accidentelle, il n'est pas imputable à l'agent, mais il le serait, au contraire, si les violences n'avaient fait que hâter la mort d'une personne déjà malade ou si la maladie, accidentellement survenue, a pris son germe dans les blessures (Cass. 12 juin 1824). La loi n'a pas déterminé le délai dans lequel le décès de l'individu blessé doit suivre la blessure pour qu'il en soit réputé le résultat. Les art. 231 et 316 fixent, dans des cas analogues, un délai de 40 jours, au delà duquel l'agent n'est plus responsable de la mort de l'individu qu'il a blessé. Il semble que cette règle devrait être étendue à l'art. 309. Mais la jurisprudence n'a pas admis cette interprétation ; elle a décidé « que l'art. 309 n'ayant pas subordonné l'application de ses dispositions au cas où la mort aurait lieu dans un délai déterminé, a abandonné à la conscience du jury la question de savoir si les coups ou blessures ont été la cause de la mort » (Cass. 10 juin 1853). D'où il suit que, quelle que soit l'époque du décès, la question de sa relation avec la blessure peut être posée (*Th. du C. pén.*, n° 1351).

**540.** *Pénalités.* Les art. 313 et 315 ajoutent aux peines portées par les art. 309 et suiv. des dispositions pénales. L'art. 313 prévoit les violences de toute nature qui auraient été commises par des bandes ou réunions séditieuses. Son but a été d'établir un lien particulier de complicité ; lorsque le délit a été commis dans une réunion séditieuse, les chefs et provocateurs en sont responsables, lors même qu'ils n'y auraient pas personnellement coopéré. La même règle a été appliquée dans les art. 100, 213 et 441. Il est nécessaire, pour l'application de cet article, que le fait de réunion séditieuse soit constaté, que cette réunion ait fait des actes de rébellion ou de pillage, enfin que les prévenus aient été déclarés les chefs, auteurs, instigateurs ou provocateurs de ces actes. L'art. 315 prévoit le cas où les coups et blessures ne constituent qu'un simple délit et ajoute aux peines correctionnelles la peine de la surveillance. Il suffit de remarquer sur cet article que cette peine accessoire est purement facultative, qu'elle ne mentionne que le cas d'un délit, puisque la surveillance est l'accessoire obligé, sauf l'application de la loi du 23 janv. 1874 (Voy. *suprà*, n° 82), des peines afflictives, enfin qu'elle est limitée à deux ans.

**541.** *Armes prohibées.* L'art. 314 prévoit un acte préparatoire des coups et blessures : la fabrication et le port des armes prohibées; cette incrimination purement préventive ne saisit que l'infraction matérielle isolée de toute intention criminelle, ce n'est qu'une mesure de police. L'art. 1er de la loi du 24 mai 1834 a aggravé les peines de ce délit sans en changer le caractère et les éléments; il est ainsi conçu : « Tout individu qui aura fabriqué, débité ou distribué des armes prohibées par la loi ou par des règlements d'administration publique, sera puni d'un emprisonnement d'un mois à un an et d'une amende de 16 à 500 fr. Celui qui sera porteur desdites armes sera puni d'un emprisonnement de six jours à six mois et d'une amende de 16 à 200 fr. » Si au fait de fabrication ou de port des armes prohibées se joint le projet d'un assassinat, la contravention se trouverait absorbée par le crime dès que la justice en serait saisie; c'est ce qui résulte du dernier paragraphe de l'art. 314 : « le tout sans préjudice de plus forte peine, s'il y échet, en cas de complicité du crime ». Les faits matériels qui constituent le délit sont, suivant l'art. 314, la *fabrication*, le *débit* et le *port* des armes prohibées; l'art. 1er de la loi du 24 mai 1834 a ajouté à ces faits celui de *distribution*. L'énonciation de ces faits trace les limites de l'incrimination; on ne pourrait en sortir, et, par exemple, poursuivre l'exposition ou la simple possession des armes sans créer de nouveaux délits. Les armes prohibées sont celles dont le port, la fabrication et la vente ont été défendus par la loi ou par les règlements d'administration publique : ce sont les stylets et tromblons (art. 314), les fusils et pistolets à vent (Déc. 2 niv. an XIV), les poignards, les couteaux en forme de poignards, les pistolets de poche, épées en bâtons, bâtons à ferrements et autres armes offensives cachées et secrètes (Décl. 23 mars 1728, Déc. 12 mars 1806; Cass. 26 août 1824, 29 août et 7 oct. 1836, 15 oct. 1841, 1er juill. 1851, 12 mars 1852). Le port, la fabrication et la vente des armes ordinaires ne sont interdits par aucune loi. Le droit de port de ces armes appartient à tous les citoyens, à moins qu'ils n'en soient privés par jugement. Toutefois la fabrication et le commerce des armes de guerre ont été réglementés et soumis à certaines conditions par la loi du 14 juill. 1860.

## II. — *De l'avortement et des maladies causées par aliments ou boissons nuisibles.*

### Art. 317 et 318.

542. De l'avortement. Eléments du crime.
543. Le premier élément est la volonté de faire avorter la femme enceinte.
544. Le deuxième élément est le fait d'avoir procuré l'avortement.
545. Culpabilité et complicité de la femme dans l'avortement.
546. Complicité des médecins, chirurgiens, officiers de santé, pharmaciens et sages-femmes.
547. Maladies ou accidents causés par l'emploi de substances nuisibles à la santé.
548. Vente de boissons falsifiées contenant des substances nuisibles à la santé.

**542.** *Avortement.* La première partie de l'art. 317, relative au crime d'avortement, renferme trois dispositions distinctes qui ont pour objet : 1° le fait d'avoir procuré l'avortement d'une femme enceinte, soit qu'elle y ait consenti ou non; 2° le crime de la femme qui s'est procuré à elle-même l'avortement; 3° l'aggravation pénale appliquée aux médecins et officiers de santé qui ont indiqué ou administré les moyens de l'avortement.

**543.** Le premier élément du crime est la volonté de faire avorter la femme enceinte; c'est cette volonté qui en constitue l'élément moral. Si l'avortement a été causé, soit par de mauvais traitements, soit par des médicaments imprudemment donnés, mais dans lun et l'autre cas sans intention de le produire, l'agent n'en est pas responsable, il faut qu'il soit déclaré qu'il a agi volontairement (Cass. 18 brum. an XII, 18 oct. 1850, 7 fév. 1860; *Th. du C. pén.*, n° 1367).

**544.** Le deuxième élément est que l'avortement ait été *procuré*, quel que soit le moyen employé, par aliments, breuvages, médicaments ou violences. Que faut-il entendre par le fait d'*avoir procuré* l'avortement? La tentative, non suivie de l'avortement, est-elle comprise dans cette expression? La jurisprudence a résolu affirmativement cette question, qui a été et est encore très-controversée (*Th. du C. pén.*, nº 1369). On a objecté le texte de l'art. 317, qui suppose l'avortement consommé, l'impossibilité et les inconvénients d'une constatation de la tentative et l'exposé des motifs du Code qui repoussent l'incrimination de cette tentative. Mais les arrêts ont répondu « que, dans le premier paragraphe de l'article, aucune expression n'exclut explicitement l'application de l'art. 2 » (Cass. 16 oct. 1817, 17 mars 1827, 29 janv. 1852, 20 janv. 1853, 27 nov. 1856, 24 juin 1858, 26 juill. 1860). On doit toutefois mentionner deux arrêts qui tendent à circonscrire les effets de cette jurisprudence. Le premier décide qu'il ne suffit pas de constater, pour qu'il y ait tentative punissable, que le prévenu a *provoqué* l'avortement, il faut énoncer les éléments de la tentative légale (Cass. 16 juin 1853). Le second établit la nécessité de constater, dans les tentatives d'avortement, l'état de grossesse de la femme (Cass. 6 janv. 1859).

**545.** Le deuxième paragraphe de l'art. 317 prévoit deux cas différents : celui où la femme se procure l'avortement à elle-même sans complices, et celui où elle consent à faire usage des moyens qui lui sont indiqués ou administrés. Dans l'un et l'autre cas, il n'y a crime que si l'avortement s'en est suivi (Cass. 18 oct. 1850). Les complices d'une tentative d'avortement, quand c'est la femme qui a tenté de se le procurer, ne sont pas punissables, puisque la femme n'est punie que lorsque l'avortement a suivi, et qu'il n'y a de complicité punissable que quand le fait principal est qualifié crime ou délit (Cass. 3 mars 1864).

**546.** Le troisième paragraphe de l'art. 317 établit, à l'égard des médecins, chirurgiens, officiers de santé et pharmaciens, une aggravation de peine fondée sur leur qualité. Cette qualité étant une circonstance aggravante du crime, doit nécessairement être posée au jury (Cass. 10 déc. 1835). Cette question doit être séparée et peut se borner à demander si l'accusé a telle qualité (Cass. 6 mars 1857). Les sages-femmes, quoique la loi ne les ait pas comprises dans son énumération, ont été considérées par la jurisprudence comme indiquées par l'expression d'officiers de santé (Cass. 26 janv. 1839, 23 mai 1844, 23 janv. 1854, 16 juin 1855, 7 oct. 1858, 10 déc. 1868). Il importe de remarquer ici que, dans toute accusation portée contre un homme de l'art, pour complicité d'avortement, il y a lieu de poser la question de savoir s'il a agi dans le dessein du crime, car si l'intention criminelle doit être vérifiée dans toute accusation de crime, cette vérification doit être plus minutieuse à l'égard d'un médecin qui a pu se tromper ou être trompé sur l'état de la femme enceinte.

**547.** *Maladies ou accidents causés par l'emploi de substances nuisibles à la santé.* La deuxième partie de l'art. 317 a pour objet le fait d'administrer volontairement des substances qui, sans être de nature à donner la mort, sont nuisibles à la santé. Trois éléments sont nécessaires à l'existence du délit, que la loi assimile aux coups et blessures : il faut que des substances aient été administrées volontairement à autrui ; que ces substances, sans être de nature à donner la mort, soient nuisibles à la santé, et qu'elles aient occasionné une maladie ou incapacité de travail personnel. Administrer volontairement une substance, c'est l'administrer avec *l'intention de nuire.* Les substances nuisibles à la santé sont celles qui peuvent causer des accidents ou une maladie plus ou moins grave. La loi exige d'ailleurs que la substance administrée ait eu cet effet, qu'elle ait causé soit une maladie, soit au moins une incapacité de travail. Elle ne fixe pas le minimum de la durée de l'une ou de l'autre. Le fait seul d'une maladie, d'une incapacité de travail quelconque, peut donc autoriser l'application de l'art. 317, mais il faut une incapacité complète ou une maladie réelle et non une simple indisposition. Le délit formé par la réunion de ces trois circonstances s'aggrave et est qualifié crime : 1° si la maladie ou incapacité de travail a duré plus de 20 jours; 2° si le coupable, soit que la maladie ait duré moins ou plus de 20 jours, a commis le délit envers un de ses ascendants, tels qu'ils sont désignés en l'art. 312. Ces circonstances aggravantes ont été examinées sous les art. 310 et 312.

**548.** *Vente de substances nuisibles.* L'art. 318, relatif à la vente ou au débit des boissons falsifiées, contenant des mixtions nuisibles à la santé, a été abrogé par la loi du 5 mai 1855, ainsi conçu : « Art. 1er. Les dispositions de la loi du 27 mai 1851 sont applicables aux boissons. Art. 2. Les art. 318 et 475, n° 6, C. pén., sont et demeurent abrogés. » Les dispositions de la loi du 27 mars 1851, auxquelles cette loi se réfère, seront rapportées sous l'art. 423. Il en résulte que la simple falsification des boissons, même non nuisible à la santé, la vente ou mise en vente de ces boissons falsifiées, et même leur seule détention dans les magasins du marchand, constituent un délit. Quant au point de savoir dans quels cas il y a falsification, quels sont les mélanges permis et les mélanges défendus, la loi n'entend atteindre que les altérations frauduleusement faites en vue de tromper l'acheteur; là où il n'y a pas de fraude, d'intention frauduleuse, le délit disparaît. Cette distinction a été appliquée par la jurisprudence, qui a reconnu que les mélanges loyalement pratiqués, suivant les usages du commerce, sont parfaitement licites (Cass. 21 mars 1857, 14 mai 1858, 24 juin 1859, 22 nov. 1860). Le délit s'aggrave si les mixtions sont nuisibles à la santé et la peine remonte au taux fixé par l'art. 318; il importe peu, dans ce cas, que la falsification nuisible soit connue de l'acheteur, car la loi a voulu préserver la santé publique contre l'ignorance même des consommateurs. Les boissons falsifiées sont confisquées (L. 27 mars 1851, 6).

## SECT. III. — Crimes et délits excusables.

### § Ier. — *Homicide, coups et blessures involontaires.*

### Art. 319 et 320.



**549**. On distingue trois espèces d'homicide : l'homicide volontaire, l'homicide accidentel et l'homicide qui n'est ni volontaire ni accidentel, mais qui, commis sans intention de tuer, est le résultat d'une faute quelconque. La même distinction sépare les coups et blessures. L'homicide et les coups et blessures volontaires ont fait l'objet des articles qui viennent d'être examinés. Nous arrivons à l'homicide et aux blessures qui sont le résultat d'un accident ou d'une faute.

**550**. *Homicide accidentel.* L'homicide purement accidentel ne constitue point un délit, puisqu'il n'est accompagné d'aucune faute ni imprudence; or, l'art. 319 n'incrimine que l'homicide commis par suite d'une faute. Quand il est le résultat d'une circonstance fortuite et imprévue, on ne peut l'imputer à personne. Tels sont les cas où il a été causé — par les armes des soldats qui s'exerçaient dans le lieu réservé à ces exercices; — par des ouvriers travaillant à un bâtiment, pourvu qu'ils aient pris les précautions réglementaires ; — par le rasoir d'un barbier violemment poussé par un tiers ; — par la chute d'une cloche au moment où l'on agitait la sonnerie.

**551**. *Homicide involontaire.* Il résulte de l'art. 319,

d'abord, que l'homicide involontaire qui n'est la suite d'aucune des fautes qui y sont énumérées, ne constitue, ainsi qu'on vient de le dire, aucun délit; ensuite, que cet homicide n'est punissable que lorsqu'il a été commis par maladresse, imprudence, inattention, négligence ou inobservation des règlements. Ce sont ces fautes qui peuvent seules rendre l'auteur de l'homicide involontaire passible d'une peine. Toute la criminalité du délit est dans la faute dont l'homicide a été la conséquence. De là il suit : 1° que la faute, quelle qu'elle soit, doit nécessairement être constatée par le jugement (Cass. 15 déc. 1825, 8 déc. 1826, 7 juill. 1827) ; 2° que les faits énumérés dans l'art. 319 peuvent seuls constituer le délit; ce sont les seules fautes assez graves pour motiver une responsabilité pénale; les autres ne donnent lieu qu'à la responsabilité civile établie par les art. 1382 et 1383, C. civ. Ainsi, à défaut du concours de l'une des cinq circonstances énoncées dans l'art. 319, cet article n'a plus d'application (Cass. 28 juin 1832, 26 févr. 1863).

**552.** *Maladresse.* Mais que faut-il entendre par la *maladresse*, l'*imprudence*, la *négligence*, l'*inattention*, l'*inobservation des règlements?* Ces actes n'ont point été définis, il appartient aux juges de reconnaître les faits que la loi ne fait que dénommer. Cependant il est possible de constater le sens et la valeur des termes qu'elle a employés. La première des fautes qu'elle a prévues, la maladresse, suppose ou l'ignorance ou l'impéritie de l'agent. L'architecte, l'entrepreneur, le charpentier qui ont élevé des constructions dont la chute, causée soit par leur ignorance des règles de leur art, soit par la mauvaise qualité des matériaux, a occasionné la mort d'une personne, rentrent dans les termes de la loi (Cass. 21 et 22 nov. 1856, 13 janv. 1865, 2 mars et 13 déc. 1867). Le délit n'est pas effacé par cela que les victimes peuvent s'imputer des faits d'inattention ou de témérité; l'art. 319 n'exige pas que les personnes atteintes par la chute des matériaux n'aient eu aucune part d'imprudence, pourvu que le fait de l'auteur de la maladresse soit formellement constaté (Cass. 16 juin 1864, 4 nov. 1865). Toutes les professions, tous les métiers qui, par une maladresse dans l'exécution des œuvres de leur industrie ou de leur art, occasionnent involontairement un homicide, sont compris dans les termes de la loi. Cette règle s'applique même aux médecins et officiers de santé dont l'impéritie et la maladresse ont pour résultat la mort d'une personne. Aucune exception n'existe à leur égard, car on ne saurait en trouver dans l'art. 29 de la loi du 19 vent. an XI, qui prescrit aux officiers de santé d'appeler des docteurs en médecine lorsqu'ils pratiquent des opérations chirurgicales et les rendent responsables des accidents graves survenus dans ces opérations non surveillées. Une objection plus sérieuse à l'application dans les cas d'impéritie de l'art. 319, est la difficulté d'apprécier les questions médicales qu'une telle précaution peut soulever; mais tout ce qu'on doit en conclure, c'est que les poursuites de cette nature ne doivent être exercées qu'avec une extrême circonspection et dans les cas seulement où le fait de maladresse est notoire (Cass. 18 sept. 1817; Arr. Angers, 1er mai 1833, Paris, 5 juill. 1833; Besançon, 18 déc. 1844; Rouen, 4 déc. 1846; Colmar, 6 juill. 1850).

**553.** *Imprudence.* La deuxième faute prévue par l'art. 319 est l'imprudence; l'homicide commis par imprudence est celui que son auteur aurait pu éviter s'il avait été prudent et prévoyant. On peut citer comme exemples les mères et les nourrices qui, par leur imprudence, étouffent les enfants qu'elles nourrissent; les individus qui, en état d'ivresse volontaire, commettent un homicide ou des blessures; les cochers et charretiers qui, soit par leur impéritie ou leur incapacité, causent des accidents sur leur passage; les individus qui engagent des paris dont l'exécution peut entraîner un homicide : toutes ces personnes rentrent dans les termes de la loi, car à chacune on peut imputer une imprudence, une faute.

**554.** *Négligence, inattention.* Cette faute consiste dans l'omission ou l'oubli d'une précaution dont l'observation eût prévenu l'homicide ou les blessures. Une telle faute est imputable aux maçons et couvreurs qui laissent tomber des pierres sur la voie publique sans avertissement d'aucune sorte; aux entrepreneurs qui n'ont pas éclairé les matériaux déposés ou les excavations faites sur la voie publique; aux personnes qui ont laissé divaguer des fous furieux dont elles avaient la garde ou des animaux malfaisants ou féroces; aux conducteurs de voitures qui ne se sont pas tenus constamment à la portée de leurs chevaux, lorsque chacune de ces contraventions a eu pour résultat un homicide ou des blessures. La jurisprudence a étendu cette disposition à l'aubergiste qui, lorsque l'un de ses hôtes tombe subitement malade, le laisse mourir sans secours et sans soins (Cass. 17 juin 1853; 7 janv. 1859).

**555.** *Inobservation des règlements.* Toute inobservation des règlements administratifs ou de police, qui a eu pour résultat un homicide ou des blessures, constitue une faute qui rentre dans les termes de la loi. Ainsi elle peut s'appliquer, lorsque ce résultat est constaté, — à la sage-femme qui, dans un accouchement laborieux, n'a pas appelé le secours d'un médecin, suivant la prescription de l'art. 33 de la loi du 19 vent. an XI; — au marchand qui a vendu des comestibles ou boissons corrompus; — aux exploitants, propriétaires et détenteurs des mines, qui n'ont pas observé les règles d'exploitation prescrites par l'art. 22 du décret du 22 janv. 1813 (Cass. 29 avril 1855, 31 mars 1865).

**556.** *Chemins de fer.* Telles sont les fautes qui, bien qu'exemptes de toute intention de nuire, donnent lieu à une responsablité pénale lorsqu'elles sont la cause de la mort ou des blessures d'une personne. Cette responsabilité a été appliquée aux accidents survenus sur les chemins de fer. L'art. 19 de la loi du 15 juill. 1845 porte : « Quiconque, par maladresse, imprudence, inattention, négligence ou inobservation des lois aura involontairement causé, sur un chemin de fer ou dans les gares ou stations, un accident qui aura occasionné des blessures, sera puni de huit jours à six mois d'emprisonnement et d'une amende de 50 à 1,000 fr. Si l'accident a causé la mort d'une ou plusieurs personnes, l'emprisonnement sera de six mois à cinq ans et l'amende de 300 à 3,000 fr. » Cet article, tout en reproduisant le texte de l'art. 319, en a aggravé les pénalités (que l'art. 463 peut toutefois atténuer), à raison de la gravité des accidents sur les chemins de fer et de la vigilance plus active à laquelle sont tenus les employés (Cass. 1er févr. 1855).

**557.** *Complices.* L'homicide involontaire, quoiqu'il soit le résultat imprévu d'un fait de négligence ou d'imprudence, peut admettre des complices. Les règles de la complicité ne rencontrent aucune exception dans les art. 319 et 320, et leur application n'y trouve pas d'obstacle réel. Ainsi le cocher qui pousse imprudemment ses chevaux dans la foule par l'ordre de son maître, a nécessairement son maître pour complice. Il en est ainsi des ouvriers et des domestiques qui, en se conformant aux instructions de leurs patrons ou de leurs maîtres, commettent des actes de négligence en n'observant pas les règlements. Il n'est donc nullement contradictoire de déclarer un prévenu complice d'un acte d'imprudence qui a occasionné un homicide involontaire (Cass. 8 sept. 1831).

**558.** *Coups et blessures involontaires.* Toutes les observations qui précèdent s'appliquent aux coups et blessures involontaires prévus par l'art. 320. On doit toutefois remarquer que cet article ne fait mention que *du défaut d'adresse ou de précaution.* De là on pourrait induire que les coups et blessures involontaires causés *par imprudence* ou *inobservation des règlements* ne sont pas compris dans ses termes. Une telle interprétation serait erronée : l'art. 320 se réfère à l'art. 319 et n'a fait qu'appliquer à l'hypothèse des coups et blessures la disposition de ce dernier article relative à l'homicide. Il n'existe aucun motif qui puisse faire supposer que l'art. 320 ait limité les fautes qui, dans l'art. 319, engagent la responsabilité de l'agent; le délit est le même, la différence n'est que dans son résultat matériel et par suite dans la pénalité (Cass. 30 mars 1812 et 20 juin 1813).

## § II. — *De l'excuse de la provocation.*

### Art. 321, 322, 323, 324, 325, 326.

559. De l'excuse de la provocation et des cas auxquels elle s'applique.
560. De la provocation par coups ou violences graves.
561. Il faut que les violences soient exercées sur les personnes.
562. Il faut que les coups ou violences soient graves.
563. Il faut que les violences soient exercées dans une attaque injuste ou paraissant telle.
564. S'il est nécessaire que les violences aient suivi immédiatement la provocation.
565. Exception dans le cas de parricide. Application restreinte de cette exception.
566. Atténuation des peines.
567. De la provocation résultant d'un violent outrage à la pudeur.
568. De la provocation résultant d'une attaque pendant le jour à la maison d'un citoyen.
569. De la provocation résultant des violences de l'un des époux sur l'autre.
570. De la provocation résultant du flagrant délit d'adultère.

**559.** En exposant (nos 102 et 117) la matière des faits justificatifs et d'excuse, nous avons vu que quelques-unes de ces causes de justification ou d'excuse ne s'appliquaient qu'à une certaine classe d'infractions. Telles sont la *provocation* et la *légitime défense*, causes d'excuse ou de justification de l'homicide et des coups et blessures volontaires, et qui n'ont été admises par la loi que relativement à ces deux crimes. Il est donc logique d'apprécier, après cette double incrimination, l'influence de ces deux faits sur la culpabilité des agents. L'art. 321 pose en principe que la provocation est une cause d'excuse du meurtre et des coups et blessures; et il résulte de cet article et des articles suivants que l'homicide et les coups et blessures volontaires, lorsqu'ils ont été précédés d'une provocation, sont excusables dans les quatre cas suivants : 1° lorsqu'ils ont été provoqués par des coups ou violences graves envers des personnes;

2° lorsqu'ils ont été provoqués par un violent outrage à la pudeur; 3° lorsqu'ils ont été commis en repoussant pendant le jour l'escalade ou l'effraction des murs, des clôtures ou de l'entrée d'une maison; 4° enfin, lorsqu'ils ont été commis par l'époux sur son épouse surprise en flagrant délit d'adultère.

**560.** *De la provocation par coups ou violences graves.* La loi n'admet l'excuse de la provocation que lorsque cette provocation se manifeste par des violences matérielles; elle exige, dans la première hypothèse qu'elle présente, qu'elle se soit produite par des coups ou des violences envers les personnes. Ainsi, les injures verbales, les outrages par gestes ou par paroles peuvent atténuer la gravité du crime ou du délit, mais ne constituent pas l'excuse légale. La même décision doit s'appliquer aux menaces verbales quand elles ne sont pas accompagnées de voies de fait ou quand elles ne sont pas faites les armes à la main. Ainsi il a été jugé « que la provocation violente peut exister sans blessure effectuée par la seule menace d'une arme meurtrière approchée du corps » (Cass. 15 mars an XI). Il y aurait même raison de décider dans le cas où l'agresseur, armé d'un fusil ou d'un revolver, menacerait de faire feu sur une personne; mais l'excuse ne pourrait être invoquée par l'individu accusé de meurtre sur un gendarme, qui l'aurait trouvé en flagrant délit de chasse, et qui prétendrait que le gendarme l'aurait menacé de tirer sur lui s'il ne déposait pas son arme (Cass. 25 avril 1857).

**561.** L'art. 321 veut que les violences aient été exercées *envers les personnes*. Ces expressions indiquent la nature des violences que la loi avait en vue. Il en résulte que toute violence, même physique, qui n'a pas été commise sur les personnes elles-mêmes, par exemple les coups portés à des animaux, n'est pas constitutive de l'excuse (Cass. 7 fév. 1814). Il en résulte encore qu'il est nécessaire de constater que les violences ont porté sur des personnes. Mais la loi n'exige pas que les violences aient porté sur les personnes mêmes qui ont commis l'homicide ou les blessures; l'excuse peut résulter des violences exercées sur un tiers, soit que celui-ci soit lié à l'agent par la parenté ou l'affection, soit qu'il lui soit entièrement inconnu, s'il intervient pour lui porter secours dans une injuste agression. Que les violences soient exercées sur sa personne ou sur celle d'autrui, la criminalité de son action se modifie dès que son seul but est de les repousser ou de les faire cesser.

**562.** L'art. 321 exige en second lieu que les coups ou violences aient été *graves*. La loi n'a point indiqué le degré de cette gravité et il était difficile de le déterminer avec précision: « ce moyen d'excuse, dit l'exposé des motifs, doit varier suivant l'isolement, la position, la qualité physique ou morale du coupable et de la personne qui a été l'objet des violences. » Il suit de là que la gravité des violences ne doit pas se mesurer seulement sur leur résultat matériel. Les violences sont graves quand il a dû en résulter une vive impression sur la personne qui les a reçues, soit à raison de son âge, soit à raison de sa faiblesse ou de sa position sociale. La loi ne demande pas qu'elles aient causé une maladie ou des blessures, elle ne s'occupe pas de leur résultat matériel; elle fait dépendre leur gravité du sentiment d'irritation qu'elles ont dû exciter, du trouble d'esprit qu'elles ont dû produire (*Th. du C. pén.*, n° 1434). La qualification de *graves* s'applique aussi bien aux coups qu'aux blessures (Cass. 30 juin 1859). Il est nécessaire que, dans l'articulation de l'excuse, il soit énoncé que les coups ou violences ont été graves, car la Cour d'assises pourrait refuser d'y voir une excuse légale (Cass. 10 mars 1835, 25 janv. 1852, 30 juin 1859).

**563.** Il est peut être utile de remarquer que l'excuse de la provocation suppose une attaque injuste ou paraissant telle; car lorsque l'attaque est légitime, la défense cesse de l'être. Si les violences sont commandées par la loi ou par la nécessité, elles ne constituent plus l'outrage d'où naît la provocation. Ainsi, lorsque des huissiers ou des gendarmes procèdent régulièrement à l'arrestation d'un malfaiteur, ou lorsque la force publique reçoit l'ordre de disperser un rassemblement séditieux, les violences qu'ils commettent ne sont point une excuse des violences qui sont exercées contre eux.

**564.** La provocation ne constitue donc une excuse légale de l'homicide et des blessures que par la réunion de ces trois circonstances : il faut qu'elle résulte de coups ou de violences sur les personnes, que ces coups ou violences soient graves, soit par leur intensité matérielle, soit par la gravité de l'outrage qu'ils expriment, enfin que ces violences soient le résultat d'une attaque injuste ou paraissant au moins avoir ce caractère. Est-il nécessaire que le fait de l'homicide ou des blessures ait suivi immédiatement le fait de la provocation ? Cette question se résout en général par l'affirmative : l'agent, en effet, est surtout excusable parce qu'il a agi sans réflexion et sous l'empire d'un mouvement impétueux qui l'a surpris. Si l'on suppose un long intervalle entre les actes, la provocation n'a pas le même entraînement, les mêmes effets. Mais la loi n'a pas considéré cette simultanéité comme une condition de l'admission de l'excuse, et il est certain que la provocation ne restreint pas son influence dans d'aussi étroites limites que la légitime défense ; elle peut durer tout le temps que peut se prolonger chez un homme raisonnable la colère qu'elle a causée. On peut donc admettre que quelque intervalle peut séparer les deux actes et que cet intervalle peut durer aussi longtemps que la chaleur de la passion ; il est impossible d'en préciser les degrés, mais il ne semble pas que dans tous les cas il puisse s'étendre au delà de quelques instants (Cass. 27 mess. an x ; 10 mars 1826).

**565.** *Exception en cas de parricide.* L'art. 323 pose une exception à l'excuse de la provocation en déclarant que le parricide n'est jamais excusable. On a déjà vu sous l'art. 299 que cette disposition ne fait pas obstacle à l'application de l'art. 463. On doit ajouter ici que l'art. 323 ne fait exception à l'art. 321 que pour le seul crime de parricide ; qu'il laisse donc nécessairement subsister l'excuse dans tous les cas de coups et blessures, puisque l'art. 321, dont les termes sont absolus, ne distingue pas si les coups et blessures sont ou non le fait d'un fils envers ses père et mère (Cass. 10 janv. 1812). On devrait par la même raison admettre que l'homicide commis sans intention de donner la mort par un enfant sur ses parents peut profiter de l'excuse ; car le parricide, qui seul n'est pas excusable, est un meurtre, et la loi n'a pas qualifié meurtre l'homicide commis volontairement, mais sans intention de donner la mort, prévu par le troisième paragraphe de l'art. 309. Enfin il n'est pas douteux que si le parricide a été commis avec discernement par un mineur de 16 ans, l'art. 323 ne fait pas obstacle à l'application de l'art. 67 (*Th. du C. pén.*, n° 1443).

**566.** *Pénalité.* Toutes les fois que l'excuse de la provocation est mentionnée dans l'arrêt de renvoi, qu'elle résulte des débats ou qu'elle est proposée par l'accusé dans les termes de la loi, la question doit être posée (Cass. 10 mars 1826, 14 déc. 1850, 26 déc. 1866, 30 juin 1869). Lorsque l'excuse est admise, l'atténuation des peines est déterminée par l'art. 326. Cette réduction est indépendante de celle qui peut être prononcée en vertu de l'art. 463, car l'excuse légale et les circonstances atténuantes s'appliquent à des faits distincts, l'une à une circonstance spéciale des faits incriminés, les autres à des circonstances accessoires qui appartiennent moins au crime même qu'à la personne de l'accusé.

**567.** *Provocation résultant d'un violent outrage à la pudeur.* On a vu (n° 532) les éléments du crime de castration prévu par l'art. 316 : ce crime est considéré comme meurtre ou blessures excusables, « s'il a été immédiatement provoqué par un outrage violent à la pudeur » (art. 325). Il y a lieu de distinguer les actes qui peuvent constituer un état de légitime défense, et ceux qui ne constituent qu'un outrage. Le crime de viol ou la tentative de ce crime placent la victime en état de légitime défense et justifient l'homicide qu'elle commet pour se défendre. Les autres attentats à la pudeur qui ont pour but, non le viol, mais l'outrage, constituent une provocation. La loi n'admet comme excuse de la castration qu'un violent outrage. On doit entendre par ces mots les attentats consommés ou tentés avec violence, c'est-à-dire les violences physiques de nature à offenser la personne. Il est nécessaire toutefois qu'elles soient exercées sur les personnes mêmes. L'excuse pourrait être invoquée par les parents de la victime et les témoins de l'attentat, pourvu que leur acte de vengeance l'ait immédiatement suivi.

**568.** *Provocation résultant de la violation du domicile.* L'art. 322 assimile aux violences graves sur les personnes l'effraction et la violation du domicile commises pendant le jour. Le droit du citoyen, dont la maison est l'objet d'une attaque violente, diffère suivant que cette agression a lieu pendant le jour ou pendant la nuit. Pendant la nuit, elle place le citoyen en état de légitime défense; pendant le jour elle ne constitue qu'une provocation. Mais cette distinction, fondée sur l'imminence présumée du péril, ne doit pas être prise, dans un sens absolu. Basée sur une présomption, elle doit fléchir devant les faits. L'art. 322 n'a prévu les actes qu'il énumère que pour les assimiler à la provocation : ces actes doivent donc présenter des caractères analogues aux violences qui constituent la provocation, c'est-à-dire présenter assez de gravité pour faire la plus vive impression sur l'esprit d'un homme raisonnable, sans toutefois lui faire craindre pour sa vie ou celle des habitants de la maison, car son action serait alors un acte de défense qui rentrerait dans les termes de l'art. 328. Les termes de l'art. 322 ne doivent pas d'ailleurs être entendus dans un sens trop restrictif, car les cas d'excuse s'étendent nécessairement aux faits de l'espèce de ceux qui y sont indiqués. Ainsi, si l'homicide ou les blessures sont excusables quand ils sont faits « en repoussant l'escalade ou l'effraction », à plus forte raison après l'escalade ou l'effraction, pour repousser l'agresseur qui a pénétré dans la maison ; mais l'excuse, qui peut être invoquée par tous les habitants de la maison et par ceux qui leur ont porté secours, ne serait plus applicable si le meurtre ou les blessures ont été faits avant l'attaque ou après qu'elle a cessé, c'est-à-dire quand le danger n'existe pas encore ou n'existe plus, ou lorsque l'escalade n'a été dirigée que contre des lieux non habités ou contre les clôtures des parcs ou enclos.

**569.** *Provocation résultant des violences entre époux.* L'art. 324 pose d'abord en principe que « le meurtre commis par l'époux sur l'épouse ou par celle-ci sur son époux, n'est pas excusable. » La raison de cette disposition est qu'aucune excuse ne peut être admise à l'égard de personnes qui ont le devoir de vivre dans une parfaite union. Elle ne s'applique toutefois qu'au meurtre et nullement aux coups et blessures portés par l'un des époux sur l'autre sans intention homicide ; ces coups et blessures admettent l'excuse de la provocation (Cass. 10 janv. 1812); si l'époux, au lieu de commettre lui-même le meurtre, se rend complice de ce crime commis sur son conjoint, il ne peut invoquer l'excuse, car le motif du rejet est le même (Cass. 19 janv. 1838); mais à cette règle qui écarte l'excuse il y a deux exceptions, qui sont l'une et l'autre consacrées par l'art. 324 : l'une a lieu quand la vie de l'époux était mise en péril au moment du meurtre, l'autre en cas d'adultère. La vie de l'un des époux peut être mise en péril par les violences de l'autre, sans qu'il y ait nécessité de repousser ces violences par l'homicide ; c'est dans ce sens que l'art. 324 admet l'excuse. S'il n'avait d'autre moyen de sauver sa vie que de tuer l'agresseur, il était en état de légitime défense et trouverait, non pas seulement une excuse, mais une cause de justification dans l'art. 328.

**570.** *Provocation résultant de l'adultère.* Le 2e paragraphe de l'art. 324 ne reconnaît point au mari le droit de donner la mort à sa femme et à son complice surpris en adultère, mais elle considère cet outrage comme une provocation violente qui motive l'excuse. Cette excuse est soumise à deux conditions : il faut que le meurtre soit commis au moment où le mari surprend les coupables *en flagrant délit*, et qu'il les ait surpris *dans la maison conjugale*. On doit remarquer d'abord qu'il ne s'agit point ici du flagrant délit tel qu'il est défini par l'art. 41, C. instr. crim., il faut que la femme et son complice aient été surpris ensemble, mais il suffit qu'ils l'aient été dans une situation qui fasse présumer que l'adultère vient d'être commis ou qu'il va se commettre. S'il s'est écoulé un long intervalle entre la surprise et l'homicide, ou si le mari s'est caché, avec la certitude déjà acquise de l'adultère, et muni d'armes pour assouvir sa vengeance, l'homicide qu'il commet n'est plus excusable, car il est le résultat, non d'un premier mouvement d'indignation, mais d'une action réfléchie. Le mari n'est excusable, en second lieu, que lorsque l'homicide a été commis *dans la maison conjugale* : la loi n'a voulu protéger que le domicile et en quelque sorte l'honneur du lit nuptial (*Th. du C. pén.*, n° 1470). La maison conjugale est celle où réside le mari, celle qui forme la maison commune, celle où il peut contraindre sa femme d'habiter, où elle a le droit de résider (Cass. 25 janv. 1872). En cas de séparation de corps qui autorise la femme à avoir un domicile distinct, le flagrant délit surpris n'excuserait pas l'homicide commis par le mari, car cette excuse, on doit le répéter, ne le protége que dans la maison conjugale,

## § III. — *De l'homicide légal et de l'homicide légitime.*

### Art. 327, 328, 329.

571. Définition et caractère de l'homicide légal.
572. Définition et caractère de l'homicide légitime. Exception de légitime défense.
573. La défense n'est légitime que lorsqu'elle est nécessaire.
574. Elle n'est légitime que lorsqu'elle repousse une injuste agression.
575. Homicide commis en repoussant une attaque pendant la nuit, soit que l'attaque menace les personnes ou les propriétés.

**571.** *Homicide légal.* L'homicide a deux causes de justification : l'ordre de la loi et la défense légitime. L'homicide légal est, suivant la définition de l'art. 327, celui qui a été ordonné par la loi et commandé par l'autorité légitime. Il ne suffit donc pas, pour effacer tout crime et tout délit, que l'homicide ait été ordonné par la loi, il faut encore qu'il ait été commandé par l'autorité légitime. La loi a voulu qu'un agent quelconque demeurât responsable de l'homicide; cet agent est ou celui qui l'a commandé, ou celui qui, séparé de ses supérieurs, a dû en apprécier lui-même la nécessité. On peut citer, comme exemples de l'homicide légal, celui qui est commis, soit en cas de guerre régulièrement déclarée entre deux nations, soit lorsque dans un attroupement et après les sommations prescrites, la force des armes est déployée contre les séditieux (L. 21 oct. 1789, 3 août 1791, 16 avr. 1831, 7 juin 1848, 23 fév. 1852), soit lorsqu'une condamnation capitale passée en force de chose jugée est mise à exécution, soit enfin quand les agents de la force publique, dans l'exercice de leurs fonctions, repoussent une attaque par la force ou combattent la résistance qui est opposée à l'accomplissement de leurs devoirs (Cass. 30 janv. 1825). On doit ajouter que la mise à mort d'un condamné serait un crime s'il avait formé un recours suspensif sur lequel il n'aurait pas encore été statué ; que l'usage des armes dans un attroupement ferait peser sur les agents une grave responsabilité s'ils ne se trouvaient pas en état de légitime défense, ou si les formes légales n'avaient pas été remplies ; enfin, que les gendarmes, les huissiers, les préposés des douanes, quand ils emploient les armes pour l'exécution de leur mission, ne seraient pas justifiés s'il était établi qu'il n'était pas nécessaire d'employer la force et qu'ils auraient pu exécuter, sans recourir à ce moyen extrême, les ordres dont ils étaient chargés (*Th. du C. pén.*, 1478).

**572.** *Homicide légitime.* La deuxième cause de justification de l'homicide ou des blessures est *la nécessité de la défense.* Le droit naturel de la défense est consacré par l'art. 328 : la justification de l'agent est complète « lorsque l'homicide ou les coups étaient commandés par la nécessité actuelle de la légitime défense de soi-même ou d'autrui. « Les deux conditions de cette exception sont : 1° que l'homicide ou les blessures aient eu pour cause la défense de soi-même ou d'autrui ; 2° que cette défense ait été nécessitée par un péril actuel. L'exception ne s'applique qu'à la défense des personnes et non à celle des propriétés, à la défense de la vie et non à la défense de l'honneur outragé par quelque voie de fait. Ce n'est que dans un péril corporel que se puise la justification ; ce n'est qu'un péril de cette nature qui peut légitimer l'exercice du droit de défense.

**573.** La deuxième condition de l'exception est que la défense soit nécessaire : la défense n'est nécessaire que quand elle est commandée par un péril *actuel* et qu'elle agit dans la proportion de la force de l'attaque. Le droit de la défense suppose, en effet, un péril actuel, il ne peut naître que de ce péril même. L'art. 228 consacre cette règle en subordonnant le fait justificatif à la *nécessité actuelle* d'une légitime défense. Ces mots prouvent qu'il ne s'agit que du moment même où l'on est obligé de repousser la force par la force. Les menaces même de mort n'autorisent pas l'homicide, car elles ne font naître qu'un péril éloigné. Si une attaque a lieu et qu'elle soit repoussée, le droit de la défense expire aussitôt que le péril s'éloigne. Enfin la défense ne doit pas excéder la mesure de résistance suffisante pour repousser l'agression ; elle n'est plus nécessaire et par conséquent légitime quand elle déploie plus de force que ne l'exigent les circonstances ; quand la conservation des personnes est assurée, elle doit laisser à la loi la répression du crime (Voy. *Th. du C. pén.*, nos 1484 et 1485).

**574.** La défense n'est légitime que lorsqu'elle repousse une *injuste* agression. L'agression n'est juste que lorsqu'elle peut rentrer dans les termes de l'art. 327. Toute autre attaque est généralement injuste ; mais dans une rixe entre deux personnes, il est souvent difficile de reconnaître de quel côté se trouve le droit. Toutes les fois que la sûreté de la personne est mise en péril par une attaque qui n'est pas l'exécution d'un ordre légal, que l'agresseur ait ou non conscience de l'injustice de son action, l'exception peut être invoquée : et la sûreté de la personne ne comprend pas seulement la vie, l'attaque qui n'aurait pour but que de faire des blessures, une tentative de viol, sont compris dans cette expression. Enfin l'homicide ou les blessures ne constituent ni crime ni délit lorsqu'ils sont commis, non-seulement pour la propre défense de l'agent, pour la défense des siens, mais aussi *pour la défense d'autrui*. Ainsi la loi a supprimé toute distinction entre les individus de la famille et ceux qui lui sont étrangers : c'est un devoir de porter secours à celui qu'une injuste agression met en péril, quelque étranger, quelque inconnu qu'il soit à l'agent. La défense qu'il lui porte est légitime et l'homicide ou les blessures qu'il fait sont justifiées (*Th. du C. pén.*, n° 1491).

**575.** *Homicide commis en repoussant des attaques pendant la nuit.* L'art. 329 prévoit deux cas de nécessité actuelle de la défense : l'escalade ou l'effraction des clôtures d'une maison pendant la nuit et les vols ou pillages exécutés avec violence. Ce n'est point à raison de la propriété menacée que, dans ces deux hypothèses indicatives et non restrictives, la loi déclare l'homicide ou les blessures légitimes, c'est à raison du péril qu'une attaque faite au milieu de la nuit, ou que les violences commises par les voleurs, apportent aux habitants de la maison. La légitime défense est donc soumise dans ces deux cas, de même que dans tous les autres cas que la loi n'a pas spécialement prévus et qu'elle a laissés à l'appréciation des juges, aux règles qui ont été exposées sous l'art. 328. Il est donc nécessaire, soit dans le cas d'une attaque de nuit contre une maison habitée, soit dans le cas d'un vol commis avec violence, que les actes commencés ou accomplis aient donné lieu de craindre pour la sûreté des personnes, que l'agression ait été commise illégalement, et que les actes de la défense se soient renfermés dans les limites d'une stricte nécessité. La loi n'a pas, du reste, déterminé le caractère du crime ou délit que se proposent les assaillants dans leur attaque nocturne : le droit de la défense est donc le même soit qu'ils se proposent le vol, soit qu'ils se proposent tout autre crime, tel que le rapt, le viol ou les violences de toute espèce. Enfin l'art. 329, en indiquant deux espèces où la nécessité actuelle de la défense légitime l'homicide ou les blessures, exclut par là même du bénéfice de l'exception les espèces où cette nécessité ne serait pas constatée. On doit, dans ce cas, distinguer s'il n'existait aucune nécessité de défense ou si les habitants de la maison, placés en état de légitime défense, n'ont fait qu'excéder dans leurs actes les bornes de cette nécessité. Dans le premier cas, l'exception échappe aux prévenus, mais dans le deuxième l'excès de la défense, qui n'est que l'effet du trouble causé par l'attaque, peut constituer une faute, mais ne constitue aucun délit (Cass. 19 déc. 1817, 11 juill. 1844, 8 déc. 1871, et *Th. du C. pén.*, n° 1494).

## SECT. IV. — Attentats aux moeurs.

### I. — *Outrage public à la pudeur.*

### Art. 330.

576. Caractère et éléments du délit d'outrage public à la pudeur.
577. Définition de la publicité nécessaire pour l'existence du délit. Ce qu'on entend par *lieu public*.
578. Cette publicité peut résulter de ce que le fait, même commis hors des lieux publics, a pu frapper les regards du public.

**576.** *Éléments du délit.* Les attentats aux mœurs, qui sont l'objet de cette section du Code pénal, comprennent une série de faits qui sont empreints d'une criminalité particulière et dont il est souvent très-délicat de déterminer les caractères. Le premier de ces faits est l'outrage public à la pudeur. Les éléments de ce délit sont clairement indiqués dans l'art. 330 :

il faut, pour le constituer, qu'un outrage à la pudeur ait été commis, et qu'il l'ait été publiquement. La première question que ce texte fait naître est celle-ci : Qu'est-ce qu'un outrage à la pudeur ? La loi ne l'a pas expliqué. Le caractère distinctif d'un tel acte est de faire rougir la pudeur, de blesser l'honnêteté de ceux qui en sont les témoins, de causer un scandale. Il n'est point, comme l'attentat, accompagné de violence ; il offense la pudeur publique et n'attente à celle de personne en particulier (Cass. 5 juill. 1838). C'est une action éhontée, un acte impudique, ce n'est point une attaque contre les personnes. Il est moins un acte de méchanceté, qu'une dégradation, un oubli de soi-même. Il existe, indépendamment de l'effet qu'il a produit, par cela seul qu'il était de nature à soulever l'indignation de ceux qui, même fortuitement, auraient pu l'apercevoir (Cass. 26 mars 1813, 3 janv. 1846, 18 mars 1848, 2 janv. 1850). L'art. 330 n'a pas restreint son incrimination, comme l'avait fait la loi du 19-22 juill. 1791, à l'outrage à la pudeur *des femmes*. Il suffit qu'il ait pour effet de blesser la pudeur en général. Mais l'outrage qu'il a prévu est un outrage par action ; il faut un acte matériel pour le constituer ; les paroles les plus grossières ne suffiraient pas ; elles constitueraient un autre délit que l'art. 8 de la loi du 17 mai 1819 a prévu. Il faut enfin qu'il soit constaté que l'agent a voulu les conséquences de l'acte qu'il a commis : l'élément intentionnel, condition nécessaire du délit, se prouve, soit par le cynisme et l'immoralité de cet acte, soit par les faits extérieurs de sa perpétration (Cass. 6 oct. 1870. *Th. du C. pén.*, nº 1512).

**577.** *Publicité.* La deuxième condition du délit est qu'il ait été commis *publiquement.* Il ne s'agit point ici de la publicité restreinte définie par l'art. 1er de la loi du 17 mai 1819. Il est de jurisprudence « que l'art. 330 admet tous les genres de publicité que l'outrage est susceptible d'avoir, soit par le lieu où il est commis, soit par les autres circonstances dont il est accompagné » (Cass. 22 fév. 1828). Ainsi, l'outrage est public, soit lorsqu'il se commet dans un lieu public, soit lorsque, commis hors de ce lieu, il a pu être vu du public. Que faut-il entendre par *lieu public ?* Un lieu est public lorsqu'il est accessible aux citoyens ou à une classe de citoyens, soit d'une manière absolue et continuellement, soit en remplissant certaines conditions d'admission et à des époques déterminées. Sont publics, d'une manière absolue, les rues, les places, les chemins. Lorsque l'outrage est commis dans l'un de ces lieux, la publicité résulte de la nature du lieu (Cass. 2 juill. 1812, 26 mars 1813). Les lieux qui ne sont publics qu'à certains intervalles sont les cabarets, les auberges (Cass. 19 fév. 1825, 11 juin 1851), les théâtres et les lieux où l'on entre en payant, les églises (Cass. 2 août 1816), les écoles et les cours publics (Cass. 9 nov. 1832), les tribunaux pendant les audiences (Cass. 19 nov. 1829), les administrations publiques (Cass. 4 août 1826, les voitures publiques et les diligences occupées par plusieurs personnes, les wagons des chemins de fer (Cass. 19 août 1869). Dans cette deuxième classe de lieux publics, comme dans la première, la perpétration de l'outrage suffit pour constituer le délit; seulement il est nécessaire que cette perpétration ait eu lieu pendant qu'ils étaient ouverts et accessibles, c'est-à-dire pendant qu'ils avaient un caractère public. On ne doit pas ranger dans cette deuxième classe de lieux publics les presbytères (Cass. 2 août 1816), la maison où le juge de paix tient ses audiences aux jours et heures où il ne les tient pas, l'étude d'un notaire hors le cas où il s'y fait une adjudication, le cabinet d'un courtier de commerce (Cass. 29 nov. 1833), l'allée ouverte d'une maison (Cass. 27 août 1831), les boutiques des marchands, à moins qu'elles ne soient accessibles aux regards du public (Cass. 15 mars 1832, 23 déc. 1868, 11 nov. 1869); les voitures privées, même louées à la course ou à l'heure et circulant sur la voie publique, lorsqu'elles sont fermées et inaccessibles aux regards (Cass. 26 mai 1853, 21 fév. 1856)

**578.** La publicité de l'outrage résulte en deuxième lieu de ce que, même commis dans un lieu non public, il a pu frapper les regards du public. L'outrage commis dans un champ, s'il a pu être vu et s'il l'a été de quelques personnes, ou dans la chambre d'une maison, si la fenêtre ouverte laissait apercevoir ce qui s'y passait, doit être considéré comme public (Cass. 20 sept. 1832, 19 juill. 1845, 2 avril 1859). Et il en est ainsi lors même que des précautions auraient été prises pour dérober aux regards les faits honteux commis dans l'intérieur d'une maison, si ces précautions insuffisantes ne les ont pas entièrement cachés (Cass. 18 mars 1858). Il est toutefois nécessaire dans ces dernières hypothèses qu'il y ait une possibilité certaine de publicité, que les actes de débauche aient pu, nonobstant les clôtures, être aperçus et offenser la pudeur du public. Le jugement doit, à peine de nullité, constater, avec le fait d'outrage, le mode de la publicité qui l'a accompagné (Cass. 1er mai et 7 nov. 1863, 3 mars 1864, 23 avril 1869).

## II. — *Attentat à la pudeur sans violence.*

### Art. 331.



**579.** *Éléments du crime.* L'art. 331, successivement amendé par la loi du 28 avril 1832 et par celle du 13 mai 1863 contient deux dispositions : l'une qui punit de la reclusion l'attentat à la pudeur commis sans violence sur la personne d'un enfant de moins de 13 ans, l'autre qui applique la même peine à l'ascendant qui commet un attentat à la pudeur sur un mineur même de plus de 13 ans. Les faits élémentaires du premier de ces crimes sont : 1° l'attentat à la pudeur; 2° l'âge de la victime.

**580.** *Attentat sans violence.* Un attentat suppose en général l'emploi de la force. Cette expression a, dans l'art. 331, une autre signification : elle indique que *tout acte contraire à la pudeur* exercé sur la personne d'un enfant ne rentre pas dans l'incrimination; il est nécessaire que cet acte *attente* à la pudeur de l'enfant, qu'il le flétrisse ou le corrompe. Mais tout acte de débauche commis sur la personne de l'enfant, tout acte de dépravation et d'immoralité, rentre dans les termes de la loi; elle s'applique même aux actes qui sont exercés, non sur la personnee de l'enfant, mais par l'enfant lui-même sur la personne de l'agent : la pureté de l'enfant est également outragée dans ces deux actes, et l'art. 331, en ne les distinguant pas, les a confondus dans sa disposition (Cass. 2 avril 1835, 27 sept. 1860.

**581.** Lorsque l'attentat à la pudeur est constaté, il est indifférent, pour l'application de l'art. 331, qu'il soit énoncé qu'il a été commis *sans violence ;* le crime existe par cela seul que l'accusé s'est rendu coupable d'attentat à la pudeur sur un enfant de moins de 13 ans (Cass. 29 nov. 1850). La mention de l'absence de toute violence n'est nécessaire que pour écarter la circonstance aggravante qui résulterait de l'emploi de la force. En effet, s'il était constaté que l'enfant eût résisté et que sa résistance n'eût été vaincue que par l'emploi des violences, l'attentat changerait de caractère et l'art. 332 lui deviendrait applicable.

**582.** *Age de la victime.* La circonstance de l'âge au-dessous de 13 ans est une des conditions essentielles du crime. Il y a présomption jusqu'à cet âge que l'agent a abusé de l'ignorance de l'enfant pour le flétrir ou le corrompre. Mais, au-dessus de cet âge, cette présomption n'existe plus : l'attentat commis sans violence sur une personne qui a atteint l'âge de 13 ans, quelle que soit l'immoralité de l'acte, n'est passible d'aucune peine (Cass. 23 juill. 1836, 28 sept. 1837, 28 sept. 1838). Il n'appartient donc qu'au jury de déclarer cet âge qui n'est qu'une circonstance du fait (Cass. 1er oct. 1834, 4 mars 1842). La Cour de cassation n'a fait qu'une rigoureuse application de cette règle en décidant qu'il ne lui appartient pas d'apprécier si un acte de naissance produit devant elle pour la première fois et qui appliquait à la victime de l'attentat un âge inférieur à l'âge déterminé par la loi, s'appliquait à cet enfant (Cass. 1er mars 1838).

**583**. *Tentative.* On a vu (*suprà*, n° 9) que l'art. 331 contient une exception à la règle générale consacrée par l'art. 2. S'il mentionne, en effet, non-seulement l'attentat à la pudeur, mais la tentative de cet attentat, c'est que cette tentative avait un caractère qui lui était propre. De là, la jurisprudence a induit qu'il n'y a pas lieu d'établir que cette tentative s'est manifestée avec les circonstances exigées par l'art. 2; que la tentative d'un attentat à la pudeur renferme par elle-même ces circonstances et que c'est pour cela que l'art. 331 l'a immédiatement jointe à l'attentat consommé (Cass. 17 fév. 1820, 20 sept. 1822). De là la conséquence, qu'il n'est pas nécessaire que la question posée au jury énumère les éléments caractéristiques de la tentative légale (Cass. 10 juin 1830, 15 sept. 1831, 10 avr. 1840, 7 oct. 1852, 4 août 1853).

**584**. *Crime d'inceste.* Le deuxième paragraphe de l'art. 331 s'applique à l'attentat à la pudeur commis par un ascendant. Il s'agit ici, comme dans le pemier paragraphe, de l'attentat commis sans violence, à l'aide de l'autorité, de la contrainte morale, de la séduction. L'ascendant abuse de sa puissance pour corrompre le mineur. C'est à raison de cette influence que la loi a prolongé jusqu'aux limites de la minorité, quand le coupable est un ascendant, la présomption qui protége l'enfance. Elle enveloppe tous les ascendants dans ses termes et elle s'étend à tous les mineurs de 21 ans, à moins qu'ils ne soient émancipés par le mariage. Jusqu'à leur majorité ou leur émancipation par mariage, tout acte immoral d'un ascendant sur ses enfants ou petits-enfants, quelles que soient les mœurs et l'intelligence de ceux-ci, et lors même qu'ils s'y seraient volontairement prêtés, est réputé crime (Cass. 4 janv. 1866).

## III. — *De l'attentat à la pudeur avec violence et du viol.*

### Art. 332 et 333.


585. Eléments du crime d'attentat à la pudeur avec violence.
586. La violence est une circonstance constitutive de ce crime.
587. De la tentative de l'attentat à la pudeur avec violence.
588. Caractères des attentats commis entre personnes de même sexe ou par un mari sur sa femme.
589. Du crime de viol et de ses éléments.
590. Caractère de la violence constitutive du crime.
591. De la tentative du crime de viol.
592. Circonstances aggravantes de l'attentat à la pudeur avec violence et du viol. Age de la victime.
593. Qualité des coupables. Qualité d'ascendant de la victime.
594. Qualité des personnes qui sont de la classe de ceux qui ont autorité sur la victime. De l'autorité de droit et de fait.
595. Il appartient au jury de déclarer la qualité qui constitue l'aggravation.
596. Aggravation attachée à la qualité d'instituteurs.
597. Aggravation attachée à la qualité de serviteurs à gages.
598. Aggravation attachée à la qualité de fonctionnaire public et de ministre des cultes.
599. De la complicité et de l'assistance donnée aux agents.


**585.** *Attentat à la pudeur.* Le crime prévu par le troisième paragraphe de l'art. 332 suppose deux conditions essentielles, l'attentat et la violence. L'attentat est tout acte extérieur exercé sur une personne avec l'intention d'offenser sa pudeur et de nature à produire cet effet. Il n'est pas nécessaire, pour l'existence du crime, que cet acte ait été commis pour satisfaire une passion sensuelle, il suffit qu'il ait outragé la pudeur. Il peut n'avoir d'autre but que l'injure ou la vengeance et se composer de différents actes qui n'ont pas le même objet que la tentative de viol. La jurisprudence a appliqué cette incrimination à des actes d'impudicité et de brutalité commis soit par des femmes sur une autre femme, soit par des ouvriers sur l'un d'entre eux, quels que fussent l'intention et le mobile des agents et sans admettre aucune distinction fondée sur le but de l'action (Cass. 14 janv. 1826, 6 fév. 1829, 23 déc. 1859).

**586.** *Violence.* La 2e condition constitutive du crime est *la violence.* L'attentat à la pudeur commis sans violence n'est puni que s'il est commis publiquement ou sur un enfant de moins de 13 ans : dans le premier cas, la loi frappe l'outrage public à la pudeur ; dans le deuxième, la violence morale exercée sur l'enfant. L'attentat, lorsqu'il s'exerce sans violence sur une personne d'un âge supérieur et non publiquement, est dépouillé de toute criminalité légale (Cass. 31 août 1843, 11 déc. 1856, 11 nov. 1853). C'est l'emploi de la force qui caractérise le crime, parce qu'elle flétrit la personne en violentant sa liberté. Il faut donc qu'il soit formellement déclaré, non-seulement qu'un attentat à la pudeur a été commis, mais qu'il a été tenté ou consommé avec l'emploi de la force (Cass. 2 fév. 1813, 20 janv. 1820). De là il suit que cette circonstance de la violence étant constitutive et non aggravante, doit être comprise dans la question principale posée au jury (Cass. 8 sept. 1864, 23 mars 1865). L'âge de la victime, au contraire, circonstance constitutive dans l'art. 331, devient une circonstance aggravante dans l'art. 332 (Cass. 10 nov. 1854).

**587.** *Tentative.* Dans l'art. 332, comme dans l'art. 331, la tentative de l'attentat, quoiqu'elle ne soit qu'un commencement d'exécution de l'attentat prémédité, n'est pas soumise aux règles prescrites par l'art. 2. Il a été décidé par de nombreux arrêts « que la tentative violente d'un attentat à la pudeur qui n'a pas le viol pour objet, renferme en elle-même et nécessairement les circonstances énoncées par l'art. 2; que c'est pour cette raison que le Code pénal l'a spécialement et immédiatement jointe à l'attentat consommé et qu'ainsi il a voulu que l'attentat à la pudeur devînt un crime par cela seul qu'il y aurait eu violence dans l'acte par lequel l'auteur aurait cherché à exécuter son attentat » (Cass. 10 mars 1820, 20 sept. 1822, 10 juin 1830, 12 sept. 1831, etc.; *Th. du C. pén.*, n° 1574).

**588.** Il n'est peut-être pas inutile de faire remarquer dans cette matière délicate que la loi s'applique sans aucune distinction à tous les attentats à la pudeur ; elle s'applique donc : 1° aux attentats commis entre les personnes du même sexe ; 2° aux attentats violents commis par un mari sur la personne de sa femme (Cass. 21 nov. 1839, 18 mai 1854). Cependant on ne doit pas perdre de vue, à l'égard de ces deux classes d'attentats, d'une part, que les rapports entre les personnes du même sexe étant plus faciles, il est nécessaire d'examiner avec soin le caractère de l'acte incriminé, et d'autre part, que c'est avec la plus grande circonspection que les investigations de la justice doivent pénétrer dans les relations entre époux pour y chercher un abus de la puissance et de la force.

**589.** *Viol.* L'art. 332 établit la peine du viol sans le définir. Mais ce crime porte en lui-même sa propre définition. On entend par viol « toute conjonction illicite commise par force et contre la volonté d'une personne ». Les deux éléments du crime sont donc le commerce illicite et la violence. Ces deux faits sont l'un et l'autre constitutifs du crime. Si la conjonction illicite ou la violence n'est pas constatée, il peut y avoir une tentative, ou un attentat à la pudeur, il n'y a plus de viol.

**590.** La violence doit être exercée sur la personne même; il ne suffirait pas que les actes de violence eussent pour objet d'arriver jusqu'à cette personne. Il faut que la violence soit entière et complète, qu'aucune hésitation de la victime ne soit venue à son aide, qu'elle n'ait cédé qu'à la force. On a douté que la violence peut être incriminée lorsque la personne sur laquelle elle est exercée vit notoirement dans la débauche : la débauche même habituelle d'une femme n'est point un obstacle à l'existence du crime, car sa vie licencieuse ne saurait légitimer un attentat sur sa personne; elle n'a point aliéné le droit de disposer d'elle-même, et la loi qui punit les violences étend sa protection sur tous (*Th. du C. pén.*, n° 1581). Il faudrait décider également que le fait d'avoir rencontré une femme honnête dans une maison de prostitution ou d'avoir eu précédemment des relations avec la femme sur laquelle le viol est commis, ne sont pas des excuses du crime (Cass. 14 juin 1814). Le défaut de consentement ne remplace pas la violence, s'il n'est accompagné d'une véritable résistance. Mais si le défaut de résistance provient d'une surprise frauduleuse, d'une coupable machination, de l'administration d'une potion somnifère, cette fraude doit être considérée comme la violence même (Cass. 25 juin 1857, 31 déc. 1858). La violence toutefois ne peut jamais être présumée; il faut qu'elle résulte ou de la résistance de la victime ou des actes frauduleux qui l'ont paralysée. L'état d'idiotisme ou de démence de cette victime n'autoriserait pas une exception à cette règle générale.

**591.** *Tentative de viol.* La tentative de viol constitue le crime, lorsqu'elle réunit les caractères exigés par l'art. 2. Si la tentative de l'attentat est soustraite à l'application de cet article, c'est à raison de la nature du crime qui ne permet pas le désistement volontaire après l'exécution commencée. Il n'en est pas ainsi du viol qui se compose de divers actes de violence qui tendent à un but déterminé. Aussi le premier paragraphe de l'art. 332 n'a point, comme le troisième paragraphe et comme l'art. 331, énoncé d'une manière spéciale la tentative de ce crime; il en résulte que cette tentative demeure soumise aux règles de la tentative légale (Cass. 18 mai 1815, 15 sept. 1831). De là il suit, 1° que dans une accusation de viol, la question de tentative ne peut être posée qu'avec les caractères fixés par l'art. 2 ; 2° que néanmoins, dans la même accusation, l'attentat à la pudeur avec violence peut, à raison des faits qui le constituent, être considéré comme une modification du viol et donner lieu à la position d'une question résultant des débats et subsidiaire (Cass. 15 sept. 1837, 8 fév. 1849, 30 mai 1850).

**592.** *Circonstances aggravantes.* Les crimes d'attentat à la pudeur avec violence et de viol reçoivent une aggravation de circonstances identiques qui sont l'âge de la victime, la qualité du coupable et l'assistance qu'il a reçue dans l'exécution du crime. La première de ces causes d'aggravation, l'âge de la victime, fait l'objet des paragraphes 2 et 4 de l'art. 332 : si l'enfant, sur la personne duquel le crime est commis, est au-dessous de l'âge de quinze ans accomplis, la peine du viol, qui est celle des travaux forcés à temps, s'élève au maximum de cette peine, et la peine de l'attentat, qui est la reclusion, s'élève à celle des travaux forcés à temps. Ainsi l'âge qui, dans l'attentat à la pudeur sans violence, est un élément du crime, constitue une circonstance aggravante de l'attentat avec violence ; d'où il suit, que cet âge doit faire l'objet d'une question séparée qu'il appartient au jury de résoudre (Cass. 8 nov. 1838, 18 avr. 1839, 2 juin 1848).

**593.** La deuxième circonstance aggravante, également commune au viol et à l'attentat à la pudeur avec violence, résulte de la qualité du coupable. L'art. 333 indique les diverses applications de ce principe d'aggravation. Cet article l'applique, en premier lieu, aux *ascendants* de la personne sur laquelle le crime a été commis. On doit remarquer à ce sujet que la loi du 13 mai 1863 a substitué dans l'art. 333 à ces mots : « Dans le cas prévu par l'art. 331 », ceux-ci : dans le cas prévu *par le paragraphe* 1er de l'art. 331 » : la raison de cette modification est que l'incrimination, qui fait l'objet du deuxième paragraphe de cet article étant fondée sur l'autorité des ascendants, ne pouvait recevoir une aggravation résultant de cette même qualité.

**594.** Après les ascendants, l'art. 333 indique les personnes *qui sont de la classe de ceux qui ont autorité* sur la victime. On distingue deux espèces d'autorité : l'autorité légale, qui dérive de la loi, telle est celle des pères et mères, des tuteurs et curateurs, et l'autorité de fait qui vient, non de la loi, mais des circonstances et de la position des personnes, telle est celle des maîtres sur leurs domestiques, du mari sur les enfants du premier mariage de la femme. L'art. 333 s'étend à toutes les personnes qui ont une autorité soit de fait, soit de droit sur la victime. Lorsque le coupable, investi d'une puissance quelconque sur une personne, a fait d'un titre de protection un moyen de corruption et en a abusé pour commettre le crime, ce crime consommé par cet abus d'autorité devient plus grave. C'est dans ce sens que la jurisprudence s'est prononcée; elle a appliqué l'art. 333 aux maîtres qui ont commis l'attentat sur leurs domestiques (Cass. 26 déc. 1823); aux chefs d'atelier sur les ouvriers qui y travaillent sous leurs ordres (Cass. 27 août 1857); au mari sur les enfants mineurs non émancipés issus du premier mariage de sa femme (Cass. 16 fév. 1837); ou sur l'enfant naturel de la femme après le décès de celle-ci (Cass. 12 août 1859); à un individu, vivant maritalement avec la mère de la victime âgée de treize ans et dans un domicile commun (Cass. 31 déc. 1856). Toutefois, quand l'autorité dérive du fait, il est nécessaire que la déclaration du jury énonce le fait dont elle est la conséquence. Il ne suffit pas, par exemple, de déclarer que le coupable avait « la qualité de père nourricier », il faut ajouter à cette énonciation d'une qualité qui ne donne pas une autorité même de fait, les circonstances spéciales qui peuvent constituer l'autorité de celui qui la porte (Cass. 11 déc. 1856. *Th. du C. pén.*, n° 1593).

**595.** On a vu (tom. 1er, nos 842, 843) que c'est au jury qu'il appartient de déclarer la qualité qui constitue l'aggravation et, par exemple, si l'accusé est tuteur, beau-père, ascendant ou domestique de la victime. On doit ajouter qu'il ne suffirait pas que ces qualités, de même que l'âge de la victime, fussent établies par des actes même authentiques. L'acte authentique perd dans les débats criminels sa force de preuve; il n'a plus qu'une force de présomption que la puissance souveraine du jury peut admettre ou anéantir; car le jury est appelé à apprécier la relation du fait établi par la preuve légale avec le fait incriminé et son influence sur la culpabilité de l'agent. Il ne suffit plus que le fait résulte d'un acte, il faut que le jury reconnaisse et déclare ce résultat (*Th. du C. pén.*, n° 1594).

**596.** Après les ascendants et les personnes qui ont autorité, l'art. 333 désigne les *instituteurs*. La raison de l'aggravation est ici, moins l'autorité qu'ils exercent, que l'abus de la confiance qui leur est accordée, la trahison d'un devoir pour la satisfaction d'une criminelle passion. On doit comprendre dans la qualification d'instituteurs tous les maîtres attachés soit à la surveillance, soit à l'enseignement de l'élève : tels seraient les maîtres de musique, de chant, de dessin, de danse, etc.

**597.** L'aggravation frappe en quatrième lieu les *serviteurs à gages* soit de la victime elle-même, soit de ses ascendants ou des personnes qui ont autorité sur elle. Cette qualité est donc aggravante en ce qui concerne non-seulement le chef de la famille, mais encore tous les membres qui la composent. De là il suit que si le coupable et la victime sont tous les deux domestiques dans la même maison, l'aggravation est applicable, puisque, d'après les termes précis de l'art. 333, le crime a été commis sur une personne soumise à l'autorité des individus dans la maison desquels elle était placée comme domestique : elle était protégée dès lors par l'autorité du chef de la famille dans la maison duquel l'accusé, admis comme serviteur, a porté le désordre (Cass. 6 sept. 1821, 16 mars 1854, 6 oct. 1864, 9 août 1867).

**598.** Les fonctionnaires publics et les ministres des cultes forment la cinquième classe des personnes dont la qualité est une cause d'aggravation. La question s'est élevée de savoir s'il suffit d'avoir l'une ou l'autre de ces deux qualités pour être passible de l'aggravation, et s'il ne faut pas, en outre, que le crime ait été commis dans le lieu où les fonctions sont exercées et envers les personnes sur lesquelles elles donnaient autorité. La jurisprudence a décidé : « que l'aggravation n'est point subordonnée aux relations que les fonctions ont pu établir entre l'auteur de l'attentat et sa victime ; qu'il résulte de l'art. 333 que la qualité de fonctionnaire est par elle-même la circonstance aggravante et que dès lors l'application n'en doit pas être restreinte au cas où le crime a été commis par le fonctionnaire dans l'exercice de ses fonctions ou à l'occasion de cet exercice (Cass. 9 juin 1853, 5 mai 1859, 22 nov. 1866). La même solution a été appliquée aux ministres des cultes (Cass. 13 nov. 1856). Il convient d'ajouter que le jury, en ce qui touche la qualité aussi bien que pour l'autorité, ne doit déclarer que la fonction exercée par l'agent, s'il est, par exemple, préposé des douanes, des postes, de l'octroi, et non le titre légal de fonctionnaire public (Cass. 22 nov. 1866).

**599.** *Complicité.* Une dernière circonstance aggravante, prévue par l'art. 333, résulte de l'assistance que l'agent reçoit d'une ou de plusieurs personnes dans l'exécution de son crime. Cette assistance peut être donnée soit par des complices qui n'ont d'autre but que de faciliter l'exécution du crime, soit par des coauteurs qui se prêtent une coopération mutuelle pour l'exécution successive du même crime. Dans l'un et dans l'autre cas, l'aggravation est également applicable, car c'est le fait matériel de l'assistance, quelle que soit l'intention de ceux qui le prêtent, qui aggrave la criminalité (Cass. 20 mars 1812). La même peine frappe les complices et les coauteurs les uns par application de l'art. 59, les autres de l'art. 333. Il y a lieu seulement de remarquer que les questions relatives aux complices doivent renfermer les circonstances constitutives de la complicité spécifiées par l'art. 60, tandis que cette énonciation est sans objet à l'égard des coauteurs (Cass. 31 juill. 1818). L'assistance est suffisamment constatée quand l'accusé est déclaré coupable d'avoir « conjointement avec un autre individu » commis le crime de viol (Cass. 29 janv. 1820). La complicité peut résulter soit de faits d'assistance, soit de faits qui concourent à l'exécution et la facilitent ; dans ce dernier cas, il est nécessaire d'ajouter que le complice a agi *avec connaissance* (Cass. 2 nov. et 27 nov. 1856, 9 juin 1864).

## IV. — *De l'excitation à la débauche et à la corruption des mineurs.*

### Art. 334, 335.

600. Caractères du délit d'excitation à la débauche. Application de l'article 334.
601. Distinction de la séduction personnelle et de la séduction qui se fait intermédiaire de corruption.
602. Quels sont les faits que la jurisprudence a considérés comme faits d'excitation habituelle à la débauche et assimilés au proxénétisme.
603. Le délit n'est constitué que par des actes matériels ; les conseils et provocations ne suffisent pas.
604. Caractères et éléments constitutifs de l'habitude, qui est un des éléments du délit.
605. Questions relatives à l'application de l'art. 334, quand la victime est déjà flétrie ou fille publique.
606. De la complicité dans le délit d'excitation à la débauche. Complicité du séducteur qui emploie des intermédiaires.
607. De la pénalité. Interdictions qui frappent les pères et mères.

**600.** *Caractères du délit.* L'art. 334 indique, quoique en termes un peu vagues, deux circonstances du délit : il veut qu'il y ait eu de la part de l'agent excitation de la jeunesse à la débauche, et que cette excitation ait été habituelle. De là on doit induire que cet article ne s'applique point à la séduction personnelle et qu'il n'atteint que les personnes qui favorisent la débauche des mineurs, non pour eux-mêmes, mais pour satisfaire l'incontinence d'autrui. En effet, l'attentat aux mœurs se commet, suivant le texte de l'art. 334, « en excitant, favorisant ou facilitant habituellement la débauche ou la corruption de la jeunesse ». D'où il suit que ce que la loi a voulu saisir, ce n'est pas l'acte de débauche ou de corruption, mais le fait d'avoir favorisé ou facilité cet acte; et qu'elle ne s'applique qu'aux personnes qui facilitent un tel acte *habituellement*, c'est-à-dire aux intermédiaires, aux proxénètes. Et cette interprétation est fortifiée par le 2e § de l'art. 334, qui aggrave la peine du proxénétisme quand c'est le père ou la mère qui l'exerce. Deux arrêts des Chambres réunies de la Cour de cassation, expliquant dans ce sens cet article, déclarent qu'il ne s'applique qu'à ceux qui se livrent à l'infâme métier de la prostitution ; que son

1er § ne pouvait mieux indiquer le proxénétisme qu'en le caractérisant, comme il l'a fait, d'attentat aux mœurs commis en excitant, favorisant ou facilitant habituellement la débauche ou la corruption, et que c'est seulement à ces intermédiaires que son application doit être infligée (Cass. 18 juin 1840, 19 mai 1841). Cette jurisprudence fermement maintenue depuis ces arrêts établit une règle qui n'est plus contestée (Cass. 10 fév. 1846, 12 mai 1848, 20 sept. 1850, 21 août 1863; *Th. du C. pén.*, n° 1533).

**601**. Cependant, tout en maintenant cette règle, quelques distinctions, suscitées par les faits eux-mêmes, ont étendu son application. Si la loi a écarté la séduction personnelle, à raison des scandales que sa répression aurait soulevés, elle n'a pas voulu l'absoudre quand elle emploie des moyens illicites. La jurisprudence, en restreignant l'art. 334 aux intermédiaires, a rangé parmi ces intermédiaires quelques agents dans lesquels cette qualité pouvait être contestée, mais qui, en fait, l'ont exercée. C'est ainsi qu'elle a enveloppé dans les termes de cet article — l'individu qui rend un enfant de 13 ans témoin habituel de ses actes de débauche avec la mère de celle-ci; — celui qui se rend intermédiaire de corruption en se livrant devant des mineurs à des actes obscènes et en propageant ainsi sa dépravation (Cass. 1er mai 1854, 21 avr. 1855, 13 nov. 1856); — celui qui, même pour satisfaire son libertinage personnel, organise des scènes de débauche entre des mineurs et des filles publiques (Cass. 23 août 1865); — celui qui se rend un agent de corruption, en attirant habituellement chez lui un certain nombre de mineurs, pour se livrer avec eux à des actes de débauche (Cass. 10 janv. 1856, 12 janv. 1867, 19 déc. 1868).

**602**. Cette jurisprudence, si elle se maintient strictement dans les termes des premiers arrêts qui l'ont formulée, ne s'écarte ni de la disposition vague et un peu flexible de la loi, ni de la règle qui sépare les agents de séduction et les simples séducteurs. Elle saisit, à la vérité, non-seulement ceux qui exercent l'infâme trafic du proxénétisme, mais encore ceux qui, par une intervention matérielle, avec ou sans esprit de lucre, provoquent et facilitent la corruption des mineurs, pourvu qu'ils le fassent habituellement; mais si ces agents ne sont pas des proxénètes de métier, ils en font l'office, ils se rendent comme eux intermédiaires de la débauche, non pour profiter personnellement de la séduction, mais pour l'exciter et la propager. Il n'est pas possible de confondre avec des faits de séduction le fait de réunir des mineurs pour les dépraver, ou de couvrir du nom de passion le goût impur qui cherche une satisfaction dans une obscénité commune. L'attentat aux mœurs se constitue par tous les modes d'excitation à la débauche, par tous les moyens habituellement employés pour la favoriser ou la faciliter, à moins que la séduction ne cherche qu'à satisfaire une passion personnelle. Mais, en appliquant cette jurisprudence, on doit prendre garde de l'étendre à des faits qui sortiraient tout à fait des termes de la loi. C'est ainsi qu'il paraît difficile d'étendre l'art. 334 au fait d'avoir loué à une fille mineure une chambre dans une maison habitée par des prostituées (Cass. 10 nov. 1854, 1er mai 1863).

**603.** On ne doit pas, dans tous les cas, confondre avec les actes matériels d'une participation criminelle, les conseils, les provocations, les prédications même de l'immoralité. La loi ne punit que l'attentat aux mœurs, et par conséquent elle n'incrimine que les faits matériels de proxénétisme ou de promiscuité de débauche qui ont pour résultat, non-seulement d'enseigner la corruption, mais de souiller la personne elle-même par le spectacle de scènes de dépravation. Elle ne frappe l'outrage à la morale, indépendamment d'un attentat matériel aux mœurs, que lorsque cet outrage est public. (Cass. 12 mars 1860, 14 août 1863). *Th. du C. pén.*, n° 1541).

**604.** *Habitude.* L'habitude, qui est une circonstance essentielle du délit, exige plusieurs faits successifs, une série d'actes ou une pratique réitérée du même acte. Un fait unique, quelque odieux qu'il soit, ne peut constituer le délit. (Cass. 29 déc. 1866). Mais la réitération des mêmes actes, même sur une seule et même personne, peut soulever l'application de la loi. Cette application avait été écartée par un arrêt qui, pour constituer l'habitude, exigeait : 1° la répétition des actes d'excitation à la débauche ; 2° la pluralité des victimes livrées à la prostitution (Cass. 20 juin 1838, 1er juin 1844). Mais un dernier arrêt déclare « que l'art. 334 punit d'une manière générale tous ceux qui trafiquent de la corruption de la jeunesse, qui l'excitent à la débauche et lui en facilitent les moyens pour la livrer à la prostitution, pourvu que la fréquence et la répétition des faits prennent le caractère d'une habitude criminelle ; que cette habitude peut évidemment résulter soit de faits de corruption répétés à différentes époques envers la même personne, soit des mêmes faits successivement pratiqués envers des personnes différentes » (Cass. 31 janv. 1850, 10 déc. 1860, 1er mai 1863). Ainsi la pluralité des victimes n'est point une condition essentielle de l'habitude. Ce qui constitue cette circonstance, c'est la fréquence et la continuité des actes, et non le nombre des personnes qui sont l'objet de ces actes; c'est l'exercice ou du métier de proxénité ou d'une action incessante ou successive avec le but d'exciter ou de favoriser la corruption. Il importe peu que l'agent ne soit l'intermédiaire que d'une seule séduction sur une seule mineure, s'il a été l'instrument continu et habituel de cette séduction (Cass. 15 oct. 1853). Le 2e § de l'art. 334 exige, comme le premier, le concours de l'habitude pour motiver l'aggravation pénale qu'il établit ; le deuxième alinéa se réfère au premier pour l'indication des circonstances du délit et de l'âge des victimes ; il en est de même de la circonstance de l'habitude (Cass. 10 mars 1848, 10 déc. 1863).

**605.** *Application.* Est-il nécessaire, pour l'existence du délit, que la corruption ait été consommée, que le mineur ait été flétri par la débauche? Non, l'attentat consiste dans le fait de faciliter, d'exciter la débauche, il ne consiste pas dans l'acte même de cette débauche; il suffit que l'agent ait prêté son extrémité pour obtenir ce résultat; le délit est consommé à son égard par la perpétration de ces actes d'excitation (Cass. 5 juill. 1834, 14 août 1863). L'art. 334 s'applique-t-il à ceux qui excitent la corruption de jeunes filles mineures qui, avant leur entremise, étaient déjà prostituées? La jurisprudence répond par l'affirmative. La loi ne fait aucune distinction entre ceux qui infiltrent à ces mineures les premiers sentiments de la corruption et ceux qui les entretiennent dans ces sentiments; et lors même que ces jeunes filles seraient inscrites à la police, il n'en résulterait aucune excuse, car les livrets et l'inscription des filles publiques ne sont point une autorisation de se livrer à la prostitution (Cass. 17 nov. 1826, 5 mars et 12 déc. 1863). Enfin, une fille publique qui reçoit dans sa chambre plusieurs mineurs à la fois et les excite à la débauche, commet-elle le délit? Oui, sans aucun doute, lorsqu'il est constaté que « cette fille donnait volontairement et sciemment à ces mineurs le spectacle de scènes d'impudicité impliquant une excitation à la débauche » (Cass. 7 juill. 1859).

**606**. *Complicité.* Si le séducteur, qui n'a commis qu'un acte de séduction personnelle et directe, sans recourir à un agent intermédiaire de corruption, est en dehors de l'application de la loi pénale, il n'en est plus ainsi lorsqu'il s'est rendu complice des actes de cet agent. L'incrimination résultant de la complicité est en effet une règle générale qui s'applique à tous les délits et l'art. 334 n'exclut nullement celle du corrupteur qui, par dons ou promesses, a provoqué, pour satisfaire son libertinage, l'intervention du proxénétisme (Cass. 5 août 1841, 29 avr. 1842). Mais le séducteur ne peut être réputé complice qu'à deux conditions : il faut qu'il ait employé l'un des modes de complicité prévus par l'art. 60; il faut qu'il ait participé à tous les actes nécessaires pour constituer le délit et par conséquent l'habitude qui doit caractériser les actes du proxénète ou de l'intermédiaire. (Cass. 10 nov. 1860, 13 fév. 1863. *Th. du C. pén.*, n$^{os}$ 1552 et 1553).

**607**. *Pénalité.* Aux peines prononcées par l'art. 334, l'art. 335 ajoute des peines accessoires qui sont les unes obligatoires, les autres facultatives. L'interdiction de toute tutelle et curatelle et de toute participation aux conseils de famille, la privation des droits et avantages qui sont attribués au père ou à la mère sur la personne et les biens de l'enfant sont obligatoires. La surveillance n'est que facultative. La privation des droits et avantages que le Code civil attribue aux père et mère ne s'applique qu'à la personne et aux biens de l'enfant victime de la corruption ; elle ne s'étend pas aux autres enfants.

## V. — *De l'adultère.*

### ART. 336, 337, 338, 339, 340.

608. Caractères particuliers du délit d'adultère.
609. Exercice de l'action par le mari. Distinction de l'action publique et de l'action privée.
610. Droits particuliers du mari dans la poursuite du délit d'adultère de la femme.
611. Effets du désistement du mari.
612. Décès du mari et ses effets sur la poursuite.
613. Décès de la femme avant le jugement, et ses effets sur la procédure.
614. De l'adultère du mari.
615. Fins de non-recevoir contre la poursuite en adultère. Faits personnels au mari.
616. Ce qu'on doit entendre par l'entretien d'une concubine dans la maison conjugale.
617. De la réconciliation des époux.
618. Les excès et sévices du mari, son silence prolongé et sa connivence ne constituent pas des fins de non-recevoir.
619. Preuves du délit. Preuves écrites.
620. Preuve résultant du flagrant délit.
621. Peines de l'adultère.

**608**. *Caractères du délit.* Le Code, en plaçant l'adultère au nombre des attentats aux mœurs, ne l'a point défini. Mais cette définition était inutile, puisque ce délit porte en lui-même sa signification. Trois circonstances sont nécessaires pour le constituer : l'union consommée des sexes, le mariage des agents ou de l'un d'eux, et la volonté coupable de la part de la personne mariée. La consommation du commerce illicite est la première et essentielle condition du délit : les actes même impudiques, les familiarités même criminelles, ne suffisent pas pour le constituer, à moins qu'ils ne soient relevés comme des preuves d'une consommation antérieure, car la justice ne doit pas s'égarer dans d'impossibles investigations. Le délit n'existe, en deuxième lieu, que par le mariage des deux coupables ou de l'un d'eux; car si le commerce illicite a été commis soit avant la célébration du mariage, soit après sa dissolution, ou si le mariage était nul, par exemple à raison de la bigamie du mari, le délit n'existerait pas. Enfin, le troisième élément est le dol, c'est-à-dire la volonté coupable. Ainsi la violence exercée sur la femme ou l'erreur de celle-ci, quand elles sont constatées, sont des faits justificatifs qui doivent motiver le rejet de la plainte; il faut que la volonté de la femme ait été complice du fait.

**609.** *Exercice de l'action par le mari.* L'adultère peut être commis soit par la femme, soit par le mari. La loi a établi pour l'un et l'autre cas des règles différentes. En ce qui concerne l'adultère de la femme, les intérêts de la famille, la crainte de porter le trouble dans le foyer domestique et la difficulté des preuves ont fait admettre trois règles qui ont pour objet d'en modérer la poursuite : cette poursuite ne peut être exercée que sur la dénonciation du mari; celui-ci peut la suspendre par son désistement; enfin, en consentant à reprendre sa femme, il arrête les effets de la condamnation (art. 336, 337). Ces dispositions spéciales ne touchent que le mode de la poursuite et l'exécution de la peine; elles n'altèrent en aucune manière la nature du délit dont la répression est poursuivie, non dans l'intérêt privé du mari, mais au nom de la société et dans son intérêt. La loi ne dit point, en effet, que le mari sera seul recevable à *poursuivre comme partie* l'adultère; elle veut seulement qu'il soit seul admis à le *dénoncer*. Il ne peut appartenir qu'au ministère public d'en poursuivre le jugement et d'en requérir la répression (*Tr. de l'instr. cr.*, n° 762). De là il suit qu'il n'est pas nécessaire que le mari figure comme partie au procès : la loi se borne à demander sa dénonciation; elle n'exige point son concours; il peut même, en cas d'absence, se faire représenter par un mandataire (Cass. 22 août 1816, 25 août 1848, 31 août et 23 nov. 1855).

**610**. Cependant si, en principe, le mari n'exerce point l'action publique dans la poursuite du délit d'adultère et s'il n'a d'autre caractère que celui d'une partie civile (Cass. 26 juil. 1828), ses droits sont plus étendus, puisque la poursuite ne peut être commencée que sur sa plainte et qu'il peut sans cesse l'arrêter par son désistement. Mais de ce double privilége la jurisprudence a déduit quelques conséquences qui doivent être consignées ici : 1° un arrêt déclare « que la loi, en donnant au mari le droit exclusif de dénoncer l'adultère, lui donne nécessairement celui de suivre l'instance jusqu'à ce qu'il soit intervenu un jugement définitif; qu'il suit de là que l'appel du mari saisit la Cour d'appel de la même manière et avec les mêmes effets que la citation directe et originaire avait saisi les premiers juges, et qu'ainsi cette Cour a le droit de prononcer les peines de l'adultère (Cass. 3 sept. 1831) ; 2° un autre arrêt fonde la même décision sur l'art. 308 du C. civ., en ajoutant « que l'appel du mari qui suffirait seul, devant la juridiction civile, pour mettre le ministère public en état de requérir et la Cour en état de prononcer la peine de l'adultère, doit avoir le même effet devant la juridiction correctionnelle, nonobstant la disposition de l'art. 202, n° 2, C. d'instr. cr., qui est inapplicable dans ce cas » (Cass. 10 oct. 1837, 5 août 1841); 3° un troisième arrêt décide encore que le ministère public ne peut appeler *à minimâ* du jugement rendu sur la plainte du mari, « attendu que par cet appel il porterait atteinte aux droits exclusivement réservés au mari et à la paix de la famille » (Cass. 5 août 1851). Ces diverses décisions, qui s'écartent des termes de la loi et ne font qu'étendre des dispositions essentiellement exceptionnelles, ont été critiquées au point de vue doctrinal (*Tr. de l'instr. crim.*, nos 764, 765; *Th. du C. pén.*, n° 1617).

**611.** *Désistement.* Le mari, en se désistant de la plainte, arrête la poursuite quel que soit le degré où elle est parvenue (Cass. 7 août 1823). Le désistement est exprès ou présumé : exprès, quand il se manifeste par un acte formel; présumé, quand il résulte de faits de réconciliation postérieurs à la plainte. La réconciliation équivaut au désistement; elle renferme le pardon de la faute, elle éteint la poursuite comme elle mettrait un terme à la peine (C. civ. 272, C. pén. 338). Le désistement peut-il être rétracté? Le mari peut-il reprendre la plainte qu'il avait abandonnée? Oui, mais seulement s'il allègue des faits nouveaux, car ces faits seuls peuvent avoir pour effet de faire revivre une action éteinte. Le désistement produit pendant l'instance profite-t-il au complice? Oui, s'il n'y a pas encore chose jugée à l'égard de la femme, car il équivaut à la preuve que l'adultère n'a point été commis (Cass. 24 mai 1850). Non, s'il n'intervient qu'après qu'un jugement définitif a condamné la femme, car dans ce cas le droit de grâce du mari ne s'étend point au complice (art. 338). Si le complice a seul formé appel du jugement de condamnation intervenu contre la femme et contre lui, le pardon du mari, après ce jugement devenu définitif à l'égard de la femme, éteint-il la poursuite contre le complice? La jurisprudence a résolu négativement cette question, parce que, dès que le fait de l'adultère est reconnu par jugement ayant force de chose jugée, le mari ne peut pas plus arrêter la poursuite qu'il ne pourrait arrêter les effets de la condamnation à l'égard du complice (Cass. 17 juin 1850, *Th. du C. pén.*, n° 1623).

**612.** *Décès du mari.* Le décès du mari survenu dans le cours de la poursuite, avant le jugement définitif et en dernier ressort, ne met aucun obstacle à la continuation de la poursuite et à l'exécution de la peine. En effet, ce décès ne peut être assimilé au désistement, dont le but unique est le rapprochement des époux, et le délit étant régulièrement dénoncé, la procédure doit suivre son cours. La femme conserve d'ailleurs son droit de faire valoir les exceptions de fait et de droit qui pourraient être opposées à l'action du ministère public (Cass. 25 août 1848, 6 juin 1863).

**613.** *Décès de la femme.* Le décès de la femme avant le jugement définitif a pour effet d'éteindre la poursuite à l'égard du complice. La raison en est que si, en principe général, le décès de l'auteur principal d'un délit n'est point un obstacle à la poursuite des complices, cette règle ne peut s'appliquer en matière d'adultère, parce qu'il importe à la paix de la famille que la poursuite continuée contre le prétendu complice ne puisse pas détruire la présomption légale d'innocence dont l'extinction de l'action couvre la femme : cette présomption s'applique nécessairement au complice (Cass. 8 mars 1850, 8 juin 1872). On doit ajouter que dans l'adultère il n'y a, à proprement parler, ni auteur ni complice; il y a deux coauteurs nécessairement liés dans la même poursuite. Les deux actions, quand elles ont été simultanément exercées, sont indivisibles et doivent suivre le même sort. Cette règle d'indivisibilité ne cesse de s'appliquer que dans le cas où les deux actions ont été introduites séparément, par exemple, dans le cas où la femme a été condamnée dans le cours d'une instance en séparation de corps et que la plainte du mari n'a été portée ensuite que contre le complice (Cass. 12 déc. 1868).

**614.** *Adultère du mari.* L'adultère du mari ne constitue un délit que dans le cas où il a entretenu une concubine dans la maison conjugale. C'est dans ce seul cas qu'il peut être poursuivi et qu'il est passible d'une amende de 100 à 300 francs (art. 339). La poursuite ne peut être exercée que sur la plainte de la femme. Peut-elle, après avoir déposé sa plainte, en arrêter les effets en se désistant ? Non, son désistement n'arrêterait pas l'action publique, puisque l'art. 337 n'a attribué qu'au mari seul le droit d'arrêter les effets de la condamnation et par conséquent de la plainte.

**615.** *Fins de non-recevoir.* La femme poursuivie pour

adultère peut opposer à la plainte du mari plusieurs exceptions. Elle peut opposer d'abord les faits justificatifs résultant de la violence ou de l'erreur. Elle peut opposer ensuite la prescription, la nullité du mariage ou les faits personnels du mari. Ces faits personnels sont le propre adultère du mari dans le cas prévu par l'art. 339, et sa réconciliation avec sa femme. L'adultère du mari, lorsqu'il a entretenu une concubine dans la maison conjugale, le rend non recevable à poursuivre l'adultère de la femme. La maison conjugale est le domicile du mari (Cass. 23 mars 1865, 28 fév. 1868). La plainte de la femme serait donc admissible, lors même qu'elle n'habiterait pas actuellement cette maison, qui ne cesse d'être l'habitation commune qu'après la séparation de corps définitivement prononcée (Cass. 27 avril 1838, 13 déc. 1857). La loi a voulu protéger la maison où la femme réside, ou du moins elle a le droit de résider (Cass. 7 juin 1861).

**616.** Que faut-il entendre par « entretenir une concubine dans la maison conjugale ? » Il faut entendre tout commerce illicite avec une personne de la maison. On ne doit point attacher, aux termes de l'art. 339, un sens qu'ils n'ont pas : ils prévoient l'espèce la plus ordinaire, l'introduction d'une concubine étrangère dans la maison commune ; mais ce que la loi a voulu atteindre, c'est le commerce du mari dans cette maison avec une autre que sa femme, c'est le mépris qu'il fait de celle-ci, c'est l'outrage qu'elle souffre par la présence de la femme coupable. L'exception doit s'appuyer sur la preuve de l'adultère du mari ; car l'art. 339 exige « qu'il soit convaincu sur la plainte de la femme ; » cette conviction doit être acquise par un jugement qui le déclare coupable ; elle pourrait résulter aussi du débat ouvert sur la plainte du mari, car la femme peut n'avoir intérêt à se plaindre que lorsqu'elle est elle-même l'objet d'une poursuite (Cass. 30 mars 1832, 11 nov. 1858). Peut-elle, si sa plainte a été rejetée, la reproduire ultérieurement ? Oui, en la fondant sur des faits nouveaux qui constituent de nouvelles charges; mais il n'appartiendrait qu'à la juridiction d'abord saisie de connaître de ces charges nouvelles (Cass. 22 mars 1856).

**617.** La réconciliation des époux, survenue, soit avant, soit depuis la plainte, éteint l'action en adultère (C. civ., 272). Cette réconciliation est considérée comme une preuve légale que l'adultère n'a pas été commis (Cass. 7 août 1823), pourvu d'ailleurs qu'elle ne soit appliquée qu'aux faits connus à l'époque où elle a eu lieu. Elle est expresse ou tacite : expresse, quand elle est attestée par des actes ou des lettres missives écrites par le mari, après qu'il a connu les désordres de sa femme; tacite, quand on la fait résulter de certains faits, tels que la cohabitation des époux ou les témoignages d'affection donnés postérieurement à la découverte de la faute; mais il ne suffirait pas qu'ils eussent continué de vivre sous le même toit, puisque l'art. 214, C. civ., oblige le mari de recevoir sa femme malgré son adultère (Cass. 4 avr. 1868).

**618.** Il ne résulte aucune fin de non-recevoir ni des excès, sévices et injures graves du mari, ni de son silence pendant un certain temps, ni de sa connivence à la débauche et aux déportements de sa femme. Les mauvais traitements du mari peuvent fonder une séparation de corps; ils ne sont pas une excuse de l'adultère : l'art. 336 n'autorise la femme à opposer à la poursuite que le seul fait d'entretien d'une concubine dans la maison commune. Le silence du mari ne peut frapper son action de déchéance que lorsqu'il s'est prolongé pendant le laps de trois ans qui forme la prescription du délit. Enfin la connivence ne peut être alléguée à titre d'exception, car la femme n'est pas excusable parce que son mari a toléré ses désordres, et l'indignité de celui-ci, qui pourrait écarter une demande en dommages-intérêts, n'est point un obstacle à l'application d'une peine qui n'est pas prononcée à son profit, mais au profit de la société. Quant aux fins de non-recevoir que peut opposer le mari à la plainte de sa femme, elles ne peuvent être puisées que dans la prescription, la nullité du mariage ou dans les faits de réconciliation qui auraient suivi la plainte. Il ne peut opposer ni l'adultère de la femme, ni le scandale de ses désordres, ni même son abandon de la maison conjugale : ce ne sont point là des excuses légales du délit (Cass. 23 mai 1865). Il ne peut non plus opposer que sa concubine mariée ne peut être mise en cause sans la dénonciation de son mari ; la loi n'a fait aucune restriction au droit de plainte que l'art. 339 accorde à la partie lésée ; seulement, dans ce cas, la femme complice ne serait passible que de l'application de cet article (Cass. 28 fév. 1868 ; *Th. du C. pén.*, n° 1652).

**619.** *Preuves de l'adultère.* L'adultère soit de la femme, soit du mari, peut, comme tous les délits, se prouver par tous les genres de preuve, et notamment par la preuve testimoniale (Cass. 13 mai 1813) ; mais, relativement au prévenu de complicité, les seules preuves qui, aux termes de l'art. 338, peuvent être admises, sont les lettres et autres pièces écrites par le prévenu, et le flagrant délit. La preuve écrite, qu'il appartient d'ailleurs aux juges du fait d'apprécier, peut résulter — de l'aveu de sa complicité fait par le prévenu dans un interrogatoire signé de lui et subi devant le juge d'instruction (Cass. 13 déc. 1851) ; — de l'acte de naissance dressé par l'officier de l'état civil et signé du prévenu, dans lequel il se déclare le père de l'enfant né de la femme convaincue d'adultère ; — de l'acte de reconnaissance d'un enfant également issu d'une femme condamnée pour adultère. Mais les lettres de la femme au complice, les lettres des tiers, les aveux non écrits, ne constituent pas une preuve qui ne peut résulter que « de lettres ou autres pièces écrites par le prévenu ».

**620.** A défaut de preuves écrites, la loi n'admet contre le complice que celle du *flagrant délit.* Que faut-il entendre par cette expression ? Ici ne s'appliquent point les art. 32, 41 et 49 du C. d'inst. cr. ; il n'est pas nécessaire que le flagrant délit d'adultère soit constaté au moment où il vient de se commettre, il suffit qu'il résulte de l'instruction du procès que les délinquants ont été vus et surpris dans l'accomplissement du fait; la preuve de ce flagrant délit n'est assujettie à aucune condition ni forme particulière; la conviction du juge peut se former conformément au droit commun, de tous témoignages, dépositions, rapports et procès-verbaux établissant que les prévenus ont été surpris *in ipsâ turpitudine* (Cass. 22 sep. 1837, 27 avr. 1849, 8 mai 1853, 8 juill. 1864, 27 avr. 1866). Quant aux faits qui constituent le flagrant délit, il appartient exclusivement aux tribunaux correctionnels de les déclarer. Le complice, même surpris en flagrant délit, peut opposer qu'il a ignoré que la femme était mariée ou qu'il l'a rencontrée dans un lieu de débauche et a pu la croire livrée à la prostitution. Ces deux faits, s'ils sont parfaitement établis, peuvent excuser et même effacer le délit (*Th. du C. pén.*, n° 1658).

**621**. *Peines.* Les peines du délit sont portées par les art. 337 et 338. Il n'est pas douteux d'abord que ces peines peuvent être atténuées, quel que soit le caractère spécial du délit, en vertu de la disposition générale de l'art. 463. Il est également certain que lorsque le mari, usant du droit que lui reconnaît le 2e § de l'art. 337, arrête l'effet de la condamnation en consentant à reprendre sa femme, cette mesure ne profite pas au complice (Cass. 17 janv. 1829); celui-ci peut même, outre les peines d'emprisonnement et d'amende portées par l'art. 338, être condamné à des dommages-intérêts envers le mari (Cass. 17 janv. et 5 juin 1829). Enfin, à côté du complice, qui est un véritable coauteur du délit, peuvent se trouver les vrais complices, ceux qui ont favorisé sa perpétration en fournissant les moyens de le commettre; ces individus peuvent sans aucun doute être compris dans la poursuite et sont passibles des peines de la complicité, s'ils rentrent dans les termes et réunissent les conditions spéciales de l'art. 60 (*Th. du C. pén.*, n° 1665).

## V. — *De la bigamie.*

### Art. 340.

622. Eléments du crime de bigamie.
623. Le premier élément du crime est que l'agent soit engagé dans un premier mariage.
624. Il faut, en deuxième lieu, que le deuxième mariage ait été contracté avant la dissolution du premier.
625. Il faut, en troisième lieu, qu'il y ait dol et fraude de la part du prévenu.
626. Exception tirée de l'irrégularité du deuxième mariage. De la tentative.
627. Exception tirée de la nullité du premier mariage.

**622.** Le crime de bigamie consiste dans le fait de contracter un nouveau mariage avant la dissolution du premier (art. 340). Trois éléments sont donc nécessaires pour constituer ce crime : le lien d'un premier mariage, le fait d'en contracter un autre avant la dissolution du premier, enfin le dol et la mauvaise foi sans lesquels il n'existe pas de crime.

**623.** Il faut, en premier lieu, que l'agent soit engagé dans les liens d'un premier mariage. Il n'y aurait pas de crime si ce mariage s'est dissous par la mort naturelle ou par l'effet d'une nullité radicale, avant la célébration du second, lors même que le prévenu, au moment de cette célébration, aurait ignoré la dissolution du premier (Cass. 12 pluv. an xiii), et il en serait encore ainsi lorsque le premier mariage, bien qu'entaché de nullité, n'a pas encore été déclaré nul, car ce mariage n'avait pas d'existence légale. La loi, en exigeant le lien du premier mariage, a eu en vue un mariage sérieux et valable ; il ne suffit pas que ce mariage subsiste, si le prévenu oppose qu'il est entaché de nullité, et ce n'est qu'après que son allégation a été vérifiée qu'on peut y trouver la base d'une condamnation.

**624.** Il faut, en deuxième lieu, que le second mariage ait été contracté avant la dissolution du premier. La validité de ce second mariage n'est plus ici une condition du crime, puisqu'il est frappé d'une nullité radicale, mais il est nécessaire qu'il ait été régulièrement contracté. La poursuite peut toutefois précéder la célébration, s'il résulte des circonstances une tentative caractérisée (Cass. 28 juill. 1826). Les circonstances constitutives de cette tentative doivent être recherchées non dans les actes antérieurs qui tendent à préparer le mariage mais dans les actes d'exécution du mariage même. On ne doit considérer que comme des actes purement préparatoires la signature du contrat de mariage, les publications requises par le mariage et tous les actes qui précèdent la célébration. L'exécution commence au moment où commence la célébration ; le crime est consommé si elle s'achève; mais si elle est suspendue par quelque acte indépendant de la volonté de l'agent, par la révélation de son premier mariage, il y a tentative légale du crime.

**625.** Il faut, en troisième lieu, qu'il y ait dol et fraude de la part du prévenu, car s'il a agi de bonne foi, il n'y a plus de crime. En quoi consiste cette bonne foi? Elle consiste dans la certitude conçue par l'agent qu'il était libre au moment du deuxième mariage; cette opinion, quand elle est fondée sur de fortes présomptions de la dissolution du premier mariage, peut seule justifier son action (Cass. 24 frim. an XII).

**626.** Les éléments du crime ainsi établis, il en résulte que son existence est subordonnée à la validité du premier mariage et à la régularité du second. De là, la question de savoir quelle est la juridiction compétente pour statuer sur l'un ou l'autre mariage, lorsqu'il est attaqué par le prévenu. Cette question, en ce qui touche le deuxième mariage, se résout facilement. En principe, le juge auquel est attribuée la connaissance d'un délit est investi par là même du droit d'examiner tous les faits élémentaires de ce délit et de prononcer sur toutes les questions incidentes qui s'y rattachent. Cette règle s'applique nécessairement à l'examen de la régularité du deuxième mariage, car la nullité de ce mariage ne suffit pas pour effacer la criminalité de l'agent; s'il a cru contracter un mariage valide, si ce mariage se célébrait avec les formes extérieures légales, il peut être coupable d'une tentative. La régularité ne peut être séparée de la question de culpabilité ; en demandant au jury si l'accusé est coupable d'avoir contracté un deuxième mariage avant la dissolution du premier, on lui demande s'il a contracté réellement ce deuxième mariage (Cass. 10 nov. 1807, 27 nov. 1812, 18 fév. 1819, 29 mai 1846).

**627.** Mais la solution ne doit plus être la même en ce qui concerne les nullités que l'accusé peut faire valoir contre son premier mariage. Cette exception forme une question principale et préjudicielle qui ne peut être résolue incidemment et sur laquelle il n'appartient qu'aux tribunaux civils de statuer ; en effet, « les nullités de mariage doivent, aux termes des art. 187, 188 et 189 du C. civ., être portées devant les tribunaux civils et ne peuvent être déclarées et prononcées que par eux » (Cass. 16 janv. 1826). Toutefois, le juge criminel demeure compétent pour apprécier si les simples allégations du prévenu, relativement à son premier mariage, l'obligent à surseoir (Cass. 2 avr. 1807, 2 août 1811, 17 déc. 1812). Mais si le juge doit exiger que la nullité alléguée rentre dans les termes de la loi et que le prévenu soit recevable à la proposer, il ne pourrait, sans excès de pouvoir, examiner la nature de la nullité proposée et refuser de surseoir sous prétexte que cette nullité ne serait que relative et que sa déclaration ne rétroagirait pas sur des faits consommés.

## SECT. V. — ARRESTATIONS ILLÉGALES ET SÉQUESTRATION DES PERSONNES.

### ART. 341, 342, 343, 344.

628. Eléments du crime d'arrestation ou détention arbitraire par de simples citoyens.
629. Dans quels cas l'arrestation, la détention et la séquestration rentrent dans les termes de la loi pénale.
630. De la complicité en matière de détention ou de séquestration. De quels faits les complices sont responsables.
631. Excuse légale résultant de la durée de la détention ou de la séquestration.
632. Circonstances aggravantes résultant des moyens d'exécution et des violences et tortures corporelles.

**628.** *Eléments du crime.* Notre Code a séparé les attentats à la liberté qui sont commis par des fonctionnaires publics et ceux qui sont commis par des particuliers : les premiers, considérés comme des crimes contre la constitution, font l'objet de l'art. 114 (Voy. *suprà*, n° 190); les autres sont rangés dans la classe des crimes contre les personnes et sont prévus par les art. 341 et suiv. L'art. 341 définit le crime d'arrestation illégale : « Sont punis de la peine des travaux forcés à temps ceux qui, sans ordre des autorités constituées, et hors le cas où la loi ordonne de saisir des prévenus, auront arrêté, détenu, séquestré des personnes quelconques ». Le fait matériel prévu par cet article, peut s'accomplir par trois modes distincts, l'*arrestation*, la *détention* et la *séquestration* : ce sont trois crimes analogues qui peuvent ou se réunir dans un seul, ou se présenter isolément, et dans ces deux hypothèses ils sont également compris dans ses termes (Cass. 27 sept. 1838). L'arrestation illégale, la détention d'une personne même dans sa propre maison, la séquestration dans un lieu solitaire, constituent trois crimes qui peuvent exister isolément l'un de l'autre et peuvent aussi former les trois éléments d'un seul crime (Cass. 10 juin 1828 ; 17 avril 1832) ; mais divisés ou réunis, ces faits matériels ne suffisent pas pour constituer le crime : il faut qu'ils aient été commis avec une intention criminelle. Ainsi la détention d'une personne, si elle est motivée par son état de démence, peut être abusive, mais ne constitue pas le crime (Cass. 18 fév. 1842).

**629.** Une arrestation est illégale dans tous les cas où elle n'est pas autorisée par la loi. Les simples citoyens ne peuvent procéder à une arrestation que dans des cas très-restreints. L'art. 106 du C. d'instr. cr. donne *à toute personne* le pouvoir de saisir les individus surpris en flagrant délit ou poursuivis par la clameur publique, et de les conduire devant le procureur de la République, soit que le fait constitue un crime ou un délit passible d'emprisonnement (L. 20 janv. 1863). Les citoyens peuvent encore soit prêter main-forte à une arrestation sur la réquisition d'un agent de la force publique (Cass. 9 déc. 1842), soit concourir à l'arrestation des aliénés et des furieux (L. 19-22 juill. 1791, 15 ; C. pén., 475, n° 7 ; L. 30 juin 1838). Une détention est illégale lorsque, suivant les termes de la loi, elle a lieu sans ordre des autorités constituées et hors les cas où la loi ordonne de saisir les prévenus : il est convenable d'enfermer cette définition dans la question soumise aux jurés, afin de ne pas étendre l'incrimination à des faits qui n'y sont pas compris. Ainsi, par exemple, on ne peut refuser, dans une certaine mesure, aux pères et mères, tuteurs et instituteurs le droit de détenir par forme de correction leurs propres enfants ou leurs élèves. Enfin, la séquestration qui, non-seulement détient une personne dans un lieu isolé, mais lui interdit toute communication extérieure, n'admet aucune restriction et ne peut jamais être légale : toute personne, même les officiers publics relativement aux prévenus qu'ils arrêtent, même le mari relativement à sa femme, qui se rend coupable de séquestration, peut rentrer dans les termes de l'art. 341 (Cass. 5 nov. 1812, 25 mai 1832).

**630**. *Complicité*. La règle de la complicité s'applique au crime d'arrestation, de détention ou de séquestration arbitraire, comme à tous les autres crimes ; cette complicité s'établit par les modes indiqués dans l'art. 60. Mais à ces modes le deuxième paragraphe de l'art. 341 en ajoute un nouveau, le fait de « prêter un lieu pour exécuter la détention ou séquestration ». On doit faire remarquer sur ce point que le prévenu de cette sorte de complicité doit avoir, suivant la disposition de l'art. 60, connaissance de l'usage auquel le local est destiné. Quant aux circonstances aggravantes, le prêteur du local est responsable de la durée de la détention, mais il ne l'est pas des autres faits, à moins qu'il n'y ait pris une part personnelle, suivant l'un des modes de l'art. 60.

**631**. *Excuse légale*. Le crime prévu par l'art. 341 peut être modifié par les circonstances : il admet une excuse légale et des faits d'aggravation. L'excuse fait l'objet de l'art. 343, qui substitue à la peine des travaux forcés à temps celle d'emprisonnement de 2 à 5 ans. « Si les coupables des délits mentionnés en l'art. 341, non encore poursuivis de fait, ont rendu la liberté à la personne arrêtée, séquestrée ou détenue, avant le dixième jour accompli depuis celui de l'arrestation, détention ou séquestration. » C'est là un fait d'excuse qui rentre dans les termes de l'art. 65 (Cass. 24 avril 1841). Deux conditions sont nécessaires pour le constituer : il faut que la détention ait duré moins de dix jours ; il faut que la liberté ait été rendue avant que les coupables aient été poursuivis *de fait*, c'est-à-dire avant que des poursuites aient été nominativement dirigées contre eux ou contre l'un d'eux. L'excuse ne s'étend toutefois qu'aux seuls *délits mentionnés en l'art.* 341 : lorsque le crime a été accompagné de l'une des circonstances prévues par l'art. 344, l'accusé n'est plus recevable à l'alléguer (Cass. 19 juin 1828).

**632.** *Circonstances aggravantes.* Le crime s'aggrave à raison de la durée de la détention, des moyens employés pour son exécution et des violences ou tortures corporelles exercées sur la victime. Si la détention ou séquestration a duré plus d'un mois, la peine est celle des travaux forcés à perpétuité (art. 342). Ainsi, jusqu'au dixième jour, la peine peut être correctionnelle ; du dixième jour au trentième, la peine est celle des travaux forcés à temps ; après le mois écoulé, elle devient perpétuelle. Une deuxième cause d'aggravation résulte de ce que « l'arrestation aurait été exécutée avec le faux costume, sous un faux nom, ou sur un faux ordre de l'autorité publique » (art. 344, § 1er). La peine est encore dans ce cas celle des travaux forcés à perpétuité. Ce que la loi a eu en vue, c'est l'usurpation du costume et du nom d'un dépositaire de l'autorité publique ; aussi l'article porte *le costume* et non *un costume*, pour marquer qu'il s'agit du costume de l'autorité publique. Il ne suffirait donc pas que l'agent eût exécuté le crime avec un faux nom et un faux costume, il faut qu'il ait pris le costume et le nom d'un officier public. Une troisième cause d'aggravation résulte des menaces de mort, lorsqu'elles sont faites au moment de l'arrestation ou pendant la détention. Il n'est pas nécessaire que ces menaces, qui prennent ici le caractère d'un acte de violence, aient été faites avec quelque condition. La quatrième cause d'aggravation résulte des tortures corporelles auxquelles seraient soumises les personnes détenues. Ces actes de cruauté, dans l'art. 344 comme dans l'art. 303, sont assimilés à l'assassinat et punis de la peine capitale. La loi n'a pas défini ces actes; elle s'est bornée à indiquer qu'il s'agit de *tortures corporelles*, c'est-à-dire de faits matériels empreints d'une telle gravité qu'ils égalent l'assassinat.

## SECT. VI. — Crimes et délits tendant a empêcher ou détruire les preuves de l'état civil d'un enfant ou a compromettre son existence. — Enlèvement de mineurs. — Infractions aux lois sur les inhumations.

### § 1er. — *Crimes et délits envers l'enfant.*

### Art. 345, 346, 347, 348.

633. Du crime de suppression d'enfant. Son caractère et ses éléments.
634. La suppression du cadavre de l'enfant ne constitue qu'un délit correctionnel, s'il n'est pas établi qu'il ait vécu ou s'il est constaté qu'il n'a pas vécu.
635. De la supposition d'enfant et de la substitution d'un enfant à un autre.
636. Question préjudicielle relative à la filiation de l'enfant. Suspension de l'action criminelle.
637. Délit de non-représentation de l'enfant par la personne à qui il a été confié.
638. Dépôt à l'hospice d'un enfant par la personne à qui il a été confié.
639. Omission de la déclaration de naissance à l'officier de l'état civil.
640. Obligation de remettre les enfants nouveau-nés trouvés.

**633**. *Suppression d'enfant.* Le premier paragraphe de l'art. 345, qui prononce la peine de la reclusion contre la suppression d'un enfant, a essentiellement pour objet d'assurer son état civil; d'où il suit que c'est une condition constitutive du crime que l'enfant supprimé soit né vivant, l'enfant né mort ne pouvant avoir d'état (Cass. 1er août 1836, 8 nov. 1839, 4 juill. 1840, 26 juill. 1849). Les éléments du crime sont, en conséquence : 1° le fait matériel du recélé, de l'enlèvement, de la suppression de l'enfant ; 2° que l'enfant soit né vivant, qu'il ait eu l'existence extra-utérine, qu'il ait pu jouir d'un état civil ; 3° que les traces de son existence aient été effacées avec l'intention de supprimer ou de changer son état. Ainsi, le crime se résume dans ces trois circonstances, qu'il y ait un fait de recélé, que ce fait s'applique à un enfant vivant et qu'il ait pour but de changer son état. Cette suppression d'état diffère donc essentiellement de l'infanticide : ces deux crimes n'ont ni le même objet, ni les mêmes éléments ; la suppression ne peut même être considérée comme un fait modificatif de l'infanticide, et il n'est pas permis, dans une accusation de ce dernier crime, d'en faire l'objet d'une question résultant des débats (Cass. 20 août 1825, 19 avril 1839).

**634.** De ce que le premier paragraphe de l'art. 345 n'est applicable qu'à la suppression d'un enfant né vivant, il résultait dans l'incrimination une lacune qui a été remplie par la loi du 13 mai 1863. Cette loi a fait suivre ce premier paragraphe de deux paragraphes nouveaux, ainsi conçus : « S'il n'est pas établi que l'enfant ait vécu, la peine sera d'un mois à cinq ans d'emprisonnement. S'il est établi que l'enfant n'a pas vécu, la peine sera de six jours à deux mois d'emprisonnement. » Ces dispositions ont pour but, non d'énerver la répression du crime de suppression d'enfant, mais d'assurer à l'enfant une protection nouvelle, en punissant de peines correctionnelles le fait de suppression lorsqu'il était douteux que l'enfant eût vécu, et même lorsqu'il était certain qu'il n'avait pas vécu. La loi a voulu atteindre toute suppression d'enfant vivant ou mort-né, parce que cette suppression a pour effet de soustraire l'existence de l'enfant à la connaissance de tous et empêche que l'enfant, soit qu'il ait ou n'ait pas vécu, marque son passage dans la société et dans la famille et y prenne la place que lui assignent la nature et la loi (Cass. 24 nov. 1865). De là il suit qu'il est nécessaire de représenter le cadavre de l'enfant, aussitôt après sa naissance, pour constater s'il a ou n'a pas vécu, et que le défaut de cette représentation est un indice et peut être une preuve du délit.

**635.** *Supposition d'enfant.* L'art. 345 prévoit, à côté de la suppression d'enfant, le crime de substitution d'un enfant à un autre ou de supposition d'un enfant à une femme qui n'est pas accouchée. Dans cette deuxième incrimination, le caractère principal du crime est le même, son but est encore de changer l'état civil de l'enfant. Cette incrimination s'applique à la femme qui substitue, après son accouchement, un enfant à celui dont elle est accouchée; aux époux qui, n'ayant pas d'enfant, en supposant un étranger qu'ils disent être issu de leur mariage; aux nourrices qui substitueraient un enfant étranger à celui qui leur a été confié. Elle s'applique encore au seul fait d'avoir déclaré devant l'officier de l'état civil la naissance et le décès d'un enfant qui n'a jamais existé (Cass. 7 avril 1831).

**636.** *Question préjudicielle.* Toutes les fois que la poursuite soulève une question de filiation, il y a lieu de surseoir. Les art. 326 et 327 du C. civ. qui interdisent la voie de la plainte et l'action criminelle au ministère public et à la partie intéressée, tant que les tribunaux civils n'ont pas définitivement statué sur la question d'état, élèvent, non-seulement une question préjudicielle, mais une fin de non-recevoir contre la poursuite. Le prévenu ne peut donc être mis en arrestation ou doit être mis en liberté (Cass. 7 fév. 1810, 30 mars 1813). Cette suspension toutefois n'a lieu qu'autant que la filiation de l'enfant est nécessairement liée à l'action. Elle n'a pas lieu dans le cas d'exposition d'enfant, dans le cas de suppression de la personne et non de l'état, dans le cas où la supposition de part n'a été accompagnée de la production d'aucun enfant, puisque dans ces diverses hypothèses, aucun état n'est en litige (Cass. 26 sept. et 12 déc. 1813, 8 avril 1826, 7 avr. 1831, 4 août 1842, 3 janvier 1857).

**637.** *Non-représentation de l'enfant.* Le quatrième paragraphe de l'art. 345 applique la peine de la reclusion « à ceux qui, étant chargés d'un enfant, ne le représenteront point aux personnes qui ont le droit de le réclamer. » Il est clair que le seul refus de représenter l'enfant à la première réquisition des père et mère ne suffirait pas pour constituer ce crime. Le fait prévu par la loi est un véritable abus de confiance commis sur la personne de l'enfant, quel que soit son âge, au préjudice des parents qui l'ont confié à des mains étrangères. Il s'agit du cas où l'enfant aurait été livré par la personne qui s'en est chargée à une destinée inconnue, où cette personne ne pourrait ou ne voudrait pas faire connaître ce qu'il est devenu.

**638.** *Dépôt de l'enfant à l'hospice.* L'art. 348 prévoit un second abus de confiance relatif à l'enfant, moins grave cependant, puisque ses traces peuvent être retrouvées : c'est le fait de la personne, à qui un enfant au-dessous de sept ans accomplis a été confié, de l'avoir porté à un hospice. Les conditions requises pour l'existence du délit sont que l'enfant ait moins de sept ans accomplis, qu'il ait été confié pour en prendre soin ou pour toute autre cause à la personne qui l'a porté à l'hospice, enfin que cette personne ait pris l'engagement d'en prendre soin et de le garder. Le deuxième paragraphe de l'art. 348 admet une excuse légale : les peines de six semaines à six mois d'emprisonnement et de 16 à 50 francs d'amende cessent d'être applicables « si les personnes n'étaient pas tenues ou ne s'étaient pas obligées de pourvoir gratuitement à la nourriture et à l'entretien de l'enfant, et si personne n'y avait pourvu. » Dès qu'il n'y a pas d'engagement, il n'y a plus d'abus de confiance, ni de délit. Il faut, toutefois excepter le cas où l'obligation dérive, non d'un engagement, mais des liens du sang (*Th. du C. pén.*, n° 1719).

**639.** *Déclarations à l'officier de l'état civil.* L'art. 346 apporte une sanction aux art. 55 et 56 du C. civ., qui imposent aux personnes qui ont assisté à un accouchement l'obligation de déclarer dans les trois jours la naissance de l'enfant à l'officier de l'état civil. L'omission de cette déclaration constitue une contravention passible d'un emprisonnement de six jours à six mois et d'une amende de 16 à 300 francs. L'art. 346 ne s'applique toutefois qu'à l'omission de la déclaration prescrite par les art. 55 et 56 du C. civ., et non à l'omission des énonciations prescrites par l'art. 57 et que le déclarant peut ne pas connaître (Cass. 1er juin 1844, 16 sept. 1845, 1er août 1846). Cette déclaration doit être faite soit que l'enfant soit né vivant ou non (Cass. 2 sept. 1843). Elle est imposée aux seules personnes désignées dans l'art. 56, c'est-à-dire au père, ou, à défaut du père, aux docteurs en médecine ou en chirurgie, sages-femmes, officiers de santé, ou autres personnes qui auront assisté à l'accouchement, et, lorsque la mère sera accouchée hors de son domicile, à la personne chez qui elle sera accouchée. Dans ce dernier cas, cette personne est seule responsable (Cass. 7 sept. 1825). Dans le premier cas, au contraire, l'obligation est imposée, à défaut du père, sans distinction et sans ordre successif, à toutes les personnes qui ont assisté à l'accouchement (Cass. 2 août 1844). Il nous semble que, même en dehors du domicile, la même responsabilité devrait peser sur ces personnes (Cass. 10 mars 1855, 27 juill. 1872). Toutefois, si la déclaration a été faite par l'une d'elles, les autres sont déliées de toute responsabilité.

**640.** *Enfant trouvé.* L'art. 58 du C. civ. impose à toute personne, qui aura trouvé un enfant nouveau-né, l'obligation de le remettre à l'officier de l'état civil. L'art. 347 du C. pén. étend les peines prescrites par l'art. 346 à l'omission de ce devoir. Il s'agit dans cet article, comme dans le précédent, d'une contravention matérielle et non d'un délit moral, d'une négligence et non d'une fraude. La peine n'est applicable qu'à la personne qui a trouvé un enfant nouveau-né et non au tiers auquel il a été remis. Elle n'est pas applicable à celui qui aurait consenti à se charger de l'enfant, pourvu qu'il fasse sa déclaration à la municipalité du lieu où l'enfant a été trouvé.

## § II. — *De l'exposition d'enfant.*

### Art. 349, 350, 351, 352, 353.



**641**. Le Code pénal, dans ces dispositions relatives à l'exposition d'enfant, a gradué la répression selon le danger qu'a couru l'enfant et l'intention présumée de la personne qui l'a exposé. Le danger est plus ou moins grave et l'intention semble plus ou moins coupable suivant que le lieu de l'exposition est ou n'est pas un lieu solitaire. Cette circonstance sert donc de base aux degrés de la pénalité (*Th. du C. pén.*, n° 1727).

**642**. *Exposition dans un lieu non solitaire.* L'art. 352 prévoit l'exposition simple, l'exposition de l'enfant dans un lieu non solitaire. Il y a lieu d'examiner à quels enfants s'applique cette disposition, et ce qu'il faut entendre par un lieu non solitaire et par un fait d'expositon. L'exposition n'est un délit que lorsque l'enfant exposé a moins de sept ans. Au delà de cet âge l'enfant peut donner les renseignements nécessaires pour retrouver la trace qu'on a voulu faire perdre. Cette règle s'applique à tous les cas où l'exposition est qualifiée crime ou délit.

**643**. *Lieu non solitaire.* La question de savoir si un lieu est solitaire ou non solitaire dépend des circonstances. Le lieu le plus fréquenté peut quelquefois être solitaire et le lieu le plus solitaire être fréquenté. Le caractère du lieu dépend des chances de secours que l'enfant exposé peut y trouver et de la présomption que ces secours arriveront plus ou moins promptement.

Le lieu doit être considéré comme solitaire ou non solitaire, suivant que le péril qu'a couru l'enfant a été plus ou moins grave. Il est évident que toute exposition faite *la nuit* en n'importe quel lieu doit être réputée faite dans un lieu solitaire.

**644.** *Exposition.* L'art. 352 ne punit que ceux « qui ont déposé et délaissé » l'enfant. Le fait matériel de l'exposition doit donc comprendre ces deux circonstances : « Il faut, dit un arrêt, que l'exposition de l'enfant ait été accompagnée du délaissement de cet enfant, pour donner lieu à l'application de cet article » (Cass., 7 juin 1834, 30 avril 1835). L'exposition proprement dite consiste à exposer l'enfant dans un lieu public ; le délaissement consiste à l'abandonner dans ce lieu privé de toute assistance. Un arrêt a défini cette dernière circonstance : « Il y a délaissement toutes les fois que l'enfant a été laissé seul, et que, par ce fait d'abandon, il y a eu cessation quoique momentanée ou interruption des soins et de la surveillance qui lui sont dus » (Cass. 27 juin 1820). Il a été décidé qu'il n'y a pas délaissement lorsque l'enfant a été déposé dans le tour d'un hospice et que l'exposant ne s'est retiré qu'après s'être assuré que l'enfant avait été recueilli (Cass. 16 déc. 1843). Il y aurait délaissement si l'exposant s'était retiré sans s'être assuré de ce fait (Cass. 30 oct. 1812).

**645.** Le délit n'existe que par la réunion des trois circonstances qui viennent d'être expliquées. L'intention de nuire, élément nécessaire de tous les délits, résulte de ces circonstances mêmes. Il est toutefois nécessaire de définir cette intention. La loi suppose que l'exposant n'a pas eu d'autre but que de faire perdre les traces de la naissance de l'enfant ou de se décharger des soins qui lui sont dus. C'est cette intention spéciale qui forme l'élément du délit, mais si les faits révèlent une intention homicide, la prévention peut changer de nature, pourvu que l'exposition ait été faite dans un lieu solitaire, car ce n'est que dans un tel lieu que les jours de l'enfant seraient mis en péril. C'est par le même motif que la peine de l'exposition dans un lieu non solitaire n'est pas aggravée à raison des accidents qui ont pu la suivre (Cass. 28 déc. 1860). Le choix de ce lieu indique que l'agent n'avait pas l'intention que l'enfant pût souffrir.

**646.** Le délit d'exposition dans un lieu non solitaire s'aggrave à raison de la qualité de l'exposant : l'emprisonnement, fixé par l'art. 352 de trois mois à un an, est porté de six mois à deux ans et l'amende de 16 à 100 francs est portée de 25 à 200 francs « contre les tuteurs ou tutrices, instituteurs ou institutrices de l'enfant exposé et délaissé. » Cette aggravation, ainsi limitée aux tuteurs et instituteurs, ne peut être étendue soit aux pères et mères qui n'ont pas la tutelle (Cass. 4 mai 1843, 20 avril 1850), soit aux nourrices.

**647.** *Exposition dans un lieu solitaire.* Le délit prévu par l'art. 352 devient plus grave quand l'exposition a été faite *dans un lieu solitaire.* Les éléments du délit restent les mêmes : l'art. 349 ne s'applique, comme l'art. 352, qu'à l'exposition des enfants de moins de sept ans, qu'à l'exposition suivie de délaissement, et effectuée dans le même but et avec la même intention. La seule différence est dans le lieu de l'exposition : ce lieu est solitaire. Cette circonstance imprime au fait un caractère grave, parce qu'elle peut révéler l'intention de détruire, non-seulement l'état de l'enfant, mais son existence même. On doit apprécier dans ce cas l'âge de l'enfant, l'isolement du lieu et la probabilité des secours qui pouvaient subvenir. Les peines d'emprisonnement et d'amende portées par l'art. 349 (6 mois à 2 ans et 16 à 200 fr.) sont élevées au double par l'art. 350, comme on l'a vu dans l'art. 353 (2 à 5 ans et 50 à 400 fr.) à raison de la qualité des exposants, quand ils sont tuteurs ou tutrices, instituteurs ou institutrices de l'enfant exposé. Nous avons vu que cette indication est limitative.

**648.** *Complicité.* L'art. 349 punit non-seulement les auteurs de l'exposition, mais encore « ceux qui auront donné l'ordre de l'exposer ainsi, si cet ordre a été exécuté ». Cette disposition établit un cas spécial de complicité. L'art. 60 répute complices de toute action qualifiée délit, ceux qui par dons, promesses, menaces, abus d'autorité ou de pouvoir ont provoqué à commettre cette action. Or, il s'agit ici, outre les faits communs, d'un fait particulier : l'ordre, qui n'est un acte de complicité dans les termes de l'art. 60 que lorsqu'il est accompagné d'abus d'autorité ou de pouvoir, est dégagé de cette condition dans l'art. 349 : le seul ordre donné et suivi d'exécution le constitue. Ce mode spécial de complicité n'a lieu d'ailleurs qu'à l'égard de l'exposition dans un lieu solitaire. Si le délit a été commis dans un lieu non solitaire, ceux qui l'ont ordonné ne sont punissables que si leur participation réunit les caractères de la complicité légale (Cass. 20 déc. 1860). De là on doit induire que l'ordre, dans l'art. 349, ne suppose pas nécessairement le rapport d'un supérieur avec un inférieur, il a le caractère d'un mandat; il importe peu que l'exécuteur soit l'égal et non le subordonné de celui qui a donné l'ordre; il suffit que la commission ait été exécutée.

**649.** L'exposition dans un lieu solitaire fait peser sur l'exposant la responsabilité de ses suites : si l'enfant est demeuré mutilé ou estropié, il y a délit de blessures volontaires. Si la mort s'en est suivie, il y a crime de meurtre (art. 353). Il importe de remarquer d'abord que cette responsabilité n'a pas été étendue à l'exposition dans un lieu non solitaire. Il en résulte ensuite que les souffrances et maladies passagères de l'enfant ne suffisent pas pour en motiver l'application. L'exposition que la loi a assimilée aux blessures volontaires et au meurtre ne suppose pas d'ailleurs que l'agent ait voulu directement faire des blessures ou donner la mort à l'enfant; mais il a dû prévoir que l'exposition pourrait avoir cet effet et, en risquant la santé ou la vie de cet enfant avec cette probabilité, il s'est rendu responsable des conséquences plus ou moins graves de son action (*Th. du C. pén.*, n° 1737). Il est inutile d'ajouter que dans les deux hypothèses la solitude du lieu, simplement aggravante dans les autres cas, devient constitutive, et peut dès lors entrer, sans qu'il y ait complexité, dans la question principale (Cass. 28 déc. 1860).

## § III. — *Enlèvement de mineurs.*

### Art. 354, 355, 356, 357.



**650.** Notre Code distingue, comme l'avait fait notre ancienne législation, le rapt de violence et le rapt de séduction; l'art. 354 a pour objet l'enlèvement qui s'opère par violence ou par fraude, l'art. 356 celui qui s'opère à l'aide de la séduction. Les éléments du premier de ces crimes, sont: 1° le fait matériel de l'enlèvement hors des lieux où la personne enlevée a été placée par ceux à l'autorité desquels elle est soumise; 2° la violence ou la fraude qui doit l'accompagner; 3° que cet enlèvement soit pratiqué sur des mineurs soumis à la puissance de leurs parents ou tuteurs; 4° enfin qu'il ait pour but de les dérober à l'autorité de la famille. Il faut expliquer ces diverses conditions du crime.

**651.** *Enlèvement.* L'enlèvement consiste dans la translation des mineurs de l'asile où ils sont placés dans un autre lieu, à l'effet de les détourner de leur position. L'art. 354 exige le déplacement « des lieux où ils étaient mis par ceux à l'autorité ou à la direction desquels ils étaient soumis ou confiés ». On ne doit pas induire de ces termes que l'enlèvement n'aurait plus de caractère criminel s'il ne détournait pas le mineur des lieux où il a été spécialement confié ; il est évident que l'enlèvement soit de la maison paternelle, soit des lieux où le mineur se trouve accidentellement, sous la surveillance de ses parents, ou des personnes auxquelles ils l'ont confié, suffit à constituer le crime. Il n'y a pas lieu d'ailleurs de distinguer ici entre l'enlèvement, le détournement et le déplacement du mineur : la désignation des lieux où ils avaient été placés est une circonstance élémentaire qui s'applique aux trois modes de détournement (Cass. 25 avr. 1839, 9 mai 1844, 22 juin 1862). Il n'y a, au surplus, aucune distinction à faire entre ces divers modes ; la loi assimile à l'enlèvement, l'*entraînement*, le *détournement* et le *déplacement* des mineurs ; elle comprend également dans ses termes « ceux qui les ont entraînés, détournés ou déplacés » ; elle a voulu prévoir tous les modes d'enlèvement; elle a craint que cette expression ne parût à certains égards restrictive (*Th. du C. pén.*, n° 1743).

**652.** *Fraude ou violence.* Le deuxième élément du crime est l'emploi de la fraude ou de la violence : l'une ou l'autre de ces deux circonstances est constitutive du crime, quel que soit le mode d'enlèvement (Cass. 3 oct. 1816). Elles n'ont point été définies par la loi. La violence consiste évidemment dans tous les moyens matériels employés pour entraîner le mineur, malgré sa résistance hors des lieux, où il est placé. La fraude consiste dans des machinations coupables, des promesses fallacieuses, des piéges tendus à l'inexpérience de la jeunesse. Telles seraient la supposition d'un ordre de la famille, la corruption des personnes auxquelles les mineurs sont confiés ou la corruption des parents eux-mêmes (Cass. 25 avr. 1839). Il importe toutefois de distinguer cette fraude de la séduction suivie d'enlèvement qui fait l'objet de l'art. 356.

**653.** *Minorité.* Il faut, en troisième lieu, pour l'existence du crime, que le rapt ait été commis sur la personne d'un mineur. La loi ne s'est point arrêtée ici, comme nous l'avons vu dans d'autres cas, aux mineurs de 13, de 16 ou de 18 ans, elle s'applique à tous les mineurs, à tous les individus depuis l'âge de 7 ans jusqu'à 21 ans accomplis. L'enlèvement des enfants au-dessous de 7 ans a fait l'objet des art. 345 et 349. Néanmoins il a été admis que l'émancipation et le mariage, faisant cesser l'état de minorité, il n'y a pas lieu d'appliquer l'art. 356 aux mineurs émancipés ou mariés (Cass. 1er juill. 1834, 16 janv. 1852).

**654.** *Intention.* Une dernière condition du crime est que l'enlèvement ait été effectué *dans un but criminel.* Ce but est de soustraire le mineur à l'autorité de ses parents. C'est la violation de cette autorité qui constitue l'élément moral du rapt. Si l'enlèvement n'a été suivi d'un délit quelconque, de l'excitation à la débauche, d'un attentat à la pudeur, ces faits sont poursuivis à part et abstraction faite de l'enlèvement (Cass. 25 oct. 1821). Il suffit donc, mais il est nécessaire de constater que l'intention du ravisseur a été d'enlever le mineur à ses parents, car, s'il avait eu un autre objet, par exemple, de procurer au mineur une distraction momentanée, ou s'il était commis par une personne qui ne ferait qu'exercer un légitime pouvoir, il ne rentrerait pas dans les termes de la loi.

**655.** *Mineurs de 16 ans.* La peine de la reclusion, portée par l'art. 354, s'aggrave et est remplacée par celle des travaux forcés à temps, « si la personne ainsi enlevée ou détournée est une fille au-dessous de 16 ans accomplis ». Un tel enlèvement ne peut avoir lieu que pour abuser de la personne ou pour forcer les parents à consentir au mariage; il est donc plus coupable dans ses motifs, plus dangereux dans ses conséquences. De là l'aggravation pénale édictée par l'art. 355. Cet article ne modifie nullement d'ailleurs les conditions de l'incrimination; il se réfère entièrement à l'art. 354.

**656.** *Rapt de séduction.* L'art. 356 n'exige plus que l'enlèvement ait été opéré avec fraude et violence; il suffit, pour l'existence du crime, que la victime, mineure de seize ans, ait été détournée des lieux où ses parents l'avaient placée, lors même qu'elle les aurait quittés volontairement pour suivre le ravisseur. Ce consentement est présumé surpris à son inexpérience, et l'autorité des parents est outragée. La loi toutefois ne punit pas la séduction en elle-même, elle ne punit que l'enlèvement qui en est le résultat et qui constitue le fait matériel du crime. Ce crime existe donc par la seule constatation de ce fait et indépendamment de l'emploi de la fraude ou de la violence : ce que la loi a voulu punir, c'est la corruption pratiquée sur la volonté même de la mineure, c'est l'influence séductrice à laquelle elle a cédé (Cass. 24 oct. et 14 nov. 1811, 26 mai 1826, 16 août 1849, 26 mars 1857).

**657.** Une autre différence qui sépare le rapt de violence et le rapt de séduction, c'est que le premier peut être commis par toute personne sans distinction de sexe, tandis que l'autre ne peut être commis que par un homme. L'art. 356 n'a prévu que la séduction d'un sexe sur l'autre, l'enlèvement commis par un homme sur la personne d'une jeune fille (Cass. 8 avril 1858).

**658.** Le fait d'enlèvement dans cette deuxième hypothèse est qualifié délit ou crime, suivant l'âge du ravisseur. S'il n'a pas atteint vingt et un ans son action n'est considérée que comme un délit punissable de deux à cinq ans d'emprisonnement. S'il a moins de seize ans, il peut invoquer, en outre, l'absence de discernement et le bénéfice des art. 68 et 69 ; mais s'il a plus de vingt et un ans, cet âge devient une circonstance aggravante de l'enlèvement et doit faire l'objet d'une question distincte dans les questions soumises au jury (Cass. 30 nov. 1849).

**659.** *Mariage du ravisseur.* Après avoir formulé les cas où l'enlèvement de mineurs est qualifié crime ou délit, le Code établit dans l'art. 357 une fin de non-recevoir contre la poursuite ; cette fin de non-recevoir est le mariage du ravisseur avec la fille qu'il a enlevée ; elle s'applique à tous les cas d'enlèvement. Il en résulte que l'exercice de l'action publique est subordonné dans ce cas à ces deux conditions : que la nullité du mariage ait été demandée et prononcée; que les personnes qui ont le droit de demander cette nullité aient porté plainte. La demande en nullité et la plainte sont des actes distincts qui ne doivent pas être confondus : l'art. 357 exige l'un et l'autre; et la raison en est simple. La demande en nullité peut n'être pas accueillie, et alors l'intérêt de la famille est qu'aucune poursuite ne soit exercée. Mais si l'annulation du mariage a été prononcée, l'action publique n'est plus enchaînée. Le ministère public, qui est libre de poursuivre quand le rapt n'est pas suivi de mariage, reprend l'exercice de son action quand le mariage a cessé d'exister. Si la nullité est demandée par les parents du ravisseur, cette demande ne saurait préjudicier au droit exclusivement réservé aux parents de la fille enlevée de porter plainte. Si la demande en nullité peut être intentée soit par le ministère public, soit par les parents du ravisseur, soit par ceux de la fille ravie, la demande de poursuite, la plainte n'appartient qu'à ces derniers, et dans aucun cas la poursuite ne peut être exercée sans leur assentiment. La question de validité ou de nullité du mariage est une question préjudicielle sur laquelle il n'appartient qu'aux tribunaux civils de statuer; et ce n'est qu'après qu'ils ont statué que la poursuite peut commencer, s'il y a lieu; soit en ce qui concerne le ravisseur, soit en ce qui concerne les complices (Cass. 3 oct. 1852; *Th. du C. pén.*, n° 1757).

## § IV. — *Infractions aux lois sur les inhumations.*

### Art. 358, 359, 360.



**660.** Notre Code a réuni dans une même section trois délits distincts : l'infraction aux lois sur les inhumations, le recélé du cadavre d'une personne homicidée et la violation des sépultures. Ces incriminations ont pour objet la protection de la dépouille mortelle de l'homme ; mais elles diffèrent par leur caractère moral et par les faits qui les constituent.

**661.** *Infractions relatives aux inhumations.* L'art. 358 prévoit deux infractions distinctes : les inhumations faites sans l'autorisation préalable de l'officier public, et les inhumations précipitées. Il apporte ainsi une double sanction aux prescriptions des art. 77 et 81 du C. civ. Il ne s'agit, dans l'un et l'autre cas, que d'une contravention matérielle : la loi n'inculpe pas l'intention, mais seulement l'ignorance ou la négligence qui ont amené l'inobservation des formalités légales. L'autorisation préalable, prescrite par l'art. 77 du C. civ., s'applique à toute inhumation, soit que la personne inhumée soit décédée de mort naturelle ou violente ; elle s'applique même à l'inhumation des enfants mort-nés. Le décret du 4 juillet 1806 déclare « que le mot *décédé* dont se sert l'art. 358 a un sens absolu et doit s'étendre au cas même où l'enfant est mort en naissant » (Cass. 2 sept. 1843). Cependant cette obligation ne doit pas être étendue au cas où il n'y a pas eu accouchement, mais seulement avortement, où il n'y a pas d'enfant, mais un fœtus informe ; là où il n'y a pas encore de vie il n'y a pas de décès. Les ministres des cultes, qui procèdent à la levée d'un corps et aux cérémonies religieuses, sans qu'il leur soit justifié de l'autorisation de l'officier public, commettent une contravention au décret du 4 thermidor an XIII, mais ne sont passibles d'aucune peine, puisque l'art. 358 ne parle que de ceux « qui ont fait inhumer un individu décédé » (Cass. 7 mai 1842). La même décision s'appliquerait aux maires, adjoints et autres personnes énoncées dans le décret du 4 thermidor an XIII. Ce décret peut toutefois être considéré comme un règlement de police et l'infraction à ses dispositions peut donner lieu à l'application de l'art. 471, n° 15 du C. pén. (Cass. 12 oct. 1850).

**662.** Les inhumations sont considérées comme *précipitées* lorsqu'elles sont faites avant l'expiration des vingt-quatre heures depuis le décès, hors les cas prévus par les lois et règlements et, en outre, quand elles ont été faites avant les visites prescrites. Le délai de vingt-quatre heures peut être abrégé ou prolongé suivant certaines circonstances qui sont indiquées par la loi (art. 77, 81, 83 du C. civ.; décret du 3 janv. 1813, 18). Toutes les infractions aux dispositions qui règlent ces délais rentrent dans les termes du deuxième paragraphe de l'art. 358. On ne doit pas toutefois considérer comme inhumation précipitée le fait de pratiquer l'opération césarienne sur un cadavre avant l'expiration des vingt-quatre heures (Cass. 1er mars 1834).

**663.** Le fait de procéder à une inhumation en dehors du cimetière commun, quand elle est précédée de l'autorisation de l'officier public, ne rentre point dans les termes de l'art. 358, qui ne punit que les inhumations clandestines ou précipitées (Cass. 14 avril 1838, 12 juill. 1839). Mais l'art. 16 du décret du 23 prairial an XII et le décret du 4 thermidor an XIII attribuant à l'autorité municipale la police et la surveillance des lieux de sépulture, il a été décidé que cette autorité avait le pouvoir d'interdire toute inhumation particulière dans les autres lieux que dans le cimetière commun, et que les arrêtés pris à cet égard par le maire ont la sanction des peines de police (Cass. 27 janv. 1832, 14 avr. 1838, 12 oct. 1850, 10 oct. 1856). Mais il n'appartient qu'à l'autorité administrative d'ordonner l'exhumation des individus ensevelis sans autorisation dans un terrain privé.

**664.** *Recélé de cadavres.* L'art. 359 a pour but d'empêcher qu'on ne puisse soustraire à la justice la connaissance ou la preuve d'un crime. Le fait qu'il prévoit n'est plus, comme dans l'art. 358, une simple infraction matérielle, il constitue un véritable délit moral. En effet, celui qui recèle le cadavre d'une personne homicidée commet une espèce de complicité de l'homicide, comme celui qui recèle un objet volé se rend coupable de complicité du vol ; mais comme il n'a pas pour objet d'aider le meurtre, mais seulement de procurer son impunité, cet acte constitue un délit distinct, empreint d'une criminalité spéciale (Cass. 21 déc. 1815). Il suit de là que les auteurs mêmes de ce meurtre ou de ces blessures ne peuvent en aucun cas être poursuivis pour recel du cadavre, car on ne peut être poursuivi à la fois comme auteur et complice : l'art. 359 ne s'applique qu'à des tiers étrangers au meurtre ou aux blessures. Les faits constitutifs du délit sont : 1° le fait de recéler ou cacher le cadavre, n'importe par quels moyens : une inhumation clandestine et sans déclaration peut suffire ; 2° le fait que la personne dont le cadavre a été recélé a été réellement homicidée ou est décédée à la suite de coups et blessures (Cass. 26 mai 1855).

**665.** *Violation des sépultures.* Le fait constitutif du délit prévu par l'art. 360 est la violation matérielle de la sépulture ; son élément moral est l'outrage qui résulte de cette violation. Tout acte matériel ayant pour effet d'outrager une tombe ou une sépulture rentre dans les termes de cet article. Tels sont : 1° le fait de déterrer un cadavre, même pour le faire servir à des études anatomiques ; 2° la soustraction des suaires et vêtements qui enveloppent les morts dans les cercueils et des objets qui peuvent y être enfermés, lors même que cette soustraction aurait lieu avant que le cercueil fût descendu dans la tombe ; 3° l'acte de frapper sur un tombeau en interpellant en termes outrageants la mémoire de celui qu'il renferme (Cass. 23 août 1839). Il importe toutefois, dans cette espèce, de distinguer si l'outrage consiste seulement dans des paroles ou dans des gestes ou actes commis sur les tombeaux mêmes ; l'art. 360 ne peut s'appliquer que dans ce dernier cas.

**666.** L'art. 360 se termine par ces mots : « sans préjudice des crimes et délits qui seraient joints à celui-ci ». Ainsi cet article diffère en ce point de l'art. 359, qui porte : « sans préjudice de peines plus graves ». De cette différence on a conclu que l'art. 360 a voulu que ses peines fussent cumulées, en cas de délits concomitants avec les peines dont ces délits seraient passibles (Cass. 17 mai 1822). Il semble que ces deux articles ont eu le même objet, et qu'ils ont voulu, non établir une exception à l'art. 365 du C. d'inst. crim., mais seulement énoncer une réserve pour la poursuite de délits plus graves (*Th. du C. pén.*, n° 1774).

### SECT. VII. — FAUX TÉMOIGNAGE, CALOMNIE, INJURE, RÉVÉLATION DE SECRETS.

### § Ier. — *Faux témoignage.*

### ART. 361, 362, 363, 364, 365, 366.



**667.** *Éléments de faux témoignage.* Les art. 361 et 362 se bornent à punir « quiconque sera coupable de *faux témoignage* », sans définir les éléments constitutifs de ce délit. Ces éléments sont : 1° un témoignage en justice; 2° que ce témoignage soit contraire à la vérité; 3° la possibilité d'un préjudice par suite de ce témoignage; 4° l'intention d'égarer la justice sur les faits qui en sont l'objet.

**668.** *Témoignage.* La première condition du délit est qu'il ait été commis en portant un témoignage. Or, il n'y a de témoignage que les déclarations faites en justice sous la foi du serment. De là il suit que les personnes qui ne sont appelées en justice que pour donner des renseignements et qui sont entendues sans prestation de serment, ne peuvent être poursuivies pour faux témoignage. Ainsi, nulle prévention ne peut être dirigée contre les individus qui ne sont entendus aux débats qu'en vertu du pouvoir discrétionnaire du président des assises; ou contre ceux qui, par application des art. 34 et 42, ont été privés du droit de témoigner en justice si ce n'est pour y donner de simples renseignements. Toutefois si, par une erreur quelconque, ils ont été admis au serment, ils deviennent responsables d'une déclaration qui prend le caractère d'un témoignage (Cass. 22 juin 1843, 10 mai 1861).

**669.** *Droit de défense.* Il suit encore du même principe que les prévenus et les accusés qui, dans l'intérêt de leur défense, font de fausses déclarations, ne peuvent, en aucun cas, être poursuivis en faux témoignage, car nul n'est réputé témoin dans sa propre cause. Cette exception doit-elle être étendue au témoin qui n'altère les faits dont il dépose que pour ne pas s'accuser lui-même? La jurisprudence a répondu négativement par le motif que ce témoin, ayant prêté serment, ne peut être dispensé par aucune considération personnelle de remplir les devoirs que ce serment lui impose (Cass. 27 août 1824, 10 juin 1856, 2 déc. 1864, 15 mars 1866). On peut objecter à cette jurisprudence que le faux témoignage ne doit s'entendre que des dépositions faites en la cause d'autrui (Cass. 22 pluv. an XI); que le serment que le témoin a prêté ne se rapporte qu'aux faits dont il peut témoigner et non à ceux qui sont à sa charge, qu'il doit jouir du privilége de la défense dès qu'il se trouve en cause, et que la criminalité de son mensonge se modifie lorsqu'il a pour but, non de nuire à autrui, mais de se préserver lui-même (*Th. du C. pén.*, n° 1780).

**670.** *Altération de la vérité.* La deuxième condition du délit est que le témoignage soit *contraire à la vérité.* On doit distinguer d'abord si l'altération de la vérité porte sur des circonstances essentielles du fait ou sur des circonstances secondaires. L'altération des faits secondaires et accessoires, ou la fausse appréciation de leur moralité, ne donne lieu à aucune poursuite (Cass. 16 janv. 1807). Mais il est quelquefois difficile de reconnaître les circonstances principales ou accessoires d'une accusation criminelle. En général, les circonstances essentielles sont celles qui forment la preuve du fait et de ses circonstances : ainsi le jour, le lieu de la perpétration, peuvent former des circonstances essentielles si l'une ou l'autre est la preuve de la vérité ou de la fausseté de l'accusation. Il a été admis que le témoin qui déguise son nom, sa qualité, sa parenté avec l'accusé, doit être réputé altérer une circonstance essentielle. Cette répression peut être contestée : la loi distingue les interpellations qui précèdent la déposition et la déposition elle-même. La déposition se compose de ce que le témoin a vu ou entendu relativement au procès, et c'est la vérité sur le fond dont l'altération seule est un délit. Il faut distinguer les renseignements et les preuves : les art. 361 et 362 ne protégent que celles-ci (*Th. du C. pén.*, n° 1785).

**671.** *Réticences des témoins.* Le refus des témoins de répondre aux interpellations qui leur sont adressées, ne peut jamais constituer un faux témoignage : ce refus ne peut donner lieu qu'à une amende de 100 francs (C. d'instr. cr., art. 304). Une réticence simple, quand elle n'est pas liée à la déclaration et n'en altère pas le sens, n'est qu'un refus de répondre sur un point déterminé (Cass. 20 mai 1808). Mais la réticence peut être incriminée lorsqu'elle dénature la déposition et lui donne un sens contraire à la vérité. Telle serait la réticence relative au nom du véritable auteur du crime, lorsque l'accusation a mis en cause une autre personne. Les dénégations et les réticences n'ont le caractère de faux témoignage que lorsqu'elles équivalent à l'expression d'un fait positif contraire à la vérité (Cass. 1er sept. 1814). La même distinction s'applique aux dépositions négatives, c'est-à-dire à celles par lesquelles le témoin nie avoir vu ou entendu les faits sur lesquels il est appelé à donner son témoignage. Il a été décidé « que s'il est vrai qu'une déposition simplement négative ne constitue pas essentiellement et par elle-même un faux témoignage, parce qu'il est possible qu'un témoin n'ait point vu ou n'ait point entendu ce qu'il avait été en situation de voir ou d'entendre, il est cependant évident qu'une déposition de ce genre constitue ce crime, lorsqu'elle est faite de mauvaise foi et dans une intention criminelle, dans le but d'infirmer la preuve ou l'existence du fait incriminé » (Cass. 17 mars 1827). Mais si la déclaration négative n'est pas en contradiction absolue et nécessaire avec la vérité de ce fait, si elle ne tend pas à détruire la preuve existante aux débats, elle ne peut constituer un faux témoignage (Cass. 10 janv. 1812).

**672.** *Variations et contradictions.* Les variations d'un témoin dans sa déposition ne doivent pas faire nécessairement présumer un faux témoignage. Ses souvenirs ont pu être inexacts, il peut les rectifier. Ce n'est que lorsqu'elles ne sont pas expliquées, lorsque ses nouvelles déclarations ont pour but d'affaiblir les premières et que leur inexactitude est reconnue, qu'elles peuvent servir de base à une prévention (C. d'instr. cr., 318). La même distinction s'applique aux contradictions qui se manifestent dans un témoignage. Elles peuvent s'expliquer par l'émotion du témoin et le trouble de sa mémoire; mais elles peuvent révéler aussi l'intention d'altérer les faits.

**673.** *Préjudice.* Le troisième élément du faux témoignage est le préjudice ou la possibilité du préjudice qu'il peut produire. Il n'est, en effet, incriminé que lorsqu'il a été porté « soit contre l'accusé, soit en sa faveur », et par conséquent lorsqu'il a pu porter préjudice soit à l'accusation, soit à la défense de l'accusé. Mais de là même il suit que toute déposition fausse, même portée pour ou contre l'accusé, ne constitue un faux témoignage qu'autant qu'elle est préjudiciable; toutes les déclarations recueillies dans l'instruction écrite ne peuvent donc servir de base à la poursuite, car elles ne forment que de simples renseignements propres à diriger la prévention, mais qui ne sont pas les éléments du jugement; la déposition orale des témoins à l'audience peut seule donner ouverture à l'action en faux témoignage. Les termes des art. 361 et 362 supposent, en effet, que le témoignage a été porté dans le cours des débats qui ont précédé le jugement, puisqu'ils exigent qu'il ait été porté pour ou contre l'*accusé* ou le *prévenu*, et par conséquent postérieurement à l'arrêt de mise en accusation ou à l'ordonnance de mise en prévention, et quand l'instruction est complète (Cass. 12 prair. an VIII, 22 messidor an XIII, 18 fév. 1813, 26 avr. 1816, 14 sept. 1836).

**674.** Une autre conséquence du même principe est que le faux témoignage n'est consommé que lorsque la déposition est devenue irrévocable, lorsque le préjudice qu'elle a pu produire ne peut plus être effacé. Ainsi le témoin qui, même dans le cours des débats, fait une déposition mensongère, ne peut être poursuivi s'il la rétracte avant la clôture de ces débats. La raison en est que les différentes parties d'une déposition forment un tort indivisible; qu'elle ne doit être considérée comme complète et irrévocable que lorsque les débats de l'affaire à laquelle elle se rapporte sont définitivement clos; et qu'en rétractant une déposition mensongère avant qu'elle ait produit un préjudice irréparable, le témoin en a volontairement détruit l'effet (Cass. 4 juill. 1833, 19 avril 1839). A quel moment le débat est-il réputé clos et le témoignage irrévocable? En matière criminelle, jusqu'à la clôture prononcée par le président; en matière correctionnelle, lorsque les débats sont définitivement terminés, que le ministère public a été entendu dans ses réquisitions et le prévenu dans sa défense (Cass. 20 nov. 1868). Mais si le témoin qui a fait une fausse déposition devant les premiers juges, ne l'a rétractée que devant les juges d'appel, il peut être poursuivi pour faux témoignage, car la déposition est complète en première instance au moment où le débat est fermé, elle est acquise au procès même en cas d'appel (Cass. 3 juin 1846,

29 nov. 1873). La même solution doit s'appliquer au cas où le tribunal correctionnel, sursoyant à statuer, a renvoyé le témoin devant le juge d'instruction, si ce témoin vient à se rétracter devant ce juge, lorsque d'ailleurs aucun débat ne se rouvre sur l'affaire principale (Cass. 12 fév. 1871). Mais si le témoin, qui a fait une fausse déposition à la première audience du tribunal, se rétracte à une autre audience à laquelle l'affaire a été renvoyée, il n'y a plus de faux témoignage, puisque la déposition a été rectifiée avant la clôture du débat (Cass. 22 juill. 1843). Si le tribunal devant lequel le témoignage a été porté se déclare incompétent pour connaître de l'affaire, il doit être considéré comme définitif, puisque c'est sous l'influence de ce témoignage que le jugement a été rendu (Cass. 11 sept. 1851). Si le témoin vient à quitter l'audience, pour une cause quelconque, après avoir achevé sa déposition, le faux témoignage est consommé même avant la clôture du débat. Mais si la déposition n'est pas terminée, elle ne peut être incriminée, même à titre de tentative, car en cette matière la tentative peut difficilement être saisie, puisque la déposition complète, entière, close enfin, peut seule devenir la base d'une poursuite (Cass. 28 fév. 1811, 4 juill. 1833. *Th. du C. pén.*, n° 1801).

**675.** Cependant il n'est pas nécessaire, pour l'existence du crime ou du délit, que le faux témoignage ait produit un effet nuisible. Ainsi le faux témoin qui a déposé contre un accusé est puni lors même que cet accusé a été acquitté ou que la condamnation prononcée contre lui a été annulée, car le faux témoignage est consommé moralement et matériellement par la persistance du témoin dans sa déclaration mensongère et préjudiciable jusqu'à la clôture des débats. Et si, par suite d'une cassation, de nouveaux débats s'ouvraient, la rétractation du témoin à ces débats est tardive et n'efface pas la criminalité de sa première déposition. Dans une hypothèse analogue, lorsqu'un faux témoignage se produit à l'audience d'une Cour d'assises, et que cette Cour qui a le droit de régler la priorité entre le jugement de l'affaire principale et le jugement du faux témoignage, prononce le renvoi à la prochaine session, ce renvoi équivaut à la clôture du débat : si l'effet du faux témoignage est suspendu par ce renvoi, il n'est pas détruit, et le fait est considéré comme consommé (Cass. 20 mai 1843).

**676.** *Intention.* Le dernier élément du crime ou du délit est l'intention de tromper la justice, la volonté de nuire. Il n'y a point de faux témoignage punissable sans une intention criminelle, et il est d'autant plus nécessaire de la constater qu'il est facile de confondre le mensonge et l'erreur. Le témoin d'un fait peut se tromper de bonne foi sur les circonstances qu'il a cru voir et même qu'il a vues, il peut être égaré par son émotion, par son imagination, par la confusion de ses souvenirs. Il est donc nécessaire d'établir, non-seulement la fausseté de la déposition, mais la falsification intentionnelle du témoin.

**677.** *Matière criminelle.* Le faux témoignage se commet soit en *matière criminelle*, soit en *matière civile.* En matière criminelle, il y a lieu de distinguer, pour la compétence et l'application de la peine, s'il a été commis en *matière criminelle* proprement dite, en *matière correctionnelle* ou en *matière de police.* Mais une règle commune à ces trois hypothèses est que le faux témoignage ne peut être incriminé que lorsqu'il a été porté soit *contre l'accusé ou le prévenu*, soit *en sa faveur :* les art. 361 et 362 ne sont applicables que dans ces deux cas ; c'est là le préjudice du faux témoignage en toute matière criminelle, et il est nécessaire qu'il soit expressément constaté ou par la déclaration du jury ou par le jugement (Cass. 20 nov. 1816, 16 août 1827, 25 fév. 1836). Toute condamnation pour faux témoignage qui n'énonce pas qu'il a été prêté pour ou contre le prévenu, est entachée de nullité (Cass. 23 avril 1853, 23 avril 1868).

**678.** *Matière civile.* Le faux témoignage en matière civile a, sauf en quelques points, les mêmes caractères qu'en matière criminelle. En matière criminelle, l'incrimination est restreinte aux seuls cas où la déposition est faite pour ou contre le prévenu ; en matière civile, toutes les déclarations mensongères, quelles qu'elles soient, peuvent être incriminées si elles portent préjudice à autrui (Cass. 9 déc. 1864). En matière criminelle, le faux témoin peut se rétracter jusqu'à la clôture du débat ; en matière civile, le faux témoignage est consommé au moment même où la déposition est reçue et signée (Cass. 9 mars 1842, 6 janv. 1850). Il importe ensuite de ne pas confondre le faux témoignage en matière civile et le faux en écritures publiques résultant de fausses déclarations devant les officiers publics. Il n'y a faux témoignage que quand la déposition a été faite en justice, quand les agents sont interpellés par un juge à titre de témoins : toute déclaration extrajudiciaire, si elle est mensongère, est une assertion fausse, mais n'est pas un faux témoignage (Cass. 6 nov. 1806, 24 nov. 1808). Enfin, on ne pourrait attacher ce caractère aux réponses que fait une partie assignée en justice soit aux interpellations de son adversaire, soit à un interrogatoire sur faits et articles, car nul ne peut porter témoignage dans sa propre cause (Cass. 22 pluv. an XI).

**679.** *Pénalité.* Le Code pénal de 1810 portait la peine des travaux forcés à temps contre le faux témoignage en matière criminelle, et la peine de la reclusion s'il avait été commis en matière correctionnelle, de police ou civile. La loi du 28 avril 1832 substitua à cette peine en matière de police celle de la dégradation civique avec un emprisonnement d'un à cinq ans. La loi du 13 mai 1863 a apporté d'autres modifications. Elle a maintenu au faux témoignage en matière criminelle la qualification de crime, en substituant la peine de la reclusion à celle des travaux forcés. Mais elle a changé cette qualification en ce qui concerne les matières correctionnelle, de police et civile : le faux témoignage ne constitue dans les trois cas qu'un simple délit passible, dans le premier et dans le troisième, d'un emprisonnement de deux à cinq ans et d'une amende de 50 à 2,000 fr., et, dans le deuxième, d'un emprisonnement de un à trois ans et d'une amende de 16 à 500 francs (art. 361, 362, 363), avec dans les trois cas les peines facultativement accessoires de la privation des droits civils et de la surveillance de cinq à dix ans. Dans ce nouveau système de pénalité, il importe de discerner ce qu'on doit entendre par ces mots, « en matière criminelle »; est-ce le titre de la poursuite, est-ce la peine appliquée qui détermine si la matière est criminelle ou correctionnelle? Il a été décidé que c'est le titre originaire de la poursuite qui sert de règle, puisque ce titre fixe la nature des débats (Cass. 25 août 1854). On doit ajouter que, dans tous les cas, l'amende portée en matière de faux par l'art. 161 est inapplicable en matière de faux témoignage (Cass. 19 juin 1857).

**680.** *Circonstances aggravantes.* Il existe deux circonstances aggravantes du faux témoignage : la première, spéciale aux matières criminelle et correctionnelle, résulte de ce que l'accusé ou le prévenu, contre lequel le témoin a déposé, aurait été condamné à une peine plus forte que celles portées par les art. 361 et 362; cette peine est applicable au témoin. Cette aggravation suppose, d'abord, que c'est sur le témoignage porté contre lui que l'accusé ou le prévenu a été condamné, ensuite qu'il a été condamné à cette peine plus forte que celle du faux témoignage dont le témoin devient passible. La deuxième circonstance aggravante résulte de ce que le témoin en matière criminelle, correctionnelle, civile ou de police, aurait reçu de de l'argent, une récompense quelconque ou des promesses (art. 364). Le faux témoin est dans ce cas puni en matière criminelle des travaux forcés à temps, en matière correctionnelle ou civile, de la reclusion, en matière de police, d'un emprisonnement de 2 à 5 ans et d'une amende de 50 à 2,000 francs avec application facultative des peines accessoires énoncées en l'art. 362. Ce que le témoin a reçu est confisqué. Les promesses, non-seulement écrites, mais simplement verbales, suffisent pour motiver l'aggravation (Cass. 17 sept. 1829).

**681.** *Subornation de témoins.* La subornation de témoins et le faux témoignage sont deux actes qui concourent à un même but, mais avec un caractère distinct : la subornation n'est qu'un acte de provocation par dons ou promesses à commettre le faux témoignage : elle constitue donc un acte de complicité ; le principal auteur est le témoin, le suborneur en est le complice. Cette règle, que l'art. 365 consacre en appliquant les mêmes peines aux deux agents, a été souvent consacrée par la jurisprudence (Cass. 21 juill. 1841, 4 août 1843, 29 août 1844, 16 janv. 1845, 27 juin 1846, 20 avr. 1851 ; *Th. du C. pén.*, nº 1821); mais cette complicité a un caractère spécial, en ce qu'elle peut s'accomplir, non-seulement par les actes constitutifs de la complicité légale, mais par d'autres actes qui peuvent constituer une subornation, quoique la loi ne les ait pas énoncés : l'art. 365, en effet, n'a pas défini la subornation et n'a pas restreint son application aux actes mentionnés en l'art. 60 ; de là on a induit qu'elle peut résulter de faits autres que ceux-là, lorsqu'ils suffisent pour la constituer. Elle constitue donc un mode spécial de complicité.

**682.** De cette règle il résulte que la subornation ne peut être incriminée que lorsque le témoin a fait une fausse déposition ; car il ne peut y avoir de complice d'un faux témoignage si le faux témoignage lui-même n'existe pas. La subornation n'est donc punissable que lorsqu'elle se rattache à un faux témoignage réellement commis (Cass. 18 fév. 1813, 19 juin 1857). Est-il nécessaire que le faux témoignage ait été constaté par la condamnation même du témoin? Non, car l'acquittement de ce témoin ne ferait point obstacle à la condamnation du suborneur, lorsque la fausse déposition a été faite sans intention criminelle (Cass. 22 août 1834, 2 juill. 1857); mais dans ce cas le fait matériel d'une déposition mensongère à l'audience est indispensable pour l'existence de la subornation, car si la culpabilité du témoin s'efface, le faux témoignage est le fait principal dont elle n'est qu'un acte de complicité (Cass. 16 janv. 1835, 6 mai 1854).

**683.** Une autre conséquence de la même règle est que tous les actes qui constituent la complicité légale sont des actes de subornation quand ils ont eu pour résultat d'obtenir un faux témoignage. Ainsi ceux qui par dons, promesses, menaces, abus d'autorité ou de pouvoir, machinations ou artifices coupables, provoquent un faux témoignage ou donnent des instructions pour le commettre, sont coupables de subornation. Elle peut s'accomplir en fournissant au témoin des actes qui servent à son exécution (Cass. 6 oct. 1853). Lorsqu'elle se produit par des instructions, il suffit de constater qu'elles ont été données avec la connaissance qu'elles devaient servir au délit (Cass. 19 juin 1857).

**684.** Mais la complicité spéciale qui constitue la subornation, pouvant résulter d'éléments non prévus par l'art. 60, il a été admis qu'il n'est pas nécessaire, pour lui appliquer l'art. 365, de constater qu'elle a été commise par l'un des modes de la complicité ordinaire, il suffit de déclarer que l'accusé ou le prévenu est coupable de subornation ; ce mot comprend tous les caractères du crime, il se suffit à lui-même, il est superflu de le compléter par aucune énonciation ; il exprime la complicité spéciale prévue par la loi (Cass. 29 nov. 1851, 2 juill. 1857, 6 janv. 1859, 22 juin 1864). Mais cette expression, trop abréviative, pouvant donner lieu à des erreurs sur les éléments de la subornation, il est préférable de la traduire par la formule de provocation au faux témoignage, en énonçant l'acte de complicité (Cass. 22 fév. 1855, 16 avr. et 19 juin 1857). Il est utile, en effet, de vérifier les faits qui sont admis à former la subornation : une simple demande d'un faux témoignage, lorsque cette demande n'est appuyée d'aucun moyen de séduction, ne suffirait pas à la constituer. Il a été reconnu « que le fait d'avoir engagé un tiers à faire devant la Cour d'assises une déclaration mensongère en faveur de l'accusé, ne présente pas les caractères du crime de subornation » (Cass. 9 oct. 1853). Il a été également reconnu « que surprendre la crédulité d'un individu par des manœuvres employées à le tromper sur les faits sur lesquels il doit déposer en justice, n'est point suborner un témoin » (Cass. 9 sept. 1852). En effet, que la complicité soit légale ou spéciale, il faut qu'elle soit constante, et elle ne peut résulter que des actes prévus par l'art. 60 ou de faits qui soient analogues à ces actes.

**685.** *Faux serment en matière civile.* L'art. 366 a été modifié dans sa pénalité par la loi du 13 mai 1863. L'infraction qu'il prévoit n'est plus qu'un délit; il punit d'un emprisonnement de 1 à 5 ans et d'une amende de 100 à 3,000 francs celui à qui le serment a été déféré ou référé en matière civile et qui a fait un faux serment. Les peines de la privation des droits civils et de la surveillance peuvent en outre lui être appliquées pendant 5 à 10 ans. Le serment judiciaire est de deux sortes: il est appelé *décisoire* quand il est déféré par une partie à l'autre pour en faire dépendre le jugement de la cause; il est appelé *supplétif* quand il est déféré d'office par le juge à l'une ou à l'autre des parties (C. civ. 1357). L'art. 366 n'a fait aucune distinction entre ces deux serments, sa pénalité s'applique à la fausseté du serment dans l'un et l'autre cas (Cass. 20 janv. 1843). La loi n'ayant pas institué de formule spéciale pour l'accomplissement de cet acte, il a été décidé que l'affirmation « sur son âme et conscience », faite à l'audience par une partie en présence de la partie adverse, doit être considérée comme un serment (Cass. 30 janv. 1843). Toutefois, si le fait sur lequel le serment est déféré, est soumis par la loi civile à une preuve écrite, le serment ne peut être incriminé qu'autant que cette preuve est produite (Cass. 6 sept. 1812, 17 juin 1813, 21 janv. 1843). Ainsi, s'il s'agit d'un paiement dénié par le créancier et qui est soumis dans sa preuve aux art. 1341 et 1347 du C. civ., le débiteur n'est admis à porter plainte au criminel que s'il produit la preuve écrite du paiement ou un commencement de cette preuve. Il en est de même d'une convention, d'une vente déniée par l'une des parties; la production d'une preuve écrite est le premier élément de la prévention (Cass. 12 sept. 1816, 20 janv. 1843, 29 mars 1845, 13 nov. 1847, 17 juin 1852, 11 déc. 1857).

## § II. — *Calomnie, injures, révélation de secrets.*

### I. — *Calomnie, injures.*

ART. 367, 368, 369, 370, 371, 372, 374, 375, 376, 377.

686. Abrogation des art. 367-372 et 374, 375 et 377 par l'art. 26 de la loi du 17 mai 1819.

687. L'art. 376 n'a pour objet que de renvoyer au tribunal de police les injures légères et non publiques.

**686.** L'art. 26 de la loi du 17 mai 1819 a abrogé les art. 367, 368, 369, 370, 371, 372, 374, 375 et 377 du Code pénal ; cette loi a substitué à ces articles d'autres dispositions également repressives des délits d'injure et de calomnie ; ces dispositions spéciales font partie de la législation de la presse et sont étrangères à notre Code. Trois articles seulement de cette section ont survécu à la révision dont cette matière a été l'objet : ce sont les art. 373, 376 et 378.

**687.** L'art. 376 déclare que les injures ou expressions outrageantes qui ne renferment pas l'imputation d'un vice déterminé et n'ont pas été proférées publiquement, ne sont passibles que d'une peine de police. Il en résulte que, pour constituer un délit correctionnel, l'injure doit réunir l'un et l'autre élément. C'est dans ce sens que doit être appliqué l'art. 20 de la loi du 17 mai 1819 (Cass. 10 avr. 1841, 20 avr. 1842, 1er fév. 1851, 12 août 1852). L'art. 376, comme l'art. 20 de la loi du 17 mai 1819, ne s'applique d'ailleurs qu'aux injures adressées à des particuliers ; l'injure, quelle qu'elle soit, adressée à un agent de l'autorité, dans ses fonctions, est de la compétence de la juridiction correctionnelle dès qu'elle est publique (Cass. 6 août 1852).

## II. — *Dénonciation calomnieuse.*

### Art. 373.

688. Caractères du délit de dénonciation calomnieuse.
689. La première condition du délit est qu'il y ait une dénonciation. Formes de cette dénonciation.
690. La deuxième condition est que la dénonciation ait été remise aux officiers de justice ou de police.
691. La troisième condition est qu'elle soit reconnue calomnieuse.
692. Comment la fausseté des faits doit être constatée, s'ils constituent un crime ou délit.
693. Comment elle doit être constatée, s'ils ne constituent qu'un acte administratif.
694. Quelle est l'autorité compétente pour statuer sur la fausseté des faits.
695. Quelle doit être la forme de cette décision.
696. De l'intention criminelle nécessaire pour l'existence du délit.

**688.** *Caractères du délit.* La dénonciation d'un acte répréhensible faite à un magistrat, est un acte licite et qui dans certains cas est prescrit par la loi; l'art. 30 du C. d'inst. cr. l'impose comme un devoir à toute personne qui a été témoin d'un attentat contre la sûreté publique, la vie ou la propriété des citoyens. Elle ne prend le caractère d'un délit que lorsqu'elle est faite pour servir, non les intérêts de la justice, mais la haine et la passion de son auteur, lorsqu'elle impute à un tiers un fait mensonger. La dénonciation calomnieuse diffère de la diffamation en ce qu'elle suppose nécessairement la fausseté du fait imputé et qu'elle se produit sans publicité. Elle diffère du faux témoignage en ce que, si elle a également pour effet d'égarer l'action de la justice, elle ne se manifeste pas à l'audience et sous la foi du serment. Les conditions essentielles du délit sont: 1° qu'il y ait une dénonciation; 2° que cette dénonciation ait été faite aux officiers de justice ou de police administrative ou judiciaire; 3° enfin qu'elle soit reconnue calomnieuse.

**689.** *Dénonciation.* La première condition du délit est qu'il y ait une dénonciation c'est-à-dire un acte qui en ait le caractère et la forme. Ce caractère est la spontanéité; il est nécessaire qu'elle soit le résultat d'une volonté libre et spontanée (Cass. 29 juin 1836). Si elle a été provoquée par un interrogatoire, par une demande de renseignements, elle n'est plus qu'une simple déclaration. Sa forme n'est qu'imparfaitement déterminée par l'art. 373, qui se borne à exiger qu'elle soit faite *par écrit*. Est-il nécessaire qu'elle le soit avec les formes prescrites par l'art. 31 du C. d'inst. cr.? Non, car s'il est nécessaire qu'elle soit écrite pour établir la responsabilité de son auteur, et parce que cet écrit devient le corps même du délit, il est sans objet qu'elle soit reçue avec telle ou telle formalité; il suffit que, en quelque forme que ce soit, elle énonce le nom du dénonciateur et l'imputation dirigée contre un tiers (Cass. 10 oct. 1816, 20 juin 1838, 1er mai 1868). Une simple lettre suffit (Cass. 5 fév. 1830), même non signée et affectant la forme d'une dénonciation anonyme, quand il est possible de remonter à son auteur (Cass. 17 sept. 1845). Mais si le dénonciateur ne sait ou ne veut pas écrire, et s'il requiert l'officier de consigner sa dénonciation par écrit, celui-ci doit observer les formes légales (Cass. 3 déc. 1815, 27 mai 1841). Toutefois, dans ce cas même, ces formes ne sont pas sacramentelles et peuvent être suppléées (Cass. 24 déc. 1857, 20 avr. 1867, 30 janv. 1868). Enfin elle peut être saisie quoique faite sous la forme d'une plainte, même avec constitution de partie civile (Cass. 12 nov. 1813, 21 mai 1841), sous la forme d'une citation directe (Cass. 14 mai 1860), sous la forme d'une pétition (Cass. 3 juill. 1857) ou dans un mémoire imprimé et produit dans une contestation administration (Cass. 1er mars 1860). Cette dernière solution ne s'étendrait pas aux cas où l'art. 23 de la loi du 17 mai 1819, relatif aux écrits publiés devant les tribunaux, reçoit son application.

**690.** *Remise.* La deuxième condition du délit est que la dénonciation ait été remise aux officiers de justice ou de police. C'est cette remise qui assure son effet, en mettant la justice ou l'administration en demeure d'agir, elle est donc un élément essentiel du délit, elle le consomme matériellement. Quels sont les officiers de justice ou de police indiqués dans l'art. 373?

Les officiers de justice sont les officiers de police judiciaire énumérés dans l'art. 9 du C. d'inst. cr. Les officiers de police administrative sont non-seulement ceux qui dirigent ou exercent cette police, comme les préfets (Cass. 31 août 1815, 9 nov. 1860), les commissaires de police, mais encore tous ceux qui, dans les administrations publiques, exercent une autorité disciplinaire sur leurs subordonnés, tels que les directeurs de ces administrations (Cass. 27 juin 1835, 12 avr. 1851), et même les ministres (Cass. 12 mai 1827, 7 mai 1833, 25 oct. 1846, 20 nov. 1851, 20 mars 1852, 26 avr. 1856, 23 janv. 1858). Il n'est pas nécessaire que la dénonciation soit faite directement à l'un de ces officiers ; il suffit qu'elle leur soit adressée ou, en d'autres termes, qu'elle leur soit destinée (Cass. 24 nov. 1850).

**691.** *Calomnie.* La troisième condition du délit est que la dénonciation soit reconnue *calomnieuse.* Une dénonciation, pour être réputée calomnieuse, doit réunir deux éléments : la fausseté des faits dénoncés, la mauvaise foi du dénonciateur (Cass. 25 oct. 1816, 25 fév. 1826, 22 déc. 1827, 3 juill. 1857). Quels sont les faits dont l'imputation peut constituer le délit? La loi n'exige pas que ces faits aient les caractères d'un crime ou d'un délit, mais il ne suffit pas non plus, comme le voulait l'art. 367, aujourd'hui abrogé, que ces faits puissent exposer la personne dénoncée au mépris de ses concitoyens, puisque la dénonciation demeure secrète, mais il faut qu'elle puisse avoir pour effet, si elle est portée contre un particulier, d'appeler contre lui des poursuites judiciaires, et si elle est portée contre un agent ou préposé d'une administration publique, d'appeler contre lui ou des poursuites judiciaires ou des mesures disciplinaires (Cass. 25 fév. 1826, 3 juill. 1829).

**692.** Comment la fausseté des faits doit-elle être constatée ? Il y a lieu de distinguer si le fait dénoncé constitue un délit ou un crime qui puisse motiver une action judiciaire ou s'il ne constitue qu'un acte purement administratif. Dans l'un et l'autre cas, la constatation de la vérité ou de la fausseté du fait devient une question préjudicielle qu'il est nécessaire de vider avant d'apprécier le délit. Si le fait est qualifié crime ou délit, il y a lieu de procéder à une information judiciaire et le tribunal doit surseoir jusqu'à ce que cette instruction ait consacré le véritable caractère des faits (Cass. 2 mai 1834, 7 fév. 1835). Cette question préjudicielle est vidée si le juge d'instruction ou la chambre d'accusation déclarent qu'il n'y a lieu à suivre : la fausseté du fait dénoncé est alors considérée comme constatée : il peut être procédé au jugement de la dénonciation (Cass. 11 mars 1819, 2 août 1822, 18 avr. 1823, 4 nov. 1843). Si le fait constitue un acte administratif, la jurisprudence a admis, en séparant les deux éléments du délit, qu'il y a lieu de déférer à l'administration la question de savoir si les faits imputés à l'un de ses agents sont vrais ou faux ; le tribunal ne conserve que l'appréciation de l'élément intentionnel (Cass. 9 déc. 1864, 7 août 1868). Toutefois, ce n'est que lorsque les faits imputés ont été commis par le préposé dans l'exercice de ses fonctions, et qu'ils constituent des faits administratifs, qu'il y a lieu de surseoir jusqu'à ce que l'administration ait statué, car ce n'est point à raison de la qualité de l'agent, mais à raison de la nature des faits, que la compétence de l'administration a été reconnue ; hors ce seul cas, le tribunal conserve ses attributions et statue sur tous les éléments du délit (Cass. 7 déc. 1833, 11 déc. 1847, 28 nov. 1851, 26 nov. 1852, 26 déc. 1853). Enfin, si le dénonciateur reconnaît lui-même la fausseté des faits dénoncés ou si le tribunal n'est saisi de la dénonciation que par le prévenu d'un délit sur lequel il est appelé à statuer, il n'y a lieu à aucun renvoi (Cass. 21 mai 1841, 30 juin 1856, 15 avr. 1865).

**693.** Quelle est l'autorité compétente pour statuer sur la question préjudicielle ? C'est celle qui a le pouvoir d'appliquer aux faits dénoncés les mesures répressives dont ils sont passibles. Si ces faits sont qualifiés crime ou délit, leur fausseté peut être déclarée soit par une ordonnance ou un arrêt de non-lieu, soit par un jugement ou un arrêt d'acquittement. S'ils ne constituent qu'un abus de la fonction ou une infraction administrative passible de peines disciplinaires, l'appréciation en appartient au fonctionnaire qui peut prononcer ces peines. Elle appartient donc aux évêques relativement aux prêtres de leurs diocèses (Cass. 12 avr. 1851), aux ministres et aux directeurs généraux des administrations relativement aux employés de ces administrations (Cass. 23 juill. 1835, 11 déc. 1847), au ministre de la justice relativement aux membres de l'ordre judiciaire (Cass. 12 mai 1827, 20 nov. 1851), aux chambres de discipline des notaires, des avoués et des huissiers avec l'homologation, s'il y a lieu, du tribunal civil et l'approbation du ministre, relativement aux notaires, avoués et huissiers (Cass. 18 sept. 1830, 20 mars 1852, 26 avr. 1856, 23 janv. 1858, 13 sept. 1860, 15 nov. 1867, 24 juin et 29 déc. 1870), un gouverneur d'une colonie relativement aux préposés de cette colonie (Cass. 27 mars et 22 mai 1852), aux préfets relativement à leurs subordonnés (Cass. 27 mars 1861) et relativement aux maires (Cass. 11 déc. 1847, 2 nov. 1866, 6 juin 1867), au procureur général relativement aux cas prévus par l'art. 479 du C. d'inst. cr. (Cass. 16 déc. 1853), au président et au bureau d'une société de secours mutuels, relativement aux membres de cette société (Cass. 10 juill. 1858).

**694.** Quelle doit être la forme de cette décision ? Si les faits dénoncés sont qualifiés crime ou délit, il faut que l'ordonnance ou l'arrêt soient définitifs et déclarent qu'il n'y a lieu à suivre (Cass. 2 mai 1834, 8 août 1835), soit parce que les faits sont faux (Cass. 19 juin 1852), soit parce qu'il n'est pas établi que la personne dénoncée en soit l'auteur ou le complice (Cass. 4 nov. 1843). Une telle décision suffit pour constater la fausseté, jusqu'à ce que de nouvelles charges soient survenues et établies (Cass. 11 mars 1819, 2 août 1822, 18 avr. 1823, 15 avr. 1859). Si les faits ne donnent lieu qu'à des mesures administratives, la décision n'est sujette à aucune forme spéciale. Elle peut se produire sous la forme d'une délibération d'une chambre de discipline (Cass. 20 nov. 1851, 23 janv. 1858), d'un arrêté administratif (Cass. 9 nov. 1860, 16 août 1867) et même d'une simple lettre (Cass. 26 mai 1832, 17 sept. 1846, 11 déc. 1847). Ce qui est nécessaire, c'est qu'elle soit expresse, catégorique, revêtue d'un caractère officiel et consignée par écrit (Cass. 28 nov. 1851, 16 déc. 1853).

**695.** *Intention.* Il ne suffit pas que les faits dénoncés soient reconnus faux, il faut qu'ils aient été dénoncés avec *intention de nuire.* Il n'appartient qu'au tribunal correctionnel de constater cette intention (Cass. 12 oct. 1856). Quel en est le caractère? Elle consiste dans la volonté de nuire par la dénonciation avec la connaissance de la fausseté du fait dénoncé, de faire peser sur une personne qu'on sait innocente une imputation qu'on sait fausse. Il ne suffit pas que l'accusation soit téméraire ou indiscrète, il faut que le dénonciateur sache qu'elle n'est pas fondée, qu'il ait été poussé par un esprit de haine ou de vengeance, qu'il ait agi méchamment (Cass. 16 nov. 1853, 4 mars et 15 avr. 1859, 9 déc. 1864). C'est conformément à cette doctrine qu'il a été jugé « qu'une dénonciation peut être fausse sans être calomnieuse, puisqu'elle peut, malgré sa fausseté, ne présenter aucun des caractères qui constituent le délit de calomnie; qu'elle peut aussi avoir été fondée sur des indices suffisants pour que le dénonciateur ait eu de justes motifs de la faire » (Cass. 21 mars 1821); et par un autre arrêt : qu'une Cour d'assises, procédant en vertu de l'art. 358 du C. d'inst. cr., ne peut prononcer des dommages-intérêts au profit de l'accusé acquitté « que lorsque la dénonciation a été calomnieuse, de mauvaise foi et à dessein de nuire » (Cass. 30 déc. 1813). Ni l'intérêt personnel du dénonciateur, ni les procès dans lesquels il serait engagé avec l'individu dénoncé, ne l'excusent (Cass. 12 oct. 1856, 21 mars 1861); mais on ne doit pas induire de la fausseté des faits, la présomption d'une intention criminelle; car il peut exister, même dans un esprit partial, des causes légitimes d'erreur, et il y a loin de là à la mauvaise foi, qui est essentielle au délit.

**696.** L'art. 373 s'applique aux dénonciations faites par les officiers publics aussi bien qu'à celles faites par les particuliers, lorsqu'elles portent sur des faits faux et sont faites avec mauvaise foi : la loi n'admet aucune exception (Cass. 10 oct. 1816, 12 mai 1827). Nulle exception n'existe également en ce qui concerne la complicité ; il y a donc lieu de distinguer, comme en toute matière, dans les cas de complicité, ceux qui, extrinsèques à l'acte, tendent à en préparer l'exécution, et ceux qui constituent la perpétration même. A l'égard des complices, il suffit d'établir l'acte de provocation ou d'assistance ; mais à l'égard des coauteurs, il est nécessaire d'établir vis-à-vis de chacun la connaissance de la fausseté et la mauvaise foi (Cass. 13 sept. et 12 nov. 1860).

## III. — *Révélation de secrets.*

### Art. 378.



**697.** *Eléments du délit.* L'art. 378 ne frappe qu'une seule classe de personnes, celles qui, par état ou profession, sont dépositaires des secrets qui leur sont confiés. Le délit consiste dans la divulgation de ces secrets. Les éléments nécessaires pour le constituer sont : la qualité des personnes à qui leur profession impose le devoir de garder les confidences qui leur ont été faites, la révélation de ces confidences avec intention de nuire en les révélant.

**698.** *Qualité.* Le premier élément du délit consiste dans la qualité de l'agent, c'est-à-dire dans l'état ou la profession qui le soumet à l'obligation du secret. A l'égard des personnes qui ne sont pas astreintes par leur état ou leur profession au même devoir, la violation des secrets qui leur sont confiés, coupable aux yeux de la morale, échappe entièrement à la disposition de la loi. Quelles sont les personnes auxquelles s'applique l'art. 378 ? Cet article désigne d'abord les médecins, les chirurgiens, les officiers de santé, les pharmaciens et les sages-femmes, puis il ajoute : « et toutes autres personnes dépositaires par état ou profession des secrets qu'on leur confie. » Quelles sont ces autres personnes ? Il y en a que leurs fonctions mêmes désignent : ce sont les prêtres, les avocats, les avoués et, dans certains cas, les notaires. Les prêtres, que la confession rend dépositaires de secrets inviolables (Cass. 30 nov. 1810) ; les avocats et les avoués qui reçoivent les aveux et les confidences de leurs clients et ne peuvent trahir la défense qui leur est confiée (Cass. 30 janv. 1826, 23 fév. 1828, 23 juill. 1830, 11 mai 1844, 6 janv. 1855) ; enfin les notaires qui, chargés de régler les intérêts des familles, peuvent recevoir sous le sceau du secret des communications qu'ils ne doivent pas révéler (L. 25 ventôse an XI, 23 ; Cass. 15 juin 1853). On doit ajouter que ces personnes ne sont indiquées que par forme d'exemple ; car la disposition de l'art. 378, purement démonstrative, s'étend sans restriction à toutes autres personnes auxquelles leur profession imposerait les mêmes obligations.

**699.** *Violation du secret.* Le deuxième élément du délit est que le secret ait été revélé par la personne à laquelle il a été confié, et que cette personne ait volontairement trahi le devoir que sa qualité lui imposait. Si la divulgation était le résultat du hasard, d'une circonstance fortuite, il n'y aurait pas lieu à l'action criminelle, car la négligence, l'imprudence même ne peut remplacer la volonté. La loi n'a voulu punir que les révélations indiscrètes inspirées par la méchanceté et le dessein de diffamer et de nuire (Cass. 23 juill. 1830). Mais le seul fait d'une indiscrétion volontaire peut faire présumer l'intention de nuire, et c'est au prévenu à justifier qu'il n'avait pas cette intention.

**700.** *Témoignage en justice.* L'art. 378 ne punit les révélations des personnes obligées au secret que lorsqu'elles sont faites « hors le cas où la loi les oblige à se porter dénonciateurs ». Cette exception, qui se référait aux art. 103 et suiv. du Code pénal, a été effacée par la loi du 28 avril 1832, qui a abrogé ces articles. L'obligation de se porter dénonciateurs ne résulte d'aucune loi en ce qui concerne les médecins, les avocats et les ecclésiastiques. Les art. 29 et 30 du C. d'inst. cr. ne s'appliquent qu'aux fonctionnaires et citoyens témoins des crimes. Mais si les personnes obligées par état au secret sont appelées en témoignage en justice, et interpellées de déclarer les faits qui leur ont été confiés, sont-elles déliées de leur obligation et tenues de révéler la vérité ? Cette question se résout par une distinction. Tout citoyen doit la vérité à la justice lorsqu'il est interpellé par elle ; aucune profession ne dispense de cette obligation d'une manière absolue, pas même celles qui sont tenues au secret ; il ne suffit donc pas à celui qui exerce une de ces professions d'alléguer, pour se refuser à déposer, qu'il n'a acquis la connaissance du fait sur lequel il est requis de déposer que dans l'exercice de sa profession. Mais si ce fait lui a été confié sous le sceau du secret auquel il est astreint à raison de sa profession, il peut s'abstenir de déposer ; cette abstention n'est que l'accomplissement d'un devoir, et la justice ne pourrait en exiger la violation sans compromettre soit l'honneur des familles, soit la défense des accusés, soit la sûreté et la vie des citoyens (Cass. 20 janv. 1826, 14 mai 1844, 26 juill. 1845, 1er août 1845). Cette distinction, successivement appliquée aux avocats, aux avoués (Cass. 18 juin 1835), aux prêtres (Cass. 30 nov. 1810), a été étendue, après quelque hésitation (Cass. 23 juill. 1830), même aux notaires (Cass. 10 juin 1853). Il est donc admis par la jurisprudence que l'intervention de la justice ne modifie nullement les strictes obligations auxquelles sont assujeties certaines professions, et que les personnes qui exercent ces professions peuvent s'abstenir de déposer en déclarant que les faits sur lesquels elles sont interpellées leur ont été confiés sous le sceau du secret. Mais si, obéissant à l'interpellation, elles ne s'abstiennent pas, si elles les révèlent sur la demande expresse du juge, l'art. 378 ne leur est plus applicable, car on ne saurait trouver une intention diffamatoire dans une déclaration faite non volontairement, mais sur une réquisition judiciaire.

**701**. La dispense de déposer est une exception qui ne doit pas être étendue au delà de ses justes bornes; fondée sur le devoir de la profession, elle est limitée aux faits confiés à cette profession même avec le sceau du secret. Ainsi les ministres du culte, qui ont acquis la connaissance des faits par des circonstances étrangères à leur état, sont tenus d'en porter témoignage, même contre leurs pénitents (Cass. 20 nov. 1810). Les avocats et les avoués ne sont pas dispensés de déposer lorsqu'ils ont eu connaissance des faits avant que la partie intéressée les ait consultés ou lorsqu'ils ne l'ont été que pour écarter leur témoignage (Cass. 14 sept. 1827, 18 juin 1834). La même règle s'applique aux gens de l'art. Ce n'est qu'au cas où ils n'ont connu les faits que par les soins qu'ils sont appelés à donner qu'ils sont tenus à une inviolable discrétion (Cass. 6 janv. 1855. *Th. du C. pén.*, n° 1880).

---

## CHAP. II. — Crimes et délits contre les propriétés.

### SECT. Ire. — Vol.

### § Ier. — *Caractères généraux.*

### Art. 379, 380 et 401.

**702.** *Caractères du délit.* Notre Code, après avoir épuisé la série des attentats et offenses contre les personnes, arrive aux crimes et délits contre les propriétés. La première et la principale de ces infractions est le vol. Les jurisconsultes romains avaient fixé les caractères élémentaires de ce délit : *Fur est qui dolo malo rem alienam contrectat* (Pauli *Sentent.*, tit. 31). L'art. 379 a traduit fidèlement cette définition : « Quiconque a soustrait frauduleusement une chose qui ne lui appartient pas, est coupable de vol ». Trois conditions sont donc nécessaires pour qu'il y ait vol : il faut qu'il y ait eu soustraction d'une chose quelconque, que cette soustraction soit frauduleuse, enfin que la chose soustraite appartienne à autrui. Nous allons examiner ces trois éléments du délit.

**703.** *Soustraction.* Le premier élément du délit est la soustraction, c'est-à-dire l'enlèvement de la chose. Jusqu'à cet enlèvement, l'agent, lors même qu'il a mis la main sur cette chose, peut se désister; mais le délit est accompli aussitôt qu'elle est enlevée. Les arrêts décident en conséquence « que pour soustraire, il faut *prendre, enlever, ravir* » (Cass. 18 nov. 1837), et que la soustraction n'existe que lorsque la chose a été *appréhendée* (Cass. 20 nov. 1835, 14 sept. 1839, 7 janv. 1864, 6 août 1867). Ainsi, il n'y a pas de soustraction lorsque la chose a été volontairement remise à l'agent, soit sous la condition implicite d'une restitution immédiate, soit même par erreur, et que celui-ci en a profité pour s'en emparer frauduleusement, puisque la remise volontaire de la chose, quels que soient son motif et sa durée, exclut l'appréhension, l'enlèvement, la soustraction (Cass. 3 mai 1845, 1er mars 1850, 9 juill. 1853, 31 janv. et 22 mai 1856, 5 janv. 1861, 9 déc. 1871). Mais si la remise a été surprise, si elle n'est qu'une manœuvre frauduleuse qui prépare et facilite la soustraction, elle se confond avec celle-ci et, loin de l'exclure, elle en devient un élément (Cass. 14 oct. 1842, 28 mars 1846, 29 mai 1846, 31 mars 1855, 24 mars 1860). Cette distinction est nettement posée dans un arrêt qui porte : « Que s'il n'y a pas soustraction, et par conséquent vol, dans le sens de l'art. 379, lorsque la chose enlevée avait été remise, même momentanément, mais volontairement, par le propriétaire à celui qui s'en est emparé pour se l'approprier, il en est autrement lorsque la remise est nécessaire et forcée, telle que la communication au débiteur du billet ou de la quittance qu'il vient acquitter ; que dans ce cas le possesseur du titre ne s'en dessaisit pas ; qu'il ne fait que le placer sous les yeux du débiteur et que si celui-ci s'en saisit et l'enlève, il commet une véritable soustraction » (Cass. 11 janv. 1867).

**704.** Du principe qu'il n'y a pas de vol sans une soustraction, sans une appréhension et un enlèvement de la chose, il résulte : 1° que le vol ne peut atteindre que les choses mobilières (Cass. 1er juill. 1864) ; 2° qu'il ne peut avoir pour objet une chose incorporelle, un droit ; mais il peut s'appliquer au titre qui établit le droit ; 3° que toutes les fraudes qui tendent à s'emparer des choses d'autrui par d'autres modes que la soustraction, ne rentrent pas dans la classe des vols : tels sont le créancier qui, à l'insu du débiteur, applique à son usage personnel l'objet qu'il a reçu en nantissement, le dépositaire qui se sert des choses reçues en dépôt, le commanditaire ou l'emprunteur qui vendent des objets prêtés ou loués (Cass. 31 mars et 10 nov. 1855, 25 août 1859); 4° que, par le même motif, le créancier qui, après avoir reçu une somme d'argent, refuse d'en donner quittance (Cass. 25 sept. 1824), le débiteur qui, sous prétexte de renouveler son titre, se fait remettre l'ancien en échange d'un billet qu'il n'a pas signé (Cass. 9 sept. 1826), le contribuable qui représente en paiement de ses contributions une quittance déjà produite (Cass. 25 mars 1834), ne commettent point le délit de vol, parce que le dol et la fraude dont sont empreints ces divers actes ne peuvent remplacer l'enlèvement furtif de la chose, la soustraction. La même solution doit s'appliquer — à la rétention même frauduleuse des présents reçus en vue d'un mariage, après la rupture du projet de ce mariage (Cass. 30 janv. 1829);— au fait d'avoir conservé un billet acquitté et d'en poursuivre le paiement, après avoir feint de le déchirer (Cass. 18 nov. 1837), — au fait, lorsque le dépôt est juridiquement établi, d'avoir détourné les choses déposées, lorsqu'elles n'étaient pas enfermées dans un meuble dont le déposant aurait gardé la clef (Cass. 19 avr. 1838, 25 sept. 1856, 15 juill. 1865). Il importe de noter, relativement à ces diverses espèces, que la règle du droit civil qui repousse la preuve testimoniale pour établir l'existence des conventions, ne s'applique pas en matière de vol, parce que le vol est un acte de violence et par conséquent un fait de force majeure qui admet tous les genres de preuves (C. civ., 1341, 1348; Cass. 31 mars et 19 nov. 1855, 9 mars 1871).

**705.** Faut-il considérer comme une soustraction le fait de retenir frauduleusement un objet trouvé par hasard? Il y a lieu de distinguer si l'intention de s'approprier l'objet est née au moment même où il était trouvé, ou si cette intention n'est survenue que postérieurement à cette mainmise. Dans la première hypothèse, la jurisprudence décide qu'il y a soustraction, puisque l'agent s'est emparé, avec le dessein immédiat de se l'approprier, d'une chose qu'il sait appartenir à autrui. Il importe peu que l'objet ait été appréhendé dans tel ou tel lieu et que l'agent n'ait pas connu le nom de son propriétaire : le fait matériel de la soustraction résulte du seul enlèvement de cet objet (Cass. 5 juin 1817, 4 avr. 1823, 4 mars 1825, 7 sept. 1856, 16 mai 1863). Mais dans la deuxième hypothèse, lorsque l'objet a été ramassé sans aucune intention d'appropriation lorsque cette intention n'est née et ne s'est manifestée qu'ultérieurement, la solution n'est pas la même ; car s'il n'y a pas eu fraude au moment de l'appréhension, il n'y a pas eu de soustraction, et si plus tard l'intention frauduleuse est survenue chez l'agent, il ne pouvait soustraire un objet qui était en sa possession (Cass. 9 août 1816, 2 sept. 1830, 26 mars 1836). Cette distinction toutefois est d'une application très-délicate : comment discerner si l'intention frauduleuse a été conçue au moment où l'objet était trouvé ou seulement à une époque ultérieure ? La moralité de l'acte doit être appréciée d'après les faits qui l'ont immédiatement suivi. Mais ces faits ne peuvent être substitués à l'acte lui-même, car la fraude de la rétention n'implique pas nécessairement celle de la soustraction (*Th. du C. pén.*, n° 1900).

**706.** Lorsque la soustraction est constatée, le délit est consommé. De là il résulte : 1° que la restitution ultérieure que ferait l'agent de la chose soustraite n'efface pas le délit (Cass. 6 sept. 1811) ; 2° que le fait, commis après sa condamnation et l'exécution de sa peine, de reprendre les choses volées qu'il avait cachées, ne constitue pas un nouveau vol, puisqu'il n'y a pas de soustraction nouvelle (Cass. 4 nov. 1848).

**707.** *Fraude.* Le deuxième élément du vol est l'*intention frauduleuse.* Il n'y a point de délit, lors même qu'il y aurait eu soustraction, si cette soustraction a porté sur une chose que l'agent croyait lui appartenir, ou en croyant agir avec l'assentiment du propriétaire (Cass. 12 déc. 1868). C'est par ce motif qu'il a été jugé qu'il n'y a qu'une simple voie de fait et non un vol quand il s'agit d'une chose dont la propriété est contestée, lorsque la justice n'a point statué sur le litige (Cass. 17 oct.

1806). Mais il ne suffirait pas, pour effacer le vol, d'établir que le prévenu est un créancier qui n'a fait que reprendre ce qui lui était dû, car une créance ne peut légitimer un vol; il y aurait lieu seulement d'examiner, dans ce cas : si le créancier a employé, sans intention dolosive, une voie illégale pour se faire payer ou si, sous le voile de sa créance, il a voulu spolier son débiteur (Cass. 22 déc. 1808).

**708.** Quel est le caractère de la fraude constitutive du vol? Il n'y a pas lieu de distinguer si l'agent a voulu s'approprier la chose d'autrui, ou s'il a voulu seulement l'en dépouiller. La loi n'exige dans l'intention qui le dirige qu'un seul caractère, la fraude; il n'y a donc pas lieu de rechercher si cette fraude avait tel ou tel but. L'intention de dépouiller le propriétaire suffit, il n'est pas nécessaire d'établir l'intention de s'approprier l'objet volé (Cass. 28 niv. an IX, 30 juin 1809). Tel serait le fait d'enlever, par jalousie ou vengeance, un objet quelconque pour le détruire aussitôt; il suffit que le propriétaire soit dépouillé (Cass. 22 mai 1818). Il en est ainsi lors même que la soustraction n'est motivée que par une extrême nécessité, la faim et toutes les souffrances de la misère; toutes ces circonstances atténuent le délit, mais ne l'effacent pas entièrement (*Th. du C. pén.*, nº 1907).

**709.** *Chose d'autrui.* Il faut, en troisième lieu, pour constituer le vol, que la chose frauduleusement soustraite soit la *propriété d'autrui*, celui qui soustrait sa propre chose ne commet point un vol. Si le prévenu soulève cette exception de propriété, la juridiction répressive est compétente pour statuer (Cass. 4 août 1865, 24 avr. 1870; *Tr. de l'inst. crim.*, nº 2661). Mais il n'est pas nécessaire pour l'existence du délit que la prévention précise à qui appartient la chose soustraite; il suffit qu'il soit constaté qu'elle n'appartient pas à l'agent (Cass. 6 juin 1845).

**710.** *Res nullius.* La soustraction même frauduleuse ne constitue point un vol si la chose soustraite n'est pas la propriété d'un tiers. On distingue les choses qui n'ont encore appartenu à personne, celles qui sont abandonnées et celles qui ont été perdues. Ces choses peuvent devenir la propriété de celui qui les a appréhendées ou trouvées (C. civ. 717). A leur égard, il ne peut donc y avoir de vol. Toutefois, en ce qui concerne les choses trouvées, on a vu, n° 702, qu'il y avait lieu de distinguer si elles ont été appréhendées avec une intention frauduleuse ou si cette intention n'est venue qu'à la suite d'une possession plus ou moins longue. Celui qui découvre un trésor sur le fonds d'autrui n'a droit qu'à la moitié (C. civ. 716), d'où il suit que s'il le prend tout entier, il commet un vol de la partie qui ne lui appartient pas (Cass. 18 mai 1827). Celui qui tue des pigeons de colombier sur son terrain et s'en empare, ne commet aucun délit aux époques où les pigeons doivent être enfermés; il peut les tuer encore aux autres époques pour préserver ses récoltes; mais, comme alors ils ne sont plus assimilés au gibier, il ne peut s'en emparer (L. 4 août 1789, 2; L. 30 avril 1790, 15; Cass. 20 sept. 1823).

**711.** *Copropriété.* On a déjà vu, à l'occasion de la question du trésor trouvé, que le droit partiel du prévenu dans la chose soustraite ne fait pas disparaître le vol; car, en s'emparant d'une chose qui ne lui appartient qu'en partie, il commet le vol de la partie qui ne lui appartient pas. L'application de cette règle peut offrir quelque difficulté, quand le prévenu se trouve copropriétaire de la chose qu'il a soustraite, soit à titre de cohéritier, soit à titre d'associé. Dans la première hypothèse, il a été reconnu que « la copropriété dans des effets mobiliers n'exclut pas l'action de vol pour la soustraction frauduleuse de ces effets par l'un des copropriétaires au préjudice des autres » (Cass. 14 mars 1818); que si l'art. 380 interdit l'action pour vol entre époux et ascendants et descendants, il ne l'a pas interdite pour vols commis par des cohéritiers au préjudice les uns des autres; que, si les art. 792 et 801, C. civ., déclarent héritiers purs et simples les cohéritiers qui ont distrait ou recélé des effets de la succession, cette déchéance, qui n'est qu'une sorte de restitution du dommage causé, n'apporte aucun obstacle à l'application de la loi pénale, si l'enlèvement a les caractères d'un vol (Cass. 17 fév. 1836). La même solution s'applique aux associés : l'associé qui commet un vol au préjudice de ses co-associés ne peut trouver aucune justification dans le fait de son association, puisqu'il suffit, pour constituer le délit, qu'une partie de la chose appartienne à autrui (Cass. 3 mai 1808).

**712.** *Exception de propriété.* Le prévenu peut alléguer, pour sa défense, soit qu'il était propriétaire de la chose soustraite, soit que cette chose était abandonnée ou perdue et qu'elle lui appartenait comme l'ayant trouvée. Toutes ces exceptions n'ayant pour objet qu'une chose mobilière, rentrent dans la compétence de la juridiction répressive (Cass. 11 avril 1817, 20 mai 1828).

**713.** *Consentement du propriétaire.* Si le propriétaire a consenti à l'enlèvement de la chose, il n'y a plus de vol. Ainsi, s'il s'est dessaisi de cette chose, soit par excès de confiance, soit séduit par des manœuvres frauduleuses, il peut y avoir un autre délit, mais le vol, qui suppose l'appréhension contre le gré du propriétaire, n'existe plus. Toutefois, si l'agent n'a pas connu le consentement du propriétaire à l'enlèvement de la chose, ou si ce consentement ne se manifeste qu'après la soustraction consommée, le fait conserve son caractère criminel.

**714.** *Soustraction entre époux ou autres ascendants et descendants.* Une dernière exception au principe qui qualifie vol toute soustraction *de la chose d'autrui*, est consacrée par l'art. 380 : quand l'auteur du vol est époux, ascendant ou descendant ou allié au même degré du propriétaire de la chose volée, le délit s'efface. Cet article, en effet, ne qualifie que de simples soustractions et non de vols, les enlèvements d'effets commis entre époux, soit entre ascendants et descendants (*Th. du C. pén.*, n° 1937). Cependant, lorsque ces soustractions sont considérées comme circonstances aggravantes d'un autre délit, la jurisprudence a admis qu'elles reprennent le caractère d'un délit (Cass. 26 juill. 1811, 21 déc. 1837, 6 oct. 1853).

**715.** L'art. 380 ne s'applique qu'aux soustractions commises au préjudice des personnes qui y sont énoncées : sa disposition est limitative (Cass. 14 mars 1818, 18 janv. 1849, 16 nov. 1860). De là il suit : 1° qu'il y a lieu d'examiner si la soustraction a été commise au préjudice de l'époux, des ascendants ou descendants de l'agent ; car, ce n'est que lorsque le préjudice pèse sur ces personnes, que le fait demeure impoursuivi ; 2° que tous les délits qui auraient été commis envers ces personnes mêmes, telles que les violences, lors même qu'elles auraient eu une attaque à la propriété pour but, ne sont point comprises dans les termes de l'exception, à moins qu'elles ne s'identifient avec la soustraction elle-même (Cass. 6 oct. 1853) ; 3° que l'exception ne peut être invoquée par l'agent qui a employé, pour accomplir les soustractions, des moyens constituant des crimes ou délits indépendamment de cette soustraction ; tel serait l'emploi d'une fausse écriture (Cass. 17 déc. 1829, 3 déc. 1857), l'incendie volontaire commis par un fils au préjudice de ses parents (Cass. 2 juin 1853) ; mais les fraudes et les détournements par abus de confiance semblent devoir rentrer, d'après l'esprit de la loi, dans les termes de l'art. 380 (Cass. 26 pluv. an XIII).

**716.** Le deuxième paragraphe de l'art. 380 maintient les peines du vol « à l'égard de tous autres individus qui auraient recélé ou appliqué à leur profit les objets volés. » Ainsi, le vol commis par un frère au préjudice de son frère, par un héritier au préjudice de ses cohéritiers, ne rentre pas dans les termes de l'exception (Cass. 14 mars 1818) ; mais la soustraction commise par le beau-père au préjudice des enfants de sa femme, même après le décès de celle-ci, est protégée par l'art. 380, qui s'étend, non-seulement aux ascendants, mais « aux alliés du même degré » (Cass. 20 déc. 1819). Les soustractions commises par les enfants au préjudice des pères et mères sont couvertes par l'exception, non-seulement en ce qui concerne les enfants légitimes, mais aussi les enfants naturels et adoptifs ; toutefois, elle ne s'étend, dans ces derniers cas, qu'aux soustractions envers les pères et mères et non envers les autres ascendants, puisque le lien de famille s'arrête, fictif ou naturel, aux pères et mères qui les ont adoptés ou reconnus (Cass. 10 juin 1813, 24 déc. 1823, 25 juill. 1834).

**717.** *Complices des soustractions entre parents.* La loi ne punit point les complices qui se sont bornés à aider et faciliter les soustractions entre époux ou parents, puisque ces soustractions ne constituent ni crime ni délit; elle restreint explicitement son incrimination à ceux qui, outre les actes d'aide et d'assistance, ont « recélé ou appliqué à leur profit tout ou partie des objets volés ». Il résulte de ce texte : 1° que l'assistance donnée au fait de la soustraction par des personnes étrangères à la famille participe de l'immunité qui couvre l'action elle-même (Cass. 15 avril 1825, 1er oct. 1840); 2° que si, cependant, les actes de coopération sont de telle nature que ceux qui les ont commis doivent être considérés, non comme complices, mais comme co-auteurs, ces agents, s'ils sont étrangers à la famille, sont réputés auteurs principaux (Cass. 25 mars 1845) ; 3° enfin, que lorsque les soustractions sont commises à la fois par des membres de la famille et des étrangers, « les complices ne participent d'aucune immunité ». Ces solutions forment la jurisprudence actuelle, et bien qu'attaquées en partie par la doctrine (*Th. du C. pén.*, n° 1950), elles ont été jusqu'ici maintenues (Cass. 9 juin 1848, 24 mars 1853). Il importe, au reste, de remarquer que les recéleurs et ceux qui appliquent à leur profit les objets soustraits entre parents, ne sont point considérés comme complices, mais comme auteurs principaux de ces soustractions; le deuxième paragraphe de l'art. 380 porte qu' «ils seront punis comme coupables de vol». De là, il suit qu'ils ne sont responsables que des circonstances aggravantes auxquelles ils ont personnellement participé; et comme ils ne se rendent personnel, en général, que le seul fait de la soustraction, ils ne sont passibles que des peines du vol simple (Cass. 8 oct. 1818, *Th. du C. pén.*, n° 1559).

**718.** *Vols simples.* Les vols simples sont ceux qui réunissent tous les caractères prescrits par l'art. 379, sans qu'il s'y joigne aucune circonstance aggravante : ils sont punis par application de l'art. 401, qui embrasse généralement toutes les soustractions frauduleuses que le Code n'a pas spécialement qualifiées. Telles sont les soustractions que l'art. 401, reprenant deux termes de notre ancienne législation, a désignées sous le nom de *larcins* et de *filouteries*. Ces espèces de soustractions supposent plus particulièrement une exécution secrète par la ruse; mais ce mode d'exécution n'exerce aucune influence sur les éléments constitutifs du délit : le larcin et la filouterie ne sont autre chose que des vols et n'existent que par une soustraction frauduleuse de la chose d'autrui (Cass. 7 mars 1817, 9 sept. 1826). Ainsi, toutes les fraudes, vulgairement appelées filouteries, qui ne présentent pas nettement ces conditions élémentaires, ne peuvent être incriminées et punies comme vols (Cass. 20 mars et 29 sept. 1824, 20 fév. 1846, 8 nov. 1847, 16 nov. 1850, 26 août 1853, 28 janv. 1857, 14 déc. 1860). Ces fraudes peuvent constituer, soit le délit d'escroquerie, soit tout autre délit; mais elles peuvent aussi, si elles ne revêtent aucun caractère pénal, ne constituer que des fraudes civiles qui ne sont passibles que de restitutions et de dommages-intérêts.

## § II. — *Vols avec circonstances aggravantes.*

### I. — *Vols des domestiques, hommes de service à gages, aubergistes, voituriers.*

### Art. 386, n°s 3 et 4, et 387.

**719.** *Vols avec circonstances aggravantes.* L'application de l'art. 379 s'étend à toutes les catégories de vols qui suivent jusqu'à l'art. 401. Ainsi, soit que la soustraction ait été commise par un domestique ou un voiturier, soit qu'elle l'ait été avec effraction, escalade ou violences, soit qu'elle l'ait été dans les champs, dans une maison habitée ou sur un chemin public, cette soustraction ne constitue un vol qu'autant qu'elle a été commise frauduleusement et qu'elle ait eu pour objet la chose d'autrui. Ces trois caractères, inhérents au vol, quelles que soient les circonstances qui l'accompagnent, doivent donc être constatées dans toutes les poursuites, soit que le vol soit qualifié crime ou délit. Les vols sont frappés d'une aggravation pénale, à raison de la qualité des agents, du temps pendant lequel ils ont été commis, du lieu de leur perpétration et des circonstances qui ont accompagné leur exécution. Ils sont qualifiés à raison de la qualité des agents, quand ils sont commis : 1° par les domestiques, hommes de service à gages, ouvriers, compagnons et apprentis ; 2° par les aubergistes et hôteliers ; 3° par les voituriers et bateliers. Nous allons examiner d'abord cette première cause d'aggravation.

**720.** *Vols domestiques.* L'aggravation pénale, résultant de la qualité de domestique, est fondée sur la confiance nécessaire que la personne volée a dû avoir dans l'agent. Cette confiance existe nécessairement entre le maître et les personnes qu'il introduit dans sa maison pour y faire un service habituel et salarié; elle n'a plus le même caractère en ce qui concerne les locataires, les commensaux, les hôtes mêmes de la maison. De là, le cercle tracé par l'art. 386, n° 3, qui ne fait porter l'aggravation que sur trois classes de personnes : les domestiques ou gens de service à gages, les ouvriers, compagnons ou apprentis et les individus travaillant habituellement dans l'habitation.

**721.** A quelles personnes s'applique la dénomination de *domestiques ou hommes de service à gages ?* Elle s'applique, sans qu'il y ait lieu de distinguer entre les serviteurs et les domestiques, à tous les individus attachés au service de la personne ou de la maison. La jurisprudence a rangé dans cette catégorie : — les individus qui sont logés et nourris dans la maison et qui y travaillent à raison d'un salaire fixé par jour, ou, si c'est une auberge, à raison d'une participation aux gratifications des voyageurs (Cass. 28 mars 1807, 15 avril 1813) ; — les gardiens des monuments appartenant aux villes (Cass. 16 avril 1818) ; —Les clercs d'huissier (Cass. 28 sept. 1827); — les commis des sous-préfets, salariés par ces fonctionnaires (Cass. 14 fév. 1828) ; — les commis des percepteurs des contributions directes salariés par ces fonctionnaires (Cass. 24 janv. 1823, 5 août 1825) ;— les commis et employés des négociants et marchands (Cass. 31 janv. 1822, 15 déc. 1826, 17 juill. 1829, 7 janv. et 30 sept. 1830). Elle a refusé cette qualification aux gardes particuliers (Cass. 24 juin 1813, 3 août 1833), ainsi qu'aux facteurs de la poste aux lettres (Cass. 14 juin 1850).

**722.** Si le vol domestique suppose en général une soustraction au préjudice du maître et dans sa maison, cette règle admet une double extension prévue par le n° 3 de l'art. 386 : l'aggravation frappe le domestique qui commet un vol au préjudice des personnes qui se trouvent dans la maison de son maître, et même hors de cette maison, dans celle où il l'accompagnait. Mais cette disposition, comme toute extension d'une loi pénale, doit être renfermée dans ses termes : le vol commis par un domestique, au préjudice de toute autre personne que son maître, n'a donc le caractère de vol domestique que dans le cas où il l'a commis soit dans la maison de son maître, soit dans celle où il l'accompagnait (Cass. 24 fév. 1825, 13 fév. 1834). Mais il y a lieu de distinguer, dans la première partie du n° 3 de l'art. 386, deux dispositions, l'une générale et absolue, qui punit sans distinction tout vol commis par un domestique ou homme de service à gages dans la maison, l'autre qui ne punit qu'un cas particulier, celui où le vol est commis sur les personnes étrangères qui sont dans cette maison ou dans la maison où il accompagne son maître; or, si dans ce dernier cas la loi suppose la présence de la personne volée, cette disposition ne peut avoir pour effet de restreindre la généralité de la première. Le vol commis dans la maison du maître est donc dans tous les cas un vol domestique, quel que soit le propriétaire des objets volés, et abstraction faite de la présence de ce propriétaire (Cass. 13 fév. 1819, 10 janv. 1823, 7 juin 1832). La présence de cette personne, de même que la présence du maître de la maison dans tous les vols domestiques, est une circonstance indifférente à la qualification (Cass. 20 août 1829). On peut ajouter qu'il importe peu que la situation civile du maître soit plus ou moins légale, par exemple, qu'il appartienne à une congrégation non autorisée, car le délit existe indépendamment de cette situation, dès que le rapport de domesticité est certain (Cass. 6 juin 1843).

**723.** L'aggravation s'étend en deuxième lieu au vol commis par le domestique au préjudice du maître, quel que soit le lieu de sa perpétration, dans la maison ou en dehors, pourvu, dans ce dernier cas, qu'il accompagnât celui-ci, car la confiance nécessaire du maître est limitée aux lieux où s'exerce le service personnel du domestique (Cass. 14 avr. 1831). La jurisprudence avait étendu cette disposition aux domestiques ou commis salariés qui détournent et dissipent des sommes qui leur ont été confiées pour un emploi déterminé (Cass. 9 juill. 1812,

23 fév. 1821, 31 janv. 1822, 14 fév. 1828, 17 juill. 1829). Mais cette décision, qui confondait les caractères constitutifs du vol et de l'abus de confiance, a été rectifiée par la loi du 28 avril 1832, qui a ajouté à l'art. 408 un paragraphe qui a aggravé la peine de l'abus de confiance par un domestique ou commis au préjudice du maître : les deux délits, un moment confondus par cette jurisprudence, ont repris, par l'application de cette nouvelle disposition, leurs conditions respectives de criminalité (*Th. du C. pén.*, n° 1982). On ne doit pas confondre avec ces diverses hypothèses le fait du domestique qui, chargé de porter chez un tiers des effets appartenant à celui-ci, en aurait soustrait une partie : ce n'est qu'un vol simple (Cass. 9 oct. 1812), ou le fait du domestique qui, au lieu de payer les objets qu'il achète pour son maître, s'approprie l'argent au préjudice des fournisseurs ; c'est là un délit d'escroquerie envers ceux-ci, s'il a fait emploi de manœuvres frauduleuses (Cass. 22 janv. 1813).

**724.** *Vol des ouvriers, compagnons ou apprentis.* La deuxième espèce de vol domestique comprend celui qui est commis par un ouvrier, compagnon ou apprenti dans la maison, l'atelier ou le magasin de son maître. Deux circonstances sont nécessaires pour motiver l'aggravation : il faut que le vol ait été commis par un agent qui ait la qualité prescrite par la loi, car c'est cette qualité qui crée des rapports nécessaires de confiance entre le maître et ses ouvriers. Il faut ensuite que le vol ait été commis dans la maison, l'atelier ou le magasin du maître, car la confiance forcée de celui-ci est limitée aux lieux où l'ouvrier est attaché par son travail (Cass. 22 nov. 1811, 11 avr. 1822, 20 oct. 1830, 21 janv. 1856, 15 juin 1860, 1er juin 1865). La maison, l'atelier, le magasin désignés par la loi sont, en effet, les lieux où les ouvriers sont employés et travaillent habituellement. L'ouvrier, sous ce rapport, diffère du domestique, que son service peut appeler dans toutes les parties de la maison, tandis que le travail de l'ouvrier le renferme dans la partie de la maison où il est occupé (Cass. 22 oct. 1830, 22 juill. 1847). Ainsi l'ouvrier qui commet le vol hors de l'atelier où il travaille, mais dans la maison de son patron annexée à cet atelier, ne commet pas un vol domestique (Cass. 24 mai 1832). Mais on doit remarquer que la loi n'a point exigé pour les ouvriers, comme elle l'a fait pour les domestiques, que la chose volée soit la propriété du maître ; il suffit qu'elle soit soustraite dans les lieux où ils travaillent habituellement. S'ils travaillent à domicile et sont payés suivant la quantité des matières qu'ils ont façonnées, la soustraction d'une partie de ces matières, l'aggravation n'est plus applicable (Cass. 16 mars 1837).

**725.** *Vol des individus travaillant habituellement.* Il faut, pour appliquer l'aggravation à cette classe de personnes, comme pour les ouvriers, que le vol ait été commis par un individu *travaillant habituellement* dans la maison, et qu'il l'ait commis *dans l'habitation* même où il travaille. Les termes de l'article doivent être restreints aux individus qui, appelés dans une maison pour y travailler habituellement, y commettent un vol ; la confiance est forcée dans ce cas, car, pour exécuter les travaux qui lui sont nécessaires, il faut bien que le maître de la maison prenne les ouvriers que leur profession désigne à ces travaux. Il faut qu'il y ait travail habituel, car la continuation de ce travail repousse les mesures de précaution qu'un travail momentané peut motiver, mais il n'est pas nécessaire que le vol ait été commis le jour même où les travaux se continuent (Cass. 27 août 1813). Mais la jurisprudence n'a point admis que ces mots, « travaillant habituellement », ne s'appliquent qu'à des manœuvres, à des ouvriers, à des gens de service ; elle les a étendus à toutes les espèces de travaux et, par exemple, aux commis et employés (Cass. 16 mars 1816, 24 juill. 1829, 7 oct. 1852, 1er fév. 1856).

**726.** *Vol des aubergistes et hôteliers.* Les aubergistes et hôteliers sont responsables comme dépositaires des effets apportés chez eux par les personnes qui y logent (C. civ. 1952),

Si ces effets sont frauduleusement soustraits, il y a lieu d'examiner la qualité de l'auteur de la soustraction ; les vols commis dans les auberges par toutes autres personnes que les aubergistes et leurs préposés ne sont que des vols simples. Mais, s'ils sont commis par les aubergistes eux-mêmes ou leurs préposés, et s'ils ont pour objet tout ou partie des choses qui leur ont été confiées à ce titre, ils sont qualifiés crimes et la peine est la reclusion (art. 386, n° 4). La jurisprudence a admis que les mots « aubergistes et hôteliers » avaient un sens indicatif et non restrictif, et qu'ils comprenaient en conséquence les maîtres de maisons garnies (Cass. 27 juin 1811, Circ. du Cons. d'État, 10 oct. 1811), et même les cabaretiers, traiteurs et maîtres de cafés (Cass. 1er, 16 avril et 26 mai 1813). Il importe peu, d'ailleurs, que l'auteur du vol habite lui-même l'hôtel qu'il dirige ou que cet hôtel soit habité par un de ses préposés (Cass. 1er oct. 1812).

**727.** L'aggravation ne s'applique toutefois qu'au vol « des choses qui étaient confiées aux hôteliers à ce titre ». Quel est le sens de ces expressions ? Il résulte de l'art. 1952 du C. civ. que, par cela seul que des effets ont été apportés par un voyageur dans l'hôtellerie où il est reçu, l'hôtelier devient de plein droit dépositaire de ces effets, encore bien qu'ils ne lui aient point été déclarés. Les mots « confiés à ce titre » signifient que les objets ont été apportés dans l'auberge parce que c'était une auberge, et à raison de cette nature du lieu (Cass. 25 oct. 1813). Si l'aubergiste n'a fait que s'approprier un objet laissé dans sa maison par le voyageur, cette circonstance modifie-t-elle le caractère du fait ? Nullement ; l'objet apporté chez l'aubergiste reste confié à ce titre tant que son propriétaire n'a pas manifesté l'intention d'en faire l'abandon ; l'aubergiste, en se l'appropriant à quelque époque que ce soit, viole son obligation de dépositaire et devient passible de l'aggravation (Cass. 26 oct. 1813).

**728.** *Vol des voituriers et des bateliers.* Les voituriers, les bateliers et leurs préposés sont passibles dans deux cas de l'aggravation pénale à raison des vols qu'ils commettent : 1° lorsqu'ils ont soustrait tout ou partie des choses qui leur sont confiées à ce titre ; 2° lorsqu'ils ont altéré les marchandises dont le transport leur est confié (386, n° 4, et 387). Responsables, aux termes des art. 1782 du C. civ. et 183 du C. comm., des objets qu'ils transportent, leur criminalité s'aggrave quand ils dérobent ces objets. Le premier élément de l'aggravation est donc la qualité du voiturier ou du messager. Il ne suffit pas que des objets aient été confiés à un individu pour en opérer le transport, pour qu'il soit assimilé à un voiturier ; c'est à la profession que la confiance nécessaire est accordée, l'aggravation suppose donc cette profession. Il faut ensuite que l'objet ait été confié à l'agent en sa qualité de voiturier, et la surveillance doit porter sur tous les effets placés dans sa voiture. Il importe peu d'ailleurs que ce messager ait commis la soustraction sur une grande route, avec effraction, ou qu'il ait été aidé par des complices ; ces circonstances ne changent point le caractère du vol et n'en modifient nullement la criminalité (Cass. 2 fév. 1815, 18 mai 1843). Toutes ces règles s'appliquent aux capitaines, patrons et gens de l'équipage des bâtiments de mer (L. 10 avr. 1825, 15).

**729.** Le deuxième fait imputé aux voituriers et bateliers est l'altération des vins, liquides et autres marchandises dont le transport leur a été confié. L'art. 387, qui prévoit cette espèce de vol, a été modifié par la loi du 13 mai 1863, qui l'a transformé en délit passible d'un emprisonnement de 2 à 5 ans, en réservant la répression de la tentative. Trois conditions sont nécessaires pour constituer ce délit : il faut que le prévenu ait la qualité qui commande la confiance ; que des liquides ou des marchandises quelconques lui aient été confiées pour les transporter ; enfin, qu'il les ait altérées. Cette altération est de deux sortes : elle a lieu par le mélange de substances malfaisantes ou de substances non malfaisantes. Dans ce dernier cas, le dernier paragraphe de l'art. 387 réduit l'emprisonnement d'un mois à un an. Toutefois, si ces mélanges avaient été faits avec le but de nuire, non à la propriété, mais à la santé des personnes, il faudrait appliquer la deuxième partie de l'art. 317. Les dispositions de l'art. 387 s'appliquent à toutes les entreprises de transport; elles s'appliquent donc aux chemins de fer et aux navires et bâtiments de mer (*Th. du C. pén.*, nos 2011, 2012 et 2013).

## II. — *Vols commis la nuit.*

### Art. 381, 385, 386, 388.

730. De l'aggravation à raison du temps où le vol est commis. Dans quels cas la nuit est une circonstance aggravante du vol.

731. Ce qu'on doit entendre par vol commis pendant la nuit.

**730.** Les vols peuvent s'aggraver à raison du temps dans lequel ils sont commis; ils s'aggravent dans certains cas quand ils sont commis *pendant la nuit.* Cette circonstance de la nuit, isolée de toute autre circonstance, n'est point aggravante; elle ne prend ce caractère que lorsqu'elle apporte une cause de péril ou un moyen plus facile d'exécution. Ainsi *le vol commis la nuit* est passible de 5 ans d'emprisonnement, s'il s'agit d'un vol de récoltes (art. 388); il est passible de la reclusion, s'il est commis dans une maison habitée (art. 386); il est passible des travaux forcés à temps, s'il est accompagné de violences, de port d'armes et exécuté par plusieurs personnes (art. 385); enfin, il est passible des travaux forcés à perpétuité, s'il est commis, en outre de ces trois circonstances, avec effraction ou escalade dans une maison habitée (art. 381).

**731.** Que faut-il entendre par vol commis *pendant la nuit?* Quelques arrêts ont établi que la loi pénale a entendu, par nuit, tout l'intervalle de temps compris entre le coucher et le lever du soleil (Cass. 12 fév. et 23 juill. 1813, 4 juill. 1823, 11 mars 1830). On a opposé les art. 781 et 1037 du C. de proc. civ. qui ne s'appliquent qu'en matière civile, et la raison de la loi qui n'admet la nuit comme élément d'aggravation que lorsqu'elle facilite l'exécution du vol, c'est-à-dire lorsqu'une obstacle réel enveloppe et favorise l'action. On doit considérer cette circonstance comme une circonstance du fait que les juges et les jurés doivent apprécier d'après les témoignages et les preuves du procès; s'il est nécessaire de poser une règle précise pour guider l'instruction, on ne peut en prendre d'autre que celle qui résulte de l'ordre physique lui-même; la nuit commence quand le crépuscule expire, elle expire quand il commence à renaître (*Th. du C. pén.*, n° 2020).

## III. — *Vols dans les champs.*

### Art. 388, 389.



**732.** Les vols sont passibles d'une troisième aggravation à raison *du lieu* de leur perpétration, lorsqu'ils sont commis dans les champs, dans les maisons habitées et leurs dépendances, dans les édifices consacrés aux cultes et sur les chemins publics. L'aggravation est motivée par la plus grande facilité que rencontre leur exécution et par le péril dont elle menace les personnes. Toutefois, en ce qui concerne les vols dans les champs, l'aggravation n'excède pas les peines correctionnelles et les vols sont qualifiés simples délits.

**733.** *Vols dans les champs.* Les vols que prévoit l'art. 388, différents par l'objet auquel ils s'appliquent, ont un caractère commun, leur perpétration au milieu des campagnes. Que faut-il entendre par *champs* dans cet article? On doit entendre toute propriété rurale dans laquelle sont exposés à la foi publique les objets qui y sont mentionnés; on doit y comprendre, par conséquent, les terres labourables, les bois, les pâturages et autres propriétés de cette nature (Cass. 2 janv. 1813).

**734.** *Vols de bestiaux et d'instruments d'agriculture.* Les conditions du vol prévu par le premier paragraphe de l'art. 388, c'est d'abord qu'il ait été commis dans les champs, ensuite qu'il s'applique à l'un des objets énumérés par ce paragraphe; s'il n'est pas constaté qu'il a été commis dans les champs, cet article n'est plus applicable (Cass. 26 déc. 1811). Il est peut-être inutile d'ajouter ensuite qu'en employant les mots de « chevaux, bêtes de charge et bestiaux » au nombre pluriel, l'art. 388 a compris nécessairement dans sa disposition le cas où le vol n'aurait pour objet qu'un seul cheval ou une seule bête de charge (Cass. 2 janv. 1813). Il est également indifférent que ces animaux aient été placés sous la surveillance d'un gardien, puisqu'ils n'en sont pas moins exposés à la foi publique (Cass. 8 oct. 1818, 18 janv. 1819). La loi n'a pas défini les instruments d'agriculture; ce sont tous les instruments qui servent aux travaux de la terre; la nature de ces instruments est une appréciation de fait (Cass. 29 juin 1813). On ne doit pas perdre de vue que si le vol a été accompagné de circonstances aggravantes de nuit et de complicité, ils sont des termes de l'art. 388 (Cass. 18 avr. 1834).

**735.** *Vols de bois, de pierres, de poissons.* Le deuxième paragraphe de l'art. 388 se réfère au premier lorsqu'il porte: « Il en sera de même à l'égard du vol de bois dans les ventes, et de pierres dans les carrières, ainsi qu'à l'égard du vol de poissons dans un étang, vivier ou réservoir ». Ces vols ont donc le même caractère et sont passibles des mêmes peines. Que faut-il entendre, en premier lieu, par vol de bois dans les ventes? Le mot *vente* comprend toute coupe de bois en exploitation; il s'agit donc de vol de bois coupés qui sont laissés dans les ventes ou coupes de bois; la loi les assimile aux récoltes confiées par nécessité à la foi publique (Cass. 7 mars 1828). La jurisprudence a appliqué cette disposition aux bois qui demeurent exposés dans les ventes, non-seulement pendant l'exploitation, mais plusieurs années après qu'elle est terminée (Cass. 28 fév. 1812). Si les bois ont été façonnés dans la vente, s'ils ont été taillés en poutres ou sciés en planches, ils ne sont plus des récoltes, mais deviennent des marchandises dont le vol rentre dans les termes de l'art. 401 (Cass. 5 mars 1818). Il en est encore ainsi lorsque les bois ont été disposés dans un autre lieu que dans les ventes (Cass. 2 juin 1815, 1er mars 1816, 11 oct 1845). Le vol de *pierres dans les carrières* s'applique aux pierres qui en sont le produit et que le propriétaire de la carrière est forcé d'exposer momentanément à la foi publique. Il faut entendre par carrière, dans le sens de l'art. 388 et de la loi du 21 avril 1810, non-seulement l'excavation par l'orifice de laquelle les pierres sont tirées, mais toutes dépendances qui sont contiguës et qui servent soit à l'extraction, soit au dépôt des pierres (Cass. 27 avr. 1866). Les vols de *poissons dans les étangs et réservoirs* ne doivent pas être confondus avec ceux qui ont lieu dans un cours d'eau quelconque, et qui sont l'objet de la loi du 15 avril 1829; les poissons dans les étangs et réservoirs constituent une propriété; le fait de les prendre n'est donc pas seulement un fait de pêche illicite, mais un véritable vol. De là il suit que l'art. 388 n'est applicable qu'autant que le jugement constate que le poisson volé était enfermé dans un étang, vivier ou réservoir (Cass. 27 août 1843). L'art. 388 est d'ailleurs applicable, soit lorsque l'étang est rempli de ses eaux habituelles, soit lorsqu'il est en pêche (Cass. 13 avr. 1813).

**736.** *Vol de récoltes.* Le troisième paragraphe de l'art. 388 punit le vol « des récoltes ou autres productions utiles de la terre déjà détachées du sol ou des meules de grains faisant partie des récoltes ». Il s'agit de tous fruits ou productions qui séparés de leurs racines ou de leurs tiges par le fait du propriétaire ou de celui qui le représente, sont laissés momentanément dans les champs jusqu'à ce qu'ils soient enlevés et enfermés dans un lieu où ils peuvent être surveillés (Cass. 17 avril 1812). Cette disposition a été appliquée au vol des racines de garance (Cass. 5 déc. 1811) ou de pommes de terre arrachées du sol (Cass. 10 fév. 1814), de gerbes d'orge (Cass. 27 fév. 1813), de sacs de maïs en épis (Cass. 17 juill. 1812), de pommes ramassées sous les pommiers (Cass. 16 mai 1867). Il importe peu que le vol ait eu pour objet tout ou partie de la récolte d'une pièce de terre (Cass. 15 oct. 1812, 5 nov. 1813); mais il est nécessaire que les fruits volés fassent partie d'une récolte déjà détachée du sol et exposée momentanément à la foi publique ; les productions de la terre, non encore détachées de leurs tiges, ne sont point considérées comme récoltes, et leur soustraction ne rentre pas dans les termes de l'art. 388 (Cass. 13 août et 6 nov. 1812, 9 nov. 1866). Enfin, l'application de cet article est limitée aux récoltes de la terre : le miel d'une ruche et le sel des marais salants n'y rentrent pas (Cass. 17 avr. et 10 juill. 1812, 31 juill. 1818), et aux temps des récoltes (Cass. 12 janv. 1815, 11 juin 1829).

**737.** L'art. 388 assimile aux récoltes gisantes dans le champ « les meules de grains faisant partie de récoltes ». Le but du législateur a été de donner à ces meules, formées pour rester pendant un temps plus ou moins long sur le champ qui les a produites, où elles sont abandonnées à la foi publique, la même garantie qu'aux grains en épis ou en gerbes laissés momentanément sur la terre en attendant leur transport dans les granges (Cass. 15 oct. 1812); mais cette garantie est restreinte aux meules de grains, et on ne doit entendre par grains que les fruits et semences de blé, seigle, orge, avoine et autres gros et menus grains, et non les graines et grenailles des plantes oléagineuses, telles que les graines de colza, lin, camomille, pavots (Cass. 28 avr. 1814). La même décision serait applicable aux meules de foin. Il faut, dans l'esprit de l'art. 388, ou que les récoltes soient gisantes, ou que, si elles sont en meules, elles consistent en grains. Si le vol a été commis dans l'aire où les grains ont été battus, il y a lieu de distinguer si l'aire est placée au milieu des champs et livrée à la foi publique, ou si elle est placée dans les dépendances des bâtiments ; l'art. 388 n'est applicable que dans le premier cas (Cass. 27 fév. 1813, 21 juin 1821).

**738.** Le cinquième paragraphe de l'art. 388 prévoit le vol des récoltes non encore détachées du sol. Ce vol, lorsqu'il n'est accompagné d'aucune circonstance aggravante, n'est considéré que comme un simple maraudage que l'art. 475, n° 15, punit d'une amende de 5 à 15 francs; mais, s'il est commis « soit avec des paniers ou des sacs ou autres objets équivalents, soit la nuit, soit à l'aide de voitures ou d'animaux de charge, soit par plusieurs personnes », la peine est un emprisonnement de 15 jours à 2 ans et une amende de 16 à 200 francs. La réunion de ces diverses circonstances ou le concours d'une autre circonstance non prévue, ne doivent pas changer le caractère du délit (*Th. du C. pén.*, n° 2046). Mais, si le maraudage a été commis, non dans les champs, mais dans des lieux clos attenant à une maison d'habitation, il rentre dans l'application de l'art. 401.

**739.** La peine du vol de récoltes commis dans les champs, lorsqu'il n'est accompagné d'aucune circonstance aggravante, est un emprisonnement de 15 jours à 2 ans et une amende de 16 à 200 francs; commis dans un autre lieu, le vol devient passible des peines de l'art. 401. Ces peines sont également applicables si le vol est commis avec l'une des circonstances énoncées dans le quatrième paragraphe de l'art. 388. Lorsqu'il est commis avec deux de ces circonstances, ou avec une autre circonstance non prévue par l'article, par exemple avec port d'armes, la jurisprudence a décidé qu'il doit rentrer alors dans les termes de l'art. 386 (Cass. 15 déc. 1812, 5 fév. 1834). Mais cette décision, qui enlève au vol de récoltes son caractère spécial, a rencontré de graves objections (Cass. 22 mars 1816,

*Th. du C. pén.*, nos 2043 et 2044). On doit remarquer, enfin : 1° que l'art. 388, en qualifiant délits les faits qu'il prévoit, réserve la répression de la tentative de ces délits ; 2° que le cinquième paragraphe met, dans tous les cas, à la disposition des juges la faculté de prononcer les peines accessoires de l'interdiction des droits civils et de la surveillance.

**740.** *Déplacement des bornes.* L'art. 389, qui punit l'enlèvement pour commettre un vol des bornes servant de séparation aux propriétés, a été modifié par la loi du 13 mai 1863 en un seul point : la peine d'emprisonnement de 2 à 5 ans et l'amende de 16 à 500 francs ont été substituées à la reclusion ; les conditions de l'incrimination sont restées les mêmes. Seulement, en qualifiant le fait délit, la loi a réservé la répression de la tentative. L'art. 389 n'a point pour objet de réprimer les usurpations des héritages, car il ne punit qu'un vol qui ne s'applique qu'aux choses mobilières ; ces usurpations font l'objet de l'art. 456. L'art. 389 ne prévoit qu'un mode spécial d'exécution du vol des récoltes dans les champs ; l'enlèvement des bornes est une circonstance qui en aggrave le caractère. Il résulte du rapprochement des art. 389 et 456 que le premier ne s'applique qu'à l'enlèvement des *bornes* servant de limites aux propriétés, sans doute parce que l'enlèvement des pieds corniers, arbres et haies, laisse des traces faciles à constater.

## IV. — *Vols dans les maisons habitées et leurs dépendances.*

### Art. 381, 385, 386, 390, 391, 392.

741. Dans quels cas le vol commis dans une maison habitée est passible d'une aggravation.
742. Ce qu'on doit entendre par maison habitée ou destinée à l'habitation.
743. Ce qu'on doit entendre par les dépendances d'une maison habitée.
744. Du vol commis dans les parcs, enclos et parcs mobiles. Définition de ces différents lieux.

**741.** La circonstance que le vol a été commis *dans une maison habitée ou servant à l'habitation* n'est point elle-même une circonstance aggravante, car ce vol n'est qu'un délit ; mais elle contient un principe d'aggravation et devient l'un des éléments d'une circonstance aggravante, lorsqu'elle se réunit à certains faits extérieurs. C'est ainsi que dans les art. 381, n° 4, 385 et 386, n° 1, elle complète les circonstances aggravantes qui résultent de l'effraction, de l'escalade, des fausses clef, de la nuit ou de la complicité ; elle est le lieu où la moralité de ces circonstances se développe, la condition de leur criminalité (*Th. du C. pén.*, n° 2052).

**742.** *Maison habitée.* L'art. 390, sans définir la maison habitée, se borne à lui assimiler les bâtiments qui, sans être habités, sont destinés à l'habitation et les dépendances de ces bâtiments. La maison habitée est tout bâtiment qui sert actuellement à l'habitation. Il importe peu que ce bâtiment soit, par sa destination principale, affecté à quelque autre usage ; il suffit qu'une personne l'habite pour lui imprimer le caractère d'une maison habitée (Cass. 4 sept. 1812) ; il importe peu seulement que la maison soit ou ne soit point habitée par le voleur et qu'elle soit ou non habitée par la personne volée (Cass. 10 fév. 1837, 10 déc. 1856, 20 sept. 1866), il suffit qu'elle soit habitée par d'autres personnes (Cass. 24 juin 1813). Il n'est pas même nécessaire qu'elle soit destinée à l'habitation ; c'est sa destination qui fait le caractère légal de la maison ; l'habitation, même accidentelle et temporaire, d'une maison suffit pour qu'elle soit réputée habitée, car elle devient passible à tout moment (Cass. 23 août 1821). Cette qualification s'appliquerait donc aux maisons de campagne momentanément inhabitées, aux bateaux contenant un logement même habituellement inoccupé (Cass. 8 oct. 1812), aux édifices publics tels que les hospices ; elle ne s'appliquerait ni aux édifices qui ne sont pas destinés à l'habitation (Cass. 9 janv. 1834, 7 sept. 1827), ni aux voitures publiques (Cass. 6 mars 1846).

**743.** *Dépendances.* L'art. 370 assimile à la maison habitée « tout ce qui en dépend, comme cours, basses-cours, granges, écuries, édifices qui y sont enfermés, quel qu'en soit l'usage et quand même ils auraient une clôture particulière dans la clôture ou enceinte générale ». Ainsi un vol est réputé fait dans une maison habitée lorsqu'il est commis, non-seulement dans les bâtiments qui composent cette maison, mais dans toutes ses dépendances. Quelle est la signification de ce mot? La dépendance des lieux suppose qu'ils sont enfermés dans la même enceinte que la maison; c'est ce qui résulte de l'art. 390 qui, désigne par forme d'exemple, les granges, écuries et autres édifices enfermés dans l'enceinte générale. Il ne suffit donc pas que le lieu soit dépendant par destination de la maison, s'il n'en dépend pas par le fait; il ne dépend pas qu'il soit attenant à cette maison, s'il n'est pas compris dans cette même enceinte (Cass. 10 sept. 1841). Les mots « édifices qui y sont renfermés » se rapportent nécessairement aux cours, basses-cours, c'est-à-dire qu'un édifice enfermé dans une cour ou basse-cour dépendant d'une maison habitée, est réputé lui-même maison habitée; mais ces mots ne sont point restrictifs; les édifices peuvent être *attenants* à une maison habitée sans en dépendre, et être attenants aux cours et basses-cours sans y être enfermés (Cass. 25 mai 1848). Les jardins attenants à une maison habitée peuvent être considérés comme une dépendance de cette maison, lorsqu'ils sont entourés d'une clôture (Cass. 18 juin 1812, 20 juin 1826), mais il n'en serait pas ainsi d'un simple emplacement qui ne serait entouré d'aucune clôture (Cass. 1er avril 1820).

**744.** *Parcs et enclos.* Les vols commis dans les parcs et enclos sont, comme les vols dans une maison habitée, passibles d'une aggravation pénale lorsqu'ils réunissent une autre circonstance, par exemple l'escalade. L'art. 291 explique ce qu'on doit entendre par parcs et enclos; il en résulte que ces mots ne s'appliquent qu'à des terrains clos où on ne doit cependant tenir compte ni de la vétusté ni de la dégradation des clôtures. S'ils sont attenants à une maison habitée et s'ils en dépendent, ils sont considérés comme une dépendance de cette maison. L'art. 292 répute enclos les parcs mobiles destinés à contenir du bétail dans la campagne ; cette disposition est la conséquence de l'art. 390, qui répute maison habitée toute « cabane, même mobile, » destinée à l'habitation. Les parcs mobiles peuvent donc être considérés comme dépendances de maison habitée, lorsqu'ils tiennent immédiatement à la cabane du gardien.

## V. — *Vols dans les édifices consacrés aux cultes.*

### Art. 386, n° 1.

745. Vols dans les édifices consacrés aux cultes. Leur assimilation aux maisons habitées.

746. Quels édifices sont réputés consacrés aux cultes et rentrent dans les termes de l'art. 386, n° 1.

**745.** Les vols dans les églises, que le Code pénal avait considérés comme des vols simples, avaient été assimilés par la jurisprudence aux vols dans une maison habitée (Cass. 23 août 1821, 29 déc. 1821), et cette interprétation avait été consacrée par l'art. 7 de la loi du 25 avril 1825. La loi du 28 avril 1832 l'a maintenue en ajoutant au n° 1 de l'art. 386, qui punit de la reclusion les vols commis de nuit ou par plusieurs personnes dans une maison habitée, ces mots : « ou dans les édifices consacrés aux cultes légalement établis en France ».

**746.** Ces édifices se trouvant ainsi assimilés aux maisons habitées, il s'ensuit que les mêmes règles s'y appliquent. Ainsi la circonstance que le vol a été commis dans l'un de ces édifices n'est aggravante qu'autant qu'il s'y joint les circonstances de la nuit ou de la complicité. Il n'y a donc pas lieu de distinguer si le vol a été commis par une personne attachée au service de l'édifice, au préjudice de l'église ou des personnes qui la fréquentent ; la loi n'exige, outre les circonstances de nuit ou de complicité, qu'une seule condition, c'est que le vol ait été commis dans un édifice consacré aux cultes. Ces édifices sont ceux qui sont publiquement affectés au service des cultes reconnus par l'État; les chapelles particulières et les réunions des cultes non reconnus n'y sont pas compris.

## VI. — *Vols sur les chemins publics.*

### Art. 383.



**747.** *Caractère du crime.* L'art. 383 qui a pour objet de pourvoir à la sûreté des voyageurs et des transports, prévoit trois cas : le vol commis sur un chemin public sans aucune des circonstances aggravantes énoncées en l'art. 381 ; le vol commis avec une seule de ces circonstances, c'est-à-dire, soit la nuit, soit de complicité, soit avec armes, soit avec effraction ou escalade, soit avec violences ; enfin le vol avec plusieurs de ces circonstances. Tous les vols commis sur les chemins publics rentrent donc dans les termes de cet article, quelle que soit la modicité de l'objet volé, quelles que soient les circonstances qui les ont accompagnés (Cass. 20 nov. 1812). Il n'y pas lieu de distinguer si le vol a été commis sur la personne même du voyageur ou sur ses effets seulement et hors de sa présence ; il suffit que le lieu de la perpétration soit un chemin public. Toutefois l'art. 383 suppose qu'il a été commis au préjudice d'un voyageur ou sur des effets transportés sur le chemin. Ainsi, il ne s'appliquerait pas au voiturier qui soustrait les objets qu'il est chargé de conduire, au vol de bestiaux laissés à l'abandon, ou de matériaux ou d'instruments quelconques qui y sont déposés ; dans ces divers cas, la circonstance du chemin est indifférente et n'aggrave nullement la soustraction.

**748.** *Chemins publics.* La loi n'a point défini ce qu'on doit entendre par chemins publics. Cette qualification appartient à tous les chemins qui sont destinés à un usage public, soit qu'ils soient entretenus par l'État, les départements ou les communes. Leur classement en routes nationales ou départementales, en chemins vicinaux ou communaux, ne change rien à leur publicité. Les seuls chemins qui ne sont pas considérés comme publics sont ceux qui sont une propriété privée, qui sont affectés au service d'un domaine particulier, qui servent à l'exploitation plutôt qu'au passage des habitants (*Th. du C. pén.*, n° 2073). On ne doit assimiler aux chemins publics, dans le sens de l'art. 383, ni les canaux et rivières (Cass. 6 mars 1846), ni les parties de ces chemins qui traversent les rues des villes et faubourgs (Cass. 6 avr. 1815, 16 mars 1823, 7 mai 1865).

## VII. — *Vol par plusieurs personnes.*

### Art. 381, n° 2.

749. Du vol commis par deux ou plusieurs personnes. Dans quels cas cette circonstance est une cause d'aggravation.

750. Distinction des complices et des coopérateurs. L'aggravation ne résulte que du concours de plusieurs personnes à l'exécution.

**749.** La criminalité des vols s'aggrave, non-seulement à raison du temps et des lieux où ils sont commis, mais à raison de toutes les circonstances accessoires qui en facilitent l'exécution. L'une de ces circonstances est le concours de plusieurs personnes à leur perpétration. Cette coopération toutefois, de même que la nuit et la maison habitée, n'est aggravante que lorsqu'elle se réunit à d'autres faits qui en relèvent le danger. Le vol commis par plusieurs personnes sans aucune autre circonstance est un vol simple (art. 388) ; il est puni de la reclusion, s'il est commis la nuit ou dans une maison habitée (art. 386); des travaux forcés à temps, s'il est commis, soit la nuit avec port d'armes (art. 385), soit sur un chemin public (art. 383), soit à l'aide de violences prévues par l'art. 381 (art. 382) ; enfin, il est puni des travaux forcés à perpétuité, s'il est commis avec les quatre circonstances prévues par l'art. 381

ou s'il est commis sur un chemin public et de plus avec deux de ces circonstances (art. 383).

**750.** L'art. 381, n° 2, formule cette aggravation du vol en ces termes : « s'il est commis par deux ou plusieurs personnes ». Ainsi la loi distingue la coopération de plusieurs personnes et la complicité. C'est de la coopération effective seule qu'elle a voulu faire un élément d'aggravation pénale. Les complices qui se bornent à provoquer le délit ou à le préparer, mais qui ne participent pas à son exécution, ne rentrent pas dans cette disposition. Ceux-là seuls sont réputés le commettre qui ont pris part à des actes d'exécution, qui ont aidé sa consommation par un concours actif, ou du moins par leur présence, car le danger du vol augmente à raison du nombre des agents qui concourent à son exécution. Celui qui fait le guet pendant l'action, et les complices par aide ou assistance sont considérés comme des coauteurs (Cass. 9 avr. 1813, 9 juill. 1858). Les complices par recélé ne peuvent y être compris (Cass. 11 sept. 1818).

## VIII. — *Vol avec effraction.*

### Art. 381, n° 4, 384, 393, 394, 395, 396.

751. Ce qu'il faut entendre par effraction.
752. Les effractions sont extérieures ou intérieures. Leurs caractères communs.
753. Définition des effractions extérieures.
754. Définition des effractions intérieures.
755. De l'enlèvement d'une boîte fermée et de la présomption d'effraction.

**751.** *Définition.* La loi a défini la circonstance de l'effraction (art. 393, 394, 395 et 396). Il résulte de cette définition que l'effraction consiste dans le forcement ou la rupture d'un objet servant à empêcher un passage ou à le fermer, et de toute espèce de clôture ou de fermeture. Elle suppose que la clôture a été forcée, que la fermeture a été ouverte par des moyens violents et qui ne sont pas ceux qu'on emploie habituellement pour les ouvrir (Cass. 5 niv. an XIV, 18 juin 1812, 27 janv. 1831). Elle suppose également que l'instrument rompu ou forcé était destiné soit à fermer, soit à empêcher un passage, en d'autres termes, que cette fermeture ou clôture était destinée à faire obstacle aux moyens employés par l'agent pour commettre le vol (Cass. 17 nov. 1814, 25 fév. 1830).

**752.** Les effractions sont extérieures ou intérieures (art. 394, 395). Dans l'un et l'autre cas, elles ne deviennent un élément d'aggravation du vol que lorsqu'elles ont lieu dans une maison habitée ou servant à l'habitation et ses dépendances, ou dans des parcs ou enclos. C'est ce qui résulte, à l'égard de l'effraction extérieure, de l'art. 381, n° 4, et de l'art. 384, et à l'égard de l'effraction intérieure, des art. 384 et 396. La jurisprudence a consacré cette règle par un grand nombre d'arrêts, qui ont eu pour objet d'exiger, à peine de nullité, que la circonstance du lieu de l'effraction fût clairement énoncée, puisqu'elle est la condition de l'aggravation (Cass., 10 mars 1826, 28 juill. 1827, 28 mai 1828, 6 janv. 1831, 11 janv. 1834, 23 janv. 1840). Ces arrêts déclarent « qu'il résulte virtuellement de l'ensemble des art. 395 et 396 que l'effraction n'est une circonstance aggravante du vol que lorsque, ayant été *extérieure*, on a pu s'introduire, à l'aide de cette effraction, dans les lieux déterminés par l'art. 395, ou lorsque, ayant été *intérieure*, elle a été faite dans les mêmes lieux, soit aux portes et clôtures du dedans, soit aux armoires et autres meubles fermés qui s'y trouvaient » (Cass., 4 oct. 1851). Ainsi, le vol d'une valise attachée sur un cheval, à la porte d'une auberge, le vol d'une boîte fermée, commis dans une voiture, sur la voie publique, enfin, le vol par un voiturier sur un coffre fermé qui lui a été confié, ne constituent pas le vol avec effraction prévu par la loi (Cass. 26 mars 1812, 19 janv. 1816, 7 sept. 1827, 10 janv. 1824, 25 fév. 1830, 27 nov. 1852, 9 avr. 1857).

**753.** *Effraction extérieure.* Cette effraction suppose, en général, qu'elle a servi à faciliter l'introduction du voleur dans le lieu clos, et qu'elle a été suivie de cette introduction. Cependant deux arrêts ont admis que le vol de tuyaux de plomb encaissés dans un mur et de barres de fer arrachées au soupirail d'une cave étaient commis avec effraction extérieure, bien que dans l'un et l'autre cas cette effraction n'eût point été un moyen d'introduction (Cass. 3 août 1811, 16 avr. et 21 mai 1813). Mais, d'après le texte de l'art. 395 et d'après son esprit, l'effraction extérieure n'est incriminée qu'en vue de l'introduction qu'elle procure, comme moyen de forcer la clôture qui renferme l'objet volé; elle forme un fait distinct, qui précède l'exécution, mais qui n'est pas un acte d'exécution du vol; elle est un moyen violent et frauduleux d'introduction dans des lieux clos pour y voler. C'est là le seul motif qui explique l'aggravation (*Th. du C. pén.*, nº 2085).

**754.** *Effraction intérieure.* Les caractères distinctifs des effractions intérieures sont indiqués par l'art. 396. Ces effractions sont celles qui, après l'introduction dans les lieux habités, « sont faites aux portes et clôtures du dedans, ainsi qu'aux armoires et autres meubles fermés ». Que faut-il entendre par portes et clôtures du dedans? Il faut entendre celles que l'agent, après son introduction dans la maison, force ou brise pour parvenir à l'exécution du sol. Ainsi, l'effraction qui, après le vol consommé, n'aurait pour but que de faciliter la fuite du voleur, ne doit pas rentrer dans les termes de cet article, qui n'a en vue que les clôtures qui renferment les objets que l'agent veut atteindre, celles dont le forcement est un acte préparatoire du vol (Cass. 18 juin 1813). Que faut-il entendre par meubles fermés? Ce sont ceux qui présentent un moyen de défense et de sûreté à l'égard des effets qu'ils renferment; tels sont les caisses, les coffres, les armoires, les secrétaires. Mais on ne doit pas comprendre dans cette catégorie les futailles, à l'égard des vins qu'elles contiennent (Cass. 9 sept. 1852).

**755.** Le deuxième paragraphe de l'art. 396 comprend dans les effractions intérieures « le simple enlèvement des caisses, boîtes, ballots sous toile et corde, et autres meubles fermés qui contiennent des effets quelconques, bien que l'effraction n'ait pas été faite sur le lieu. » Il faut remarquer qu'il n'est plus nécessaire ici que l'enlèvement ait été commis dans les lieux mentionnés en l'art. 395 ; la loi s'étend à celui qui serait fait dans les rues, sur les routes, etc. (Cass. 15 déc. 1853). Il importe peu, en effet, que l'effraction ait été faite dans ou hors la maison : la criminalité du fait est la même ; mais il faut qu'elle soit constatée (Cass. 13 janv. 1832). Il faut, du moins, qu'il soit établi ou que le meuble a été fracturé après l'enlèvement, ou qu'au moins il était fermé de manière à ne pouvoir être ouvert que par le forcement ou la rupture des serrures, cadenas ou autres ustensiles servant à le fermer (Cass. 9 sept. 1852, 2 mai 1857, 9 mars 1860).

## IX. — *Vol avec escalade.*

### Art. 397.

756. Dans quels cas l'escalade est un élément d'aggravation pénale du vol.
757. Caractères de l'escalade considérée comme circonstance aggravante.
758. Du cas où l'escalade n'a pas eu lieu en vue du vol qui l'a suivi.
759. De l'introduction dans le lieu clos par une voie souterraine.
760. L'escalade, qui n'a pas le vol pour but, n'est qu'une violation de domicile.

**756.** L'art. 397 a défini la circonstance aggravante de l'escalade. De son texte on doit d'abord inférer deux règles : la première est que l'escalade, pour être un élément d'aggravation pénale, doit avoir pour but l'introduction de l'agent dans les lieux qui y sont désignés ; la deuxième est que le vol commis à l'aide d'escalade ne donne lieu à cette aggravation que lorsqu'il est commis dans un édifice, parc ou enclos. Ces deux règles sont communes à l'effraction extérieure et à l'escalade ; mais il importe de noter ici une différence admise par la jurisprudence entre ces deux circonstances, en ce qui concerne le mode de leur constatation. Il ne suffit pas, en ce qui touche l'effraction, de constater le fait qui la constitue, il faut ajouter qu'elle a été faite dans les lieux déterminés par l'art. 395. Il suffit, au contraire, en ce qui touche l'escalade, de déclarer que le vol a été commis avec escalade, sans qu'il soit nécessaire d'ajouter qu'il a eu lieu dans des édifices, parcs ou enclos. Cette décision, longtemps contestée (Cass. 18 nov. 1830, *Th. du C. pén.*, nº 2098), mais aujourd'hui complétement admise, se fonde sur ce que, toutes les fois que le jury déclare un accusé coupable de vol avec escalade, il y a présomption qu'elle a été commise dans un lieu clos (Cass. 7 juin 1831, 30 mai 1851, 29 mai 1856).

**757.** L'escalade, considérée dans son exécution matérielle, a deux caractères distincts, qui résultent du texte de l'art. 397; elle doit procurer l'entrée du dehors dans l'intérieur de la maison, et elle procure cette entrée par un moyen extraordinaire d'introduction. Elle doit procurer l'entrée; c'est, en effet, l'entrée dans l'enceinte de la clôture, exécutée par-dessus cette clôture, qui constitue l'escalade. Une escalade intérieure, après l'introduction consommée, n'ajoute aucune aggravation au vol (Cass. 13 mai 1826, 12 mai 1852). Elle suppose un moyen extraordinaire d'introduction (Cass. 12 août 1852), car, lorsque le voleur est entré par une porte pratiquée dans le mur de clôture et laissée ouverte, ou par une brèche faite au mur et qui laisse le passage libre, il ne commet pas de vol avec escalade (Cass. 12 oct. 1809). La même solution s'applique à l'introduction opérée en franchissant sur la glace un ruisseau servant de clôture à un terrain, pendant que ce ruisseau est en état de congélation (Cass. 20 mai 1813). Mais il n'est pas nécessaire qu'il ait été fait usage soit d'échelles, soit d'autres instruments, pour franchir les clôtures. Ainsi, l'introduction par une fenêtre peut constituer l'escalade, lors même que cette fenêtre ne serait élevée que de quelques mètres au-dessus du sol, et que l'agent y serait parvenu sans aucun aide, car une fenêtre n'est point une voie ordinaire d'introduction (Cass. 7 nov. 1811, 18 juin 1813, 22 avril 1830).

**758.** Si l'escalade n'a pas eu lieu en vue du vol qui l'a suivie, si elle a un autre but, est-elle encore une circonstance aggravante de ce vol? La jurisprudence répond affirmativement; car elle a servi indirectement à l'exécution du vol. Cette solution doit-elle être appliquée à toutes les circonstances? Il semble qu'on pourrait distinguer entre celles qui concourent à l'exécution par le seul fait de leur existence, lors même qu'il n'en est pas fait usage, telles que le port d'armes, la nuit, le concours de plusieurs personnes; et celles qui, simples actes préparatoires du vol, ne sont incriminées qu'à raison du concours effectif qu'elles ont apporté à l'exécution, telles que l'escalade, l'effraction, les fausses clefs, la violence. Si ces dernières circonstances ont été étrangères à l'action du vol, si leur but a été distinct, il paraît difficile d'en faire la base d'une aggravation (*Th. du C. pén.*, n° 2102).

**759.** Le deuxième paragraphe de l'art. 397 assimile à l'escalade l'introduction par une ouverture souterraine. Les mêmes règles s'appliquent donc à ce mode d'entrée. Son caractère particulier est qu'elle ait lieu par une ouverture souterraine autre que celle qui a été établie pour servir d'entrée. Il est donc nécessaire que l'agent se soit introduit par une voie souterraine qui n'était pas destinée à servir d'entrée. La question relative à cette circonstance doit être posée au jury, comme l'escalade elle-même, dans les termes de la loi. Bien que comprise dans le mot *escalade*, il importe d'en constater les éléments matériels.

**760.** L'escalade n'est incriminée par la loi que lorsqu'elle a pour but de préparer un vol. Si elle n'a pas ce but, elle ne constitue qu'un délit de violation de domicile; les art. 381, 382, 383 et 384 ont réuni dans les mêmes dispositions les circonstances de l'effraction, de l'escalade et des fausses clefs, et leur ont attribué la même influence sur les peines du vol.

## X. — *Vol avec fausses clefs.*

### Art. 398, 399.

761. Dans quels cas l'usage des fausses clefs est incriminé.
762. Ce qu'il faut entendre par fausses clefs.
763. Dans quels cas la fabrication de fausses clefs est un délit spécial ou un acte de complicité du vol.

**761.** L'usage des fausses clefs, complétement assimilé à l'effraction et à l'escalade, devient une circonstance aggravante dans les mêmes cas, et produit la même aggravation pénale. Ainsi, l'emploi des fausses clefs n'est incriminé que comme acte d'exécution du vol, et qu'autant qu'elles ont été employées dans des édifices, parcs ou enclos (Cass. 27 juil. 1820, 12 juil. 1838, 6 juin 1839). Dans tout autre lieu, cette circonstance cesse d'être aggravante (Cass. 1er juin 1854, 19 avr. 1860); mais l'usage des fausses clefs est incriminé, soit qu'elles aient été employées à l'introduction de l'agent dans l'enceinte des bâtiments ou enclos, soit qu'elles ne l'aient été que dans l'intérieur, pour l'exécution du vol.

**762.** *Fausses clefs.* L'art. 398, en définissant les fausses clefs, leur assimile les clefs véritables, appliquées à une autre destination que leur destination originaire. Mais, si l'agent s'est servi de la clef même de la serrure, qu'il a soustraite ou trouvée, doit-il être réputé avoir fait usage d'une fausse clef? La jurisprudence répond affirmativement, en se fondant sur ce que la destination primitive d'une clef ne peut continuer d'exister lorsque cette clef a été égarée, perdue ou soustraite, qu'elle cesse d'appartenir à la fermeture, et que l'usage qui en est fait constitue l'emploi d'une fausse clef (Cass. 16 déc. 1825, 19 mai 1836, 27 avr. 1854). Cette solution a été contestée, parce qu'il n'y a de fausse clef, aux termes de l'art. 398, que la clef contrefaite ou celle qui n'a pas été destinée à l'usage auquel on l'emploie, et parce que le vol commis avec la clef véritable n'est pas empreint de la même criminalité que le vol commis avec une clef contrefaite ou détournée de sa destination (*Th. du C. pén.*, n° 2150).

**763.** L'art. 399 punit un acte préparatoire du vol : la fabrication des fausses clefs qui doivent servir à le commettre. Il y a lieu de distinguer si le fabricateur est resté étranger au vol ou s'il s'en est rendu complice. Dans le premier cas, le seul fait d'avoir fabriqué les clefs ne suffirait pas pour constituer le délit ; il faut qu'elles aient été fabriquées avec la connaissance de leur fausseté et la prévision de leur usage. La loi suppose que cet agent a seulement prévu que les clefs seraient employées à commettre des vols, sans en appliquer l'usage à aucun vol particulier. Mais, s'il a connu un projet de vol et a fabriqué les clefs en vue de ce projet et pour aider à son exécution, il doit être considéré comme complice (Cass. 13 juin 1811). S'il a la qualité de serrurier, et qu'il commette ainsi un abus de sa profession, la peine s'aggrave, et l'emprisonnement, qui est de trois mois à deux ans quand le délit est distinct du vol, s'élève, dans ce cas même, de deux à cinq ans.

## XI. — *Vol avec port d'armes, violences ou menaces.*

### Art. 381, 385, 386.

764. Dans quels cas le port d'armes est une circonstance aggravante du vol.

765. Dans quels cas les violences sont une circonstance aggravante du vol et quelles sont les violences qui motivent cette aggravation.

**764.** *Port d'armes.* Le port d'armes est une circonstance aggravante du vol. Les art. 381 n° 3, 385 n° 3 et 386 n° 2 prononcent l'aggravation pénale « si les coupables ou l'un d'eux étaient porteurs d'armes apparentes ou cachées ». Cette aggravation est indépendante de toute autre circonstance. Ainsi, lors même que le vol a été commis pendant le jour, par une seule personne et dans un lieu qui n'est ni habité ni dépendant d'une habitation, la seule possession d'armes apparentes ou cachées suffit pour imprimer au vol le caractère d'un crime. Si le port d'armes se réunit à d'autres circonstances aggravantes, il concourt encore à l'élévation de la peine (art. 381 et 385). L'aggravation est attachée au seul fait de port d'armes, indépendamment de l'usage qui a pu en être fait ; cet usage est un acte de violence et constitue une autre circonstance aggravante distincte de celle-ci.

**765.** *Violences.* La violence est, de toutes les circonstances aggravantes, celle qui exerce le plus d'influence sur le caractère du vol, puisque seule elle suffit pour le rendre passible des travaux forcés à temps (art. 382, 385). Quelles sont les violences qui peuvent donner lieu à cette aggravation ? Ces violences sont toutes les voies de fait qui sont dirigées contre les personnes, lors même qu'elles ne portent aucune atteinte à leur sûreté. Le cinquième paragraphe de l'art. 381 considère comme un acte de violence les menaces de l'agent de faire usage de ses armes, et les art. 382 et 385 n'exigent pas que ces violences aient laissé des traces de blessures ou de contusions. Ainsi le fait de retenir une personne pendant l'exécution du vol, de lui arracher une clef, de la dépouiller d'un objet, sont des actes de violence, bien qu'ils n'aient exposé les personnes à aucun péril (Cass. 26 mars 1813). Il importe peu que les violences aient été commises dans une maison de détention par des détenus au préjudice de l'un d'eux (Cass. 8 mars 1876). Il importe peu également que les violences aient été commises pour l'exécution du vol ou pour assurer la fuite des voleurs (Cass. 18 décembre 1812). Dans l'un et l'autre cas, l'aggravation pénale a été appliquée. Toutefois, sur ce dernier point, la jurisprudence a donné lieu à des objections fondées sur ce que la loi n'a appliqué l'aggravation qu'au vol « commis à l'aide de la violence », et par conséquent aux violences exercées pour son exécution et non pour protéger la sûreté des voleurs (*Th. du C. pén*, n° 2, 121).

## XII. — *Vol commis à l'aide d'un faux titre, un faux costume ou un faux ordre.*

ART. 381, n° 4.



**766.** Le quatrième paragraphe de l'art. 331 attache une aggravation pénale au vol commis dans une maison habitée ou servant à l'habitation lorsque l'agent a pris un faux costume, usurpé un faux titre ou allégué un faux ordre d'une autorité publique. Ce que la loi a eu en vue, c'est un moyen frauduleux d'introduction dans la maison qu'elle a assimilé à l'escalade, à l'effraction et à l'usage des fausses clefs.

**767.** La première condition pour que l'usurpation de titre, d'ordre ou de costume constitue une circonstance aggravante du vol, est que cette usurpation ait été employée comme moyen d'introduction dans une maison habitée. La deuxième condition consiste dans le fait même de cette usurpation ou de cette altération. Il ne s'agit pas de l'abus ou de l'excès de pouvoir d'un fonctionnaire, mais de l'emploi d'un titre usurpé, d'un costume illégalement porté, ou d'un ordre frauduleusement fabriqué.

## XIII. — *Réunion de plusieurs circonstances aggravantes.*

ART. 381, 382, 384 et 385.



**768.** Après avoir examiné les diverses circonstances qui

imprimen au vol une aggravation pénale, nous arrivons aux cas où ces circonstances, au lieu d'être isolées, se réunissent les unes aux autres et aggravent par leur concours la criminalité du vol. On a vu que plusieurs circonstances ne produisent l'aggravation que lorsqu'elles se combinent entre elles. Ainsi, la nuit n'est une circonstance aggravante que lorsqu'elle se réunit à la complicité; l'escalade, l'effraction, l'usage des fausses clefs, l'usurpation d'un faux titre ou d'un faux ordre n'ont le même effet que lorsqu'ils servent à pénétrer dans une maison habitée. Ce n'est que dans les cas suivants qu'une seule circonstance suffit pour imprimer au vol le caractère de crime : 1° Lorsque l'agent a l'une des qualités énoncées aux numéros 3 et 4 de l'art. 386; 2° lorsqu'il était porteur d'armes apparentes ou cachées (art. 386, n° 2); 3° lorsque le vol a été commis à l'aide de violences (art. 382); 4° sur un chemin public (art. 383, n° 3) ; 5° avec une seule des circonstances prévues par l'art. 381, n° 4.

**769.** La réunion de deux circonstances motive une aggravation plus forte. Si les violences ont laissé des traces de blessures ou de contusions (art. 381, § 2); si les vols sur les chemins publics ont été commis avec une des circonstances prévues par l'art. 381 (art. 383) ; si le vol a été commis soit la nuit par deux personnes, soit avec l'une de ces circonstances dans un lieu habité (art. 384). La peine s'aggrave encore par le concours de trois circonstances dans les cas suivants : lorsque le vol sur un chemin public a été commis avec deux des circonstances prévues par l'art. 381; lorsque le vol a été commis la nuit, dans un lieu habité et par deux ou plusieurs personnes (art. 383, 385); lorsqu'il a été commis avec deux de ces circonstances, et un autre avec port d'armes (art. 385, n° 4). L'art. 385, rectifié par la loi du 13 mai 1863, offre l'espèce d'un vol commis avec quatre circonstances aggravantes; dans cette espèce, la présence de la quatrième circonstance ne donne lieu à aucune aggravation. Enfin, l'art. 381 prévoit les réunions de cinq circonstances et prononce dans ce cas la peine des travaux forcés à perpétuité.

**770.** La présence d'une circonstance aggravante ne motive une aggravation de la peine que dans les cas où la loi l'a formellement prononcé. Ainsi le vol commis à l'aide de violence, la nuit, par deux personnes, n'est puni que des travaux forcés à temps, lors même que l'un des agents aurait la qualité de domestique de la victime. Ainsi le vol commis, la nuit, par plusieurs personnes avec port d'armes, n'encourt également que cette peine, lors même que ce vol aurait été exécuté avec escalade dans une maison habitée. Il ne suffit pas que la loi ait reconnu dans un fait une cause d'aggravation pour en faire l'application, il faut que la loi en ait réglé l'effet. La règle, dans les diverses espèces que présente la réunion des circonstances, est de suivre la lettre même de la loi et de ne prononcer d'aggravation que dans les cas où la réunion des circonstances constatées est positivement prévue.

**771.** Dans tous les cas, chaque circonstance, aussi bien lorsqu'elle est réunie à d'autres faits aggravants que lorsqu'elle est isolée, doit conserver son caractère propre et ses éléments essentiels. Il est donc nécessaire d'examiner successivement, dans le vol qui fait l'objet de l'art. 381, si chacune des cinq circonstances réunit les conditions exigées par la loi (Cass. 4 fév. 1836). Ainsi cet article ne serait point applicable s'il n'avait pas constaté, par exemple, que l'effraction extérieure a servi à l'entrée dans une maison habitée.

## *Extorsion, chantage, détournements d'objets saisis ou mis en gage.*

### Art. 400.

772. Indication des diverses incriminations contenues dans l'art. 400.
773. De l'extorsion et de son caractère intrinsèque.
774. Il est nécessaire, pour constituer le délit, que l'écrit extorqué contienne obligation, disposition ou décharge.

**772.** L'art. 400, qui ne prévoyait que les crimes d'extorsion de titre, a reçu plusieurs additions. La loi du 28 avril 1832 y a introduit le délit de détournement des objets saisis. La loi du 13 mai 1863 a ajouté deux dispositions, l'une qui a pour objet l'espèce d'extorsion connue sous le nom de *chantage;* l'autre qui prévoit le détournement et la destination des objets donnés à titre de gage. Ces faits divers n'ont été groupés dans le même article que pour ne pas changer l'ordre des numéros du Code.

**773.** *Extorsion.* L'extorsion n'est qu'un vol commis à l'aide de la force, de la violence ou de la contrainte. De là il suit, d'abord, qu'il y a lieu, puisqu'elle a le caractère d'un vol, de lui appliquer les dispositions de l'art. 380 (Cass. 3 avril 1830, 7 oct. 1831, 8 fév. 1840); ensuite, que si le fait est dépouillé de la circonstance de la contrainte, il peut constituer un vol simple (Cass. 8 fév. 1840). Toutefois, si l'extorsion renferme un vol, ce vol a un caractère particulier, car il s'opère non par la soustraction, mais en amenant la victime, soit par surprise, soit par contrainte, à signer ou à remettre l'écrit. Le vol consiste dans cette signature ou cette remise surprise ou contrainte.

**774.** Le délit n'existe qu'autant que l'écrit contient obligation, disposition ou décharge, car il faut que le titre extorqué puisse porter un véritable préjudice ; autrement, la loi ne punirait qu'une intention de nuire. Tous les actes qui tendent à compromettre la fortune du signataire, à créer un droit ou à enlever la preuve d'un droit, rentrent dans les termes de la loi. Le mot *dispositions* doit prendre, dans l'art. 400, la même signification que dans l'art. 147, et comprend tous les actes qui, sans contenir une obligation ou une décharge, peuvent intéresser la fortune du signataire ; mais cette expression ne s'applique pas à l'extorsion d'un blanc seing, car un blanc seing ne renferme aucune disposition (Cass. 18 juin 1845, 27 mars 1865) ; elle ne s'applique pas aux écrits qui n'intéressent que l'honneur et la réputation, car la loi n'admet que la possibilité d'un préjudice matériel (*Th. du C. pén.*, n° 2126). Si les actes extorqués sont entachés d'irrégularités telles qu'ils ne peuvent produire aucun effet, il y a lieu d'examiner si cette nullité est indépendante de la volonté de l'agent, et si le fait ne peut pas être saisi comme une tentative du crime d'extorsion.

**775.** L'art. 400 exige, en second lieu, que l'extorsion soit exécutée par *force*, *violence* ou *contrainte*. En énumérant ces trois modes d'exécution, la loi a voulu atteindre toutes les espèces de violence, la violence physique et la contrainte morale. Il suffit, suivant l'art. 1112, C. civ., pour l'existence de cette contrainte, qu'elle ait été de nature à faire impression sur une personne raisonnable et qu'elle ait pu lui inspirer la crainte d'exposer sa personne ou sa fortune à un mal considérable et présent. Les trois modes d'exécution peuvent concourir à la constitution du crime, indépendamment l'un de l'autre. Ainsi, s'il est reconnu que l'extorsion a été opérée par contrainte, sans emploi de la force ou de la violence, le crime existe (Cass. 15 janv. 1825). Il y a lieu de remarquer également que si les actes de violence n'ont pas produit leur effet, ces actes peuvent être incriminés à raison de leur criminalité propre et distincte (Cass. 19 déc. 1861), ou comme constituant une tentative d'extorsion, lorsque l'écrit, objet de cette tentative, contenait disposition, obligation ou décharge (Cass. 16 avr. 1852).

**776.** *Chantage.* La loi du 13 mai 1863 a ajouté à l'art. 400 un deuxième paragraphe, qui punit d'un emprisonnement d'un à cinq ans et d'une amende de 50 à 3,000 fr. « quiconque, à l'aide de la menace écrite ou verbale de révélations ou d'imputations diffamatoires, aura extorqué ou tenté d'extorquer, soit la remise de fonds ou valeurs, soit la signature ou remise des écrits énumérés dans le premier paragraphe. » Il résulte de cette incrimination, un peu vague dans ses termes, et qui poursuit un fait difficile à caractériser, qu'il faut distinguer la manœuvre frauduleuse qui prépare l'extorsion et le fait matériel qui la constitue. La manœuvre, c'est la menace écrite ou verbale de révélations ou d'imputations ; le fait matériel, c'est l'acte qui oblige la remise d'une somme d'argent ou d'un titre obligatoire. Il est difficile de reconnaître ces deux éléments quand le fait s'arrête à la simple tentative. Il faut, dans ce cas, prendre garde que la seule menace ne peut être incriminée qu'autant qu'elle a pour but l'extorsion. Et comme l'extorsion conserve ici son caractère de vol, il s'ensuit que si l'agent ne menace que pour obtenir ce qui lui est dû, pour exiger ce qu'il a droit d'exiger, il n'y aura pas, dans ce cas, de délit. La poursuite du délit de chantage n'est soumise à aucune plainte de la partie lésée ; mais cette poursuite ne doit être exercée d'office qu'avec une extrême réserve. Il ne faut pas qu'une intervention irréfléchie vienne précipiter des révélations qu'il importe de prévenir plus encore que de réprimer (*Circ. du minist. de la justice du* 30 *mai* 1863).

**777.** *Détournement d'objets saisis.* Les paragraphes 3 et 4 de l'art. 400 prévoient la destruction et le détournement d'objets frappés de saisie par le saisi lui-même. La destruction de ces objets ne peut avoir les caractères d'un vol, puisque la saisie ne les fait pas sortir de la propriété du débiteur. Quant à leur détournement, la loi distingue si le saisi en a été constitué gardien, ou si cette garde a été confiée à un tiers : dans le premier cas, elle le qualifie abus de confiance ; dans le deuxième, elle en fait un délit spécial, auquel elle applique l'art. 401. Et, en effet, que le saisi soit ou non déclaré gardien, cette circonstance ne change rien à la propriété des objets saisis. La destruction ou le détournement rentre dans les termes de la loi, lors même que la saisie n'a pas encore été signifiée, s'il est constaté en fait que le saisi en avait pleine connaissance (Cass. 18 mars 1862) ; mais ce fait n'est coupable que s'il est frauduleux : la bonne foi du saisi fait nécessairement disparaître le délit (Cass. 17 sept. 1852). Toutefois, le détournement ne cesse pas d'être frauduleux par cela seul que le débiteur, en reprenant possession de l'objet saisi, n'en aurait pas fait personnellement usage ; il importe peu que cette soustraction ait eu tel ou tel but, il suffit qu'elle enfreigne l'ordre de la justice et lèse les droits d'autrui (Cass. 17 fév. 1844). Cette disposition de l'art. 400 s'applique non-seulement aux saisies-exécutions, mais à tous les actes qui mettent des objets mobiliers sous la main de l'autorité publique. Elle s'applique à la saisie des bestiaux laissés à l'abandon (Cass. 30 sept. 1841) ; elle s'applique même, dans un séquestre de biens immobiliers, au fait d'avoir arraché et transformé en charbon des souches de bois mort existant sur le sol des biens saisis (Cass. 26 oct. 1850).

**778.** *Détournement d'objets mis en gage.* Le quatrième paragraphe de l'art. 400 applique les peines de l'art. 401 à « tout débiteur, emprunteur ou tiers, donneur de gage, qui aura détruit, détourné ou tenté de détruire ou de détourner les objets par lui donnés à titre de gage. » Cette disposition a pour objet de donner aux prêts sur nantissement la garantie d'une sanction pénale ; le nantissement ne transférant pas au créancier la propriété de l'objet donné en gage, le détournement de cet objet par le débiteur ou par un tiers, agissant dans son intérêt, ne constituait pas un vol (Cass. 29 oct. 1812, 25 août 1859).

**779.** *Complicité.* Le dernier paragraphe de l'art. 400 frappe de la même peine que l'auteur principal « celui qui aura recélé sciemment les objets détournés ; le conjoint, les ascendants et descendants du saisi, du débiteur, de l'emprunteur ou tiers donneur de gage, qui l'auront aidé dans la destruction ou le détournement de ces objets ». Il résulte de cette désignation du conjoint et des ascendants et des descendants du prévenu, que l'art. 380 est sans application dans le cas que l'article prévoit. Mais on ne doit pas induire de cette disposition qu'en dehors du recéleur et des personnes désignées, nulle autre personne ne peut être poursuivie pour fait de complicité; l'art. 59 étend la règle de la responsabilité des complices à tous les faits qualifiés délits (Cass. 17 fév. 1844). Quant au recéleur, il ne devient complice qu'autant qu'il a eu connaissance que les objets déposés chez lui avaient été frauduleusement détournés (art. 62); mais il importe peu qu'il n'ait eu cette connaissance qu'après avoir reçu les objets, si le recélé a continué après que ces objets lui avaient été réclamés par les saisissants (Cass. 12 juill. 1850).

**780.** Lorsque les objets saisis ou donnés en gage ont été détournés par un autre que le saisi ou le donneur en gage, il y a lieu de constater si le détournement a été effectué dans l'intérêt du saisi, de l'emprunteur, du débiteur ou du donneur en gage, ou s'il a été effectué par le tiers dans son propre intérêt. Dans le premier cas, il s'agit d'un fait de complicité prévu par l'art. 400; dans le deuxième, d'une soustraction frauduleuse, qui peut s'aggraver par les circonstances de son exécution (Cass. 11 avr. 1845, 16 juill. 1852); mais on ne doit confondre ni avec ces tiers, ni avec les complices, les individus qui, dans leur propre intérêt, mais en invoquant un droit légitime, coopèrent indirectement à des actes de détournement. Tel serait le créancier qui reprend des objets à lui appartenant (Cass. 1er juill. 1852), ou le fermier qui détournerait, en vertu de son bail, des objets qui dépendent, comme immeubles par destination, du fonds saisi (Cass. 25 avr. 1840).

## SECT. II.

### § Ier. — *De la banqueroute simple et frauduleuse.*

### Art. 402, 403, 404.



**781.** La banqueroute est l'état du commerçant failli auquel on peut imputer soit des actes d'imprudence ou de négligence, soit des actes de fraude. Elle est *simple* ou *frauduleuse :* simple, quand elle n'est que le résultat de l'imprudence ou de la négligence ; frauduleuse, quand elle est préparée par la mauvaise foi et la fraude. Toute banqueroute, soit simple, soit frauduleuse, suppose deux éléments essentiels : la qualité de commerçant du prévenu et le fait de sa faillite. Nul individu ne peut être déclaré coupable de banqueroute, s'il n'est à la fois déclaré commerçant ; les art. 585, 586 et 591 du C. de com., qui énumèrent les cas de banqueroute, constatent dans tous les prévenus la qualité de commerçant, définie par l'art. 1er du même Code. Nul ne peut également être déclaré coupable de banqueroute s'il n'est en état de faillite, puisque la banqueroute n'est autre chose que la faillite entachée d'imprudence ou de fraude ; les art. 585, 586 et 591 en font une condition nécessaire du crime ou du délit.

**782.** Si la faillite n'a pas été déclarée par jugement du Tribunal de commerce, la poursuite en banqueroute peut-elle être exercée ? Oui, car aucune disposition légale n'a subordonné l'exercice de l'action publique à l'action civile des créanciers, à la plainte des syndics, à la déclaration de la faillite. Les art. 585 et 587 du C. de com. supposent même la poursuite d'office (Cass. 15 avr. 1825, 1er sept. 1827, 11 août 1837, 22 mai 1846, 17 mars 1863, 6 mars 1867). De là il suit que le fait de la faillite ne forme point une question préjudicielle qui doive être renvoyée à la juridiction commerciale : le juge criminel est compétent pour constater le fait de la cessation des paiements du commerçant dès que ce fait devient un élément d'un délit (Cass. 3 oct. 1839, 24 janv. 1864). Il doit statuer sur la faillite et la constater, non-seulement quand le Tribunal de commerce ne l'a pas fait, mais même quand il l'a déjà déclarée, car il n'est lié par ce jugement que s'il portait sur une question préjudicielle (Cass. 22 sept. 1864, 16 sept. 1869). Ainsi, le jugement qui déclare un individu en faillite ne fait point obstacle à ce que sa qualité de commerçant soit mise en question dans la poursuite criminelle (Cass. 23 nov. 1837, 22 janv. 1847, 12 fév. et 10 mars 1870). Ainsi, l'homologation du concordat et la déclaration que le failli est excusable, n'empêchent point l'exercice de l'action publique contre le failli (Cass. 9 mars 1811, *Th. du C. pén.*, nos 2148 et s.).

**783.** *Banqueroute simple.* La banqueroute simple n'est pas seulement une contravention matérielle, elle constitue un délit et admet, par conséquent, un élément moral à côté de l'élément matériel. Il ne suffit pas que le commerçant failli ait commis l'un des faits constitutifs de la banqueroute simple, il faut qu'il les ait commis volontairement, avec l'intention que la loi a voulu incriminer. Est-il nécessaire qu'il ait agi frauduleusement ? est-ce assez qu'il soit coupable d'une faute ? La fraude n'est pas essentielle à l'existence du délit, mais il ne peut se constituer sans une faute grave. Les différents faits énumérés dans les art. 585 et 586 ne supposent pas la fraude; mais ils accusent l'imprudence du commerçant. Il faut que cette faute soit constatée, que chaque fait soit apprécié au point de vue moral, qu'il soit déclaré non-seulement que le prévenu a commis tel acte, mais qu'en le commettant il s'est rendu coupable de témérité, de mauvaise gestion ou de négligence. C'est là le fait moral que la loi a voulu atteindre (Cass. 17 mai 1856, 8 août 1867). Si les faits constitutifs de la banqueroute simple étaient le résultat non d'une simple faute, mais d'une fraude criminelle, le délit s'aggraverait moralement, mais ne changerait point de nature : les faits restent les mêmes, quelle qu'ait été l'intention de l'agent; ils gardent le même caractère et causent le même préjudice (*Th. du C. pén.*, nº 2160).

**784.** Les art. 585 et 586 du C. de com. énumèrent les faits qui peuvent constituer la banqueroute simple. Le premier porte que l'auteur de chacun des faits qu'il énonce « *sera déclaré* banqueroutier simple »; le second, en énonçant une autre série de faits, se borne à dire que leur auteur « *pourra être déclaré*, etc. » Cette distinction a eu pour but de séparer les cas où la banqueroute doit être déclarée et ceux où elle peut l'être. Mais il est clair que malgré cette disposition impérative dans l'art. 585, facultative dans l'art. 586, les tribunaux conservent le pouvoir, même dans les premiers cas, de ne pas déclarer l'existence du délit. La formule différente des deux textes, inutile en elle-même, ne peut avoir aucune application.

**785.** Les cas de banqueroute simple prévus par l'art. 585 exigent quelques explications. Les dépenses personnelles excessives, qui sont l'objet du paragraphe 1er, comprennent les pertes de jeu et toutes les dépenses qui sont étrangères à l'entretien de la maison. Il appartient aux tribunaux d'apprécier si le commerçant, par les folies de son luxe ou de sa vanité, ou pour se créer un crédit illusoire, s'est volontairement livré à des dépenses injustifiables. L'emploi de fortes sommes à des opérations de pur hasard ou des opérations fictives de bourse, qui fait l'objet du paragraphe 2, suppose que les sommes absorbées par ces opérations sont *fortes*, ce qui doit être arbitré eu égard aux ressources du commerçant, et que les opérations sont de *pur hasard* ou des *opérations fictives de bourse ou sur marchandises*, ce qui exclut les opérations qui seraient fondées en partie sur des faits positifs et en partie sur des faits aléatoires. Le paragraphe 3 prévoit le cas où, pour retarder sa faillite, le commerçant fait des achats pour revendre au-dessous du cours ou des emprunts onéreux ; la loi n'incrimine ces différents actes, quelque désastreux que soient leurs résultats, qu'autant qu'ils ont été commis dans le but de *retarder la faillite*, lorsque le commerçant connaissait sa situation et qu'il ne pouvait trouver dans ces moyens l'espoir fondé de rétablir ses affaires ; car ce n'est que dans ce cas qu'il porte préjudice aux créanciers. Le quatrième paragraphe a pour objet un fait postérieur à la faillite et distinct, le paiement fait à un créancier au préjudice de la masse. Il a été jugé « que cette disposition de l'art. 585 est absolue, et que dès qu'il est constant que le failli a payé un de ses créanciers après la cessation de ses paiements et que ce paiement a été fait au préjudice de la masse, le Tribunal n'a pas la faculté de ne pas appliquer la loi pénale » (Cass. 30 juill. 1841).

**786**. *Faits prévus par l'art.* 586. Les cas de banqueroute simple, qui font l'objet de l'art. 586 du C. de com., ont été jugés par la loi susceptibles d'être excusés, puisqu'elle déclare leur poursuite purement facultative. Le premier de ces faits, celui d'avoir contracté des engagements trop considérables, eu égard à la position du commerçant, est un fait d'imprudence susceptible d'une appréciation morale. Les autres consistent plutôt dans des actes matériels. Le deuxième paragraphe, qui prévoit le cas où le commerçant est de nouveau déclaré en faillite sans avoir satisfait aux obligations d'un précédent concordat, s'applique même au cas où le failli concordataire, qui n'a contracté aucune dette nouvelle, n'est poursuivi que pour inexécution des obligations du concordat (Cass. 2 juin 1870). En ce qui concerne les irrégularités et omissions prévues par les paragraphes 3, 4 et 5, la simple négligence peut suffire pour entraîner la poursuite, mais il appartient aux juges d'apprécier si cette négligence est excusable ou si elle constitue un tort assez grave pour être qualifié délit (Cass. 2 sept. 1813).

**787.** *Complicité.* La banqueroute simple n'admet pas de complices, car elle consiste dans la violation d'obligations toutes personnelles au failli, dérivant de sa qualité de commerçant et constituant les garanties légales attachées à l'exercice de cette profession. Comment admettre des complices dans un fait commis sans intention, dans une négligence, dans une imprudence, dans une omission d'actes ou de formes? Une telle infraction ne suppose ni préparatifs, ni concours, elle est nécessairement individuelle. La loi l'a jugé ainsi en incriminant séparément les cas de participation des tiers à la faillite (art. 593 du C. de com. Cass. 10 oct. 1844). Tous les faits constitutifs de ce délit étant la violation d'obligations personnelles au failli, ne pèsent pas sur les tiers qui n'ont pas le devoir de les remplir et ne seraient pas coupables même en favorisant cette violation.

**788.** *Banqueroute frauduleuse.* Les faits constitutifs de la banqueroute frauduleuse, prévus par l'art. 591 du C. de com., sont : 1° la soustraction des livres ; 2° le détournement d'une partie de l'actif, qui doit comprendre le détournement de toute somme d'argent, de toute dette active, de toutes marchandises, denrées ou effets mobiliers ; 3° la dissimulation d'une partie de l'actif, termes qui comprennent toutes les suppositions de dépenses ou de pertes, l'omission de recettes, la supposition de ventes ou de négociations ; 4° enfin la reconnaissance frauduleuse de dettes supposées, soit dans les écritures du failli, soit par des actes publics ou privés, soit par le bilan.

**789.** Le premier élément du crime, ainsi que l'indique sa qualification, est la fraude. Il ne suffit pas que, par l'effet d'une faute, le failli ait commis l'un des faits prévus par l'art. 591, il faut qu'il ait agi avec l'intention de spolier ses créanciers; ce n'est pas l'imprudence ou la témérité que la loi punit ici, c'est l'escroquerie et le vol. La jurisprudence a donc dû déclarer que les faits même constatés ne constituent le crime « qu'autant que le failli s'en est rendu coupable, c'est-à-dire qu'il les a commis de mauvaise foi » (Cass. 19 sept. 1826, 14 avril 1827). Cependant quelques arrêts ont admis une distinction entre les faits qui supposent nécessairement la mauvaise foi, et ceux qui ne sont pas absolument empreints de fraude : dans le premier cas, il ne serait pas nécessaire que l'accusé fût déclaré coupable, il suffirait que les faits fussent déclarés constants (Cass. 12 mai 1826, 15 juin 1866). Une telle distinction peut difficilement être approuvée. On ne peut admettre qu'un fait matériel contienne tellement la culpabilité de son auteur, qu'il soit inutile de constater son intention (*Th. du C. pén.*, nº 2172).

**790.** Les faits définis par l'art. 591 peuvent seuls donner lieu à une accusation de banqueroute frauduleuse. Les termes de cet article sont restrictifs : tout acte, quelque criminel qu'il soit, qui n'a pas pour but la dissimulation de l'actif ou du passif de la faillite, qui ne constitue pas une fraude au préjudice de la masse, n'est pas un fait de banqueroute frauduleuse. Ainsi les faux, les vols, les abus de confiance qui ont été commis par le failli dans un autre but et qui ne portent pas préjudice à la masse, doivent être considérés comme des délits distincts. Il importe peu que les faits de fraude soient antérieurs ou postérieurs à la faillite (Cass. 8 mars 1813). Mais il est nécessaire que chacun de ces faits soit reconnu et constaté avec ses éléments constitutifs. Ainsi la déclaration que l'accusé est coupable de banqueroute frauduleuse ne pourrait servir de base à une condamnation; toute condamnation doit s'appuyer sur une déclaration constatant que l'accusé est commerçant, qu'il est en état de faillite et qu'il a commis l'un des faits énoncés par l'art 591 (Cass. 11 juil. 1816). Une seule question posée au jury doit renfermer ces différents éléments, mais elle doit, en ce qui touche les faits, reproduire les termes de la loi. Il ne suffirait pas, par exemple, de déclarer que le commerçant a *dissipé* une partie de son actif, puisque la loi n'incrimine que le détournement ou la dissimulation (Cass. 30 août 1840, 13 janv. et 21 déc. 1854). La tentative de banqueroute frauduleuse est punissable comme le crime même.

**791.** *Complicité.* A la différence de la banqueroute simple, la banqueroute frauduleuse est soumise aux règles de la complicité. L'art. 593 du C. de com. porte : « Seront condamnés aux peines de la banqueroute frauduleuse les individus convaincus d'avoir, dans l'intérêt du failli, soustrait, recélé ou dissimulé tout ou partie de ses biens, meubles ou immeubles, le tout sans préjudice des autres cas prévus par l'art. 60 du C. pén. » La complicité de la banqueroute frauduleuse est aussi établie dans les termes du droit commun. L'art. 403 du C. pén. qui, pour édifier cette complicité, renvoie au Code de commerce, a été rectifié par la loi du 28 mai 1838, laquelle, en revisant les dispositions de ce Code sur la banqueroute frauduleuse, a déclaré qu'on doit chercher les éléments de la complicité de ce crime dans les termes de l'art. 60. Tous les modes de complicité, tels qu'ils sont définis par cet article, s'appliquent donc à la banqueroute frauduleuse. Telle est la complicité par aide ou assistance ou par provocation manifestée par promesses, ou menaces, ou par instructions données. Il suffit, dans ce cas, que le complice soit déclaré coupable du fait d'assistance ou de provocation déterminé par la loi ; il est inutile d'ajouter qu'il a agi dans l'intérêt du failli (Cass. 5 mars 1841, 3 juin 1843, 21 déc. 1854, 2 fév. 1855, 28 juin 1857).

**792.** *Faits concomitants.* L'art. 593 du C. de com. déclare passibles des peines de la banqueroute frauduleuse, en dehors des cas de complicité : 1° les individus convaincus d'avoir, dans l'intérêt du failli, soustrait, recélé ou dissimulé tout ou partie de ses biens meubles ou immeubles ; 2° les individus convaincus d'avoir frauduleusement présenté dans la faillite et affirmé, soit en leur nom, soit par interposition de personnes, des créances supposées ; 3° les individus qui, faisant le commerce sous le nom d'autrui, ou sous un nom supposé, se seront rendus coupables des faits prévus en l'art. 591. L'incrimination distincte des deux premiers faits a eu pour but de soustraire l'action publique à la condition de prouver un concert frauduleux entre les tiers et le failli. Le détournement des biens de la faillite et la supposition de créances, constituant un crime principal et distinct, peuvent être poursuivis indépendamment de l'action dirigée contre le failli (Cass. 2 mars 1840) ; mais il faut que ces actes soient commis dans l'intérêt de celui-ci, car, commis dans l'intérêt personnel du tiers, ils constitueraient non plus un acte de banqueroute, mais un vol ou un faux (Cass. 3 juin 1843, 18 mars 1852, 21 déc. 1854). Quant au troisième fait, son incrimination séparée a eu également pour objet d'éviter la nécessité de mettre en cause un auteur principal imaginaire. L'art. 594 apporte une exception à l'art. 593 en ce qui concerne le détournement ou le recélé des effets appartenant à la faillite : lorsque ce fait est commis par le conjoint, les ascendants ou les descendants du failli ou ses alliés au même degré, et lorsqu'ils n'ont point agi de complicité avec le failli, ce fait ne constitue qu'un simple délit de vol ; mais ce vol étant fait au préjudice non du failli, mais de la masse des créanciers, l'art. 380 ne s'y applique pas (Cass. 19 avr. 1849, 22 avr. 1858).

**793.** Les art. 596 et 597 du C. de com. prévoient encore deux délits qui se rattachent à la banqueroute frauduleuse : le premier est le fait de malversation du syndic dans sa gestion ; le second est le fait du créancier qui stipule des avantages particuliers à raison de son vote dans les délibérations de la faillite, ou fait un traité qui lui assure un avantage à la charge de la faillite. La malversation du syndic est un abus de confiance, dont les caractères seront établis sous l'art. 408. La stipulation illicite, quand elle est faite postérieurement à la faillite ou en vue de cette faillite, est un acte frauduleux préjudiciable aux tiers; il a été jugé que l'art. 597, qui le punit, est applicable : — au créancier qui stipule des avantages particuliers pour renoncer à son opposition à l'homologation du concordat (Cass. 27 août 1858) ; — à celui qui exige une garantie spéciale de sa créance comme condition de l'avis favorable qu'il est appelé à émettre sur l'excusabilité du failli (Cass. 4 fév. 1843).

**794.** *Agents de change et courtiers.* La banqueroute frauduleuse reçoit une aggravation de la qualité de l'agent, lorsqu'il est *agent de change* ou *courtier*. La loi interdit à ces officiers de se livrer pour leur compte à des opérations de commerce ou de banque (C. de com., 85 et 86). Le seul fait de leur faillite révèle donc la violation d'un devoir, indépendamment des circonstances qui l'ont accompagné. Suivant que ces circonstances présentent les caractères d'une banqueroute simple ou frauduleuse, la peine s'aggrave jusqu'aux travaux forcés à temps ou à perpétuité (art. 404).

## II. — *De l'escroquerie.*

### ART. 405.



**795.** *Dol civil et criminel.* Il importe, avant d'exposer les éléments du délit d'escroquerie, de distinguer deux espèces de dol : le dol civil et le dol criminel. Le premier comprend, en général, toutes les ruses et tous les artifices qui, blâmables en eux-mêmes, sont journellement mis en œuvre, moins pour nuire à autrui que pour servir les intérêts de ceux qui les emploient. Telles sont les allégations mensongères, la simulation dans les conventions, l'exagération des prix ou des qualités des choses vendues. La loi pénale n'a point atteint cette espèce de dol, parce qu'il est facile de s'en défendre, et que toute tentative de répression nuirait aux relations commerciales et à la sécurité des transactions. Le dol criminel ne se manifeste pas seulement par des mensonges et des paroles artificieuses ; il emploie des manœuvres matérielles, il tend des piéges, il met en jeu des faits qui trompent, il n'a qu'un but, c'est de nuire aux intérêts d'autrui (*Th. du C. pén.*, n° 2191). Ce sont les faits caractéristiques de cette espèce de dol qui constituent le délit d'escroquerie ; il ne peut être incriminé que lorsqu'il se produit avec les circonstances énoncées dans l'art. 405.

**796.** *Eléments du délit.* Le délit d'escroquerie se constitue, aux termes de l'art. 405, par le concours de trois faits distincts : 1° l'emploi des moyens frauduleux indiqués par la loi, à savoir : l'usage de faux noms ou de fausses qualités, et les manœuvres frauduleuses qu'elle a déterminées ; 2° la remise des titres ou valeurs obtenus à l'aide de ces moyens ; 3° le détournement ou la dissipation de ces valeurs. L'application de ces trois éléments du délit a soulevé de nombreuses difficultés.

**797.** *Faux noms.* L'usage d'un faux nom peut être fait, soit verbalement, soit par écrit. Il importe, dans ce dernier cas, de discerner les conditions qui doivent le qualifier de faux ou d'escroquerie. L'usage d'un faux nom par écrit constitue le crime de faux lorsque l'acte dans lequel il est pris peut produire une obligation et causer un préjudice à autrui, ou lorsque ce nom est destiné à constater les faits qui y sont consignés. Cet usage, au contraire, se range parmi les moyens d'escroquerie, lorsque l'acte ne renferme ni obligation, ni convention, ni disposition qui soit de nature à léser des tiers, et qu'il n'a pas caractère pour constater les faits qui y sont énoncés (*Th. du C. pén.*, n° 2196). Ainsi, l'individu qui, pour tromper un tiers et usurper un crédit mensonger, produit des actes fictifs, émanés de lui, ne peut être poursuivi que pour escroquerie; mais, s'il produit des actes qu'il suppose émanés d'un tiers et qui obligent ce tiers, la fraude prend le caractère d'un faux. Est-il nécessaire, pour constituer l'escroquerie, que l'usage d'un faux nom ait eu pour objet de persuader l'existence de fausses entreprises, d'un pouvoir ou d'un crédit imaginaire, ou de faire naître l'espérance ou la crainte d'un succès, d'un accident ou de tout autre événement chimérique? Non; ces traits caractéristiques des manœuvres frauduleuses ne se rapportent qu'à ces manœuvres, et nullement à l'usage d'un faux nom; c'est ce qui résulte du texte même de l'article, et en même temps de la raison de la loi, puisque s'il était nécessaire de préciser et de restreindre les manœuvres frauduleuses, expression vague et indéfinie, il n'en était plus ainsi de l'usage d'un faux nom ou d'une fausse qualité, qui présente un fait précis (Cass. 3 mai 1826). L'usage d'un faux nom doit d'ailleurs être considéré comme un élément du délit, soit que le nom usurpé appartienne à un tiers, soit qu'il soit purement fictif, car l'effet peut être le même (Cass. 13 juin 1857); mais il n'y a délit que si c'est l'influence du faux nom qui l'a consommé (Cass. 6 août 1807).

**798.** *Fausse qualité.* L'usage d'une fausse qualité produit les mêmes effets et est soumis aux mêmes règles que l'usage d'un faux nom. La fausse qualité, comme le faux nom, ne peut être incriminée à titre de faux, quand elle est prise dans un écrit, que si elle donne ouverture à un droit, si l'acte est destiné à le constater, s'il est fait usage de l'acte pour l'exercice même du droit. Ainsi, l'individu qui prend par écrit la fausse qualité de fonctionnaire ou de médecin, pour jouir d'un crédit usurpé, ne fait qu'une manœuvre frauduleuse ; mais s'il prend, par exemple, sur une feuille de route, la fausse qualité d'officier, afin de toucher les frais de route attachés à ce grade, il commet le crime de faux. Il a été également reconnu que la fausse qualité suffit, indépendamment de toute autre circonstance, comme élément du délit, pourvu qu'elle ait été l'instrument de sa perpétration. Tel est le fait de l'individu qui s'est fait remettre des valeurs, des marchandises, des effets quelconques, en s'attribuant la fausse qualité de mandataire d'un tiers, de commerçant, de commissionnaire en marchandises (Cass. 1er mai 1816, 9 mars et 23 avr. 1857, 14 mai 1859, 9 mars 1861, 18 juill. 1866, 8 mars 1868, 9 sept. 1869). Mais la fausse qualité devient une circonstance indifférente, si elle n'a aucune influence sur la détermination de la personne lésée, ou si celle-ci a pu facilement vérifier sa fausseté (Cass. 21 mars 1867). La qualité de femme mariée, de mineur ou de majeur, ne peut pas toujours être facilement vérifiée, et celui qui a contracté sous l'influence de cette fausse qualité, est fondé à porter plainte (Cass. 2 août 1867) ; mais la fausse qualité de créancier, isolée de toute manœuvre frauduleuse, ne suffirait pas pour justifier cette plainte. Ce n'est pas là une de ces qualités qui puissent tromper, puisque chacun connaît et peut vérifier ses dettes (Cass. 13 juin 1869). Si la qualité est vraie, son usage ne peut être incriminé que si elle a été un instrument de manœuvres tendant à persuader un pouvoir ou un crédit imaginaire (Cass. 10 fév. 1855, 30 mai 1857).

**799**. *Manœuvres frauduleuses*. L'art. 405, en définissant les caractères des fautes punissables, a eu pour but de circonscrire l'action répressive dans certaines limites ; il n'incrimine que les faits qui se produisent avec des signes extérieurs qui permettent de les saisir, qui imposent l'obligation de protéger les citoyens, parce que les ruses sont trop habilement ourdies pour qu'ils puissent s'en préserver, et qui causent un véritable trouble à la sécurité publique. Cet article exige quatre conditions : 1° il faut que les faits puissent être qualifiés *manœuvres ;* 2° que ces manœuvres soient frauduleuses ; 3° qu'elles aient pour objet de persuader l'existence de fausses entreprises, d'un pouvoir ou d'un crédit imaginaire, ou de faire naître l'espérance ou la crainte d'un succès, d'un accident, ou de tout autre événement chimérique ; 4° enfin, que ces manœuvres aient opéré ou tenté d'opérer la remise des valeurs qu'elles ont pour but d'escroquer.

**800.** Il faut, d'abord, qu'il y ait des manœuvres. Les manœuvres sont les moyens employés pour surprendre la confiance d'un tiers. Elles supposent une certaine combinaison de faits, une machination préparée avec plus ou moins d'adresse. Les paroles, les allégations mensongères, les promesses ne sont point, isolées de tout fait extérieur, des manœuvres ; il faut qu'elles soient accompagnées d'un acte quelconque destiné à les appuyer et à leur donner crédit. Cette distinction a été consacrée par de nombreux arrêts qui ont reconnu que la jactance d'un pouvoir imaginaire, les fausses assurances d'une fortune chimérique, et en général les simples mensonges, lorsqu'ils ne portent ni sur le nom, ni sur la qualité, ne peuvent être considérés comme des manœuvres (Cass. 26 déc. 1840, 1er juillet 1842, 18 janv. 1844, 28 mai et 7 août 1847, 10 mai 1850, 2 juill. 1852). Mais lorsqu'il se joint aux paroles frauduleuses un fait extérieur quelconque, l'intervention d'un tiers, la production d'une lettre, une démarche ostensible, un voyage, tout acte matériel propre à les fortifier, les manœuvres peuvent résulter de cette combinaison (Cass. 13 juil. 1852, 20 août 1852, 11 janv. et 10 fév. 1855, 7 août 1859, 13 nov. 1864, 21 août 1867, 30 avril 1868, 21 janv. 1870, etc.). Il faut toutefois prendre garde que tous les actes ne doivent pas sans examen, lors même qu'ils se produisent avec des paroles fallacieuses et de mensongères promesses, rentrer dans cette qualification. Ainsi les violences et les voies de fait ne peuvent dans aucun cas prendre ce caractère : c'est la fraude que l'art. 405 poursuit, ce n'est pas l'emploi de la force. Il ne suffit même pas que l'acte soit frauduleux; il faut qu'il soit le résultat d'une mise en scène préparée pour tromper. Il a été décidé que le fait de conserver le titre d'une obligation après son acquittement et même d'en poursuivre une seconde fois le paiement, que la substitution à une somme d'argent, au moment du paiement, de billets souscrits par celui qui le reçoit, que les emprunts contractés par un débiteur insolvable, ne peuvent être compris dans la classe des manœuvres (Cass. 26 mai 1808, 17 fév. 1809, 22 mars 1821. *Th. du C. pén.*, n° 2206). Est-il nécessaire que les manœuvres aient été de nature à faire impression sur des personnes sensées et à déterminer leur confiance? La jurisprudence a longtemps admis cette condition qui résultait de l'esprit de la loi plutôt que de son texte (Cass. 13 mars 1806, 24 avril 1807, 28 mai 1808, 3 août 1814). Mais cette jurisprudence n'a pas été maintenue : la Cour de cassation, en examinant les faits multiples qui lui étaient déférés, a pensé qu'il était dangereux de prendre pour base de la criminalité de l'agent les degrés de son habileté; qu'il fallait protéger aussi bien les personnes ignorantes et naïves, que les moindres manœuvres suffisent à duper, que celles qui sont trompées par des trames mieux ourdies. De ce que le délit est moins grave, il ne suit pas qu'il n'existe pas (*Th. du C. pén.*, nos 2209 et s.).

**801.** Il faut, en deuxième lieu, que les manœuvres soient *frauduleuses;* si les propositions, quelque préjudiciables qu'elles aient été, ont été faites de bonne foi, elles ne peuvent, quelle que soit leur absurdité ou leur folie, devenir un élément du délit. La loi ne punit ni les projets téméraires, ni les entreprises insensées, elle ne punit que la fraude. Il a été décidé dans ce sens que, « pour constituer le délit d'escroquerie, il faut nécessairement qu'il y ait abus de crédulité, ce qui ne peut arriver que quand il est acquis que le prévenu savait qu'il en imposait par ses promesses, ses entreprises et les espérances qu'il donnait et que ceux avec lesquels il traitait ignoraient réellement que leur adversaire se targuait de fausses promesses et qu'il les berçait d'espérances chimériques, car on n'abuse pas de la crédulité d'autrui lorsque l'on croit vrais les faits qu'on lui débite» (Cass. 13 fruct. an XIII, 20 août 1824, 27 sept. 1844).

**802.** Il faut, en troisième lieu, que les manœuvres aient le but que l'art. 405 leur a assigné. Il ne suffit donc pas que les moyens employés soient des manœuvres et que ces manœuvres soient frauduleuses, il faut qu'elles soient spécialement employées à persuader l'existence des faits ou à faire naître les sentiments énoncés dans la loi. Cette règle a été maintenue par un grand nombre d'arrêts qui répètent qu'il faut, pour que les manœuvres frauduleuses constituent le délit, qu'elles aient été employées pour opérer l'une des tromperies ou fraudes indiquées dans l'art. 405 (Cass. 4 janv. 1812, 7 mars 1817). Les manœuvres ne sont coupables que quand elles ont un effet déterminé, et les faits qui produiraient cet effet ne peuvent eux-mêmes être incriminés que lorsqu'ils ont le caractère de manœuvres (Cass. 7 sept. 1844, 5 juill. 1845).

**803.** Que faut-il entendre par « les fausses entreprises, le pouvoir ou le crédit imaginaire, les espérances ou les craintes » que les manœuvres doivent avoir pour objet de persuader ou de faire naître? Les *fausses entreprises* sont ou purement imaginaires ou mensongèrement exagérées. Dans le premier cas, il faut prouver que l'allégation est fausse, dans le second, que l'entreprise est tout autre que celle qui avait été présentée ; il y a, en effet, fausse entreprise, non-seulement quand l'entreprise est chimérique, mais encore quand, réelle au fond, elle présente dans certaines parties des circonstances entièrement fausses (Cass. 21 déc. 1860). Les faits qui tendent à persuader « un pouvoir ou un crédit imaginaire », sont tous les actes qui tendent à faire croire que l'agent possède des titres, une position sociale, une fortune, des relations, une puissance quelconque qu'il ne possède pas en réalité (Cass. 28 mars 1812). Il n'est pas nécessaire que les faits qui produiraient le pouvoir ou le crédit soient entièrement imaginaires ; il suffit que l'agent, quelle que soit sa position, ne puisse tenir ses promesses et qu'il ait su, en les faisant, qu'il ne pourrait jamais les tenir (Cass. 20 mars 1819; *Th. du C. pén.*, n° 2215). Enfin, « les espérances et les craintes de tout événement chimérique » comprenant tous les piéges tendus, toutes les illusions jetées à la cupidité, à l'ambition, à toutes les passions pour les amener au but que se propose l'agent (Cass. 4 sept. et 11 oct. 1824, 13 août 1842). Il importe peu que le fait soit purement chimérique ou susceptible d'être accompli ; il suffit, pour l'application de la loi, que l'espérance d'un événement ait été déçue; cet événement est toujours chimérique pour la victime, puisqu'elle l'a vainement attendu. Quelques arrêts ont appliqué ces mots, « la crainte d'un accident », au fait d'inspirer la crainte d'une poursuite judiciaire à raison d'un délit imputé par l'agent à un tiers (Cass. 14 sept. 1840, 4 fév. 1842, 11 nov. 1849). Si le délit existe, ce n'est point là une crainte chimérique, et le fait rentrerait dans les termes du deuxième paragraphe de l'art. 400 (Cass. 6 janv. 1854).

**804.** *Remise des valeurs.* Le deuxième élément du délit est la remise des fonds ou valeurs obtenus à l'aide des moyens frauduleux qui constituent son premier élément. L'art. 405 exige que le prévenu, en employant l'un de ces moyens, *se soit fait remettre ou délivrer* ces fonds ou valeurs. En effet, il y est dit : « quiconque, par tels ou tels moyens, se sera fait remettre » ; ce qui indique que la remise est un fait préliminaire et indispensable pour constituer le délit, et la loi ajoute : « et aura, par l'un de ces moyens, escroqué... »; d'où il suit que, sauf dans la tentative dont il sera parlé plus loin, la remise des valeurs n'est qu'un élément du délit, qui n'est consommé que par leur détournement (Cass. 29 nov. 1828, 23 juin 1834, 6 sept. 1839, 4 mars 1842, 20 juin 1845, 25 août 1853). Ainsi, entre les moyens employés pour obtenir la remise et cette remise elle-même, il existe la relation de la cause à l'effet. D'où il suit qu'il est nécessaire de constater que c'est par l'emploi des moyens de fraude indiqués par la loi que la remise a été déterminée, car, déterminée par tout autre moyen, elle cesse d'être un délit (Cass. 5 mai 1820, 9 sept. 1860).

**805.** L'art. 405 prévoit la remise « des fonds, des meubles ou des obligations, dispositions, billets, promesses, quittances ou décharges ». Ces diverses expressions indiquent des valeurs de deux espèces, les effets mobiliers et les obligations écrites. L'énonciation des fonds et des meubles exclut nécessairement les immeubles; l'escroquerie, comme le vol, ne s'applique qu'aux choses mobilières ; elle peut cependant les atteindre indirectement en se faisant remettre les titres qui en représentent la propriété (Cass. 23 mars et 26 nov. 1838). Il a même été jugé que le propriétaire qui, par des baux simulés et des manœuvres frauduleuses, se fait payer un prix double de la valeur de l'immeuble qu'il vend, peut être poursuivi pour escroquerie (Cass. 14 et 17 nov. 1864). Les mots « obligations, dispositions, quittances et décharges » embrassent en général tous les actes dont peut résulter un lien de droit et à l'aide desquels on peut préjudicier à la fortune d'autrui. La jurisprudence a appliqué ce texte à la déclaration faite en justice par une partie (Cass. 29 nov. 1838) ; à la souscription d'une assurance (Cass. 27 mars et 9 avr. 1857) ; à la souscription d'un billet dont le paiement est soumis à un événement chimérique (Cass. 17 sept. 1857) ; à la remise d'un blanc seing (Cass. 7 avr. 1854); aux fraudes d'un chef d'atelier sur le salaire des ouvriers (Cass. 26 mars 1863) ; à l'exagération frauduleuse de produits d'un office pour élever le prix de la cession (Cass. 10 fév. 1865) ; à la vente d'une créance avec une garantie mensongère (Cass. 8 et 20 juill. 1865); à l'obtention d'une transaction par la production d'actes frauduleux (Cass. 3 mai 1866); à l'imputation d'un paiement sur une créance autre que celle que le débiteur devait acquitter (Cass. 2 août 1866) ; à l'obtention d'un bail à l'aide d'une fausse qualité (Cass. 8 août 1867) ; enfin, aux manœuvres qui ont pour objet d'obtenir la vente d'un immeuble (Cass. 17 nov. 1864). On doit ajouter que la loi n'exige pas que la remise ait été faite à l'auteur de l'escroquerie et même qu'il en ait profité; il importe donc peu que la remise de l'acte ou des valeurs ait été faite à un tiers, et qu'il soit établi que l'inculpé n'en a retiré aucun bénéfice (Cass. 27 mars 1857, 25 mars 1863).

**806.** La preuve des faits constitutifs de l'escroquerie peut être faite par témoins, lors même que les moyens frauduleux employés par l'agent ont eu pour objet la souscription d'une convention. En effet, la règle établie par l'art. 1341 du C. civ., qui n'admet la preuve testimoniale des conventions que lorsqu'elles n'excèdent pas la somme de 150 fr., n'est applicable, aux termes de l'art. 1348, ni dans les cas où il y a eu dol ou fraude, ni dans ceux où il a été impossible au créancier de se procurer une preuve littérale de l'obligation. Aussi, dans une espèce où l'agent s'était fait remettre une transaction en forme authentique, il a été décidé « que les manœuvres constitutives du dol qui a déterminé le contrat peuvent être prouvée par toutes preuves légales, même par témoins, sans qu'il y ait lieu de distinguer entre les contrats notariés ou sous seing privé (Cass. 23 nov. 1838), et dans une autre espèce où l'escroquerie avait eu pour objet un acte de vente : « que la vente n'est pas plus exceptée qu'aucun autre fait de l'homme des dispositions générales de la loi pénale relatives à l'escroquerie; que le dol et la fraude dont le contrat peut être entaché donnent lieu, suivant le plus ou moins de gravité des manœuvres, à une action civile ou à une poursuite correctionnelle » (Cass. 4 déc. 1846, 17 fév. 1853, 7 avr. 1854).

**807.** *Détournement.* Un dernier élément du délit est le détournement. L'art. 405 exige, en effet, outre l'emploi des manœuvres frauduleuses et la délivrance des valeurs, que l'inculpé ait, par ces moyens, « escroqué ou tenté d'escroquer la totalité ou partie de la fortune d'autrui ». Les manœuvres ne sont qu'un acte préparatoire du délit et la délivrance n'est qu'un acte de son exécution. Cette remise ne le consomme pas, car l'agent peut encore ne pas tromper la confiance qu'il a surprise. La loi n'exige pas que les valeurs aient été détournées ou dissipées, mais elle exige qu'elles aient été escroquées, c'est-à-dire que l'agent se les soit appropriées. Il n'est pas nécessaire qu'il ait été fait usage de ces valeurs, qu'elles aient été enlevées et détournées; mais il faut que l'agent ait manifesté l'intention d'en faire son profit, que les choses soient devenues sa propriété, soit que cette appropriation se révèle par le refus de les restituer ou par l'emploi qu'il en a fait (*Th. du C. pén.*, n° 2232).

**808.** *Tentative.* Une addition faite à l'art. 405 par la loi du 13 mai 1863 a eu pour objet de dégager la tentative de l'escroquerie de la condition jusque-là constitutive de la remise ou délivrance des valeurs que son texte avait imposée même à la simple tentative (Cass. 29 mars 1828, 23 janv. 1829, 6 sept. 1839, 4 mars 1842, 20 juin 1845). Il résulte de la modification introduite dans l'art. 405 par la loi du 13 mai 1863 que la tentative du délit existe dès que l'inculpé, à l'aide de moyens frauduleux indiqués par la loi, a tenté de se faire remettre les fonds ou valeurs. On ne doit pas toutefois perdre de vue que l'addition opérée dans l'article n'a pas changé les conditions générales du délit. Ainsi l'article, après avoir défini l'escroquerie, l'action de celui qui, après avoir employé des moyens frauduleux, « se sera fait remettre ou aura tenté de se faire remettre » les fonds ou valeurs, ajoute : « et aura, par un de ces moyens, escroqué ou *tenté* d'escroquer la totalité ou partie de la fortune d'autrui ». La tentative d'escroquerie est donc à la fois une tentative de se faire remettre et une tentative de détournement. Elle n'est punissable qu'autant qu'elle est faite en vue de la remise et en vue de l'appropriation. L'agent, en employant les moyens frauduleux pour se faire remettre les valeurs, doit avoir pour but de les escroquer. Cette tentative ne peut d'ailleurs être incriminée que lorsqu'elle réunit les conditions prescrites par l'art. 2 (Cass. 28 fév. 1851, 6 oct. 1854, 4 avril 1857). Il a été jugé que la tentative est caractérisée — par la production de comptes frauduleux, régulièrement approuvés et certifiés, à l'autorité qui doit les acquitter (Cass. 10 déc. 1842, 20 mai 1858); — par la production d'un état de créances fausses ou exagérées, quand cet état, définitivement arrêté, est déposé pour être soldé (Cass. 6 nov. 1866); — par la production des billets frauduleusement rédigés à des escompteurs pour en avoir la négociation (Cass. 19 nov. 1863, 16 juin 1864, 24 fév. 1866). Mais la tentative ne résulterait pas de la seule inscription sur une feuille de contrôle de journées de travail fictives, si le contre-maître qui a fait ces inscriptions n'a pas cherché à se faire remettre le prix de ces journées (Cass. 16 avril 1870).

**809.** *Constatation des éléments du délit.* Les tribunaux correctionnels doivent constater avec précision dans leurs jugements les éléments du délit. Plusieurs arrêts ont déclaré, en résumant ces éléments, « que les trois caractères constitutifs de l'escroquerie sont : le moyen à l'aide duquel le délit a été perpétré, le but que s'est proposé le coupable, le résultat qu'il a obtenu; que le moyen consiste dans les manœuvres frauduleuses employées; le but dans les fausses entreprises et les espérances illusoires que ces manœuvres ont pour objet de persuader ou d'inspirer; le résultat dans la délivrance des valeurs ou des titres » (Cass. 23 mars 1838). Il est impossible de séparer ces éléments et chacun d'eux a des caractères particuliers. La matière de l'escroquerie, par la variété de ses formes et de ses actes, peut donner lieu aux appréciations les plus arbitraires, et les termes vagues et flexibles de la loi permettent de les étendre à des faits qui ne constitueraient pas le dol criminel. C'est pourquoi la Cour de cassation a dû, en cette matière, se reconnaître le pouvoir d'examiner si les faits incriminés présentent les caractères du délit. De là, la conséquence que les jugements doivent énoncer toutes les circonstances qu'ils considèrent comme constitutives de ce délit, afin que le contrôle de la Cour de cassation puisse s'exercer sur la qualification qui leur est donnée (Cass. 17 sept. 1839, 31 août 1844, 14 fév. 1853, 11 juin 1855, 20 août 1857). Cette spécification des éléments du délit est nécessaire aussi bien en ce qui concerne les complices que l'auteur principal; il faut les constater pour établir le délit et constater ensuite les actes de participation, conformément à l'art. 60, constitutifs de la complicité (Cass. 14 mai 1847, 4 juin 1850, 17 déc. 1862, 24 déc. 1869).

## III. — *Abus des passions des mineurs.*

### Art. 406.

810. Objet de l'art. 406. Eléments du délit qu'il prévoit.
811. Caractères de l'abus des besoins ou des passions des mineurs.
812. L'abus n'est punissable que quand il a eu pour résultat la souscription d'obligations onéreuses.
813. Il est nécessaire de constater le préjudice souffert par le mineur.
814. De l'amende applicable aux abus de confiance. Mode de son évaluation.

**810.** L'art. 1124 du C. civ. déclare les mineurs incapables de contracter, et l'art. 1305 ajoute que la simple lésion donne lieu à la rescision en faveur du mineur non émancipé contre toutes sortes de conventions, et en faveur du mineur émancipé contre toutes conventions qui excèdent les bornes de sa capacité. Ces dispositions n'ont pas paru suffisantes pour la protection des mineurs. L'art. 406 a pour objet de les sauvegarder des artifices d'hommes cupides qui exploitent leur inexpérience et leurs passions et les ruinent en leur faisant des avances d'argent aux conditions les plus onéreuses. Cet abus de la faiblesse des mineurs constitue un délit qui se compose des trois éléments suivants; il faut pour le constituer: 1° que l'inculpé ait abusé des besoins, des faiblesses ou des passions d'un mineur; 2° que cet abus ait eu pour effet de lui faire souscrire des obligations, quittances ou décharges pour prêt d'argent ou de choses mobilières ou d'effets de commerce; 3° que ces obligations ainsi souscrites soient de nature à porter préjudice au mineur.

**811.** Le premier de ces éléments est l'abus dont le mineur est l'objet. Cet abus, qui consiste à favoriser, dans un esprit de lucre et de cupidité, les mauvaises passions de la jeunesse, est nécessairement laissé à l'appréciation des juges. Il leur appartient d'examiner si le prêteur a profité de l'inexpérience de l'emprunteur pour réaliser un bénéfice immoral (Cass. 22 fév. 1866). Il faut ensuite que l'abus ait lieu à l'égard d'un mineur, et la loi entend ici par mineurs ceux qui n'ont pas encore atteint l'âge de 21 ans. Il importe peu qu'ils soient ou non émancipés et même autorisés à faire des actes de commerce (C. civ., 487 et 1308); la loi ne fait à ce sujet aucune distinction, et le motif tiré de la faiblesse de leur âge est le même. Les interdits, assimilés aux mineurs par l'art. 406 du C. civ., doivent participer à la même protection.

**812.** Le deuxième élément du délit est que l'abus ait eu pour résultat la souscription d'obligations pour prêt d'argent ou de choses mobilières. S'il n'a pas eu ce résultat, il ne peut constituer qu'une tentative que la loi n'a pas incriminée. Il faut que les obligations soient souscrites et par conséquent faites par écrit et qu'elles aient pour cause un prêt d'argent ou de choses mobilières. On doit ajouter que si le prêt s'était déguisé sous la forme d'une vente immobilière, cette simulation ne ferait pas obstacle à la poursuite, puisque la loi prévoit le prêt de choses mobilières, « sous quelque forme que cette négociation ait été faite ou déguisée ».

**813.** Le troisième élément consiste dans le préjudice que cette négociation fait supporter au mineur. Il est nécessaire que les obligations souscrites lui soient onéreuses ou préjudiciables; il n'y aurait pas de délit si elles lui étaient favorables, mais il ne s'agit ici que de la possibilité d'un préjudice, et la nullité de l'acte n'effacerait pas sa criminalité, car le mineur étant incapable de contracter, et l'obligation se trouvant dès lors entachée d'un vice radical, il s'ensuivrait que cette nullité serait un perpétuel obstacle à toute poursuite (*Th. du C. pén.*, n° 2250).

**814.** L'art. 406, par une disposition qui s'applique également aux délits d'abus de blanc-seing et de confiance prévus par les art. 407 et 408, prononce, outre l'emprisonnement de 2 mois à 2 ans, une amende « qui ne pourra excéder le quart des restitutions et des dommages-intérêts qui seront dus aux parties lésées, ni être moindre de 25 francs ». La loi a statué pour le cas le plus ordinaire où il y a partie civile en cause. Si le délit est poursuivi d'office, le juge peut estimer le dommage résultant de l'abus, et cette estimation devient une base légale de l'amende (Cass. 28 fév. 1862, 13 janv. 1866). Si le jugement ne contient aucune évaluation de ce dommage, l'amende doit être fixée au minimum déterminé par l'article (Cass. 13 nov. 1840). Ainsi l'amende est arbitrée, non sur les restitutions réclamées, mais sur le dommage causé, et le juge est tenu d'évaluer ce dommage dans tous les cas pour assigner une base à l'amende (Cass. 13 juin 1845, 28 fév. 1862). Cette évaluation doit s'appuyer à la fois sur les restitutions et les dommages-intérêts (Cass. 22 avr. 1847, 30 août 1849). Si le chiffre de l'amende est porté à un taux supérieur à son taux légal, il y a lieu à cassation, et s'il est nécessaire de la réduire ou de fixer à nouveau son taux, l'annulation du jugement est, non partielle, mais entière (Cass. 4 mars 1859).

## IV. — *Abus de blanc seing.*

### Art. 407.



**815.** L'abus de blanc seing consiste dans l'inscription frauduleuse, au-dessus d'une signature donnée à l'avance sur un papier blanc, d'un acte préjudiciable au signataire. Il résulte du texte de l'art. 407 que, pour constituer le délit d'abus qu'il prévoit, il faut : 1° que le blanc seing ait été confié à la personne qui en a abusé; 2° que l'abus consiste dans l'inscription d'un acte au-dessus de la signature; 3° que cet acte soit de nature à compromettre la personne ou la fortune du signataire.

**816.** L'abus de blanc seing qui, considéré en lui-même, constitue un véritable faux, ne prend le caractère d'un simple abus de confiance que parce que le blanc seing a été volontairement confié au faussaire. On doit donc distinguer avec la loi si la signature en blanc a été confiée à la personne qui en a abusé, ou si cette personne s'en est emparée par fraude ou en est devenue possesseur par des circonstances fortuites. Dans le premier cas, l'abus n'est qu'un délit, parce que le signataire doit s'imputer son imprudence; dans le deuxième, il constitue le crime de faux, car l'agent ne peut plus se couvrir de la facilité qui lui aurait été donnée d'abuser de la signature. Le blanc seing n'est réputé avoir été confié à un tiers que lorsqu'il a été remis à ce tiers à titre de blanc seing et avec un mandat quelconque. L'abus d'une signature mise au bas d'une pétition ou d'une lettre missive, n'est plus un abus de blanc seing (Cass. 22 oct. 1812, 2 juill. 1829, 25 janv. 1849). Il paraît indifférent que la supposition d'acte ait été écrite par celui à qui le blanc seing a été remis ou par la main d'un tiers (Cass. 4 fév. 1819, 8 avr. 1830, 31 janv. 1835; *Th. du C. pén.*, n° 2259). Il est également indifférent que l'abus ait été commis par un officier public; le caractère du délit est le même (Cass. 31 juill. 1840). Mais il importe de tracer aussi nettement que possible la ligne qui sépare le simple abus et le faux: il y a faux si la signature n'a pas été donnée à titre de blanc seing, si l'agent n'a pas reçu le blanc seing par l'effet de la confiance du signataire, enfin si l'auteur de la supposition d'acte n'est pas la personne même à qui la signature a été confiée.

**817.** Le deuxième élément du délit est l'abus frauduleux qui est fait du blanc seing. Telle serait l'inscription d'un acte de vente sur un blanc seing destiné à recevoir une procuration (Cass. 28 janv. 1809); d'un billet à ordre sur un blanc seing destiné à fixer un règlement de compte (Cass. 27 fév. 1862). Il importe peu que la signature soit précédée de quelques mots écrits ou imprimés, comme par exemple des mots *bon pour*, et que le prévenu n'ait fait que remplir les blancs laissés à dessein entre ces mots; il suffit, pour constituer le délit, que l'agent ait, en remplissant les blancs, fabriqué une obligation préjudiciable (Cass. 11 mars 1825, 14 janv. 1826). Mais il faut qu'il soit frauduleux, car le délit consiste non-seulement dans la fabrication de fausses conventions, mais encore dans l'usage frauduleux qui peut en être fait postérieurement (Cass. 21 avr. 1821).

**818.** Le troisième élément du délit est la possibilité d'un préjudice : il faut que l'acte inscrit au-dessus de la signature puisse « compromettre la personne ou la fortune du signataire ». L'acte qui n'aurait pas cet effet, lors même qu'il aurait été écrit avec une intention frauduleuse, ne serait pas un abus punissable (Cass. 1er mai 1829, 26 fév. 1836). Ainsi l'inscription d'un certificat de bonnes vie et mœurs, ou du nom de l'agent dans le blanc laissé dans une procuration, ne constitue pas des abus s'il n'en a pas été fait un usage préjudiciable. Mais il y aurait préjudice dans le fait de remplir frauduleusement un cadre imprimé et signé à l'avance, et destiné à recevoir des noms d'électeurs, des noms d'individus n'ayant pas cette qualité (Cass. 17 mai 1826).

**819.** Lorsque l'obligation inscrite au-dessus de la signature est supérieure à 150 francs, la preuve testimoniale étant inadmissible, la juridiction correctionnelle devient incompétente. Telle est la règle posée par la jurisprudence (Cass. 5 mai 1831). On peut objecter que la remise d'un blanc seing n'est point une convention, c'est un fait qui n'entraîne en lui-même aucune obligation. Il ne faut pas confondre ce fait avec celui de l'abus qui, en inscrivant une obligation sur la feuille signée en blanc, ne change rien au fait de la remise, qui en demeure distinct (*Th. du C. pén.*, n° 2266). Mais la jurisprudence a persisté à voir dans le fait de la remise de blanc seing un mandat qui ne peut être prouvé que par les preuves admises par la loi civile. Cependant, quelque absolue que soit cette règle, elle ne s'applique qu'avec certaines restrictions : 1° si l'existence du blanc seing n'est pas niée par le prévenu, et que la preuve testimoniale n'ait porté que sur l'abus, il n'y a aucune violation de la loi civile, puisque cette preuve ne s'est pas appliquée à la convention, mais au délit (Cass. 11 oct. 1860) ; 2° s'il y a eu commencement de preuve écrite de la remise ou un aveu non divisible, ou si l'exception n'a pas été proposée devant la juridiction correctionnelle, le prévenu n'est plus admis à la faire valoir (Cass. 15 déc. 1849) ; 3° si le blanc seing a pour objet un acte de commerce ou s'il a été obtenu à l'aide du dol ou de la fraude (Cass. 14 nov. 1862, 22 avril 1864).

## III. — *Abus de confiance.*

### Art. 408.

820. Définition et caractères généraux du délit d'abus de confiance.
821. Le premier élément est le détournement ou la dissipation. Ce qu'on doit entendre par ces mots.
822. Il faut qu'il y ait intention frauduleuse. Comment elle est constatée.
823. Jurisprudence relative à cette constatation de la fraude.
824. Le deuxième élément est le préjudice causé par le détournement.
825. Le troisième élément consiste dans la nature des effets détournés. Quels sont ces effets.
826. Quels sont les écrits dont le détournement rentre dans les termes de la loi.
827. Si l'usage et la rétention partielle des effets constituent l'abus.
828. Le quatrième élément est que les effets aient été remis en vertu de l'un des contrats spécifiés. Contrat de louage.
829. Violation du contrat de dépens. Conditions du délit.
830. Violation du contrat de mandat. Conditions du délit.
831. Application des règles aux notaires, aux huissiers, aux associés, aux cohéritiers, aux tuteurs.
832. Violation des contrats de nantissement et prêt à usage.
833. Détournement d'effets remis pour un travail salarié ou non salarié.
834. Conditions d'application de la pénalité.
835. La juridiction correctionnelle est compétente pour déclarer l'existence des conventions, mais en se conformant aux règles civiles relatives à la preuve.
836. Application de ces règles.
837. Aggravation pénale à raison de la qualité.
838. Soustraction de pièces dans une contestation judiciaire.

**820.** *Définition.* L'art. 408 prévoit la violation dolosive de certains contrats qui y sont désignés. Ses dispositions ont été successivement étendues par les lois de 28 avril 1832 et 13 mai 1863 à quelques contrats que son premier texte avait omis. Les caractères du délit sont indiqués par la loi ; elle exige pour son existence : 1° que l'inculpé ait détourné ou dissipé les choses qui lui ont été confiées ; 2° que ce détournement ait été commis au préjudice des propriétaires, possesseurs ou détenteurs ; 3° que les choses confiées soient des effets, deniers, marchandises, billets, quittances ou autres écrits contenant ou opérant obligation ou décharge ; 4° enfin, que ces objets aient été remis à titre de louage, dépôt, mandat, nantissement, prêt d'usage, ou pour un travail salarié, à la charge de les rendre ou représenter, ou d'en faire un usage ou un emploi déterminé. Le délit n'est constitué que par le concours de ces quatre conditions.

**821.** *Détournement.* Le premier élément est le détournement ou la dissipation des effets. Ce détournement ou cette dissipation consiste dans le fait de s'approprier la chose confiée, soit que l'agent la conserve pour lui-même, soit qu'il en fasse un emploi quelconque. C'est en se substituant aux droits du bailleur, du déposant ou du mandant, c'est en faisant acte de propriétaire, c'est en disposant à son profit des choses qui lui ont été confiées pour en faire un emploi déterminé, que cet agent détourne ou dissipe ces choses (Cass. 13 juin 1845; *Th. du C. pén.*, n° 2271). Il n'est pas indispensable qu'il soit constaté que le prévenu a personnellement profité des valeurs qu'il a détournées, car la loi n'exige pas cette constatation (Cass. 12 avr. 1866, 10 mai 1867). Mais il est nécessaire que le détournement ait été frauduleux, car il n'y a pas de délit sans intention de nuire. De là, la nécessité de distinguer soigneusement en cette matière l'inexécution du contrat et la fraude ; l'inexécution ne donne lieu qu'à une action civile ; la fraude seule peut motiver l'action correctionnelle. Il est donc nécessaire d'établir que le détournement a été commis, non par négligence ou imprudence, mais par fraude et avec intention de nuire (Cass. 7 brum. an VIII, 21 janv. 1843, 30 mai 1849, 26 déc. 1866).

**822.** *Intention frruduleuse.* La règle qui n'admet le délit que là où la fraude est constatée, n'est pas toujours facile à appliquer. La fraude ne se révèle pas dans tous les cas par des signes extérieurs qui permettent de la saisir avec certitude; on est forcé de la présumer et de l'attacher à certains actes qui peuvent être diversement appréciés. Il ne suffit pas que l'agent ait fait usage des deniers qui lui ont été confiés, s'il a la volonté et la possibilité de les restituer. Mais lorsque, après s'en être servi, il se trouve dans l'impossibilité d'en faire la restitution, la présomption de la fraude s'établit. Toutefois le délit n'existe point encore tant que le mandataire n'a pas dénié sa dette et qu'il n'a pas été mis en demeure de l'acquitter. Mais après cette mise en demeure qui consiste, non dans un acte d'huissier, mais dans des réclamations constatées et demeurées vaines, le délit est consommé (Cass. 14 oct. 1854, 3 janv. 1863) par le fait du mandataire qui, par son infidélité, s'est mis dans l'impossibilité de remplir son mandat (Cass. 11 mai 1838, 13 mars 1840).

**823.** Il n'appartient en général qu'aux juges du fait de constater si le prévenu a agi avec ou sans intention frauduleuse, et leur appréciation, lorsqu'ils ont écarté cette intention, est souveraine (Cass. 30 mai 1866). Mais une sorte d'exception a été introduite par la jurisprudence en cette matière. Il a été admis par quelques arrêts que, si les faits constatés emportent nécessairement l'idée de la fraude, la Cour de cassation peut annuler, comme entaché de contradiction, le jugement qui déclare que cette fraude n'existe pas (Cass. 14 oct. 1854, 31 janv. 1857). Il ne suffit pas cependant que l'intention frauduleuse puisse résulter implicitement et nécessairement des faits, il faut qu'elle soit nettement déclarée, et elle ne peut l'être avec certitude que par les juges du fait. Il a été également admis « que le mot détournement renferme implicitement l'idée de la fraude »

(Cass. 13 janv. 1845, 15 avril 1859); d'où il suit qu'il serait inutile de mentionner que ce détournement a été frauduleux, puisqu'il serait toujours présumé l'être. Enfin, il a encore été déclaré « que l'art. 408 n'exige pas que la fraude soit constatée en termes formels; qu'il suffit qu'elle ressorte des faits relevés et qualifiés » (Cass. 4 mai 1873) : c'est par voie d'interprétation que la fraude est alors établie (Cass. 18 déc. 1863).

**824.** *Préjudice.* Le deuxième élément du délit est que le détournement frauduleux ait été commis « au préjudice des propriétaires, possesseurs ou détenteurs ». De là il suit : 1° qu'il n'y a point de délit lorsqu'il n'y a point de préjudice, et par conséquent lorsque la restitution a suivi immédiatement la réclamation; 2° que le préjudice n'est un élément du délit que lorsqu'il porte sur les propriétaires, possesseurs ou détenteurs des effets détournés. Ainsi le détournement fait au préjudice d'une personne qui n'a pas l'une de ces qualités ne rentre pas dans les termes de la loi (Cass. 29 sept. 1820); tel serait, par exemple, le détournement de valeurs transmises en compte courant et négociées par le banquier qui les a reçues (Cass. 15 avr. 1853). Cependant, il ne suffirait pas que les billets eussent été souscrits sous le nom du prévenu pour écarter le délit, si l'abus porte sur ces valeurs elles-mêmes et s'il est reconnu qu'elles étaient la propriété d'un tiers (Cass. 5 août 1842, 27 août 1844). Enfin il ne faut pas confondre le préjudice prévu par l'art. 408 avec le dommage que d'autres personnes peuvent éprouver par suite du détournement, par exemple, les créanciers du propriétaire de la chose détournée; ceux-ci ne pourraient porter plainte qu'en établissant le préjudice de leur ayant droit (Cass. 8 juin 1849).

**825.** *Effets détournés.* Le troisième élément du délit est que le détournement ait eu pour objet des effets, deniers, marchandises, billets, quittances ou tous autres écrits contenant ou opérant obligation ou décharge. Il y a détournement de deniers, non-seulement quand on s'approprie frauduleusement les espèces qu'on détient, mais encore lorsqu'au moyen d'un transport ou d'une procuration on fait passer dans les mains d'un tiers les deniers dont on n'a pas le droit de disposer (Cass. 31 juill. 1851). Par effets et marchandises, il faut entendre toutes les choses mobilières qui peuvent être l'objet d'un commerce ; par exemple, les blés, farines et toutes matières pouvant être l'objet d'un travail (Cass. 11 avr. 1837), les échantillons d'étoffes remis pour contrôler des livraisons ou faire des commandes (Cass. 27 fév. 1846), même des objets introduits en contrebande sur le territoire (Cass. 9 juill. 1857), et l'engrais résultant du parcage d'un troupeau de moutons dans un autre champ que le champ convenu (Cass. 19 mars 1857).

**826**. *Écrits*. On doit remarquer que l'art. 408 ne dit pas comme l'art. 407 : « tout acte pouvant compromettre la personne ou la fortune » ; il énonce seulement « les billets, quittances ou tous autres écrits contenant ou opérant obligation ou décharge ». L'abus de confiance ne s'applique donc qu'à des actes emportant un préjudice matériel, tels que les billets et les quittances. Ainsi celui qui, dépositaire d'un écrit dont l'exhibition peut causer un préjudice moral, livrerait cet acte à des tiers, ne commettrait pas le délit prévu par l'art. 408. Les seuls écrits qui peuvent donner lieu à son application sont les actes opérant obligation ou décharge, c'est-à-dire portant atteinte à la propriété. La jurisprudence a appliqué cette disposition au détournement d'une contre-lettre (Cass. 27 janv. 1837), et d'une lettre-missive adressée au prévenu, mais destinée à un tiers (Cass. 22 mai 1841).

**827**. *Usage et rétention partielle*. L'art. 408 ne punit pas le détournement de l'usage de la chose. Il en résulte que le locataire, le dépositaire, le mandataire, le créancier gagiste, l'emprunteur, qui emploie cette chose pour sa propre utilité et qui la fait servir à un usage autre que celui auquel elle est destinée, n'est passible que d'une action civile en dommages-intérêts. Mais il ne faut pas confondre le simple usage avec le produit que cet usage pourrait procurer. Ainsi l'imprimeur qui, dépositaire de clichés, en tirerait des exemplaires pour les vendre, abuserait du dépôt qui lui a été confié (Cass. 30 déc. 1836). Et si l'usage n'est pas incriminé, il n'en serait pas ainsi d'une rétention partielle quelconque de la chose confiée; cette rétention d'une partie peut suffire à constituer le délit. Et cependant elle peut avoir un motif légitime, elle peut avoir pour objet de couvrir des déboursés, d'indemniser des peines et soins, de rétribuer un service. Il y a lieu, dans ce cas, de débattre peut-être la retenue, mais non de l'incriminer.

**828.** *Louage.* Le quatrième élément du délit est que les effets, marchandises ou valeurs aient été remises à l'un des titres énumérés dans l'art. 408. Cet article prévoit, en premier lieu, le détournement des objets remis à titre de *louage.* Il s'agit de louage de choses mobilières ou devenues mobilières si, immobilières par destination, elles ont été détachées de l'immeuble auquel elles étaient annexées (C. civ. 1708, 1709). Cette disposition a été appliquée — au fermier qui détourne frauduleusement des fourrages auxquels il s'était obligé par son bail de donner une destination spéciale (Cass. 17 août 1843); — au preneur de bestiaux à cheptel qui les vend à l'insu et sans la participation du bailleur (Cass. 25 janv. 1838, 23 juill. 1846). Cette dernière décision ne s'étendrait pas toutefois au cheptel à moitié : cette espèce de cheptel constitue une société (C. civ. art. 1818) entre le bailleur et le preneur, et la violation du contrat de société ne rentre pas dans les termes de l'art. 408.

**829.** *Dépôt.* Le deuxième cas prévu par l'art. 408 est le détournement des objets confiés *à titre de dépôt.* Le dépôt est, dans cet article comme dans l'art. 1915 du C. civ., l'acte par lequel on reçoit la chose d'autrui, à la charge de la garder et de la restituer en nature. Il faut donc, en premier lieu, que l'agent ait reçu la chose d'autrui. Cette condition n'existe pas lorsqu'il s'agit d'une simple communication de procédés industriels (Cass. 29 avril 1848), ou de marchandises provenant de naufrage et provisoirement laissées à la garde de deux préposés des douanes (Cass. 14 janv. 1853), ou d'un débiteur qui retient le billet qu'il doit restituer à son créancier (Cass. 28 juin 1860); mais elle serait réputée exister dans le cas, par exemple, d'une vente au poids ou à la mesure, si l'acquéreur a pris possession de la chose vendue avant qu'elle ait été pesée ou mesurée (Cass. 22 juin 1832). L'art. 1915 n'exige pas que la tradition de la chose d'autrui ait été manuelle; il suffit, lorsque cette chose se trouve déjà à un autre titre entre les mains de l'inculpé, qu'elle y soit laissée par une convention nouvelle tacite ou expresse à titre de dépôt (Cass. 4 août 1836, 14 sept. 1855, 24 juin 1859). Il suffit même qu'elle soit remise au domicile de l'inculpé et confiée, sans être enfermée, à sa foi (Cass. 16 fév. 1838, 25 sept. 1856). Il faut, en deuxième lieu, pour constituer le dépôt, que la chose d'autrui ait été reçue à la charge, non-seulement de la garder, mais de la restituer en nature. Ainsi, il n'y a pas de dépôt quand la chose ne doit être retenue que pendant quelques instants et qu'elle doit être remise immédiatement par celui à qui elle a été confiée (Cass. 21 avril 1866). Il n'y a pas également de dépôt quand la restitution peut être faite autrement qu'en nature (Cass. 26 avril 1810, 28 juin 1860).

**830.** *Mandat.* Le troisième cas de détournement prévu par l'art. 408 est celui qui est commis dans l'exécution du *mandat.* L'article est applicable soit que le mandat soit gratuit ou salarié, soit que les effets détournés aient été confiés au mandataire par le mandant lui-même ou par un tiers en vertu du mandat ou à titre de mandat (Cass. 7 nov. 1844, 23 déc. 1860). Mais on ne doit pas perdre de vue, ainsi qu'on l'a déjà noté, que le mandataire ne peut être poursuivi criminellement pour inexécution de son mandat, qu'après avoir été mis en demeure d'en rendre compte, et qu'il ne l'a pas fait, soit parce qu'il se trouve dans l'impossibilité de le faire, soit parce qu'il nie qu'il y ait lieu à restitution. Cette impossibilité de rendre compte ou cette dénégation constitue une présomption de détournement qui justifie dans ce cas la prévention. C'est dans ce sens que la jurisprudence doit être appliquée. Un arrêt déclare que « le fait de faire emploi d'une somme reçue à titre de mandat, pour payer une dette personnelle, a pu être considéré comme un abus de confiance quand il a été suivi de l'impossibilité de restituer » (Cass. 6 août 1852). Un autre arrêt reconnaît encore que la fraude peut être présumée lorsqu'il est constaté que l'inculpé ne pouvait se faire illusion sur la situation de ses affaires, « et que notamment au moment où il appliquait à ses besoins la somme provenant de la créance qu'on lui avait donné le mandat de recouvrer, il se trouvait sous le coup de nombreuses poursuites » (Cass. 2 juin 1853). D'autres arrêts déclarent « que le fait de la dissipation est constaté par l'impuissance où se trouve le prévenu de se libérer » (Cass. 3 fév. 1866). Enfin, on lit encore dans un arrêt : « que du rapprochement de ces constatations : détournement, dissipation des fonds, et défaut de versement après une mise en demeure et un jugement, résulte nécessairement la démonstration de l'esprit de fraude qui avait présidé aux actes qui ont motivé la condamnation » (Cass. 21 mars 1861, 5 janv. 1863, 12 janv. 1866, 20 déc. 1867, 24 juin 1869, 3 fév. 1870).

**831.** Ces règles sont appliquées avec une sévérité plus grande lorsque les inculpés ont une qualité qui leur impose des obligations plus strictes. C'est surtout en ce qui concerne les notaires et les huissiers que cette sévérité s'est manifestée. Un arrêt déclare « qu'un détournement est d'autant plus grave qu'il a été commis par un notaire désigné par ses fonctions à la confiance publique » (Cass. 13 janv. 1853). Un autre arrêt ajoute : « que le fait seul d'une rétention illégale et frauduleuse qui détourne les deniers reçus de leur destination légale ou convenue constitue le détournement punissable de la part d'un dépositaire public » (Cass. 13 sept. 1845, 20 mars 1856, 14 janv. et 28 avril 1859, 13 déc. 1860). Les mêmes règles s'appliquent

— à un associé qui emploie à un intérêt personnel les valeurs de la société (Cass. 8 août 1845, 31 juill. 1851, 10 déc. 1858, 6 juin 1863); — au cohéritier qui omet sciemment de comprendre dans l'inventaire des valeurs qu'il s'approprie au préjudice de ses cohéritiers (Cass. 1er déc. 1848); — au tuteur qui, administrant les biens du mineur à titre de mandat, les dissipe à son préjudice (Cass. 10 août 1850).

**832.** *Nantissement et prêt à usage.* Les contrats de nantissement et de prêt à usage ont été ajoutés par la loi du 13 mai 1863 aux contrats déjà énumérés dans l'art. 408. La jurisprudence avait déclaré, en se conformant au texte de la loi, que la violation de ces deux contrats ne constituait pas le délit. Le législateur en a conclu qu'il y avait là une lacune utile à remplir (Cass. 4 juin 1864). En ce qui touche le nantissement, il a été décidé que cette disposition s'appliquait au chef d'une entreprise qui disposait des sommes qu'il avait reçues de ses préposés à titre de garantie (Cass. 22 nov. 1866, 26 sept. 1867). En ce qui touche le prêt à usage, il a été reconnu que le fait de remettre des actions industrielles à un tiers, à la charge de les rendre en nature et de ne les employer qu'à titre de nantissement pour faciliter un emprunt, constitue le contrat dont cette disposition punit la violation (Cass. 14 avril 1870).

**833.** *Effets remis pour un travail.* Le dernier cas de détournement prévu par l'art. 408 est celui des effets remis pour un travail salarié ou non salarié, à la charge de les représenter ou d'en faire un emploi déterminé. Ces expressions de la loi s'appliquent principalement au détournement des marchandises ou de toutes matières susceptibles d'être ouvragées. Tel serait le détournement commis par le meunier ou le boulanger qui ne remettrait pas la quantité de farine ou de pain produit par le blé ou la farine qui leur a été fourni (Cass. 11 avril 1817); mais cette disposition, qui n'est nullement restrictive, s'applique, non-seulement aux matières remises pour être travaillées, mais aux travaux de toute espèce, lorsque ces travaux ont donné lieu à la remise et au détournement d'un objet (Cass. 31 juill. 1817).

**834.** *Pénalité.* Les conditions d'application de la peine au délit d'abus de confiance sont le concours et la constatation des éléments qui viennent d'être indiqués et qui sont exigés par l'art. 408, à savoir : 1° un détournement frauduleux ; 2° commis au préjudice des propriétaires, possesseurs ou détenteurs ; 3° d'effets, deniers ou marchandises, billets, quittances ou écrits contenant obligation ou décharge ; 4° qui avaient été remis à titre de louage, dépôt, mandat, nantissement, prêt à usage ou pour un travail salarié ou non salarié. Il faut que le jugement qui porte condamnation énonce et constate successivement ces quatre conditions du délit, car, à défaut de cette constatation, la peine n'aurait plus de base. La loi pénale n'a point incriminé tous les abus, toutes les fraudes qui entachent et corrompent les relations sociales ; elle n'a saisi que les plus graves, qui se manifestent par un fait extérieur et se constatent plus facilement. Elle n'a point incriminé la violation même frauduleuse de tous les contrats, mais seulement des contrats qu'elle a spécialement désignés : l'inexécution dolosive des autres conventions ne rentre pas dans les termes de l'art. 408 (Cass. 25 août 1859, 28 juin 1860).

**835.** *Preuve.* Lors même que ces éléments sont réunis, la poursuite peut être arrêtée par la nécessité de faire la preuve de la convention. La jurisprudence a admis en principe que lorsque le délit prend sa source dans un contrat ou dans l'exécution d'un contrat, la juridiction correctionnelle est compétente pour déclarer l'existence de ce contrat et en apprécier les conditions. Ainsi, dans une poursuite pour violation de dépôt ou de mandat, la question préjudicielle que soulève l'existence de ces contrats demeure dans son domaine (Cass. 7 therm. an VIII, 25 mai 1816). Mais cette juridiction reste soumise, pour la recherche et l'admission de la preuve de la convention, aux règles prescrites par la loi civile. Ce principe est fondé sur ce que les formes établies pour le jugement des questions civiles sont les mêmes devant toutes les juridictions, parce que ces règles dérivent de la nature des conventions et non du caractère de la juridiction civile. Or la procédure civile n'admet que des preuves d'un certain ordre ; elle rejette la preuve par témoins pour établir l'existence d'une convention dont l'objet excède la valeur de 150 fr., et lorsqu'il n'existe aucun commencement de preuve par écrit et qu'aucun cas de nécessité ou de force majeure n'est allégué (C. civ. 1341, 1347, 1348). Toutes les fois donc qu'il s'agit d'un délit qui prend sa source dans un contrat, ni la partie lésée ni le ministère public ne sont admis à invoquer la preuve par témoins pour établir la convention, si cette convention a pour objet plus de 150 fr. Le juge doit alors, si le prévenu dénie la convention, et s'il n'en existe ni preuve ni commencement de preuve par écrit, déclarer la plainte non-recevable quant à présent (Cass. 2 déc. 1813, 13 janv. 1855, 24 avril 1864, 23 janv. 1868, 13 août 1868).

**836.** Cette conclusion reçoit cependant quelques restrictions : 1° Quand il existe, comme on vient de le dire, un commencement de preuve par écrit régulièrement constaté (Cass. 28 janv. 1870) qui rend présumable le fait allégué ou que l'existence du mandat est reconnue par le mandataire lui-même (Cass. 10 janv. 1851, 14 janv. 1864, 16 juill. 1868, 13 août 1868) : ce commencement de preuve par écrit peut résulter de tout acte émané de celui contre lequel la plainte est portée, et notamment des interrogatoires (Cass. 22 avril 1854, 18 août 1864); mais cet aveu, qui établit la preuve d'un contrat, est soumis à la règle du Droit civil et ne peut être divisé (Cass. 22 avril et 28 juill. 1854, 24 sept. 1857) ; 2° Quand l'existence du contrat n'a été contestée ni en première instance ni en appel, il n'est pas permis, dans ce cas, de soulever cette exception sur le pourvoi (Cass. 26 avril 1851) ; 3° Quand la preuve du mandat résulte de la position de l'inculpé, s'il était clerc du notaire, de l'avoué, de l'huissier, au préjudice duquel le détournement a été commis.(Cass. 4 nov. 1858, 18 janvier 1866); 4° Quand les opérations dans lesquelles est intervenu le délit sont relatives à la matière commerciale.

**837.** *Circonstances aggravantes.* L'abus de confiance s'aggrave lorsque la qualité de l'agent lui impose une exactitude plus rigoureuse, des devoirs plus étroits. La loi du 28 avril 1832 lui a donné la qualification de crime et a remplacé l'emprisonnement par la reclusion lorsque l'abus est commis par un domestique, homme de service à gages, élève, commis, ouvrier, compagnon ou apprenti, au préjudice de son maître. La loi du 13 mai 1863 a ajouté à ces diverses qualifications les mots « officier public ou ministériel ». Cette dernière addition a eu pour objet d'atteindre les notaires, avoués ou huissiers que la jurisprudence avait déjà signalés à la sévérité du législateur, en simplifiant à leur égard les éléments du délit. Il est évident, d'ailleurs, que l'aggravation ne modifie en aucune sorte les conditions de l'incrimination; les deux paragraphes de l'article sont soumis aux mêmes règles. Seulement, s'il est nécessaire que l'abus, lorsqu'il est commis par un domestique ou un ouvrier, soit commis au préjudice du maître ou du patron, puisque c'est la confiance trahie qui motive l'aggravation, cette condition se modifie en ce qui concerne les officiers ministériels : ceux-ci trahissent la confiance, non de leurs maîtres ou patrons, mais de leurs clients.

**838.** *Soustraction de pièces.* L'art. 409 a pour objet de maintenir la bonne foi dans les contestations judiciaires. Les pièces produites dans un procès deviennent communes à toutes les parties. Il y a une sorte de fraude à les soustraire après cette production. Le délit n'existe que si les pièces ont été produites dans une contestation judiciaire et si la soustraction a eu pour objet quelque titre, pièce ou mémoire. L'art. 409 n'a incriminé que celui qui, après avoir produit la pièce, la soustrait. Ce n'est point un abus de confiance, puisque la loi n'exige pas qu'il en fût dépositaire; c'est une sorte de soustraction frauduleuse spéciale. Commise par un tiers, elle constituerait soit un abus de confiance, s'il en était dépositaire, soit un vol, si les pièces ne lui avaient pas été confiées.

## § IV. — *Contraventions aux règlements sur les maisons de jeux, les loteries et les maisons de prêt sur gages.*

### Art. 410 et 411.



**839.** *Maisons de jeux.* Malgré les termes formels de l'art. 410, qui défend la tenue de toute maison de jeux de hasard, le gouvernement a longtemps toléré et autorisé des maisons de jeux publics (Déc. 24 juin 1806 ; Ord. 5 août 1818 ; L. 18 juill. 1820, 8). L'art. 10 de la loi du 14 juillet 1836 est venu enfin déclarer que : « à dater du 1$^{er}$ janvier 1838, les jeux publics sont prohibés ». L'art. 410 est donc désormais appliqué dans la généralité de ses termes. Ce qu'il punit, c'est le fait d'avoir tenu une maison de jeux de hasard. Ainsi, ce n'est pas le jeu, ce n'est pas ceux qui y ont pris part que la loi punit, c'est l'établissement d'une maison destinée à son exploitation, l'instrument des jeux prohibés. Que faut-il entendre par tenir une maison de jeu ? L'art. 410 a eu en vue un établissement spécial, ouvert au public, garni des instruments et effets mobiliers nécessaires à l'exploitation et pouvant, suivant l'importance de la maison, avoir des banquiers, des administrateurs, des intéressés. L'admission du public est un élément essentiel du délit, car les citoyens sont libres de se livrer à des jeux de hasard dans le cercle de leurs familles et de leurs relations; la prohibition ne frappe que la maison qui prend clandestinement le caractère d'une maison publique.

**840.** Le premier élément du délit est donc l'établissement d'une maison de jeu. Cette condition se trouve clairement établie par le rapprochement de l'art. 410 avec l'art. 475, n° 5, qui punit d'une amende de 5 à 10 fr. « Ceux qui auront établi ou tenu dans les rues, chemins, places ou lieux publics des jeux de loterie et d'autres jeux de hasard : » ces jeux, ainsi dénués de tout établissement permanent, n'ont plus le même danger. On doit entendre par *lieux publics* les cafés et les cabarets; mais si les cafés et cabarets ne servent qu'à masquer la maison de jeu, le délit ne pourrait être effacé par la seule circonstance de la publicité du lieu (Cass. 14 nov. 1840, 3 juin 1848, 3 juill. 1853). L'art. 410 s'applique donc à tous les établissements qui échappent par leur clandestinité à la surveillance de la police, soit qu'ils soient tenus dans des maisons privées ou ouvertes au public. Il importe peu d'ailleurs qu'ils aient des banquiers et des administrateurs; ce sont là des circonstances accessoires qui signalent l'importance du délit, mais ne sont pas essentielles à son existence (Cass. 3 mai 1844, 19 fév. 1846).

**841.** Le deuxième élément du délit résulte de la nature du jeu : il faut que ce jeu soit rangé parmi les jeux de *hasard*. On distingue les jeux d'*adresse* qui tiennent aux exercices du corps, les jeux de *commerce* qui exigent une certaine opération de l'esprit, indépendamment des chances du sort, et dans lesquels les combinaisons peuvent, jusqu'à un certain point, maîtriser la fortune, et les jeux de *hasard*, qui sont ceux auxquels le hasard seul préside. L'art. 410 ne s'applique qu'à ces derniers. Il a été jugé en conséquence qu'il ne s'appliquerait pas au jeu de piquet (Cass. 28 mai 1841), au jeu de bési (Cass. 2 avril 1853), au jeu de la mouche (Cass. 18 fév. 1868), aux jeux de billard et de quilles (Cass. 16 mai 1855).

**842.** *Intention.* Les art. 410 et 411 font complétement

abstraction des circonstances morales qui peuvent entourer les faits qu'ils prévoient. Ils ne saisissent qu'un seul fait, l'établissement d'une maison de jeu, d'une loterie, d'une maison de prêt sur gages non autorisée. Ce ne sont point des délits, ce sont de simples contraventions qui sont punies lors même qu'elles n'ont donné lieu à aucune fraude. De là il suit que la poursuite est autorisée lors même que la contravention a eu pour objet une œuvre de charité (Cass. 9 nov. 1866), lors même que les mises sont très-minimes et les pertes nulles (Cass. 15 nov. 1838, 2 août et 20 juin 1855).

**843**. L'art. 410 incrimine, en premier lieu, « ceux qui ont tenu la maison de jeu »; il ne suffit pas qu'ils l'aient établie, il faut une direction active. La loi leur assimile ensuite les *banquiers* de la maison, c'est-à-dire les agents qui dirigent et tiennent le jeu (Cass. 2 janv. 1838, 17 nov. 1849), enfin « tous administrateurs, préposés ou agents de ces établissements », car ces expressions se réfèrent, non-seulement aux loteries, mais aux maisons de jeu (Cass. 25 mai 1838).

**844**. L'article, après avoir prononcé l'emprisonnement, l'amende et l'interdiction facultative des droits civils, ajoute : « Dans tous les cas seront confisqués tous les fonds ou effets qui seront trouvés exposés au jeu ou mis en loterie, les meubles, instruments, ustensiles, appareils employés ou destinés au service des jeux, des loteries, les meubles et effets mobiliers dont les lieux seront garnis ou décorés ». Par *fonds et effets*, il faut entendre, non-seulement les fonds trouvés exposés au jeu, mais aussi les valeurs saisies sur les banquiers et les administrateurs (Cass. 25 mai 1838; *Th. du C. pén.*, n° 2326). Quant aux meubles et effets mobiliers, il n'y a pas lieu de distinguer s'ils appartiennent à celui qui a tenu la maison de jeu ou à des tiers; il suffit qu'ils aient servi à garnir ou décorer les lieux.

**845**. *Loteries non autorisées*. L'art. 48 de la loi du 21 avril 1832 et la loi du 21 mai 1836 ont supprimé les loteries, jusque-là autorisées. L'art. 1er de cette dernière loi porte : « Les loteries de toute espèce sont supprimées. » L'art. 410, qui ne frappait que les loteries clandestines, frappe aujourd'hui toutes les loteries. L'art. 2 les définit : « Sont réputées loteries et interdites comme telles les ventes d'immeubles, de meubles, de marchandises effectuées par la voie du sort et auxquelles auraient été réunies des primes ou autres bénéfices dus au hasard et généralement toutes les opérations offertes au public pour faire naître l'espérance d'un gain qui serait acquis par la voie du sort ». La loi n'exige point qu'il y ait chance de perte ; chaque mise donnerait droit à une valeur égale, que la loterie ne serait pas moins prohibée. C'est l'emploi de la voie du sort dans les transactions qu'elle a prohibé, et non plus seulement les chances de perte ; c'est l'emploi du moyen, abstraction faite de son résultat.

**846.** La loi du 21 mai 1836 s'applique à toutes les combinaisons dont l'un des éléments est la voie du sort ; elle s'applique à l'émission de titres résultant du fractionnement d'obligations auxquelles sont attachés des lots et primes (Cass. 10 fév. et 7 mai 1866) ; elle s'applique, et sous ce rapport elle a mis un terme aux doutes de la jurisprudence, aux ventes d'immeubles, dès que la forme de ces ventes admet quelques chances du sort. L'art. 3 de la loi ajoute, aux peines prononcées par l'art. 410, cette disposition : « S'il s'agit de loteries d'immeubles, la confiscation prononcée par ledit article sera remplacée, à l'égard du propriétaire de l'immeuble mis en loterie, par une amende qui pourra s'élever jusqu'à la valeur estimative de cet immeuble. En cas de seconde ou ultérieure condamnation, l'amende et l'emprisonnement portés en l'art. 410 pourront être élevés au double du maximum. Il pourra, dans tous les cas, être fait application de l'art. 463. » Les tribunaux se trouvent investis, en ce qui concerne l'application de cette amende, d'un pouvoir à peu près discrétionnaire. L'art. 4 de la loi contient deux dispositions nouvelles : l'art. 410 ne punissait que les entrepreneurs, c'est-à-dire ceux qui ont établi ou tenu les loteries, et les agents, c'est-à-dire les administrateurs et préposés de ces loteries ; la loi fait remonter l'incrimination jusqu'aux *auteurs*, c'est-à-dire à ceux qui ont proposé ou formé l'entreprise, lors même qu'ils ne l'exploiteraient pas eux-mêmes. Cette disposition s'étend à toutes les loteries, françaises ou *étrangères ;* la lacune que laissait sur ce point l'art. 410 se trouve remplie. Le deuxième paragraphe de l'art. 4 punit le colportage et la distribution des billets, avis, annonces de loteries. Cette disposition s'applique aux annonces plus ou moins déguisées des loteries étrangères dans les journaux ; elle s'applique également à l'envoi des billets par la voie de la poste.

**847.** L'art. 5 de la loi a excepté de ces dispositions répressives « les loteries d'objets mobiliers exclusivement destinées à des actes de bienfaisance ou à l'encouragement des arts, lorsqu'elles auront été autorisées ». Ainsi, les loteries d'objets mobiliers peuvent encore avoir lieu dans deux cas : 1° lorsqu'elles sont destinées à des actes de bienfaisance ; 2° à l'encouragement des arts. Il est nécessaire, dans le premier cas, que le produit de la loterie soit *exclusivement* attribué à l'œuvre de bienfaisance, et la loi a voulu par cette expression écarter les combinaisons qui, en faisant une part à la bienfaisance, auraient réservé un bénéfice aux agents. Il s'agit, dans le deuxième cas, de favoriser par ce moyen le placement des œuvres d'art au profit de leurs auteurs. Le colportage des billets de ces loteries est parfaitement licite et peut être joint à la vente d'objets quelconques (Cass. 9 août 1856). Un règlement d'administration publique du 29 mai 1844 a établi les formes suivant lesquelles l'autorisation de ces deux espèces de loteries doit être donnée.

**848.** *Maisons de prêt sur gages.* L'art. 411 prévoit deux contraventions distinctes : 1° l'établissement d'une maison de prêt sur gages sans autorisation ; 2° l'omission ou l'irrégularité des formes prescrites pour assurer la légalité des prêts dans les maisons autorisées. Dans l'un et l'autre cas la loi n'exige point qu'il y ait fraude, elle ne punit que le fait matériel du défaut d'autorisation ou de l'omission des registres destinés à constater les prêts. La première de ces contraventions se constitue par la réunion de trois éléments : 1° l'institution d'une maison avec la destination habituelle de prêter (Cass. 4 août 1870) ; 2° que cette maison ait pour objet le prêt sur gages, car la prohibition légale ne s'applique qu'à cette sorte de prêt (Cass. 9 mars 1819, 19 juin 1821) ; 3° qu'il n'y ait aucune autorisation régulière. Cette autorisation n'est accordée qu'aux monts-de-piété qui sont institués dans certaines villes. Il n'est pas sans intérêt de remarquer que le délit prévu par l'art. 411, résultant de la tenue d'une maison faisant métier de prêter habituellement, est un délit complexe comprenant une série de prêts successifs, d'où il suit que l'action civile portée nécessairement pour chacun de ces prêts, ne serait pas recevable parce que le délit se fonde sur l'ensemble des prêts et non sur chaque prêt en particulier (Cass. 17 mars 1855 ; *Th. du C. pén.*, n° 2346).

## § IV. — *Entraves apportées à la liberté des enchères.*

### Art. 412.

849. Délit d'entraves ou de trouble à la liberté des enchères ; conditions constitutives du délit prévu par l'art. 412.

850. Délit résultant du fait d'avoir écarté les enchérisseurs par dons ou promesses.

851. Application de l'art. 112 à la surenchère. Son application aux complices.

**849.** L'art. 412, qui a pour objet d'assurer la liberté des enchères, s'applique à toutes les espèces d'adjudications, quelle que soit la nature des choses mises en vente ; non-seulement des domaines nationaux, mais des biens particuliers, non-seulement des immeubles, mais des choses mobilières, des entreprises, des fournitures, des services divers qui sont soumissionnés par la voie des enchères. Lorsqu'une adjudication a été troublée, trois conditions sont nécessaires pour constituer le délit : 1° il faut que la liberté des enchères ou des enchérisseurs ait été entravée ou troublée ; c'est là le fait matériel du délit; 2° il faut que l'entrave ou le trouble ait été le résultat de *voies de fait*, de *violences* ou de *menaces*, car il doit en résulter une atteinte à la liberté de l'adjudication ; les paroles, les exhortations, les cris, quelle que soit leur influence, ne suffiraient pas pour l'existence du délit; 3° il faut enfin que le trouble soit commis *soit avant*, *soit pendant les enchères*. Les faits commis *avant* sont tous les actes qui, antérieurement à l'adjudication, pourraient avoir pour effet d'en entraver l'entière liberté. Telles sont les trois circonstances dont la réunion constitue le délit. On doit ajouter qu'il ne s'agit plus ici d'une contravention ; il faut que le fait soit commis avec une intention frauduleuse dont l'appréciation n'appartient qu'aux juges du fait (Cass. 24 juill. 1851).

**850.** L'art. 412, après avoir prévu, dans son premier paragraphe, les entraves apportées aux enchères, étend cette incrimination, dans son deuxième paragraphe, « contre ceux qui par dons ou promesses auront écarté les enchérisseurs ». Dans ces deux paragraphes le délit est le même; il se produit dans les mêmes circonstances avec le même but, mais les éléments qui le constituent diffèrent. La loi n'exige plus que la liberté des enchères ait été matériellement troublée, il suffit que les enchérisseurs aient été écartés de l'adjudication ; mais il faut qu'ils l'aient été par dons ou par promesses ; le délit réside soit dans les violences, soit dans les moyens de corruption employés pour entraver la liberté des enchères. Il existerait par le seul fait d'une convention entre plusieurs individus portant que l'enchère sera soutenue par un seul d'entre eux et que les bénéfices de l'adjudication seront partagés ; c'est là un pacte illicite entre ceux qui se seraient présentés concurremment à l'adjudication et qui, au moyen de promesses respectives du partage d'un bénéfice éventuel, s'abstiennent de cette concurrence (Cass. 19 nov. 1841, 15 mai 1857). Cependant les associations pour acquérir dans les ventes publiques, lorsqu'elles sont légalement pratiquées, ne sont point prohibées et l'on ne doit réputer frauduleuses que celles qui, par le nombre, les qualités et les manœuvres des associés, écarteraient les enchérisseurs (Cass. 23 avril 1834). Le délit existerait lors même qu'un seul enchérisseur aurait été écarté et que les promesses qui l'ont écarté ne seraient susceptibles d'aucune exécution (Cass. 26 mai 1848).

**851**. L'art. 412 s'applique-t-il à la surenchère comme à l'enchère? L'adjudicataire sur saisie immobilière qui, par dons ou promesses, obtient que le surenchérisseur ne donne aucune suite à la surenchère, est-il passible de son application? Il faut répondre affirmativement : la surenchère par suite d'une saisie immobilière n'est que la continuation de la première enchère, et le but de l'art. 412 étant de protéger les droits du débiteur saisi et de ses créanciers, n'est atteint que par les enchères et les surenchères librement faites (Cass. 12 mars 1835). L'avoué qui, après avoir déposé un acte de surenchère au nom d'un client, se désiste par suite d'un arrangement personnel avec un autre enchérisseur, se rend coupable du délit (Cass. 16 oct. 1844). Il en serait de même de l'adjudicataire qui aurait remis une somme d'argent à un créancier pour arrêter la surenchère que celui-ci voulait former (Cass. 18 mars 1848). Enfin, les personnes qui ont agréé les dons et les promesses doivent-elles être considérées comme complices? La retraite des enchérisseurs, innocente, si elle est gratuite et spontanée, est coupable quand elle est le résultat d'un pacte illicite, car elle rend le délit possible par sa seule coopération, elle en devient un acte d'assistance et de complicité (Cass. 8 janv. et 14 août 1863).

## V. — *Violation des règlements relatifs à l'exportation des marchandises.*

### ART. 413.



**852.** Le Code a prévu quelques fraudes qui portent atteinte, non-seulement à des intérêts privés, mais au commerce en général : tels sont les faits, prévus par l'art. 413, qui tendraient à discréditer sur les marchés étrangers les marchandises exportées de France. Il résulte du texte de cet article que deux conditions principales sont exigées pour son application ; il faut : 1° qu'un règlement d'administration publique, relatif aux produits qui s'exportent à l'étranger, ait été violé ; 2° que cette violation concerne la bonne qualité, les dimensions et la nature de la fabrication. L'article ne s'applique qu'aux produits expédiés ou destinés à l'étranger, lorsque cette destination est certaine.

## VI. — *Des coalitions.*

### ART. 414, 415, 416, 419, 420.

## I. — *Coalitions formées soit entre les maîtres, soit entre les ouvriers.*



**853.** Le Code pénal prévoit deux sortes de coalition : celle qui se forme soit entre les maîtres pour abaisser les salaires des ouvriers, soit entre les ouvriers pour suspendre et enchérir les travaux ; et celle qui se forme entre les commerçants pour opérer la hausse ou la baisse d'une marchandise au-dessus ou au-dessous du cours fixé par la libre concurrence. La première de ces coalitions a été l'objet de plusieurs lois successivement abrogées. La loi du 25 mai 1864 forme aujourd'hui le dernier état de la législation sur cette matière. Cette loi, en rectifiant le texte des art. 414, 415 et 416, a posé en principe la liberté des coalitions exemptes de violences ou de fraudes. Les éléments du délit qu'elle substitue à l'ancienne incrimination sont les suivants. Il faut, 1° qu'il y ait des violences, des voies de fait, des menaces, des manœuvres frauduleuses consommées et constatées; 2° que ces violences ou ces fraudes aient eu pour objet de porter atteinte, par une cessation simultanée du travail, à la liberté soit du patron, soit de l'ouvrier.

**854.** Le premier de ces éléments n'exige aucun commentaire : la loi nouvelle s'est référée au sens légal et habituel que notre Code a imprimé aux violences, voies de fait, menaces et manœuvres frauduleuses. Ces voies de fait peuvent même être poursuivies isolément, si elles ont un caractère distinct de la coalition (L. 23 germ. an XI, 8; Cass. 4 sept. 1834). Le deuxième élément est l'atteinte à la liberté du travail, au libre exercice de l'industrie. Cette atteinte consiste de la part du patron à vouloir injustement abaisser le salaire; de la part des ouvriers, à tenter abusivement de l'élever. Elle peut porter sur les autres conditions du travail, sur le travail à la tâche substitué au travail à la journée, sur la durée des heures de travail, sur l'introduction de nouvelles machines, sur l'admission des apprentis. D'après le texte de l'art. 414, le délit n'existe pas si les faits de violence ou de fraude n'ont pas été consommés; il suffit, au contraire, en ce qui concerne l'atteinte à la liberté du travail, que les actes qui doivent constituer cette atteinte aient été tentés, pourvu que cette tentative réunisse les caractères de l'art. 2. Il y a lieu de remarquer, au surplus, que la loi, en établissant les peines du délit, a voulu laisser au juge la faculté de ne prononcer qu'une amende : l'emprisonnement est purement facultatif.

**855.** La circonstance aggravante qui fait l'objet de l'art. 415 résulte de ce que le délit prévu par l'art 414 aurait été commis « par suite d'un plan concerté ». Le fait est d'ailleurs le même, avec un élément de plus : le concert prémédité entre plusieurs. Les violences, les manœuvres frauduleuses, au lieu d'être l'œuvre d'un seul, sont le résultat d'une entente entre plusieurs et d'une espèce de complot. Il ne suffit pas que ce concert porte sur une question de travail, sur l'abandon des ateliers, ce qui serait licite ; il faut qu'il porte sur l'emploi par plusieurs de la violence ou de manœuvres frauduleuses pour contraindre à suivre le plan concerté. L'aggravation consiste dans la faculté pour le juge de placer les prévenus sous la surveillance pendant 2 à 5 ans. Il ne résulte d'ailleurs aucune aggravation de la qualité de chefs ou moteurs de la coalition.

**856.** L'art. 416, reprenant en le modifiant l'ancien art. 415, punit « tous ouvriers, patrons et entrepreneurs d'ouvrage qui, à l'aide d'amendes, défenses, proscriptions, interdictions prononcées par suite d'un plan concerté, auront porté atteinte au libre exercice de l'industrie ou du travail. » Les conditions du délit sont clairement indiquées par ce texte. Il faut, 1° que les faits d'intimidation qui y sont énoncés aient été accomplis ; 2° qu'ils aient porté atteinte à la liberté du travail, c'est-à-dire que l'intimidation non-seulement ait été tentée, mais qu'elle ait produit ses résultats ; 3° que ces faits soient l'exécution d'un plan concerté entre plusieurs personnes. Si l'intimidation s'est manifestée par des menaces, est-il nécessaire, pour constituer le délit, que ces menaces prennent les caractères énoncés dans les art. 305 et suiv. ? Nullement ; la menace peut être verbale ou écrite, être faite avec ou sans ordre, avec ou sans conditions, avec l'ordre de faire ou avec l'ordre de ne pas faire. Toutes les menaces, lorsqu'elles sont caractérisées, peuvent servir d'éléments au délit (Cass. 6 avril 1867).

**857.** Il ne faut pas confondre les associations entre ouvriers et les coalitions. La coalition est une forme du droit d'association, mais la loi qui la permet n'atteint en aucune manière les règles qui s'appliquent au droit d'association. C'est par suite de cette distinction qu'il a été décidé qu'il n'est pas nécessaire qu'il y ait un intérêt commun entre les personnes coalisées (Cass. 2 juill. 1865). C'est encore par ce motif qu'il a été reconnu que la loi du 25 mai 1864 n'a pas fait d'exception aux dispositions des art. 291 et suiv., et ne dispense pas de leur application les associations qui se rattachent à des coalitions (Cass. 7 et 23 fév. 1868). La raison en est que si le concert entre les coalisés est de l'essence de la coalition, il n'en est pas de même de l'association; que la coalition naît d'un fait accidentel, tandis que l'association suppose une organisation permanente; d'où il suit que l'association peut ajouter à la force de la coalition et en étendre les effets, mais qu'elle n'en est pas un élément essentiel et nécessaire. Et de là il suit encore que l'organisation d'une coalition à l'état permanent pour soutenir une lutte des ouvriers contre les patrons, serait interdite, car, ce qui sépare surtout l'association de la coalition, c'est sa permanence et sa constitution organique. Lorsque l'association fait corps avec la coalition, qu'elle naît et disparaît avec elle, qu'elle n'est qu'une de ses formes, il n'y a pas lieu de l'en séparer; mais lorsqu'elle survit à la coalition, lorsque d'un fait accidentel elle fait sortir une institution qui doit régir l'avenir, elle est soumise aux lois relatives aux associations (*Th. du C. pén.*, n° 2382).

**858.** L'art. 2 de la loi du 25 mai 1864, lequel article n'a pas pris place dans notre Code, porte : « Les art. 414, 415 et 416 sont applicables aux propriétaires et fermiers ainsi qu'aux moissonneurs, domestiques et ouvriers de la campagne. Les art. 19 et 20, tit. II de la loi du 28 sept. et 6 oct. 1791, sont abrogés. » Ces deux articles du Code rural avaient continué de régir les coalitions agricoles. La loi nouvelle s'applique donc aux ouvriers des champs aussi bien qu'à ceux de l'industrie.

## II. — *Coalitions entre les principaux détenteurs d'une marchandise.*

### Art. 419, 420.



**859.** Il y a lieu de distinguer, dans les art. 419 et 420, trois dispositions différentes : l'événement de la hausse ou de la baisse des denrées ou marchandises, des papiers ou effets publics, au-dessus ou au-dessous des prix fixés par la concurrence libre du commerce ; les moyens frauduleux à l'aide desquels cette hausse ou cette baisse ont été opérées ; enfin l'application de ces opérations à des denrées ou marchandises, ou des papiers ou effets publics.

**860.** Le premier élément du délit est qu'il y ait eu hausse ou baisse du prix des denrées ou marchandises, papiers ou effets publics au-dessus ou au-dessous du cours établi par la concurrence naturelle du commerce. Il faut que cette hausse ou cette baisse ait été opérée : c'est ce résultat seul que punit l'art. 419, parce que seul il donne la mesure de la gravité des manœuvres employées pour l'obtenir. La simple tentative n'est pas incriminée (Cass. 24 déc. 1812, 17 janv. 1818, 1er fév. 1834, 29 mai 1840). Mais il suffit que la hausse ou la baisse ait lieu à l'égard d'un seul établissement (Cass. 16 janv. 1837).

**861.** Le deuxième élément consiste dans les moyens employés pour obtenir cette hausse ou cette baisse. L'art. 419 indique trois modes principaux qui sont les faits faux et calomnieux semés à dessein dans le public, les suroffres faites aux prix que demandaient les vendeurs eux-mêmes, et les réunions et coalitions entre les principaux détenteurs d'une même marchandise ou denrée tendant à ne pas la vendre ou à ne la vendre qu'à un certain prix. Mais ces trois moyens ne sont indiqués que comme des exemples ; il était impossible de prévoir toutes les formes que la fraude et la cupidité peuvent mettre en œuvre. L'article ajoute : « ou par des voies ou moyens frauduleux quelconques », parce que ces moyens peuvent être si multipliés qu'ils échappent à une désignation précise.

**862.** Le premier moyen de perpétration consiste à semer à dessein des faits faux ou calomnieux. Il faut que le prévenu ait semé dans le public, non des bruits, mais des faits faux ou calomnieux ; il faut en outre qu'il les ait semés à dessein d'opérer la hausse ou la baisse de certaines marchandises; c'est cette relation du dessein avec le résultat qui décide la fraude. Le deuxième moyen consiste dans les suroffres faites aux prix des vendeurs : il est clair que ce moyen ne peut être employé que pour opérer une hausse du prix de la marchandise ; il faut donc que les suroffres aient été faites avec l'intention d'opérer la hausse. Le troisième moyen consiste dans les réunions ou coalitions entre les principaux détenteurs d'une marchandise pour en faire hausser ou baisser le prix. Le moyen suppose l'existence d'une réunion ou coalition. La loi n'en a point défini les caractères ; il suffit que plusieurs personnes se soient concertées et soient convenues de ne pas vendre une marchandise ou de ne la vendre qu'à un certain prix pour qu'il y ait coalition. Tout accord suivi du même résultat emporterait la même qualification. Il n'est pas même nécessaire qu'il y ait coalition ; la simple réunion des détenteurs d'une même marchandise agissant simultanément et dans le même but, suffit pour caractériser le délit (Cass. 16 mai 1845). Il est inutile d'ajouter que, bien que la loi n'ait prévu que la réunion des *principaux détenteurs*, celle de *tous les détenteurs* et celle des *fabricants* rentreraient dans ses termes (Cass. 31 août 1838).

**863.** Le troisième élément du délit est que la hausse ou la baisse ait été opérée sur des denrées ou marchandises, sur des papiers ou effets publics. Par *denrées* on entend les objets recueillis ou fabriqués, particulièrement destinés à la nourriture ou à l'entretien des hommes et des animaux et de nature à être consommés ou entièrement dénaturés au premier usage (Cass. 24 déc. 1812, 17 janv. 1818, 1er fév. 1834, 20 mai 1840, 29 mai 1841). Par *marchandises* on entend toutes choses mobilières qui subsistent après le premier usage ou ne se consomment que lentement, tout ce qui peut être l'objet d'une spéculation ou d'un trafic. Cette expression enveloppait dans sa généralité les denrées et les effets publics ; la loi a dû néanmoins associer ces deux espèces de marchandises parce que, dans l'usage, on ne leur applique pas cette qualification (*Th. du C. pén.*, n° 2393).

**864.** La jurisprudence a fait application de l'art. 419 aux entreprises de transport, aux messageries qui trafiquent du prix des places des personnes et du transport des marchandises (Cass. 8 déc. 1836, 9 août 1839) ; aux compagnies d'assurances qui opèrent par les moyens prévus par la loi, la hausse ou la baisse du taux des assurances (Cass. 16 mai 1845); aux spéculateurs qui déclarent publiquement avoir vendu leurs grains à un prix supérieur au prix réel afin de faire hausser cette marchandise (Cass. 17 janv. 1818); à des fabricants de soude qui s'étaient interdit de vendre leurs produits autrement que par l'intermédiaire d'un consignataire unique et exclusif et à un prix déterminé (Cass. 31 août 1838); aux boulangers d'une ville qui s'engagent entre eux à ne livrer qu'une quantité déterminée de pain pour chaque décalitre de blé qui leur est livré (Cass. 29 mai 1840) ; aux bouchers d'une commune qui conviennent de ne pas continuer l'approvisionnement en viande de boucherie, tant que le prix fixé par l'autorité municipale n'aura pas été élevé (Cass. 3 juill. 1841).

**865.** Les peines d'emprisonnement (d'un mois à un an) et

d'amende (500 à 10,000 fr.) auxquelles peut s'adjoindre la peine facultative de la surveillance, s'aggravent « si les manœuvres ont été pratiquées sur grains, grenailles, farines, substances farineuses, vins ou toute autre boisson ». Le commerce des substances alimentaires de première nécessité a donné lieu à de nombreuses mesures spéciales. De ces mesures notre Code n'a sanctionné que celles qui font l'objet des art. 176 et 420. L'art. 420 n'est que le corollaire de l'art. 419; il ne reçoit application que dans les mêmes cas, il suppose les mêmes éléments d'incrimination. Les seules différences qui séparent les deux articles consistent dans la qualité des marchandises et dans le taux des peines applicables. Ainsi, il est nécessaire pour l'existence du délit que des manœuvres frauduleuses aient été pratiquées, qu'elles aient eu pour but d'opérer la hausse ou la baisse des denrées que l'article désigne, et que cette hausse ou cette baisse ait été effectuée.

### VII. — *Embauchage des ouvriers et révélation des secrets de fabrique.*

#### Art. 417 et 418.



**866.** Les art. 417 et 418 prévoient deux actes qui sont de nature à nuire à l'industrie en général, en même temps qu'à des établissements particuliers : ce sont les embauchages d'ouvriers pour l'étranger, et la révélation des secrets de fabrication par ceux qui y sont employés.

**867.** *Embauchage d'ouvriers.* L'art. 417 ne punit que l'agent *qui a fait passer* des ouvriers à l'étranger : les instructions données et le commencement d'exécution ne suffisent pas; il faut que les conventions soient exécutées. Cet embauchage ne constitue le délit que lorsqu'il a pour effet de nuire à l'industrie française, c'est-à-dire lorsqu'il est empreint de fraude. Si cette fraude n'existe pas, si ce n'est pas pour élever une concurrence ou pour porter préjudice à l'industrie, que les ouvriers ont été provoqués à passer à l'étranger, le délit s'efface aussitôt. Il y a lieu de remarquer, d'abord, qu'il importe peu que l'agent ait eu envie de nuire à l'industrie en général ou à une fabrique en particulier, car en portant préjudice à un seul établissement on peut nuire à l'industrie qu'il exploite ; ensuite, que les directeurs, commis ou ouvriers embauchés ne sont dans aucun cas passibles d'aucune peine.

**868.** *Secrets de fabrique.* L'art. 418 prévoit la révélation faite par les employés et ouvriers d'une fabrique des secrets de fabrication dont elle fait usage, révélation d'autant plus coupable qu'elle est faite au profit des pays étrangers. Les éléments du délit sont : 1° la communication des secrets de la fabrique ; 2° que cette communication ait été frauduleuse ; 3° qu'elle ait été faite par un directeur, commis ou ouvrier de la fabrique. Il n'y a délit qu'autant que les moyens de fabrication communiqués étaient secrets, c'est-à-dire étaient la propriété exclusive de la fabrique, soit qu'elle les eût inventés ou acquis; car si ces moyens sont connus, s'ils ne lui appartiennent pas, il n'y a plus de préjudice. Les complices de la révélation frauduleuse sont passibles des mêmes peines, lorsqu'il y a de leur part quelque acte de provocation ou d'assistance dans les termes de l'art. 60. Le seul fait de recevoir d'un employé ou ouvrier communication d'un secret de la fabrique à laquelle il est attaché, ne suffit pas pour constituer la complicité; il faut que le complice se soit associé à la fraude. Il ne suffirait même pas que, par un fait postérieur, il ait cherché à tirer parti de la communication ; il faut que le fait constitutif de la complicité ait précédé ou accompagné cette communication (Cass. 14 mai 1842).

## VIII. — *Paris sur la hausse ou la baisse des effets publics.*

### Art. 421, 422.



**869.** Les art. 421 et 422 ont pour but de réprimer les spéculateurs insolvables et les agioteurs qui se livrent à des jeux de bourse et d'interdire ces jeux quand ils opèrent sur des valeurs fictives et tendent à décrier le cours des effets publics. Ces effets donnent lieu à deux opérations principales : les marchés au comptant et les marchés à terme. Les premiers ne soulèvent aucune difficulté. Les marchés à terme, pour lesquels les vendeurs s'engagent à livrer les effets publics dans un certain délai, se divisent en marchés fermes ou à prime : les premiers sont obligatoires quel que soit le prix des effets à l'époque du terme; les autres peuvent se résoudre par l'abandon d'une partie du prix qui forme la prime. Ces marchés, que la loi civile a longtemps frappés et semble frapper encore de nullité (Arr. du Cons. 7 août 1783, 7; Arr. du Cons., 22 sept. 1786; L. 28 vendém. et 13 fruct. an IV; Ord. 12 nov. 1823; Cass. 11 août 1824), ne peuvent être incriminés comme délits que lorsqu'ils rentrent dans les termes des art. 421 et 422.

**870.** L'art. 421 prévoit et punit tous les paris faits sur la hausse ou la baisse des effets publics, et sa disposition générale n'est nullement restreinte par l'art. 422, qui n'a pour objet que d'indiquer un cas spécial compris par voie d'assimilation dans les termes de la règle générale. L'art. 421 embrasse donc dans le mot *paris* tout ce qui est jeu touchant les effets publics; il s'étend à l'acheteur comme au vendeur sans distinction. Il appartient d'ailleurs aux juges, dans toute poursuite en matière de jeux de bourse, d'apprécier les actes et les faits et de rechercher, sous la forme extérieure qu'on aurait pu leur donner, les opérations véritables qui se sont accomplies (Cass. 9 mai 1857). Toutes les fois que la spéculation porte uniquement sur la chance bonne ou mauvaise résultant de la variation des cours, c'est là le pari et le jeu tels que la loi les condamne.

**871.** C'est au prévenu de rapporter la preuve qu'il avait à sa disposition, au temps de la convention, les effets publics qu'il a vendus, ou du moins que ces effets devaient être en sa possession au moment où il aurait dû en faire la remise. S'il n'établit pas ce moyen de justification, s'il est déclaré coupable, l'acheteur peut-il être inculpé comme complice? On doit répondre négativement, car la loi ne punit que le fait de vendre des effets publics qui n'existent pas dans les mains du vendeur, et l'acheteur auquel ce fait peut préjudicier y est étranger (*Th. du C. pén.*, n° 2411).

## IX. — *De la tromperie sur la nature des choses vendues, et de la vente à faux poids ou à fausse mesure.*

### Art. 423, 424.



**872.** *Tromperie sur la nature de la marchandise.* La principale disposition de l'art. 423 est la tromperie sur la nature de toutes marchandises vendues. Il ne suffit pas, pour l'application de cette disposition, que le vendeur ait connu le véritable état de la chose qu'il vend, il faut qu'il ait cherché à tromper l'acheteur. Il ne suffit pas que cette tromperie ait eu pour objet les vices de cette chose, il faut qu'elle ait porté sur sa nature même. Ainsi une fraude portant sur la nature de la chose, tel est le délit (*Th. du C. pén.*, n° 2414). Cette fraude est plus qu'un dol, plus qu'un mensonge : elle suppose l'emploi de ruses et d'artifices; mais ces artifices ne doivent pas être confondus avec les manœuvres frauduleuses, constitutives de l'escroquerie, qui emploie des faits à l'appui de ses mensonges (Cass. 20 août 1825).

**873.** La tromperie doit porter *sur la nature* même de la chose ; si elle ne portait que sur la qualité ou sur le prix, il n'y aurait pas de délit, car l'acheteur peut vérifier la qualité et débattre le prix. Il y a tromperie 1° lorsque le prévenu a introduit des corps étrangers et d'un prix très-inférieur dans les marchandises vendues (Cass. 28 mars et 4 juill. 1863); 2° lorsque la marchandise annoncée comme contenant telle substance, n'en contient qu'une quantité inefficace (Cass. 2 janv. 1863, 15 fév. 1866). Mais, en général, pour qu'il y ait tromperie sur la nature de la marchandise, il faut que cette marchandise ait été donnée pour ce qu'elle n'a jamais été ou qu'elle ait été tellement altérée que sa nature première ait disparu ou qu'elle ait été rendue impropre à l'usage auquel elle était destinée (Cass. 8 avril 1864). Il ne suffit pas que la qualité soit inférieure si la nature reste la même. Et, toutefois, la tromperie sur la qualité peut devenir une tromperie sur la nature même de la chose vendue, si elle a eu pour effet de dénaturer cette chose et de l'altérer dans son essence. Tels sont les cas où il aurait été vendu comme glûten une pâte composée de farine ordinaire (Cass. 27 août 1858), ou comme engrais une substance ne contenant qu'un 10e des éléments fertilisants annoncés (Cass. 10 fév. 1859, 22 fév. 1861). Au contraire, la tromperie ne porterait que sur la qualité si, par exemple, le vendeur d'un sac de blé avait introduit dans l'intérieur un blé d'une qualité inférieure; mais, dans ce cas, comme il s'agit d'une substance alimentaire, la fraude rentre dans les termes de l'art 1, nº 2, de la loi du 27 mars 1851 (Cass. 11 mars 1858).

**874.** L'art. 423 admet deux exceptions à la règle qui n'incrimine la tromperie que lorsqu'elle s'applique à la nature de la marchandise : la première est relative aux matières d'or et d'argent ; la deuxième, aux pierres précieuses. Il suffit, dans le premier cas, que l'acheteur ait été trompé *sur le titre* des matières d'or et d'argent, et dans le deuxième, *sur la qualité* d'une pierre fausse vendue pour fine. Les titres légaux des ouvrages d'or et d'argent sont fixés par l'art. 4 de la loi du 19 brum. an VI, et cette loi porte en même temps des peines pécuniaires contre les diverses fraudes pratiquées dans le commerce des matières d'or et d'argent. Quant aux pierres précieuses, il y a lieu de remarquer que si la pierre vendue pour fine est fausse, ce n'est pas sur sa qualité, mais sur sa nature même que l'acheteur a été trompé. Si la pierre, sans être fausse, n'est pas de la qualité convenue, l'art. 423 n'est plus applicable, à moins qu'elle ne soit d'une autre nature.

**875.** *Loi du 27 mars 1851.* L'art. 423 a été étendu à des cas nouveaux de tromperie par la loi du 27 mars 1851 et celle du 5 mai 1855, qui n'a fait qu'appliquer les dispositions de la première à la vente des boissons. Ces deux lois se sont incorporées, pour ainsi dire, dans l'art. 423 qu'elles complètent. Il importe donc d'abord d'établir les règles qui dominent leur application. Une première règle est que la loi du 27 mars 1851, comme l'art. 423, ne s'applique qu'aux tromperies sur la nature de la marchandise et non aux tromperies sur la qualité (Cass. 3 déc. 1853). Une deuxième règle est que la même loi, de même que l'art. 423, s'applique non-seulement à la vente en détail des denrées, mais à la vente en gros et à la fabrication en vue de la vente (Cass. 14 avril 1855). Une troisième règle est que les mêmes dispositions s'appliquent, non-seulement à la vente, mais à l'échange, qui n'est qu'un mode de la vente, et même à l'apport de la denrée falsifiée dans une société par l'un des associés (Cass. 14 mai et 18 nov. 1858. *Th. du C. pén.*, n° 2422). L'application de ces lois doit néanmoins être restreinte aux conventions qui renferment une vente, une aliénation quelconque à titre onéreux; elle ne pourrait être étendue, par exemple, à l'exagération d'une facture établissant le prix d'un travail (Cass. 5 fév. 1869).

**876.** *Falsification des substances alimentaires.* Le premier délit prévu par le n° 1 de l'art. 1er de la loi du 27 mars 1851 est la falsification des substances alimentaires. On doit entendre par substances alimentaires toutes celles qui sont destinées à l'alimentation. La jurisprudence y a compris le lait et le vinaigre (Cass. 2 mars et 15 décembre 1855). La falsification s'entend de tout mélange frauduleux qui tend à détériorer la substance alimentaire, soit qu'elle soit ou non rendue impropre à sa destination (Cass. 27 avril 1854). Ainsi, en matière de substance alimentaire, il importe peu que la falsification porte sur la nature ou la qualité de la substance, d'où il suit que le même fait, qui ne constituerait pas une tromperie sur la nature, peut constituer, quand il s'agit d'alimentation, une falsification sur la qualité (Cass. 11 mars 1859). Il faut toutefois vérifier si les denrées altérées, bien que pouvant servir à l'alimentation, y étaient destinées, ou si elles devaient servir à un usage industriel, car dans ce dernier cas la tromperie cesserait d'être punissable si elle portait sur la qualité et non sur la nature (Cass. 15 mai 1857).

**877.** *Denrées médicamenteuses.* L'art 1 de la loi du 27 mars 1851 place à côté de la falsification des substances alimentaires, celle des denrées médicamenteuses destinées à être vendues. Cette disposition s'applique aux substances tant liquides que solides (Cass. 14 avril 1855), aux sangsues assimilées à ces substances (Cass. 9 juin 1856) et même aux remèdes secrets que l'acheteur, bien qu'il soient prohibés par l'art. 36 de la loi du 21 germ. an XI et 1 de la loi du 29 pluv. an XIII, doit trouver non falsifiés quand il les prend (Cass. 8 juin et 7 déc. 1855).

**878.** *Vente des substances alimentaires.* Après avoir incriminé la falsification, l'art. 1 n° 2 de la loi prévoit la vente ou mise en vente des substances ou denrées alimentaires ou médicamenteuses que les vendeurs sauront être falsifiées ou corrompues. Il faut donc, pour constituer le délit, que les substances soient falsifiées ou corrompues et que celui qui les vend ou les met en vente ait connu leur falsification ou leur état de corruption (Cass. 5 fév. 1858). Il appartient aux juges correctionnels d'apprécier ces deux faits, et leur déclaration à cet égard est souveraine (Cass. 9 nov. 1854, 9 juill. 1856, 3 fév. 1859). Il n'est pas nécessaire d'ailleurs que la substance falsifiée ou corrompue soit nuisible à la santé; c'est là une condition d'aggravation de la peine, mais non un élément du délit (Cass. 29 août 1857).

**879.** *Tromperie sur la quantité de choses vendues.* L'art. 423 punit, dans son 2e §, « quiconque, par usage de faux poids ou de fausses mesures, aura trompé sur la quantité des choses vendues ». Le n° 3 de l'art. 1 de la loi du 27 mars 1851 étend cette incrimination à « ceux qui auront trompé ou tenté de tromper sur la quantité des choses livrées les personnes auxquelles ils vendent ou achètent, soit par l'usage de faux poids ou de fausses mesures, ou d'instruments inexacts servant au pesage ou mesurage, soit par des manœuvres ou procédés tendant à fausser l'opération du pesage ou du mesurage, ou à augmenter frauduleusement le poids ou la valeur de la marchandise, même avant cette opération, soit enfin par des indications frauduleuses tendant à faire croire à un pesage ou mesurage antérieur et exact ». Il résulte de ces textes que le délit qu'ils prévoient n'existe que par le concours de trois éléments : il faut que le prévenu ait eu l'intention de tromper; la loi ne punit que celui qui a trompé, et l'art. 424 déclare que l'art. 423 n'est applicable qu'en cas de fraude (Cass. 5 fév. 1858, 22 mars 1860); 2° que la tromperie ait porté sur la quantité des choses vendues; c'est là le préjudice matériel; 3° enfin que le moyen employé pour la consommer ait été, soit l'emploi de faux poids ou de fausses mesures, soit des indications frauduleuses tendant à faire croire à un pesage antérieur et exact. On doit remarquer que le 3ᵉ § de l'art. 1 de la loi du 27 mars 1851, qui réunit ces trois moyens frauduleux, s'applique aux acheteurs aussi bien qu'aux vendeurs quand ils les emploient (Cass. 4 mars 1864). Il faut examiner chacun de ces moyens.

**880.** *Usage de faux poids ou de fausses mesures.* Le premier des moyens indiqués par la loi est l'emploi de faux poids ou de fausses mesures. On distingue les poids et mesures *faux* et les poids et mesures *différents de ceux qui sont établis par la loi.* Les premiers sont ceux qui n'ont pas la pesanteur ou la forme voulue par la loi; les autres sont les poids et mesures anciens ou ceux qui ne sont pas marqués du poinçon de l'Etat et du vérificateur (Cass. 20 juin et 16 oct. 1841, 9 déc. 1842). La législation et la jurisprudence ont longtemps décidé que les poids et mesures soit anciens, soit seulement dépourvus du poinçon de l'Etat ou du poinçon de vérification, devaient être réputés faux lorsqu'ils se trouvaient dans les boutiques et autres lieux de commerce (Arr. 27 pluv. an VI, 11 therm. an VII; L. 4 juill. 1837, 4; Cass. 21 mai 1824, 19 fév. et 20 mai 1825, 15 mars et 12 juin 1828). Mais la loi du 27 mars 1851, qui qualifie délit la possession de poids et mesures faux, a effacé cette étrange confusion : elle s'applique aux poids et mesures inexacts, et non à ceux qui sont seulement irréguliers. Il importe peu que la tromperie ait été commise au moyen de poids ou mesures faux ou irréguliers : c'est l'exactitude des poids et mesures accompagnée de fraude qui fait le délit. Ils deviennent faux par cela seul qu'ils sont inexacts et qu'ils sont employés à tromper (Cass. 7 fév. 1850). Quant aux poids et mesures simplement illégaux ou irréguliers, leur détention dans les boutiques, assimilée à leur emploi par l'art. 4 de la loi du 4 juill. 1837, rentre désormais dans l'application du n° 6 de l'art. 479, lequel n'est point compris dans l'abrogation prononcée par l'art. 9 de la loi du 27 mars 1850 (Cass. 23 janv. 1852, 29 mai 1852).

**881.** *Manœuvres et indications frauduleuses.* La tromperie se commet ensuite soit par des manœuvres tendant à fausser l'opération du pesage ou mesurage, soit par des indications tendant à faire croire à un pesage antérieur. Quant aux manœuvres et procédés, il serait difficile de les définir avec précision. Le délit se compose de trois éléments : les manœuvres ou procédés frauduleux mis en œuvre, le but de ces manœuvres qui est de fausser l'opération du pesage ou du mesurage, et enfin le résultat qui est la tromperie sur la quantité de la chose vendue (Cass. 23 mars 1851, 19 mai 1852, 2 avril et 8 août 1857). Quant aux indications frauduleuses qui tendent à faire croire à un pesage antérieur et exact, l'appréciation en est souvent difficile. Il n'y a sans doute aucune difficulté à reconnaître que l'épicier qui vend comme pesant 500 grammes un paquet de bougies qui ne pèse que 422 grammes, que le boulanger qui vend des pains qui n'ont pas le poids indiqué par leur forme, que le laitier qui ne remplit pas les boîtes annoncées comme devant contenir un litre de lait, trompent sur la quantité par les indications frauduleuses dont ils se servent (Cass. 1 fév. 1854, 4 avril 1855, 21 juill. 1856, 28 fév. 1857). Mais les indications ne sont pas souvent assez explicites pour que le vendeur ne puisse s'en dégager. L'indication frauduleuse faite verbalement n'est qu'un mensonge qui ne suffit pas pour caractériser le délit (Cass. 14 oct. 1853, 27 avril 1858). Cependant l'indication faite par un boucher sur le carnet d'une domestique du poids exact de la viande livrée, rentre dans les termes de la loi (Cass. 19 nov. 1858). La même solution s'appliquerait à un état de fournitures contenant des indications frauduleuses sur la pesée ou sur le mesurage des marchandises fournies.

**882.** *Tentative.* L'art. 423 ne prévoit qu'une vente accomplie; il ne punit pas la simple tentative (Cass. 2 janv. 1863). La loi du 27 mars 1851 punit au contraire la tentative des délits de tromperie qu'elle a prévus. De là il suit que, tandis que la tromperie sur la nature des marchandises n'est punissable que lorsqu'elle est consommée, la tromperie sur la qualité des substances médicamenteuses et alimentaires et sur la quantité des choses livrées est punissable lors même que le délit n'a été que tenté (Cass. 1er juill. 1858). Il a été jugé que le n° 3 de l'art. 1 de la loi de 1851 n'exige pas que cette tentative du délit de tromperie soit caractérisée conformément à l'art. 2 du C. pén. : ainsi la simple exposition en vente constitue une tentative punissable dans les cas prévus par cet article (Cass. 10 fév. et 30 juin 1854, 6 oct. 1854, 14 juill. 1860). Mais il faut du moins, dans ce cas, que cette tentative soit réalisée par des actes matériels de mise en vente ou de mesurage : une simple annonce, une simple déclaration ne suffirait pas (Cass. 31 déc. 1868).

**883**. *Pénalités*. L'art. 423 prononce les peines d'un emprisonnement de trois mois à un an et d'une amende qui ne peut excéder le quart des restitutions et dommages-intérêts, ni être moindre de 50 fr. La loi du 27 mars 1851 ne fait qu'étendre ces peines aux nouveaux cas qu'elle prévoit. Mais son art. 2 ajoute que « s'il s'agit d'une marchandise contenant des mixtions nuisibles à la santé, l'amende sera de 50 à 500 fr., à moins que le quart des restitutions et dommages-intérêts n'excède cette dernière somme; l'emprisonnement sera de trois mois à deux ans. « Les peines qui frappent la simple possession des substances médicamenteuses et alimentaires sont également portées : l'amende à 50 fr. et l'emprisonnement à 15 jours, si la substance est falsifiée. » Ainsi, la nocuité de la substance falsifiée et corrompue, quand cette substance est mise en vente ou vendue, forme un élément d'aggravation, et cela lors même que l'acheteur a connu cette circonstance, car la loi a voulu protéger les tiers contre une fraude nuisible (Cass. 29 août

1857). L'amende, quand elle excède 50 fr., étant proportionnelle aux restitutions et dommages-intérêts, n'a de base légale que lorsque le chiffre de ces dommages est fixé (Voy. sur ce point *suprà*, nº 814) ; elle ne peut donc être portée à un taux supérieur à 50 fr. qu'autant que ce taux a pour base l'existence d'un préjudice s'élevant au moins au quadruple de l'amende appliquée (Cass. 14 avril 1855, 7 déc. 1860, 19 juill. 1862, 4 nov. 1865). En cas de récidive des délits prévus par la loi de 1851, dans les cinq années qui précèdent la deuxième poursuite, « la peine peut être élevée jusqu'au double du maximum et l'amende être portée jusqu'à mille francs, si la moitié des dommages-intérêts n'excède pas cette somme, le tout sans préjudice de l'application, s'il y a lieu, des art. 57 et 58 du C. pén. » Mais cette aggravation n'est que facultative et l'art. 7 de la loi déclare que l'art. 463 est applicable à ces délits. Une disposition commune en cette matière est la confiscation soit des poids et mesures illégaux, soit des objets dont la vente ou la possession constitue le délit. Cette confiscation ne peut être remise par l'application de l'art. 463 (Cass. 27 sept. 1833, 4 oct. 1839). Les faux poids et les fausses mesures sont brisés. Si les denrées sont propres à quelque usage, elles sont remises à l'administration pour être attribuées à un établissement de bienfaisance ; si elles sont nuisibles, elles sont détruites et la destruction peut en être opérée devant le domicile du condamné (art. 5 de la loi). La confiscation ne peut être prononcée que lorsqu'il y a condamnation (Cass. 28 sept. 1850). Il importe peu, si les denrées sont nuisibles, qu'elles appartiennent ou non au prévenu (Cass. 3 janv. 1857, 12 juill. 1860). Enfin, l'art. 6 de la loi du 27 mars 1851 dispose que « le tribunal pourra ordonner l'affiche du jugement dans les lieux qu'il désignera et son insertion intégrale ou par extrait dans tous les journaux qu'il désignera, le tout aux frais du condamné. » Et cette disposition, que la loi du 13 mai 1863 a ajoutée dans un dernier paragraphe à l'art. 423, a été ainsi étendue à tous les jugements rendus en cette matière.

## X. — *Contrefaçons littéraires et artistiques.*

### ART. 425, 426, 427, 428, 429.



**884.** *Eléments du délit.* La contrefaçon est une atteinte portée aux droits d'un inventeur sur son invention, d'un auteur sur ses écrits, du peintre, du sculpteur, du dessinateur, du musicien, sur ses tableaux, ses statues, ses dessins, ses compositions musicales. La loi suppose l'existence des droits de l'auteur sur ses œuvres et la violation de ses droits. Les éléments du délit prévu par l'art. 425 sont : la reproduction entière ou partielle d'une œuvre littéraire, scientifique ou artistique; le préjudice causé à l'auteur de cette œuvre pour cette reproduction, enfin la fraude qui doit l'accompagner, puisque la contrefaçon est un délit.

**885.** *Reproduction.* L'art. 425 ne fait résulter la contrefaçon que d'une édition d'écrits, de composition musicale, de dessin, de peinture ou de toute autre production, *imprimée* ou *gravée* au mépris des droits des auteurs; et l'art. 1 de la loi du 19 juill. 1793 n'accorde aux auteurs que le droit de vendre, faire vendre ou distribuer leurs œuvres . Il suit de ces textes que ce n'est pas la reproduction de la pensée que la loi incrimine, c'est la reproduction de l'ouvrage, quand cet ouvrage a revêtu la pensée d'une forme matérielle; c'est cette forme que la loi protége, parce qu'elle est saisissable et peut être l'objet d'une propriété, c'est l'édition imprimée ou gravée, parce qu'elle fait partie des choses commerciales (*Th. du C. pén.*, n° 2463). Cependant la condition d'une édition contrefaite n'est pas essentielle à l'existence du délit. Cette expression dont la loi s'est servie pour garantir les droits de l'auteur, est plutôt démonstrative que restrictive ; il suffit qu'il y ait une reproduction matérielle, préjudiciable et pouvant élever une concurrence à l'œuvre originale. Il n'est pas nécessaire non plus qu'il y ait identité parfaite entre l'œuvre originale et l'œuvre contrefaite : les dissemblances dans la forme ne suffisent pas pour dissimuler la contrefaçon (Cass. 26 fév. 1820, 26 nov. 1853). Mais on ne doit pas confondre avec la reproduction l'*imitation* et le *plagiat*. L'imitation emprunte quelque chose à l'œuvre, mais ne la copie pas servilement (Cass. 24 mai 1855). Le plagiat consiste à publier sous son nom et comme si on en était l'auteur des fragments d'ouvrages composés par un autre. Il diffère de la reproduction, sauf les cas où il s'empare d'une portion notable de l'ouvrage, en ce qu'il revêt des formes différentes, et que ce n'est pas pour faire concurrence à l'auteur qu'il copie et s'approprie une partie de son œuvre (Cass. 3 juill. 1812). La reproduction est entière ou partielle : elle est entière quand elle consiste dans la réimpression identique d'un écrit ; elle est partielle lorsqu'elle ne consiste que dans des citations et des emprunts. Dans ce dernier cas, le délit n'existe que si les citations et les emprunts, parfaitement permis en général, prennent assez d'étendue pour préjudicier au débit de l'ouvrage (Cass. 23 flor. an XII, 4 sept. 1812). L'abrégé d'un livre n'en est réputé la reproduction que s'il conserve son plan, ses idées et son style.

**886.** *Moyens de reproduction.* L'art. 425, conformément à l'art. 2 de la loi du 19 juillet 1793, qualifie contrefaçon « toute édition *imprimée* ou *gravée* en entier ou en partie au mépris des lois. » On ne doit pas induire de ces termes que ces deux modes de reproduction puissent seuls constituer une contrefaçon. La loi étend sa protection non-seulement aux écrits, aux œuvres musicales, aux dessins, mais *à toute autre production*, et, par conséquent, suivant les termes de l'art. 7 de la loi du 19 juillet 1793, « à toutes productions de l'esprit ou du génie qui appartiennent aux beaux-arts ». Les ouvrages de sculpture et de peinture sont donc compris dans sa disposition (Cass. 21 juill. 1855). La lithographie, l'autographie et l'écriture peuvent également suppléer l'impression ; car le délit ne peut dépendre de la nature de l'instrument employé pour le commettre. Mais on doit, en même temps, induire des mots « imprimés ou gravés » que le fait de la falsification suffit à lui seul, indépendamment de toute mise en vente, pour constituer la contrefaçon ; ce n'est pas, en effet, la publicité, c'est le seul fait de l'impression qui forme la condition du délit (Cass. 2 juin 1807).

**887**. *Préjudice*. Le préjudice réel ou possible résultant de la reproduction et qui forme le deuxième élément du délit, prend sa source dans la violation des droits de l'auteur. Le droit de propriété des auteurs a été diversement réglé par la loi du 19 juill. 1793, le décret du 5 fév. 1810, la loi du 3 août 1844, le décret du 28 mars 1852 et la loi du 8 avril 1854. Ce droit s'étend aux *écrits de tous genres*, compilations (Cass. 2 déc. 1847, 16 juill. 1853), traductions (Cass. 23 juill. 1824), commentaires et additions joints à un texte, notions et explications contenant des notions importantes, articles publiés dans les journaux (Cass. 25 oct. 1830), titres mêmes des ouvrages (Cass. 18 flor. an XII, 16 juin 1855). La même disposition s'étend aux discours prononcés dans les assemblées législatives ou dans les réunions publiques, aux plaidoiries ou réquisitoires, aux leçons orales et publiques des professeurs, avec cette restriction toutefois que s'il est permis de reproduire tous ces discours isolément par la voie de la presse, il serait interdit de publier et débiter le recueil des discours, des rapports, des plaidoiries, des leçons de tel auteur, avocat ou professeur. Mais il y a des écrits qui ne peuvent être l'objet d'une propriété privée et qui tombent immédiatement dans le domaine public : ce sont les lois et les règlements, les arrêts et les jugements, les arrêtés et les circulaires, les instructions, les lettres officielles et tous les actes de l'autorité publique, les comptes rendus, rapports, exposés de motifs des lois.

**888.** *Livres d'église.* Les livres d'église, heures et prières ont été l'objet d'une législation spéciale. Le décret du 7 germ. an XIII, qui en règle l'impression, dispose qu'ils « ne pourront être imprimés ou réimprimés que d'après la permission donnée par les évêques diocésains ». Cette disposition ne s'applique point aux ouvrages dont les évêques sont les auteurs ; ils en sont propriétaires comme tous les autres producteurs et peuvent les vendre ou en céder la propriété (Cass. 30 avril 1825) ; mais quels droits peuvent-ils exercer sur les livres d'église publiés dans leurs diocèses? Il a été jugé « que le décret du 7 germ. an XIII n'a pas conféré aux évêques la propriété des livres d'église, heures et prières ; qu'il n'a fait qu'établir, dans l'intérêt des doctrines religieuses et de leur unité, un droit de haute censure épiscopale, duquel résulte pour les évêques le droit de porter plainte, et pour le ministère public le droit de poursuivre, même d'office, les imprimeurs qui contreviennent à la disposition du décret (Cass. 28 mai 1836, 11 fév. 1839, 5 juin 1847. Arr. Cons. d'Et., 15 juin 1809).

**889.** *Compositions musicales et artistiques.* L'art. 425 mentionne, après les écrits, les compositions musicales et les productions du dessin et de la peinture. La garantie s'étend aux compositions musicales, aux dessins de tous genres, lorsqu'ils supposent un travail de l'intelligence, une création de l'esprit, et que leur reproduction peut apporter un véritable préjudice à leurs auteurs (Cass. 24 juin 1852, 16 déc. 1854, 19 mai 1859, 11 mai 1860). La reproduction d'une œuvre d'art est une contrefaçon, lors même qu'elle est faite en employant les procédés d'un art différent : telle serait la reproduction d'un dessin ou d'un tableau par les moyens de la lithographie ou de la lithochromie (*Th. du C. pén.*, n° 2188). Il en serait de même d'une composition musicale reproduite par un instrument mécanique (Cass. 13 fév. 1862). Mais il n'en est plus ainsi lorsque les procédés amènent des résultats essentiellement distincts, ou si les deux ouvrages ont une destination tout à fait différente ; ainsi, le sculpteur qui reproduit par le marbre le sujet d'un tableau, le peintre qui porte sur la toile le bas-relief du statuaire, celui qui reproduit dans des statuettes un type connu ou qui imite des gravures sur les papiers peints, jouissent de la garantie légale (Cass. 21 juill. 1855, 13 fév. 1857, 8 juin 1860). La même solution a été appliquée aux produits de la photographie (Cass. 28 nov. 1862, 15 janv. 1864). Au surplus, la loi n'ayant pas défini les caractères qui constituent pour un produit artistique une création de l'esprit ou du génie, il appartient aux juges du fait de déclarer par une constatation nécessairement souveraine si le produit rentre par sa nature dans les œuvres d'art protégées par la loi.

**890.** *Intention frauduleuse.* Le troisième élément du délit est l'*intention de nuire* que la contrefaçon suppose nécessairement (Cass. 27 ventôse an IX, 24 mai 1855, 13 janv. 1866). La fraude est la condition de l'action pénale ; dégagée de cet élément, la contrefaçon ne constitue qu'une atteinte à un droit privé que les tribunaux civils peuvent connaître ; elle n'est plus le délit que l'art. 425 a voulu punir.

**891.** *Indemnités et pénalités.* Le droit de plainte et de poursuite appartient aux auteurs lésés par les contrefaçons, français ou étrangers (Cass. 20 août 1852), à leurs héritiers et à leurs cessionnaires ; mais ce droit est subordonné, en ce qui touche les imprimés et les gravures, à la formalité du dépôt préalable d'un exemplaire des ouvrages *imprimés* ou *gravés* (Loi du 19 juill. 1793, 4) qui est imposé, non pas à l'auteur, mais à l'imprimeur (Déc. 8 fév. 1810 ; L. 21 oct. 1814 ; Règl. 9 janv. 1828). Outre ce dépôt, les plaignants doivent justifier d'un préjudice causé par la reproduction : leur droit, en effet, est celui de vendre, faire vendre et distribuer leurs ouvrages. C'est là le seul droit que la loi a garanti par la confiscation de tous les exemplaires des éditions saisies, et par les indemnités que l'art. 429 attribue au propriétaire lésé. Lorsque ces deux conditions sont remplies, les juges peuvent prononcer, conformément à l'art. 4 de la loi du 19 juill. 1793 et aux art. 427 et 429 : 1° l'amende dans les limites fixées par la loi, suivant les circonstances plus ou moins graves du délit; 2° la confiscation de l'édition contrefaite ou du moins des exemplaires non vendus de cette édition; 3° les indemnités au propriétaire, évaluées par le tribunal ou par experts. Ces indemnités ne doivent pas être accordées si le produit des confiscations a couvert le dommage, et les confiscations elles-mêmes peuvent n'être pas prononcées s'il s'agit d'une contrefaçon partielle ou si le préjudice est réparé par une indemnité (Cass. 4 sept. 1812).

**892.** *Débit d'ouvrages contrefaits.* L'art. 426, pour assurer la répression du délit de contrefaçon, assimile à ce délit : 1° le débit d'ouvrages contrefaits; 2° l'introduction en France d'ouvrages contrefaits à l'étranger. Le premier de ces délits suppose le débit fait sciemment d'un ouvrage contrefait. La simple annonce de l'ouvrage sur un catalogue de librairie ne suffit pas pour constituer le délit (Cass. 2 déc. 1808). Mais l'exposition en vente doit être considérée comme la vente même (Cass. 14 niv. an XIII), lors même qu'un seul exemplaire aurait été exposé et saisi. L'intention frauduleuse, nécessaire à l'existence du délit, est présumée lorsque la saisie constate une édition entière et identique; mais cette présomption cesse lorsqu'elle ne constate qu'une contrefaçon partielle.

**893.** *Introduction d'ouvrages contrefaits.* Le délit existe dès que les ouvrages contrefaits sont entrés sur le territoire français et qu'ils sont destinés à être débités, car ce n'est pas la vente que l'art. 426 prévoit, mais bien la seule introduction indépendamment de ses suites. Cette introduction n'est punissable que lorsqu'elle a pour objet des ouvrages qui, après avoir été publiés en France, ont été contrefaits à l'étranger; elle ne s'appliquerait pas à des ouvrages publiés pour la première fois à l'étranger par des Français. Le débit, en France, des ouvrages contrefaits à l'étranger, après qu'ils ont été introduits, est puni comme s'ils avaient été contrefaits en France.

**894.** *Représentation des ouvrages dramatiques.* L'ouvrage dramatique, lorsqu'il est publié par voie d'impression ou de gravure, est protégé par l'art. 425. L'objet spécial de l'art. 428 est de le protéger contre les représentations illicites. La loi ne frappe que les directeurs, les entrepreneurs de spectacles et les associations d'artistes : toutes autres personnes peuvent donc représenter les ouvrages dramatiques d'autrui, si les représentations ont lieu sur des théâtres de société et si aucun prix n'est exigé des spectateurs (Cass. 16 déc. 1854, 19 mai 1859, 11 mai 1860). Il a été décidé que les mots *entrepreneurs de spectacles* ne doivent pas être limités aux individus qui font de l'exploitation d'une entreprise théâtrale leur profession spéciale, mais qu'ils s'appliquent également à ceux qui, accidentellement ou d'une manière plus ou moins permanente, entreprennent de faire jouir le public de la vue ou de l'audition d'œuvres dramatiques ou musicales (Cass. 16 janv. 1853, 22 janv. 1869). Toutefois, cette jurisprudence ne s'applique qu'aux représentations ou exécutions qui sont publiques (Cass. 7 août 1863). Ces représentations ne sont d'ailleurs punies par les art. 428 et 429 que lorsqu'elles ont lieu « au mépris des lois et règlements relatifs à la propriété des auteurs » ; ces lois et règlements sont les mêmes que ceux qui protégent la propriété littéraire et artistique.

## XI. — *Délits des fournisseurs de l'Etat.*

### Art. 430, 431, 432, 433.

895. Les fournisseurs des armées de terre et de mer peuvent être poursuivis pour manque ou retard de leur service, soit en temps de guerre, soit en temps de paix.

896. Dans quels cas les fournisseurs

peuvent être poursuivis pour avoir fait manquer le service dont ils sont chargés.
897. Double délit prévu par l'art. 433 de retard causé par négligence et de tromperie sur la nature ou la quantité des choses fournies.
898. La poursuite est subordonnée à l'autorisation du Gouvernement. De qui doit émaner cette autorisation.

**895.** Les délits commis par les fournisseurs de l'Etat dans les services dont ils sont chargés, font l'objet des art. 430, 431, 432 et 433. Trois faits principaux sont prévus par ces articles : 1° La faute, qu'elle qu'en soit la cause, du fournisseur qui fait manquer le service dont il a l'entreprise ; 2° les retards apportés par négligence aux livraisons et aux travaux ; 3° les fraudes sur la nature, la qualité ou la quantité des travaux ou des choses fournies. Le premier de ces faits est qualifié crime, les deux autres sont qualifiés simples délits. Ces dispositions ne s'appliquent qu'aux seuls fournisseurs des *armées de terre et de mer* : tous les autres travaux, toutes les fournitures, lors même qu'ils sont faits pour le compte de l'Etat, s'ils n'ont pas pour objet le service des armées, ne peuvent dans aucun cas rentrer dans leur application. La loi ne distingue point d'ailleurs si les manquements ont été commis en temps de guerre ou de paix ; elle est applicable lors même qu'ils ont eu lieu en temps de paix (Cass. 17 fév. 1848).

**896.** L'art. 430 prévoit le fait des fournisseurs qui, par leur faute, ont fait manquer le service dont ils sont chargés. On entend par *fournisseurs* tout individu chargé, soit au nom d'une compagnie ou individuellement, de fournitures, entreprises ou régies, pour le compte des armées de terre ou de mer. Cette qualité est la première condition de l'application de la loi. L'art. 431 l'a étendue aux agents des *fournisseurs* qui doivent être également responsables quand ils ont participé à la faute commise. Une deuxième condition est que le service ait manqué. C'est là le fait matériel qui fonde l'incrimination. De simples retards ne sont pas un manquement du service, puisque l'art. 433 en fait l'objet d'une incrimination distincte. Une troisième condition est que le fournisseur ait agi *volontai-*

*rement* en faisant manquer le service, ou du moins que l'inexécution soit le résultat d'une faute. L'art. 430, en effet, ne punit les fournisseurs que lorsqu'ils ont manqué au service « sans y avoir été contraints par une force majeure », et il prévoit en même temps le cas « d'intelligence avec l'ennemi ». La loi suppose donc que le fournisseur a agi librement, et d'ailleurs, en qualifiant crime son action, elle a nécessairement admis une intention coupable. La peine de la reclusion est aggravée dans deux cas : 1° en cas d'intelligence avec l'ennemi : les art. 77 et suiv. deviennent seuls applicables ; 2° en cas de complicité avec des fonctionnaires publics ou agents préposés ou salariés du gouvernement : l'art. 433 prononce, dans ce cas, la peine des travaux forcés à temps.

**897.** L'art. 433 prévoit deux délits distincts : les retards causés par négligence et la fraude sur la nature, la qualité et la quantité des choses fournies. Le premier de ces délits suppose deux éléments : il faut que le service ait été retardé ; s'il avait manqué, l'art 430 serait seul applicable ; il faut que ce retard soit le résultat d'une négligence, d'une faute et, à plus forte raison, s'il est le résultat d'une intention criminelle. Le deuxième délit n'est qu'une répétition surabondante de l'art. 423 : ce n'est plus une simple négligence, c'est la fraude que la loi a voulu atteindre dans cette seconde disposition.

**898.** Le deuxième paragraphe de l'art. 433 dispose que dans les divers cas prévus par les art. 430, 431, 432 et 433, « la poursuite ne pourra être faite que sur la dénonciation du gouvernement ». Il faut entendre par *gouvernement* les ministres de la guerre et de la marine (Cass. 29 août 1846). La dénonciation d'un préfet maritime serait insuffisante (Cass. 13 juill. 1860). Il ne faut pas confondre d'ailleurs cette démonstration avec l'autorisation que prescrivait l'art. 75 de la loi du 22 frim. an VIII, aujourd'hui abrogé ; les fournisseurs de l'Etat ne sont pas des agents du gouvernement (Cass. 12 janv. et 14 juin 1872. *Th. du C. pén.*, n° 2510).

## SECT. III. — Destructions, dégradations, dommages.

### I. — *De l'incendie, des destructions par l'effet d'une mine, des menaces d'incendie.*

### Art. 434, 435, 436.

899. Distinctions faites par l'art. 434 relativement à la répression de l'incendie.
900. Incendie des lieux habités. Application du § 1er de l'art. 434.
901. Quels lieux sont réputés habités ou servant à l'habitation.
902. Effet de la circonstance que les lieux habités appartiennent au prévenu.
903. Dans quels cas les édifices servant aux réunions de citoyens et les wagons des chemins de fer sont assimilés aux lieux habités.
904. Incendie des lieux non habités, forêts et récoltes appartenant à autrui. Application des paragraphes 3 et 5 de l'art. 434.
905. L'énumération des objets énoncés dans les paragraphes 3 et 5 est restrictive.
906. Incendie des récoltes en sacs ou en meules.
907. Les paragraphes 3 et 5 ne s'applique qu'à l'incendie d'objets appartenant à autrui.
908. De l'incendie par le propriétaire de sa propre chose.
909. De l'incendie communiqué. Conditions du crime.
910. De l'incendie qui a causé la mort accidentelle d'une ou de plusieurs personnes.
911. Des destructions causées par l'effet d'une mine.
912. Des menaces d'incendie.

**899.** L'art. 434, qui punit le crime d'incendie, en distingue cinq espèces : 1° l'incendie des lieux habités ou servant à l'habitation, qu'ils appartiennent ou non à l'auteur du crime; 2° l'incendie des lieux non habités, des bois et forêts et des récoltes sur pied appartenant à autrui et celui des bois ou récoltes abattus et appartenant à autrui; 3° l'incendie des lieux non habités, des bois et forêts, des récoltes sur pied ou abattus, appartenant à l'auteur du fait; 4° l'incendie d'objets placés de manière à communiquer le feu à quelques-uns des objets mentionnés ci-dessus; 5° enfin l'incendie qui a occasionné, même accidentellement, la mort d'une ou plusieurs personnes se trouvant sur les lieux incendiés.

**900.** *Incendie des lieux habités.* Le premier paragraphe de l'art 434 a pour objet de protéger la vie de l'homme et non l'attentat à la propriété : c'est cette pensée qui motive l'application de la peine de mort. Deux éléments concourent au crime :

la volonté et le fait matériel de l'incendie. La volonté, exigée par l'article, signifie le *dessein de nuire*. Il n'est pas nécessaire que celui qui a mis le feu à une maison habitée ait eu l'intention de donner la mort aux habitants de cette maison, il suffit qu'il l'ait mis *volontairement*, c'est-à-dire avec l'intention d'incendier et par conséquent de nuire ; elle suppose dans cette intention la prévision des résultats possibles de l'incendie, elle en fait peser la responsabilité sur l'agent (*Th. du C. pén.*, nº 2521 ; 17 déc. 1842, 13 avril 1866, 9 juill. 1868). L'intention de nuire doit avoir pour objet le dommage causé par le feu, mais cette intention se trouve-t-elle effacée si l'agent a eu en même temps celle d'imputer le crime à un tiers ? Il y a, dans ce cas, deux faits distincts : l'incendie, car de ce qu'il aurait dénoncé un tiers, il ne suit pas qu'il ne l'ait pas commis volontairement, et la dénonciation est calomnieuse; il doit encourir une double responsabilité à raison du fait d'incendie et du fait de calomnie (Cass. 2 flor. an II, 21 août 1845).

**901.** Le deuxième élément du crime consiste dans l'action matérielle de mettre le feu « à des édifices, navires, bateaux, magasins, chantiers, quand ils sont habités ou servent à l'habitation, et généralement aux lieux habités ou servant à l'habitation, qu'ils appartiennent ou n'appartiennent pas à l'auteur du crime ». Le fait de mettre le feu volontairement suffit pour constituer le crime, quel que soit le résultat; il n'est pas nécessaire que l'édifice ait été détruit, que l'incendie même ait éclaté. Mais il faut que les lieux incendiés soient *habités ou servent à l'habitation*. Quel est le sens de ces mots ? Comprennent-ils, non-seulement les bâtiments employés à l'habitation, mais encore leurs dépendances, et ceux qui sont seulement destinés à cet usage ? La jurisprudence a déclaré que l'art 390 a déterminé d'une manière générale le sens des mots *lieux* habités; que cette distinction s'applique nécessairement à l'art. 434 ; que les expressions *lieux habités ou servant à l'habitation* sont même plus larges que celle de *maison habitée*, en ce qu'elles désignent à la fois les bâtiments habités et qui, sans être habités, dépendent de l'habitation (Cass. 14 août 1839, 18 fév. 1840, 20 janv. 1843). Cette interprétation, bien qu'elle ait été l'objet de justes critiques (*Th. du C. pén.*, n° 2526) a été maintenue dans la jurisprudence et doit servir de règle à la pratique (Cass. 18 janv. 1847, 15 juin 1849, 18 mai 1854, 14 août 1856, 11 mars 1858).

**902.** Lorsque les lieux sont habités, la peine est la même, que ces lieux appartiennent ou n'appartiennent pas à l'auteur du crime, car le premier paragraphe de l'art. 434 a pour but, on l'a déjà dit, la protection, non de la propriété, mais de la vie humaine. Et toutefois, dans toute accusation d'incendie, il y a lieu de distinguer si l'édifice incendié est la propriété d'autrui ou celle de l'agent, car il résulte de l'une ou de l'autre circonstance que l'habitation est ou constitutive ou simplement aggravante. Elle est aggravante, si l'édifice est la propriété d'autrui, car le fait principal est d'avoir mis le feu à un édifice appartenant à autrui. Elle est au contraire constitutive et doit entrer dans la question principale, si l'édifice appartient à l'accusé. Cette distinction, très-simple en elle-même, a donné lieu à de fréquentes difficultés (Cass. 9 mai 1844, 3 déc. 1852, 9 mars 1855, 13 janv. 1860).

**903.** La loi n'avait pas assimilé aux lieux habités les édifices servant à des réunions de citoyens. L'ancien art. 434 contenait un deuxième paragraphe spécial à ce sujet. Ce paragraphe a été effacé dans la discussion de la loi du 13 mai 1863. Il résulte de cette lacune que les édifices, servant à des réunions de citoyens, n'étant plus de plein droit assimilés aux maisons habitées, il est nécessaire, pour appliquer l'aggravation pénale, de constater si, au moment de l'incendie, ces édifices étaient habités ou contenaient des personnes. La loi du 13 mai 1863 a, au contraire, assimilé aux lieux habités « les voitures ou wagons ne contenant pas des personnes, mais faisant partie d'un convoi qui en contient » (Cass. 434, § 2).

**904.** *Incendie des lieux non habités, forêts et récoltes appartenant à autrui.* Les paragraphes 3 et 5 de l'art. 434 n'ont plus pour objet la protection de la vie humaine, mais celle de la propriété : la peine néanmoins, à raison des ravages que le feu peut causer dans les cas prévus par le paragraphe 3, est celle des travaux forcés à perpétuité. Trois éléments constituent le crime : la volonté de l'agent, la nature de l'objet incendié, la propriété d'autrui. La volonté est ici, comme dans le troisième paragraphe, la volonté d'incendier, de nuire, de porter préjudice à autrui. Il faut qu'il soit constaté que le prévenu a agi sciemment, qu'il a mis le feu avec malice et pour détruire.

**905.** Le deuxième élément du crime prévu par le paragraphe premier résulte de la nature de l'objet incendié. Les deux paragraphes énumèrent les choses qu'ils ont voulu protéger. Cette énumération n'est plus démonstrative, comme dans le premier paragraphe, elle est restrictive : ce sont les objets dont l'incendie peut causer le plus de dommage. Les termes de la loi sont d'ailleurs très-étendus. Les *édifices* comprennent tous les bâtiments, toutes les constructions, même les simples hangars (Cass. 20 déc. 1854). Dans les mots *navires et bateaux* se confondent toutes les espèces d'embarcations, quelle que soit leur dénomination spéciale. Dans le terme de *magasins* sont compris également tous les dépôts de marchandises, par conséquent les granges. On doit entendre par *forêts et bois taillis* tous les bois et forêts, qu'ils appartiennent à l'État, aux communes, aux établissements publics ou aux particuliers ; mais cette disposition ne s'étend pas aux groupes d'arbres qui ne forment ni une forêt, ni un bois, car le danger ne serait plus le même. Enfin les *récoltes sur pied* sont celles qui par leur nature seraient susceptibles d'être incendiées : tels sont les blés parvenus à l'état de maturité (*Th. du C. pén.*, n° 2539).

**906.** Le paragraphe 5 ne prononce que la peine des travaux forcés à temps lorsque le feu a été mis soit à des pailles ou récoltes en tas ou en meules, soit à des bois disposés en tas ou en stères, soit à des voitures ou wagons ne faisant pas partie d'un convoi contenant des personnes. Les bois abattus rentrent dans les termes du paragraphe 3 quand ils sont renfermés dans des magasins ou chantiers, et dans les termes du paragraphe 5 quand ils sont, hors des chantiers, en tas ou en stères, c'est-à-dire en nature de récoltes (Cass. 3 mars et 7 avr. 1853). Il est toutefois nécessaire de constater que le bois était en *tas ou en stères*, car s'il était dispersé sur la surface du sol, le dommage serait trop restreint pour motiver l'application de ce paragraphe (Cass. 15 sept. 1826). Il est, en effet, nécessaire pour cette application, que les productions incendiées constituent une récolte ou une partie de récolte, et que cette récolte soit *en tas ou en meules,* qu'elle soit ou non exposée à la foi publique.

**907.** Le troisième élément du crime prévu par les paragraphes 3 et 5 est que les objets incendiés appartiennent à *autrui ;* son caractère essentiel est l'attentat à la propriété. Ainsi celui qui met le feu à des récoltes qu'il a mises en gage ou qui sont saisies sur lui, se trouve en dehors de l'application des paragraphes 3 et 5, et les mots *s'il y a lieu* de l'art. 683, C. proc. civ., ne peuvent s'appliquer qu'à l'élément intentionnel. Mais l'application doit en être faite à celui qui met le feu à une chose dont il n'a qu'une propriété partielle, s'il est, par exemple, cohéritier ou coassocié, ou à une chose appartenant à sa femme, après la séparation de corps et de biens prononcée (Cass. 2 mars 1820).

**908.** *Incendie de sa propre chose.* L'incendie d'un objet quelconque par le propriétaire de cet objet ne constitue ni crime ni délit si cet incendie ne cause aucun préjudice et n'apporte aucun péril (Cass. 21 nov. 1822, 12 sept. 1850, 30 juill. 1857, 3 sept. 1863). Mais l'incendie devient punissable, même lorsque l'objet incendié appartient à l'agent, s'il en résulte quelque préjudice ou quelque péril pour des tiers ; telle est la décision des paragraphes 4 et 6 de l'art. 434. Ainsi, le propriétaire qui met le feu à sa maison habitée est passible de l'application du paragraphe premier ; s'il met le feu aux objets énumérés dans les paragraphes 3 et 5, et qu'il ait causé un préjudice quelconque à autrui, il est passible, dans les cas prévus par le paragraphe 3, des travaux forcés à temps, et dans les cas prévus par le paragraphe 5, de la reclusion ; enfin si, en mettant le feu à sa propre chose, il l'a communiqué, il est puni comme s'il l'avait directement mis aux objets incendiés. Il suit de là que les éléments du crime d'incendie commis par le propriétaire de l'objet incendié sont, d'abord, la nature de cet objet, puisque c'est là la base de l'échelle pénale, ensuite, le préjudice volontairement causé à autrui : ce préjudice peut résulter soit de ce que le bâtiment incendié était grevé d'hypothèques, soit de ce qu'il était baillé à terme ou à loyer, soit de ce qu'il était assuré, soit enfin de toute autre cause (Cass. 7 janv. 1826). Il n'est pas nécessaire que ce préjudice soit actuel et immédiat ; il suffit qu'il soit la conséquence directe de l'incendie (Cass. 22 avril 1829, 6 juill. 1854, 24 sept. 1857). Si le propriétaire, au lieu de mettre lui-même le feu à sa maison, le fait mettre par un tiers, la peine qu'il encourt est la même ; le bénéfice des paragraphes 4 et 6 lui est dans ce cas conservé.

**909.** *Incendie communiqué.* Le paragraphe 7 de l'art. 434 a pour objet de prévoir l'incendie des objets déjà énumérés dans les précédents paragraphes, lorsque le feu est mis, non directement, mais par l'effet d'une communication avec les matières combustibles qui ont été incendiées. Les éléments du crime sont : 1° que le feu ait été mis volontairement à des matières quelconques ; 2° que ces matières soient placées de manière à communiquer l'incendie à l'un des objets énumérés par la loi ; 3° que l'incendie ait été communiqué. Le feu doit, en premier lieu, avoir été mis *volontairement*. Cette volonté doit-elle s'étendre jusqu'à la communication ? Il résulte du texte du paragraphe 7 que le mot *volontairement* ne s'applique qu'à l'incendie *des objets quelconques* qui ont communiqué le feu ;

quant à la volonté de communiquer, elle est présumée; la loi n'exige pas qu'elle soit constatée, mais elle ne repousse pas la preuve contraire (Cass. 1er juin 1862). Il faut, en deuxième lieu, que les objets « soient placés de manière à communiquer l'incendie »; c'est dans cette circonstance matérielle que réside toute la moralité de l'action. Il est donc nécessaire d'indiquer la position exacte des objets incendiés qui doivent être « l'un des objets énumérés dans les précédents paragraphes ». Enfin, il faut une communication effective de l'incendie; c'est là le fait matériel du crime, car c'est cette communication, et non l'incendie des premiers objets, que le paragraphe 7 punit (Cass. 3 janv. 1846). Mais de là il suit : 1° que cette espèce d'incendie peut, dans certains cas, présenter deux crimes distincts : l'incendie des objets destinés à communiquer le feu, et l'incendie des objets auxquels le feu a été communiqué; 2° que si la communication ne s'est pas réalisée, il est possible qu'il y ait lieu d'incriminer la tentative de communication, si elle réunit les caractères de la tentative légale. Il est sans doute inutile d'ajouter que le coupable d'incendie communiqué est puni comme s'il avait mis le feu directement, et participe, suivant la nature des objets incendiés, aux distinctions établies par l'art. 434 (Cass. 20 juill. 1861).

**910.** *Mort accidentelle.* L'incendie qui, dans la pensée de l'agent, ne devait que détruire, a pu causer la mort d'une ou de plusieurs personnes. Le paragraphe 8 de l'art. 434 a fait de cet accident une circonstance aggravante du crime d'incendie contre les propriétés. La peine, quelle qu'elle fût dans l'incrimination primitive, s'élève à la peine de mort, dès qu'une personne a péri. Les mots *dans tous les cas*, qui commencent le paragraphe 8, doivent s'entendre des cas prévus par les paragraphes 3, 4, 5, 6 et 7, et ne doivent s'entendre que de ces cas ainsi prévus; car ce paragraphe ne peut évidemment s'appliquer qu'au cas où l'incendie qui a occasionné la mort a déjà en lui-même et indépendamment de cet homicide les caractères d'un crime (*Th. du C. pén.*, n° 2562). Pour son application deux conditions sont nécessaires : 1° l'existence d'une intention criminelle, non celle de donner la mort, mais celle de porter préjudice à autrui ; c'est cette intention, réunie à l'homicide causé par l'incendie, qui constitue la moralité de l'action ; 2° il faut que l'incendie ait occasionné la mort d'une ou de plusieurs personnes se trouvant sur les lieux ou moment où l'incendie a éclaté. Il ne suffit pas qu'il y ait des blessures même graves ; il n'y a qu'un résultat aussi déplorable que la mort d'une ou de plusieurs personnes qui puisse justifier l'application de la peine capitale. Il est en outre nécessaire que ces personnes se soient trouvées *dans les lieux incendiés* au moment où l'incendie a éclaté ; d'où il suit que les personnes qui seraient venues pour éteindre l'incendie et qui auraient été victimes de leur zèle ne motivent nullement l'application de cette disposition. En dehors de ces conditions de l'incrimination, l'homicide, purement accidentel, n'emporte aucune aggravation.

**911.** *Destructions causées par une mine.* L'art. 435 se rattache à l'art. 434 par son texte qui s'y réfère formellement, et par la matière même, car l'explosion d'une mine peut être considérée comme un incendie. Le crime se constitue donc, comme dans l'art. 434, par le concours d'une volonté criminelle, du fait matériel de la destruction et de la nature de l'objet détruit. La volonté criminelle est la volonté de détruire, de nuire à autrui sans qu'il soit nécessaire de spécialiser si c'est aux personnes ou aux propriétés. Le fait matériel résulte de la destruction ou de la tentative de destruction, et son caractère destructif, qu'elle soit entière ou partielle, est qu'elle ait lieu *par l'effet d'une mine*, d'où il suit que la puissance de la mine, si elle a manqué son effet, doit supposer la possibilité d'une destruction au moins partielle. Enfin il faut que cette destruction s'applique à des édifices, navires, bateaux, magasins ou chantiers. Il y a donc lieu d'examiner dans une accusation de cette espèce, d'abord si l'objet incendié rentre dans cette catégorie et, ensuite, en appliquant les distinctions de l'art. 434, si les lieux étaient habités ou non habités, s'ils appartenaient à l'agent ou à autrui, si l'explosion a causé un préjudice quelconque, si elle a causé la mort d'une personne : l'échelle pénale est celle du crime d'incendie. Il reste à remarquer qu'on ne doit pas confondre le crime prévu par l'art. 435 avec celui qui fait l'objet de l'art. 95 : ce dernier article ne s'applique qu'aux destructions par l'explosion d'une mine qui ont pour but de troubler l'État par la guerre civile et de compromettre sa sûreté.

**912.** *Menaces d'incendie.* La menace d'incendie étant punie comme la menace d'assassinat, et d'après les distinctions des art. 305, 306 et 307, il s'ensuit que, faite par écrit anonyme ou signée, avec ordre ou sous condition, elle est passible des travaux forcés à temps ; que si elle n'est accompagnée d'aucun ordre ou condition, elle encourt un emprisonnement de 2 à 5 ans et une amende de 100 à 600 fr.; que si, quoique faite avec ordre ou sans condition, elle a été verbale, l'emprisonnement est de 6 mois à 2 ans et l'amende de 25 à 300 fr.; enfin, que si, faite verbalement, elle n'a été accompagnée d'aucun ordre ou condition, elle n'est passible d'aucune peine. Il n'est pas nécessaire que la menace désigne la propriété menacée, mais elle doit se référer aux propriétés dénommées dans l'art. 434. L'avis mensonger qu'un complot serait formé pour incendier plusieurs communes ne rentre pas dans les termes de l'art. 436 (Cass. 17 nov. 1847).

## II. — *Destruction des édifices, ponts, digues et chaussées.*

### ART. 437.



**912** *bis. Eléments du crime.* Le crime prévu par l'art. 437

se constitue par le concours de ces trois circonstances : qu'il y ait destruction ou renversement par un moyen quelconque de tout ou partie d'une chose immobilière ; que cette chose soit un édifice, un port, une digue, une chaussée ou toute autre construction que l'agent savait appartenir à autrui ; que la destruction ait été commise volontairement.

**912** *ter. Destruction.* Le fait de destruction ou de renversement en tout ou en partie de la construction suppose la démolition totale ou partielle de cette construction. Il ne s'agit pas, comme dans l'art. 257, d'une mutilation ou d'une dégradation, mais d'un acte grave portant une sérieuse atteinte à la propriété. Ainsi il ne suffirait pas que les vitres d'une fenêtre ou la fenêtre elle-même aient été brisées : il faut une destruction au moins partielle de l'édifice, et qui doit, en général, s'opérer avec violence (Cass. 17 oct. 1815).

**913**. *Constructions.* L'art. 437 exige, en deuxième lieu, que la chose détruite soit l'une des constructions qu'il énumère. Il ne s'applique point aux monuments des arts qui rentrent dans les termes de l'art. 257 ; il a surtout en vue les constructions immobilières. Cependant, la loi du 13 mai 1863 a ajouté à la destruction des constructions le fait « de causer l'explosion d'une machine à vapeur ». On doit, en général, comprendre dans le mot *constructions* tous les ouvrages faits de main d'homme dans un but d'utilité publique ou privée, soit que ces ouvrages soient achevés ou seulement commencés. L'art. 437 a été appliqué au fait d'avoir détruit partie du toit d'une maison (Cass. 23 déc. 1813) ; au fait d'avoir détruit la couverture d'un mur (Cass. 20 sept. 1839) ; au fait de la destruction partielle du mécanisme qui met en mouvement une usine, laquelle est considérée comme immeuble par sa nature (C. civ. 519 et Cass. 3 fév. 1843). Mais cet article ne s'applique ni aux *cabanes des gardiens* protégées par l'art. 451, ni aux clôtures protégées par l'art. 456 (Cass. 15 avril 1869). Il faut enfin, pour l'application de l'article, que les constructions appartiennent à autrui.

**914.** *Intention.* Le troisième élément du crime est que la destruction ait été faite *volontairement* et avec la *connaissance* que la chose détruite appartenait à autrui. Il est nécessaire que ces deux circonstances de la volonté de détruire, et de la connaissance que la construction détruite était la propriété d'autrui, soient constatées et déclarées. Il est inutile d'ajouter que l'action a été commise *à dessein de nuire :* cette intention est implicitement renfermée dans la volonté de détruire la propriété d'autrui (Cass. 22 déc. 1813, 13 juin 1844). Il ne suffit donc pas que l'accusé soit déclaré coupable, il faut que les éléments de sa culpabilité soient énoncés et constatés (Cass. 19 janv. 1838).

**915.** *Pénalité.* La peine de la reclusion, portée par le premier paragraphe de l'art. 437, s'aggrave, aux termes du deuxième paragraphe, « s'il y a eu homicide ou blessures », et s'élève à la peine de mort dans le premier cas et à celle des travaux forcés à temps dans le second. C'est la reproduction modifiée du paragraphe 7 de l'art. 434. L'amende prononcée par le premier paragraphe, « qui ne peut excéder le quart des restitutions et indemnités ni être au-dessous de 100 fr. », est une peine spéciale, qui se cumule avec la peine afflictive, et ne peut être réduite au cas même où des circonstances atténuantes sont admises (Cass. 22 janv. 1847, 3 nov. 1848).

### III. — *Opposition aux travaux autorisés par le gouvernement.*

Art. 438.



**916.** L'art. 438 prévoit et qualifie délit l'opposition violente à la confection de travaux autorisés par le gouvernement. Il faut que l'opposition s'y soit manifestée par des voies de fait et que les travaux aient été ordonnés par le gouvernement. Une simple opposition sans violence et sans voies de fait ne constitue aucun délit. Elle est licite lorsqu'elle n'emploie que les voies légales. Le délit est tout entier dans les violences et les voies de fait par lesquelles se manifeste l'opposition. On doit entendre par *voies de fait* tous les actes matériels qui tendent à interrompre les travaux, soit qu'ils soient commis sur les lieux mêmes ou sur les lieux voisins, soit qu'ils aient ou non réussi à les interrompre. Ces actes se manifestent ordinairement par des attroupements, par la destruction ou la tentative de destruction des travaux ; leur but est d'en suspendre ou d'en empêcher l'exécution (*Th. du C. pén.*, nº 2581).

**917.** Que faut-il entendre par les travaux autorisés par le gouvernement ? Il faut entendre d'abord tous ceux qui sont faits pour le compte de l'État, soit qu'ils soient exécutés par ses agents ou par des entrepreneurs. Il faut entendre ensuite, telle est du moins la jurisprudence, les travaux entrepris pour le compte d'un département ou d'une commune, lorsqu'ils ont été autorisés par le préfet (Cass. 3 mai 1834). Mais cette disposition ne s'étend nullement aux travaux faits pour le compte des particuliers, lors même que ces travaux auraient été autorisés par l'autorité administrative (Cass. 20 déc. 1859). Si, même autorisés par le gouvernement, les travaux ont excédé les limites de l'autorisation, cette circonstance n'autorise pas les voies de fait (Cass. 26 janv. 1860 ; *Th. du C. pén.*, nº 2583). La protection légale s'applique non-seulement aux travaux définitifs, mais aussi aux travaux préparatoires, tels que les études de terrains et levées de plans destinées à faciliter leur exécution (Cass. 4 mars 1825).

**918.** L'opposition, quand elle se manifeste par des voies de fait, ne cesse pas d'être punissable parce qu'elle est l'œuvre, non d'un tiers, mais du propriétaire du terrain. Si les formes de l'expropriation pour cause d'utilité publique prescrites par la loi du 3 mai 1841 n'ont pas été observées, cette irrégularité, quelque grave qu'elle soit, n'est pas un obstacle à la poursuite. Cette jurisprudence, admise d'abord en matière d'élargissement des chemins vicinaux, vis-à-vis des propriétaires qui s'opposent aux travaux avant que leur indemnité eût été fixée (Cass. 2 fév. 1844), a été étendue à tous les cas où les opposants se fondaient sur un droit de propriété (Cass. 6 juill. 1844). La raison de cette jurisprudence est que l'opposant peut prendre la voie légale pour arrêter l'entreprise ou pour obtenir la réparation du préjudice encouru, et que toute violence directe et personnelle, employée même à l'appui du droit, est un délit.

## IV. — *De la destruction de titres.*

### Art. 439.

919. Eléments du fait de la destruction de titres. Ce qu'on doit entendre par destruction.
920. La destruction d'actes constitue un crime ou un délit suivant la nature des actes. Destruction des actes publics ou de commerce.
921. La destruction de tous les actes qui ne sont ni publics ni des effets de commerce, constitue un délit quand ils contiennent obligation, disposition ou décharge.
922. De la volonté de détruire et de l'intention de nuire.
923. La preuve testimoniale est admise lors même que l'acte détruit contient une obligation supérieure à 150 fr.

**919.** *Destruction de titres.* L'art. 439 prévoit la destruction d'une manière quelconque, même par l'incendie, et par toute personne autre que les dépositaires publics (qui sont l'objet de l'art. 173), dans tous autres lieux que les dépôts publics (qui sont protégés par l'art. 255), des titres et actes qui y sont énumérés. Le premier élément de cette incrimination est le fait matériel de la destruction. Il faut entendre par ce mot non-seulement la destruction matérielle qui, comme l'incendie, anéantit le titre et le fait disparaître, mais toute voie de fait qui, comme la lacération, met l'acte dans un tel état qu'il ne peut plus conserver les effets qu'il était destiné à produire (Cass. 3 nov. 1827). Mais il est nécessaire que cette destruction soit consommée ; il ne suffirait pas que la disparition de l'acte la fît présumer, car ce que l'art 439 punit, ce n'est pas le détournement, c'est la destruction (Cass. 23 déc. 1825). Les juges peuvent cependant déclarer, après avoir constaté la disparition de l'acte, que le prévenu l'a détruit (Cass. 21 janv. 1865).

**920.** *Distinction des actes détruits.* Le fait de destruction ne rentre dans les termes de l'art. 439 que s'il s'est exercé sur des registres, minutes, ou autres originaux de l'autorité publique, des titres, billets, lettres de change, effets de commerce ou de banque. Ces actes sont divisés en deux classes : la première comprend les actes de l'autorité publique, les effets de commerce ou de banque : leur destruction est un crime puni de la reclusion ; la seconde comprend tous les actes qui n'ont pas ce double caractère public ou commercial : leur destruction est un délit puni d'un emprisonnement de 2 à 5 ans et d'une amende de 100 à 300 fr. Parmi les actes de l'autorité publique la loi ne place que les *registres*, *minutes* ou *actes originaux* ; les expéditions ou copies certifiées, pouvant être remplacées, n'y sont pas comprises. La jurisprudence a appliqué l'art. 439 aux procès-verbaux constatant les délits ou contraventions (Cass. 28 nov. 1833), aux registres et aux actes originaux des contributions (Cass. 29 avril 1831), aux empreintes des marteaux de l'État apposés sur des arbres réservés dans une vente de bois (Cass. 14 août 1812, 4 mai 1822). Tous les actes autres que les registres, minutes et actes originaux de l'autorité publique, et les effets de commerce, rentrent dans la classe des titres ou pièces qui font l'objet du dernier paragraphe. Il suit de là que la destruction de tous les actes, soit de l'autorité publique, soit du commerce, qui ne sont ni des registres, minutes ou originaux, ni des effets de commerce, ne constitue qu'un délit (Cass. 20 août 1846, 3 déc. 1864).

**921.** Mais une condition commune à tous ces actes, pour qu'il y ait crime ou délit, est qu'ils contiennent ou opèrent obligation, disposition ou décharge, car si l'acte détruit ne pouvait produire aucun effet, s'il ne pourrait devenir la base d'aucun droit, d'aucune action, sa destruction ne cause aucun préjudice ; or, en cette matière comme dans les matières du faux, de l'extorsion ou de l'escroquerie, c'est le préjudice réel ou possible que la loi a voulu atteindre. L'art. 139 ne s'applique qu'aux actes qui intéressent la fortune et les biens ; car les écrits qui n'ont trait qu'à la réputation personnelle n'opèrent ni obligation, ni disposition, ni décharge. Il ne s'applique pas non plus aux actes qui, par leurs imperfections ou leurs vices, ne forment aucun lien de droit, qui sont frappés de nullité et ne peuvent être régularisés (Cass. 12 sept. 1816; *Th. du C. pén.*, n° 2621). Il ne s'applique pas par conséquent à la destruction d'un blanc-seing.

**922.** *Intention.* Le dernier élément du crime ou du délit est que la destruction ait été faite *volontairement*, et nous avons déjà remarqué que, dans toutes les destructions, la volonté coupable est la volonté de détruire pour nuire à autrui. Il est nécessaire que cette volonté, cette intention frauduleuse soit expressément constatée soit dans les questions au jury, soit dans le jugement correctionnel (Cass. 28 nov. 1833, 20 janv. 1853).

**923.** *Preuve.* Si le titre détruit porte une obligation supérieure à la somme de 150 fr., la preuve testimoniale doit être admise nonobstant la prohibition de l'art. 1341 du C. civ. Cet article n'est applicable qu'aux conventions et aux faits dont il est possible de se procurer une preuve écrite. Or, le fait de la destruction est personnel à celui qui le commet et n'est le résultat d'aucune convention. Ce n'est pas le contenu du titre qu'on prouve, c'est la voie de fait, le délit (Cass. 12 sept. 1816, 9 mars 1871). Il en serait autrement si le titre détruit avait été déposé dans les mains du prévenu, car le fait du dépôt devrait être prouvé par écrit. La destruction qui suit le dépôt n'est d'ailleurs qu'un abus de confiance (Cass. 25 sept. 1853).

## V. — *Du pillage et dégât des marchandises.*

### Art. 440, 441, 442.



**924.** Les art. 440 et suiv. s'occupent de la destruction des propriétés mobilières. L'art. 440 prévoit le pillage ou dégât de ces propriétés, commis en réunion ou bande et à force ouverte. Le pillage ou le dégât, quoique réunis dans cet article, diffèrent essentiellement : le pillage est un vol commis violemment ; le dégât est une dévastation dont les agents ne peuvent retirer aucun profit. La jurisprudence a admis comme des actes de pillage le fait de contraindre par des menaces un propriétaire à livrer des denrées au-dessous du cours (Cass. 17 janv. 1812, 24 juin 1830).

**925.** Les faits de pillage ou de dégât s'exercent sur « des denrées, marchandises, effets, propriétés mobilières ». Il est utile, sinon indispensable, que ces objets soient spécifiés dans les questions posées au jury (Cass. 13 avril 1833). Cette spécification est indispensable lorsque les choses pillées sont au nombre de celles qu'énonce l'art. 442, qui aggrave la peine lorsqu'il s'agit de denrées alimentaires (Cass. 28 août 1812).

**926.** L'art. 440 ne punit les faits de pillage ou de dégât que lorsqu'ils ont été commis en *réunion* ou *bande ;* ce qui caractérise le crime, c'est l'esprit de rébellion qui en a facilité l'exécution. On doit entendre par réunion, comme dans les cas prévus par les art. 211, 212 et 214, des rassemblements fortuits et purement accidentels, formés sous l'impulsion d'une cause instantanée, avec le seul but de piller une propriété mobilière. La réunion doit être formée, par analogie de l'art. 211, de trois personnes au moins (Cass. 5 avr. 1832. *Th. du C. pén.*, n° 2592). Quant à la bande que la loi place à côté de la réunion, il ne s'agit ici ni d'une bande séditieuse, ni d'une bande de malfaiteurs, qui suppose, comme on l'a vu, une organisation régulière; il suffit que les individus qui la composent soient réunis même accidentellement pour la perpétration du pillage. La loi n'exige d'ailleurs, pour son application, que l'une ou l'autre des deux circonstances.

**927.** Le dernier élément du crime est que le pillage ou le dégât ait été commis *à force ouverte*, c'est-à-dire, avec l'emploi public et flagrant de la violence. Cette circonstance caractéristique du crime doit nécessairement être constatée et prendre place dans la question posée au jury (Cass. 27 oct. 1816, 8 mars 1815). Elle ne pourrait être remplacée par les mots *à main armée*, qui indiquent le port des armes et non leur usage et l'emploi de la force. Dénué de cette circonstance, le fait de pillage ou de dégât ne constitue qu'un simple vol ou qu'un dommage causé aux propriétés mobilières d'autrui (Art. 479, n° 7. Cass. 1er mars 1832).

**928.** La peine des travaux forcés à temps et la peine accessoire, mais nécessaire (Cass. 12 mai 1847), de l'amende, portée par l'art. 440, se modifient dans deux cas : elles sont atténuées et réduites à la reclusion sans amende, si les prévenus justifient qu'ils ont été entraînés par des provocations. Mais l'art. 441, qui autorise cette atténuation par une sorte d'exception à la règle de la complicité, la déclarant purement facultative, il a été induit de là que cette circonstance ne constitue pas une excuse légale, et que la Cour d'assises demeure libre d'appliquer ou non l'atténuation (Cass. 14 déc. 1850). Les peines s'aggravent au contraire jusqu'au maximum si le pillage ou le dégât a porté sur les substances mentionnées en l'art. 442 et si les prévenus ont été les chefs, instigateurs ou provocateurs du crime. Il est inutile d'ajouter que le maximum est dans tous les cas subordonné à l'application de l'art. 463.

## VI. — *Détérioration des marchandises.*

### Art. 443.

929. Caractère de la détérioration de marchandises, matières et instruments servant à la fabrication prévue par l'art. 443.
930. Éléments du délit; ce qu'il faut entendre par la volonté et par les mots « marchandises, matières et instruments de fabrication. »
931. Aggravation de la peine quand le prévenu est ouvrier ou commis de la fabrique.

**929.** L'art. 443 prévoit un cas particulier de dégât : c'est la détérioration volontairement causée aux marchandises. La loi du 13 mai 1863 a ajouté aux mots « marchandises ou matières servant à la fabrication», ceux-ci: «ou instruments quelconques ». Le but de cette disposition est de protéger le commerce et les manufactures contre toutes les dégradations qui seraient intentionnellement portées à leurs instruments de travail et à leurs produits. La loi exige pour son application trois circonstances : le moyen employé pour connaître le dommage, la volonté de causer ce dommage, enfin le fait matériel de la détérioration faite aux marchandises, matières ou instruments de fabrication. Il importe peu que cette détérioration ait été commise « à l'aide d'une liqueur corrosive », comme l'indique l'art. 443 d'une manière purement démonstrative, ou par tout autre moyen de destruction ; ce n'est pas l'instrument que la loi incrimine, c'est le fait du dégât.

**930.** Les éléments du délit sont d'abord que le dégât ait été commis *volontairement*, c'est-à-dire avec intention de nuire ; ensuite qu'il y ait eu une détérioration des marchandises, matières ou instruments de fabrication. Par détérioration il faut entendre toute dégradation ou altération faite à ces objets. Il n'est pas nécessaire qu'ils soient détruits ou qu'ils aient perdu leur valeur ; il suffit qu'ils aient été assez altérés pour perdre une partie de cette valeur ou pour être moins propres à leur destination. Par marchandises, matières et instruments servant à la fabrication, il faut entendre les objets fabriqués, de tinés à être vendus, les matières premières destinées à alimenter la fabrication, et toutes les machines et métiers employés à cette fabrication. La jurisprudence a étendu l'expression de *marchandises* aux pierres de taille vendues à un entrepreneur de constructions et mutilées ensuite (Cass. 27 sept. 1860), et à toutes les choses mobilières destinées au commerce, notamment aux tableaux, dessins et objets d'art qui se trouvent soit dans les mains de celui qui en fait commerce, soit dans l'atelier de l'artiste qui les produit pour les vendre (*Th. du C. pén.*, nº 2600).

**931.** La peine d'emprisonnement (d'un mois à 2 ans) et celle de l'amende (de 16 fr. au quart des dommages-intérêts), qui frappent ce délit, n'ont pas paru assez graves « quand il est commis par un ouvrier de la fabrication ou un commis de la maison de commerce »; cet ouvrier ou ce commis se rendent coupables, en effet, outre le dommage causé, d'un abus de confiance. La peine d'emprisonnement s'élève dans ce cas de 2 à 5 ans.

## VII. — *Destruction de récoltes, plants, arbres, greffes, grains ou fourrages.*

### Art. 444, 445, 446, 447, 448, 449, 450, 451.

932. Dévastation de récoltes. Caractères et éléments de ce délit.
933. Coupes et mutilations d'arbres, destruction de greffes. Quels sont les arbres auxquels s'appliquent les art. 445 et 446.
934. Ce délit suppose la condition que l'agent avait connaissance que les arbres appartenaient à autrui.
935. Peines applicables à ces délits et graduées sur le nombre des arbres coupés ou mutilés.
936. Délit de coupe de grains ou de fourrages appartenant à autrui.
937. Aggravation de la peine si les destructions sont commises en haine d'un fonctionnaire ou pendant la nuit.
938. Délit de destruction d'instruments d'agriculture (art. 451).

**932.** *Dévastation de récoltes.* Les art. 444 à 451 prévoient des délits qui ont des caractères communs parce qu'ils ont pour objet l'intérêt de l'agriculture et la protection d'objets confiés à la foi publique. Le premier de ces délits est la dévastation de récoltes prévue par l'art. 444. Il faut distinguer le fait de la dévastation et la nature de la chose dévastée. La dévastation est l'action de ravager et de détruire ; elle ne consiste ni dans l'enlèvement, à moins que cet enlèvement n'ait pour but de saccager, ni dans le vol et le maraudage qui ont un autre objet. Son but est la destruction, non pour l'avantage de l'agent, mais pour nuire et porter préjudice à autrui. Il a été jugé que les termes de l'art. 444 ne sont nullement restrictifs ; qu'ils s'appliquent au fait d'avoir méchamment semé une grande quantité de grains d'ivraie sur des terres ensemencées de blé appartenant à un tiers, et que les récoltes ensemencées rentrent dans la classe des récoltes sur pied, c'est-à-dire, sorties du sol (Cass. 18 juill. 1856).

**933.** *Coupes et mutilations d'arbres.* Les coupes et mutilations d'arbres sont prévues par les art. 445, 446, 447 et 448. Le délit prévu par l'art. 445 suppose deux conditions : la coupe d'un ou de plusieurs arbres et la connaissance que ces arbres appartenaient à autrui. L'article exige que les arbres aient été abattus. Mais l'art. 447 assimile à ce fait le fait d'avoir mutilé ou écorcé les arbres de manière à les faire périr. Il faut donc ou que l'arbre ait été abattu ou qu'il ait été mutilé, et, dans ce dernier cas, que la mutilation soit de nature à le faire périr (Cass. 29 fév. 1828, 24 avril 1847). L'art. 447 place encore à côté de cette mutilation la destruction d'une ou de plusieurs greffes. Ces dispositions s'appliquent à tous les arbres appartenant à autrui, autres que les bois et forêts qui sont régis par une législation spéciale, et, par conséquent, aux arbres plantés dans les champs, parcs et propriétés particulières, et aux arbres plantés sur les routes, chemins, places publiques et rues, voies vicinales ou de traverse (Cass. 14 mai 1818).

**934.** Le délit suppose, à côté de la coupe et de la mutilation, la connaissance que l'agent avait que les arbres appartenaient à autrui. Il est nécessaire que cette connaissance soit constatée, et il serait dangereux de l'admettre par voie de conséquence et de présomption (Cass. 6 mai 1826. *Th. du C. pén.*, n° 2608). Au reste, il a été reconnu que les coupes et mutilations ont dû être faites dans un esprit de malveillance et non pour s'approprier ceux qui peuvent en provenir, car dans cette dernière hypothèse le fait rentrerait dans les termes de l'art. 388 (Cass. 14 oct. 1845). Ces dispositions s'appliquent au fermier aussi bien qu'à tout autre individu, à moins qu'il ne soit autorisé par son bail à des coupes pour son usage (Cass. 13 juin 1818). Mais, dans tous les cas, la loi ne frappe que les coupes ou mutilations volontaires et intentionnelles (Cass. 18 flor. an x).

**935.** *Pénalités.* L'art. 445 prononce un emprisonnement qui ne peut pas être au-dessous de 6 jours ni au-dessus de 6 mois, à raison de chaque arbre abattu, sans que la totalité puisse excéder 5 ans. L'art. 447 porte également un emprisonnement de 6 jours à 2 mois à raison de chaque greffe, sans que la totalité puisse excéder 2 ans. Ainsi c'est l'importance des dommages qui détermine seule la gravité de la peine. Cette peine s'aggrave par l'aggravation de son minimum, qui s'élève à 20 jours dans les cas des art. 445 et 446, et 10 jours dans celui de l'art. 447, « si les arbres étaient plantés sur les routes, chemins, rues ou voies publiques vicinales ou de traverse » (Art. 448). Cette limite d'un minimum ne fait d'ailleurs aucun obstacle à l'application de l'art. 463. Mais l'art. 455 prononce en outre une amende.

**936.** *Coupes de grains ou fourrages.* Cette coupe, qui fait l'objet de l'art. 449, ne constitue ni le vol que prévoit l'art 388, ni le maraudage que prévoit l'art. 471, n° 8, ni la dévastation que prévoit l'art. 444 ; elle est l'acte de moissonner ou de faucher les grains ou fourrages d'autrui, avec la connaissance qu'ils appartenaient à autrui, c'est-à-dire avec intention de nuire et de porter préjudice. Le délit s'aggrave et la peine est portée au double lorsque le grain a été coupé en vert (Art. 450).

**937.** *Circonstances aggravantes.* L'art. 450 ajoute deux dispositions qu'il applique aux six articles qui précèdent : 1° le maximum des peines portées par ces articles doit être appliqué « si le fait a été commis en haine d'un fonctionnaire public et à raison de ses fonctions ». Il est nécessaire que cette double condition de l'aggravation soit constatée ; 2° le même maximum est encore appliqué « si le fait a été commis pendant la nuit ». Ces deux cas d'aggravation sont indépendants l'un de l'autre.

**938.** *Destruction des instruments d'agriculture.* Le fait matériel du délit prévu par l'art. 451 est la destruction des instruments d'agriculture, des parcs de bestiaux, des cabanes des gardiens, quel que soit le moyen employé (Cass. 15 avril 1869). Le mobile de l'acte n'est ni la cupidité, ni un intérêt personnel : c'est la méchanceté, l'envie de nuire. Il s'agit d'une espèce de dévastation : l'agent détruit pour détruire, par malice ou vengeance (*Th. du C. pén.*, n° 2715).

## VIII. — *Destruction des animaux.*

### Art. 452, 453, 454, 455.

939. La destruction des animaux désignés dans l'art. 452 et appartenant à autrui, constitue un délit. De la destruction par l empoisonnement.
940. Destruction des mêmes animaux par tout autre moyen et sans nécessité. Dans quels cas il peut y avoir nécessité.
941. Le lieu où l'animal a été tué est une circonstance tantôt aggravante, tantôt atténuante du délit.
942. Destruction des animaux domestiques. Quels animaux sont réputés domestiques. Conditions du délit.

**939.** Les art. 452 et 453, qui punissent la destruction des animaux, les divisent en deux classes : la première comprend les chevaux et autres bêtes de voiture ou de charge, les bestiaux à cornes, les moutons, les chèvres, les porcs, enfin les poissons ; la deuxième comprend les animaux domestiques. En ce qui concerne les premiers, l'art. 452 punit leur empoisonnement et l'art. 453 l'acte de les tuer sans nécessité. Le premier de ces deux délits se compose de deux éléments : le fait de l'empoisonnement et la qualité de l'animal empoisonné. Il faut, pour qu'il y ait empoisonnement, l'intention de porter atteinte à la vie, et l'administration d'une substance capable de donner la mort. La volonté de donner la mort, l'intention de nuire est une circonstance essentielle du délit; il faut qu'il soit constaté que l'agent a connu les effets de la substance vénéneuse et l'a administrée pour les lui faire produire. Il est nécessaire ensuite que la substance ait eu la puissance de donner la mort. Si elle n'a pas cette puissance, le fait matériel disparaît. Mais il n'est pas indispensable que la mort ait été produite. Dès que la substance mortifère a été administrée, le délit est accompli. Il ne suffirait pas cependant qu'elle eût été déposée à portée des animaux qui se seraient abstenus d'y toucher ; ce ne serait là qu'une tentative que la loi n'a pas prévue. La loi désigne les animaux qu'elle a voulu protéger contre l'empoisonnement ; cette énumération est essentiellement limitative (Cass. 17 août 1822, 26 mai 1868). L'art. 452 ne s'occupe que des poissons placés dans les étangs, viviers et réservoirs ; l'empoisonnement des poissons dans les rivières et eaux courantes est puni par l'art. 36 de la loi du 15 avril 1829.

**940.** L'art. 453 s'applique à ceux *qui ont tué* les animaux désignés dans l'article précédent par quelque moyen que ce soit, sauf par l'empoisonnement. L'article ne punit que ceux *qui ont tué*, d'où il suit que ceux qui n'ont fait que des blessures ne rentrent pas dans ses termes. Mais la jurisprudence a maintenu, à côté de cet article, l'art. 30, tit. 2, de la loi des 28 sept., 6 octobre 1791, — qui punit « toute personne convaincue d'avoir, de dessein prémédité, méchamment, sur le territoire d'autrui, *blessé* ou tué des bestiaux ou chiens de garde » (Cass. 5 fév. 1818, 7 mai 1847. *Th. du C. pén.*, n° 2632). Le fait d'avoir tué l'un des animaux désignés par la loi ne constitue un délit que s'il a été commis *sans nécessité*. L'appréciation de cette nécessité, que la loi n'a point définie, dépend des faits et des circonstances ; mais on peut, en général, affirmer qu'il est permis, non-seulement de tuer les animaux qui mettent la vie de l'homme en danger, mais qu'il suffit, pour que cet acte soit licite, qu'ils menacent les personnes et même les autres animaux de simples blessures. L'action de tuer suppose au surplus la volonté ; si la destruction est le résultat d'un accident ou d'une imprudence, elle rentre dans les termes de l'art. 479, n° 2. L'art. 453 ne punit que « la mort volontairement causée à des chevaux ou bestiaux appartenant à autrui » (Cass. 5 fév. 1818).

**941.** Le lieu où l'animal a été tué est une circonstance soit aggravante, soit atténuante du délit. S'il a été tué sur un terrain qui n'est la propriété ni du délinquant ni du maître de l'animal, l'emprisonnement est de 15 jours à 6 semaines ; s'il a été tué sur un terrain appartenant au maître de l'animal, le délit s'aggrave par cette violation de la propriété et l'emprisonnement est de 2 à 6 mois ; enfin, s'il a été tué sur le propre terrain du délinquant, l'emprisonnement n'est plus que de 6 jours à 1 mois. La loi du 4 août 1789 permet aux propriétaires de détruire sur leur terrain toute espèce de gibier et même les pigeons pendant le temps de la fermeture des colombiers ; et la loi des 28 sept. — 6 oct. 1791, tit. 1, art. 12, les autorise à tuer les volailles qui causent du dommage à leurs propriétés.

**942.** L'art. 454 punit d'un emprisonnement de 6 jours à 6 mois « quiconque aura, sans nécessité, tué un *animal domestique* dans un lieu dont celui à qui cet animal appartient est propriétaire, locataire, colon ou fermier ». Les animaux domestiques sont ceux qui se familiarisent avec l'homme et vivent autour de lui dans son habitation : tels sont : les chiens, les chats, les pigeons de volière, les oiseaux de basse-cour, les animaux apprivoisés (*Th. du C. pén.*, n° 2637 ; Cass. 17 août 1822). Cette disposition a été étendue aux vers à soie (Cass. 14 mars 1861). L'art. 454 prévoit tous les modes de destruction, même l'empoisonnement ; mais les simples blessures ne constituent pas le délit. Ce délit est d'ailleurs subordonné à deux conditions : il faut d'abord que l'animal ait été tué *sans nécessité*; il faut ensuite qu'il l'ait été dans un lieu dont son maître était propriétaire, locataire ou fermier. La loi ne protége les animaux domestiques que sur le terrain de leur maître. Le délit s'aggrave quand il est accompagné d'une violation de clôture (Art. 453 et 454).

### IX. — *Destruction des clôtures.*

#### Art. 456.



**943.** L'art. 456 prévoit deux délits distincts : les destructions de clôtures et les déplacements de bornes. Une règle commune à ces deux délits est que la loi n'exige pas que le prévenu ait agi méchamment et avec intention de nuire; il suffit, pour l'existence du délit, qu'il ait détruit ou déplacé volontairement des clôtures ou bornes appartenant à des tiers (Cass. 12 déc. 1862, 9 janv. 1868). Ainsi, soit que la destruction ait pour objet l'empiétement d'un propriétaire voisin, soit qu'elle ait un objet moins grave, il suffit que l'acte matériel soit commis avec la volonté de causer un dommage quelconque et par conséquent avec la connaissance que les clôtures ou bornes appartenaient à autrui.

**944.** Les destructions de clôtures comprennent toutes les destructions, totales ou partielles, des clôtures, de quelques matériaux qu'elles soient faites; même les fossés, même les simples haies sèches ou vives. Il ne s'agit toutefois que de clôtures rurales servant à séparer les héritages (*Th. du C. pén.*, n° 2645). Cependant on doit noter que la jurisprudence a étendu cette disposition aux clôtures des édifices et qu'il a été jugé que le seul jet d'une pierre contre une maison suffit pour constituer le délit lorsque cette pierre a brisé la vitre d'une fenêtre (Cass. 29 oct. 1813, 31 janv. 1822, 7 avr. 1831, 21 mars 1833, 6 juin 1856). On doit remarquer ensuite que la destruction *partielle*, qui suffit pour l'application de la loi, n'est pas une simple dégradation : la destruction partielle suppose qu'une partie de la clôture n'existe plus, tandis que la dégradation suppose au contraire l'existence de la clôture entière, mais endommagée dans quelques-uns de ses matériaux. La simple dégradation rentre dans les termes de l'art. 17, tit. 2, de la loi des 28 sept. — 6 oct. 1791. (Cass. 12 déc. 1862).

**945.** Le deuxième délit prévu par l'art. 456 est le déplacement ou la suppression « des bornes ou pieds corniers ou autres arbres, plantés ou reconnus pour établir des limites entre différents héritages ». Ces désignations sont restrictives : la protection de la loi ne s'applique qu'à ces trois sortes de marques. Les pieds corniers sont les arbres réservés et marqués pour servir de bornes aux héritages ; la loi leur assimile les autres arbres plantés ou reconnus pour le même usage. Le seul fait de déplacer une borne, même en la replantant dans les mêmes limites, peut motiver l'application de l'article, « attendu que la plantation des bornes séparatives des héritages forme entre les propriétaires des champs voisins un véritable titre de propriété; qu'il ne suffit pas, pour effacer le délit, que l'auteur du déplacement n'ait point empiété sur les héritages voisins ; qu'il résulte un véritable préjudice pour les propriétaires de ces héritages de cela seul, qu'à leur insu, la borne qui limitait leur propriété a été changée de place » (Cass. 8 avril 1854).

**946.** L'art. 456 a été étendu à un fait qu'il n'avait pas prévu. L'art. 6 de la loi du 14 juin 1854 sur le drainage porte : « La destruction totale ou partielle des conduites d'eau ou fossés évacuateurs est punie des peines portées à l'art. 456. L'art. 463 peut être appliqué. »

## X. — *Inondation des chemins ou propriétés d'autrui.*

### Art. 457.



**947.** Les inondations, qui sont un moyen de destruction lorsqu'elles sont produites par le fait de l'homme et sont le résultat d'une volonté formelle, peuvent, en cas de dommage, devenir la matière d'une incrimination. Les art. 15 et 16 du tit. 2 de la loi des 28 sept. — 6 oct. 1791 ont prévu les cas où l'inondation et la transmission des eaux peuvent causer un dommage. L'art. 16, qui avait pour objet le dommage causé par la trop grande élévation du déversoir, a été implicitement abrogé par l'art. 457 qui prévoit la même hypothèse (Cass. 4 nov. 1824). Mais l'art. 15 renferme deux dispositions qui ne rentrent ni l'une ni l'autre dans les termes de l'art. 457 : l'une défend à toute personne d'inonder l'héritage de son voisin ; l'autre prohibe la transmission des eaux sur un fonds voisin, même sans inondation, mais d'une manière nuisible. Ces dispositions se concilient parfaitement avec l'art. 457 qui, intervenu dans la même matière, a un objet différent. Elles conservent donc toute leur force. Aujourd'hui donc l'art. 15, tit. 2 de la loi des 28 sept., — 6 oct. 1791 et l'art. 457 forment la loi répressive des dommages causés par les inondations et la transmission des eaux. L'art. 15 comprend dans ses termes toute espèce d'inondation, hors celle prévue par l'art. 457.

**948.** Le délit qui fait l'objet de l'art. 457 ne peut être commis que par « les propriétaires, fermiers ou toute autre personne jouissant de moulins, usines ou étangs ». Le fait matériel du délit consiste dans « l'inondation des chemins et propriétés d'autrui »; mais il faut que cette inondation ait été produite « par l'élévation du déversoir des eaux au-dessus de la hauteur déterminée par l'autorité compétente ». Le droit de fixer la hauteur des eaux appartient à l'autorité administrative (L. 4 flor. an IV; Arr. 16 vent. an VI; Déc. 19 mars et 11 août 1808, 17 oct. 1809, 3 janv. 1812; Cass. 10 juin 1859, 1 et 6 déc. 1862). Si la hauteur du déversoir n'a pas été fixée, le fait de l'inondation, étranger à l'art. 457, rentre dans les termes de l'art. 15 de la loi de 1791 (Cass. 4 nov. 1824, 16 fév. 1867). Lors même que la hauteur des eaux a été fixée par l'autorité administrative, l'art. 457 cesse encore d'être applicable, et l'art. 15 peut seul être invoqué, si l'inondation a lieu quoique les eaux soient restées au-dessous de cette hauteur, ou si l'inondation a une autre cause que l'élévation des eaux au-dessus du déversoir (Cass. 15 janv. 1825). L'art. 457 n'est donc applicable que dans le seul cas où le déversoir du moulin, usine ou étang a été élevé au-dessus de la hauteur régulièrement fixée (Cass. 2 fév. 1817, 17 juin 1841, 5 déc. 1844, 29 mars 1856).

**949.** Si l'inondation a produit un dommage quelconque, la peine est une amende qui ne peut excéder, suivant l'art. 15 de la loi de 1791, *la somme du dédommagement*, et, suivant l'art. 457, *le quart des restitutions et dommages-intérêts*. S'il en est résulté quelques dégradations, la peine est, aux termes de l'art 457 et dans le cas qu'il a prévu, outre l'amende, un emprisonnement de 6 jours à 1 mois.

**950.** La loi du 14 juin 1854, relative au drainage, porte : « Art. 6, § 2. Tout obstacle apporté volontairement au libre écoulement des eaux est puni des peines portées par l'art. 457. L'art. 463 peut être appliqué. » L'art. 7 ajoute : « Il n'est nullement dérogé aux lois qui régissent la police des eaux ».

## XI. — *Incendie par négligence ou imprudence.*

### ART. 458.

951. Quels sont les faits auxquels s'applique l'art. 458 relatif aux incendies involontaires.

952. Quelles sont les fautes qui peuvent entraîner la responsabilité pénale.

**951.** L'art. 458 prévoit l'incendie qui provient, non d'une volonté coupable, mais de la négligence et de l'imprévoyance; cette faute peut consister soit dans la vétusté ou le défaut de réparation ou de nettoyage des fours, cheminées, forges, maisons ou usines; soit dans les feux allumés dans les champs à moins de 100 mètres de distance des maisons, forêts, bruyères, vergers, plantations; soit dans des feux portés ou laissés sans précaution suffisante; soit dans le fait d'allumer et de tirer des pièces d'artifice sans précaution. S'il n'est résulté de ces actes aucun incendie, ils sont punis comme simples contraventions, par l'art. 471, nos 1 et 2, par l'art. 10, tit. 2 de la loi des 28 sept.—6 oct. 1791 et par l'art. 148 du C. for. S'il en est résulté un incendie, ces mêmes actes constituent un délit dont les éléments sont : 1° le fait de l'incendie, circonstance essentielle du délit; 2° le dommage causé aux propriétés mobilières ou immobilières d'autrui; si ces propriétés appartiennent à l'agent, il n'en résulte aucun délit; 3° enfin, la faute qui l'a occasionné.

**952.** La première des fautes est l'état de vétusté ou le défaut de réparation ou de nettoyage des fours, cheminées, forges, maisons ou usines prochaines. Il faut que l'incendie ait été causé par cet état de vétusté ou ce défaut de réparation. Il faut, ensuite, que les choses qui ont causé l'incendie fussent *prochaines* des propriétés incendiées; les propriétés sont prochaines quand elles sont susceptibles de se communiquer l'incendie. La deuxième faute est d'avoir allumé des feux dans les champs à moins de 100 mètres des objets désignés par la loi; s'ils ont été allumés à plus de 100 mètres, l'incendie qu'ils ont pu accidentellement causer ne constitue plus le délit. La troisième faute consiste à porter ou laisser des feux *sans précaution suffisante*. C'est le défaut de précaution qui constitue ici l'imprudence. Il a été jugé que cette disposition s'applique aux incendies causés par les étincelles qui jaillissent de la locomotive d'un chemin de fer (Cass. 23 juin 1859). La quatrième faute est l'acte de tirer avec imprudence des pièces d'artifices, lorsque l'incendie en a été le résultat. La loi ne suppose point que dans ces différents faits il y ait volonté d'incendier ; elle ne prévoit qu'un incendie purement involontaire, ayant pour seule cause une imprudence ou une négligence.

## XII. — *Des épizooties.*

### Art. 459, 460 et 461.

953. Législation relative aux maladies épizootiques. Anciens règlements.
954. Double précaution prescrite par l'art. 459. Eléments des contraventions.
955. Désobéissance aux mesures prescrites par l'autorité administrative. Application de l'art. 460.
956. Application des amendes portées par les anciens règlements. Les infractions aux arrêtés des préfets ne sont passibles que de peines de police.

**953.** Les maladies épizootiques ont donné lieu à de nombreux règlements qui ont prescrit les précautions propres à prévenir la contagion. Ces règlements sont : l'arrêt du Conseil du 10 avril 1744, l'arrêt du parl. de Paris du 24 mars 1745, les arrêts du Cons. du 16 juill. 1746, du 18 déc. 1774, du 30 janv. 1775, du 1er nov. 1775 et du 16 juill. 1784, dont les textes sont rapportés dans la *Th. du C. pén.*, n° 2664. Tous ces règlements, sauf l'arrêt du Conseil du 1er nov. 1775, sont encore en vigueur : ils ont été maintenus par l'arrêt du Directoire du 27 messidor an v, qui en ordonne l'application, et par les art. 461 et 484 (Cass. 20 avr. 1872). Ces règlements prescrivent des mesures relatives à l'enfouissement des animaux morts, à la visite et à la séquestration des animaux malades, au transport des cuirs et peaux de ceux qui ont été atteints ou suspects de maladie, enfin aux déclarations qui doivent être faites par les propriétaires de ces animaux. A toutes ces mesures, les art. 459 et 460 ont ajouté deux prescriptions nouvelles : l'avertissement que tout détenteur ou gardien d'animaux soupçonnés d'être infectés doit donner sur-le-champ au maire, et la prohibition de toute communication des bestiaux infectés avec d'autres.

**954.** L'art. 459 impose une double obligation : le détenteur ou gardien doit avertir sur-le-champ le maire de la commune et il doit tenir les animaux enfermés, avant même que le maire ait répondu à cet avertissement : c'est l'exécution simultanée de ces deux mesures qui constitue le délit. Elle ne l'applique toutefois qu'au cas où les animaux sont soupçonnés d'être infectés de maladies contagieuses ; il ne suffit pas qu'ils soient malades, car c'est la contagion seule qui est l'objet de ces précautions. Mais il n'est pas nécessaire qu'une maladie épizootique règne dans le pays ; il suffit qu'une seule bête soit infectée d'une maladie contagieuse ; il s'agit de prévenir la contagion aussi bien que d'en arrêter les effets. Celui qui vend des bestiaux qu'il suppose être infectés de maladie contagieuse commet le délit (Cass. 17 juin 1847). Le fait de faire traverser une commune infectée par des bestiaux sains est également punissable (mais par l'arr. du Cons. du 19 juill. 1746), car l'esprit de la législation sanitaire est de les concentrer dans les communes infectées, en les isolant de toute communication.

**955.** L'art. 460 prévoit une autre contravention : c'est la désobéissance aux défenses de l'administration. Deux éléments dans cette infraction : la défense faite de laisser communiquer et la communication au mépris de cette défense. L'art. 461 prévoit une circonstance aggravante qui réside tout entière dans un fait postérieur à la communication, dans le fait de la contagion. La faute s'aggrave à raison de ses résultats, mais il faut qu'il soit constaté que la contagion a été causée par la communication.

**956.** Les contraventions aux prescriptions des anciens règlements sont passibles des amendes qu'ils ont établies, et qui sont de 100 ou de 500 fr. pour chaque contravention. Ces peines ont été expressément maintenues par l'art. 461. Mais elles ne sont point applicables au xcontraventions aux arrêtés des préfets relatifs aux épizooties; ces contraventions ne sont passibles que des peines de police portées par l'art. 471, n° 15 (Cass. 20 avril 1872). Le fait de laisser un troupeau infecté hors des terres de parcours qui lui sont désignées n'est passible que de l'amende portée par l'art. 23, tit. 2 de la loi des 28 sept. — 6 oct. 1791, lequel n'a pas été abrogé.

## XII. — *Délits des officiers de police.*

### Art. 462.

957. Motifs de l'aggravation pénale portée contre les officiers de police qui commettent des délits contre les propriétés.

958. Comment se calcule l'aggravation de l'emprisonnement prescrit par l'art. 462.

**957.** L'art. 462 a pour objet, de même que l'art. 198, de punir les délits d'une peine plus grave lorsqu'ils sont commis par des fonctionnaires qui sont chargés de les surveiller. L'art. 198 n'a prévu que le cas où l'officier public a *participé* à ces délits. L'art. 462 prévoit la perpétration directe et isolée de certains délits par l'officier de police lui-même. Ces délits sont ceux « dont il est parlé au présent chapitre », c'est-à-dire les délits contre les propriétés, puisque le chap. 2 du livre 3 du Code comprend tous les crimes et délits contre les propriétés. Il importe peu qu'ils fussent chargés de surveiller les délits qu'ils ont commis; l'aggravation s'étend à tous les délits contre les propriétés. Il importe peu encore qu'ils aient agi dans l'exercice ou hors l'exercice de leurs fonctions; ce n'est pas l'abus de la fonction que la loi punit, mais bien la criminalité plus grave résultant du caractère et de la qualité de l'agent.

**958.** La peine ne subit aucune aggravation quand elle ne consiste que dans une amende. La peine d'emprisonnement seule est aggravée : elle est « d'un mois au moins et d'un tiers au plus en sus de la peine la plus forte qui serait applicable à un autre coupable du même délit ». Ainsi, si le délit est puni de 6 mois à 1 an, l'emprisonnement sera de 13 à 16 mois, à l'égard de l'officier de police; car, « par la peine la plus forte », applicable au délinquant ordinaire, il faut entendre le maximum de la peine. Mais cette peine peut dans tous les cas être atténuée par l'art. 463.

*Disposition générale. — Effet des circonstances atténuantes sur les peines.*

ART. 463.



**959.** *Systèmes des circonstances atténuantes.* Le principe des circonstances atténuantes, que la loi du 28 avril 1832 a développé dans notre Code, a établi la double faculté de tempérer, par une règle générale, les pénalités souvent trop rigoureuses du Code, et de tenir compte de certaines circonstances du fait, de certaines nuances de la culpabilité que le Code n'a pu prévoir, et qui, pour qu'il y ait une juste proportion entre le délit et le châtiment, doivent entrer dans l'appréciation de la criminalité de l'agent. L'exposé des motifs de la loi du 28 avril 1832, après avoir constaté l'excessive élévation des peines, ajoute : «Il fallait trouver un moyen d'étendre à toutes les matières la possibilité d'adoucir les rigueurs de la loi autrement que par une minutieuse révision des moindres détails. Pour atteindre ce but, le projet de loi a introduit dans les affaires de grand criminel la faculté d'atténuation que l'art. 463 ouvre pour les matières correctionnelles.»

**960.** Que doit-on entendre par circonstances atténuantes ? La loi ne les a point définies, et cette définition était inutile. Cette expression renferme tous les faits, toutes les considérations qui, soit qu'elles proviennent des circonstances de l'action ou de la position personnelle de l'agent, peuvent modifier la culpabilité ou motiver une atténuation de la peine. Il est possible que le prévenu n'ait pas eu pleine conscience de son crime, qu'il ait été séduit et entraîné par ses coprévenus, qu'il ait fait des aveux, témoigné du repentir, essayé une réparation. Il est possible encore que, dénué de tout appui, il n'ait reçu aucune éducation, aucune instruction, qu'il ait végété dans une grossière ignorance, ayant pour cause la misère, ou que, entouré d'une famille immorale et dépravée, il ait subi la contagion du vice. Toutes ces circonstances doivent entrer dans la balance du juge qui pèse les degrés de la répression (*Th. du C. pén.*, nº 2684).

**961.** *Application à la matière criminelle.* Les dispositions de l'art. 463 se divisent en deux parties, « suivant qu'elles s'appliquent aux matières criminelles ou aux matières correctionnelles ». Celles qui s'appliquent aux faits qualifiés crimes par la loi sont générales et s'étendent à tous les crimes, soit qu'ils soient prévus par le Code, soit par toute autre loi (C. inst. crim., 341). Il importe peu que le fait soit puni par une loi antérieure ou postérieure au Code ; il suffit qu'il soit qualifié crime ou qu'il soit frappé d'une peine afflictive ou infamante, pour que l'art. 463 soit applicable à l'accusé (Cass.

27 sept. 1832, 6 nov. 1833). La question de savoir s'il s'appliquait aux crimes militaires, longtemps agitée dans la jurisprudence, a été résolue par le Code militaire du 4 août 1857; en ce qui concerne les faits communs, l'art. 267 de ce Code déclare que « les tribunaux militaires appliquent les peines portées par les lois pénales ordinaires à tous les crimes et délits non prévus par le présent Code, et dans ce cas, s'il existe des circonstances atténuantes, il est fait application aux militaires de l'art. 463 ». Mais, en ce qui concerne les faits purement militaires, chaque incrimination de cette loi spéciale indique les degrés auxquels les juges militaires peuvent descendre, et l'atténuation est limitée aux faits où elle est autorisée.

**962.** La Cour d'assises ne peut appliquer cette atténuation des peines « qu'aux accusés reconnus coupables, en faveur de qui le jury aura déclaré les circonstances atténuantes ». C'est ce vote du jury qui seul permet de modifier l'échelle pénale du Code. Ce vote a un double effet. Il entraîne d'abord et nécessairement la diminution d'un degré de la peine : ce premier degré est sa conséquence immédiate. Il ouvre ensuite à la Cour d'assises la faculté de descendre un deuxième degré : cette seconde atténuation, quoique purement facultative, est encore une conséquence, médiate à la vérité, de la déclaration du jury. De cette règle il suit que le bénéfice des circonstances atténuantes ne peut jamais appartenir aux accusés contumax, puisque le droit de déclarer ces circonstances n'appartient qu'au jury, et que les contumax sont jugés sans assistance de jurés (Cass. 4 mars 1843; *Th. du C. pén.*, n° 2694).

**963.** Lorsque les circonstances atténuantes ont été déclarées, cette déclaration a les effets suivants : — Si la peine de mort est prononcée par la loi, la Cour d'assises applique les travaux forcés à perpétuité, et peut descendre aux travaux forcés à temps et n'appliquer que le minimum de cinq ans. S'il s'agit de crimes contre la sûreté de l'Etat, la peine substituée est la déportation ou la détention (L. 8 juin 1850, 13 mai 1863);

— Si la peine portée par la loi est celle des travaux forcés à perpétuité, la Cour applique les travaux forcés à temps et peut descendre à la reclusion ; — Si la peine de la loi est la déportation, la Cour applique la détention et peut descendre au bannissement ; — Si la peine de la loi est celle des travaux forcés à temps, la Cour applique la reclusion et peut descendre à un emprisonnement dont le minimum est de deux ans. Il y a lieu de remarquer, dans ce dernier cas, que la peine ne peut être atténuée au-dessous de deux ans (Cass. 12 sept. 1844); et que si le maximum des travaux forcés à temps est encouru en raison de la récidive, la Cour ne peut appliquer que le minimum des travaux forcés ou la reclusion (Cass. 6 fév. 1851). — Si la peine de la loi est la reclusion, la détention, le bannissement ou la dégradation civique, la Cour applique la peine de l'emprisonnement de cinq ans à un an (Cass. 20 déc. 1835, 7 janv. 1858). — Enfin, si la peine portée par la loi est le maximum d'une peine afflictive, la Cour applique le minimum de cette peine et peut descendre à la peine inférieure (Cass. 30 juill. 1833, 23 juill. 1836, 4 mars 1838, 31 mars 1840).

**964.** Lorsque la déclaration du jury a dépouillé le fait des circonstances qui en faisaient un crime, et qu'elle le transforme en délit, quel est l'effet de la déclaration accessoire des circonstances atténuantes? En principe, le droit de déclarer les circonstances atténuantes n'appartient au jury qu'en matière criminelle, et ne se rapporte point à la juridiction, mais à la nature des faits. Lors donc que, par l'effet de cette déclaration, la matière est devenue correctionnelle, il appartient à la Cour d'assises de reconnaître l'existences des circonstances atténuantes ; elle n'est donc pas liée par la réponse du jury sur ce point ; elle est libre d'appliquer ou de ne pas appliquer le dernier paragraphe de l'art. 463 (Cass. 11 août 1832, 19 janv. 1833, *Th. du C. pén.*, n° 2700). Mais la Cour d'assises peut s'approprier cette réponse du jury; elle est même présumée se l'approprier quand elle la laisse subsister et la rappelle dans son arrêt (Cass. 19 janv. 1833).

**965.** *Application à la matière correctionnelle.* Le dernier paragraphe de l'art. 463 s'applique aux faits qui ne sont passibles que de peines correctionnelles, et, dans cette seconde partie de l'article, les circonstances atténuantes ne produisent pas les mêmes effets que dans la première. Quand il s'agit de crimes, la gravité de l'accusation et l'élévation des peines ont fait poser des limites à l'atténuation. Quand il s'agit de délits, la faculté d'atténuation est pour ainsi dire illimitée, puisqu'elle ne s'arrête qu'aux peines de police. Dans la première hypothèse, le jury provoque l'atténuation et concourt à la prononcer; dans la seconde, ce droit est réservé aux juges correctionnels ou à la Cour d'assises statuant comme tribunal correctionnel.

**966.** La loi du 13 mai 1863 avait modifié le dernier paragraphe de l'art. 463 : l'emprisonnement ne pouvait descendre au-dessous de 6 jours et l'amende au-dessous de 16 fr. lorsque le délit était passible d'un emprisonnement d'un an au moins ou d'une amende de 500 fr. au moins. Cette disposition restrictive a été abrogée, et le texte, que la loi du 28 avril 1832 avait consacré, rétabli par le décret du 27 nov. 1870. Ce retour à l'ancien temps du Code a eu la double sanction de l'Assemblée nationale et de la jurisprudence (*Th. du C. pén.*, n° 2704.)

**967.** En matière correctionnelle et d'après les termes du dernier paragraphe de l'art. 463, l'atténuation pénale, lorsqu'il existe des circonstances atténuantes, n'est que facultative, et ne s'applique qu'aux délits prévus par le Code; elle ne peut être étendue aux délits prévus par des lois spéciales que lorsque ces lois ont autorisé cette application. Mais, à l'exception des lois militaires, du Code forestier et des lois fiscales, la plupart des lois spéciales ont étendu l'art. 463 aux peines qu'elles prononcent : on trouve cette disposition dans l'art. 5 de la loi du 9 sept. 1840, sur la durée du travail dans les ateliers, dans l'art. 117 de la loi du 15 mars 1849 et l'art. 48 du Déc. du 2 fév. 1852, sur les élections, dans l'art. 7 de la loi du 27 mars 1851, sur les fraudes dans la vente des denrées; dans l'art. 14

de la loi du 30 mai 1851 sur la police du roulage ; dans l'art. 8 de la loi du 11 août 1828 et l'art. 15 de la loi du 11 mai 1868, sur les délits et contraventions de la presse, etc. Notons que ce dernier article porte : « sans que l'amende puisse être inférieure à 50 fr. ».

**968.** L'art. 463 est général dans ses dispositions, et bien qu'il ne mentionne, dans son dernier paragraphe, que l'emprisonnement et l'amende, il s'étend à toutes les peines prononcées par le Code, hors la seule peine de la confiscation spéciale (Cass. 27 sept. 1833, 7 juin 1854). Il s'applique à la peine de la surveillance qui peut être atténuée ou supprimée (Cass. 26 juin 1838), à l'interdiction de fonctions prononcée par l'art. 171 (Cass. 12 sept. 1846); il s'applique à toutes les aggravations motivées par la récidive et qui peuvent être effacées. L'atténuation peut descendre jusqu'aux peines de police et même substituer l'amende à l'emprisonnement ; dans ce dernier cas, l'amende doit être enfermée dans les limites des peines de simple police (Cass. 5 nov. 1853).

# LIVRE IV

## CONTRAVENTIONS ET PEINES DE POLICE.

---

### Art. 464, 465, 466, 467, 468, 469, 470, 472, 473, 474, 476, 477, 478, 480, 481, 482, 483.

969. Caractère et division des contraventions de police.
970. Les contraventions sont constituées par le fait matériel, abstraction faite de l'intention.
971. Elles n'admettent aucune excuse, si ce n'est la force majeure.
972. Elles n'admettent pas de complices, si ce n'est dans quelques cas exceptionnels.
973. Peines de police. Règles d'application. Confiscation spéciale.
974. Règles relatives à l'aggravation pénale de la récidive en matière de police.
975. Effet des circonstances atténuantes en cette matière.
976. Les peines de police peuvent être cumulées.

**969.** *Contraventions de police.* On a vu que les actions punissables se divisent en *crimes*, *délits* et *contraventions*. Après avoir parcouru les séries des crimes et des délits, il reste à examiner les faits que la loi a qualifiés *contraventions de police*. Les lois de simple police ont pour objet d'assurer dans chaque commune l'ordre, la sécurité et la commodité des habitants ; tous les actes qui portent la plus légère atteinte à cet ordre et à cette police locale sont des contraventions. Ces contraventions sont prévues par la loi ou par les règlements administratifs. Les premières sont celles qui sont l'objet du quatrième livre de notre Code. Les autres sont celles qui sont l'objet des arrêtés administratifs dans les cas où la loi autorise formellement ces arrêtés ; ces cas seront indiqués sous les paragraphes 5 et 15 de l'art. 471. Les contraventions prévues par le Code sont divisées en trois classes et sont énumérées dans les art. 471, 475 et 479.

**970.** Il est utile, avant d'examiner ces contraventions, de rappeler quelques règles auxquelles elles sont soumises. La première est qu'elles existent par le seul fait matériel de la désobéissance aux prescriptions réglementaires ou de la négligence à les suivre, indépendamment de toute intention criminelle, de toute volonté malveillante. Différentes en cela du délit qui n'existe que par l'élément intentionnel, elles sont toutes matérielles, abstraction complétement faite de l'intention qui a pu les animer. Cette règle, quelque générale qu'elle soit, admet cependant quelques exceptions. D'abord, quelques faits, qualifiés délits, parce qu'ils sont punis d'une peine correctionnelle, ne sont que de simples contraventions, puisqu'ils consistent uniquement dans un acte matériel isolé de toute intention coupable. On en trouve de nombreux exemples dans les lois spéciales, et nous en avons signalé quelques-uns dans notre Code. Ensuite, dans les contraventions de police elles-mêmes, quelques faits ne sont pas exempts d'une mauvaise intention ; tels sont le maraudage, la tenue de jeux de hasard, le jet d'immondices, le refus de porter secours, les dommages aux propriétés mobilières, la lacération des affiches. Mais, ces cas exceptés, la constatation du fait matériel suffit pour justifier l'application de la peine. De là il suit que les contraventions ne peuvent être effacées ni par la bonne foi des contrevenants, ni par aucune excuse, de quelque nature qu'elles soient, même l'erreur et l'ignorance (Cass. 17 déc. 1828, 25 sept. 1834, 13 juill. 1838, 22 déc. 1862, 27 avr. 1866, 26 nov. 1869, etc.).

**971.** Une deuxième règle est que, si les contraventions ne sont couvertes par aucune excuse, elles le sont cependant par la *force majeure*. En effet, s'il n'est pas nécessaire qu'elles aient été commises avec intention, il faut au moins qu'elles l'aient été volontairement, car la volonté qui diffère essentiellement de l'intention est toujours présumée dans les contraventions. Si le contrevenant n'a fait que céder à la contrainte, à une force irrésistible, il n'y a plus d'infraction. Cette cause de justification a été admise par la jurisprudence dans les termes les plus formels : les arrêts déclarent que « l'empêchement provenant de force majeure fait exception en toute matière à la culpabilité, et que ce principe est applicable aux contraventions de police » (Cass. 7 juill. 1827, 20 juill. 1838, 8 août 1840). C'est aux prévenus qu'il appartient d'établir cette exception (Cass. 15 nov. 1840, 9 déc. 1859). Lorsqu'elle est reconnue, la déclaration des juges de fait est souveraine (Cass. 1er mars 1855), à moins qu'ils ne l'aient appuyée sur des documents dénués de valeur juridique ou sur des faits qui ne constituent pas la force majeure (Cass. 7 déc. 1855, 12 juin 1856, 11 janv. 1862, 23 juin 1864, 11 juin 1866, 7 nov. 1867).

**972.** Une troisième règle est que les contraventions, sauf quelques exceptions, n'admettent pas de complices. Les art. 59 et 60 ne s'appliquent qu'aux crimes et aux délits. La complicité suppose une intention qui n'est pas présumée dans les infractions purement matérielles.

**973.** *Peines de police.* Les peines de police sont : l'emprisonnement, l'amende et la confiscation des objets saisis (art. 464). L'emprisonnement ne peut être moindre d'un jour ni excéder cinq jours (art. 465). Il ne peut donc être prononcé moins d'un jour, c'est-à-dire, 24 heures d'emprisonnement. L'amende, qui est de 1 à 15 fr., ne peut dépasser ni l'un ni l'autre de ces deux termes (Cass. 12 avr. 1813). Les amendes de police sont prononcées au profit des communes où la contravention a été commise (art. 466). D'où il suit que les tribunaux ne peuvent les appliquer à une œuvre quelconque et par exemple aux pauvres de la commune (Cass. 30 mai 1840). Le paiement des amendes peut être poursuivi par la voie de la contrainte par corps, suivant les règles établies par les art. 34 et 35 de la loi du 17 avr. 1832, et en dernier lieu par la loi du 22 juill. 1867, qui ont modifié les art. 467 et 469. L'art. 468 ne fait qu'appliquer aux matières de police la règle déjà posée par l'art. 54. La confiscation spéciale, qui n'est qu'une mesure d'ordre et de police destinée à retirer du commerce des objets nuisibles, ne peut être prononcée que dans les cas spécifiés par les art. 472, 477 et 481, et dans les cas spécialement déterminés par la loi (Cass. 10 fév. 1854). Ainsi les arrêtés de police ne peuvent ajouter aux peines d'emprisonnement et d'amende, portées par l'art. 471, la confiscation dans des cas où la loi ne l'a pas ordonné, et les juges ne doivent pas l'appliquer (Cass. 17 déc. 1841, 15 fév. 1855). Ils ne peuvent même, quand elle est légalement autorisée, la prononcer, puisqu'elle constitue une peine, au cas de renvoi du prévenu des fins de la plainte, sauf, dans le cas exceptionnel prévu par l'art. 5 de la loi du 27 mars 1851 (Cass. 3 janv. 1857). Aucune autre peine ne peut être prononcée par les tribunaux de police : ils ne peuvent ordonner ni la lecture publique, ni l'affiche ou la publication de leurs jugements, sauf, en ce qui concerne l'affiche, dans le seul cas où elle est demandée à titre de réparation par la partie lésée (Cass. 12 juill. 1838).

**974.** *Récidive.* Il y a récidive en matière de police lorsqu'il a été rendu contre le contrevenant, dans les douze mois précédents, un premier jugement pour contravention de police commise dans le ressort du même tribunal (art. 483). Ainsi trois conditions sont nécessaires pour constituer cette récidive : il faut 1° qu'il ait été rendu un premier jugement contre le prévenu pour contravention de police ; si ce premier jugement avait été rendu pour délit, cette récidive, qui se forme de la réunion de deux contraventions successives, n'existerait pas ; il ne suffirait pas non plus qu'une contravention eût été commise deux fois (Cass. 16 août 1811) ; 2° qu'une deuxième contravention, prévue par le deuxième livre du Code, ait été commise par le prévenu dans le ressort du même tribunal : l'art. 483 porte qu'il y a récidive « dans tous les cas prévus par le présent livre », d'où il suit que la nouvelle contravention doit nécessairement rentrer dans ces cas (Cass. 13 mai 1830, 7 nov. 1831, 8 mars 1857) ; mais il n'est pas nécessaire que les deux infractions soient de même nature ; 3° enfin, que le premier jugement ait été rendu dans les douze mois précédents : c'est donc la date du premier jugement rapprochée de celle de la nouvelle contravention qui peut déterminer la récidive. Les deux faits peuvent être séparés par un intervalle de plus d'une année, si le deuxième fait a été commis dans les douze mois depuis le jugement (Cass. 20 mai 1839, 14 août 1857). La récidive se constate par la production de ce jugement. C'est au ministère public à faire cette production : si l'aggravation pénale n'est pas requise avant le jugement de la prévention, il n'y aurait lieu à aucune action ultérieure pour réparer cette omission (Cass. 19 juin 1840). L'effet de la récidive est l'aggravation de la peine portée par la loi à raison de la contravention : cette aggravation ne change point la nature des peines de police, elle en change seulement la quotité, et elle ajoute à l'amende l'emprisonnement dans les cas où l'amende seule était prononcée. Ainsi l'art. 474 ajoute à l'amende d'un franc à cinq francs, portée par l'art. 471, « l'emprisonnement en cas de récidive pour 3 jours au plus ». Et les art. 478 et 482 ajoutent aux amendes de 6 à 10 fr. et de 11 à 15 fr. portées par les art. 475 et 479, « l'emprisonnement d'un à cinq jours et pendant cinq jours en cas de récidive ». Quand la récidive est régulièrement constatée, le tribunal doit appliquer l'aggravation pénale, à moins qu'il ne déclare l'existence de circonstances atténuantes (Art. 483 ; Cass. 21 avr. 1822, 9 sept. 1841, 18 mai 1849, 31 mars 1855).

**975.** *Circonstances atténuantes.* Le deuxième paragraphe de l'art. 483 porte : « L'art. 463 sera applicable à toutes les contraventions ci-dessus indiquées ». Les tribunaux de police sont donc investis du pouvoir de réduire les peines d'emprisonnement et d'amende, et de substituer l'amende à l'emprisonnement ; mais cette atténuation doit s'arrêter au minimum des peines de police, car l'art. 463 ajoute : « sans qu'en aucun cas la peine puisse être au-dessous des peines de simple police ». Le minimum de ces peines est une amende d'un franc. Cette disposition s'applique à toutes les contraventions, qu'il y ait ou non récidive (Cass. 1 et 6 fév. 1833).

**976.** *Cumul des peines.* On a longtemps agité la question de savoir si l'art. 365 du C. d'inst. crim., qui dispose que, « en cas de conviction de plusieurs crimes ou délits, la peine la plus forte sera seule appliquée », doit être étendu aux simples contraventions. La jurisprudence, après avoir admis cette application (Cass. 22 fév. 1840, 15 janv. 1841, 13 mai 1841), l'a repoussée en dernier lieu (Cass. 7 juin 1842, 22 mars 1851), et cette interprétation restrictive qui s'appuie sur le texte de l'art. 365, lequel ne fait mention que du concours de plusieurs *crimes* ou *délits*, a définitivement prévalu (Cass. 13 avr., 21 juin, 30 août, 22 nov. 1860, 16 avr. 1864, 27 janv. 1865, 5 août 1869). L'application de l'art. 365 a été toutefois réservée aux contraventions correctionnelles (Cass. 27 déc. 1862), à moins que ces contraventions ne soient prévues par des lois antérieures au Code (Cass. 21 nov. 1864, 3 mai 1866).

## I. — *Première classe des contraventions.*

### Art. 471.

**977.** — § Ier. *Entretien des fours et cheminées.* Ce paragraphe de l'art. 471 punit le défaut d'entretien, de nettoyage ou de réparation des fours, cheminées ou usines, lors même que cette négligence n'a causé aucun dommage. S'il en est résulté un incendie et un dommage quelconque, la contravention prend le caractère d'un délit et rentre dans les termes de l'art. 458. Les juges de police ont l'appréciation souveraine des faits de négligence (Cass. 23 juin 1865). Mais ils ne peuvent admettre des excuses fondées sur ce que le prévenu était locataire et n'avait pas le nettoyage à sa charge (Cass. 22 juin 1855), sur ce que la construction vicieuse ne serait que provisoire (Cass. 6 sept. 1838), sur ce que la cheminée aurait été nettoyée dans le courant de l'année (Cass. 13 oct. 1849, 5 avril 1867).

**978.** — § II. *Tir de pièces d'artifice.* La contravention prévue par ce paragraphe suppose une défense préalable, qui doit émaner de l'autorité municipale, de tirer des pièces d'artifice en certains lieux (Cass. 7 oct. 1826). Les mots *pièces d'artifice* sont des expressions génériques qui doivent s'entendre de tout travail fait avec de la poudre, pouvant par son explosion ou son action produire des effets que cette disposition a voulu prévenir (Cass. 4 août 1853). Il n'y a pas lieu d'admettre l'excuse tirée de ce que les pièces d'artifice sont parties d'une propriété privée (Cass. 12 déc. 1846), ou ont été tirées dans un enclos (Cass. 8 mai 1858). Cette contravention, qui consiste uniquement dans la violation d'une défense, prend le caractère d'un délit et rentre dans les termes de l'art. 458 ou des art. 319 et 320, lorsqu'elle a causé soit un incendie produisant un dommage, soit un homicide ou des blessures. L'art. 473 permet d'ajouter à l'amende la peine d'emprisonnement pendant 3 jours au plus « contre ceux qui auront tiré des pièces d'artifice ».

**979.** — § III. *Eclairage des rues.* Ce paragraphe prévoit deux contraventions : le défaut d'éclairage et le défaut de balayage. L'éclairage général des rues, places et voies publiques, celui des lieux publics et celui des encombrements sont réglés par des arrêtés de l'autorité municipale qui déterminent les obligations soit des aubergistes, cafetiers et cabaretiers, soit des entrepreneurs, soit des habitants (L. 16, 24 août 1790, tit. 2, art. 3). L'inexécution de ces arrêtés rentre dans les termes de ce paragraphe (Cass. 13 juin 1811, 12 juill. 1838, 14 janv. 1853, 3 août 1866, 22 nov. 1872).

**980.** *Balayage.* L'obligation du balayage, dans les communes où ce soin est laissé à la charge des habitants, est une charge, non de l'habitation, mais de la propriété. Cette charge pèse donc sur le propriétaire, soit que sa propriété soit louée, inhabitée ou habitée par lui-même (Cass. 4 mai 1848, 1er mars 1851, 28 juin 1861, 7 avr. 1864). Cette obligation n'admet aucune excuse, même dans le cas où le propriétaire aurait transporté sa charge à son locataire (Cass. 26 mars 1857, 10 fév. 1858). Les locataires cependant peuvent être directement poursuivis, si les arrêtés les soumettent au balayage, et si les propriétaires n'habitent pas la maison (Cass. 25 mai 1855, 28 nov. 1868). Mais, en cas d'absence des locataires, l'obligation retombe sur les propriétaires (Cass. 7 nov. 1867). Les arrêtés municipaux peuvent mettre à la charge des habitants le balayage des rues et voies publiques, mais non l'enlèvement des immondices (Cass. 15 déc. 1855). Cet enlèvement est un service municipal. Les maires peuvent seulement régler les jours, les heures, le mode du balayage et fixer les lieux de dépôt des immondices (Cass. 1er avr. et 13 juin 1856, 26 juin 1861, 15 janv. 1870). Lorsque le nettoiement des rues et l'enlèvement des boues ont été confiés à une entreprise, l'entrepreneur, que son adjudication a substitué aux habitants, peut seul être poursuivi à raison des contraventions commises dans son service (Cass. 9 nov. 1861, 16 avr. 1865, 10 juin 1869). S'il avait reçu sa mission des propriétaires, ceux-ci ne seraient pas dégagés de leur responsabilité, et devraient être poursuivis (Cass. 24 août 1821, 17 sept. 1841, 31 août 1854, 16 août 1862).

**981.** — § IV. *Embarras de la voie publique.* Ce paragraphe prévoit deux contraventions distinctes : l'embarras sans nécessité de la voie publique et le défaut d'éclairage des matériaux déposés ou des excavations faites sur cette voie. La première suppose trois conditions ; il faut : 1° que des matériaux, des choses quelconques, de nature à empêcher ou diminuer la liberté ou la sûreté du passage, aient été déposés ; 2° que ce dépôt ait été fait sur la voie publique ; 3° qu'il ait été fait *sans nécessité.*

**982.** Le dépôt de *matériaux ou de choses quelconques* comprend tous les objets qui peuvent embarrasser la voie publique et gêner la liberté du passage, non-seulement les pierres ou bois servant aux constructions, mais les tonneaux, les voitures, les chevaux, les bestiaux, tous les encombrements de la voie (Cass. 2 juill. 1824, 23 mars 1832, 28 mars 1844, 5 mars 1851, 13 mai 1854). Mais il est nécessaire, pour qu'il y ait contravention, que ces objets aient été *déposés* ou *laissés* sur la voie publique, ce qui indique qu'ils ne s'y trouvent pas momentanément, mais à demeure et pour un certain temps. Ainsi le stationnement des voitures pour charger ou décharger des marchandises, étant momentané, ne rentre pas dans les termes de la prohibition (Cass. 11 août 1853). Cette prohibition ne s'applique d'ailleurs qu'aux choses mobilières qui ne font qu'entraver ou diminuer le passage pendant un certain temps ; elle ne s'applique ni aux arbres, ni aux étais d'une maison menaçant ruine, ni aux portes qui s'ouvrent sur la voie publique (Cass. 23 sept. 1843, 5 fév. 1864, 29 août 1867, 24 nov. 1871).

**983.** Le deuxième élément est que le dépôt ait été fait *sur une voie publique.* Que faut-il entendre par voie publique ?

Cette expression comprend toutes les places et rues de l'intérieur et des faubourgs des villes et bourgs. Les embarras des chemins publics dans les campagnes rentrent dans les termes des art. 2, 3 et 4 de la loi des 28 sept. — 6 oct. 1791; et les dépôts de matériaux sur les grandes routes constituent une contravention de grande voirie prévue par la loi du 28 floréal an x (Cass. 7 nov. 1867, 7 mars 1868). Si la contravention est commise dans une rue formant le prolongement d'une grande route, elle peut être poursuivie concurremment devant le tribunal de police et le conseil de préfecture (Cass. 18 juin 1811). Si le prévenu soutient que la partie de la voie publique qu'il a embarrassée est sa propriété, il peut y avoir lieu de surseoir jusqu'à ce que cette question préjudicielle soit jugée (Cass. 4 oct. 1823, 11 août 1842, 21 juill. 1868, 19 avr. 1861, 8 août 1862, 19 juin 1868).

**984.** Le troisième élément de la contravention est que le dépôt ait été fait *sans nécessité.* Il appartient au tribunal de police d'apprécier souverainement dans quels cas il y a nécessité du dépôt. En général, cette nécessité existe quand le propriétaire des choses déposées n'a pu prendre les dispositions nécessaires pour leur enlèvement (Cass. 24 juin 1842). Elle ne s'applique pas à un embarras journalier, continu et perpétuel tenant à un métier ou à une profession quelconque (Cass. 17 mars 1858), ou à une vente d'effets faite par un commissaire priseur sur la voie publique (Cass. 14 mai 1857). Le juge de police ne peut accueillir des motifs de convenance ou de tolérance (Cass. 16 fév. 1854, 29 août 1867), ou des excuses prises du prétexte d'une réparation (Cass. 24 sept. 1857), de la brève durée du dépôt (Cass. 20 sept. 1855), de ce que le dépôt n'occupait que le trottoir (Cass. 9 fév. 1856), ou d'une autorisation verbale du maire (Cass. 6 août 1856, 20 fév. 1862, 25 mars 1865). Mais la déclaration du juge qu'il y a nécessité n'est soumise à aucun contrôle, quand elle s'appuie sur une instruction régulière (Cass. 12 déc. 1862, 31 mars 1865, 6 déc. 1867); il n'est lié ni par le procès-verbal (Cass. 28 nov. 1856, 10 fév., 1858), ni par les permissions illégalement données par l'autorité municipale (Cass. 17 sept. 1857) : c'est à l'autorité judiciaire qu'il appartient d'apprécier les circonstances constitutives de la nécessité. L'application du paragraphe 4 de l'art. 471 n'est subordonné à l'existence d'aucun règlement; elle ne peut être ni modifiée ni restreinte par des arrêtés de police (Cass. 14 août 1847, 19 fév. 1850).

**985.** *Défaut d'éclairage des matériaux.* Le paragraphe 4 de l'art 471 punit en deuxième lieu : « ceux qui, en contravention aux lois et règlements, auront négligé d'éclairer les matériaux par eux entreposés ou les excavations par eux faites dans les rues et places ». De ce que la loi ne punit que ceux qui, « en contravention aux lois et règlements », auront négligé cet éclairage, on ne doit pas conclure que là où il n'y a pas de règlement il n'y a pas de contravention : l'autorité municipale a le droit de régler le mode de l'éclairage dans chaque commune; mais l'obligation d'éclairer, pendant la nuit, les matériaux et les excavations n'en subsiste pas moins parce qu'elle n'a pas été réglementée (Cass. 10 avr. 1841, 30 juin 1843). Cette obligation est générale et son infraction n'admet aucune excuse, fût-elle tirée de l'inutilité de l'éclairage, du mauvais temps qui l'aurait éteint, ou d'un défaut de précaution (Cass. 1er mai 1823, 15 fév. 1828, 27 avr. 1843, 6 mars 1845, 16 mai 1846, 19 août 1847, 8 nov. 1849, 15 oct. 1852, 29 juill. 1865, 24 avr. 1868).

**986.** — § V. *Contraventions de voirie.* Le cinquième paragraphe de l'art. 471 prescrit d'exécuter les règlements concernant la petite voirie, et d'obéir à la sommation de réparer ou démolir les édifices menaçant ruine. L'inexécution de l'une ou l'autre prescription constitue une double contravention. Les règlements de petite voirie puisent leur autorité dans l'édit de décembre 1607 dont le texte est rapporté dans le n° 2753 de la *Th. du C. pén.*, et qui n'a pas cessé d'être en vigueur ; dans la loi des 16-24 août 1790, tit. 11, art. 3, n° 1, et dans la loi du 19-22 juill. 1791, tit. 1, art. 46. Il résulte de ces textes que les mesures de voirie qui intéressent la sûreté et la commodité du passage dans les rues et voies publiques appartiennent à l'autorité municipale. Le n° 5 de l'art. 471 est la sanction de ce droit.

**987.** La principale mesure de voirie consiste à donner des alignements aux propriétaires qui veulent construire sur la voie publique. Dans l'état actuel de la législation et de la jurisprudence, les maires ont le droit de donner des alignements sur ou le long des rues ou places publiques, en se conformant aux plans exigés par l'art. 52 de la loi du 16 sept. 1807, que le décret du 25 mars 1852 a attribués aux préfets. Le juge de police doit maintenir l'exécution de ces arrêtés, s'ils sont réguliers (Cass. 11 avr. et 22 août 1862); il peut, si les alignements ne sont pas représentés, en ordonner la production, car il ne doit statuer que sur des faits précis et constatés (Cass. 20 janv. 1870). S'il n'y a pas de plans légalement approuvés, les maires n'ont plus de pouvoir pour donner des alignements qui forceraient les propriétaires à reculer ou avancer les constructions qu'ils font élever; leur droit se borne alors à indiquer dans leurs arrêtés d'alignement l'ancienne limite séparative de la propriété privée et de la voie publique (Cass. 11 déc. 1869, 31 mars 1870). Ce droit d'alignement ne peut d'ailleurs s'exercer qu'en ce qui touche les constructions qui attiennent immédiatement à la voie publique (Cass. 25 juill. 1829); et par voie publique on ne doit entendre que l'emplacement actuellement affecté à la circulation (Cass. 24 nov. 1827, 17 mai 1838, 13 juill. 1861, 9 janv. 1862, 20 nov. 1863). Mais il peut s'exercer sur des terrains attenant à une voie publique existante et sujets à retranchement pour l'élargissement ou le redressement de cette voie, car les plans soumettent les portions de ces terrains à une servitude de ne pas construire sans autorisation (Cass. 6 avr. 1846, 30 avr. 1853, 31 mai 1855, 17 juill. 1857, 14 août 1858, 26 août 1859, 17 fév. 1863, 20 juin 1864, 20 déc. 1866). Enfin le droit municipal ne peut s'appliquer qu'aux voies publiques actuellement existantes; il ne s'étend point aux voies projetées, lors même qu'elles sont autorisées par un plan régulier (Cass. 16 avr. 1864, 27 mars 1869, 14 déc. 1872).

**988.** La contravention, résultant de constructions élevées sans autorisation dans les cas où cette autorisation est nécessaire, n'existe plus : 1° lorsqu'elle a été commise avant que les plans fussent dressés ou fussent devenus obligatoires ; ces plans ne peuvent être obligatoires que du jour où il en a été donné connaissance aux personnes dont ils grèvent la propriété par publication, notification ou communication (Cass. 15 mai 1869, 20 janv. 1870) ; 2° lorsqu'elle est couverte par la prescription; elle se prescrit, comme toutes les contraventions, par le laps d'une année à compter du jour où la construction a été bâtie (Cass. 2 juin 1865). Mais la contravention existe, bien que les travaux aient été autorisés, si l'autorisation n'a été que verbale, au lieu d'être écrite comme l'exige l'édit de 1607 (Cass. 12 juill. 1849, 14 sept. 1850, 20 janv. 1856, 5 juill. 1860), ou si les conditions et les délais qu'elle fixait n'ont pas été observés (Cass. 6 fév. 1851, 1er août 1856, 11 juill. 1857, 6 déc. 1860, 13 janv. 1864).

**989.** Lorsqu'il s'agit, non plus de constructions, mais de réparations aux édifices joignant la voie publique et sujets à reculement, il y a lieu de demander, à peine de contravention, l'autorisation de l'autorité municipale (Cass. 21 mars et 30 juill. 1868). Si elles ont été faites sans autorisation, la destruction ne peut en être ordonnée que si elles ont eu pour effet de consolider l'édifice (Cass. 10 déc. 1864, 13 avr. 1866). Mais il n'appartient qu'à l'autorité administrative d'apprécier si les travaux sont ou ne sont pas confortatifs (Cass. 22 avr. 1864, 11 mars 1868). Le juge de police doit donc, s'il y a lieu, surseoir jusqu'à ce que cette décision soit apportée dans un délai qu'il détermine (Cass. 22 janv. 1864, 13 avr. 1866). Si les travaux sont reconnus confortatifs, la démolition doit en être ordonnée (Cass. 6 août 1852, 2 mai 1856, 14 juill., 23 août et 21 nov. 1860).

**990.** Les règlements de petite voirie ne peuvent porter d'autres peines que celles de l'art. 471. Ces peines s'appliquent aux contraventions de petite voirie prévues par les anciens règlements, et quelles que soient les dispositions des règlements nouveaux, le juge de police, compétent malgré ces dispositions pénales, ne peut appliquer que les peines de police (Cass. 17 déc. 1840). Mais il doit prononcer la réparation du dommage causé, et cette réparation en matière d'alignement consiste dans la démolition des constructions élevées en contravention aux règlements (Cass. 10 sept. 1834, 11 janv. 1840, 17 août 1843, 28 juill. 1844, 30 avril 1846, 2 janv. 1847, 21 mars 1851, etc.). Mais cette mesure, souvent hors de proportion avec la contravention, ne doit pas être appliquée : 1° lorsque la construction irrégulièrement édifiée n'est pas en dehors de l'alignement, car il n'y a pas de dommage (Cass. 9 août 1851, 20 juin et 18 nov. 1853, 23 avr. 1859); 2° lorsque l'alignement n'a pas été donné (Cass. 20 août 1858) ou a été donné illégalement (3 août 1858) ou lorsqu'il n'y a pas de plan (Cass. 11 avr. 1862); 3° lorsqu'il est reconnu que le contrevenant n'a causé aucun dommage à la viabilité (Cass. 28 juill. 1854). S'il y a doute sur l'observation de l'alignement, le juge doit surseoir et renvoyer devant l'autorité compétente (Cass. 23 avr. et 10 août 1850). Le sursis, dans ce cas, porte sur toute la prévention : il ne peut prononcer l'amende et surseoir sur la question de démolition (Cass. 7 juill. et 18 août 1860). Il ne peut également accorder un délai pour l'exécution : l'art. 10 de la loi du 18 juill. 1837 attribue spécialement aux maires ce qui touche l'exécution (Cass. 17 et 18 fév. 1860).

**991.** La deuxième contravention prévue par le paragraphe V consiste dans la négligence ou le refus d'obéir à la sommation faite par l'autorité administrative de réparer ou de démolir les édifices menaçant ruine. Les deux éléments de la contravention sont donc, d'une part, la sommation; de l'autre, le refus ou la négligence d'obéir. La sommation peut être faite par une simple lettre, pourvu qu'elle soit régulièrement notifiée (Cass. 13 oct. 1820, 27 avr. 1849, 4 fév. 1858, 28 nov. 1868, 15 janv. 1873). Le juge de police ne peut qu'apprécier la négligence ou le refus d'exécution ; il est incompétent pour apprécier l'opportunité de la mesure (Cass. 26 avr. 1827, 12 août 1845, 1er mars 1856, 3 janv. 1863, 23 janv. 1870).

**992.** — § VI. *Exposition de choses nuisibles.* Ce paragraphe punit l'imprudence qui jette ou expose au devant des édifices des choses de nature à nuire par leur chute ou leurs exhalaisons insalubres. Il ne suppose aucune volonté de nuire, aucun dommage causé ; il ne prévoit que la possibilité de ce dommage. Les précautions prises pour empêcher la chute des objets ne sont pas une excuse (Cass. 10 fév. 1848, 13 mars 1852). Si la chute avait causé des blessures, l'imprudence rentrerait dans les termes de l'art. 320. L'exposition *au devant des édifices*, c'est l'exposition sur la voie publique ou aux fenêtres donnant sur cette voie (Cass. 13 mai 1856). Ce paragraphe a été appliqué à celui qui jette par la fenêtre un seau d'eau (Cass. 30 août 1860), alors même que cette eau n'est ni malpropre ni insalubre (Cass. 24 nov. 1856); à celui qui a suspendu à ses fenêtres des peaux tannées (Cass. 8 fév. 1856 ; à celui qui laisse s'écouler sur la voie publique les eaux d'une écurie (Cass. 2 juin 1842), ou d'autres eaux infectes (Cass. 2 avr. 1848, 9 fév. 1860). Les usages locaux ne peuvent excuser les contraventions (Cass. 30 mars 1863). Si les exhalaisons insalubres proviennent de matières déposées hors de la voie publique, le n° 6 de l'art. 471 n'est plus applicable, mais il appartient alors à l'autorité municipale d'en ordonner l'enlèvement par un arrêté qui a sa sanction dans le n° 15 du même article (Cass. 2 juin 1865).

**993.** — § VII. *Abandon sur la voie publique d'armes ou instruments contondants.* Ce paragraphe établit une mesure de police et de sûreté publique. La loi n'a pas voulu laisser à la discrétion des malfaiteurs des instruments dont ils pourraient se servir pour accomplir des crimes. Cette disposition ne doit être appliquée qu'aux instruments et machines qui seraient de nature à servir à cette perpétration (Cass. 30 mars 1858). Elle a été appliquée aux échelles laissées sur la voie publique (Cass. 29 sept. 1843, 10 janv. 1846, 22 nov. 1856, 24 sept. 1857); aux coutres de charrue quelle que soit leur forme (Cass. 17 janv. 1846), aux barres de fer déposées par un serrurier (Cass. 14 janv. 1559). Si l'instrument avait été laissé à dessein et de connivence avec les malfaiteurs, ce serait un cas de complicité.

**994.** — § VIII. *Echenillage.* Ce paragraphe a pour but d'apporter une sanction pénale à la loi du 26 ventôse an IV, qui prescrit à tout propriétaire, usufruitier, régisseur, fermier, colon ou locataire d'écheniller ou faire écheniller tous les ans, avant le 1er ventôse (20 février) les arbres, arbustes, haies ou buissons situés sur ses propriétés. Cette obligation de l'échenillage est ordinairement rappelée chaque année par les maires; mais la contravention existe indépendamment de tout arrêté (Cass. 4 juin 1857). Elle consiste uniquement dans le fait d'avoir négligé l'échenillage et ne peut être excusée par le défaut d'un avertissement (Cass. 17 juill. 1863). Cette disposition ne s'applique pas aux bois (Cass. 19 juin 1851), mais elle s'applique aux arbres fruitiers (Cass. 3 déc. 1858).

**995.** — § IX. *Maraudage.* Ce paragraphe prévoit le premier et le plus faible degré du délit de maraudage. Le fait qui en est l'objet diffère du fait prévu par le paragraphe 15 de l'art. 475, en ce qu'il ne s'applique qu'aux fruits, tandis que l'art. 475 s'étend à toutes les productions utiles de la terre, et en ce qu'il ne saisit que l'action de cueillir et de manger sur le lieu, tandis que l'art. 475 s'applique à l'enlèvement hors du lieu. Si les fruits cueillis sont mangés sur le lieu même par plusieurs personnes, la contravention demeure la même (Cass. 17 déc. 1867). Mais s'ils sont enlevés, le fait rentre, suivant les circonstances, dans les termes de l'art. 475, n° 15, ou de l'art. 388.

**996.** — § X. *Glanage et grappillage.* L'ancien usage du glanage, râtelage et grappillage dans les champs ouverts après la récolte, maintenu par les art. 21 et 22 de la loi du 28 sept. — 6 oct. 1791, trouve une nouvelle sanction dans ce paragraphe. La condition essentielle de la contravention est que les champs n'aient pas encore été vidés de leurs récoltes, ou que le glanage, le râtelage ou le grappillage aient eu lieu avant le lever ou après le coucher du soleil; car l'usage ne peut s'exercer que lorsque le propriétaire a enlevé ses récoltes et sous sa surveillance. Ce paragraphe est d'ailleurs étranger au propriétaire ; il ne concerne que les individus à qui sont laissés, à raison de leur indigence, les épis qu'ils trouvent dans les champs après la récolte enlevée : ce propriétaire peut donc lui-même faire le glanage et le râtelage dans ses champs tant qu'il n'a pas enlevé la récolte (Cass. 8 oct. 1817, 20 janv. 1820, 6 nov. 1857, 9 déc. 1853, 22 janv. 1860, 14 fév. 1867). Le paragraphe X ajoute, comme le paragraphe IX, « sans autre circonstance », car le fait change de nature si le glaneur dérobe des épis faisant partie de la récolte. La contravention peut, aux termes de l'art. 473, emporter, suivant les circonstances, un emprisonnement de trois jours au plus.

**997.** — § XI. *Injures.* Ce paragraphe, ainsi que cela résulte de l'art. 376, s'applique aux injures qui ne renferment pas l'imputation d'un vice déterminé ou qui n'ont pas été proférées publiquement. Cette interprétation n'a point été modifiée par les art. 13 et 20 de la loi du 17 mai 1819. L'art. 13 définit l'injure : « toute expression outrageante, terme de mépris ou invective qui ne renferme l'imputation d'aucun fait. » Et l'art. 20 ajoute que « l'injure qui ne renfermerait pas l'imputation d'un vice déterminé, ou qui ne serait pas publique, continuera d'être punie des peines de simple police ». L'injure est donc une simple contravention : 1° lorsqu'elle ne renferme pas l'imputation d'un vice déterminé ; 2° lorsque, même en renfermant l'imputation d'un vice déterminé, elle n'a pas été proférée publiquement.

L'injure renferme un vice déterminé quand elle impute un fait précis, une condition habituelle de la personne, une situation injurieuse. Elle ne contient pas cette imputation diffamatoire quand elle se traduit dans une impression outrageante, une invective, un terme de mépris, sans rattacher cette expression à aucun acte de la vie de la personne (Cass. 10 juill. 1840, 20 août 1842). Le paragraphe XI comprend, en deuxième lieu, toutes les injures qui ne sont pas publiques, quelque graves qu'elles soient et lors même qu'elles expriment un fait précis. Le défaut de publicité leur enlève leur gravité (Cass. 30 juill. 1852). La diffamation n'est elle-même qu'une injure simple quand elle n'est pas publique (Cass. 2 juill. 1856). La contravention conserve son caractère, soit que l'injure soit adressée à un particulier ou à un officier public, sauf toutefois l'application de l'art. 222 (Cass. 30 déc. 1853, 5 avr. 1860). Enfin les injures qui font l'objet de ce paragraphe ne sont punies que lorsqu'elles ont été proférées « sans avoir été provoquées ». La compensation est donc admise en matière d'injures. L'action peut être repoussée par le fait que le plaignant a provoqué les injures (Cass. 11 oct. 1837). Si les injures ont été réciproques et que le juge ne puisse reconnaître de quel côté est venue la provocation, aucune peine ne doit être prononcée (Cass. 1er sept. 1826). Et il en doit être ainsi toutes les fois que les deux parties ont proféré des expressions injurieuses l'une contre l'autre (Cass. 9 mars 1867). Il appartient d'ailleurs au juge de police d'apprécier souverainement la provocation (Cass. 18 août 1864), qui n'excuse du reste que les injures simples (Cass. 25 mars 1847).

**998.** — § XII. *Jet d'immondices.* Ce paragraphe n'est que la suite et pour ainsi dire le complément du paragraphe 6. L'élément essentiel de la contravention est l'imprudence, ce qui exclut le concours de la volonté. S'il y avait intention, le fait rentrerait dans les termes du n° 8 de l'art. 475. Il ne suffit pas, au surplus, que les immondices aient été jetés imprudemment, il faut qu'ils aient été jetés « sur quelque personne »; c'est là ce qui spécifie cette contravention.

**999.** — § XIII. *Passage sur les terrains ensemencés.* Ce paragraphe, qui reproduit en partie l'art. 27, tit. 2, de la loi du 28 sept. — 6 oct. 1791, protége indistinctement toutes les propriétés, closes ou non closes (Cass. 4 déc. 1847, 2 juin 1865), mais il est nécessaire que le terrain ait été préparé ou ensemencé ; c'est cette circonstance qui constitue la contravention (Cass. 28 mars 1844) ; si elle n'existe pas, le passage ne cause aucun dommage. Si le terrain est chargé de récoltes, la contravention est prévue par le paragraphe 9 de l'art. 475. Mais s'il est seulement préparé ou ensemencé, il importe peu qu'il y ait ou non dommage : le fait du passage suffit pour constituer la contravention, quel que soit le mode de ce passage (Cass. 12 fév. 1863), et lors même que le prévenu n'aurait fait que suivre un sentier (Cass. 16 mai 1867) ou que son passage se rattacherait à un fait de chasse dans un temps non prohibé (Cass. 2 juin 1865). Les prairies sont considérées comme étant en tous temps dans un état de production et par conséquent comme des terrains toujours préparés ou ensemencés (Cass. 12 juill. 1855, 16 mars et 27 avril 1867). Il y a cependant quelques cas où le passage sur le terrain d'autrui est permis : 1° lorsque la propriété du contrevenant est enclavée (Cass. 25 avr. 1846, 16 sept. 1853, 8 janv. 1860); 2° lorsque le chemin public riverain du champ est impraticable (Cass. 12 nov. 1847, 13 oct. 1854, 1er juin 1866); 3° lorsqu'il s'agit de travaux publics régulièrement exécutés (Cass. 25 fév. 1847, 16 juin 1854 ; *Th. du C. pén.*, n° 2793).

**1000.** — § XIV. *Passage de bestiaux sur le terrain d'autrui.* Ce paragraphe prévoit, non plus le passage des personnes sur le terrain d'autrui, mais des bestiaux, bêtes de trait, de charge ou de monture. Si le terrain est ensemencé ou chargé de récoltes, la contravention est prévue par le paragraphe 10 de l'art. 475. Le paragraphe 14 de l'art. 471 ne prévoit qu'un seul cas, celui où le passage a lieu après la récolte faite, mais avant son enlèvement (Cass. 12 sept. 1822). Lorsque les bestiaux sont conduits sur le terrain d'autrui, non pour y passer seulement, mais pour y pâturer, la contravention est prévue par le paragraphe 10 de l'art. 479. Le paragraphe 14 de l'art. 471 ne s'applique au reste qu'au fait de laisser passer volontairement ses bestiaux, et non au passage accidentel sur le terrain d'autrui (Cass. 9 mars 1821, 13 avr. 1836, 23 juin 1864, 1er juin 1866.

**1001.** — § XV. *Règlements de police.* Le paragraphe 15 de l'art. 471 applique les peines portées par cet article à ceux qui auront contrevenu aux règlements légalement faits par l'autorité administrative et par l'autorité municipale. Il résulte de cette sanction apportée aux règlements administratifs et de police, que les tribunaux de police sont appelés à connaître, à côté des contraventions prévues par le Code, d'une foule de contraventions prévues par les dispositions réglementaires. La loi distingue les règlements administratifs et les arrêtés municipaux. Les règlements administratifs émanent, dans les cas spécifiés par la loi, du chef du pouvoir exécutif, des ministres et des préfets ; nous avons examiné ailleurs et essayé de fixer les limites de ce pouvoir réglementaire (*Tr. de l'instr. crim.*, no 2416 à 2480). Les préfets qui l'exercent dans la plupart des cas sont investis du droit de prendre des arrêtés de police applicables aux départements qu'ils administrent (L. 12 messidor an VIII, 19 juin 1851 ; 5 mai 1855), quand les chefs-lieux de ces départements ont plus de 40,000 habitants ; ils sont encore investis, soit par la loi du 18 juillet 1837, soit par plusieurs lois spéciales, par une délégation expresse et directe, du pouvoir de réglementer certaines matières (Voy. *Th. du C. pén.*, n° 2796).

**1002.** Les anciens règlements sont considérés dans certains cas comme des règlements administratifs et ont une autorité spéciale à côté des règlements du pouvoir exécutif et des préfets.

On doit d'abord distinguer les règlements généraux émanant d'une autorité souveraine, tels que les édits et arrêts de règlement, et les règlements locaux émanant d'une autorité subalterne, tels que les arrêtés des lieutenants de police, juges et prévôts. Ces dernières ne peuvent plus obtenir aucune autorité. Les autres ne conservent leur puissance que s'ils statuent sur des matières qui n'ont été réglées ni par le Code ni par aucune autre loi, et si leurs dispositions ne sont contraires à aucun principe de la législation actuelle (L. 19-20 et 7. 1790, 9; 16-24 août 1790, tit. 2, art. 1, 19-22 juil. 1791, tit. 1,20). De là il suit que ces anciens règlements de police qui ne peuvent d'ailleurs être étendus au delà des territoires auxquels ils étaient appliqués (Cass. 28 avr. 1832), ne peuvent être invoqués que dans les cas où ils n'auraient été remplacés par aucun règlement nouveau rendu par l'autorité compétente sur la même matière (Cass. 11 juin 1818, 2 juin 1825, 3 fév. 1847). Et dans le cas même où ces anciens règlements peuvent encore être invoqués, on doit séparer les dispositions réglementaires et les dispositions pénales; celles-ci sont frappées d'abrogation; elles se trouvent remplacées par les peines de simple police portées par l'art. 471 (Cass. 12 nov. 1813, 10 avr. 1819, 7 oct. 1826, 12 nov. 1830, 11 oct. 1851, 13 janv. 1853). Quant aux anciens règlements qui s'appliquent à des matières spéciales, leurs pénalités sont également réduites aux peines de police, si ces matières rentrent dans le cercle de la police; elles sont maintenues, au contraire, si leur objet est tout à fait étranger à cette police. C'est ainsi qu'il a été décidé qu'il y avait lieu d'appliquer encore l'amende de 50 livres, portée par la déclaration du 30 mai 1731, sur la pêche du goëmon (Cass. 2 sept. 1842); l'amende de 60 à 100 livres portée par un règlement du 23 janvier 1727, en matière de petit cabotage (Cass. 19 déc. 1846); l'amende de 500 livres portée par l'art. 6 de l'éd. de févr. 1776, sur la boulangerie (Cass. 18 fév. 1848); l'amende de 500 livres portée par l'édit d'oct. 1666, relative au péage du canal du Midi (Cass. 23 mai 1851), etc.

**1003.** Les règlements ou arrêtés municipaux sont ceux qui sont pris en vertu des art. 3 et 4, tit. 11 de la loi du 16-24 août 1790, de l'art. 16, tit. 1, de la loi du 19-22 juill. 1791, et de l'art. 11 de la loi du 18 juil. 1837. Ces arrêtés ne peuvent, en général, émaner que des maires, qui représentent l'autorité municipale. Mais cette règle, quoique maintenue par l'art. 11 de la loi du 18 juil. 1837, a reçu quelques exceptions : les préfets, dans les départements dont le chef-lieu compte plus de 40,000 habitants, exercent le droit municipal (L. 12 messidor an VIII, 19 juin 1851 et 5 mai 1855), et la jurisprudence a admis, par induction du nº 3 de l'art. 9 de la loi du 18 juill. 1837, qu'il appartient aux préfets de tous les départements de pourvoir par des arrêtés aux mesures qui intéressent la sûreté, lorsqu'elles s'appliquent à tout le département (Cass. 19 et 26 janv. 1856).

**1004.** Ces arrêtés, dont l'autorité est limitée à chaque commune quand ils émanent du maire et à chaque département quand ils émanent du préfet (Cass. 14 juil. 1838, 20 août 1841), ne peuvent sortir du cercle qui leur a été tracé par la loi : ils peuvent 1° ordonner des mesures locales sur les objets confiés par les lois à la vigilance de l'autorité municipale ; 2° publier de nouveau les lois et règlements de police et rappeler les citoyens à leur observation. (L. 18 juil. 1837, 11). Lorsque les arrêtés sont légalement pris dans les limites de ces attributions, ils sont considérés comme de véritables lois pénales, puisqu'ils en ont les effets et l'autorité et qu'ils obligent tous les citoyens (Cass. 23 sept. 1853). Mais lorsqu'ils sortent de ces attributions, soit parce qu'ils portent sur des objets qui ne sont pas confiés à la viglance municipale, soit parce qu'ils sont en opposition avec quelque loi existante, ils n'ont plus d'autorité et cessent d'être obligatoires. Les termes de la loi du 16-24 août 1790, qui énumèrent les objets confiés à la vigilance municipale, sont très-vagues : « tout ce qui intéresse la sûreté et la commodité du passage dans les rues, quais, places, ce qui comprend le nettoiement, l'illumination, l'enlèvement des encombrements; le soin de réprimer les délits contre la tranquillité publique, tels que les rixes et disputes, les tumultes, les bruits et attroupements, et le maintien du bon ordre dans les foires, marchés, spectacles, jeux, cafés et lieux publics. » Cette énumération, qui est indicative et non limitative, peut donner lieu à une foule de mesures qu'il serait impossible d'apprécier à l'avance avec exactitude. C'est aux tribunaux de police, ainsi qu'on le dira plus loin, qu'il appartient de faire cette appréciation.

**1005.** Les arrêtés doivent, pour être obligatoires, être publiés (Cass. 5 nov. 1842, 28 nov. 1845, 17 fév. 1846, 27 avr. 1846, 3 mai 1850). Le mode de cette publication n'ayant pas été réglé par la loi, il suffit qu'ils soient publiés ou affichés dans les communes soumises à leur observatior (Cass. 13 avr. 1833, 24 juill. 1852). La jurisprudence a considéré comme légalement publié : 1° l'arrêté qui a été inséré dans le mémorial administratif de la préfecture et qui charge expressément les maires de le publier dans les formes déterminées (Cass. 5 mars 1836); 2° l'arrêté qui a été annoncé à son de trompe ou de caisse, lors même qu'il n'a pas été affiché (Cass. 16 avr. 1836, 29 avr. 1839); 3° l'arrêté dont copie authentique a été envoyée à chacun des habitants auxquels il s'applique (Cass. 31 août 1821). Lorsqu'ils ont été publiés ou affichés, toute notification ultérieure est inutile (Cass. 27 avr. 1849); mais elle est indispensable quand il n'y a pas eu de publication (Cass. 31 août 1820).

**1006.** Les maires ne peuvent procéder que par voie de règlement général, puisque leurs arrêtés sont des lois locales. Ils ne peuvent donc statuer que par voie réglementaire, lors même que les arrêtés contiennent les dispositions spéciales exclusivement applicables à un établissement ou à un individu (Cass. 12 nov. 1813, 15 déc. 1836, 12 déc. 1846). De là il suit qu'il n'est pas permis aux maires de dispenser certaines personnes, par des actes particuliers de l'observation des règlements (Cass. 27 avr. 1843, 12 déc. 1846). Il y a lieu de distinguer les arrêtés temporaires et permanents. Les premiers, pris dans des cas urgents, sont exécutoires sur-le-champ. Les arrêtés permanents ne sont exécutoires qu'un mois après la remise de l'ampliation au sous-préfet (L. 18 juillet 1837, 11). Ce délai est suspensif de toute exécution (Cass. 7 juill. 1838, 14 mars 1851). Doit-on considérer comme des règlements les baux et les cahiers des charges qui établissent les obligations des entrepreneurs d'éclairage, de balayage, d'enlèvement des immondices d'une ville? Cette question a été diversement résolue par la jurisprudence; elle a longtemps hésité à considérer comme règlement un bail ou un cahier des charges qui n'est qu'un contrat n'obligeant que les contractants; mais il a fallu, à peine d'inexécution des services publics, attribuer au cahier des charges d'une entreprise municipale et à l'infraction commise par l'adjudicataire, les caractères d'un règlement général et d'une contravention de police (Cass. 27 juin et 22 nov. 1856, 3 juill. 1857, 29 déc. 1860, 9 déc. 1861; *Th. du C. pén.*, n° 2808).

**1007.** Le tribunal de police a le droit d'examiner la légalité et le sens des règlements de police : 1° parce que ces règlements ne sont point des actes administratifs, mais des actes accomplis en vertu d'une délégation législative et qui participent du caractère des lois dont l'interprétation appartient au pouvoir judiciaire; 2° parce que ce tribunal, n'ayant qu'une compétence restreinte, est tenu d'examiner la matière de chaque arrêté; 3° parce que les règlements imposant des charges et des obligations, les inculpés de contravention ont le droit de se défendre en soutenant qu'ils sont ou contraires aux lois, ou non exécutoires, ou faussement appliqués (Cass. 17 nov. 1849). De là il suit que dans chaque poursuite fondée sur les règlements, les juges ont le droit d'examiner : 1° s'ils émanent d'une autorité compétente; 2° s'ils ont été pris dans le cercle de ses attributions; 3° s'ils dérogent ou sont contraires à quelque disposition existante; 4° S'ils sont régulièrement exécutoires (*Th. du C. pén.*, n° 2810). Lorsque les règlements ne sont pas réguliers, lorsqu'ils ne s'appliquent pas à l'un des objets confiés à l'autorité municipale, lorsqu'ils sont contraires à quelque loi, ils cessent d'être obligatoires et les tribunaux de police ne doivent pas en faire l'application. Ce droit a été consacré par un grand nombre d'arrêts qui déclarent : « que l'autorité judiciaire a toujours le droit d'examiner si les dispositions réglementaires qu'elle est appelée à sanctionner par l'application d'une peine, ont été prises par l'autorité dont ils émanent dans les limites légales de sa compétence » (Cass. 19 nov. 1829, 11 mars, 23 juil. et 12 nov. 1830, 29 avr. 1831, 13 mars 1832, 12 et 24 avr. 1834, 5 et 18 mars 1836, 20 janv. 1837 etc. *Th. du C. pén.*, n° 2811).

**1008.** Mais les tribunaux de police doivent en même temps se renfermer dans les limites posées par la loi. Ils doivent se borner à apprécier la régularité et le vrai sens des arrêtés, ils ne peuvent apprécier l'utilité et l'opportunité des mesures prises par l'autorité municipale; ils ne peuvent également prononcer d'autres peines que celles portées par l'art. 471 (Cass. 17 janv. 1829). Si les règlements portent d'autres peines, les tribunaux doivent, ou se déclarer incompétents si ces peines sont légalement établies, ou, si elles ne le sont pas, déclarer leur illégalité, et appliquer les peines légales.

## *Deuxième classe des contraventions.*

### Art. 475.

1009. Caractère général des contraventions prévues par l'art. 475.
1010. Contravention résultant de la violation des bans de vendanges (§ Ier).
1011. Inobservation des règles prescrites pour la tenue des registres des logeurs. Quels individus sont réputés logeurs (§ II).
1012. Obligations des conducteurs de voitures et bêtes de charge (§ III).
1013. Sanction des règlements relatifs à la direction et à la rapidité des chevaux et des voitures (§ IV).
1014. Sanction des règlements relatifs à la direction, au chargement et à la police des voitures privées et publiques.

**1009.** L'art. 475 comprend une série de contraventions qu'il punit d'une amende de 6 à 10 fr. Ces contraventions n'ont aucun caractère particulier aucun lien qui les rattache les unes aux autres (*Th. du C. pén.*, n° 2813). Nous suivons pour leur examen l'ordre établi par la loi.

**1010.** — § I^er^. *Bans des vendanges.* La loi du 18 sept. — 6 oct. 1791, après avoir déclaré « que chaque propriétaire est libre de faire la récolte de quelque nature qu'elle soit au moment qui lui conviendra » (Sect. 5, art. 1), ajoute que « cependant, dans les pays où le ban de vendange est en usage, il pourra être fait des arrêtés à cet égard, chaque année, par le conseil général de la commune, mais seulement pour les vignes non closes » Le § 1^er^ de l'art. 475 apporte une sanction à cette disposition. Cette exception au droit du propriétaire est limitée aux bans des vendanges, bien que la loi ait ajouté : « ou autres bans autorisés par les règlements. » Elle n'est applicable que dans les communes où leur usage est établi ; enfin, elle est restreinte aux vignes non closes. Ces bans se bornent à indiquer l'époque des vendanges ; il est interdit d'y joindre d'autres dispositions, par exemple d'interdire aux propriétaires l'entrée de leurs vignes non closes un mois avant les vendanges pour visiter les vignes et cueillir les fruits en maturité (Cass. 21 oct. 1841, 24 avril 1858, 24 févr. 1865). Les bans sont applicables aux vignes non closes appartenant à différents propriétaires, lors même qu'elles sont enfermées dans un même enclos (Cass.

5 août 1830). Mais il appartient au juge d'apprécier si les vignes sont en état de clôture et si les arrêtés s'y appliquent (Cass. 22 mai 1855, 24 janv. et 6 fév. 1858). Les propriétaires sont tenus d'attendre la publication des bans dans les communes où ils ont lieu chaque année (Cass. 25 fév. 1826). Ils sont publiés à son de trompe ou de caisse et sont obligatoires du jour de cette publication (Cass. 24 janv. 1858).

**1011.** — § II. *Registres des logeurs.* Il ne s'agit plus ici, comme dans l'art. 73, de l'omission de l'inscription sur le registre, mais des irrégularités relatives à la tenue de ce registre; trois obligations sont imposées aux logeurs : 1° la tenue d'un registre ; 2° l'inscription sur le registre des noms et domicile de toute personne qui a couché ou passé une nuit dans leurs maisons ; 3° la représentation de ce registre aux époques déterminées par l'autorité municipale. L'omission de chacune de ces trois prescriptions suffit pour motiver l'application de la peine. Cette disposition ne concerne que les aubergistes, les hôteliers, les logeurs ou loueurs de maisons garnies, c'est-à-dire les personnes qui font état de recevoir habituellement des étrangers dans leurs maisons; elle ne concerne pas les propriétaires ou locataires qui disposent d'une partie de leurs maisons en louant des chambres garnies (Cass. 3 nov. 1827, 29 avr. 1831, 14 déc. 1832, 1er août 1845, 24 janv. 1863, 5 avr. 1866); elle ne concerne pas non plus les sages-femmes (Cass. 12 sept. 1846). L'art. 475, n° 2, n'exige que l'inscription des noms, qualités et domicile; mais l'addition des prénoms peut être prescrite par voie réglementaire (Cass. 27 août 1852, 28 déc. 1866). L'inscription est exigée à l'égard de toute personne qui a couché ou passé une nuit dans les maisons, fût-elle domiciliée dans le lieu même où cette maison est située (Cass. 28 mai 1825, 19 mai 1860). La contravention n'admet aucune excuse (Cass. 12 janv. 1850) et les arrêtés municipaux peuvent étendre les mesures que le paragraphe a établies (Cass. 18 juil. 1857, 8 mai 1858).

**1012.** — § III. *Obligations des conducteurs de voitures et bêtes de charge.* Ce paragraphe se réfère à des règlements qu'ont reproduits les ordonnances des 14 févr. 1820 et 15 mai 1822; mais, indépendamment de ces règlements, il contient plusieurs dispositions réglementaires qui suffisent pour motiver l'application des peines de police (Cass. 24 déc. 1841, 24 août 1843, 21 sept. 1850, 21 juin 1855, 28 avr. 1859). Cette disposition n'a été ni modifiée, ni étendue par la loi du 30 mai 1851 et le décret du 10 août 1852 (Cass. 1er juin 1855). Elle s'applique aux contraventions commises sur toutes les voies publiques, autres que celles que cette loi et ce décret désignent (Cass. 21 juin 1855). Elle s'applique notamment au voiturier qui conduit seul quatre voitures (Cass. 28 avr. 1850); qui monte sur le cheval du milieu des chevaux attelés à sa voiture (Cass. 5 oct. 1854), qui se place sur le devant d'une charrette attelée de deux chevaux (Cass. 25 avr. 1844, 5 mars 1845); qui ne laisse pas la moitié de la chaussée libre en cas de rencontre (Cass. 18 mars 1860). Les contraventions ne peuvent être excusées parce que les voituriers ne se trouvaient en présence d'aucune autre voiture et d'aucun embarras (Cass. 8 mars 1845), parce qu'ils n'ont abandonné la conduite de leurs voitures que quelques instants (Cass. 28 déc. 1848), pour entrer dans une maison et en sortir (Cass. 28 déc. 1848; 21 juin 1856), pour acheter un fouet dans la boutique d'un sellier (Cass. 11 sept. 1847, 4 mai 1861), parce qu'ils surveillaient leurs voitures, de la porte d'un cabaret où ils étaient entrés (Cass. 27 avr. 1860), ou qu'il y avait eu nécessité, sous allégation de force majeure, de quitter les chevaux (Cass. 7 déc. 1858). Mais il n'y aurait pas de contravention si, en quittant leurs chevaux, ils ont pris les précautions nécessaires pour prévenir tout accident (Cass. 31 janv. 1856. *Th. du C. pén.*, n° 2527).

**1013.** — § IV. *Règlements sur la rapidité des chevaux et sur les voitures privées et publiques.* Ce paragraphe renferme deux contraventions : l'une relative à la direction des animaux de trait ou de monture, l'autre relative à la direction des voitures. La première résulte du seul fait d'avoir fait courir les chevaux, bêtes de trait, de charge ou de monture, *dans l'intérieur d'un lieu habité*, lors même que cette course n'a causé aucun dommage. La jurisprudence a déclaré que par le mot *courir* la loi n'entend pas seulement le galop de l'animal, mais toute allure rapide pouvant amener le danger qu'elle a voulu prévenir (Cass. 18 mars, 2 juin et 16 déc. 1854, 1 juin 1855), mais le juge de police est compétent pour apprécier souverainement si le trot des animaux a eu l'allure vive et rapide qui peut compromettre la sûreté des personnes (Cass. 7 mars 1857, 23 nov. 1860). La loi ne distingue pas d'ailleurs entre les chevaux attelés ou non attelés (Cass. 18 mars 1854); quant au *lieu habité*, cette expression comprend les villes, les bourgs, les villages, les lieux où la course des animaux peut faire naître des périls.

**1014.** La 2e partie du paragraphe 3 se divise encore en deux dispositions : la première punit la violation des règlements relatifs au chargement, à la rapidité et à la direction des voitures en général; la deuxième prévoit la violation des règlements spécialement relatifs aux voitures publiques. Il appartient à l'autorité municipale de faire des arrêtés pour régler le chargement, la rapidité et la direction des voitures en général : ces arrêtés, lorsqu'ils n'excèdent pas les termes de la loi, sont valables (Cass. 18 juill. 1868, 20 juill. 1870). Quant aux voitures publiques, l'application des ordonnances du 4 fév. 1820, 27 sept. 1827 et 16 juill. 1828, relatives à leur exploitation, ayant rencontré des difficultés, la loi du 28 juin 1829 intervint en déclarant que « seront punis de l'amende portée par le paragraphe 4 de l'art. 475, ceux qui contreviendront aux dispositions des ordonnances ayant pour objet la solidité des voitures publiques, leur poids, etc. » Cette disposition a été actuellement transportée par la loi du 28 avril 1832 dans le paragraphe de l'art. 475 dont elle forme la 2e partie. Elle n'a été modifiée ni par les art. 1, 3 et 7 de la loi du 30 mai 1851, sur la police du roulage, ni par l'art. 16 du décret du 10 avril 1852 dont l'application est expressément limitée à la circulation des voitures sur les routes nationales, départementales et chemins vicinaux de grande communication. Le paragraphe 4 continue donc de s'appliquer aux voitures circulant sur les voies publiques des villes et bourgs qui ne sont ni la traverse, ni le prolongement des grandes voies (Cass. 11 mai 1850, 10 oct. 1856). L'art. 476 permet d'ajouter à l'amende un emprisonnement de trois jours au plus dans les cas prévus par les §§ 3 et 4.

**1015.** — § V. *Jeux de hasard sur la voie publique.* Il faut rapprocher l'un de l'autre les art. 410 et 475, n° 5, pour distinguer les cas différents de leur application (Voy. *suprà*, n° 840). Le premier a pour objet les établissements de jeux ou de loteries non autorisés. Il ne s'agit, dans l'art. 475, ni de maisons de jeu, ni d'établissements permanents de loteries; il s'agit uniquement de loteries ambulantes, de jeux temporairement établis dans les lieux publics. Les deux éléments de la contravention sont la tenue de jeux de hasard ou de loteries, et la perpétration de ce fait dans les rues, chemins, places et lieux publics. On a expliqué sur l'article 410 ce qu'on doit entendre par jeux de hasard ou loteries. Il a été décidé que la modicité des enjeux et le fait que chacun de ces enjeux suppose toujours une chose d'une valeur égale, n'enlève point au jeu son caractère de hasard (Cass. 15 nov. 1839, 14 nov. 1840, 3 juin 1852). Il a été aussi reconnu ici, comme en ce qui concerne l'art. 410, que la loi ne s'applique qu'à ceux qui ont tenu les jeux et non aux joueurs (Cass. 27 avr. 1849). On doit entendre par *lieux publics*, non-seulement les voies publiques, mais tous les établissements et les lieux qui sont publics et par conséquent les auberges, cafés, cabarets (Cass. 14 nov. 1840). L'art. 477 ajoute à l'amende la peine de la confiscation des jeux et loteries et des fonds en enjeux.

**1016.** — § VI. *Débit de boissons falsifiées.* Ce paragraphe a été abrogé par l'art. 2 de la loi du 5 mai 1855, qui a appliqué aux boissons les dispositions de la loi du 27 mars 1851. Nous avons rapporté sous les art. 318 et 423 (n$^{os}$ 518 et 875 la disposition qui a remplacé ce paragraphe.

**1017.** — § VII. *Divagation des fous et des animaux féroces.* Ce paragraphe renferme trois contraventions distinctes. La première est la divagation des fous et des furieux par le fait ou la négligence de ceux sous la garde desquels ils se trouvent. La responsabilité de ce fait d'imprudence ou de négligence pèse sur les personnes qui avaient régulièrement la garde des aliénés, 1° les directeurs ou préposés des hospices ou maisons de santé où ils étaient placés (L. 30 juin 1838, art. 18 et 21), soit les personnes de leurs familles qui en avaient pris la surveillance, soit les gardiens qui en avaient accepté cet échange.

**1018.** La 2$^e$ contravention prévue par le paragraphe 7 est la divagation des animaux malfaisants ou féroces. Cette contravention, comme la première, ne concerne que ceux qui ont été chargés, soit comme propositaires, soit comme gardiens, de la surveillance de ces animaux. La loi comprend les animaux féroces, dangereux pour les personnes, et les malfaisants nuisibles aux propriétés. La jurisprudence n'a pas reconnu ce dernier caractère aux porcs, aux oies et aux volailles (Cass. 1$^{er}$ fruct. an XI, 10 juin 1843, 9 sept. 1854, 21 sept. 1855).

**1019.** La 3$^e$ contravention consiste à exciter ou à ne pas retenir les chiens quand ils attaquent ou poursuivent les personnes. La loi n'exige point, pour l'application de la peine, qu'il soit résulté de cette excitation ou de cet abandon aucun mal ou dommage. La seule existence du fait d'imprudence ou de négligence qui a pu causer ce mal ou ce dommage suffit pour constituer la contravention. Les chiens qui n'ont point été classés et avec raison parmi les animaux malfaisants ou féroces peuvent cependant le devenir, soit à cause d'un vice naturel, soit à cause de leur mauvaise éducation (Cass. 2 sept. 1825, 11 nov. 1843, 10 juin 1848, 10 mars 1854, 6 juin 1856, 12 nov. 1863, 12 janv. 1866); mais pour leur reconnaître ce caractère et pour qu'il y ait dans ce cas contravention, il faut qu'il soit constaté 1° que le chien avait un vice naturel particulier (Cass. 18 juill. 1867); 2° qu'il était en état de divagation (Cass. 12 févr. 1808, 17 janv. et 29 févr. 1823, 8 nov. 1867). Le chien est considéré comme en état de divagation toutes les fois qu'il circule sur la voie publique sans être accompagné de son maître, à moins que celui-ci n'ait pris les précautions nécessaires pour l'empêcher de nuire (Cass. 19 déc. 1856, 10 mai 1861, 5 août 1867, 20 nov. 1868).

**1020.** — § VIII. *Jet de pierres et de corps durs*. Ce paragraphe prévoit et punit le jet de corps durs ou d'immondices soit sur la chose d'autrui, soit sur les personnes. Ce qui caractérise cette contravention, c'est qu'elle est commise *volontairement*. Ce n'est plus un simple fait matériel ou une imprudence comme dans les paragraphes 6 et 12 de l'art. 471, c'est un acte commis avec une intention malveillante; mais la modicité du dommage et le caractère peu grave de cette malveillance ont maintenu cet acte dans la classe des contraventions. Lorsque le jet de corps durs ou d'immondices est dirigé contre les maisons et choses d'autrui, le dommage et l'esprit de dégradation qui peut en résulter ne change pas le caractère de la contravention (Cass. 13 mai 1831), à moins que la nature du dommage, comme par exemple le bris d'une clôture, ne lui imprime une autre qualification (Cass. 7 avr. 1831, 21 mars 1833, 16 mars 1843). Lorsque le jet est dirigé contre les personnes, il en est autrement et les suites de ce jet peuvent en modifier la qualification : suivant que les corps durs ou les immondices ont atteint, blessé ou injurié les personnes, le fait peut être gratifié de voies de fait ou violences légères, de coups et blessures ou d'outrage par gestes et rentrer dans les termes des art. 224 ou 311. On doit entendre par *corps durs* tous les corps qui peuvent être assimilés aux pierres et produisant les mêmes effets, comme par exemple les boulettes de mastic durci (Cass. 19 avr. 1851). On doit considérer comme un jet d'immondices l'eau jetée de la fenêtre d'une maison sur des personnes stationnant dans la rue (Cass. 28 mai 1846).

**1021.** — § IX. *Passage sur le terrain d'autrui.* Les paragraphes 9 et 10 de l'art. 475 correspondent exactement aux paragraphes 13 et 14 de l'art 471; ce sont les mêmes contraventions avec une circonstance aggravante. Le paragraphe 13 de l'art. 471 prévoit le passage des personnes autres que les propriétaires, usufruitiers ou fermiers sur le terrain d'autrui *préparé ou ensemencé;* le paragraphe 9 de l'art. 475 prévoit le même passage sur le même terrain *chargé de grains en tuyaux, de raisons ou autres fruits mûrs ou voisins de la maturité.* La circonstance qui sépare les deux contraventions est donc l'état de la récolte dont le terrain est chargé ; s'il est seulement préparé et ensemencé, l'art. 471 est applicable; s'il est chargé de récoltes ou fruits mûrs, c'est l'art. 475 ; s'il est en friche ou dépouillé de récoltes, le passage ne constitue aucune contravention (*Th. du C. pén.*, n° 2843).

**1022.** — § X. *Passage de bestiaux sur un terrain chargé de récoltes.* Le paragraphe 14 de l'art. 471 punit le passage des bestiaux sur le terrain lorsque la récolte coupée n'a pas encore été enlevée ; le paragraphe 10 de l'art. 475 punit le même passage lorsque le terrain est *ensemencé ou chargé de récoltes* ou quand il forme un *bois taillis.* Il n'y a pas de contravention, 1° si le terrain n'est ni ensemencé, ni chargé de récoltes sur pied ou coupées, ni bois taillis, car le passage ne cause aucun dommage; 2° si les bestiaux ont seulement pacagé sur ce terrain, car ce n'est pas un fait de dépaissance que la loi prévoit ici, mais le fait de laisser passer les bestiaux (Cass. 1er août 1818). Il a été jugé 1° que les prairies (ainsi qu'on l'a déjà observé), sont considérées comme chargées de récoltes en tout temps (Cass. 23 mars 1823, 10 oct. 1837, 30 déc. 1853) ; 2° que le cultivateur qui, en labourant son champ, fait passer ses chevaux sur un champ voisin chargé de récoltes, et le conducteur d'un troupeau de moutons qui cause un dommage aux récoltes riveraines du chemin, rentrent dans les termes de ce paragraphe (Cass. 24 mars 1848, 18 avr. et 7 oct. 1853, 7 déc. 1860).

**1023.** — § XI. *Refus des monnaies nationales.* La contravention prévue par ce paragraphe se compose de deux éléments : le refus de recevoir les espèces et la nature des espèces refusées. Le refus doit être exclusivement fondé sur la nature des monnaies, car c'est en cela que consiste la contravention; il faut ensuite que les monnaies aient cours légal en France, qu'elles ne soient ni fausses ni altérées et qu'elles soient proposées pour la valeur pour laquelle elles ont cours (*Th. du C. pén.*, n° 2848). Il a été jugé qu'il y avait lieu d'appliquer ce paragraphe à la personne qui refuse une monnaie reconnue bonne et qu'elle croit fausse (Cass. 29 déc. 1836, 8 juill. 1843); à celui qui refuse des centimes ou du billon comme appoint d'un paiement (Cass. 13 juill 1860, 9 nov. 1861); mais qu'il n'y avait pas lieu de l'appliquer à celui qui refuse d'accepter un papier-monnaie créé par un commandant de place en état de siége (Cass. 9 nov. 1872).

**1024.** — § XII. *Refus de porter secours en cas d'accidents.* La contravention prévue par ce paragraphe suppose le concours de quatre conditions : il faut 1° une réquisition régulière d'un officier public compétent; 2° que cette réquisition soit faite dans un cas urgent; 3° que le citoyen requis ait pu porter le secours ou faire le service qui en était l'objet; 4° qu'il ait refusé. Il ne s'agit que d'un secours ou d'un service matériel, ainsi que le démontrent les exemples cités par la loi. C'est dans ce cas seulement qu'il peut y avoir urgence, et les expertises ou opérations scientifiques ne peuvent être contraintes par une pénalité. C'est ainsi qu'il a été reconnu que le refus d'une sage-femme de se rendre près d'une femme indigente qui réclamait ses secours, tout inhumain et blâmable qu'il soit, ne rentre pas dans les termes du paragraphe 12 (Cass. 4 juin 1830). Il y a cependant une exception à cette règle relativement aux médecins et officiers de santé requis, dans les cas de flagrant délit : il a été jugé « que la réquisition faite en vertu des art. 43 et 50 du C. d'instr. cr., et dans l'un des cas prévus par l'art. 475, n° 12, impose à l'homme de l'art auquel elle est adressée l'obligation de prêter son concours dans l'intérêt de la justice aux opérations qui en sont l'objet, à moins qu'il ne justifie d'une impossibilité personnelle d'y obtempérer (Cass. 20 févr. 1857). Mais cette jurisprudence s'arrête aux cas de flagrant délit : il n'y a pas lieu d'appliquer le paragraphe 12 à la réquisition d'un commissaire de police faite à un médecin de venir constater le décès d'un individu tué par la chute d'un ballot de marchandises (Cass. 18 mai 1855). On doit entendre les *accidents* que mentionne la loi dans le même sens que les autres événements qu'elle énumère, c'est-à-dire lorsqu'ils sont, comme les tumultes, naufrages et autres événements, susceptibles de compromettre la paix ou la sûreté publique; ainsi l'article ne peut s'appliquer au cas où un homme ivre résiste à l'agent qui veut le conduire en lieu de sûreté (Cass. 22 mars 1853), au cas où il s'agit du cadavre d'un homme tué par accident (Cass. 13 mai 1854), au cas où un aubergiste refuse de recevoir un voyageur qui lui est amené par le commissaire de police avec garantie de paiement de sa dépense (Cass. 2 juill. 1857). Il en est ainsi toutes les fois que le secours invoqué s'applique à un malheur privé et non à une calamité qui intéresse la sûreté générale (Cass. 17 juin 1853); mais, dans les cas prévus par la loi, il n'existe d'autre excuse du refus de concours qu'une impossibilité absolue et personnelle dont le juge de police a la souveraine appréciation (Cass. 3 juin 1848, 20 mars 1851, 31 juill. et 4 nov. 1856).

**1025.** — § XIII. *Distribution d'écrits ou images.* Ce paragraphe n'a eu d'autre but que de fixer la quotité des peines e police prononcées par les art. 284 et 288. Nous avons noté *suprà*, n° 471, les modifications que ces deux articles ont subies; le paragraphe 12 n'est maintenant applicable que dans les cas très-restreints que les art. 284 et 288 peuvent régir encore et qui ont été indiqués n[os] 471 et 474.

**1026.** — § XIV. *Exposition en vente de combustibles gâtés.* Ce paragraphe a été abrogé par l'art. 9 de la loi du 27 mars 1851, sur les fraudes dans la vente des marchandises; il a été remplacé par le n° 2 de l'art. 1 et par l'art. 2 de cette loi qui ont qualifié de délit le fait qu'il avait prévu. Voy. *suprà*, n[os] 875 et suiv.

**1027.** — § XV. *Maraudage.* Les faits de maraudage que la minimité du dommage a maintenus parmi les contraventions, quoiqu'ils aient en eux-mêmes une intention coupable, ont déjà été examinés, *suprà*, n° 995.

## *Troisième classe de contraventions.*

### Art. 479.



**1028.** La troisième classe des contraventions, qui fait l'objet de l'art. 479, renferme les contraventions les plus graves; elles sont punies d'une amende de 11 à 15 fr.

**1029.** — § 1. *Dommages aux propriétés mobilières.* Ce paragraphe comprend tous les dommages aux propriétés mobilières d'autrui, qui ne rentrent pas dans les cas prévus par les art. 434 à 462. Cette contravention suppose les conditions suivantes : 1° la volonté de causer un dommage ; 2° l'existence de ce dommage ; 3° qu'il s'applique aux propriétés d'autrui. Il est nécessaire, ici comme dans les paragraphes 8 et 12 de l'art. 475, que le concours de la volonté soit constaté ; il ne suffirait pas que le dommage fût la suite d'une négligence ; il n'y aurait lieu, dans ce cas, qu'à une action civile, sauf l'application des art. 319, 320 et paragraphes 2 et suiv. de l'art. 479 (*Th. du C. pén.*, n° 2856). Le paragraphe 1er n'a précisé ni la nature, ni la quotité du dommage ; il suffit qu'un dommage quelconque ait atteint les propriétés mobilières d'autrui. Cette disposition a été appliquée aux dommages causés à des volailles (Cass. 17 août 1822, 28 juill. 1835) ; au fait d'avoir tué ou mutilé un chien appartenant à autrui (Cass. 4 nov. 1848, 18 août 1853, 19 avril 1853, 19 avril 1866). Toutefois lorsque les animaux domestiques ont été tués sur le terrain d'autrui, il y a lieu d'examiner s'ils n'y causaient pas un dommage qui justifierait le droit du propriétaire (Cass. 17 déc. 1864, 17 nov. 1865, 7 mai 1868).

**1030.** — §§ II, III et IV. *Mauvais traitements envers les animaux.* Les paragraphes 2, 3 et 4 ont un objet commun : la répression de la mort ou des blessures causées involontairement aux animaux appartenant à autrui. Ces faits, s'ils ont été commis volontairement, rentrent dans les termes de l'art. 453 ou de l'art. 30, tit. 2 de la loi du 28 sept.-6 oct. 1791 (Cass. 4 avr. 1863). Les paragraphes 2, 3 et 4 de l'art. 479 ne supposent qu'une négligence, une imprudence, un défaut de précaution ; ils n'admettent pas le concours de la volonté. Mais il est nécessaire que la faute, quelle qu'elle soit, soit constatée pour que la responsabilité soit établie. Ce n'est pas assez, par conséquent, pour justifier le fait, de prouver qu'il a été commis involontairement, il faut prouver qu'il n'a eu pour cause aucune faute quelconque.

**1031.** *Loi du 2 juillet* 1850. Cette loi est ainsi conçue : « Seront punis d'une amende de 5 à 15 fr. et pourront l'être de 1 à 5 jours de prison, ceux qui auront exercé publiquement et abusivement de mauvais traitements envers les animaux domestiques. La peine de la prison sera toujours appliquée en cas de récidive. L'art. 483, C. pén., sera toujours applicable ». « Cette loi, éminemment civilisatrice, puisqu'elle tend, en supprimant des traitements barbares, à adoucir les mœurs, a pour objet de protéger tous les animaux utiles ou agréables à l'homme, contre l'abus qu'il en fait, les souffrances inutiles qu'il leur impose et les innombrables cruautés dont ils sont l'objet » (*Th. du C. pén.*, n° 2860). La loi ne punit que les mauvais traitements exercés *publiquement* et *abusivement* : c'est l'abus du droit des propriétaires, c'est le spectacle révoltant d'actes de brutalité pratiqués sur un pauvre animal que le législateur a voulu frapper (Cass. 14 mai 1868). Que faut-il entendre par mauvais traitements ? La jurisprudence a appliqué cette qualification — au fait de blesser un chien par le jet d'un râteau (Cass. 9 juill. 1853), — au fait de transporter des animaux entassés dans une voiture et ayant les pieds liés ensemble (Cass. 15 janv. et 22 août 1857); — au fait de les avoir placés dans une voiture de manière à leur causer des souffrances pendant le parcours (Cass. 13 août 1858); — au fait de soumettre des chevaux à un travail qui a amené la réouverture d'anciennes blessures (Cass. 17 nov. 1859); — au fait de leur causer une souffrance par une charge excessive (Cass. 10 nov. 1860). On peut ajouter à ces actes les coups et toutes les voies de fait qui, sans nécessité, font souffrir l'animal, l'exigence d'une marche ou d'un travail hors de proportion avec ses forces, la privation abusive de soins, de secours, de nourriture; les jeux ou tirs à l'oie, au canard ; les combats de chiens ou de coqs ; l'usage barbare d'aveugler certains oiseaux, etc. Un seul acte constitue la contravention ; il n'est pas nécessaire qu'il y ait habitude (Cass. 5 mai 1866). Si les mauvais traitements ont été commis, non par le propriétaire ou ses préposés, mais sur les animaux d'autrui, ils sont passibles de l'application soit de l'art. 452, soit des nos 2, 3 et 4 de l'art. 479 (Cass. 4 avr. 1863).

**1032.** — §§ V et VI. *Détention et emploi de poids et mesures illégaux.* Le paragraphe 5 a été expressément abrogé par l'art. 9 de la loi du 27 mars 1851 et remplacé par l'art. 3 de cette loi (Voy. *suprà*, n° 878). Cette abrogation ne s'est point étendue au paragraphe 6, qui n'est cependant, en quelque sorte, que le complément du précédent. Ce paragraphe punit l'emploi des poids et mesures différents de ceux établis par les lois en vigueur. Les poids et mesures en vigueur ont été établis par les lois du 16 germ. an III et 19 frim. an VIII, constitutives du système métrique décimal; ils sont sujets à une vérification annuelle conformément aux art. 3 et 8 de la loi du 3 juill. 1837 et à l'ord. du 17 avr. 1839. Un poids et une mesure peuvent donc être différents de ceux qui sont établis par les lois, soit parce qu'ils sont faux ou inexacts, soit parce qu'ils ne sont pas conformes aux lois de l'an III et de l'an VIII, soit parce que, même conformes aux prescriptions de ces lois, ils n'ont pas été vérifiés. La possession et l'emploi des poids et mesures faux ou inexacts sont prévus par l'art. 1, n° 3 et l'art. 3 de la loi du 27 mars 1851 (Voy. *suprà*, n° 877). La possession et l'emploi des poids et mesures qui, sans être faux ou inexacts, n'ont pas été établis suivant le système légal, ou n'ont pas été soumis à la vérification, sont prévus, la possession par l'art. 4 de la loi du 4 juill. 1837, et l'emploi par le paragraphe 6 de l'art. 479. Telle est l'interprétation qui résulte de la jurisprudence, soit en ce qui concerne les poids et mesures anciens (Cass. 29 mai et 26 août 1852), soit en ce qui concerne les poids et mesures nouveaux, mais non vérifiés (Cass. 22 mars 1839, 3 mars 1849, 10 mai 1851, 11 mars et 20 mai 1852, 12 mai 1854, 20 mai 1855, 12 juill. 1866). Il importe d'ajouter que ce paragraphe, comme le paragraphe 5, comme la loi du 4 juill. 1837, ne s'applique qu'à ceux qui emploient les poids et mesures dans leurs magasins, boutiques, ateliers ou maisons de commerce, ou qui en font usage dans les halles, foires et marchés.

**1033.** *Boulangers et bouchers.* Le deuxième alinéa du paragraphe 6, ajouté par la loi du 28 avril 1832, a pour objet « les boulangers et bouchers qui vendent le pain et la viande au delà du prix fixé par la taxe légalement faite et publiée ». La première condition de la contravention est qu'une taxe ait été légalement faite et régulièrement publiée. L'autorité municipale tient de la loi des 16-24 août 1790 et de la loi des 19, 22 juill. 1791, le droit de taxer le pain et la viande de boucherie. Ce droit n'a pas été détruit par le décret du 22 juin 1863 qui a abrogé les règlements relatifs au commerce de la boulangerie (Cass. 21 et 29 nov. 1867). Les arrêtés relatifs à la taxe, étant temporaires, sont obligatoires du jour de leur publication (Cass. 1er avr. 1841, 23 nov. 1854, 3 mars 1860). La contravention résulte non-seulement de la vente à un prix supérieur à la taxe, mais du refus de vendre à la taxe (Cass. 13 août 1847, 24 juill. 1852, 12 mai 1854, 2 août 1856). L'art. 480 autorise l'application de l'emprisonnement pendant cinq jours au plus.

**1034.** — § VII. *Devins et sorciers.* Ce paragraphe remplace par une simple peine de police les peines appliquées autrefois et pendant de longs siècles aux devins et sorciers. La loi ne punit que les personnes *qui font métier* de deviner ou de pronostiquer, c'est-à-dire celles qui exercent habituellement la profession de prédire l'avenir en en retirant un profit. Il ne suffit donc pas, pour établir la contravention, que l'agent ait expliqué des songes et pratiqué la magie ou la sorcellerie, il faut qu'il ait fait métier de cette pratique. Mais s'il s'est servi de ce moyen pour se faire remettre des valeurs appartenant à autrui, l'acte change de caractère et peut devenir un délit d'escroquerie. L'art. 480 autorise, comme dans le cas qui précède, l'emprisonnement et l'art. 481 la saisie et la confiscation des instruments et costumes du métier.

**1035.** — § VIII. *Bruits ou tapages injurieux ou nocturnes.* Les bruits et tapages sont punissables soit qu'ils soient *injurieux*, soit qu'ils soient *nocturnes*. Il n'est donc pas nécessaire qu'ils soient à la fois injurieux et nocturnes; il suffit qu'ils aient l'un ou l'autre de ces deux caractères. Pendant le jour, ils ne sont punissables qu'autant qu'ils sont injurieux (Cass. 2 déc. 1843, 26 août 1848). Les bruits ou tapages *injurieux* résultent soit de grossièretés ou invectives proférées contre une personne, soit de démonstrations bruyantes, outrageantes, comme les charivaris (Cass. 4 oct. 1851, 8 août 1856, 4 fév. 1858). Et il a été jugé que les charivaris ne peuvent être excusés sous aucun prétexte, soit parce qu'ils n'avaient duré qu'un moment (Cass. 23 avr. 1842), soit parce qu'ils étaient inoffensifs (Cass. 13 oct. 1836), soit parce qu'ils étaient fondés sur un ancien usage (Cass. 26 mai 1826, 28 mars 1829, 20 déc. 1834). Les bruits et tapages *nocturnes* sont ceux qui sont faits après le coucher ou avant le lever du soleil (Cass. 26 juill. 1849). Tous les bruits ou tapages, de quelque nature qu'ils soient et de quelque manière qu'ils soient produits, peuvent, en général, rentrer dans cette qualification qui semble n'admettre aucune restriction. Cependant il faut que les bruits et tapages proviennent d'un fait personnel et volontaire (Cass. 28 juin 1839, 15 avr. 1859, 5 avr. 1867), et même parmi les bruits personnels et volontaires, il faut excepter : 1° ceux qui sont occasionnés par l'exercice régulier d'une profession ou d'un métier (Cass. 12 sept. 1822, 16 avr. 1825, 21 nov. 1828); 2° ceux qui sont autorisés par la liberté du domicile, tels que ceux qui sont causés par les soirées, les concerts, les bals (Cass. 28 avril 1859); 3° ceux qui proviennent de chants ou d'instruments de musique, lorsque ces chants ou cette harmonie musicale demeurent dans le domaine artistique et ne se changent pas en bruyantes vociférations ou fanfares (Cass. 29 août 1857, 27 avr. 1856, 22 juill. 1870).

**1036.** Une condition commune aux bruits et tapages injurieux et nocturnes, c'est qu'ils ne rentrent dans les termes du paragraphe 8 qu'autant qu'ils ont « troublé la tranquillité des habitants ». La jurisprudence avait d'abord admis qu'il était nécessaire que la tranquillité eût été troublée et que ce trouble fût constaté (Cass. 2 avr. 1828). Elle a déclaré plus tard que, dès que les bruits et tapages sont constatés, il en résulte que la tranquillité a été troublée et qu'il est inutile que les jugements le constatent (Cass. 8 déc. 1832, 25 avr. 1834, 30 nov. 1854). Enfin il a été reconnu que, lors même que les bruits et tapages ont existé, il n'en résulte qu'une présomption que la tranquillité a été troublée, que cette présomption peut être débattue par la preuve que l'inculpé peut produire que les faits qui lui sont imputés n'ont pas eu cet effet et que, si cette preuve est faite, il doit être renvoyé de la poursuite. (Cass. 2 mai 1850, 1er avr. 1854, 26 août 1859, 17 nov. 1860, 17 mars 1856).

**1037.** Le paragraphe 8 ne punit pas seulement les auteurs des bruits et tapages, il punit encore les *complices*. La jurisprudence a décidé « que par cette expression *complices* on doit entendre, non-seulement ceux qui prennent une part active aux bruits et tapages, mais encore tous ceux qui, par leur présence et *par leur fait*, ont favorisé ou facilité la perpétration de la contravention » (Cass. 8 nov. 1855); mais encore faut-il que *le fait* qui fonde cette complication soit un fait d'aide et d'assistance exigé par la loi pénale (*Th. du C. pén.*, n° 2869). Toutefois, cette qualification a été reconnue à des individus à raison de leur seule présence dans un charivari (Cass. 4 juill. 1822, 24 janv. 1835), aux habitants d'une maison qui ont laissé un charivari s'exécuter sans s'y opposer (Cass. 8 nov. 1855), au propriétaire d'un parc dans lequel on a sonné du cor pendant la nuit (Cass. 24 déc. 1858), au cabaretier dans l'établissement duquel la contravention s'est exécutée (Cass. 25 juin 1858). L'art. 480 permet d'ajouter à l'amende la peine d'emprisonnement (Cass. 29 déc. 1815, 14 mai 1831).

**1038.** — § IX. *Affiches méchamment enlevées.* Ce paragraphe, ajouté par la loi du 28 avr. 1832, et fondé sur des motifs politiques, a pour but de protéger les actes de l'autorité publique. Les éléments de cette contravention sont : 1° que les affiches aient été apposées par ordre de l'administration; 2° qu'elles aient été lacérées *méchamment*. Que faut-il entendre par ce dernier mot? Cette appréciation ne doit s'entendre que de la volonté d'empêcher le public de connaître le contenu des affiches, la seule intention méchante qui puisse se présenter (*Th. du C. pén.*, n° 2871 ; Cass. 6 oct. 1832). Il appartient d'ailleurs au juge de police de décider souverainement si l'affiche a été enlevée par inadvertance, par légèreté ou par malveillance (Cass. 14 juill. 1838).

**1039.** — § X. *Conduite de bestiaux sur le terrain d'autrui.* Ce paragraphe qui reproduit textuellement, en modifiant sa pénalité, l'art. 24, tit. 2, de la loi des 28 sept., 6 oct. 1791, ne s'applique qu'à ceux qui *mèneront* leurs bestiaux ; d'où il suit que l'introduction *par échappée* ne rentre pas dans ses termes : les art. 26 et 28 de la loi des 28 sept., 6 oct. 1791 conservent pour ce cas leur autorité. Il faut ensuite que les bestiaux aient été conduits sur le terrain d'autrui : le paragraphe énumère les terrains sur lesquels les bestiaux peuvent commettre le plus de dégâts, mais cette énumération n'est que démonstrative ; la loi s'étend à tous les terrains qui ne sont pas chargés de récoltes. La contravention est d'ailleurs indépendante du dommage causé par les bestiaux. Il ne faut pas confondre le fait prévu par ce paragraphe, avec le fait de garde à vue des bestiaux dans des pièces de terre chargées de récoltes appartenant à autrui, fait qui demeure passible de l'application de l'art. 26 de la loi des 28 sept.-6 oct. 1791 (Cass. 10 sept. 1847, 26 mai 1859); on ne doit pas le confondre non plus avec l'abandon des bestiaux sur le terrain d'autrui prévu par les art. 3, 4 et 12 de la même loi (Cass. 24 janv. et 20 août 1852). La jurisprudence a appliqué ce paragraphe au fait de faire paître des moutons dans une propriété plantée de vignes, de mûriers et de jeunes vignons

(Cass. 9 fév. 1856), à la conduite d'un troupeau sur un terrain non dépouillé de ses récoltes et planté d'arbres fruitiers (Cass. 26 nov. 1858); au fait de garder une vache en la tenant par la corde, sur un terrain herbé (Cass. 12 mars 1858); à toute introduction volontaire de bestiaux sur le terrain d'autrui (Cass. 3 sept. 1842, 29 août 1861).

**1040.** — § XI. *Dégradation et usurpation des chemins publics.* Ce paragraphe, emprunté comme le précédent à la loi du 28 sept.-6 oct. 1791, comprend toutes les dégradations, toutes les détériorations des chemins publics. Il s'applique aux travaux qui dégradent la voie publique, même lorsqu'ils ne portent aucune atteinte à la viabilité (Cass. 7 janv. 1845); au fait de l'inonder en y déversant les eaux d'irrigation d'une prairie (Cass. 3 oct. 1835, 28 avr. 1842, 17 janv. 1845, 30 déc. 1859, 13 janv. 1865); au fait d'avoir, en labourant un champ, labouré une partie d'un chemin (Cass. 30 mai 1840); au fait d'avoir pratiqué un barrage dans les fossés d'un chemin vicinal (Cass. 18 mars 1848, 15 fév. et 5 juin 1856). L'usurpation consiste dans tout empiétement commis d'une manière quelconque sur la voie publique. Tels sont les travaux et plantations qui diminuent la largeur du chemin (Cass. 5 nov. 1825); l'établissement d'une haie morte qui le rend impraticable (Cass. 18 oct. 1836); l'élargissement d'un fossé (Cass. 13 déc. 1843); toute construction rendant la circulation plus difficile (Cass. 7 fév. 1856, 17 août 1865).

**1041.** Mais toutes ces dégradations ou usurpations ne constituent la contravention qu'autant qu'elles sont commises sur un chemin public, qui doit s'entendre ici d'un chemin vicinal, communal ou rural; car les dégradations et usurpations commises sur les routes nationales et départementales sont constatées et réprimées par voie administrative (L. 29 flor. an x, art. 1er). Si les contraventions sont commises dans les rues des villes, bourgs et villages qui sont le prolongement des routes, il y a lieu de distinguer si les contraventions concernent la libre circulation ou la conservation de ces routes : dans le premier cas, elles sont jugées par le tribunal de police ; dans le deuxième, par l'autorité administrative (Cass. 8 avr. 1839, 27 sept. 1851). Celles qui sont commises sur les chemins vicinaux ont donné lieu, après une longue controverse, à un partage d'attributions : les conseils de préfecture sont chargés de faire cesser les usurpations commises sur les chemins, et les juges de police de prononcer les amendes (Trib. des conflits, 21 mars 1850). Cette décision s'applique aux dégradations comme aux usurpations (Cass. 19 juin 1851, 22 août 1856, 27 janv. et 8 mars 1866, 1er fév. 1867). Mais ces deux compétences sont indépendantes l'une de l'autre, et les juges de police doivent statuer sans attendre que les tribunaux administratifs aient pris une décision (Cass. 27 août 1858, 10 mars 1859).

**1042.** — § XII. *Enlèvement de gazons et terres sur les chemins publics.* Ce paragraphe renferme deux contraventions : l'une consiste dans le fait d'enlever des chemins publics, sans y être autorisé, des gazons, terres et pierres ; l'autre consiste à enlever dans les lieux appartenant aux communes des pierres et matériaux, sans que l'usage l'autorise. La première condition de cette double infraction est que l'enlèvement ait lieu soit sur un chemin public, soit sur un terrain communal (Cass. 17 nov. 1838, 26 avr. 1867); la deuxième est que l'enlèvement ait pour objet, dans le premier cas, des gazons, terres ou pierres; le deuxième, des terres ou matériaux (Cass. 2 mai 1845, 24 mars 1848, 25 juill. 1856) ; la troisième est que l'enlèvement ait lieu sans l'autorisation du préfet et du maire, ou, en ce qui concerne les terrains communaux, sans qu'un usage général l'ait autorisé (Cass. 1er mars 1844, 21 fév. 1845, 3 août 1849).

## *Disposition générale. — Matières non réglées par le Code pénal.*

### ART. 484.

1043. Maintien des lois et règlements relatifs aux matières non réglées par le Code. Quelles matières sont réputées réglées ou non réglées par le Code.

1044. Application de cette règle par la jurisprudence aux lois et règlements maintenus par le Code.

1045. Application aux lois et règlements abrogés.

**1043.** Le Code pénal n'a point embrassé toute la matière criminelle; à côté de ses dispositions générales se trouvent encore un grand nombre de dispositions spéciales, la plupart réglementaires, qui n'ont point été explicitement abrogées. De là la question de savoir quelles sont celles de ces lois qui sont encore en vigueur, quelles sont celles qui sont anéanties. L'art. 484 maintient les lois et règlements relatifs aux matières que le Code n'a pas réglées ; il abroge par conséquent les lois et règlements qui tiennent aux matières que le Code a réglées. Mais, que faut-il entendre par « matières réglées par le Code » ? Ce sont les matières sur lesquelles le Code renferme un système complet de législation. Un avis du conseil d'État approuvé le 8 fév. 1812 décide : « que l'on doit considérer comme abrogées toutes les anciennes lois, tous les anciens règlements qui portent sur des matières que le Code a réglées, quand même ces lois et règlements prévoiraient des cas qui se rattachent à ces matières, mais sur lesquels le Code est resté muet ; mais qu'on ne peut regarder comme réglées par le Code les matières relativement auxquelles le Code ne renferme que quelques dispositions éparses, détachées et ne formant pas un système complet de législation. »

**1044.** C'est d'après cette distinction, constamment appliquée par la jurisprudence, qu'il a été décidé que le Code n'a point abrogé : 1° la loi des 28 sept.-6 oct. 1791, sur la police rurale (Cass. 19 fév. 1813, 13 janv. 1815, 5 fév. 1818, etc.); 2° la loi du 6 messidor an III, sur la vente des grains en vert

(Cass. 12 mai 1848) ; 3° le décret du 4 therm. an XIII sur les inhumations (Cass. 27 janv. 1832) ; 4° l'édit de 1607, sur la voirie (Voy. arr. cités sous l'art. 471); 5° la déclaration du 23 mars 1728, sur les couteaux-poignards (Cass. 6 août 1824); 6° l'édit de fév. 1776, sur la profession de boulanger (Cass. 18 fév. 1848); 7° l'arrêt du conseil du 16 juill. 1784, sur les épizooties ; 8° l'arrêt du conseil du 12 oct. 1756, relatif aux défrichements de la province du Languedoc (Cass. 11 oct. 1851); 9° l'arr. de règl. du parl. de Bretagne du 29 juill. 1786, sur la prostitution (Cass. 3 oct. 1823. *Th. du C. pén.*, n° 2884); etc.

**1045.** La jurisprudence a considéré, au contraire, comme abrogés par le Code : 1° la loi du 25 frim. an VIII, qui punit soit les menaces d'incendie (Cass. 9 janv. 1818); 2° la loi du 22 flor. an II, sur les voies de fait contre les actes d'exécution judiciaire (Arr. cons. d'État, 8 fév. 1812; Cass. 5 fév. 1829). Il faut ajouter à ces exemples d'abrogation expresse les cas d'abrogation tacite résultant de ce que les lois et règlements ne peuvent plus se concilier avec les principes et l'esprit de notre législation moderne. C'est ainsi que la jurisprudence a déclaré qu'il n'y a pas lieu d'appliquer : 1° l'art. 19 de l'ord. du 20 janv. 1563, qui défendait aux hôteliers de se refuser, sans cause légitime, à recevoir des voyageurs (Cass. 4 avr, 1846, 3 oct. 1857); 2° l'arr. du cons. du 27 déc. 1729, relatif à la police des usines métallurgiques (Cass. 21 juill. 1860); 3° l'arr. du cons. 3 avr. 1763, relatif au mode d'extraction et de dimension des tourbes (Cass. 10 déc. 1841).

FIN.

# TABLE DES MATIÈRES

## contenues dans le deuxième volume.

---

### A

## S

FIN DE LA TABLE DES MATIÈRES CONTENUES DANS LE DEUXIÈME VOLUME.

Paris. — Imprimerie de J. DUMAINE, rue Christine, 2.

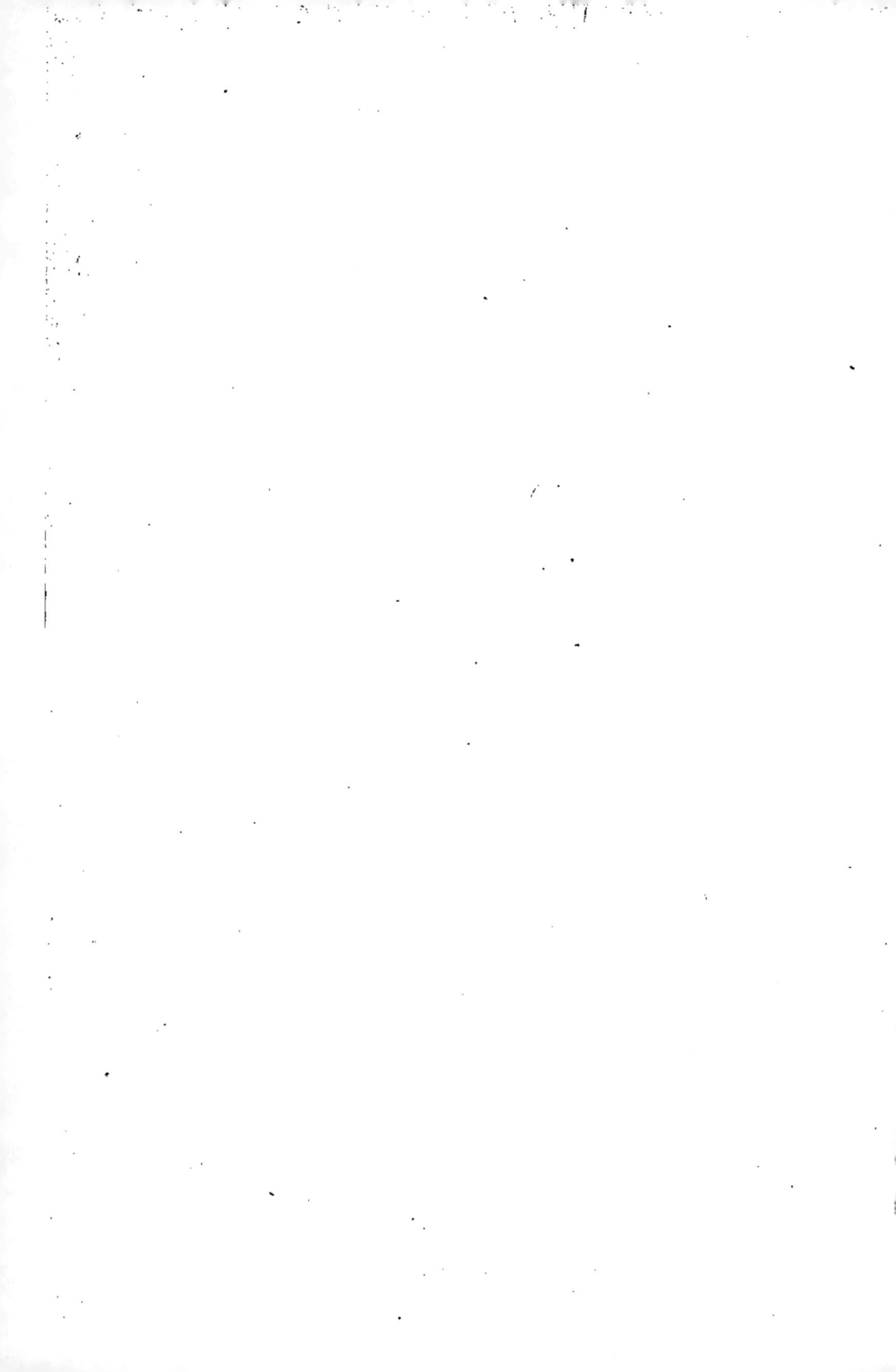

www.ingramcontent.com/pod-product-compliance
Lightning Source LLC
Chambersburg PA
CBHW031451210326
41599CB00016B/2186
* 9 7 8 2 0 1 2 7 6 3 4 6 3 *